THE END OF HISTORY
AND THE LAST MAN
역사의 종말

프랜시스 후쿠야마 지음

이 상 훈 옮김

 한마음사

THE END OF HISTORY
AND THE LAST MAN

by Francis Fukuyama
Copyright © 1992 by Francis Fukuyama
Korean translation copyright © 1992
arranged with Francis Fukuyama,
International Creative Management, INC. New York.
through Tuttle–Mori Agency Inc., Tokyo,
and Sinwon Agency Co., Seoul.

줄리아와 데이비드에게

역사의 종말

목 차

머리말을 대신하여

이 책의 기원은 저자가 1989년 여름 내셔널 인터레스트지에 기고한 "역사의 종말?" *The End of History?*이라는 제목의 논문이다.[1] 거기서 나는 하나의 정부형태인 자유민주주의 *Liberal Democracy*가 군주제(君主制))나 파시즘 또는 최근의 공산주의와 같은 상반되는 이데올로기를 무너뜨리게 됨에 따라, 지난 수년 사이에 세계적으로 이러한 자유민주주의의 정통성에 대한 주목할 만한 공감대가 형성되어 있다고 주장했다. 또한 자유민주주의가 "인류의 이데올로기 진화의 종점"이나 "인류 최후의 정부형태"가 될지도 모르며, 따라서 자유민주주의는 "역사의 종말"이 된다고 주장했다. 즉, 이전의 여러 정부형태는 내재된 결함이나 불합리성으로 인하여 결국 붕괴될 수밖에 없었지만, 자유민주주의는 어느 정도 이러한 근본적인 내부 모순을 포함하고 있지 않은 것이다. 물론 나는 미국이나 프랑스, 스위스와 같이 오늘날의 안정된 민주주의 국가에서는 부정이나 심각한 사회문제가 일어나지 않는다고 주장하려는 것은 아니다. 이러한 문제는 오히려 근대 민주주의의 토대가 된 자유와 평등의 2대원칙을 불완전하게 적용한 데서 오는 것이지, 자유민주주의의 원칙 그 자체에 결함이 있어서 생기는 것은 아니다. 오늘날 세계 여러 나라 중의 일부는 안정된 자유민주주의를

---

[1] "The End of History?" *The National Interest* 16 (Summer 1989) : 3~18.

10

실현하지 못할 수도 있으며, 개중에는 신권정치(神權政治)나 군사독재와 같은 보다 원시적인 지배형태로 뒷걸음치는 국가도 있을 것이다.

그러나 자유민주주의의 '이념'은 더 이상 개선할 여지가 없을 정도로 완벽한 것이다.

논문 "역사의 종말?"은 먼저 미국에서, 다음에 영국, 프랑스, 이탈리아, 구소련, 남아프리카, 일본, 그리고 한국 등 여러 나라에서 커다란 반향과 논란을 불러일으켰다.

이 논문에는 생각할 수 있는 모든 형태의 비평이 가해졌는데, 내 본래의 취지를 오해한 데서 비롯된 비평도 있었고, 날카롭게 논의의 핵심을 찌른 비평도 있었다.[2]

대개의 사람들은 우선 내가 쓴 "역사"라는 말에 대해 혼동을 일으켰다. 그들은 사건의 발생이라는 통상적인 의미로 역사를 이해하고 있었다. 그래서 베를린 장벽의 붕괴나, 천안문 광장에서 일어난 중국 공산당의 민중탄압, 나아가서는 이라크의 쿠웨이트 침공을 증거로 예시하면서 "역사는 계속되고 있다"고 주장하고, 따라서 나의 의견은 사실의 발생 그 '자체에 의해' 오류임이 증명되었다고 지적하였다.

그러나 내가 종말이 왔다고 주장한 것은 심각한 대사건을 포함한 여러 역사적 사실의 발생이 아니라 역사 그 자체이다. 즉, 어떤 시대, 어떤 민족의 경험에서 생각하더라도 유일한, 그리고 일관된 진화 과정으로서의 역사가 끝났다는 것이다. 역사를 단 하나의 일관된 진화 과정으로 간주하는 것은 독일의 위대한 철학자 G.W.F. 헤겔의 사상에서 유래한다. 그리고 헤겔에게서 이와 같은 역사의 개념을 빌어 온 칼 마르크스에 의해 이 말은 우리들의 일상적인 상식이 되었다. 우리들이 인간 사회의 여러 가지 다른 형태를 예로 들 때에 "원시적"이라든가, "진보적", "전통적"이나 "근대적"이라는 표현을 사용하는 것 또한 은연중에 역사를 이와 같이 일관된 진화의 과정으로 이해하고 있음을 나타내고 있다. 이 두 사상가의 견해에 따르면 인간사회는 노예제도와 자급자족 농업에 기초한 단순한 부족사회로부터, 여러 종류의 신권제도, 군주제도 그리고 봉건적인 귀족제도를 거쳐 근

---

2) 이러한 몇 가지 비판에 대해 내가 앞서 제기한 반론에 대해서는 "Reply to My Critics," *The National Interest* 18 (Winter 1989-90) : 21~28을 참조.

대 자유민주주의와 기술 본위의 자본주의에 이르기까지 일관되게 발전해
왔다. 비록 역사가 직선궤도로 진보하는 것은 아니며, 또한 "진보" 결과 인
류가 보다 행복해지고 윤택해지는지에 대해서는 논란의 여지가 있지만, 이
러한 역사의 진화과정은 결코 무작위로 발생하거나 이해불능인 것은 아니
다.

헤겔도 마르크스도 인간사회의 진화는 한없이 계속되는 것은 아니며,
인류가 그 가장 심오하고 근본적인 동경을 충족시키는 형태의 사회를 실현
했을 때 인간사회의 진화는 종말을 맞을 것이라고 믿고 있었다. 즉 두 사
람 모두 "역사의 종말"을 기정사실로 받아들이고 있었던 것이다. 단지 헤
겔에 있어서 역사의 종말은 자유주의 국가인 반면, 마르크스에게는 공산
주의 사회였다. 물론 이러한 종말은 사람이 태어나고 생활하다가 죽는 자
연의 사이클이 끝난다든지, 중요한 사건이 더 이상 발생하지 않는다든지,
또는 그러한 사건을 보도하는 신문이 없어져 버린다는 것을 뜻하는 의미
는 아니다. 그보다는 오히려 진정으로 중요한 문제들이 모두 해결되었기
때문에 역사의 근거를 이루는 여러 원리나 제도에는 앞으로 더 이상의 진
보나 발전이 없을 것이라는 의미이다.

이 책은 논문 '역사의 종말'을 재구성한 것이 아니며, 그 논문에 대한
수많은 비판이나 논평에 대한 반론을 계속하려는 노력 또한 아니다. 냉전
의 종식이나 현대 정치학계에 불어 닥친 여러 현안문제에 대한 해설서는
더더욱 아니다. 최근의 세계에 일어난 사건들을 싣고 있지만 이 책의 주제
는 매우 오래된 질문으로부터 비롯되고 있다. 그 질문이란 20세기 말을 맞
이한 현재, 더 많은 인류를 궁극적으로 자유민주주의로 인도할 일관된 역
사라는 것에 대해 다시 한 번 언급하는 것이 과연 의미 있는 일인가 하는
것이다. 이 질문에서 나는 두 가지 이유로 하여 긍정적인 결론에 이르렀다.
그중 하나는 경제적인 것이고 또 하나는 소위 "인정받기 위한 투쟁"과 관
계가 있다.

물론 방향성을 지닌 역사의 타당성을 증명하려면 헤겔이나 마르크스,
또는 오늘날 그 제자들의 권위에 호소하는 것만으로는 충분하지 않다. 그
들이 저서를 낸지 1세기 반이 흐르면서 그들의 지적 유산은 모든 측면에
서 수없이 많은 비난을 받아왔다. 20세기의 가장 심오한 사상가들은 역사

가 일관되고 이해 가능한 과정이라는 발상 그 자체를 공격하고 있다. 이들은 심지어 인간 생활의 어떠한 측면도 철학적으로 이해될 수 있다는 가능성을 부정했던 것이다. 서구세계에 살고 있는 우리들은 민주제도의 전반적 발전 가능성에 대하여 철저한 비관론에 빠지고 말았다. 이 뿌리 깊은 비관론은 우연히 나타난 것이 아니고, 20세기 전반에 발생한 참혹한 정치적 사건에서 연유하고 있다. 즉 두 번에 걸쳐 발발한 파멸적인 세계대전, 전체주의적 이데올로기의 출현, 그리고 핵무기나 환경파괴 등으로 나타난 과학의 부작용이 그것이다. 히틀러주의나 스탈린주의로부터 폴포트 정권에 이르기까지 금세기의 정치적 폭력에 대한 희생자의 인생 체험으로 인해 역사의 진보라고 일컫는 것 자체가 부인될 지경이다. 실제로 우리는 공정하고 자유로우며 민주적인 정치가 미래에 건전하고 안정적으로 실천될 수 없을 것이라고 예상하는데 익숙해진 나머지 실제로 좋은 소식이 있더라도 이를 알아보지 못하고 마는 것이다.

그러나 실제로 좋은 소식이 들려오고 있다. 최근 4반세기 동안 가장 주목할 만한 역사의 전개는 극우의 군사독재 정권이든, 좌익의 공산주의적 전체주의든 상관없이 외견상 견고해 보이던 독재체제가 그 중심부에서부터 커다란 약점을 드러내기 시작했다는 점이다. 라틴아메리카에서 동유럽에 이르기까지, 구소련에서 중동과 아시아에 이르기까지, 견고했던 정치체제가 이 20년 사이에 흔들리고 있다. 이러한 체제 모두가 안정된 자유민주주의로 대체된 것은 아니지만, 자유민주주의야말로 오늘날 세계 여러 지역과 문화에 걸쳐 일관되게 영향을 행사하고 있는 유일한 정치체제가 되고 있다. 또한 자유주의적 경제원리인 "자유시장경제"가 보급되어 선진공업국에서는 물론 제2차 세계대전이 종결되던 당시만 해도 가난에 시달리던 제3세계에서도 전대미문의 물질적 번영을 구가하고 있다. 경제사상에서의 자유주의 혁명은 세계의 정치적 해방과 앞서거니 뒤서거니 하면서 확실하게 진행되고 있다.

이와 같은 일련의 전개상황은 좌·우익의 전체주의가 맹위를 떨치던 금세기 전반 50년간의 공포에 찬 역사와는 지극히 대조적이다. 그리고 우리는 이러한 전개상황의 근저에 이들을 연결하는 보다 깊은 연관관계가 있는 것은 아닌지, 아니면 이는 단순히 행운의 산물이었는지에 대해 다시금 생각해 볼 필요를 느끼게 된다. 내가 인류에게 보편적 역사라는 것이 과연 존재하는가 하는 질문을 다시 한 번 제기하는 것은 19세기 초에 이미 시작되었던 논의를 되풀이하는 것이다. 이러한 논의는 우리 세대에 들어와서는 거의 잊혀졌는데, 이는 19세기 이후 인류가 겪은 수많은 사건들로 인한 결과이다. 이전에 이 문제에 대하여 논한 칸트나 헤겔과 같은 철학자의 사상을 참고로 하고는 있지만, 나는 이 책의 논의가 이들에게 의지함이 없이 스스로 자명하기를 기대한다.

이 책에서 나는 이러한 보편적 역사를 기술하기 위해 두 가지 면에서 노력을 기울였다. 제1부에서는 보편적 역사의 존재 가능성에 대해 왜 우리는 새삼 고려할 필요가 있는가라는 문제를 제기하고, 제2부에서는 이에 대한 기초적 해답을 제시했다.

이를 위하여 나는 자연과학을 역사의 방향성과 일관성을 설명하는 장치 또는 방법으로 사용하였다. 근대 자연과학은 이와 같은 논의에 있어서 유효한 출발점이 되는데, 이는 자연과학이 인간의 행복에 대해 궁극적으로 어떠한 영향을 미쳤는지에 대해서는 의문의 여지가 있다 해도, 자연과학만큼 일반적으로 그 누적 속성이나 방향성에 대한 공감대가 형성되어 있는 주요 사회활동은 존재하지 않기 때문이다. 16, 17세기에 과학적 방법론이 발달한 덕택에 인간은 자연을 서서히 정복할 수 있게 되었고, 그 후에도 인간이 아닌 자연이 결정하고, 자연의 법칙에 의해 규정되는 규칙에 따라서 이러한 자연에 대한 정복은 계속되어 왔다.

근대 자연과학의 발달은 이를 체험한 사회에는 모두 획일적인 영향을 미치게 되었는데, 이에는 두 가지 이유가 있다. 첫째로 과학기술은 이를 보유한 나라에게 결정적인 군사적 우위를 보장하여, 국제관계에 있어 전쟁의 위협이 상존하고 있는 현실을 고려할 때, 자국의 독립을 중시하는 나라는 모두 방위체제 근대화의 필요성을 부정할 수 없기 때문이다. 둘째로 근대 자연과학은 경제 생산면에서도 획일적인 전망을 가능하게 해 주었다. 과학기술의 발달로 인해 무한한 부의 축적이 가능해지고, 이로 인해 멈출 줄모르는 인간의 욕망까지도 만족시킬 수 있게 된 것이다. 이러한 과정을 거치면서 모든 인간사회는 역사적 기원이나 문화적 유산과 관계없이 점점 균일화되어가기 마련이다. 경제적 근대화가 진행되고 있는 나라는 모두가 점차 비슷해져 간다.

그것은 이러한 국가들이 중앙집권적인 국가제도를 토대로 하여 국민적인 통일을 꾀하고, 도시화를 진행하며, 부족이나 종파, 가족과 같은 전통적인 사회조직 형태를 기능이나 효율성에 기초한 합리적인 경제조직으로 변환시키고, 나아가서는 시민에게 보통교육을 전수하게 되기 때문이다. 이러한 사회는 세계시장이나 보편적인 소비문화를 통하여 점차 서로 밀접하게 연결된다. 게다가 근대 자연과학의 논리를 살펴보면 인류역사는 자본주의를 향해 보편적 진화의 방향을 잡고 있다는 생각마저 든다. 구소련, 중국, 그 외에 다른 사회주의 국가의 경험에 비추어 볼 때, 고도로 중앙집권화된 경제는 1950년대 유럽수준의 공업화에는 쓸모가 있었을지 몰라도, 정보와 기술혁신이 더욱 중요한 역할을 하고 있는 이른바 복잡한 "탈공업화" 경제를 구축하기에는 너무나 조잡한 것이다.

그렇지만 근대 자연과학으로 대표되는 역사의 메커니즘은 현대사회의 역사적 변화성향이나 획일성의 증대에 대해서는 충분한 설명이 되지만, 민주주의라는 현상을 설명하기에는 불충분하다. 세계에서 가장 선진국인 나라들이 민주주의가 가장 성숙된 나라라는 사실에는 의문의 여지가 없다. 그러나 근대 자연과학이 우리를 자유민주주라는 약속의 땅 입구 근처까지는 안내해 주지만, 우리에게 자유민주주의 그 자체를 선사해 주는 것은 아니다. 그것은 공업화의 진전이 반드시 정치적인 자유를 낳는다는 식의 경제상의 필연적 이유가 존재하지는 않기 때문이다. 1776년의 미국에서 볼 수 있듯이 안정된 민주주의가 공업화 이전의 사회에 출현하는 경우는 더러 있다. 한편 메이지 시대(明治時代)의 일본이나 비스마르크 시대의 독일에서부터 오늘날의 싱가포르나 태국에 이르기까지 과학기술이 발달된 자본주의 체제가 정치적인 권위주의와 공존하고 있는 사례도 고금을 불문하고 많이 찾아볼 수 있다. 그리고 권위주의적인 국가가 민주주의적인 국가에서는 도저히 달성할 수 없었던 경제성장을 이루는 경우도 많이 있다.

방향성을 지닌 역사가 존재한다는 근거를 제시하려 한 우리의 최초의 노력은 따라서 부분적인 성과만을 올렸을 뿐이다. 우리가 "근대 자연과학의 논리"라고 부르는 것은 실제로는 역사의 변화에 대한 경제적인 해석이지만, 그것은 궁극적으로 (마르크스의 아류와는 달리) 사회주의가 아닌, 자본주의로 연결된다. 근대 자연과학의 논리는 우리들이 살고 있는 세계의 많은 부분을 설명해 주고 있다. 선진 민주주의 국가의 주민인 우리가 토지로 생활을 꾸려나가는 농민이 아니라 근로자인 이유, 우리들이 종족이나 씨족의 일원이 아니라 노동조합이나 전문조직의 일원인 이유, 우리가 성직자보다는 관료주의적 상급자의 권위에 복종하는 이유, 그리고 누구나 국가 표준어를 읽고, 쓰고, 말하는 이유를 설명해 주고 있다.

하지만 역사에 대한 경제적 해석이라는 것은 역시 불완전하며, 만족스럽지 못하다. 그것은 인간이 단순한 경제적 동물만은 아니기 때문이다. 이와 같은 경제적 해석은 특히, 우리들이 왜 민주주의자인가 하는 점, 즉 우리들이 왜 인민주권의 원리와 법의 지배 아래서 기본권에 대한 보장을 신봉하는지에 대해서는 실질적으로 설명하고 있지 못하다. 바로 이러한 이유로 인해 이 책의 제3부에서는 역사의 과정에 대해 첫 번째 관점과는 평행인 새로운 관점에 대해 설명하고, 인간의 경제적 측면뿐 아니라 그 전체적인 모습을 재파악하고자 한다. 그러기 위해서 우리는 헤겔과 그의 "인정받기 위한 투쟁"에 기초한 비유물론적 역사관으로 되돌아가야 한다.

헤겔에 의하면 인간은 동물과 마찬가지로 의식주, 그리고 무엇보다도 우선 자신의 신체를 보존하고자 하는 자연적인 욕망을 갖는다. 그러면서도 인간은 근본적으로 동물과 구별된다. 왜냐하면 인간은 이러한 자연적 욕구와 더불어 다른 인간의 선망에 대한 욕구, 즉 타인으로부터 '인정받고 싶다'는 욕구를 갖기 때문이다. 특히 사람은 하나의 '인간으로서' 즉 어떠한 가치나 존엄성을 지닌 존재로서 인정받고 싶어 한다.

이러한 인간으로서의 가치욕구는 우선 순수한 위신을 위한 투쟁에 기꺼이 목숨을 거는 자세와 밀접한 관련이 있다. 가장 기본적인 동물적 본능, 그 가운데서도 특히 자기보존의 본능을 극복하면서 더 고차원적이고 추상적인 원리나 목표를 추구해 가는 존재는 인간밖에 없다. 헤겔에 따르면 이 인정에 대한 욕망으로 인해 원시시대에는 두 명의 전사(戰士)가 서로 상대방에게 자신의 인간다움을 인정받을 욕심으로 목숨을 걸고 치명적 결투를 벌이게 된다는 것이다. 그래서 어느 한 편이 죽음에 대한 본능적인 공포로 인해 백기를 들었을 때, 두 전사 사이에는 주군과 노예의 관계가 발생하게 된다. 역사가 시작되는 시점에서의 이 피비린내 나는 전투에 대한 대가는 음식이나 집, 안전 같은 것이 아닌, 순수한 세력과시인 것이다. 또한 그와 같은 결투의 목적이 생물학적으로 정해진 것이 아니라는 바로 그런 이유로, 헤겔은 거기서 인간의 자유에 대한 서광을 본 것이다.

인정받기 위한 욕망이라고 하면 얼핏 익숙지 않은 개념이라고 생각하기 쉽다. 그러나 그것은 서구 정치철학의 전통 만큼이나 오래된 개념으로서, 인간의 속성 가운데 매우 친숙한 부분이다. 인간의 이러한 속성은 플라톤의 《국가》에서 처음으로 묘사되었는데, 여기서 플라톤은 인간의 영혼에는 욕망, 이성, 그리고 그가 말하는 Thymos(튜모스), 즉 "패기"의 세 가지 부분이 있다고 갈파했다. 인간 행동의 대부분은 처음 두 가지 부분, 즉 욕망과 이성의 조합으로 설명될 수 있다. 욕망은 자신이 갖고 있지 않은 것을 구하도록 인간을 충동하며, 인간은 이성 또는 계산에 의해 그것을 손에 넣는 최선의 방법을 알게 된다. 하지만 인간은 자기 자신이나 자민족이나 사물의 가치 또는 원칙에 대해 인정받기를 또한 원하고 있다.

자기 자신에게 어떠한 가치를 부여하고, 그와 같은 가치를 인정받고 싶어 하는 인간의 속성은 오늘날 일상 쓰는 말로 하자면 "자존심"이라고 부를 수 있을 것이다. 자존심을 느끼는 속성은 인간 영혼의 '패기'라고 부르는 부분에서 발생된다. 그것은 인간이 태어나면서 자연히 갖게 되는 정의에 대한 감각과 같은 것이다. 사람들은 자신에게 일정한 가치가 있다고 믿고 있다. 그러므로 타인에게서 자기 생각보다 가치가 없는 인간으로 취급당하면 분노를 느낀다. 거꾸로 자기가 생각한 만큼 가치 있는 생활을 하지 못할 때에는 수치를 느끼며, 자기가 생각하고 있는 가치에 적합한 대우를 받으면 '긍지'를 느끼게 된다. 인정받기에 대한 욕망과 그에 따르는 분노와 수치, 긍지와 같은 감정은 인간 속성의 일부이며, 정치세계에서도 핵심적 요소가 된다. 그리고 헤겔은 이와 같은 감정이 역사의 과정 전체를 움직여 가는 힘이라고 생각한 것이다.

헤겔의 설명에 따르면 존엄성을 가진 인간으로서 인정받고 싶다는 욕망은 역사의 출발점에 선 인간으로 하여금 세력 확장을 위해 목숨을 건 피비린내 나는 싸움을 하게 만들었다. 이러한 결투의 결과 인간사회는 자신의 생명조차 아랑곳하지 않는 주군 계급과 죽음에 대한 본능적 공포에 굴복한 노예 계급으로 분할되었다. 그러나 아무리 이러한 주종관계가 인류

역사의 대부분을 특징짓는 모든 불평등한 귀족사회에 다종다양한 형태로 나타나고 있다 해도, 결국에는 주군과 노예 어느 쪽에도 그들이 품은 욕망을 충족시켜 주지는 못했다. 노예는 물론 어떤 측면에서도 인간으로서 인정받지 못했다.

하지만 주군이 누리던 인정 또한 결함이 있기는 마찬가지였다. 왜냐하면 주군은 다른 주군들로부터 인정을 받는 것이 아니라, 그 인간성 자체가 불완전하다고 여겨지던 노예로부터 인정을 받는 것이었기 때문이다. 그리하여 귀족사회에서는 결함투성이의 인정밖에 받을 수 없다는 사실에 대한 불만이 하나의 '모순'을 형성하여, 그것이 역사의 다음 발전단계를 낳는 결과가 되었다.

주종관계가 본래부터 가지고 있는 이 "모순"은 마침내 프랑스혁명과 미국의 독립혁명에 의해 극복되었다고 헤겔은 생각했다. 이러한 민주주의 혁명의 결과, 노예는 해방되어 스스로의 주인이 되고 인민주권이나 법치와 같은 원칙이 확립되어 주군과 노예의 구별이 일소되게 되었다. 주군과 노예라는 본질적으로 불평등한 인정의 형태는 보편적이고 상호적인 인정으로 대체되었다. 시민 모두가 다른 모든 시민의 존엄과 인간성을 존중하고, 이러한 인간의 존엄성이 권리의 보장이라는 형태로 국가로부터도 인정받게 된 것이다.

자유민주주의의 의미에 대한 당시 헤겔의 이러한 생각은, 영국이나 미국과 같은 나라에 있어서 자유주의의 이론적 토대였던 앵글로색슨적인 이해와는 현저하게 다르다. 앵글로색슨적인 전통에서 볼 때 긍지로 가득한 인정의 추구는 문명화된 이기주의, 즉 이성과 연결된 욕망이나 특히 육체적인 자기보존의 욕망에 종속되는 것이었다. 홉스나 로크, 그리고 미국 건국의 아버지인 제퍼슨이나 메디슨 등에 의하면, 권리라는 것은 대개 사람이 자신을 풍요롭게 하고, 또한 자기 영혼의 욕망을 만족시킬 수 있는 개인적 공간을 보호하는 수단으로서 존재하는 것이었다.[3] 그에 반해서 헤겔은 권리 그 자체를 하나의 목적으로 간주했다. 왜냐하면 인간을 진정으로 만족시킬 수 있는 것은 물질적 풍요가 아닌, 자신의 지위나 존엄이 인정되는 것

---

3) 로크도 그렇지만 특히 Madison은 공화정부의 목적 중 하나가 시민의 긍지 있는 자기주장의 옹호에 있다는 것을 이해하고 있었다. *ibid*, pp.186~188 and footnote 15, pp.160, 367.

이라고 생각했기 때문이다.

헤겔은 미국의 독립이나 프랑스 혁명에 의해 역사는 결국 종말을 맞이했다고 주장하였다. 이는 역사의 과정—즉 인정(認定)받기를 원하는 투쟁—의 원동력이 되었던 욕망이, 보편적이고도 상호적인 인정받기를 특징으로 하는 사회에 의해 마침내 충족되었다고 생각했기 때문이다. 이와 같은 욕망을 더 이상 만족시켜줄 수 있는 사회적 제도는 있을 수 없으며, 따라서 앞으로 역사의 진화는 더 이상 일어날 가능성이 전무(全無)하다는 것이다.

이렇게 해서 우리는 제2부에서 살펴본 바와 같이, 역사를 경제적 관점에서 설명할 때 누락되었던 자유주의 경제와 자유주의적 정치 사이의 잃어버린 고리가 바로 인정받기 위한 욕망이라는 것을 알 수 있었다. 공업화 과정이나 기타 경제활동의 대부분은 욕망과 이성의 두 가지에 의해 충분히 설명될 수 있다. 하지만 그것만으로는 자유민주주의를 향한 투쟁을 설명할 수 없으며, 이는 인정받고자 하는 영혼의 '패기' 부분에서 궁극적으로 비롯되는 것이다. 공업화의 진전에 따른 사회적 변화, 그중에서도 보통교육의 보급은 가난하고 교육받지 못한 사람들에게 그때까지 느끼지 못했던 인정에 대한 욕망을 불러일으킨 것 같다. 생활수준이 향상되고, 도시화가 진전됨과 아울러 교육수준이 높아지고 사회가 전반적으로 평등화되면서 사람들은 단순히 더 많은 부를 추구하는 것이 아니라 자신들의 지위에 대한 인정을 요구하기 시작했다.

만일 인간이 욕망과 이성뿐인 존재에 불과하다면 프랑코 정권하의 스페인, 또는 군사독재하의 한국이나 브라질과 같은 시장경제 지향적인 권위주의 국가 아래에서도 만족하며 살아갈 수 있을 것이다. 그러나 인간은 자기 자신의 가치에 대해 '패기' 넘치는 긍지를 갖고 있기 때문에 그들은 자신을 어린아이 취급이 아닌 어른으로서 대해 주는 정부, 자유로운 개인으로서의 자주성을 인정해 주는 민주적인 정부를 원하게 된 것이다. 오늘날 공산주의가 자유민주주의로 교체되어 가고 있는 것은 공산주의가 인정받기에 대한 중대한 결함을 내포한 통치형태라는 사실이 인식되었기 때문이다.

역사의 원동력인 인정받기 위한 욕망의 중요성을 이해함으로써 우리는 문화나 종교, 노동, 민족주의, 전쟁 등 우리에게 익숙한 여러 가지 현상을 재검토하게 된다. 제4부에서는 바로 이러한 재검토 작업을 통하여 인정받고자 하는 욕망이 장래 어떻게 표출될 것인가를 몇 가지 각도에서 찾아보려 한다. 예를 들면 종교를 믿는 사람은 특정한 신이나 관습에 대해 인정받기를 원한다. 한편 민족주의자는 자신이 속해 있는 특정의 언어적, 문화적 또는 민족적 집단에 대해 인정받기를 원하고 있다. 그러나 이와 같은 인정의 형태는 모두가 자유국가에 대한 보편적 인정에 비해 합리성이 결여되어 있다.

왜냐하면 그것은 성(聖)과 속(俗), 또는 인간사회의 여러 집단에 대한 임의적 구분을 토대로 하고 있기 때문이다. 종교나 민족주의 또는 어떤 민족의 윤리적 습성과 관습의 혼합체(일반적으로 '문화') 등이, 전통적으로 민주주의적인 정치제도나 자유시장경제의 건설에 장애가 된다고 생각되는 이유도 여기에 있다.

그렇지만 사실은 이보다 복잡하다. 왜냐하면 자유주의적인 정치나 경제의 성공 이면에는 자유주의가 극복해야 할 대상으로 여겨온 불합리한 형태의 인정이 근간이 된 경우가 종종 있기 때문이다. 민주주의가 제 기능을 발휘하려면 시민들은 자신의 민주주의 제도에 대해서 논리로는 설명할 수 없는 자긍심을 키워갈 필요가 있으며, 동시에 작은 공동체에 긍지를 가지고 집착하는, 즉 알렉시스 드 토크빌이 말하는 "협조의 기술"을 길러 가야만 한다. 이러한 공동체는 종교나 민족성 또는 자유주의 국가의 기반이 되는 보편적인 인정에는 미치지 못하는, 보다 열등한 인정의 형태에 기인하는 경우가 많다. 자유주의 경제에 대해서도 마찬가지이다. 서구 자유주의 경제의 전통에서 보면, 노동은 인간 욕망의 충족이나 고통의 해소를 위해 할 수밖에 없는, 본질적으로는 불쾌한 활동으로 여겨 왔다. 하지만 유럽의 자본주의를 일으킨 프로테스탄트 기업가들이나 메이지유신 이후 일본을 근대화시킨 엘리트들에게서 찾아볼 수 있는 바와 같은 강한 노동윤리를 가진 문화적 배경에서는 노동이 인정받기 위한 행위가 되기도 한다. 오늘날까지도 아시아 여러 나라에서의 노동윤리는 물질적인 동기가 아닌, 오히려 그 사회의 토대를 이루는 (가족에서 국가에 이르기까지의) 각계각층의 여러 집단이 노동에 대해 부여하는 인정으로 지탱되고 있는 것이다. 이로써 우리는 자유주의 경제의 성공이 단순히 자유주의적인 원리와 원칙에 근거할 뿐 아니라 그 성공을 위해서는 불합리한 형태의 '패기'라는 것 또한 필요하다는 점을 알게 되었다.

인정받기 위한 노력을 이해하게 됨에 따라 우리는 국제 정치의 본질을 파악할 수 있게 되었다. 최초의 두 사람의 원시 전사 사이에서 세력 확장을 위한 목숨을 건 결투를 벌이도록 만든 인정에 대한 욕망에서 우리는 논리적으로 제국주의나 세계제국과 같은 개념을 도출할 수 있다. 국내적 차원에서의 지배와 복종의 관계는 당연히 국제적인 차원에도 그대로 적용되어, 모든 나라가 국가로서의 인정과 우월성을 추구하며 피비린내 나는 전쟁으로 돌입하게 되는 것이다. 근대적이기는 하지만 충분히 합리적인 인정의 형태가 아닌 민족주의는 과거 수백 년간에 걸쳐 인정받기 위한 투쟁을 불러 일으켰으며 금세기 최대의 갈등에 대한 원인이 되었다. 이것이 헨리 키신저와 같은, 외교정책에서의 "현실주의자"들이 그려낸 "무력외교" *Power Politics*의 세계인 것이다.

하지만 만일 전쟁이 근본적으로 인정받기 위한 욕망에 의해 일어나는 것이라고 한다면, 과거의 노예가 스스로의 주인이 되도록 함으로써 주종관계를 일소한 자유주의 혁명은 국가 간의 관계에서도 마찬가지의 성과를 이루어야만 한다고 생각된다. 자유주의로 인해 다른 나라 이상으로 위대한 나라로 인정받고 싶다는 비이성적 욕망은 다른 나라와 대등한 나라로 인정받고 싶다는 이성적 욕망으로 대체된다. 자유민주주의 국가들로 구성된 세계는 모든 나라가 각각의 정통성을 서로 인정하기 때문에 전쟁을 일으킬 계기는 훨씬 적어질 수밖에 없다. 그리고 실제로 자유민주주의 국가가 자기와 같은 가치를 공유하고 있지 않은 비민주주의 국가와 전쟁을 벌일 능력이 충분히 있더라도, 이러한 국가는 좀처럼 제국주의적인 행동을 취하지 않는다고 하는 실험적 증거를 과거 수백 년간의 역사를 돌아보더라도 상당히 많이 발견할 수 있다. 민족주의는 현재 동유럽이나 구소련과 같이 오랫동안 국민적 아이덴티티가 부정되어온 지역에서 고양되고 있기는 하다. 하지만 세계에서 가장 오래되고 안정된 나라들에서는 민족주의 그 자체가 변화하고 있다. 서유럽에서는 국가적인 인정을 요구하는 목소리가 점차 세력을 잃어가고, 3, 4백년 전의 종교가 그러했듯이 보편적인 인정과 충돌하지 않는 쪽으로 변화되고 있다.

이 책의 마지막 부분인 제5부에서는 "역사의 종말"에 대한 문제와 이러한 최종 단계에 출현하는 존재, 즉 "최후의 인간"에 대해서 언급하고 있다. '내셔널 인터레스트'지에 게재한 논문을 둘러싸고 벌어진 논의에서 많은 사람은 역사의 종말에 대한 가능성을 판단하는 기준으로 오늘날 세계에 자유민주주의를 대신할 만한 다른 정치체제는 나타나지 않았는지 살펴보았다. 그래서 공산주의는 진정 사멸한 것인지, 종교나 초국가주의는 부활할 것인지 등의 문제에 대하여 실로 많은 논의가 있었다. 그러나 보다 중요하고 의미 깊은 문제는 과연 자유민주주의 그 자체가 지선(至善)의 정치형태인가, 아니면 자유민주주의는 단순히 오늘날의 경쟁적 정치형태에 비해 우위를 나타내고 있을 뿐인가 하는 점이다. 자유민주주의가 당장에는 외적으로부터 안전하게 몸을 지키고 있다 하여도, 과연 민주사회의 성공이 이대로 영원히 지속된다고 믿어도 좋은지, 아니면 자유민주주의도 역시 심각한 내부 모순의 제물이 되어 최후에는 그 정치 시스템이 붕괴하지는 않을까 하는 논의이다. 분명히 현대의 민주주의 국가는 마약이나 무주택, 범죄 등의 문제에서부터 환경 파괴나 과소비 문제에 이르기까지 수많은 심각한 문제에 직면해 있다는 것은 의심할 여지가 없다. 그러나 이러한 문제는 자유주의 원리 하에서도 도저히 해결 불가능한 문제는 아니며, 1980년대에 공산주의가 붕괴한 것처럼 사회 전체를 붕괴로 몰고 갈 정도로 심각한 문제도 아닌 것이다.

20세기가 낳은 헤겔의 위대한 해석자 알렉산드로 코제에브는 단호한 어조로 역사는 종말에 이르렀음을 선언했다. 그는 "보편적이고 균질적인 국가"라고 부르는 체제, 즉 우리들이 자유민주주의로 이해하고 있는 체제로 인해, 지배와 복종의 관계가 보편적이고 평등한 인정(認定)의 상태로 바뀜으로써 인정에 얽힌 문제가 완전히 해결되었다고 생각했던 것이다. 인간이 역사의 과정에서 추구해 온 것, 즉 "역사의 제단계(諸段階)"의 원동력이 되어 온 것은 인정이었다. 현대 세계에서 인간은 결국 그것을 발견하고, 그리고 "완전한 만족"을 얻은 것이다. 코제에브의 이와 같은 주장은 진지한 것이었고, 따라서 우리들로서도 이를 진지하게 받아들여야 할 것이다. 왜냐하면 인류사의 수천 년에 걸친 정치라는 문제는 사실은 이러한 인정의 문제를 해결하기 위한 노력이라고도 볼 수 있기 때문이다. 인정은 전제정치나 제국주의 또는 지배의 욕망에 대한 근원이며, 따라서 정치의 가장 핵심 문제인 것이다. 그러나 인정이 아무리 어두운 면을 갖고 있다고 하더라도, 이것을 정치세계에서 간단히 일소할 수는 없다. 왜냐하면 인정은 용기나 공명심, 정의와 같은 정치적 미덕에 대한 심리적인 기반을 이루고 있기 때문이다.

모든 정치적 공동체는 인정에 대한 욕망을 이용하지 않을 수 없으며, 동시에 그 파괴적인 효과로부터 스스로를 보호할 수 있어야만 한다. 만일 현대의 입헌주의(立憲主義)가 만인을 인정하면서도 독재자의 출현을 저지할 수 있는 방법을 실현해 냈다고 한다면, 이러한 정치체제는 이제까지 지구상에 나타났던 모든 통치체제 중에서도 최고의 안정과 장수를 누릴 수 있을 것이다.

그러나 현대 자유민주주의 국가의 시민들이 얻은 인정은 과연 "완전한 충족"을 주고 있을까? 자유민주주의의 미래와 언젠가 나타날지도 모르는 이것의 대체 체제는 무엇보다도 이 의문에 대한 대답 여하에 좌우된다고 할 수 있다. 제5부에서는 좌익과 우익 양쪽이 이 문제에 대해 일반적으로 어떠한 반응을 나타내는지 설명하고 있다. 좌익에서는 누구나 이렇게 말할 것이다. 자본주의는 경제적 불평등을 낳고, 또한 '그 자체'가 불평등한 인정을 의미하는 노동의 분업을 요구하므로 자유민주주의의 경우 보편적인 인정은 불완전한 것일 수밖에 없다고. 이러한 관점에서 보면 어떤 나라가 아무리 최고의 번영을 구가하고 있다 하더라도 아무것도 해결될 수 없을 것이다. 그 나라에는 여전히 상대적으로 빈곤한 사람이 있을 것이며, 그들은 같은 나라 국민의 눈에는 인간으로 비추어지지 않는 존재일 수밖에 없기 때문이다. 자유민주주의란 바꾸어 발하면, 평등한 사람들을 불평등하게 인정해 가는 것이다.

이에 반하여 보편적인 인정에 대한 우익 측의 비판은, 내 견해로는, 보다 강력한 것으로 생각된다. 그 비판은 프랑스 혁명의 공약이라고 할 수 있는 인류 평등의 실현이 가져온 평준화와 깊은 관련이 있다. 이러한 우익 측의 견해를 가장 잘 대변해 주고 있는 철학자는 프리드리히 니체로서, 그의 견해는 어떤 측면에서 보면 민주주의 사회에 대한 위대한 관찰자였던 토크빌에게는 예상했던 것일 수도 있다. 니체에 의하면 근대의 민주주의란, 예전의 노예가 스스로 주군이 된 것이 아니라, 노예와 일종의 노예적 윤리가 무조건적인 승리를 거두었음을 의미한다. 자유민주주의에서 전형적인 시민이란, 근대자유주의 창시자들로부터 조련되어, 쾌적한 자기 보존을 위해서라면 자신의 훌륭한 가치에 대한 긍지 높은 신념마저 내던져 버리는 "최후의 인간"이었다. 자유민주주의는 "가슴이 없는 인간" 즉, 욕망과 이성만으로 만들어진 '패기'가 부족한 인간, 장기적인 사리사욕의 이해타산을 통해서 너저분한 욕구를 계속해서 채워나가는 데에만 눈치가 빠른 인간을 낳은 것이다. 이 최후의 인간은 타인보다 훌륭한 존재로 인정받고 싶다는 욕망 따위는 털끝만큼도 갖고 있지 않으며, 그와 같은 욕망 없이 인간은 어떠한 미덕이나 업적도 이룰 수 없다. 자신의 행복에 만족하고, 하찮은 욕망을 뛰어넘을 수 없는 자신에게 아무런 수치심도 느끼지 않는 최후의 인간은 요컨대 인간이기를 포기한 존재이다.

　이와 같은 니체 사상의 흐름을 따르다 보면 우리들은 다음과 같은 의문에 부딪친다. 단순히 보편적이고 평등한 인정만으로 완전히 만족할 수 있는 인간이란 도저히 완전한 인간이라고 부를 수 없는 존재가 아닐까? 그런 인간은 사실상 경멸의 대상이며, 노력도 열정도 갖지 못한 "최후의 인간"은 아닐까? 인간의 성격에는 어딘가 투쟁이나 위험, 모험이나 대담함을 의도적으로 추구하는 면이 있는 것은 아닐까? 그리고 그와 같은 측면은 현대 자유민주주의의 "평화와 번영"에 의해서는 결코 채워질 수 없는 것은 아닐까? 타고난 불평등을 인정함으로써 만족을 느끼는 인간도 있지 않겠는가? 실제로 이 불평등한 인정에 대한 욕망이 옛날의 귀족사회는 물론 현대의 자유민주주의에서도 인생을 살 만한 가치가 있는 것으로 만드는 요소가 되는 것은 아닐까? 자유민주주의가 살아남을지 어떨지는, 어느 정도는 거기서 살아가는 시민이 단순히 자신을 타인과 평등하다고 생각하지 않고, 타인보다 뛰어난 인간으로 인정받고 싶다고 바라는 정도에 달려 있는 것은 아닐까? 그리고 멸시할 만한 "최후의 인간"이 되기를 두려워함으로 해서, 사람들은 새롭고 예측하지 못했던 방법으로 자기주장을 제시하고, 나아가 또다시 짐승과 같은 "최초의 인간"으로 돌아가, 이번에는 현대 병기를 손에 들고 세력 확장을 위해 피비린내 나는 전투를 벌이게 되지는 않을까?

　이상과 같은 물음에 답하고자 하는 것이 이 책의 목적이다. 그리고 진보라는 것이 과연 존재하는가라든지, 또는 일관된 방향성이 있는 인류의 보편적 역사를 우리는 구축해 갈 수 있는가 등의 문제를 생각하면 이와 같은 의문은 자연히 떠오르는 것이다. 좌우익의 전체주의가 위세를 떨치며 혼란스럽게 한 덕택에 우리는 금세기의 대부분 기간 동안, 인류의 보편적인 역사라는 문제를 고찰해볼 여유가 없었다. 하지만 금세기도 끝나가는 현재, 이러한 전체주의가 쇠퇴함에 따라 우리들은 이제 다시금 이 오래된 문제를 고찰해볼 수 있게 된 것이다.

제1부
새롭게 제기된 낡은 질문

I
우리 시대의 비관론

> 임마뉴엘 칸트처럼 온당하고도 진지한 사상가도, 전쟁은 신의 뜻을 따르는 것이라고 진심으로 믿을 수 있었다. 하지만 히로시마 원폭 이후, 모든 전쟁은 잘해야 필요악 정도로 여겨지고 있다. 성 토마스 아퀴나스처럼 덕망 있는 신학자조차도, 폭군이 없으면 순교의 기회도 없는 것이므로, 폭군은 신의 뜻에 따라 봉사하고 있는 것이라고 진지한 자세로 논할 수 있었다. 하지만 아우슈비츠 학살 이후 이와 같이 말하는 자는 누구든지 불경죄에 처해지고 말 것이다······(중략)······근대의 진보된 기술사회에서 일어난 이 처절한 사건들 이후에, 도대체 누가 아직까지도 신은 필연적인 진보라든지, 신이 그 섭리를 역설적으로 구현하고 있다고 믿을 것인가?
> ―에밀 파켄하임 《역사에서의 신의 존재》[1]

20세기는 우리 모두를 역사에 대한 깊은 비관론자로 바꾸어 놓았다고 해도 과언이 아니다.

물론 우리들 한 사람 한 사람은 자신의 건강이나 행복에 대해서 낙관적으로 예측하고 있을 수 있다. 오랜 전통에 의해 미국인은 미래에 대해 끊임없이 기대를 품고 있는 것 같다. 하지만 지금까지의 역사는 과연 진보해왔고 앞으로도 진보할 것인가 하는 식의 한층 커다란 문제에 직면했을 때, 그 대답은 전적으로 달라진다. 금세기의 가장 우수한 지성의 소유자들조

---

1) Emile Fackenheim, *God's Presence in History: Jewish Affirmations and Philosophical Reflections* (New York: New York University Press,1970), pp. 5~6.

차도 세계가, 우리 서양인들이 진지하고 인도적이라고 여기는 정치제도, 즉 자유민주주의를 지향하고 있다고 생각할 근거는 어디에서도 찾아내지 못하고 있다. 우리 시대의 가장 심오한 사상가들조차, 세상사의 큰 획에 의미 있는 질서체계를 부여하는 행위로서의 역사 따위는 존재하지 않는다고 결론짓고 있다. 우리들 자신의 체험을 돌이켜보아도 그것은 명백하다. 미래는 광신적인 독재주의나 처참한 종족 말살로부터, 작금의 소비주의가 가져온 생활의 진부화에 이르기까지 새롭고 상상도 못한 해악을 잉태하고, 게다가 핵겨울(핵전쟁이 일어났을 때 핵폭발과 화재로 대기 중에 분출된 연기와 분진으로 태양빛이 차단되고 지구가 한랭화하는 현상)이나 지구 온난화 등 전대미문의 재앙이 우리들을 기다리고 있는 것으로 생각된다.

20세기의 비관주의는 이전의 낙관주의와 현저한 대조를 나타낸다. 유럽의 19세기는 전쟁이나 혁명과 같은 동란에 의해 막을 올렸지만, 전체적으로는 평화의 세기였으며 물질적인 풍요가 유례없이 증대된 세기였다. 당시의 낙관주의는 크게 말해서 두 가지 근거를 가지고 있다. 첫째는 근대과학이 질병이나 빈곤을 정복함으로써 인간생활을 개선해줄 것이라는 신념이다. 오랫동안 인간에게 적대적이었던 자연도 근대과학에 의해 지배되고, 인류의 행복이라는 목적을 위해 봉사할 것이라고 여겨졌다. 둘째로는 자유민주주의 체제가 더욱 더 많은 나라로 점차 확산될 것이라는 점이다. "1976년(미국의 독립) 정신"이나 프랑스혁명의 이념은 세계의 폭군, 독재자 그리고 깊은 미신에 빠진 사제나 승려들을 타파할 것으로 생각되었다. 권위에 대한 맹목적 복종은 이성적인 자치정부 체제로 대체되며, 거기에서는 만인이 자유롭고 평등하며, 자신 이외의 어떤 주인에게도 무릎을 꿇을 필요가 없을 것으로 여겨졌다. 도도한 문명화의 흐름에 비추어보아, 나폴레옹 전쟁과 같이 피비린내 나는 전쟁조차도 결과적으로 사회의 진보에 기여한다고 사상가들은 해석했다. 그것은 이러한 전쟁이 공화체제의 보급을 촉진했기 때문이었다. 진지하냐 그렇지 못하냐를 떠나서 많은 이론이 발표되었으며, 이들은 인간 역사가 일관된 총체적 모습을 나타내고 있고, 인간 역사의 우여곡절조차도 오늘날의 좋은 결과를 가져오는 실마리가 된 것으로 간주할 수 있다고 설명하였다. 1880년에 로버트 매킨지라는 인물은 다음과 같은 글을 남겼다.

인류의 역사는 진보의 기록이다. 지식의 축적과 지혜의 증가, 지성이나 복지가 보다 낮은 단계에서 보다 높은 단계로 끊임없이 진보하는 것에 대한 기록이다. 각 세대는 자신들이 이어받은 유산을 자신들의 경험을 통해 보다 유익한 방향으로 수정하고, 자신들의 힘으로 얻은 모든 승리의 열매로 이를 개선하여 다음 세대에게 넘긴다 ……(중략)……인간 복지의 향상은 고집스러운 왕자의 방자한 간섭에서 벗어나 이제는 위대한 신의 자비로운 섭리 아래에 놓여졌다.[2]

1910년부터 1911년에 걸쳐 출판된 유명한 《브리태니커백과사전》의 제11판에서는 "고문"이라는 표제 아래에, "유럽에 관한 한 이 문제는 단순한 역사적 관심사 중 하나에 불과하다"는 설명을 싣고 있다.[3] 제1차 세계대전 전야에 저널리스트 노만 엔젤은 그의 저서 《위대한 환영(幻影)》을 편찬하고, 자유무역이 이미 영토확장주의를 쇠퇴시켜, 앞으로 전쟁은 경제적으로 불합리한 것이 되고 말았다고 주장했다.[4]

금세기의 극단적인 비관주의는 이러한 이제까지의 기대가 무참하게 부서져 버린 것에서도 일부 기인한다고 할 수 있다. 제1차 세계대전은 유럽의 자신감을 손상시키는 결정적인 사건이 되었다. 이 전쟁이 독일이나 오스트리아, 러시아의 군주제도로 대표되는 낡은 정치질서를 붕괴시킨 것은 말할 것도 없지만, 사람들의 정서에도 그 이상으로 커다란 영향을 미친 것이다. 4년에 걸친, 필설로는 형언할 수 없는 비참한 참호전 속에서 고양이 마빡만한 황폐한 영토를 둘러싸고 수만 명이 단 하루 만에 죽어갔다. 폴 파셀의 말을 빌면, "1세기 동안 대중의 의식을 지배해 왔던 당시 유행하던 사회개량론(인간의 노력으로 세계는 개선될 수 있다는 설)이라는 신화에 대한 무서울 정도의 부끄러움"이 "진보라는 관념"을 덮어버린 것이다.[5] 충성,

2) Robert Mackenzie, *The Nineteenth Century-A History*, quoted in R. G. Collingwood, *The Idea of History* (New York : Oxford University Press, 1956), p. 146.

3) *Encyclopaedia Britannica*, eleventh edition (London, 1911), vol. 27, p. 72.

4) Norman Angell, *The Great Illusion : A Study of the Relation of Military Power to National Advantage* (London : Heinemann 1914).

5) Paul Fussell, *The Great War and Modern Memory* (New York : Oxford University Press,

근면, 인내, 애국심 같은 미덕도 조직적이고 무의미한 대량학살을 위해서
만 발휘되도록 요구되었기 때문에 이러한 가치관을 창조한 부르주아 사회
자체의 신용이 실추되었다.[6] 에리히 마리아 레마르크가 쓴 《서부전선 이
상 없다》의 주인공인 젊은 병사 폴은 이렇게 설명한다.

"우리들 18세의 젊은이들에게 있어 (학교의 교사들은) 성숙한 세계에 대
한 중개자이며, 노동과 의무, 문화와 진보라는 세계로의, 즉 미래로의 안내
자였어야 했다. …… 그러나 우리들이 본 최초의 죽음으로 인해 이 확신은
산산조각이 나버렸다."

베트남 전쟁 당시에도 미국의 젊은이들이 흔히 인용하던 말이지만, 이
주인공은 "우리들 세대가 어른들 세대보다는 더 신뢰할만한 것이다"라고
결론짓고 있다.[7] 유럽의 공업발전이 도덕적인 구원이나 의미 따위는 전혀
없이 무의미한 전쟁으로 진화해가는 것을 보면서, 우리는 역사에서 커다란
패턴이나 의미를 발견하고자 하는 모든 노력들에 대해 신랄한 비판을 가
하게 된다. 그래서 영국의 유명한 역사가 H.A.L. 피셔는 1934년에 다음과
같이 주장할 수 있었다. "나보다 현명하고 박식한 사람들은 역사 속에서
줄거리나 리듬, 사전에 정해진 패턴을 식별해냈다. 이와 같은 하모니는 내
눈에는 보이지 않는다. 내게 보이는 것은 오로지 계속해서 밀려오는 파도
와 같이 하나 또 하나 계속해서 일어나는 위급한 사태들뿐이다."[8]

제1차 세계대전은 결국, 새로운 형태의 여러 가지 악이 거듭 출현하는
것을 알리는 서곡에 불과했다. 근대과학이 자동소총이나 폭격기와 같이
공전의 파괴력을 지닌 무기를 가능하게 했다면, 근대정치는 유례없이 강력
한 권력을 가진 국가를 낳아 그 호칭으로는 '전체주의'라는 새로운 말을
만들어내야 할 정도였다. 이 새로운 형태의 국가는 효율적인 경찰력, 대중
정당, 그리고 인간생활의 모든 면을 관리하고자 하는 급진적인 이데올로기

    1975).

6) 이 점에 대해서는 Modris Eksteins, *Rites of Spring : The Great War and the Birth of the
    Modern Age* (Boston : Houghton Mifflin, 1989), pp. 176~191 ; and Fussell, *The Great War
    and Modern Memory*, pp. 18~27.

7) Erich Maria Remarque, *All Quiet on the Western Front* (London : G. P. Putnam's Sons,
    1929), pp. 19~20.

8) 인용은 Ecksteins, *Rites of Spring : The Great War and the Birth of the Modern Age*, p.
    291.

를 바탕으로 세계정복이라는 유례없이 야심적인 계획에 들어갔다.

히틀러의 독일과 스탈린의 러시아라는 전체주의 정권이 범한 민족 말살의 대죄는 인류의 역사에서 그 유례를 볼 수 없는 것으로, 그것은 여러 견지에서 보아 근대화 그 자체에 의해서만 잉태될 수 있는 것이었다.[9] 물론 20세기 이전에도 피비린내 나는 폭정이 여러 차례 있었지만, 히틀러와 스탈린은 똑같이 근대 과학과 근대 정치조직을 악에 대한 봉사에 이용한 것이다. 유럽의 유대인, 또는 러시아의 부농(클라크)과 같은 하나의 인간 부류 전체를 뿌리째 뽑아버리겠다는 것은, 그 이전의 "전통적"인 폭정에서는 기술적으로 불가능한 야심적인 기도였다. 그러나 이러한 기도가 가능했던 것은 바로 지난 세기까지의 기술적, 사회적 진보 때문이기도 한 것이었다. 이러한 전체주의적 이데올로기에 의해 개시된 전쟁도 또한 새로운 종류의 것으로서, 민간인의 대량학살과 경제자원의 대량 파괴를 일삼아, "총력전"이라는 신조어까지 만들어냈다.

자유민주주의 국가 진영에서는 이러한 위험으로부터 스스로를 보호하기 위하여, 드레스덴(독일 동부의 엘베강변의 도시, 제2차 세계대전 말기에 미국, 영국의 대공습을 받아 파괴되었다)이나 히로시마 폭격 등, 예전 같으면 민족말살이라 불릴 만한 군사전략을 수용하지 않을 수 없게 되었다.

19세기의 진보이론은 인간의 악을 사회발전의 후진성과 연결지어 생각했다. 그리고 분명히 스탈린이즘은 전제통치로 유명했던 반유럽적인 후진국에서 생겨났다. 하지만 유대인 대학살은 유럽에서 가장 산업경제가 발달되고 그 국민의 문화나 교육정도가 1, 2위를 다투는 발달된 나라에서 발생한 것이다. 이와 같은 사건이 독일에서 일어날 수 있었다면, 그것은 다른 어느 선진국에서도 일어날 수 있었던 것이 아닐까? 그리고 경제발전이나 교육, 문화가 나치즘과 같은 현상을 막아주는 보장이 되어줄 수 없다면 역사의 진보란 도대체 무엇을 말하는 것인가?[10]

20세기의 체험은 과학과 테크놀로지에 바탕을 둔 진보 논리에 커다란

---

9) 이 점에 대해서는 Jean-François Revel, "But We Follow the Worse……", *The National Interest* 18 (Winter 1989-1990) : 99~103

10) 나의 첫논문 "*The End of History*"에 대한 Gertrude Himmelfarb의 비판을 참조. *The National Interest* 16(Summer 1989) : 25~26, 또는 Leszek Kolakowsky, "Uncertainties of a Democratic Age," *Journal of Democracy* I no. 1(1990) : 47~50을 참조.

의문을 던져 주었다. 이는 테크놀로지가 인간의 생활을 개선할 수 있는지의 여부가 오로지 그것에 대응되는 인간 모럴의 진보 여하에 달려있기 때문이다. 모럴이 진보되지 않으면 테크놀로지의 힘이 사악한 목적에 이용될수밖에 없으며, 인류는 지금보다도 더욱 열악한 상황으로 빠져들고 말 것이다. 20세기의 총력전은 철강이나 내연기관, 항공기 등 산업혁명이 가져다준 진보 없이는 불가능했을 것이다. 그리고 히로시마 이후의 인류는 무엇보다도 무서운 테크놀로지의 진보, 즉 핵무기의 위협에 시달리면서 살아가고 있다.

근대과학에 의해 달성될 수 있었던 꿈같은 경제성장이라는 것도 지구 각지에서 환경파괴를 일으키고, 나아가 지구 전반에 걸친 생태계의 붕괴를가져올 위험을 낳는 어두운 측면이 있다. 전 세계를 연결하는 정보 테크놀로지나 순간 교신의 통신기술이 민주주의 이념을 확산하여 왔다는 주장을 자주 접할 수 있다. 사실 CNN이 1989년의 천안문 광장 점거사건이나, 같은 해 동유럽 여러 나라에서 일어난 혁명을 전 세계에 보도한 것은 그한 예가 될지도 모르겠다. 하지만 통신 테크놀로지 그 자체는 가치 중립적이다. 아야툴라 호메이니의 반동사상은 이란 국왕의 경제 근대화 정책에의해 널리 보급된 카세트 녹음기를 통해서 1978년의 혁명에 앞서 이란으로유입되었다. 만일 텔레비전이나 순간 교신의 세계 통신망이 1930년대에 존재했었다면, 그것은 레니 리펜슈타르나 요세프 괴벨스 등 나치 선전 담당자들의 손에 의해, 민주주의의 이념이 아닌 파시즘 이념의 선전 보급을 위해 정말로 효과적으로 이용되었을 것이 틀림없다.

20세기에 상처를 남긴 일련의 사건은, 동시에 심각한 지성의 위기도 초래했다. 인류가 어느 방향으로 가고 있는지 알아야만 우리는 역사의 진보에 대해서 이야기할 수 있다. 19세기에는 대개의 유럽인이 진보란 민주주의를 향한 움직임이라고 생각했었다. 하지만 20세기에 살고 있는 대다수의사람들에게 있어서 이 문제에 대한 공감대는 존재하지 않는다. 자유민주주의는 2개의 주요한 경쟁적 이데올로기, 즉 파시즘과 코뮤니즘의 도전을받았다. 이러한 이데올로기는 더 나은 사회에 관하여 자유민주주의와는근본적으로 다른 비전을 제시하였던 것이다. 서방측 사람들조차도 자유민주주의가 과연, 모든 인류가 그토록 염원하는 목표인지에 대하여 회의를

갖게 되었고, 틀림없이 그렇다고 말하던 이전의 자신감은 협소한 자기중심
주의의 결과가 아니었을까 하고 사람들은 의심하게 되었다. 처음에는 식민
지의 지배자로, 다음에는 냉전기간 중의 비호자, 그리고 주권국가 세상이
되었을 때는 원칙적 대등관계로서 비 유럽세계와 대면하게 되었을 때 유럽
인은 그들 자신의 이념에 대한 보편성에 의심을 품게 되었던 것이다.

양대 세계대전을 거치면서 유럽 국가 시스템이 보여준 스스로의 목을 매
는 듯한 자기 파괴적 기질은 서구 합리주의의 우월성에 금이 가게 하였으
며, 19세기의 유럽인에게는 본능적으로 이해되던 문명과 야만의 차이도,
나치의 죽음의 수용소를 경험한 이후에는 거의 판별이 불가능해지고 말
았다. 인류사는 하나의 방향으로 나아가는 것이 아니고, 지향하는 목표는
국민이나 문명의 수만큼이나 많이 존재하며, 그 중에서 자유민주주의는
전혀 특별한 것이 아닌 것처럼 비쳐지게 된 것이다.

우리 시대에 있어, 비관주의가 가장 선명하게 표출된 예는 자유민주주의
에 상대되는 전체주의 체제인 강력한 공산주의가 영원히 존속할 것이라고
거의 모든 사람이 믿고 있었다는 점이다. 키신저는 미 국무장관을 지내던
1970년대에 국민에게 이렇게 경고했다. "오늘날 우리들은 역사상 처음으
로, (공산주의의) 도전은 끝없이 지속될 것이라는 냉엄한 현실에 직면하고
있다. ……우리들의 외교정책도 다른 나라들이 수세기 동안 전개해온 것
과 마찬가지 형태로 변해야 한다. 그것을 피할 방법은 없으며, 숨 돌릴 여
유도 없다. …… '이러한 상태는 앞으로도 계속될 것이다.'"[11] 키신저에 의
하면, 당시의 소련과 같은 적대국의 근본적인 정치·경제구조를 개혁하려고
시도하는 것은 유토피아적 이상주의로 생각했다. 정치적 성숙이란, 세계는
이래야만 한다는 자세가 아니라 있는 그대로 수용하는 것이며, 이는 브레
즈네프가 지배하는 소련과의 타협을 의미했다. 그렇게 함으로써 공산주의
와 민주주의 간의 대립은 완화될 수 있었지만, 세상을 종말로 이끄는 전쟁
가능성은 완전히 불식되지 않은 채 남아있게 된 것이다.

키신저의 의견은 조금도 유니크한 것이 아니다. 정치나 외교관계 전문가

---

11) ' '는 필자가 강조한 것임. Henry Kissinger, "The Permanent Challenge of Peace : US
Policy Toward the Soviet Union," in Kissinger, *American Foreign Policy*, third edition
(New York : Norton, 1977), p. 302.

들은 사실상 한 사람도 빠짐없이 공산주의가 영구불변하다고 믿고 있었다. 그러했기 때문에 1980년대 후반에 공산주의가 세계적으로 붕괴했을 때, 이들은 거의 완전히 허를 찔린 격이 되었다. 이렇게 예측이 빗나가게 된 것은 단순히 사물에 대한 "공평한" 판단기준을 흐리게 만들어 버리는 교조주의만의 문제는 아니다. 정치적으로는 좌익도 우익도 중도마저도, 저널리스트도 학자도, 그리고 동서 양 진영의 정치인들도 모두 그 영향을 받았다.[12] 당파간의 우열과 무관하게 깊고 넓게 자리잡고 있던 이같은 맹점은, 금세기의 여러 사건들에 의해 발생된 역사에 대한 극단적 비관주의에 근거한 것이다.

최근 들어 1983년만 해도, 장 프랑스와 라벨은 "민주주의는 결국 하나의 역사상의 사건, 우리들의 눈앞에서 막을 내리는 짧막한 사건에 불과할지도 모른다……"라고 말했다.[13]

물론 우파세력은, 공산주의 지배하에 있는 주민들에게 있어서, 공산주의는 아무런 합법성도 얻고 있지 못하다고 생각해 왔으며, 사회주의 경제체제의 붕괴를 불을 보듯 환히 내다보고 있었다. 하지만 그 우파의 대부분은, 구소련과 같은 "실패한 사회"에서도 레닌식의 전체주의를 만들어 내어 통치의 근간을 마련하고, 그것에 의해 소수의 "관료적 지배자"는 다수의 국민에 대하여 근대적인 조직이나 테크놀로지의 힘을 이용하여 거의 영구적으로 지배력을 발휘할 수 있을 것이라고 믿었던 것이다.

전체주의는 자신이 지배하는 주민을 위압하는데 성공했을 뿐만 아니라, 공산주의적 가치관을 그들에게 심는 것에도 성공했다. 바로, 1979년의 저명한 논문에서 진 커크패트릭은 바로 이 점을 전통적인 우익 독재주의 정권과 급진적인 좌익 전체주의와의 차이 가운데 하나로 들고 있는 것이다. 우익 독재정권이 "기존의 부와 권력과 지위의 분배 양태를 그대로 방치하고," "전통적인 신들을 숭상하며, 전통적인 금기를 준수하는"데 반하여

---

12) 여기에는 현재의 저술가도 포함된다. 예를 들면 1984년에는 다음과 같은 것이 지적됐다. "소련에 대한 연구를 전문으로 하는 미국인들 간에는 실로 일관된 경향이 존재해 왔다. 그것은 소비에트의 체제적 결함을 과장해 소비에트 체제의 효율성과 다이너미즘을 과소평가하는 경향이다." *The American Spectator* 17 no. 4 (April 1984) : 35~37에 게재된 Robert Byrnes, ed., *After Brezhnev*에 대한 서평에서 인용.

13) Jean-François Revel, *How Democracies Perish* (New York : Harper and Row, 1983), p. 3

급진적인 좌익 전체주의는 "사회 전체에 걸친 관할권을 주장하며," "익숙해진 가치관이나 습관"을 침해하려고 한다. 전체주의 국가는 단순한 독재주의 국가와는 대조적으로 하부사회를 한치의 틈도 없이 컨트롤할 수 있으므로, 근본적으로는 변화나 개혁의 물결에 꿈쩍도 하지 않으며, 따라서 "금세기의 역사를 보면, 급진적인 전체주의 정권이 자기 변혁을 겪게 될 것이라고 기대하는 것은 완전히 무리한 이야기" 라는 것이다.[14]

이와 같은 전체주의 국가의 역학관계를 믿게 된 근저에는, 민주주의에 대한 자신감이 결여되어 있음을 엿볼 수 있다. 아직도 민주주의를 달성하지 못한 제3세계 국가들이 앞으로 민주화에 성공할 전망은 거의 없다고 말하는 커크패트릭의 견해(거기에는 공산주의 정권의 민주화 가능성은 완전히 배제되고 있다)나, 유럽과 북미에 뿌리내린 강력한 민주주의도, 자신을 지킬 만큼의 확고한 자신감이 없어지고 있다는 라벨의 생각에서 우리는 이러한 민주주의에 대한 자신감의 결여를 쉽게 찾아볼 수 있다. 민주화의 성공에 빼놓을 수 없는 경제적, 사회적, 문화적 요소를 수없이 거론하면서 커크패트릭은, 언제 어디서 어떤 정부이든 민주화시킬 수 있다고 생각하는 것은 전형적인 미국적 발상이라고 비판했다. 제3세계 안에 민주화의 중심지가 존재할 수 있다고 하는 발상은 착각이고, 환상에 불과하며, 역사적 경험이 보여주듯이 세계는 우익 독재주의와 좌익 전체주의로 양분되어 있다는 것이다.

한편 라벨은 민주주의 국가가 장기간에 걸쳐 신중한 외교정책을 유지하는 것은 지극히 어렵다고 주장하는 토크빌로부터 시작된 비판을 훨씬 극단적으로 재주장하였다.[15] 그의 주장에 따르면 민주주의는 그 민주적 성격, 즉 의견의 다양성이나 민주적 토론에 부수되는 자기불신이나 자기비판에 의해 손상되고 있다. 이렇게 해서 "현상태에서는 비교적 하찮은 불평불만의 씨앗이 민주주의 국가를 부식시키고 어지럽히고 마비시키고 있으며, 그 진행속도와 심각성의 정도는 심각한 기아나 끊임없는 빈곤이 공산주의

---

14) Jeanne Kirkpatrick, "Dictatorships and Double Standards," *Commentary* 68 (November 1979) : 34~45.

15) 페레스트로이카나 글라스노스트가 실시되기 이전에 저술된 라벨의 논술에 대한 좋은 비평으로는 Stephen Sestanovich, "Anxiety and Ideology," *University of Chicago Law Review* 52 no. 2 (Spring 1985) : 3~16.

정권에 미친 악영향을 상회한다. 물론 공산주의 정권하의 사람들은 자신들의 잘못을 시정할 어떠한 권리나 수단도 갖고 있지 못하다. 그에 비하면 비판의 자유를 보장하는 것을 특징으로 하는 사회가 살만한 가치가 있는 유일한 사회이긴 하지만, 이러한 사회는 동시에 가장 파괴되기 쉬운 사회인 것이다.[16]

좌파세력도 다른 논리를 통해서 비슷한 결론에 이르고 있다. 제2차 세계대전의 종결을 경험한 구미의 진보주의자 대부분은, 소비에트 공산주의가 자신들의 미래상이라고 생각했지만, 1980년대에 이르러서는 거의가 그런 생각을 버리게 되었다. 하지만 좌익 중에는 마르크스 레닌주의가 다른 사람에게도 정통성을 가지며, 지리적 문화적인 차이가 커짐에 따라서 통상적으로 그 정통성은 더 확고해진다는 신념이 끈질기게 지속되었다. 즉 소비에트형 사회주의는 미국이나 영국 국민에게는 현실적인 선택이 아니더라도, 외세의 지배나 후진성, 굴욕적인 역사를 불식시키고자 하는 목적을 가진 중국인은 물론이고, 전제정치와 중앙 통제의 전통을 가진 러시아인에게도 신뢰할 수 있는 하나의 선택이라고 생각한 것이다. 이는 미국 제국주의의 희생이 되어온 쿠바나 니카라과에도, 또한 공산주의가 사실상의 국민적 전통으로 간주되고 있는 베트남에서도 마찬가지이다. 제3세계의 급진적인 사회주의 정권은, 비록 자유선거나 공개토론 등이 존재하지 않는다고 하더라도, 토지개혁이나 의료의 무상 제공, 문맹률의 감소 등에 의해 스스로 정통성을 주장할 수 있다는 것이 좌파의 공통된 견해였다. 이러한 점을 생각해 보면, 좌익세력 중에 구소련이나 중국에서의 혁명적인 격동을 예견한 사람이 거의 전무하다는 것도 놀라운 것은 아니다.

실제로 냉전의 해빙기에는 공산주의의 정통성과 영속성에 대한 믿음이 이상한 형태로 수없이 나타났다. 어떤 저명한 소련문제 연구가는 소비에

---

16) Revel, *How Democracies Perish*, p. 17. 민주주의와 전체주의를 비교한 경우, 어느 쪽이 얼마만큼 장단점을 갖고 있는가에 관해 라벨이 제시한 극단적인 도식을 그 자신이 얼마나 믿고 있었는지 분명하지 않다. 라벨이 민주주의의 결함을 조소하는 경우의 대부분은 분명히 무기력해져 있는 서유럽 민주주의자의 관심을 불러일으키고, 이러한 사람들에게 소비에트 국가권력의 위협을 나타내기 위해 사용한 수사(rhetoric)로 파악할 수 있다. 라벨이 민주주의 체제를 그 자신이 가끔 논했듯이 무가치한 것이라고 생각하고 있었다면 *How Democracies Perish*를 쓸 필요가 없다는 것은 분명하다.

트 체제가 브레즈네프 하에서 소위 "제도적 다원주의"를 달성했고, "소련 지도자는 자국을 미국보다 더 미국적 정치철학의 원형인 다원주의 정신에 충실한 나라로 만들었는지도 모르겠다"[17]라고 주장했다. 소비에트 사회는 고르바초프 이전에도 "활기와 적극성이 있고 거의 모든 의미에서 참여의 정신이 살려진 상태"이며, 정치에 "직접 참가"하는 소비에트 시민의 비율은 미국을 상회하고 있다는 것이다.[18] 똑같은 생각은 동유럽에도 상당히 널리 퍼져, 원래부터 외압에 의해 공산주의 국가가 되었음에도 불구하고 이러한 국가에서는 많은 학자가 사회에서 흔히 볼 수 없는 안정성이라는 점에 주목하여 왔다. 1987년에 한 전문가는 "만일 현시점에서 세계의 많은 나라들—예를 들면 여러 라틴아메리카 국가들—의 경우와 비교하면 동유럽의 국가는 안정성의 표본으로 비춰질 것이다"라고 논하며 "정통성을 갖지 못한 당이⋯⋯적대감과 불신에 가득찬 시민과 대치하고 있다"라는 전통적인 이미지를 비판했다.[19]

이와 같은 견해들 가운데에는 단순히 지난 역사로부터 미래를 유추하고 있는 것도 있지만, 대개는 동유럽 여러 나라들의 공산주의의 정통성에 관한 비판을 그 근거로 하고 있다. 즉 사회에 산적한 해결하기 어려운 여러 문제가 있음에도 불구하고, 공산주의 지배자들은 그 인민과 하나의 "사회계약"을 맺어왔던 것으로 생각해온 것이다. 그러나 이같은 계약은 구소련

17) Jerry Hough, *The Soviet Union and Social Science Theory* (Cambridge, Mass. : Harvard University Press, 1977), p. 8. Hough는 이어서 다음과 같이 말한다. "물론 소비에트에서의 정치참가는 어딘가 진짜가 아니라든가, ⋯⋯(중략) 아무리 봐도 소련에 대해서 다원주의라는 말은 쓸 수 없다고 지적하는 연구자도 있을 것이다. ⋯⋯(중략)⋯⋯이런 주장은 나에게 있어서 진지하게 논의를 계속할 만한 가치가 없는 것으로 생각된다."

18) Hough, *The Soviet Union and Social Science Theory*, p. 5. Merle Fainsod가 소비에트 공산주의에 대해 논한 고전적 업적인 *How the Soviet Union Is Governed*를 개정한 Hough는 브레즈네프 시대의 소비에트 최고회의를 다룬 장(章)을 새로이 덧붙이고 있다. 거기서 그는 사회적 이익이 이야기되고 옹호되는 장소로서 이 기관을 긍정적으로 평가하였다. 1988년의 공산당 제19회 대회 이후 고르바초프에 의해 신설된 인민대의원대회와 新최고회의의 활동, 또한 1990년 이후 각 공화국에서 설립된 최고회의 활동에 비추어 생각해볼 때, 이 책에서 그가 논한 의견은 기이하게 생각된다. *How the Soviet Union Is Governed* (Cambridge, Mass, : Harvard University Press, 1979), pp. 363~380.

19) James McAdams, "Crisis in the Soviet Empire: Three Ambiguities in Search of a Prediction," *Comparative Politics* 20, no. 1 (October 1987) : 107~118.

내에서조차 "저쪽이 월급을 주는 척하니까, 나도 일해 주는 척 하겠다" [20] 는 식의 비꼼이 섞인 계약이기는 하다. 어쨌든 이와 같은 정권은 생산성이 낮고 활력도 부족하기는 하지만 안전과 안정이 이룩되기 때문에 통치에 있어서는 주민들로부터 어느 정도 동의를 얻을 수 있다는 것이다.[21] 정치학자 새뮤얼 헌팅턴은 1968년에 이렇게 썼다.

> 미합중국, 영국 그리고 소련은 다른 정부형태를 가지고 있지만, 세 국가의 시스템 어느 것을 보더라도 정부가 통치를 하고 있는 것에는 다름이 없다. 세 나라 모두 정치시스템의 정통성에 대해서 국민의 압도적인 지지를 얻고 있는 정치적 공동체이다. 세 나라 모두 시민과 그 지도자는 사회의 공익이나 정치적 공동체의 근본을 이루는 전통과 원칙에 대해 하나의 비전을 공유하고 있다.[22]

헌팅턴은 공산주의에 대해서 어떠한 특별한 공감도 가지고 있지 않다. 하지만 그도 여러 가지 증거가 쌓이는 것을 보고, 공산주의가 오랜 시간에 걸쳐 대중의 일정한 지지 찬동을 얻어 왔다는 결론을 인정하지 않을 수 없다고 생각하고 있었던 것이다. 역사의 진보 가능성에 관한 오늘날의 비관론은 두 가지의 개별적이고도 평행적인 위기에서 발생하였다. 이들 위기 중 하나는 20세기의 정치적 위기이며, 또 하나는 서유럽 합리주의 지성의 위기이다.

정치위기에 의해 수천만의 인명이 학살되고 수억의 사람들이 더욱 잔혹한 형태의 노예체제 아래서 신음하게 되었다. 지성의 위기는 자유민주주의

---

20) 소비에트에서의 사회계약에 대해서는 Peter Hauslohner, "Gorbachev's Social Contract," *Soviet Economy* 3 (1987) : 54~89.

21) 이 점에 대해 T. H. Rigby는, 공산주의 국가에서는 "목적 합리성"을 토대로 해 지배의 정통성을 얻는다고 주장했다. "Introduction : Political Legitimacy, Weber and Communist Mono-organizational Systems," in T. H. Rigby and Ferenc Feher, eds., *Political Legitimation in Communist States* (New York : St. Martin's Press, 1982.

22) Samuel Huntington, *Political Order in Changing Societies* (New Haven : Yale University Press, 1968), p. 1. 또는 Timothy J. Colton, *The Dilemma of Reform in the Soviet Union*, revised and expanded edition (New York: Council on Foreign Relations, 1986), pp. 119~122 에 서술되어 있는 Colton의 소론도 참조 바란다.

가 스스로를 보호하는데 필요한 지적인 자원을 빼앗아 버렸다. 이 두 가지 위기는 서로 관련되어 있으며, 각각 분리하여 생각하는 것은 불가능하다. 한편에서는 지성적인 합의점이 도출되지 못했기 때문에, 금세기의 전쟁이나 혁명은 필요 이상으로 이데올로기적 색채가 짙은 과격한 형식을 취하게 되었다. 러시아와 중국의 혁명, 그리고 제2차 세계대전 중의 나치에 의한 점령지배에서는 16세기 종교전쟁이 보여준 잔악함을 확대시킨 형태로 되살아났다. 이는 단순히 영토나 자원뿐만 아니고 전 주민의 가치관이나 생활양식까지 위험에 처하게 만들었기 때문이다. 또 한편, 이데올로기로 부추겨진 폭력적인 투쟁과 그 비참한 결과는 자유민주주의의 자신감을 짓밟고 전체주의와 권위주의 정권들의 세계 속에서 자유민주주의를 고립시키고, 정의에 관한한 자유민주주의가 만능이 아닐지도 모른다는 심각한 의심을 불러일으키게 만들었다.

하지만 금세기 전반의 체험에 의해 심어진 비관론에 아무리 강력한 논거가 있다 하더라도, 20세기 후반의 여러 가지 사건들은, 이러한 비관론과는 정반대되는 예측할 수 없는 방향을 가리키고 있다. 1990년대에 들어서서 세계는 전체적으로 새로운 악을 출현시키기는커녕, 오히려 어떤 면에서는 분명히 개선의 방향으로 나아가고 있는 것이다.

최근의 놀랄만한 사건 가운데 가장 큰 것은, 1980년대 말의 세계 각지에서 일어난 공산주의의 전면적이고도 예측할 수 없었던 붕괴 현상이다. 그러나 이것은 분명 인상적인 사건이기는 하지만, 제2차 세계대전 이후 형성되어온 더 한층 커다란 역사발전 패턴의 극히 일부에 지나지 않는다. 모든 종류의 권위주의적 독재정치는 그것이 우익이든 좌익이든 간에 붕괴의 길을 걸어온 것이다.[23] 어떤 경우에는 이 붕괴가, 번영되고 안정된 자유민주주의의 확립으로 연결되었다. 한편 독재정권의 붕괴가 정치 불안정을 유발하거나, 또 다른 독재로 대체되는 경우도 있다. 하지만 민주주의가 궁극적으로 출현했는가 하는 문제는 접어두더라도, 모든 유형의 권위주의는 실로 지구의 어느 곳에서도 심각한 위기에 직면하고 있다. 독일이나 러시아에서의 강대한 전체주의 국가의 탄생이 20세기 전반의 정치에 있어서 획기

---

23) 이 점에 대한 개략은 Dankwart A. Rustow, "Democracy: A Global Revolution?" *Foreign Affairs* 69, no. 4 (Fall 1990): 75~90.

적인 사건이었다고 한다면, 근래 2~30년의 역사는 그와 같은 국가가 본질적으로 갖는 어쩔 수 없는 약점을 여지없이 드러내고 있다. 그리고 이 예측하지 못한 커다란 약점에서 알 수 있는 것은, 금세기가 우리에게 심어준 역사에 대한 비관주의적 교훈을 처음부터 다시 생각해 보아야 한다는 것이다.

2
강국의 치명적 약점 I

현재의 독재주의의 위기는 고르바초프의 '페레스트로이카'나 베를린장벽의 붕괴와 함께 시작된 것은 아니다. 이러한 위기는 십수 년 전 유럽 남부지역에서 있었던 우익 독재세력의 계속된 붕괴가 그 출발점을 이루고 있다. 포르투갈에서는 1974년 카에타노 정권이 군사쿠데타에 의해 축출되었다. 그 후 거의 내란에 가까운 정세 불안정기를 거쳐 1976년 4월에 마침내 사회주의자 마리오 소아레스가 수상으로 선출되고, 그 이래로 포르투갈에는 평화적이고 민주적인 정권이 이어져 오고 있다. 1967년 이후 그리스를 지배해온 군부도 역시 1974년에 추방되고, 보통선거로 선출된 카라만리스 정권이 그 뒤를 이었다. 또한 1975년에 스페인의 프란시스코 프랑코 총통이 서거한 뒤, 2년 후에 스페인은 놀라우리만치 평화적으로 민주주의 국가로 변신하였다. 또한 터키에서는 사회에 불어닥친 테러리즘의 결과 1980년 9월에 군부가 정권을 장악했지만, 1983년에는 민정으로 복귀했다. 그 이래로 이들 나라에서는 모두 복수 정당에 의한 정기적인 자유선거가 실시되고 있다.

남유럽에서 채 10년도 걸리지 않은 기간 중에 일어난 이러한 변화는 주목할 만한 것이다. 이전에 이들 나라는 유럽의 이단자로 간주되어 그 종교적 특성이나 권위주의적 전통으로 인하여 서유럽의 민주주의 발전과 궤를 달리하여 왔다. 그럼에도 불구하고 1980년에는 모든 나라가 실질적이고도 안정된 민주주의 국가로의 변신에 성공하고, 실제로 그 안정도가 상당히 높아서(터키만은 예외일 수도 있지만), 이들 나라의 국민은 다른 통치체제 밑에서 생활한다는 것은 거의 생각해 보지도 않을 정도이다.

이와 비슷한 민주주의 국가로의 변신은 1980년대의 라틴아메리카에서도 일어났다. 우선 1980년 페루에서는 12년에 걸쳐 지속된 군부지배가 끝나고, 민주적인 선거에 의해 선출된 정부가 부활했다. 1982년의 포클랜드(말비너스) 분쟁은 아르헨티나 군사정권의 몰락을 촉진시키고, 민주적인 선거에 의해 알폰신 정권이 탄생했다. 아르헨티나의 민정 이행은 즉시 전 라틴아메리카로 파급되어 1983년에는 우루과이, 84년에는 브라질에서 각기 군사정권에 종지부를 찍었다. 80년대 말에 파라과이의 스트로에스넬, 칠레의 피노체트 군사정권은 보통선거에 의해 민정으로 이양되었으며 1990년 초반에는 니카라과의 산디니스타 정권까지 자유선거에 의해 비올레타 차모로가 이끄는 야당연합에 의해 붕괴되었다.

그러나 남유럽에 비하여 라틴아메리카의 새로운 민주주의 정권이 얼마만큼 유지될 것인가에 대해서는 그다지 확신을 갖지 못하는 사람도 많았다. 라틴아메리카 지역에서는 민주주의 정부가 일시적으로 들어섰다가 사라지곤 하였는데, 거의 모든 민주정부들은 부채문제가 단적으로 보여주듯이, 심각한 경제위기를 안고 있었기 때문이다. 페루나 콜롬비아 같은 나라는 경제문제 외에 폭동이나 마약 등 어려운 국내문제에도 직면하고 있었다. 그러나 이전의 독재주의에 대한 경험이 이들 나라로 하여금 너무도 쉽게 군사독재 체제로 돌아가지 못하도록, 마치 예방주사와 같은 역할을 하듯이 이들 나라의 새로운 민주주의는 놀라우리만치 탄력성을 발휘하여 왔다. 1970년대 초반에 라틴아메리카 지역의 민주주의 국가는 극히 일부에 지나지 않았으나, 1990년대 초두에 들어서서는 공정한 자유선거를 허용하지 않고 있는 나라가 서반구에서는 쿠바와 가나만이 남았을 뿐이다.

동아시아에서도 비슷한 진전이 있었다. 1986년에 필리핀에서는 마르코스 독재정권이 타도되고 국민의 지지를 얻은 코라손 아키노가 대통령에 취임했다. 그 다음 해 한국에서는 전두환이 물러나고 직접선거에 의해 노태우가 대통령으로 선출되었다. 타이완의 정치제도에서는 그렇게 급격한 개혁은 볼 수 없지만, 1988년 1월 장경국 총통이 서거한 이래, 물밑에서는 적지 않은 민주화 움직임이 있었다. 여당인 국민당 내의 고참 정치가들이 거의 세상을 떠남에 따라서 많은 본성인(本省人)을 포함한 타이완 사회의 여러 층이, 국민당이 지배하는 의회에 점차 더 많이 참여하고 있는 것이다. 그리고 마지막으로 미얀마(구 버마)의 독재정권도 민주화를 요구하는 운동에 의해 크게 동요하고 있다.

남아프리카에서는 1990년 2월, 아프리카나(네덜란드계 백인)가 주류를 이루는 드 클라크 정권이 넬슨 만델라의 석방과 아프리카 민족회의 및 남아프리카 공산당의 합법화를 선언했다. 이에 따라 드 클라크 대통령은 흑인과 백인간의 파워 셰어링(권력배분), 그리고 최종적으로는 다수결 원리의 도입으로 향하는 협상의 첫발을 내딛었다.

돌이켜보면 우리들은 독재체제가 그 제도의 존속 능력, 더 넓은 의미에서는 강국의 존속 능력에 대하여 잘못된 믿음을 가졌기 때문에, 독재국가가 얼마나 어려운 위기에 처하게 되었는지를 짐작하기 어려웠다. 자유민주주의를 신봉하는 나라는 본질적으로 약점을 가지고 있다. 개인의 권리가 보호되는 공간을 보장하는 것은 곧 국가권력에 대한 그만큼의 제한을 의미하기 때문이다. 그에 반하여 우익이나 좌익 독재정권은, 여러 목적을 들어—그것이 군사력의 증강이건, 만인 평등주의에 입각한 사회질서의 유지이건, 또는 급속한 경제성장의 달성이건—국가의 힘을 이용하여 개인의 영역을 침해하고, 그것을 관리하려 들었다. 개인의 자유에서 손상당한 것은 무엇이든 국가목표의 차원에서 보상하려 들었다.

이와 같은 강국이 결국 붕괴되어 버린 결정적인 약점은, 깊숙이 파고들어 분석해 보면 그 정통성의 소멸—즉 국가이상(國家理想) 차원에서의 위기였다. 정통성이란 절대적 의미에서의 공정이나 정의와는 다르다. 정통성은 사람들의 주관적인 인식 속에 존재하는 상대적인 개념이다. 효과적으로 기능할 수 있는 정권은 모두 무엇인가의 정통성을 그 토대로 하고 있기 마련이다.[1] 흔히 독재자는 힘으로만 지배한다고 이야기하며, 그 예로 히틀

---

1) 정통성의 개념은 막스 베버에 의해 매우 상세히 발전되었다. 이해가 쉽도록 베버는 전통적 지배, 합리적 지배, 카리스마적 지배의 세 가지 유형을 제시하였다. 이 베버의 세 유형이 나치 독일이나 소비에트와 같은 전체주의 국가에서 이루어지는 지배를 잘 설명하는지 어떤지에 대해서는 이제까지 상당한 논쟁이 전개되어 왔다. 이 점에 대해서는 예

러를 내세우곤 하지만 그런 것은 있을 수 없다. 폭군은 자신의 육체적 힘이 강하다면, 자신의 힘만으로 자식이나 부모, 혹은 아마도 아내 정도를 지배할 수 있을지 모른다. 하지만 그 이외의 사람들을 두세 명 이상 똑같은 방법으로 지배할 수는 없을 것이며, 상대가 수백만 명에 이르는 하나의 국가라면 그것은 말할 필요도 없다.[2]

히틀러 같은 독재자가 힘만으로 지배를 했다는 것은 즉, 나치스당이나 게슈타포, 군인을 포함한 히틀러의 지원자들이 광범위하게 주민들을 물리적으로 위압할 수 있었다는 것을 의미하는 것이다. 그런데 이와 같은 지원자들이 히틀러에게 충성을 다한 이유는 무엇인가? 히틀러가 그들을 물리적으로 위협했기 때문이었을 리는 만무하다. 궁극적으로는 그들이 히틀러의 권위에 대한 정통성을 믿고 있었기 때문인 것이다. 보안기구 그 자체는 위협에 의해 관리될 수 있지만, 독재자는 그러한 기구의 요소에 자기 권위의 정통성을 믿는 충실한 하수인을 배치해 둘 필요가 있다. 가장 저급하고 썩어빠진 마피아의 두목이라 해도 사정은 마찬가지이다. 그 '가족이' 어떤 이유에서건 그의 정통성을 인정하지 않는다면, 그는 두목이라고 불릴 수 없을 것이다. 플라톤의 《국가》에서 소크라테스가 설명했듯이, 도적 일당 사이에서조차 전리품을 나누는 데는 기준이 되는 공평한 원칙이 있다. 마찬가지로 가장 편협하고 잔인한 독재정권이라 하더라도 정통성이라는 것은 절대적 요소가 된다.

그렇다고 하여, 어떤 정권이 살아남기 위해서라면 국민 과반수에 대하여 정통성을 수립하여야 한다는 것은 아니다. 국민의 대부분으로부터 극심한 증오를 받으면서도 수십 년에 걸쳐 권력을 누리던 소수에 의한 독재정권의 예는 오늘날에도 상당수 찾아볼 수 있다. 예를 들면 시리아의 알라위파 정권이나 이라크의 사담 후세인이 그렇다. 또한 라틴아메리카에서도 여러 군

를 들면 Rigby and Feher, eds., *Political Legitimation in Communist States* 참조. 베버 자신의 지배 유형에 관한 논의에 대해서는 Talcott Parsons, eds., *The Theory of Social and Economic Organization* (New York: Oxford University Press, 1947), pp. 324~423을 참조. 전체주의 국가가 베버가 규정한 카테고리에 적합하지 않다는 사실은 오히려 그의 형식적이고 인위적인 이념상의 유형의 한계를 나타내고 있다.

2) 이 점은 Leo Strauss, "Tyranny and Wisdom," *On Tyranny* (Ithaca, N.Y.: Cornell University Press, 1963), pp. 152~153에 대한 코제에브의 반응에 나타난다.

사독재 정권이나 과두 독재정권이 광범위한 국민적 지지 없이도 지배를 계속해 온 것은 말할 필요도 없다. 비록 정권의 정통성을 전 주민에게 인정받지 못하더라도, 체제 그 자체와 연결된 엘리트들, 특히 집권여당이나 군대, 경찰과 같은 강압권력을 장악하고 있는 엘리트들 사이에서 그 정통성이 흔들리지 않는 한 그 정권은 위기에 빠지지 않는다. 독재정권에 있어서 정통성의 위기라는 것은 그 정권이 효과적으로 통치하기 위해 담합이 필수적인 이 엘리트집단 내부에서의 위기와 다를 바 없다.

독재자가 정통성이 있는 것으로 간주되는 요인은 여러 가지이다. 증강되는 군부에 의한 개인숭배에서부터 복잡한 이데올로기에 의해 어느 인물의 지배가 정당화되는 경우도 있다. 금세기에 들어서 일관되고 우익적이며 비민주적이고 불평등적 원칙에 입각하여 정통성을 구축하고자 한 체계적인 움직임으로서 가장 주목할 만한 것이 바로 파시즘이었다. 만인 공통의 인간성이나 평등한 인권의 존재를 부정하는 한, 파시즘은 자유주의나 공산주의와 같은 '보편적인' 교의(敎義)가 될 수는 없다. 파시스트에 의한 초국가주의자에 따르면 그 정통성이란 원래 민족이나 국가에서 생겨나고, 그중에서도 게르만처럼 "지배자 민족"이 타민족을 지배하는 권리에서 발생된다고 생각했다. 권력이나 의지가 이성이나 평등 이상으로 추앙을 받고, 권력과 의지를 갖는 것이 바로 지배자의 자격이라고 생각했다. 게르만민족의 우위성을 역설하는 나치즘은 타민족과의 투쟁을 통하여 그 주장을 적극적으로 증명해야만 했다. 그래서 전쟁은 이상사태가 아니며 오히려 전쟁상태에 있는 것이 정상인 것이다.

파시즘은 그 내부에서 스스로 정통성이 흔들릴 만큼 오래 버티지 못하고 외부로부터의 군사력에 의해 패배했다. 히틀러와 남은 몇 명의 추종자들은 베를린의 방공호 속에서 나치의 대의가 갖는 정당성과 히틀러의 권위에 대한 정통성을 최후까지 믿으며 죽음을 맞이했던 것이다. 이 패배의 결과 파시즘의 매력은 대개의 사람들에게 빛바랜 과거가 되어 버렸다.[3] 히틀러는 자신의 정통성을 주장하는 근거로 세계 제패를 약속하고 있었지만,

---

3) 히틀러에 대한 독일 국내의 불만은 1944년 7월의 암살사건으로 분명히 나타났다. 만일 히틀러 정권이 그 후 2, 30년 계속되었다면 이 불만은 소비에트의 경우와 똑같이 확대되는 양상을 보였을 것이다.

실제로 게르만 민족이 얻은 것은 열등하다고 생각되던 민족에 의한 국토의 가공할 파괴와 점령뿐이었기 때문이다. 횃불 행진과 무혈의 승리를 이어나가는 기간 중에는 게르만 민족뿐만 아니라 세계의 많은 사람들이 파시즘에 강한 매력을 느꼈다. 하지만 그 군국주의적인 본질이 패배라는 당연한 귀결을 맞이했을 때, 파시즘은 별볼일 없는 존재로 전락해 버렸다. 어떤 의미에서 파시즘은 그 내부모순에 시달렸는지도 모른다. 즉, 군사와 전쟁 우선의 정책 때문에 필연적으로 국제체제와의 투쟁의 길로 접어들었고, 자멸의 길로 들어선 것이다. 제2차 세계대전 종결 이후, 파시즘이 자유민주주의를 크게 위협하는 이데올로기상의 라이벌이 될 수 없었던 이유도 바로 여기에 있다.

물론 우리들은 만일 히틀러가 패배하지 않았더라면 파시즘의 정통성은 오늘날 어떻게 되어 있을까라는 질문을 해볼 수 있다. 하지만 파시즘의 내부 모순은 그것이 국제체제에 의해 군사적으로 패배할 가능성 이상으로 깊숙이 진행되고 있었다. 만일 히틀러가 승리자로 나타날 수 있었다 해도, 보편적인 제국의 평화가 계속된다면 독일은 그 민족의 우수성을 전쟁이나 정복에 의해 더 이상 주장할 수 없게 되고, 파시즘은 스스로 존재 이유를 잃게 될 것임에 틀림없다.

히틀러의 패배 이후 우익에 자유민주주의를 대신할 수 있는 정치체제로 남은 것은 몇 개의 끈질긴 우익 군사독재정권이었으나, 이들도 결국 일관된 체계나 질서가 부족한 독재임이 드러났다. 이러한 정권의 대부분은 전통적인 사회질서의 유지라는 것 이외에는 내세울 만한 비전도 없었고, 게다가 스스로의 정통성에 대하여 장기적으로 설득력 있는 논거를 갖고 있지도 못한 것이 가장 큰 취약점이었다. 히틀러와 같이 영구 독재지배를 정당화할 수 있는 일관된 국가이론을 만들어낸 곳은 하나도 없다. 오히려 어느 정권이든 원칙적으로 민주주의나 국민 주권을 받아들이면서도, 다만 공산주의나 테러리즘의 위협 또는 이전의 민주정권 시대의 경제정책 실패 등 여러 가지 이유를 들어, 자국의 민주주의는 시기상조라고 주장할 뿐이었다. 즉, 최종적으로 민주주의로 복귀하기 위한 잠정적 과정으로밖에 스스로를 정당화할 수 있는 길이 없었던 것이다.[4]

---

4) 이 점에 대해서는 Guillermo O'Donnell and Philippe Schmitter, eds., *Transitions from*

하지만 정권의 정통성을 주장하기 위한 일관된 이론이 없다는 약점에도 불구하고, 이것만으로 우익독재 정부의 붕괴가 극히 단시간에, 또는 필연적으로 오는 것은 아니다. 라틴아메리카나 남유럽의 민주정권도, 각종 심각한 사회·경제문제를 처리하는 능력면에서는 독재정권과 마찬가지로 중대한 취약점이 있었다.[5] 이들 국가의 대부분은 급속한 경제성장의 첫발을 내딛지도 못했으며, 또한 대부분은 테러리즘에 골치를 썩이고 있었다. 그러나 우익 독재정권의 경우, 이들이 위기에 직면하거나 어떠한 정부 방침이 잘못된 것으로 드러났을 때, 그 정통성의 결여가 결정적인 약점이 된다. 정통성이 있는 정권이라면, 그때까지 축적해놓은 대의명분으로 하여 단기적인 실수에 대해서는, 그것이 심각한 것이라 하더라도 변명이 통할 수 있고, 수상의 경질이나 내각 해산으로 실정에 대한 책임을 물을 수도 있다. 하지만 정통성을 인정받지 못한 정권은 실정으로 인해 정권 자체가 한꺼번에 전복되는 일이 종종 일어난다.

그 한 예가 포르투갈이다. 안토니오 데 올리베이라 살라자르와 그 후계자 마르셀로 카에타노에 의한 독재 밑에서 이 나라는 표면적으로는 안정이 계속되었기 때문에, 포르투갈 국민을 "수동적이고 숙명론적이며 지극히 감성적"이라고 평가하는 경향이 있을 정도였다.[6] 하지만 마치 이전의 독일인이나 일본인이 그랬듯이 포르투갈인들도 이 나라에는 아직 민주주의의 기운이 성숙되지 않았다고 하는 서방측의 관찰이 잘못된 것이었음을 증명했다. 1974년 4월 군부가 반란을 일으켜 MFA(국민운동)를 결성하자, 카에타노 독재정권은 붕괴했다.[7] 이러한 반란의 직접적인 계기가 된 것은 포

Authoritarian Rule : Tentative Conclusions about Uncertain Democracies (Baltimore : Johns Hopkins University Press, 1986), p. 15을 참조.

5) 이 문제에 관한 고전적 업적으로는 Juan Linz, ed., *The Breakdown of Democratic Regimes : Crisis, Breakdown, and Reequilibriation* (Balltimore: Johns Hopkins University Press, 1978)이 있다.

6) 이 인용은 스위스의 저널리스트가 말한 것이다. Philippe C. Schmitter, "Liberation by Golpe : Retrospective Thoughts on the Demise of Authoritarianism in Portugal," *Armed Forces and Society* 2, no. 1 (November 1975) : 5~33.

7) *Ibid.* ; Thomas C. Bruneau, "Continuity and Change in Portuguese Politics: Ten Years after the Revolution of 25 April 1974," in Geoffrey Pridham, ed., *The New Mediterranean Democracies: Regime Transition in Spain, Greece, and Portugal* (London : Frank Cass, 1984).

2. 강국의 치명적 약점 | 47

르투갈이 국가예산의 4분의 1과 포르투갈 군대의 상당부분을 투입하여
일으킨 아프리카 식민지 전쟁의 수렁이었다. 그렇지만 MFA의 구석구석까
지 민주주의 이념이 침투되어 있지는 않았기 때문에, 민주주의에로의 이
행도 간단하지는 않았다. 국군장교의 태반이 엄격한 스탈린주의를 신봉하
고, 알바로쿠냐르가 이끄는 포르투갈 공산당의 영향 아래 있었던 것이다.

그러나 1930년대와는 대조적으로, 중도 및 우파 민주주의자의 세력은
예기치 못할 정도의 복원력을 보여주었다. 정치적, 사회적인 혼란기를 거
쳐 1976년 4월에는 마리오 소알레스가 이끄는 온건한 사회당이 선거에서
과반수를 획득했다. 이러한 사회당의 승리는 독일 사회민주당에서 미국의
CIA에 이르는 외국조직으로부터의 적지 않은 지원의 결과였다. 하지만 이
포르투갈에 놀랄 만큼 강력한 시민사회가 없었다면, 즉 여러 정당, 노동조
합, 교회가 대중을 움직여 민주주의에 대한 지지를 굳건히 하지 않았다면,
외부로부터의 원조도 무의미한 것으로 끝났을 것이다. 또한 서구의 소비문
명이 가진 매력도 이 선거에 일조를 했다. 어느 논자의 말을 빌면 "노동자
들은 분명히 데모행진에 참가하여 사회주의 혁명의 슬로건을 합창했을 것
이다……그러나 그러한 그들이 서구식 소비사회의 생활수준을 동경하고,
서구의 옷이나 가전제품, 잡화 등을 사는데 자신의 돈을 지불하고 있었
던"[8] 것이다.

그 다음해에 스페인에서 일어난 민주화는 독재정치의 정통성의 결여를
가장 극명하게 보여준 최근 사례일 것이다. 프란시스코 프랑코 총통은 여
러 가지 의미에서 프랑스혁명 당시와 마찬가지로 왕좌와 제단을 토대로 한
19세기 유럽 보수주의의 최후의 재현자였다. 그러나 스페인에서는 가톨릭
신도의 의식이 1930년대 당시에 비해 급변하고 있었다. 1960년대의 제2바
티칸회의 이후, 교회는 전체적으로 외부에 대해 개방되었고, 스페인 가톨
릭교구도 대부분의 경우에 서유럽의 크리스트교 민주주의의 사고방식을
채택했다. 즉 스페인의 교회는 크리스트교와 민주주의 사이에 마찰이 있
을 필요가 없다는 것을 인식했을 뿐 아니라, 점차로 인권의 옹호자로서의,

---

8) Kenneth Maxwell, "Regime Overthrow and the Prospects for Democratic Transition in
Portugal," in O'Donnell and Schmitter, and Laurence Whitehead, eds., *Transitions from
Authoritarian Rule : Southern Europe* (Baltimore : Johns Hopkins University Press, 1986),
p. 136.

그리고 독재에 대한 비판자로서의 역할을 맡게 된 것이다.[9]

이 새로운 자각은 가톨릭 평신도 관료계급이 일으킨 오퓨스 디이 *Opus Dei* 운동에 반영되고 있다. 이 관료계급 중 많은 사람은 1957년 이후에 행정부에 들어가, 이후 나타난 경제 자유화에 밀접하게 관계하게 되었다. 그래서 1975년 9월 프랑코총통이 죽자, 정권내의 주요세력은 프랑코 체제의 모든 중핵기관의 해산, 스페인 공산당을 포함한 반대정당의 합법화, 나아가 국민회의 선거 실시와 이들을 통한 완전한 민주헌법의 제정을 보장하는 일련의 "협정"을 정통성이 있는 것으로 수용할 준비가 되어 있었던 것이다. 만일 구정권의 중심세력(특히 국왕 후안 카를로스)이 프랑코 체제를 민주적인 유럽국가들 중의 별종, 즉 사회면·경제면에서 스페인이 지향해온 민주 유럽국가들 중에 일종의 시대착오(애너크로니즘)라고 생각하지 않았다면, 이러한 사태는 일어날 수 없었을 것이다.[10] 프랑코 체제 최후의 의회는 차기의회가 민주적인 선거에 의해 선출된다고 하는, 사실상 스스로의 목숨을 끊는 획기적인 법안을 1976년 11월에 압도적 다수로 가결한 것이다. 포르투갈과 마찬가지로 스페인의 국민들도 우선, 민주적인 선거에 대한 1976년 12월의 국민투표에 강력한 지지를 표하고, 이어서 1977년 6월의 선거에서는 조용한 선거를 통하여 소알레스가 이끄는 중도 우파정당의 내각을 탄생시켰다.[11]

1974년의 그리스, 그리고 1983년의 아르헨티나가 민주주의로 전환한 것

---

9) Kenneth Medhurst, "Spain's Evolutionary Pathway from Dictatorship to Democracy," in Pridham, ed., *The New Mediterranean Democracies : Regime Transition in Spain, Greece, and Portugal*, pp. 31~32 ; and Jose Casanova, "Modernization and Democratization: Reflections on Spain's Transition to Democracy," *Social Research* 50 (Winter 1983): 929~973.

10) Jose Maria Maravall and Julian Santamaria, "Political Change in Spain and the Prospects for Democracy," in O'Donnell and Schmitter, *Transitions from Authoritarian Rule : Southern Europe,* (Baltimore : Johns Hopkins University Press 1986) p. 81. 1975년 12월에 실시된 조사에 의하면 유권자의 42.2% 중, 스페인이 서유럽 민주주의 국가와 보조를 맞추고 필요한 변혁을 지지한다고 표명한 사람은 51.7%에 이르렀다. John F. Coverdale, *The Political Transformation of Spain after Franco* (New York : Praeger, 1979), p. 17.

11) 프랑코파의 완강한 저항에도 불구하고 1976년 12월 국민투표에서는 유권자의 77.7%가 투표, 투표 총수의 94.2%가 지지를 표명하였다. Coverdale, The Political Transformation of Spain after Franco, p.53.

은 군부 내의 분열이 원인이 되어 문민정권으로 이행된 것이며, 그것은 군
부가 통치권에 대한 신념을 상실하고 있음이 표출된 것이기도 했다. 포르
투갈의 경우와 마찬가지로, 실정(失政)은 표면적인 것에 지나지 않는다. 그
리스의 군부는 1967년에 권력을 잡았지만, 여러 가지 이유로 인해서 민주
주의의 추구라는 것 외에는 이렇다 할 정통성의 기초를 마련하지 못한 채,
현 체제는 건전하고도 쇄신된 정치 시스템의 부활을 향한 준비단계라는
고집스러운 주장만을 되풀이했다.[12] 이렇게 취약한 입장에 있는 그리스 군
사정권은 본토와의 통일을 추구하는 키프로스 내 그리스계 주민에 대한
지원과, 그것으로 촉발된 터키의 키프로스 점령, 그리고 전면전쟁의 위기라
는 사태가 발생하자 국민의 신뢰를 잃게 되었다.[13] 한편 1976년에 이사벨
페론 대통령으로부터 권력을 빼앗은 아르헨티나 군부의 경우, 그 첫 번째
목표는 국내사회에서 테러리즘을 일소하는 것에 있었다. 따라서 무력으로
잔인하게 테러를 탄압하는데 성공한 군부는, 이로 인해 오히려 스스로의
존재 이유를 거의 잃어버리게 되었다. 게다가 이 군사정권이 결행한 포클랜
드 제도의 침공은, 무익하고 승산이 없는 전쟁을 일으켰다는 국민들의 여
론으로 더욱 신뢰를 잃는 결과를 초래한 것이다.[14]

또 다른 경우에는, 경제문제나 사회문제에서 권위가 실추된 민주정권의
뒤를 이어 강력한 군정이 탄생되기는 하였지만, 결국에는 군정도 이러한
문제를 처리할 능력이 불충분한 것으로 드러난 경우도 있었다. 페루에서
는 경제위기가 급격히 심화된 1980년 군사정권으로부터 민정으로 체제가
이관되었다. 프란시스코 모랄레스 베르뮤데스가 이끄는 군사정권으로서는

12) P. Nikiforos Diamandouros, "Regime Change and the Prospects for Democracy in Greece: 1974-1983," in O' Donnell and Schmitter, Whitehead, *Transitions from Authoritarian Rule : Southern Europe*, (1986c) p. 148.
13) 군사에 대한 자신감 결여는 전통적 지배 하이어라키(피라밋 형의 계층조직)의 부활이 재주장된 것으로도 보였다. 이러한 움직임은 제3軍에 의한 쿠데타의 위협과 함께 정권의 실력자 디메트리오 이오아니디스 준장의 권력기반을 뿌리째 뒤흔든 것이다. P. Nikiforos Diamandouros, "Transition to, and Consolidation of, Democratic Politics in Greece, 1974-1983: A Tentative Assessment," in Pridham, *The New Mediterranean Democracies : Regime Transition in Spain, Greece, and Portugal,* (London : Frank Cass) pp. 53~54.
14) Carlos Waisman, "Argentina: Autarkic Industrialization and Illegitimacy," in Larry Diamond, Juan Linz, and Seymour Martin Lipset, eds., *Democracy in Developing Countries*, vol. 4, Latin America (Boulder, Colo.: Lynne Rienner, 1988b), p. 85.

계속해서 터지는 스트라이크나 해결이 어려운 사회문제에 도저히 대처할 수가 없었기 때문이었다.[15] 브라질은 군정하에서 1968년부터 73년까지 놀라운 경제성장을 이룩했지만, 세계적인 석유파동과 경제불황이 도래하자, 군부지도자는 저들도 특별한 경제운영의 수완을 갖고 있지 못하다는 것을 깨달았다. 마지막 군사정권의 대통령 장 피게이레드가 선거로 선출된 문민 대통령에게 권좌를 이양했을 때, 군부의 대부분이 안도의 숨을 내쉬고 이제까지의 실정에 대해서 많은 부끄러움을 느끼기까지 했다.[16] 우루과이에서는 도시 게릴라 조직인 츠페마로스에 대한 '더러운 전쟁'을 수행키 위해 1973년부터 74년에 걸쳐 군부가 처음으로 실권을 쥐었다. 그러나 우루과이에서는 민주주의의 전통이 상당히 강하여 군정을 규정한 헌법초안은 1980년의 국민투표에서 그 시비를 가리게 되었다. 이 투표에서 패배한 군부는 1983년 스스로 정권에서 물러났다.[17]

남아프리카의 인종차별apartheid 제도를 고안한 H.F. 파브르 전 수상 같은 자는 인간은 누구나 평등해야 한다는 자유의 대원칙을 부정하고, 인종 간에는 천부적인 구분이나 계층이 있다고 믿고 있었다.[18] 이 인종차별정책은 흑인 노동력을 기초로 남아프리카의 산업발전을 꾀하면서도, 동시에 그 산업발전에 의해 당연히 부수되는 남아프리카 흑인의 도시 이주 경향에 쐐기를 박으려는 음모였다. 이와 같은 방식으로 사회를 관리하려는 시도는 터무니없이 야심적인 것이며, 지금 생각해보면 그 궁극적인 목표란

---

15) Cynthia McClintock, "Peru: Precarious Regimes, Authoritarian and Democratic," in Diamond et al., *Democracy in Developing Countries*, (1988b), vol. 4, p. 350. 또한 페루에서 전개된 전통적 과두지배 계층과 페루의 개혁정당인 미국혁명인민동맹(APRA)간의 첨예한 대립은 이 시기에 이르러 상당히 완화되고 1985년에는 '아프리스타' 파의 대통령이 등장하기에 이르렀다.

16) 같은 시기의 브라질 역사에 대해서는 Thomas E. Skidmore, *The Politics of Military Rule in Brazil*, 1964-1985 (New York: Oxford University Press, 1988), pp. 210~255.

17) Charles Guy Gillespie and Luis Eduardo Gonzalez, "Uruguay: Thr Survival of Old and Autonomous Institutions," in Diamond et al., *Democracy in Developing Countries*, vol. 4, pp. 223~226.

18) Verwoerd는 1950년에 내무장관이 되고 1961년부터 수상직에 있었다. 그는 1920년대 독일에서 수학하였고 이 유학중에 '네오 피히테주의'의 감화를 받고 귀국하였다. T.R. H. Davenport, *South Africa: A Modern History* (Johannesburg : Macmillan South Africa, 1987), p. 318.

것은 너무나 바보스러운 것이었다. 자신의 근무지 가까이에 살고 싶다고 하는 희망을 범죄로 간주하는 이른바 "패스법"에 의해 1981년까지 1천8백만에 가까운 흑인이 체포되었다. 하지만 현대경제의 법칙에는 도저히 역행할 수 없는 것이어서, 1980년대 후반에는 아프리카나(네덜란드계 백인) 사이에 하나의 의식혁명이 일어났다. 이로 인해 드클라크는 대통령으로 취임하기 훨씬 이전부터 "수백만의 흑인이 도시에 살고자 하는 것은 경제상의 욕구(needs)"이며 "이것을 부정하는 것은 우리에게 아무 도움이 안 된다"[19]라고 주장하게 되었다. 이와 같이 남아프리카의 인종차별 정책은 결국 그 비효율성으로 인해 백인 사이에서 정통성을 잃고, 아프리카나의 다수가 흑인과의 새로운 권력분배Power Sharing 시스템을 받아들이게 된 것이다.[20]

이와 같이 남유럽이나 라틴아메리카, 남아프리카에서의 민주주의를 향한 이행의 예에서는 각기 커다란 차이를 보이고 있지만, 반면에 놀랄만한 일관성이 존재하고 있다. 니카라과의 소모사정권을 제외하고는, 구정권이 폭동이나 혁명에 의해 권력의 자리에서 쫓겨난 예는 하나도 없다.[21] 정권교체가 발생한 것은 구정권 내부에서 일부세력이 민주적으로 선출된 정부에

---

19) 인용은 John Kane-Berman, *South Africa's Silent Revolution* (Johannesburg: South African Institute of Race Relations, 1990), p. 60에서. 이 발언이 나온 것은 1987년 선거전에서이다.

20) 본문에서 서술한 이러한 사례 중에서 사담 후세인 치하의 이라크를 덧붙일 수 있다. 20세기에 존재한 그 밖의 많은 경찰국가와 똑같이 바스黨이 지배하는 이라크는, 미국의 폭격에 의해 군사적으로 궤멸되는 순간까지 매우 강력한 조직으로 생각되었다. 중동 최대 규모를 자랑하는 이라크군의 장대한 군사조직은 사우디아라비아에 이어 중동 제2의 매장량을 자랑하는 석유자원에 의해 유지되었지만, 이 군대가 취약하다는 것이 증명되었다. 왜냐하면 결국 이라크 국민은 자국의 정치체제를 위해 싸울 각오가 없었던 것이다. 이 강국은 10년도 채 되기 전에 파멸적이고 필요성도 없는 두 차례의 전쟁에 돌입하여 그 약점을 보였는데 만일 이라크가 국민의 뜻을 반영한 민주주의 국가였다면 이와 같은 전쟁은 일어나지 않았을 것이다. 페르시아만 전쟁에서 살아남은 사담 후세인은 많은 적을 놀라게 했지만, 후세인의 장래와 이라크의 종교적 권력이 금후 어떻게 될 것인가에 대해서는 의문이다

21) 확실히 스트라이크나 항의활동은 그리스, 페루, 브라질, 남아프리카 등의 권위주의 국가에서의 지배자 교체에 일정한 역할을 했다. 한편, 이미 보았듯이 대외적 위기가 정권붕괴를 가속화한 예도 있다. 그러나 구 체제측이 권력을 내놓지 않으려는 단호한 결의를 보일 경우 아무리 이러한 국내외적 요인들이 강해도 정권 교체가 일어난다고는 할 수 없다.

권력을 이양한다고 하는 결단을 '자발적'으로 내리고 있음에 기인한다. 권력으로부터의 이러한 자주적인 철수는, 항상 당면한 무엇인가의 위기를 계기로 삼고 있긴 하지만, 궁극적으로는 민주주의가 현대사회에서 유일한 정통성을 갖는 정치체제라는 신념이 확산되었기 때문에 가능했던 것이다. 라틴아메리카나 유럽의 우익 독재정권은 스스로가 세운 한정된 목표, 즉 테러리즘의 근절, 사회질서의 회복, 경제적 혼란의 수습 등을 달성한 순간, 권력을 계속 움켜쥐고 있을 근거를 잃어버리고 자신감을 상실해 버렸다. 국왕 스스로가 민주국가에서 직함만의 군주로 만족하고, 또는 교회가 인권옹호의 싸움에서 최선봉에 서게 될 때, 왕좌와 제단을 내세우며 인민을 학살하기는 곤란해지는 것이다. "권력을 스스로 나서서 내버릴 사람은 없다"라는 격언도 여기서는 더 이상 통용되지 않는다.

물론 독재주의자들 대부분이 하룻밤 새에 민주주의자로 전환되는 것은 아니다. 또한 이들이 흔히 스스로의 무능과 오산의 희생물이 된다는 것은 말할 필요도 없다. 칠레의 피노체트 장군도 니카라과의 산디니스타 정권도, 선거전에 임할 때 패배란 전혀 상상도 못했다. 그러나 아무리 고집스럽고 우둔한 독재자라 하더라도 선거를 실시함으로써 조금이라도 민주주의자인척 가장해야 한다는 생각을 하고 있던 것도 또한 사실이다. 정권을 이양한 군부에게는 개인적으로도 상당한 위험이 뒤따랐다. 왜냐하면 그들은 권력을 이양함으로써, 그간 학대를 받아온 측으로부터의 보복에 대해서 자신들을 지킬 방법을 거의 상실했기 때문이다.

우익 독재정권이 민주주의 이념의 힘에 의해서 권좌로부터 일소된 것은 그다지 놀라운 일이 아니다. 아무리 강력한 우익 국가라 하더라도 경제나 사회 전체로 보면 사실상 매우 제한된 권력밖에 갖고 있지 못하다. 이러한 정권의 지도자는, 점차로 사회에 그다지 중요한 영향을 미치지 못하게 된 전통적 사회집단을 대표하고 있으며, 지배권을 가진 장군이나 장교라 하더라도, 모두가 이념이나 지성과는 무관한 무리들인 것이다. 그렇지만 공산주의라는 이름의 좌익 전체주의 권력은 어떠할까? 공산주의 정권은 "강국"이라는 말의 의미 자체까지도 바꾸어 버리고, 끝없이 권력을 유지할 수 있는 방법을 이미 발견한 것은 아닐까?

3
강국의 치명적 약점 II
또는 달에서 파인애플 먹기

그렇다면 1960년대 들어서 쓰여진 쿠이비셰프시(市)의 9학년용 교과서
에서 발췌한 부분을 보자. "1981년, 그때는 공산주의의 시대입니다. 공산
주의란 물질적 풍요와 문화의 혜택을 말합니다……. 시내의 모든 교통수단
은 전기로 움직이고, 유해한 기업들은 시외로 옮겨집니다. 우리들은 달에서
살며, 꽃나무와 과일나무 사이를 걷게 됩니다……." 하지만 우리가 달에서
파인애플을 먹기까지 얼마나 많은 세월이 흘러야 할까? 그보다는 이 땅에
서 토마토나 배불리 먹을 수 있는 날이 온다면 얼마나 좋겠는가!
　　　　　　　　　—안드레이 뉴이킨 《꿀벌과 공산주의자의 이상》[1]

　전체주의는 19세기의 전통적 권위주의와는 전혀 성격이 다른 두 종류의
독재정치, 즉 소련과 나치 독일에 대하여 설명하기 위해 제2차 세계대전 이
후 서양에서 생겨난 개념이다.[2]
　히틀러와 스탈린은 상당히 대담한 사회적·정치적 방침을 내세움으로써
강국의 이미지를 일신했다. 프랑코 시대의 스페인이나 라틴아메리카의 여
러 군사독재도, 사회 속에서의 개인적인 권익의 영역—즉 시민사회—을
완전히 부숴 버리려곤 하지 않았고, 기껏해야 그 관리를 목표로 했을 뿐이

1) Yury Afanaseyev, ed., *Inogo ne dano* (Moscow: Progress, 1989). p. 510.
2) 전체주의에 관한 표준적인 정의를 부여하고 있는 것은 Carl J. Friedrich and Zbigniew
　 Brzezinski, *Totalitarian Dictatorship and Autocracy*, second edition, (Cambridge, Mass.:
　 Harvard University Press, 1965)

다. 프랑코가 이끄는 팔랑헤*Falange*당도 아르헨티나의 페론주의 운동도 체계적인 이데올로기를 구축하지는 못했고, 국민의 가치관이나 태도 정도를 바꾸어 놓기 위한 노력을 보였을 뿐이었다.

이에 반해 전체주의 국가의 경우, 그 근저에는 인간생활 전체를 포함하는 명확한 이데올로기가 있었다. 전체주의는 시민사회의 완전한 파괴를 시도했으며, 시민생활의 완전한 관리를 목표로 했다. 1917년에 볼셰비키가 권력을 장악한 이래 소련은 반대당, 신문, 노동조합, 사기업, 교회 등 러시아 사회에서 권력에 맞설 가능성이 있는 모든 조직을 탄압해 왔다. 1930년 말에도 이러한 조직 중 몇 개는 여전히 존속하고 있었지만, 그것은 모두 옛 정신의 골자는 모조리 빠져 버리고, 국가에 의해 철두철미하게 통제되는 것이었다. 그리고 주민 하나하나는 원자(原子)상태에 놓여, 전능한 정부 이외의 모든 "중간조직"으로부터 동떨어진 존재로 남겨졌다.

전체주의 국가 소비에트는 보도 관리나 교육, 정치선전을 통해서 개인의 신념이나 가치관 그 자체의 골격을 바꾸고, 그것에 의해 소비에트 인간 자체를 변화시키려고 했다. 이러한 시도는 인간에게 있어서 가장 개인적이고 가까운 관계인 가족관계에까지 미쳤다. 스탈린 경찰에게 자신의 부모를 고발한 젊은이 파빌 모로조프는 그 이후 오랜 기간 동안 정부로부터 전형적인 소비에트의 아동으로 떠받들어졌다. 미카엘 헬라는 다음과 같이 말하고 있다.

"사회가 체계적으로 조직적으로 분화되어감에 따라, 사회를 구성하고 있던 여러 가지 인간관계—가족, 종교, 역사적 사실, 언어—가 공격목표가 된다. 그리고 개개인의 밀접한 관계는, 그 당사자를 위해서 할당되어지는 국가로부터 인정받은 다른 인간관계에 의해 대체된다.[3]

1962년의 켄 케시의 소설 《뻐꾸기 둥지 위로 날아간 새》는 전체주의의 야심을 보여주는 일례이다. 이 작품은 정신병원 내에서 폭군과 같은 주임 간호사의 감시 아래 유치하고도 우둔한 생활을 보내고 있는 입원환자들의 이야기이다. 소설 속의 주인공 맥머피는 그러한 동료들을 해방시키기 위해 병원의 규칙을 깨뜨리고, 결국에는 집단탈출을 기도한다. 하지만 이러

3) Mikhail Heller, *Cogs in the Wheel : The Formation of Soviet Man* (New York : Knopf, 1988), p. 30.

한 과정에서 그는 입원환자들 중 어느 누구도 자기의지에 반해서 감금되어 있는 것이 아니라는 사실을 깨닫는다. 그리고 결국에는 모두가 바깥세상을 두려워하면서 스스로 감금생활을 자청하여 주임 간호사의 안전한 보호막 안에 안주하려 드는 것이다. 전체주의의 궁극적인 목적이 바로 여기에 있다. 즉 당시의 신생 소련은, 단순히 국민으로부터 자유를 빼앗았을 뿐만 아니라, 자유에 대한 공포심을 심어 줌으로써 자신의 안전을 지키도록 조장하여. 강제력에 의지하지 않더라도 쇠사슬에 채워져 있는 편이 행복하다고 스스로가 생각하도록 인간을 만들어 가려고 한 것이다.

많은 지식인은 소비에트 전체주의가 볼셰비즘 이전의 러시아의 권위주의적 전통에 의해 유지되어 갈 것이라고 생각하고 있었다. 19세기의 유럽인들이 러시아인을 어떻게 생각하고 있었는지는 프랑스의 여행가 큐스티누에 의해 잘 대변되고 있는데, 그는 러시아인을 "노예상태에 빠져, 공포와 야망 이외의 일은 거의 심각하게 받아들이려 하지 않는 민족"[4]이라고 묘사했다. 러시아인은 민주주의에 대한 흥미도 없고 받아들일 준비가 되어 있지 않다는 믿음이, 의식적이든 무의식적이든 소비에트 공산주의의 안정성에 대한 서유럽인의 확신의 근저에 위치하고 있었던 것이다. 1917년에 수립된 소비에트 정권은 결국, 제2차 세계대전 후의 동유럽과는 달리 외세에 의해 러시아인에게 강요된 것이 아니며, 그 지배층은 볼셰비키 혁명 이래 6, 70년에 걸친 기아, 폭동, 침략에서도 살아남았다. 이것은 지배층의 특권계급 내부는 물론 광범위한 국민 사이에서도 그 정치 시스템이 일정한 정통성을 획득했다는 사실을 보여주며, 권위주의를 좋아하는 러시아 사회의 본질이 거기에 투영되어 있다고 할 수 있다.

따라서 서유럽 측에서 보면, 예를 들어 폴란드 국민이라면 기회를 엿봐서 공산주의 지배를 타도하고 싶어 한다고 믿을 근거가 충분히 있지만, 이와 같은 일이 러시아인에게는 전혀 적용되지 않았던 것이다. 바꾸어 말하면, 러시아인은 감금생활에 만족한 입원환자인 것이다. 그것도 쇠창살이나 죄수복으로 감금되어 있는 것이 아니고, 오히려 안전과 질서, 권위에 이끌려 소비에트 정권이 던져주는 대제국의 장대함이나 슈퍼파워의 지위라든

---

4) The Marquis de Custine, *Journey for Our Time* (New York: Pelegrini and Cudahy, 1951), p. 323.

지 하는 식의 별로 쓸모도 없는 혜택을 원함으로써, 갇힌 신세에 안주하고 있었다고 할 수 있을 것이다. 이렇게 해서 소련은 강국 중에서도 강국으로 여겨졌고, 특히 세계전략상 미국의 최대의 라이벌로 생각되어 온 것이다.

전체주의 국가는, 그것 자체가 영원히 존속될 뿐만 아니라 바이러스처럼 세계 구석구석까지 번식될 수 있는 것이라고 생각되어 왔다. 동독, 쿠바, 베트남 혹은 에티오피아에 수출된 공산주의에는 전위당이나 중앙집권화된 내각, 경찰기관 그리고 국민생활 전반을 통치하는 이데올로기가 완비된 상태였다. 각국의 국민성이나 문화적 전통의 차이에도 불구하고 이러한 여러 제도는 효과적으로 기능하는 것처럼 보였다.

이 불멸의 권력 메커니즘은 그 후 어떻게 된 것일까?

1989년—프랑스 혁명 및 미국 헌법제정 이후 200년이 지난 이 해에, 세계사의 하나의 구성 요소로서의 공산주의는 결정적인 붕괴를 시작했다. 공산권에서는 1980년대 전반부터 상당히 급속하며 끊이지 않는 변동이 지속되어 왔기 때문에 우리들은 종종 이러한 변화를 당연한 것으로 받아들였고, 사태의 중대성을 잊고 있었다. 그러한 의미에서 이 시기에 일어난 주요한 사건을 다시 한 번 되돌아보는 것도 의미 있는 일일 것이다.

* 1980년대에 들어서자 중국 공산당 지도부는 중국 인구의 8할을 점하고 있던 농민에 대해서, 자영농작과 농산물의 판매를 허가했다. 이에 따라 집단농업의 형태가 붕괴되고 전국의 농촌은 물론 도시 공업지역에도 자본주의적인 시장형태가 출현하기 시작했다.
* 1986년 소련의 보도기관은 스탈린 시대의 죄악을 비판하는 기사를 발표하기 시작했다. 이러한 기사는 1960년의 흐루시초프 실각 이래 금지되어 오던 것이었다. 그 후 보도의 자유는 급속히 번져서, 금기가 하나씩 깨져갔다. 1989년에는 고르바초프 등의 소련 지도부를 매스컴에서 공공연히 비난하고, 1990년부터 91년에 걸쳐서는 소련 전역에서 고르바초프의 퇴진을 요구하는 대규모 시위가 일어났다.
* 1989년 2월, 소련군이 아프가니스탄에서 철수했다. 이후의 경위가 보여주듯이, 이는 소련군의 일련의 철수 행진의 선봉에 지나지 않았다.
* 1989년 3월, 새롭게 재편된 인민대의원대회와 소련 최고회의 선거가 실

시되었다. 다음해에는 소련 연방내의 15개 공화국 모두와 지방에서 선거
가 실시되었다. 공산당은 선거를 유리하게 하기 위해 부정공작을 시도했
으나, 일부 지방의회가 비공산당의 컨트롤 아래 놓이는 것을 방지할 수
가 없었다.

* 1989년 봄, 베이징은 중국정부의 부패 일소와 민주주의 확립을 요구하
는 수만 명의 학생에 의해 일시적으로 점거되었다. 6월에는 결국 군부가
이 학생들을 무자비하게 진압했으나, 이때는 이미 중국공산당의 정통성
에 대한 의문이 만천하에 제기된 뒤였다.

* 1989년 초 헝가리 사회노동당 내의 개혁파들은 1990년 복수정당에 의
한 자유선거를 실시하는 것을 내용으로 하는 계획을 발표했다. 1989년
4월 협상테이블에서 폴란드노동당과 자주관리노조 간에 파워 셰어링(권
력배분)을 내용으로 하는 협약이 맺어졌다. 그러나 선거 결과—폴란드
공산당이 부정선거를 시도했음에도 불구하고—7월 자주관리노조 정부
가 들어서게 되었다.

* 1989년 7월과 8월에 수만에서 수십만을 헤아리는 동독 시민이 서독으
로 넘어갔다. 그 후, 급속도로 심화된 위기 속에서 베를린 장벽이 무너지
고 동독은 해체의 길로 들어섰다.

* 동독의 해체는 체코슬로바키아, 불가리아, 루마니아 공산주의 정권의 붕
괴의 도화선이 되었다. 1991년초까지 알바니아와 유고슬라비아 내의 주
요한 공화국을 포함한 공산주의 국가 모두에서 복수정당에 의한 일련
의 자유선거가 실시되었다. 이 결과, 루마니아, 불가리아, 세르비아, 알바
니아 이외의 각국에서는 우선 공산주의자가 정권에서 쫓겨났다. 불가리
아에서도 선거로 선출된 공산당 정권이 얼마 못가서 정권을 포기해야 했
다.[5] 바르샤바조약기구의 정치기반은 소멸되고 소련은 동유럽에서 철수
하기 시작했다.

---

5) 남동유럽에 위치한 이런 모든 나라들이 1989년 이래 동일한 변화를 경험하고 있다. 구
공산당 정권은 모두 '사회주의' 정당으로 옷을 갈아입고, 상당히 공정하게 실시된 선거
에서 과반수를 차지했다. 그렇지만 사람들이 민주주의를 보다 급진적으로 요구하게 되
자 이러한 구 공산당 정권에 대한 공격은 한층 심해졌다. 이 압력은 불가리아의 정권을
붕괴시켰고, 세르비아의 Milosevic라는 예외는 있지만 당의 명칭을 변경함으로써 살아남
으려고 하는 모든 정권을 크게 약화시키고 있다.

* 1990년 1월, 소련공산당의 〈지도적 역할〉을 보증한 소비에트헌법 제6조가 폐지되었다.
* 헌법 제6조의 폐지와 함께, 소련 내에는 비공산주의 정당이 차례로 창당되고, 대부분의 공화국에서 정권을 잡았다. 1990년 봄에 보리스 옐친이 러시아최고회의 의장에 선출된 것은 실로 특기할 만한 사건이었으며, 그는 의회 내의 다수의 동료들과 함께 공산당을 이탈했다. 그 후, 옐친이 이끄는 이 그룹은 사유재산제와 시장경제의 부활을 제창하기 시작했다.
* 1990년 1년 동안에 러시아와 우크라이나를 비롯한 소련 내 모든 공화국에서 자유선거에 의해 선출된 의회가, 각 공화국의 '주권'을 선언했다. 발트 3국의 경우에는 이에 그치지 않고, 1990년 3월에 소비에트연방으로부터 완전한 독립을 선언했는데, 대부분의 사람들이 예견했던 것과 같은 즉각적인 탄압은 없었고, 오히려 이 독립선언은 낡은 연방제를 유지할 것인가를 둘러싸고 소련 내의 권력투쟁을 일으키는 결과를 낳았다(그 후 1991년 9월, 소련국가평의회가 발트 3국의 독립을 승인, UN도 3국의 가맹을 승인했다).
* 1991년 6월, 러시아공화국에서는 최초의 완전한 자유선거가 실시되어, 옐친이 대통령으로 선출되었다. 이는 모스크바에서 지방으로의 권력이양에 박차를 가하고 있다는 것을 여실히 보여주고 있다.
* 1991년 8월, 소련공산당 내의 강경파에 의한 반 고르바초프 쿠데타가 실패했다. 이것은 우선 반란파의 무능과 우유부단의 결과였으나 동시에 무저항적인 권위지상주의라고 일컬어지던 소비에트 국민이, 옐친의 지도 아래 민주제도 옹호에 압도적인 지지를 표명했기 때문이기도 하다(1991년 12월 우크라이나공화국의 국민투표에서 독립선언 승인, 이후 조지아(그루지야)공화국을 뺀 11개 공화국 수뇌는 소연방의 해체와 독립국가연합(CIS) 창설을 선언했다).

공산주의에 관해 진지하게 연구하던 사람이라면, 1980년의 시점에서는 지금까지 기술한 사건 중 어느 것 하나라도 10년 내에 현실로 나타날 것이라고 예상하기는커녕, 그 가능성마저 부정했을 것이다. 이러한 판단은 아마도 사태가 앞에 거론된 것과 같은 진전을 보인다면 전체주의적인 공산주의 권력은 그 중추에서부터 손상되고, 나아가 체제 전체가 치명적인 타격을 받게 될 것이며, 그런 사태의 진전을 권력을 쥔 측에서 허용할 리가 없다는 견해에 근거했을 것이다. 그러나 실제로 소비에트연방은 해체되었고, 1991년 8월 쿠데타의 책임을 지는 형식으로 소련에서 공산당의 활동이 금지되면서 종국을 맞게 되었다. 그렇다면 전문가들의 당초의 생각은 어째서 배신당하는 결과가 된 것일까? 페레스트로이카의 개시 이래 우리들 앞에 드러난 이 강국의 예상치 못한 약점은 어떻게 설명되어야 하는가?

옛 소련의 가장 기본적인 약점, 서방의 관측통들이 간과했던 실로 심각한 약점은 경제문제였다. 소비에트 체제에 있어서 경제의 실패를 너그럽게 이해해 주기 곤란한 것은 소비에트 정권의 정통성 자체가 국민에게 물질적 생활수준을 향상시켜 주겠다고 큰소리친 데 근거하기 때문이다. 지금에 와서는 기억하기조차 어려운 일이지만, 1970년대 전반까지는 확실히, 경제성장이 소련의 강점 중 하나로 생각되었다. 1928년부터 1955년까지 소련의 GNP는 연 4.4%에서 6.3%의 신장을 보였고, 그 후 20년 동안에는 미국의 GNP의 1.5배의 속도로 증가했다. 흐루시초프가 "소련은 미국을 초월하고 마침내는 미국의 장례식을 치를 것이다"[6]라고 위협한 것도 허세는 아니었다. 하지만 1970년대 중반기부터 성장률은 둔화되고 CIA의 계산에 따르면 1975년부터 85년까지의 성장률은 년 2.0~2.3%에 머물렀다. 그것도 은폐된 인플레이션을 고려하지 않은 것이기 때문에 이 수치에는 상당한 과장이 있다는 증거가 계속 나타났으며, 소련 내 개혁파 경제학자의 대부분은 이 시기의 경제성장률이 0.6~1% 정도였다고 주장했고, 그중에는 아예 제로성장이라고 주장하는 이도 있다.[7] 전체적으로 GNP의 성장이 정체

---

6) Ed Hewett, *Reforming the Soviet Economy: Equality versus Efficiency* (Washington, D. C.: Brookings Institution, 1988), p. 38.

7) Anders Aslund, *Golbachev's Struggle for Economic Reform* (Ithaca, N. Y.: Cornell University Press, 1989), p. 15에서 Aslund는 Selyunin과 Khanin의 통계 및 Aganbegyan의 수치를 인용하고 있다. 소련에서의 방위비가 GNP에서 차지하는 비율은 CIA의 추정으로는 전후 대부분의 시기에 국민 순생산의 15 내지 17%로 보고 있으나 Aslund는 이 수치가 실제로는 더 높으며, 25 내지 30% 범위에 달했다고 지적한다. 1990년이 되자 에드아르드 세바르드나제와 같은 소련 대변인은 소비에트 경제 전체에서 차지하는 방위비 지출의 비율이 25%에 이른다고 말하기 시작했다.

된 상황 속에 1980년대 전반의 연 2~3%의 군사비 증가를 감안하면 고르바초프가 정권을 잡기 10년 전부터 이미 소련의 시민경제는 실제로는 상당한 비율로 위축되고 있었다고 할 수 있다.[8] 소련의 호텔에 묵어 보았거나, 소련의 백화점에서 쇼핑을 하고 극빈하기까지 한 농촌의 생활을 엿볼 수 있었던 사람이라면 누구나가 소비에트 경제가 공식통계에는 완전히 반영되지 않은 매우 심각한 문제를 안고 있음을 눈치챘을 것이다.

이 경제위기가 소련 내에서 어떻게 해석되었는가도 중요한 문제이다. 1980년대 후반, 소련의 경제지도층 내부에서는 주목할 만한 사상 개혁이 일어났다. 브레즈네프 시대부터의 보수파 그룹은 고르바초프가 등장한지 3, 4년 만에 자리에서 물러나고, 아벨 아간베갼, 니콜라이 페트라코프, 스타니슬라프 샤탈린, 오레그 보고몰로프, 레오니드 아바루킨, 그레고리 야브린스키, 니콜라이 시메료프 등의 개혁파 경제학자가 그 자리를 차지했다. 그들은 모두 자유경제 이론의 기본원칙을--때로는 불완전하게나마--이해하고 있었고, 중앙집권적인 행정명령 시스템이 소련경제의 쇠퇴원인이라고 확신하고 있었다.[9] 그러나 페레스트로이카의 오늘날까지의 경과를 단순히 경제위기의 측면에서만 해석하는 것은 잘못일 것이다.[10] 고르바초프 자신도 지적했듯이, 1985년 시점에서 소련은 위기상황에 놓였다기보다는 "위기의 전단계(前段階)를 맞이하고 있었다. 다른 여러 나라는 이보다 더욱 심각한 경제적 곤란도 헤쳐 나왔다. 예를 들면 대공황시대 미국에서는 실질 GNP가 1/3 가까이 떨어졌지만, 그렇다고 해서 그것이 미국체제에 전반적인 불신을 불러일으키지는 않았다. 소비에트 경제에 중대한

8) *Ibid.*

9) 소비에트 경제학자의 여러 파의 개관에 관해서는 Aslund, *Golbachev's Struggle for Economic Reform*, pp. 3~8과 Hewett, *Reforming the Soviet Economy: Equality versus Efficiency*, pp. 274~302. 중앙계획경제에 대한 소비에트 국내에서의 대표적 비판으로서는 Gavril Popov, "Restructuring of the Economy's Management," in Afanaseyev, *Inogo ne dano*, pp. 621~633을 참조.

10) 지극히 명백한 것은 안드로포프도 고르바초프도 권력자가 되었을 때 얼마만큼 소비에트 경제가 정체되어 있는가에 대해 어느 정도의 인식을 갖고 있었다는 사실이다. 그리고 이 두 지도자에 의해 실행된 개혁 초기의 노력은 이 경제적 위기를 어떻게든 회피하고 싶다는 생각이 동기였다는 것도 지극히 명백하다. Marshall I. Goldman, *Economic Reform in the Age of High Technology* (New York: Norton, 1987), p. 71.

약점이 있다는 것은 오랜 기간 동안 인정되어 온 것이며, 경제의 쇠퇴를 막기 위해 일련의 전통적인 개혁이 시도될 수 있었던 것도 확실하다.[11]

구소련의 진정한 약점을 이해하기 위해서는 경제문제를, 그보다 훨씬 더 커다란 위기, 즉 체제 전체의 정통성에 관계된 위기라는 맥락에서 파악해야만 한다. 경제의 실패는 옛 소련체제에서 발생한 여러 실패 중 하나에 불과한 것으로 공산주의에 대한 신념에 반발을 불러 일으켰고, 사회의 기본구조의 약점을 드러나게 했다. 전체주의의 가장 근본적인 실패는 사상을 컨트롤하지 못했다는 점이다. 옛 소련의 시민은, 지금에 와서야 알게 된 일이지만 스스로 생각할 수 있는 능력을 줄곧 보유하고 있었던 것이다. 정부의 오랜 기간 동안의 선전에도 불구하고, 그 정부가 자신들을 기만하고 있다는 것을 대부분의 시민은 알고 있었다. 스탈린이즘 아래 견뎌온 개인적인 고통에 대해서 사람들은 끓어오르는 분노를 품고 있었다. 사실상 모든 가정이 농업 집단화 과정에서, 또는 1930년대의 공포정치 하에서 육친이나 친구를 잃게 되었고, 전쟁에서 치른 희생은 스탈린의 외교정책의 실패로 인해 더더욱 커졌다. 사람들은 이러한 희생자가 부당하게 박해를 받은 것이며, 소비에트 정권이 그러한 전율할 만한 범죄에 대한 책임을 결코 순순히 인정하지 않았던 것을 알고 있었다. 동시에 사람들은 말로는 계급이 없다는 자신들의 사회에서 새롭게 계급제도가 대두되고 있다는 것을 느끼고 있었다. 이러한 새로운 지배계급은 제정시대의 관료와 마찬가지로 부패하고 특권을 가졌으며 게다가 훨씬 더 위선적인 당 관료라는 계급이었다.

이들이 위선자라는 것을 입증하는 데에는 고르바초프 정권하의 소련에서 이야기되고 있던 몇 가지의 말, 예를 들면 고르바초프가 자신의 목표를 명확히 하고자 할 때 쓰는 "민주화"라는 말의 사용법을 생각해 보면 좋다. 레닌은 물론 공산당 독재를 통해서 소비에트연방이 서유럽의 형식적인 민주주의를 뛰어넘어, 진정한 민주주의를 달성했다고 주장했다. 그러나 현

---

11) 페레스트로이카의 과정에서 폭로되어온 중앙집권적 경제 관리에 따른 비능률과 병리에 대해서는 그 대부분이 1950년대에 발표된 저작에 밝혀져 있다. Joseph Berliner, *Factory and Manager in the USSR* (Cambridge, Mass.: Harvard University Press, 1957). 이 저작은 망명자와의 인터뷰를 토대로 쓰여졌다. *KGB*는 안드로포프나 고르바초프와 같은 지도자가 권력의 자리에 앉았을 때 똑같은 분석결과를 충분히 제공할 수 있었다고 생각된다.

재 소련에서 "민주화"를 이야기하는 사람치고 민주화란 오로지 서구식 민주주의뿐이며, 결코 레닌식의 중앙집권주의를 가리키는 말이 아니라는 것을 모르는 사람은 하나도 없다. 마찬가지로 "경제적"이라는 말('경제적 배려'라든가 '경제적으로 최적인'이라는 표현에서 나타나듯이)도 오늘날에는 자본주의적인 수요와 공급의 법칙에 의해 정의되는 "효율적"이라는 표현과 같은 의미이다. 또한 생활수준의 저하에 절망한 젊은이들의 대부분은 보통의 나라, 즉 마르크스 레닌주의의 이데올로기에 왜곡되지 않은 자유민주주의 국가에 사는 것이 자신들의 유일한 희망이라고 우리에게 말할 것이다. 그곳에 살고 있는 친구 가운데 하나는 1988년에 다음과 같은 이야기를 해 주었다. 즉 그녀는 자식들에게 숙제를 하도록 시키는 데 어려움을 겪고 있었는데 이는 민주주의란 "모두가 자기 하고 싶은 대로 할 수 있는 것"을 뜻한다는 사실을 "누구나 알고 있기 때문"이라는 것이다.

　더욱 중요한 것은 소비에트 체제의 희생자뿐만 아니라 그 혜택을 입고 있는 사람들조차도 자국의 체제에 분노를 느끼고 있다는 점이다. 1986년부터 90년까지 정치국원으로 글라스노스트(정보공개) 정책을 입안한 알렉산드르 야코블레프, "신사고" 정책을 명확히 정립한 에두아르드 셰바르드나제 외무장관(당시), 그리고 러시아공화국 대통령 옐친 등은 모두가 공산당의 중추기관에서 일을 해왔다. 프랑코 정권하의 국회의원이나 자발적으로 권력을 이양한 아르헨티나 및 그리스의 장군들과 마찬가지로 이들도 소비에트체제의 중심부에 파고든 극히 뿌리 깊은 질병을 깨달았고, 그렇기 때문에 그들은 이러한 문제에 영향을 발휘할 수 있는 중요한 책임 있는 지위에 올랐던 것이다. 1980년대 후반의 개혁은, 비록 미국과의 경쟁으로 인하여 개혁의 필요성이 대두되기는 했지만, 외부로부터 소련에 억지로 강요된 것은 아니었다. 오히려 전 세대의 엘리트의 대부분에 퍼져 있던 자신감에 대한 내부적 위기의 소산으로 표출된 것이었다.

　소비에트 체제의 정통성이 파괴되는 사태는 사전에 계획된 것도 아니었고, 하룻밤 사이에 일어난 것도 아니었다. 고르바초프는 글라스노스트나 민주화 정책을, 처음에는 자신의 지도적 지위를 강화하기 위한 무기로서, 후에는 경직화된 경제관료주의에 대한 국민의 반대 여론을 동원하기 위한 무기로서 이용했다. 그러한 점에서 그는 흐루시초프가 1950년대에 채용한 전술에서 크게 벗어나고 있지 않다.[12] 그러나 거의 상징적 의미만 지니던 당초의 정치적 자유화 운동은 곧 독자적으로 생명력을 지니게 되어, 정치적 자유 그 자체를 요구하는 변혁의 시발점이 되었다. 고르바초프가 처음에 글라스노스트와 페레스트로이카를 제창했을 때, 그러한 호소는 소비에트 체제의 결함을 새삼 일깨워줄 필요조차 없을 만큼 깊이 깨닫고 있던 많은 지식인들 사이에서 즉각적인 반향을 불러일으켰다. 동시에 소련의 구체제를 측정하고, 그 실패를 지적하기 위한 일관된 척도는 단 하나, 자유민주주의라는 척도인 것으로 드러났다. 바꾸어 말하면 시장지향형 경제의 생산성과 민주정치에서의 자유가 그 척도가 된 것이다.[13]

지배자로부터 무시당하고, 다른 유럽 국가들은 고사하고 자국의 지식인들로부터도 전체주의를 뒤에서 지탱해 주는 공범자로서 매도당해온 소비에트 국민들은 이들 모두가 오판하고 있었음을 확연히 보여 주었다. 1989년 이후 소비에트 사회는 전체주의의 명확한 기반에서 이탈하여, 수만에 달하는 새로운 조직--정당, 노동조합, 새로운 잡지나 신문, 생태학 단체, 문학 단체, 여러 교회, 민족주의 그룹 등--을 발족시켰다. 소비에트 국민이 낡은 권위주의적인 사회계약의 정통성을 수용하고 있다는 환상은 깨졌다. 소비에트 국민 대다수는 기회 있을 때마다 구태의연한 공산당 기구의 대표자에게 반대의 한 표를 던진 것이다. 러시아 공화국 초대 대통령에 세르비아의 밀로셰비치 같은 거의 파시스트 선동 정치가나 고르바초프와 같이 어정쩡한 민주주의자가 아닌, 보리스 옐친 같은 인물이 당선된 것은 러시아인의 정치적 성숙을 엿볼 수 있는 가장 좋은 증거이다. 러시아인은

---

12) 실제로, 1985년 단계에서는 고르바초프도 스탈린의 모든 업적을 찬양하고 있다. 1987년 말이 되어서도 여전히 고르바초프는(흐루시초프와 마찬가지로) 1930년대에 행한 스탈린의 활동을 높게 평가하였다. 1988년이 되어서야 겨우 고르바초프는 1920년대의 소위 신경제정책(EP) 시기에 부하린과 레닌이 제창한 한정적인 자유화 정책을 제대로 평가하기 시작했다. 1987년 11월 7일에 거행된 10월혁명 70주년 기념축전에서 부하린에 대하여 언급한 고르바초프의 연설을 참조.

13) 실제로 Aleksandr Prokhanov처럼 상당히 체계화된 반자본주의적, 반민주주의적인 이데올로기를 신봉하고 있음에도 불구하고 非마르크스주의자인 우익 민족주의자가 존재한다. Aleksandr Solzhenitsyn은 이전에 이러한 경향을 가진 자로서 비판받았지만, 그는 실제로는 확고한 민주주의 옹호자였다. Aleksandr Solzhenitsyn, "How We Are to Restructure Russia," *Literaturnaya Gazeta*, no. 18 (September 18, 1990) : 3~6.

1991년 8월 보수파가 쿠데타를 일으켰을 때에 옐친의 제창에 따라 새로운 민주주의 제도를 수호하기 위해 들고 일어남으로써 그들의 정치적 성숙을 더 한층 여실히 나타냈다. 동유럽의 여러 나라 국민과 마찬가지로 소련 사람들도 자신이 결코 무기력하며 흩어진 존재가 아닌, 스스로의 존엄과 권리를 자발적으로 수호할 준비가 되어 있다는 점을 증명했던 것이다.[14]

구 소비에트연방의 기본 사상구조에 대한 엄청난 환멸은 하루아침에 일어날 수 없었고 체제로서의 전체주의는 1980년대에 들어서기 훨씬 이전부터 붕괴되고 있었음을 암시하고 있다. 실제로 전체주의의 종언(終焉)은, 1953년 스탈린이 죽고 소련 당국이 끝없이 시행하던 무차별적인 공포정치를 포기했을 당시까지로 거슬러 올라갈 수도 있을 것이다.[15] 1956년 흐루시초프의 이른바 "비밀연설"(제20회 전당대회에서 행한 종래의 당 노선을 대폭 수정하는 스탈린 비판)과 스탈린 치하의 강제수용소 폐쇄 이후, 당국도 이제는 단순한 위압에 의한 정책의 강요는 불가능해졌고, 국민들을 정부의 목표에 따라 움직이게 하는 데에는 달콤한 말에 의한 사기나 신당원의 선출, 또는 뇌물이라는 수단에 점차 의존해갈 수밖에 없었다. 순수한 공포정치로부터의 퇴조는 어떤 의미에서는 피할 수 없는 것이었다. 그것은 스탈린 체제하에서는 지배층 내부에서조차 누구 하나 온전하게 있을 수 없었기 때문이다. 스탈린 치하의 경찰총책인 예즈호프와 베르야는 모두 처형당했고 외무상 몰로토프의 경우에는 부인이 강제수용소로 보내졌다. 스탈린의 후계자 흐루시초프는, 정치국의 요원이 스탈린으로부터 이상스러운 눈길을 받았을 때마다 얼마나 생명의 위태로움을 느꼈던가를 생생히 증언하고 있다. 그리고 스탈린 스스로도 늘 반란의 음모에 떨고 있었다. 따라서 스탈린의 죽음으로 인해 행동의 자유를 얻은 지도부의 입장에

---

14) 러시아인은 민주주의를 지탱할 수 없다고 비난해온 많은 서유럽 사람들도 러시아를 싫어하는 서방 인텔리겐치아도 러시아인에게 사죄해야만 한다고 Jeremy Azrael은 주장하는데, 나도 그 견해에 전적으로 동의한다.

15) 전체주의자의 의도가 최종적으로 성공했는지 어떤지, 또한 스탈린 이후의 소비에트나 이전에 소비에트 위성국가였던 동유럽 나라들을 논할 경우 '전체주의' 라는 말이 적합한지 어떤지에 대해서는 소비에트 연구전문가 사이에서 오랜 동안 논쟁이 계속되어 왔다. 소비에트 전체주의 시대가 종료된 시기에 관해서는 Andranik Migranian "The Long Road to the European Home," *Novy Mir* 7 (July 1989): 166~184에도 같은 지적이 있다.

서 볼 때, 자신들에게조차 치명적인 공포정치 체제의 완전한 일소는 너무나 당연한 귀결이었다.

무차별적인 인민의 학살을 중지한다는 소비에트 정부의 결단으로, 국가와 사회 간에 존재해 오던 힘의 균형은 사회 쪽으로 기울게 되었다. 동시에 그 결단은, 앞으로 소비에트 정부가 국민생활의 모든 면에 대한 통제를 계속하는 행위는 불가능해지리라는 것을 의미했다. 소비자의 요구, 암시장, 지방정치기구 등은 이제 완전히 부술 수도 없고 적당히 조정할 수도 없게 되었다. 경찰에 의한 위압은 국가의 중요한 무기로 남기는 하였지만 이는 거의 배경으로 등장하는 정도였고, 대개는 소비재의 공급을 늘리겠다는 약속을 하는 식의 다른 시책에 의존할 수밖에 없었다. 고르바초프 이전의 소련에서도 GNP의 20% 정도가 암시장에서, 혹은 암시장을 통해서 생산되었고, 이에 대해 중앙의 경제계획 담당자들은 전혀 손을 쓸 수 없었다.

1960년대부터 70년대까지 소비에트연방 내의 비러시아인 공화국에서 다수의 '마피아조직'이 출현한 것은, 이 중앙통제가 약화되고 있음을 보여주는 한 예이다. 예를 들면 우즈베크공화국의 악명 높은 "면화마피아"는, 공산당 제1서기인 라시도프 체제 아래서 번창했다. 라시도프는 브레즈네프 서기장이나 그 딸인 갈리나, 그녀의 남편인 츄르바노프(모스크바 정치국원) 등과의 개인적인 친분을 무기로, 부패한 관료제국을 오랜 기간 동안 좌지우지할 수 있었다. 이 관료주의자 그룹은 공화국 내의 면화생산 장부를 조작, 은행의 개인구좌로 거액의 자산을 모으고, 모스크바로부터 일체의 감시를 받지 않은 채 지방당 조직을 운영하는 데 성공했다. 이 시기에는 각종 마피아가, 비러시아인 공화국은 말할 필요도 없고 모스크바나 레닌그라드(현 페테르부르크)와 같은 곳까지 포함한 소비에트 전역에서 세력을 떨쳤던 것이다.

이러한 국가체제는 이미 전체주의라고 할 수 없으며, 라틴아메리카와 같은 권위주의의 한 형태도 아니다. 브레즈네프 시대의 소련이나 동유럽을 가리키는 가장 좋은 표현은 아마도 바츨라프 하벨이 사용한 "포스트 전체주의"라는 용어일 것이다. 이 말은 그 체제가 1930년부터 40년대의 잔학한 경찰국가와는 다르지만, 다른 한편에서는 여전히 과거의 전체주의적

인 관행에서 벗어나지 못하고 있는 상태를 가리킨다.[16] 전체주의는 이러한
사회의 민주주의적 사고방식을 말살할 수 있을 정도로 충분히 강력하지는
않았으나, 그래도 전체주의의 정통성은 유지되어, 그것이 이후의 민주화의
행보를 제한하는 장애요인이 되었다.

중화인민공화국이나 동유럽 여러 나라에서도 전체주의는 파탄했다. 중
국의 국내경제에 대한 중앙정부의 통제는 중국에서 "스탈린주의"가 가장
번영한 시기에조차 소련만큼은 통제가 이루어지지 않았고, 국가경제의 1/4
은 국가계획의 범주 안으로 들어온 적이 없었다. 1978년 덩샤오핑(鄧小平)
은 경제개혁에 착수했지만, 중국인의 대부분이 1950년대 당시의 시장경제
나 기업가 정신에 대한 생생한 기억을 여전히 가지고 있었다는 사실을 생
각하면, 그들이 이후 10년에 걸친 경제자유화의 물결에 훌륭히 편승할 수
있었던 것도 놀랄 일이 아닐 것이다. 덩샤오핑은 마오쩌둥(毛澤東)과 마르
크스 레닌주의에 입으로는 충성을 외쳐댔지만 농촌에서의 사유재산 부활
을 훌륭히 수행하고 세계 자본주의 경제에 대하여 중국의 문호를 개방하
였다. 이러한 경제개혁을 착수한 것을 보면 공산당 지도층이 사회주의적
중앙계획경제의 실패를 일찌감치 간파하고 있었음을 알 수 있다.

민간경제 부문을 넓은 범위에서 인정하고 있는 전체주의는 이미 그 정의
에서 생각해 보더라도 전체주의라고 할 수 없다. 1978년부터 톈안먼(天安
門) 탄압사건이 일어난 1989년까지의 시기 동안 중국에서는 상당히 자유
로운 공기가 퍼져 있었고, 자연발생적인 비즈니스 조직, 기업가, 비공식적인
Informal 조합 등의 형태를 취한 단체가 우후죽순처럼 나타나면서 시민사
회가 급속하게 재생되었다. 중국 지도부에서는 마르크스주의의 교리를 소

---

16) Vaclav Havel et al., *The Power of the Powerless* (London: Hutchinson, 1985), p. 27. '포스
트 전체주의'라는 말은 Juan Linz가 브레즈네프 시대의 소비에트 체제를 논하기 위해 사
용한 적도 있다. 흐루시초프나 브레즈네프 체제하의 소련이 완전히 다른 종류의 권위주
의 정권이 되었다고 하는 것은 부정확하다. Jerry Hough와 같은 일부 소비에트 전문가는
1960년대부터 70년대에 걸쳐서 소련 국내에서 '이익집단' 및 '제도적 다원주의'가 등
장했다고 생각하고 있다. 그렇지만 예를 들어 다양한 경제관청 간에 혹은 모스크바의
지방공산당 조직 간에 일정한 거래나 타협이 있었다고 해도 이러한 거래는 그야말로 국
가가 규정한 엄격한 규제 아래 이루어지고 있는 것이다. H. Gordon Skilling and Franklyn
Griffiths, eds., *Interest Groups un Soviet Politics* (Princeton, N. J.: Princeton, University
Press, 1971) : and Hough, *How the Soviet Union Is Governed*, 518~529.

중히 지키기보다는 오히려 자국의 근대화와 개혁의 추진역할을 맡는 편이 스스로의 정통성을 보존하는 길이라는 계산을 하고 있었던 것이다.

그렇지만 소련에서와 마찬가지로 정권의 정통성을 확보하는 것은 곤란했다. 경제의 근대화를 이루기 위해서는 외국의 사상이나 영향에 대하여 중국사회를 개방해야 할 필요가 있었다. 그로 인해 시민사회가 국가로부터 힘을 되찾게 되었고, 또한 일당 지배의 정치 시스템으로는 고치기 어려운 부패나 사회적 폐습을 낳는 계기가 되기도 했다. 동시에 대도시에서는 마치 중산층과 같은 역할을 하는 고학력의 국제적 시야를 가진 엘리트들을 계속하여 탄생시켰다. 1989년 4월 후야오방(胡耀邦)의 죽음을 계기로 톈안먼 광장에서 저항행동을 개시한 것은 이러한 엘리트층의 자제들이었다.[17] 서양에서 유학을 했거나 중국 이외의 정치체제에 대해 상세히 알고 있는 사람도 섞여 있던 이러한 학생들은 이미 상당한 경제적 자유는 허용되지만 정치적 자유는 어떠한 것이든 인정되지 않는다는 중국 공산당의 편협한 개혁에는 만족할 수 없게 되었다.

톈안먼 광장에서의 학생들의 저항행동에 대해서는 그것이 정치참여를 목표로 하는 자연발생적인 요구의 표현이라기보다 오히려 자오쯔양(趙紫陽)과 리펑(李鵬)에 의한 덩샤오핑(鄧小平)의 후계 쟁탈의 반영이었다는 설도 나돌았다.[18] 이것도 수긍할만한 이야기이기는 하다. 자오쯔양은 다른 지도자보다 항의 학생들에게 확실히 동정적이었고 6월4일의 무력탄압에 앞서서 그들에게 호소를 하는 등, 자기 보신(保身)에 힘을 쏟았다.[19] 그러나 당시의 항의운동이 상층부로부터의 교묘한 정치적 공작의 산물이었다고 하더라도 그 행동이 중국사회에 있어서 기존의 정치체제에 대한 보다 근본적인 불만의 표현이라는 것에는 변함이 없다. 게다가 이 사건을 계기로 전체주의의 가능성이 있는 모든 체제는 취약함을 노출하게 되었다. 정권 승

---

17) 후야오방(胡耀邦)은 이전에 덩샤오핑의 한쪽 팔이었지만 학생들에 의해 중국공산당 내 개혁파로서 떠받들어졌다. 천안문 사건의 경위에 대해서는 Lucian W. Pye, "Tiananmen and Chinese Political Culture," *Asian Survey* 30, no. 4 (April 1990) : 331~347을 참조.

18) 이 점에 관해서는 Henry Kissinger, "The Caricature of Deng as Tyrant Is Unfair," *Washington Post* (August 1, 1989), p. A21을 참조.

19) Ian Wilson and You Ji, "Leadership by 'Lines' : China's Unresolved Succession," *Problems of Communism* 39, no. 1 (January-February 1990): 28~44.

계에 대해 일반적으로 인정되고 있는 헌법상의 메커니즘이 없는 이상, 지
도자의 자리를 서로 노리고 있는 경쟁자는 언제나 정적보다 우위를 점하
는 수단으로서 개혁이라는 카드를 사용하고 싶은 유혹에 사로잡히기 마련
이다. 하지만 이 카드를 사용하고 나면 새로운 세력이나 사회적 태도가 나
타나는 것은 거의 피할 수 없으며 그러한 세력이나 태도는 마침내 국민을
교묘히 조종하려는 자들의 통제를 벗어나 버린다.

1989년의 사건으로, 중국은 아시아에서 새로운 독재국가가 된 것에 지
나지 않았다. 자국 엘리트의 대부분, 특히 장래에 나라를 짊어질 젊은 엘
리트들이 볼 때 중국은 일관된 이데올로기에 의해 인도되고 있지 않았다.
일찍이 마오쩌둥(毛澤東) 시대와 같이 중화인민공화국이 세계 혁명국가의
표본이 되는 일은 더 이상 있을 수 없으며, 아시아 지역에서 급속하게 발전
하고 있는 자본주의 국가들과 비교하면, 그것은 더더욱 당연한 귀결이었
다.

1989년 여름, 동독으로부터의 대량 망명이 갓 시작되었을 때, 서구에서
는 다음과 같은 견해가 대세를 이루었다. 사회주의가 줄곧 정착되어온 동
독이나 동유럽 여러 나라 사람들은 자유를 손에 넣게 되면, 공산주의도
아니고 자본주의 민주국가도 아닌 인도주의적인 좌익정권을 선택할 것이
라는 예상이었다.

하지만 이러한 견해는 완전한 환상에 불과했다. 주민의 뜻과는 상관없이
소비에트형 제도를 억지로 강요당한 동유럽에서는 전체주의의 붕괴가 소련
이나 중국에서보다 훨씬 급속하게 일어났다. 하긴 이것도 놀라운 일은 아
닌 듯하다. 정도의 차이는 있지만 모든 나라에서 시민사회가 소련에서처럼
완전하게 파괴되어 있었던 것은 아니다. 예를 들어 폴란드에서는 인접국인
우크라이나나 벨라루스와는 달리 농업의 집단화가 이루어지지 않았으며,
교회는 어느 정도 독립성을 보장받아 왔다. 이들 나라에서 공산주의 가치
관을 거부한 이유는 소비에트 국민들의 경우와 마찬가지이지만, 이와 더불
어 각지의 민족주의 세력이 공산주의 정권 이전의 기억을 온전히 보전하는
데 일익을 담당했고, 1989년 후반의 혼란기 이후에는 그 기억이 급속하게
되살아나도록 한 데 기인한 것이다. 일단 소련이 동유럽의 동맹국에 대해
일체 개입의사가 없다고 천명했을 때 우리가 예측하지 못했던 전개는, 단

지 그러한 모든 나라에서 공산당 기관이 극도의 혼란에 빠졌으나, 당 보수파의 주요 인물들 거의 모두가 자신을 보호하기 위해 손가락 하나 움직이려 하지 않았던 점이다.

사하라 사막 이남의 아프리카 사회주의나 식민지 시대 이후의 강력한 일당독재의 전통은, 이 지역 대부분이 경제의 붕괴나 내전을 경험한 까닭에, 1980년대 말에는 거의 완전히 신용을 잃었다. 그 중에도 가장 심한 타격을 입은 나라는 에티오피아, 앙골라, 모잠비크와 같은 경직된 마르크스주의 국가였다. 한편 보츠와나, 감비아, 세네갈, 모리셔스, 나미비아에서는 제대로 된 민주주의가 기능을 발휘하기 시작했고, 다른 아프리카 여러 나라에서도 독재자들이 자유선거를 약속하는 지경까지 이르게 되었다.

물론 중국을 비롯한 쿠바, 북한, 베트남에서는 공산주의 정부가 지배를 계속하고 있다. 하지만 1989년 7월부터 12월에 걸친 동유럽의 6개 공산주의 정권이 일시에 무너진 이래, 공산주의에 대한 견해는 크게 수정되었다. 한때는 자유민주주의보다 고도로 발달된 문명임을 자부하여온 공산주의가 이제는 정치적으로나 경제적으로 지독한 후진성을 연상시키는 존재가 된 것이다. 공산주의의 권력은 아직도 세계 각지에 살아남아 있지만, 그것은 이미 활력과 매력이 넘치는 이념은 아니다. 공산주의자를 자칭하는 사람들은 이제, 예전의 지위나 권력을 조금이라도 지키려고 안간힘을 쓰고 있다. 20세기까지 명맥을 이어온 전제군주처럼, 공산주의자들도 이제는 이미 전성기가 멀리 사라져 버린 낡아빠진 반동적 사회질서를 지키지 않을 수 없는 비참한 처지에 놓인 것이다. 한때 자유민주주의와 맞서던 이데올로기상의 위협은 사라지고 소련군이 동유럽에서 철수하는 것과 때를 같이하여 군사적인 위협마저도 거의 사라지게 되었다.

민주주의 이념은 전세계에서 공산주의의 정통성을 흔들어 놓았지만, 이 지역에서 민주주의 그 자체가 뿌리내리기까지는 아직도 상당한 어려움이 도사리고 있다. 중국의 학생 저항운동은 공산당과 군부에 의해 탄압받고, 그 결과로 덩샤오핑의 경제개혁 중 몇 가지는 폐지되어 버렸다. 옛 소련의 15개 공화국에서도 아직까지는 민주주의의 미래가 확립되었다고 하기 어렵다. 불가리아와 루마니아에서는 공산당이 정권에서 물러난 이래 정치적 혼란이 계속되고 있다. 헝가리와 체코슬로바키아, 폴란드, 그리고 예전의 동독만이 10년 내에 안정된 민주주의와 시장경제로 이행할 수 있을 것 같은 모습을 보이고 있지만, 이러한 국가의 경우에도 그들이 직면하고 있는 경제적 곤란은 당초 예상했던 것보다 훨씬 크다는 사실이 판명되고 있다.

공산주의가 사멸한다 해도, 그 자리에 편협하고 공격적인 민족주의가 급속히 대두될 것이라는 설도 있다. 그러므로 강국의 멸망을 축하하는 것은 시기상조이다--라는 식의 논쟁은 계속된다. 왜냐하면, 공산주의라는 이름의 전체주의는 생존에 실패했다 하더라도 그것이 이번에는 민족주의라는 독재주의, 아니면 러시아식이나 세르비아 식으로 변경된 파시즘으로 대체될 것이기 때문이다. 이같은 지역에는 가까운 장래에 잠시라도 평화나 민주주의가 깃들 수 없으며, 이와 같은 설을 주장하는 사람들에 따르면, 옛 소련만큼이나 기존의 서구 민주주의에 위협적인 존재가 될 것이라고 한다.

그러나 우리들은 이제까지의 공산주의 국가가 안정된 민주주의 국가로 급속하고도 유연하게 이행되고 있지 않다는 것에 놀라거나 해서는 안 된다. 오히려 그러한 식으로 사태가 발전된다면 더 놀라워해야 할 일이다. 민주주의가 훌륭하게 발전하는 데에는 그 전에 뛰어넘어야 할 장애물이 너무도 많다. 예를 들면 옛 소련의 경우 민주화란 전혀 불가능한 것이었다. 소련이 진정으로 민주주의라는 이름에 걸맞을 정도로 자유로워졌다면 이 나라는 아마도 인종이나 민족의 차이 등으로 인하여 몇 개의 소국(小國)으로 분할되어 있었을 것이다. 물론 그렇다고 해서, 러시아공화국이나 우크라이나 등의 소연방을 이루는 개개의 공화국 차원에서 민주화가 불가능했었다는 의미는 아니다. 하지만 소련의 민주화에는 민족의 분리 독립과 같은 고통스러운 과정이 반드시 수반되어야 하며, 그것은 하루아침에 또한 아무 희생 없이 달성될 수는 없는 것이다. 1991년 4월, 15개 공화국 가운데 9개 공화국에서 이루어진 연방조약의 재교섭과 함께 이러한 분열사태가 발생되었으며, 8월의 쿠데타 실패 이후 그 움직임에 더욱 박차가 가해지고 있는 것이다.

덧붙여 말하자면, 새롭게 나타나고 있는 민족주의가 모든 경우에 있어서 민주주의와 모순된다는 것은 아니다. 우즈베크공화국이나 키르기스공화국에서 가까운 장래에 안정된 민주주의가 이룩될 전망이 거의 없다 해도, 리투아니아나 에스토니아가 독립한 후에 스웨덴이나 핀란드만큼 민주화되지 말라는 법은 어디에도 없다. 또한 새롭게 고개를 들고 있는 민족주의가 반드시 영토의 확장이나 침략과 연결될 것이라고 생각할 필요도 없다. 그러한 의미에서 주목할 점은 1980년 말부터 90년대 초반에 걸쳐 소련 내에 '소러시아주의'를 지향하는 커다란 조류가 생겨났다는 점이다. 진보파인 옐친은 물론, 에두아르드 볼로딘이나 빅토르 아스타피예프 등 보수적인 민족주의자의 생각을 보더라도 그것은 분명히 나타난다. 우리들은 오늘날의 과도기적 상황을 영속적인 상태와 혼동해서는 안 된다.

옛 소련이나 동유럽 일부에서는 마르크스 레닌주의 정권이 여러 형태의 독재자나 민족주의자 그리고 군부로 대체되는 사태도 일어날 수 있을 것이다. 공산주의 정권이 부활되는 곳마저 있을 수 있다. 그러나 그와 같은 독재주의는 협소한 지역에 한정된 무질서한 체제에 불과할 것이다. 그리고 라틴아메리카의 군부 독재정권과 마찬가지로 자신들이 장기적인 정통성의 기반은 물론이고 앞으로 직면하게 될 정치, 경제면에서의 장기적인 어려움에 대하여 올바른 처방전을 갖고 있지 못하다는 사실을 스스로 깨닫게 될 것이다. 자유민주주의만이 이러한 세계의 각지에서 널리 정통성을 향유할 수 있는 유일하고도 일관된 이데올로기인 것이다. 이 지역에 현재 살고 있는 사람들이 생존하는 동안에는 민주주의에로 이행하는 것이 어렵다 하더라도, 다음 세대에는 그것이 실현될지도 모른다. 서유럽에서의 자유민주주의를 향한 이행도 길고 괴로운 여정이었지만, 그래도 마지막에 가서는 어느 나라든지 민주주의로의 여행을 마칠 수 있었던 것이다.

공산주의라는 이름의 전체주의는 사회 진화의 자연스럽고 유기적인 과정에 종지부를 찍고, 그 대신에 위로부터의 혁명—낡은 사회계급의 파괴, 급속한 공업화, 농업의 집단화 등의 일련의 혁명—을 강요하기 위한 공식으로 여겨졌다. 이러한 방식의 대규모적인 사회관리 계획은 국가 주도형의 사회변혁을 일으키는 것이며, 그러한 점에서 공산주의 사회는 비 전체주의 사회와 구분되는 것이었다. 사회과학자들이 노멀*normal*한 사회에서는 거의 보편적이라고 간주하던 경제적 정치적 근대화의 일반법칙도 공산주의 사회에서는 통용되지 않았다.[20]

---

20) 이러한 사회는 실제로 대단히 다른 성격을 갖고 있었기에 시놀로지(중국공산당 연구),

소련이나 중국의 1980년대 변혁과정은 그것이 비록 단기적으로는 성공을 거두지 못했다 하더라도 인간의 사회적 진화라는 면에서 지극히 중요한 면모를 보여주고 있다. 그것은 전체주의가 혁명 이전의 소련이나 중국사회의 주요한 제도를 파괴할 수 있었다 하더라도, 소비에트형 혹은 마오쩌둥(毛澤東)형의 새로운 인간을 만들어 내고자 하는 야망에 있어서는 전적으로 무력했기 때문이다. 브레즈네프 시대나 모택동 시대의 양국에서 출현한 엘리트들은, 경제발전이 거의 동등한 수준에 있는 서유럽의 엘리트들과 예상치 못할 정도로 흡사했다. 그러한 엘리트들 가운데 뛰어난 몇몇은 서유럽이나 미국, 일본의 소비문화와 정치적 이념까지도 비록 공유하는 데까지는 이르지 못하더라도, 그 진가를 헤아릴 수는 있었다. 소련이나 중국 사람들은, 비록 여러 측면에서 독특한 포스트 전체주의적 성격을 갖고 있지만, 한편으로는 일찍이 서유럽의 이론가들이 예측한 것처럼 개개인이 제각기 흩어지거나 권력에 들러붙거나 지독하게 권위를 갖고 싶어 하는 유아적 상태에 있는 것은 아니라는 사실이 명백해졌다. 오히려 그들은 거짓과 진실을, 그리고 정의와 사악함의 구분을 명확히 할 수 있는 하나의 성인이며, 어느 시대에나 그러했듯이 인간은 자신이 자율적이고 성숙한 존재임을 타인으로부터 인정받고 싶어 한다는 것도 확실하게 표현한 것이다.

소비에트로지(소비에트 연구), 혹은 크레믈리놀로지(크레믈린의 권력관계 연구) 등 각각의 연구 분야에서 연구가 이루어져 왔다. 이러한 학문은 각국의 시민사회에 관해 광범위한 관심을 갖는 것이 아니라 오로지 정치나 그 상상(想像)의 주권자, 그리고 종종 10인에서 12인 정도의 권력자 집단에 의해 움직여지고 있는 정치에 관심을 기울였던 것이다.

4
세계에 번진 민주혁명

우리들은 하나의 중요한 시기, 정신이 다시 한번 도약하면서 이제까지의 형태를 벗어던지고, 새로운 모습으로 탈바꿈하는 흥분된 시대의 입구에 서 있다. 우리의 세계를 하나로 묶어온 예전의 표현이나 개념, 관계 등은 그 모두가 꿈속의 그림과 같이 녹아버리고, 무너져 내리고 있다. 정신의 새로운 형상이 등장할 채비를 갖추고 있다. 다른 사람들이 새로운 정신에 무기력하게 이의를 제기하며, 과거에 집착하려고 해도 철학만은 그 출현을 환영하고 인정하지 않으면 안 된다.

—헤겔, 1806년 9월 18일 강의에서[1]

좌익 공산주의도 우익의 독재주의도, 강력한 정부의 정치적인 내부 결속력을 유지할 만한 진지한 이념은 이미 완전히 상실했다. 그 정부를 지지해주던 것이 굳건히 단결된 정당이건, 군부이건 혹은 한 사람의 독재자이건 사정은 마찬가지이다. 정통한 권위가 결여되어 있을 때에는, 독재정권이 어떤 정책을 펴다가 실패를 범한 경우, 국민의 관용을 호소할 수 있는 더 높은 원칙이 존재하지 않게 된다. 어떤 이는 이 정통성을 일종의 적립금에 비유하고 있다. 민주적이든 독재이든 모든 정부에는 부침(浮沈)이 있을 수 있다. 그러나 정통성을 지닌 정부만이 위급한 존망의 시기에 이 적립금을 언덕 삼아 기댈 수가 있는 것이다.

---

1) *Dokumente zu Hegels Entwicklung*, ed. J. Hoffmeister (Stuttgart, 1936), p. 352.

우익 독재국가의 약점은 시민사회를 완전히 통제하지 못했다는 데에 있다. 이러한 정부는 대개 사회질서의 회복이나 경제기반의 조성이라는 것을 명분으로 권력의 자리를 차지했지만, 이전의 민주정부 만큼도 지속적인 경제성장이나 치안체제의 안정을 이룩해 낼 수가 없었다. 또한 스스로 내건 목표를 달성한 정부의 경우에는 오히려 그로 인해 스스로의 목숨을 옭매는 결과가 되었다. 왜냐하면 교육수준이 향상되고 경제가 번영하여 국민의 중산층이 성장함에 따라, 독재정권 아래 놓여있던 사회가 점차로 현 지배체제의 통제범위를 벗어나게 되기 때문이었다. 강한 정부를 지지하던 예전의 위기시대의 기억이 점차로 옅어지고, 그 사회는 군사지배에 점점 더 견딜 수가 없게 되는 것이다.

좌익 전체주의 정부에서는 이와 같은 전철을 밟지 않기 위해, 국민에게 허용되는 사고의 내용까지를 포함하여 시민사회 전체를 그 관리 아래 두려고 했다. 그러나 이와 같은 체제를 그대로 유지하기 위해서는 지배자 자신까지도 위협을 받을 만큼의 공포정치를 시행하지 않을 수 없었다. 일단 그러한 공포정치 지배가 느슨해졌을 때는 정권의 쇠퇴를 향한 긴 여정이 시작되고, 이 과정을 밟으면서 국가는 시민사회의 주요한 요소를 통제하는 힘을 잃게 되었다. 특히 문제가 된 것은 사람들의 이념체계를 통제할 수 없게 되는 것이다. 거기다가 경제발전을 지향하는 사회주의의 방법론은 그 자체에 결함이 너무도 많아서 국가로서는, 국가의 경제정책 운용이 서툴다는 것을 시민들이 눈치채고, 그로부터 시민들 스스로 어떤 결론을 이끌어내는 것을 도저히 막을 수가 없었던 것이다.

더구나 한두 번의 시끄러운 후계자 쟁탈이 벌어진 후에 계속해서 정권을 계승할 수 있었던 전체주의 국가는 거의 없었다. 후계자의 선정을 놓고 일반적으로 인정되는 규칙이 존재하지 않는 나라에서는 늘 권력의 자리를 노리는 야심가가 라이벌과의 경쟁에서 유리한 고지를 차지하기 위해 체제 전체에 대하여 의문을 표하고 근본적인 개혁을 요구하려는 유혹이 도사리고 있다. 도처에서 스탈린 체제에 대한 불만이 고조되고 있던 터에 개혁이라는 카드는 강력한 무기가 된다. 따라서 흐루시초프는 베리야와 말렌코프에 대항하여, 고르바초프는 흐루시초프 시대의 정적들에 대항하여, 또한 자오쯔양은 강경파 리펑(李鵬)에 대항하여, 반 스탈린주의라는 비장의 카드를 사용했던 것이다. 권력 승계 과정에서는 구 정권의 악습을 폭로함으로써 정권의 신뢰성이 손상을 입게 마련이며, 그 때문에 권력의 자리를 노리는 개인 또는 그룹이 진실한 민주주의자인가 아닌가라는 점은 그다지 문제가 되지 않는다. 자유주의적 이념에 보다 충실한 새로운 사회세력이나 정치세력이 나타나, 곧 처음의 한정된 개혁을 입안하였던 자들의 통제에서 벗어나 버리는 것이다.

강국이 가진 약점으로 인해서, 과거의 독재주의 국가는 이제야 민주주의에 길을 양보했고, 한편 예전의 포스트 전체주의 국가도 민주국가로 다시 태어나든가 그렇지 않으면 단순히 독재국가가 되었다. 구소련에서는 연방을 구성하고 있던 각 공화국에 권력이 이양되었다. 아직도 독재가 계속되고 있는 중국에서도 정권은 사회의 주요부분에 대한 통제력을 잃고 있다. 양국 모두가 이제는 마르크스·레닌주의가 물려준 이데올로기상의 일관성을 가지고 있지 않다. 소련에서 개혁에 반대하는 보수파는 벽에 레닌의 초상 대신 동방정교회의 성화를 거는 격이 되었으며, 1991년 8월의 쿠데타 미수의 주모자들은, 장군이나 경찰 관료가 권력을 휘두르던 라틴아메리카 군사정권의 무리들과 똑같은 신세가 되었다.

정치적 권위주의의 위기에 더하여, 그렇게 눈에 띄는 것은 아니지만 역시 중요한 변혁이 경제 분야에서도 진행되고 있다. 이러한 변혁의 원인이 되었던 것은 바로 2차 세계대전 이후 동아시아 국가들이 보여준 경이적인 경제성장이었다. 경제성장에 대한 성공담은 일찌감치 근대화를 이룩한 일본 같은 나라뿐 아니라, 기꺼이 시장원리를 채용하고 세계 자본주의 시스템의 일원이 된 모든 아시아 국가들까지도 포함하게 되었다. 이들 국가의 경제번영은 근면한 국민만이 유일한 재산이 될 수 있는 가난한 나라에서도 국제적인 경제시스템의 개방성을 훌륭하게 이용하여 예상치도 못한 부를 이루고, 유럽이나 북미와 같은 보다 견고한 자본주의 열강들과의 차이를 순식간에 줄일 수 있다는 사실을 실증했던 것이다.

동아시아의 기적과도 같은 경제성장은 전세계의 주목을 받고 있지만, 그 중에서도 특별한 관심을 보인 것이 공산주의 국가들이었다. 공산주의의 말기적인 위기라는 것은, 어떤 의미에서는 중국의 지도부가 아시아의 다른 자본주의 국가들에 비해 뒤떨어졌다는 사실을 느끼고, 사회주의적인 중앙계획경제가 자국의 후진성과 빈곤의 결정적 원인이 되고 있음을 깨달았던 시점부터 시작되었다고 할 수 있다. 그 이후 중국의 경제자유화 개혁은 5년 만에 곡물생산을 두 배로 늘리는 결과를 낳았으며, 동시에 시장원리의 강점을 다시금 보여주는 결과가 되었다. 그 후 아시아에서의 이러한 교훈을 잘 습득한 것이 구소련의 경제전문가였다. 그들도 중앙정부에 의한 계획경제가 자국에 심한 낭비와 비효율성을 가져오고 있다는 점을 알고 있었다. 동유럽권의 경우에는 그러한 교훈을 배울 필요도 없을 정도였다. 그들은 자국의 생활수준이 인접한 서방 유럽 국가들을 따라가지 못하는 것은 전후 소련으로부터 강요된 사회주의 체제가 그 원인이라는 사실을 다른 어떤 공산권보다 잘 알고 있었기 때문이다.

동아시아의 기적 같은 경제성장에서 교훈을 배운 것은 공산권만이 아니다. 라틴아메리카에서도 경제적인 측면에서 중요한 변화가 일어났다.[2] 아르헨티나의 경제학자 라울 프레비시가 UN 라틴아메리카 경제위원회의 회장을 역임하고 있던 1950년대에는 라틴아메리카뿐만 아니라 널리 제3세계 전체의 후진성에 대하여 세계적인 자본주의 시스템 탓이라고 하는 논조가 유행했다. 한발 앞서 발전을 이룩한 구미제국은 세계경제를 자국에 유리하도록 마음대로 조종하고, 후발 국가를 원재료 공급지라는 종속적인 지위로 몰아넣고 있다는 것이었다. 하지만 1990년대 초기에 이르러 이러한 생각은 일변했다. 멕시코의 카를로스 살리나스 데 고루타리 대통령, 아르헨티나의 카를로스 메넴 대통령, 브라질의 페르난도 콜로 디 멜로 대통령 등은 모두가 집권 후 시장경쟁과 세계경제에 대한 문호개방의 필요성을 인정하고, 장기적인 경제자유화 계획의 실현을 추구했다. 칠레에서는 1980년대 초에 피노체트 정권 아래서 자유경제 원리가 실천에 옮겨지고, 이후 현 대통령 파트리시오 에일윈의 지도 아래, 독재정치로부터 탈피를 꾀하면서 남반구에서는 가장 견실한 경제를 구축했다. 이들 민주적으로 선출된 새로운 지도자들은 자국의 후진성이 자본주의 고유의 불공정성 때문이 아니라, 오히려 이제까지의 자본주의 정책 실천에 소홀했었기 때문이라는 전제에서부터 출발하고 있다. 국유화나 수입대체(현재 수입하고 있는 제품을

---

2) 이러한 변화의 경과에 대해서는 Sylvia Nasar, "Third World Embracing Reforms to Encourage Economic Growth," *New York Times* (July 8, 1991), p. A1.

국산화해 나가는 정제발전 전략)라는 말을 대신해서, 민영화나 자유무역이 새로운 슬로건이 되었다. 마르크스주의를 신봉하는 라틴아메리카의 지식인들은 헤르난도 데 소토, 마리오 바르가스 로사, 카를로스 랑겔과 같은 경제학자들로부터 점점 더 강한 도전을 받고 있다. 그리고 이러한 경제학자들은 자유롭고 시장지향적인 경제이념으로 인해 많은 지지자들을 확보해 가고 있다.

인류가 천년왕국(즉, 이 20세기)의 끝에 가까워짐에 따라, 독재주의도 사회주의적 중앙정부의 계획경제도 모두가 비슷한 위기에 처하게 되었고, 보편적인 유효성을 지닌 이데올로기로서 경기장에 남아있는 경쟁자는 이제 하나뿐이다. 자유민주주의, 즉 개인의 자유와 인민 주권의 이념이 바로 그것이다. 프랑스와 미국에서 혁명의 기폭제로서 등장한 이래 200년, 이 자유와 평등의 원칙은 역사의 거친 파도를 견뎌낼 수 있을 뿐 아니라, 몇 번이고 소생할 수 있는 힘이 있다는 것을 스스로 증명해온 것이다.[3]

자유주의와 민주주의는 밀접하게 관계가 있지만, 개념적으로는 별개의 것이다. 정치적 자유주의란, 간단히 말해서 일정한 개인적 권리나 자유가 정부의 통제를 받지 않는다는 사실을 인정한 법원칙을 말한다. 기본적 인권에 대한 정의는 실로 여러 가지이지만, 여기에서는 민주주의에 관한 브라이스 경의 고전적인 명저에서 정의를 살펴보기로 한다. 그 저서에서는 인간의 기본권을 다음 세 가지로 옹호하고 있는 나라를 자유주 국가로 간주하고 있다.

첫째는 공민권(公民權), 즉 "각자의 인격이나 재산에 대해서 사회로부터 통제를 받지 않는다는 것," 둘째는 종교권, 즉 "종교상의 견해의 표현이나 신앙생활을 하는 데 있어서 통제를 받지 않는다는 것," 셋째는 정치권, 즉 "공공의 복리에 막대한 영향을 미쳐 통제가 불가피한 사안을 제외하고는 통제를 받지 않는다는 것"이며, 여기에는 출판의 자유라는 기본적 권리가

---

3) 과거 10년간에 라틴아메리카에 등장한 혁명 독재정권 지배의 정통성에 대해 재고하는 데는 Robert Barros, "The Left and Democracy : Recent Debates in Latin America," *Telos*, 68(1986) : 49~70. 현재 동유럽의 제반사건이 좌익을 혼란에 빠뜨린 예로서 André Gunder Frank, "Revolution in Eastern Europe : Lessons for Democratic Social Movements (and Socialists?)," *Third World Quarterly* 12 no. 2 (April, 1990) : 36~52.를 참조.

포함되어 있다.[4] 고용, 주택 또는 의료의 권리 등, 각종의 2차적 혹은 3차
적인 경제권을 인정받고자 한 것은 사회주의 국가에서 흔히 나타나는 현
상이었다. 이와 같이 기본권 조항이 늘어나게 될 때, 문제는 그러한 권리의
획득이 재산이나 자유로운 경제 등 다른 여러 권리와 확실하게 양립된다
고 단정하기는 어렵다는 점에 있다. 따라서 우리는 기본적 인권의 정의로
서, 브라이스 경의 간결하고도 전통적인 세 가지 권리를 따를 것이며, 이는
미국 인권선언에 담긴 여러 권리와도 전혀 모순되지 않는 것이다.

한편 민주주의란, 모든 시민이 보편적으로 갖고 있는 정치적 권력을 공
유할 권리, 즉 모든 시민의 투표권과 참정권을 말한다. 여기에서 말하는
정치적 권력에 참여할 수 있는 권리라는 것은 자유주의가 갖는 기본적 인
권—그 가운데서도 가장 중요한 권리—이라고도 생각할 수 있으며, 그 때
문에 자유주의는 역사적으로도 민주주의와 밀접한 관련이 있어온 것이다.

어떤 국가가 민주주의적인지 아닌지를 판단하는 데에 우리는 민주주의
의 지극히 형식적인 정의를 이용하려 한다. 국민이, 성인의 평등한 보통 참
정권[5]에 기초하여 복수 정당제의 정기적인 무기명 투표를 통해서 자신들의
정부를 선택할 권리를 인정받고 있다면, 그 나라는 민주주의이다.[6] 당연히
형식상의 민주주의만으로 언제나 평등한 정치참여나 여러 권리가 보장되
는 것은 아니다. 민주주의의 절차는 특권계급에 의해 교묘하게 조작될 수
도 있으며, 민주주의적인 절차를 밟았다고 해서 국민의 의향이나 이익이
항상 정확하게 반영된다고도 할 수 없다. 하지만 일단 이와 같은 형식적인
정의에서 벗어나면, 민주주의의 원칙이 얼마든지 오용될 위험성이 생겨난

---

4) James Bryce, *Modern Democracies*, vol .I (New York : Macmillan, 1931), pp. 53~54.

5) 英美를 포함한 대부분의 민주주의 국가에서 참정권의 확대는 점진적이었다. 현재 민주
주의 국가의 대부분이 20세기 후반기까지 성인 보통선거권을 인정하고 있지 않았던 것
이다. 그러나 그 이전이라도 이들 국가를 민주주의 국가라고 하는 데에는 충분한 근거가
있었다. James Bryce, *Modern Democracies*, vol. I (1931), pp. 20~23.

6) 18세기적인 민주주의의 정의에 대한 슘페터의 유보조건을 받아들여, 우리들은 민주주
의란 "정치지도자가 되고 싶은 자가 선거민의 투표를 획득하려고 행하는 자유경쟁"이
라고 하는 그의 견해에 동의할 수 있다. Joseph Schumpeter, *Capitalism, Socialism, and
Democracy* (New York: Harper Brothers, 1950), p. 284. 또 Huntington의 민주주의의 정의
도 참조할 것. Samuel Huntington, "Will More Countries Become Democratic?" *Political
Science Quarterly* 99, no. 2 (Summer 1984) : 193~218.

다. 금세기 민주주의의 최대의 적대자들은 "실질적인" 민주주의라는 이름 아래, 이 "형식적인" 민주주의를 공격했다. 레닌과 볼셰비키당이 러시아 국민의회를 폐지하고 일당 독재를 선언했을 때, 인민의 이름으로 "실질적인" 민주주의가 달성될 것이라고 정당화한 것도 그러한 경우이다. 하지만 독재를 막는 진실한 제도적인 안전판을 주는 것은 형식상의 민주주의임에 틀림없으며, 최후에는 실질적인 민주주의를 낳을 가능성도 훨씬 높다.

　보통 자유주의와 민주주의는 표리일체의 관계를 갖지만 이론상으로는 떼어놓고 생각할 수도 있다. 자유주의 국가이기는 하지만 그다지 민주주의적이 아닌 경우도 있을 수 있다. 예를 들면 18세기의 영국에서는 참정권을 포함한 폭넓은 권리가 일부의 특권계급에게는 충분히 보장되어 있었지만 나머지 국민들에게는 막혀 있었다. 거꾸로 민주주의 국가이기는 하지만 자유주의적이지 않은, 즉 개인이나 소수파의 권리가 보장되지 않을 수도 있다. 그러한 전형이 오늘날의 이란 이슬람공화국이다. 여기에서는 제3세계의 기준에서 보면 비교적 공정한 선거가 정기적으로 실시되고, 왕정시대에 비하면 민주주의는 발전되었다. 그럼에도 불구하고 이란은 자유주의 국가가 아니다. 언론 집회 그리고 종교의 자유가 전혀 보장되어 있지 않기 때문이다. 이란 국민의 가장 기본적인 권리가 법률로써 보호되지 않고 있으며, 이러한 상황은 소수민족이나 종교적 소수파의 경우에는 더욱 심각하다.

　경제적 측면에서 말하면, 사유재산과 시장을 기반으로 한 자유로운 경제활동이나 거래의 권리를 인정하는 것이 자유주의이다. "자본주의"라는 말에는 "자유시장경제"라는 표현이 유행되고 있다. 하지만 어느 쪽이든 경제적인 자유주의의 대용구라는 점에는 틀림이 없다. 이 경제적인 자유주의라는 상당히 폭넓은 정의에 관해서는 로널드 레이건 시대의 미국이나 마가렛 대처의 영국에서부터 스칸디나비아의 사회민주주의 국가나 멕시코 및 인도와 같은, 오히려 국가통제주의적인 정권에 이르기까지 실로 다양한 해석이 가능하다. 오늘날의 자본주의 국가는 모두가 커다란 민간부문을 보유하고 있고, 사회주의 국가도 대부분이 어느 정도의 사적 경제활동을 인정하게 되었다.

　공공부문이 얼마만큼 커지면 그 나라는 자유주의 국가가 아닌가라는 점에 대해서는 이제까지 상당한 논란이 계속되어 왔다. 그러나 정확한 퍼센티지로 경계선을 정하려 하는 것보다 그 나라가 사유재산이나 사기업의 정당성에 대하여 원칙적으로 어떠한 자세를 보이는가를 살피는 것이 더 유익할 것 같다. 사유재산이나 기업활동의 권리를 옹호하고 있는 나라를 우리는 자유주의 국가라고 간주한다. 그러한 권리에 반대하여 혹은 다른 원칙(예를 들면 이른바 "경제적 정의"와 같은 원칙)에 기초를 둔 나라는 자유주의라는 이름에 어울리지 않는다.

그런데 오늘날 위기에 처해있는 독재주의는 반드시 자유민주주의 정권의 등장과 연결되지는 않을 것이며, 새롭게 생겨난 민주주의 국가 모두가 안정을 얻고 있다고는 할 수 없다. 동유럽에 막 탄생한 민주주의 국가들은 경제의 대변동에 직면해 있으며, 라틴아메리카의 새로운 민주주의 국가도 경제관리의 실패라는 과거의 유산에 크게 고통을 받고 있다. 동아시아에서 급속하게 발전된 나라들도, 경제적으로는 자유주의이지만 정치적인 자유화를 수용하고 있지 못한 곳도 있다. 중동[7]과 같은 지역은, 자유주의 혁명의 물결에 거의 접촉하지도 못한 채 남겨져 있다. 게다가 페루나 필리핀 등에서는 직면하고 있는 위기의 심각성을 견디지 못하여 또 다른 독재주의로 회귀할 가능성도 엿보인다.

다만, 민주화의 도상에서 후퇴나 실망이 보이더라도, 또한 시장경제의 원칙을 도입한 모든 곳이 번영을 손에 쥘 수는 없다 하더라도, 그것 때문에 우리들은 세계사에 나타나고 있는 보다 커다란 패턴에서 눈을 돌려서는 안 된다. 세계의 여러 나라들이 정치적·경제적 제도를 완성시키는 방법을 놓고 선택할 수 있는 여지는, 시대가 지남에 따라서 명백하게 '감소되고' 있다. 인류사의 과정에서는 이제까지 군주정치나 귀족정치, 신정정치 그리고 금세기의 파시즘이나 공산주의 독재 등 각종의 정권이 등장했었지만 20세기말까지 무사히 살아남은 것은 오로지 자유민주주의뿐이었다.

달리 말하면, 승리자로 나타난 것은 실제의 자유주의적 통치행위라기보

---

7) 1989년 동유럽 혁명 후, 이집트나 요르단과 같은 중동국가에서는 민주주의의 확대에 대한 압력이 강하다. 그러나 이 지역에서는 이슬람교가 민주화의 중대한 장벽이 되고 있다. 1990년에 알제리에서 치러진 지방선거에서 증명되고 또한 10년 전에 이란에서도 증명되었듯이 민주화의 진전이 자유주의화의 확대를 가져온다고는 할 수 없는 것이다. 왜냐하면 민주화는 일종의 대중적인 신권정치를 희망하는 이슬람 원리주의자를 권력의 자리에 앉히기 때문이다.

다는 오히려 자유주의 이념인 것이다. 즉 세계의 대부분의 지역에서 이제는 자유민주주의와 맞설 수 있는 보편적인 이데올로기는 존재하지 않으며, 인민 주권이라는 이념 이상으로 정통성을 가진 보편적인 원칙도 존재하지 않는다.

군주정치에도 여러 가지 형태가 있으나 그 대부분은 금세기 초반에 소멸하였다. 자유민주주의에 있어서 이제까지 최대의 라이벌이었던 파시즘과 공산주의는 모두가 이미 신용을 잃고 말았다. 만에 하나 구소련(혹은 그 후계국가)이 민주화에 실패하고, 페루나 필리핀이 또 다른 독재체제로 회귀한다 하더라도, 그것이 러시아인이나 페루, 필리핀인의 대변자 역할을 한다고 주장하는 군부나 관료에게, 민주주의가 길을 내주었다고 생각하는 것이 타당하다. 그리고 앞으로는 비민주주의자들조차도 정권의 보편적이고도 유일한 기준에서 자신들이 일탈하고 있다는 사실을 정당화하기 위해서라도 민주주의라는 말을 쓰지 않을 수 없을 것이다.

이슬람교가 자유주의나 공산주의와 마찬가지로 독자적인 도덕률이나 정치적, 사회적 정의의 교리 아래 체계적이며 일관된 이데올로기를 구축하고 있는 것은 사실이다. 이슬람교는 특정한 인종이나 민족집단의 구성원에 국한되지 않는 광범위한 전세계의 사람들을 사로잡을 만큼의 잠재적인 매력도 가지고 있다. 게다가 이 종교는 이슬람 세계의 각지에서 자유민주주의를 물리치고, 직접적으로 그 정치적 영향력이 미치지 않는 나라에서도 자유주의에 대한 심각한 위협이 되어 왔다. 유럽의 냉전 종식 직후, 서유럽 국가는 이라크의 도전을 받았는데 이슬람교가 그 한 원인이었다고 할 수 있다.[8]

그러나 최근 들어서 이슬람교가 그 세력을 회복하고 어느 정도의 힘을 보여 주었다고는 하더라도, 이 종교는 결국 이슬람 문화권 이외의 지역에서는 실질적인 영향력을 떨치고 있는 것은 아니다. 이슬람에 의한 문화정복시대는 이미 지나간 과거라고 생각해도 좋다. 이 종교는 파문당한 신자들을 되돌아오게 할 수 있을지는 몰라도, 베를린이나 도쿄, 모스크바 젊

---

8) 이라크는 이슬람국가이지만 사담 후세인이 지배하는 바스黨은 분명히 세속적인 아랍 민족주의자의 조직이다. 쿠웨이트 침략 후 후세인은 이슬람교 신도복을 걸쳐 보이려고 했다. 그러나 이란·이라크 전쟁이 한창일 때 열광적인 이슬람 국가인 이란에 대해 자신을 세속적 가치의 옹호자로 묘사하려 한 이전의 노력에 비추면, 이것은 위선이다.

은이들의 공감을 얻지는 못할 것이다. 10억에 가까운 인구—세계 인구의
1/5—가 이슬람 문화에 속해 있지만, 그들은 그 이념 수준에 있어서 자유
민주주의에는 도저히 상대가 될 수 없다.[9] 실제로 긴 안목에서 보면 오히
려 이슬람세계 쪽이 자유주의 이념에 무릎을 꿇게 될 것으로 생각된다. 과
거 1세기 반에 걸쳐서 이 자유주의는 열광적인 수많은 회교도들을 끌어들
였다. 최근의 이슬람 원리주의의 부활은 어떤 의미에서는 전통적인 이슬람
사회가 자유주의에 기초한 서구적 가치관의 커다란 위협을 인식한 것에 대
한 결과인 것이다.

  오랜 기간에 걸쳐 안정된 자유민주주의 안에서 살고 있는 우리들은 현
재, 이제까지와는 전혀 다른 상황에 직면해 있다. 우리들의 할아버지 시대
에 합리적 사고를 가졌던 사람들의 대부분은, 사유재산이나 자본주의가
폐지되고, 정치 그 자체도 거의 불필요한 빛나는 사회주의의 미래를 예견
할 수 있었다. 하지만 오늘날에는 현상태보다 훨씬 멋진 세계는 상상하기
도 어렵고, 본질적으로 민주주의도 아니고 자본주의도 아닌 미래를 떠올
리는 것은 불가능하다.

  물론 자유민주주의 체제하에서도 미래에 많은 면에서 개선이 계속될는
지는 모른다. 우리들은 집이 없는 사람들에게 집을 주고, 소수민족이나 여
성에게 기회를 보장하며, 경쟁력을 강화하고 새로운 고용을 창출해 낼지
도 모른다. 또한 다른 한편으로는 지금보다 훨씬 더 열악한 미래—민족적
인종적 혹은 종교적인 편협성이 되살아나거나, 전쟁이나 환경파괴로 치닫
는 그러한 미래—를 상상할 수도 있다. 그렇다고 해도 우리들은 현 상태
와 본질적으로 다르고 동시에 현 상태보다 멋진 세계의 미래도를 그리는
것은 불가능할 것이다. 물론 현재보다 사물을 깊이 있게 생각지 않았던 사
람들도, 역시 자신이 알고 있는 세계가 가장 멋진 것이라고 생각하고는 있
었다. 하지만 우리들은 자유민주주의보다 훌륭한 세계를 끝까지 추구하다
못해 지친 결과로, 그들과 똑같은 결론에 도달해 버린 것이다.[10]

---

9) 테러리스트에 의한 폭탄 공격이나 총탄으로 자유민주주의에 도전하는 것은 가능하나,
    그것은 증대하기는 해도 본질적인 도전은 되지 않는다.
10) 자유민주주의에 대신할 효과적인 선택의 여지는 없다는 나의 논문 〈역사의 종말〉
    ("The End of History?")이 시사하는 것에 대해서는 많은 사람으로부터 분노에 찬 비판
    이 있었다. 그들은 이슬람 원리주의나 국가주의, 파시즘, 그밖의 많은 가능성을 지적하였

이상의 사실과 세계의 구석구석까지 자유주의 혁명이 파급되고 있는 현 상황을 생각해 볼 때, 다음과 같은 의문이 고개를 쳐든다. 우리들은 자유 민주주의의 운세가 일시적으로 호전된 모습만을 목격하고 있는 것은 아닐 까? 그렇지 않으면, 거기에는 무엇인가 장기적인 발전 패턴이 존재하며, 그 러한 움직임이 모든 국가를 최후에는 자유민주주의로 이끌어 갈 것인가?

세계가 민주주의로 나아가고 있다는 오늘날의 사회 정세는, 결국에는 주기적인 현상이라고도 생각할 수 있다. 1960년대 후반에서 70년대 전반 의 시대를 잠깐 뒤돌아보자. 당시, 베트남 전쟁과 워터게이트 사건에 휘말 려 있던 미국은 자신감의 상실이라는 위기를 맞았다. OPEC의 석유수출 금지 조치로 서유럽 전체가 경제위기의 소용돌이에 휘말렸다. 군사 쿠데타 에 의해 라틴아메리카의 민주정권은 차례로 전복되어 갔다. 한편에서는 소 련, 쿠바, 베트남에서 사우디아라비아, 이란, 남아프리카에 이르기까지 비 민주적 혹은 반민주적 정권이 전세계에서 영화를 누리는 것처럼 보였다. 그렇다면 1970년대의 이러한 상황이, 아니 이보다 더 좋지 못한 상황, 즉 민주주의에 대한 증오의 이데올로기와 충돌했던 1930년대의 상황이 다시 금 찾아올 가능성을 어떻게 부정할 수 있는가?

게다가 근년의 독재주의의 위기는 정치적인 여러 요소가 때마침 겹쳐진 것으로, 앞으로 수백 년 동안에 두 번 다시 일어나지 않을 우연에 지나지 않는다고 할 수 있지 않을까? 독재주의가 쇠퇴기를 맞은 1970년대부터 80 년대에 걸친 여러 경위를 주의 깊게 살펴보면, 우연치 않은 힘의 간섭을 여 기저기에서 읽을 수 있다. 어느 특정한 나라를 깊이 관찰하면 할수록, 그 나라가 인접국과는 다른 길을 걷게 한 "외부적 우발사건의 대 소용돌이" 의 실태와, 민주주의라는 성과를 이룩하기에 이른 행운의 상황을, 더욱 잘 이해할 수 있다.[11] 자칫하면 사태는 완전히 다른 방향으로 진행되었을 수도 있었다. 예를 들면 1975년의 시점에서, 포르투갈 공산당이 승리를 했을지

다. 그러나 이러한 비판자 중 누구 한 사람도 그러한 선택이 자유민주주의보다 우월하다 고 믿고 있지는 않았다. 또한 논문을 둘러싼 논쟁 중에서도 내가 아는 한 누구 한 사람도 자신이 보다 좋다고 생각하고 있는 다른 사회조직 형태를 가르쳐 주지는 않았다.

11) 이러한 상황의 다양한 차이에 관해서는 다음 논문에 나타나 있다. Robert M. Fishman, "Rethinking State and Regime : Southern Europe's Transition to Democracy," *World Politics* 42, no. 3 (April 1990): 422~440.

도 모른다. 또한 후안 카를로스 국왕이 정치수완을 가지고 중재자로서의 역할을 훌륭히 해내지 못했던들, 스페인은 민주화를 달성하지 못했을지도 모른다.

자유주의 이념도 그것을 실행에 옮기는 인간과 무관하게 힘을 발휘하는 것은 아니다. 그러므로 만일 안드로포프나 체르넨코가 좀 더 장수를 했더라면, 혹은 고르바초프가 다른 인격의 소유자였다면, 1985년부터 91년에 걸친 소련과 동유럽의 사태는 전혀 달라질 수도 있었을 것이다. 사회과학에서 최근에 유행되고 있는 이러한 사고방식에 따르면, 지도자의 리더십이나 여론과 같은, 전혀 예측할 수 없는 정치적 요소가 민주화의 과정을 지배하고 있으며, 민주화의 과정이나 결과는 나라에 따라 완전히 천차만별이라고 생각하고 싶어지는 것도 무리는 아닐 것이다.

그러나 단순히 과거 15년만이 아닌 역사의 전체 모습에 눈을 돌리면, 자유민주주의는 정말로 역사상에서 특별한 지위를 점하고 있다는 것을 알 수 있다. 물론 세계적으로 보면 민주주의는 역경의 시기와 순풍의 시기를 되풀이했지만, 동시에 민주주의를 향한 줄기차고도 명확한 조류가 거기에 존재하고 있다. 85~86페이지의 표는 오랜 기간에 걸친 이와 같은 패턴을 확실하게 나타내주고 있다. 이 표에서도 알 수 있듯이, 민주주의의 성장과정은 평탄한 외길이 아니었다. 1975년의 라틴아메리카의 민주국가는 1955년에 비하면 그 수가 적고 세계 전체에서 보더라도 1919년보다 1940년이 오히려 민주주의 국가 수는 적다. 즉, 민주주의를 지향하는 기운이 나치즘이나 스탈린이즘으로 대표되는 방해세력 때문에 뿌리까지 잘리거나 혹은 여지없이 후퇴를 당했던 것이다.

반면에 모든 이러한 후퇴현상에도 마지막에는 브레이크가 걸려, 시대가 지남에 따라서 민주주의 국가의 수는 세계 도처에서 눈부시게 증가하여 왔다. 게다가 가까운 장래에 구소련이나 중국이 전체이든 일부이든 민주화를 달성한다면, 세계인구 중 민주주의 정권 아래 사는 사람들의 비율도 급격하게 늘어날 것이다. 실제로 자유주의의 성장과 더불어 과거 400년의 정치를 거시적인 시점에서 본 경우에 가장 주목할 만한 현상이다.

물론 민주주의 체제가 인류사 가운데 상당히 드문 존재라는 것은 확실

자유민주주의의 세계적 확산분포 [12)]

	1790	1848	1900	1919	1940	1960	1975	1990
미 국	X	X	X	X	X	X	X	X
캐나다			X	X	X	X	X	X
스위스	X	X	X	X	X	X	X	X
영국		X	X	X	X	X	X	X
프랑스	X		X	X		X	X	X
벨기에		X	X	X		X	X	X
네덜란드		X	X	X		X	X	X
덴마크			X	X		X	X	X
이탈리아			X	X		X	X	X
스페인								X
포르투갈								X
스웨덴			X	X	X	X	X	X
노르웨이				X		X	X	X
그리스			X			X		X
오스트리아				X		X	X	X
(구)서독				X		X	X	X
(구)동독				X				X
폴란드				X				X
체코슬로바키아				X				X
헝가리								X
불가리아								X
루마니아								X
터 키						X	X	X

12) 이 표는 다음 논문을 기초로 하여 몇 가지 수정을 하여 작성한 것이다. Michael Doyle, "Kant, Liberal Legacies, and Foreign Affairs," *Philosophy and Public Affairs* 12 (Summer 1983): 205~235. 어떤 국가가 자유민주주의 국가로 간주되기 위한 조건으로서 Doyle은 시장경제, 대의제 정부, 대외 주권, 법적 제권리 등을 들고 있다. 인구가 백만 명 이하인 국가는 이 표에서 제외되었다. 이 표에서 어떤 몇 개 국가를 자유민주주의 국가에 포함시키는 것에 대해서는 반대 논의도 있을 것이다. 예를 들면 불가리아, 콜롬비아. 엘살바도르, 니카라과, 멕시코, 페루, 필리핀, 싱가포르, 스리랑카, 터키는 미국의 인권단체 *freedom house*의 평가에 따르면 '부분적으로 자유로운' 국가에 지나지 않는다. 그 이유는 최근 실시된 국정선거가 공정했는지의 여부에 대해 의문이 있고, 개인의 인권을 국가가 충분히 보호하고 있지 않기 때문이다. 또한 민주주의에서 역행현상을 보인 국가도 있다. 타이는 1990년 이후 민주주의 국가가 아니게 되었다. 한편 이 표에 포함되어 있지 않은 나라라도 1991년 민주주의 국가가 되었거나 또는 가까운 장래에 자유선거를 예정하고 있는 나라는 많다. Freedom House Survey, *Freedom at Issue* (January~February 1990).

	1790	1848	1900	1919	1940	1960	1975	1990
라트비아								X
리투아니아								X
에스토니아				X				X
필란드				X	X	X	X	X
아일란드					X	X	X	X
오스트레일리아				X	X	X	X	X
뉴질랜드				X	X	X	X	X
칠레			X	X		X		X
아르헨티나			X	X				X
브라질						X		X
우루과이				X	X	X		X
파라과이								X
멕시코					X	X	X	X
콜롬비아				X	X	X	X	X
코스타리카				X	X	X	X	X
볼리비아						X		X
베네수엘라						X	X	X
페루						X		X
에콰도르						X		X
엘살바도르						X		X
니카라과								X
혼듀라스								X
자메이카							X	X
도미니카공화국								X
트리니다드							X	X
일 본						X	X	X
인 도						X	X	X
스리랑카						X	X	X
싱가포르							X	X
한 국								X
태 국								X
필리핀						X		X
모리셔스								X
세네갈							X	X
보츠와나								X
나미비아								X
파퓨아뉴기니아								X
이스라엘						X	X	X
레바논						X		
합 계	3	5	13	25	13	36	30	61

하다. 어쨌든 1776년(미국독립) 이전의 세계에는 민주주의 국가가 하나도 없었다(페리클레스의 아테네 시대에 대해서는, 개인적인 권리가 체계적으로 보호되지 않았기 때문에 민주주의라고 부를 자격이 없다).[13] 하지만 존속기간만을 생각하면, 공장생산이나 자동차, 수백만이 사는 대도시 등도 마찬가지로 드문 존재라고 할 수 있으며, 이에 반하여 노예제도나 세습 군주제도, 왕조 유지를 위한 혼인제도는 훨씬 긴 시대를 살아왔던 것이다. 중요한 것은 발생 빈도나 존속기간이라기보다는 성향이다. 선진국에서 가까운 장래에 도시나 자동차가 소멸될 것이라는 따위의 생각은, 노예제의 부활을 예상하는 것과 마찬가지로 바보스러운 이야기라 할 수 있다.

이러한 배경에 비추어 보면, 오늘날의 세계에서 현저하게 나타나고 있는 자유주의 혁명의 진전 상황은 특히 중요한 의미를 띄게 된다. 그것을 통하여 인간사회 전체에 공통된 진화 패턴—단적으로 말하면 자유민주주의를 지향하는 인류의 보편적인 역사와 같은 것—을 지배하는 심오한 조류의 존재가 더욱 명확하게 파악될 수 있기 때문이다. 이 진화 패턴에 산도 있고 계곡도 있다는 것은 물론 부정할 수 없다. 그러나 특정의 국가나 나아가 어느 지역 전체에서 자유민주주의의 실패를 들추어내서 민주주의 전반의 약점을 증명했다고 하는 것은, 놀랄 만큼 시야가 좁다는 점을 드러낼 뿐이다. 어떤 현상의 주기적인 반복이나 불연속성은, 역사가 보편적이며 일정한 방향으로 나아가고 있다는 것과 전혀 모순되지 않는다. 그것은 경기(景氣)에 호황, 불황의 주기가 있다고 해서 장기적인 경제발전의 가능성이 없다고 할 수 없는 것과 마찬가지의 이유이다.

민주주의 정권이 종래의 서유럽이나 북아메리카의 범주에 머물지 않고, 정치적·경제적 전통도 문화적 전통도 다른 지역으로까지 진출했다는 것은, 민주주의 국가의 수가 증가하는 것 못지않게 인상적인 일이다. 예를 들면 예전에는 이베리아 반도에는 "권위주의적이고 세습을 중시하며 가톨릭의 가르침을 준수하고, 신분의 상하를 구분하고, 집단을 소중히 여기는 뿌리 깊은 봉건 전통"이 엄연히 존재한다는 등의 주장이 있어 왔다.[14] 스

---

13) 그래서 아테네의 민주제는 표현의 자유를 현실적으로 행사하고, 청소년을 타락시킨 죄목으로 아테네에서 가장 유명한 시민, 즉 소크라테스를 처형할 수가 있었다.

14) Howard Wiarda, "Toward a Framework for the Study of Political Change in the Iberio-Latin Tradition," *World Politics* 25 (January 1973): 106~135.

페인이나 포르투갈 혹은 라틴아메리카 국가들을 서유럽이나 미국의 자유 민주주의의 기준으로 결박하는 것은 "자민족 중심주의"의 죄악이라고도 했다.[15] 하지만 실제로는, 이베리아 반도의 전통을 가진 사람들 '스스로' 가 이 보편적인 권리의 기준을 선택했으며, 그리고 1970년대 중반 이후 스페인과 포르투갈은 안정된 민주주의 국가의 일원이 되었고, 경제적으로 통일된 유럽과의 유대관계를 한층 더 강화시켰다. 라틴아메리카나 동유럽, 아시아 및 세계 각지에서도 사정은 마찬가지이다. 실로 여러 지역과 실로 여러 국민들 사이에서 민주주의는 승리를 거두었다. 이러한 사실에서 알 수 있듯이, 자유와 평등의 원칙은 우연이나 자민족 중심주의라는 편견의 산물이 아닌, 실로 인간성의 본성에 근거한 것이다. 그리고 그 타당성은 사람들이 국제인으로서의 시야를 넓혀 감에 따라 더욱 명확해지고 있다.

모든 시대와 모든 국민의 경험을 고려한 보편적인 역사라는 것이 과연 존재하는 것인가? ─이 의문은 새로운 것이 아니다. 이것은 실제로는 대단히 오랫동안 있어온 의문이며, 최근의 여러 사건들을 계기로 다시금 제기되고 있는 것이다. 보편적인 역사를 써내고자 진지하고 체계적으로 애써온 사람들은, 처음부터 자유의 발전이라는 것을 역사의 중심 테마로 잡고 있었다. 이제까지의 역사는 여러 가지 사건의 맹목적인 연쇄가 아닌, 전체적으로 하나의 의미를 이루며, 올바른 정치적·사회적 질서의 존재에 관한 인간의 이념도 그 속에서 발전을 이루고, 바깥세계로 작용을 하여 온 것이다. 그리고 만일 우리들이 현 시점에서, 우리의 세계와는 본질적으로 다른 세계를 상상할 수 없으며, 현재의 세계 질서가 근본적으로 개선된 미래도 별로 가망성이 있어 보이지 않는다면, 인류의 역사 그 자체가 이제 종점에 도달한 것일지도 모른다는 가능성도 생각해 보아야 할 것이다.

그래서 이 책의 제2부에서는, 20세기도 거의 끝나가는 현재, 이제까지 익숙했던 비관주의를 떨쳐버리는 것이 과연 올바른 일인가라는 문제를 제기하고, 이와 아울러 인류의 보편적인 역사를 쓰는 것은 과연 가능한가라는 문제에 대해서도 다시 한 번 생각해 보고자 한다.

---

15) Howard Wiarda, "The Ethnocentricism of the Social Science[sic] : Implications for Research and Policy," *Review of Politics* 43, no.2 (April 1981): 163~197.

제2부
인류의 구시대

5
보편적 역사에 대한 고찰

비록 꿈속에서라도 역사적 상상력이 이 정도까지 궤도에 오른 적은 없었다. 왜냐하면 바야흐로 인류의 역사는 동물과 식물의 역사의 단순한 연장선에 지나지 않기 때문이다. 보편적인 역사를 쓰려고 하는 이는, 깊은 해저에서조차 살아 있는 진흙의 형태로 인류의 진화의 족적을 발견한다. 인류가 가로질러온 거대한 도정에 직면하여 역사가는 놀라 움직일 줄을 모른다. 그리고 이 도정을 예측할 수 있는 현대인의 등장이라는 더욱 거대한 기적을 바로 눈앞에서 접하고 역사가는 전율한다. 현대인은 세계 진보의 피라미드 위에 보란 듯이 서 있다. 그는 자신의 지식의 돌을 그곳에 마지막으로 쌓고서 귀 기울이고 있는 자연을 향해 이렇게 외쳐대는 것 같다. "우리들은 정점에 있다. 우리들은 정점에 있는 것이다. 우리들만이 자연의 가장 완성된 모습인 것이다." 라고.

—니체 《생에 대한 역사의 공죄(功罪)》 [1]

인류의 보편적인 역사는 세계의 통사(通史)와 같지 않다. 왜냐하면 그것은 인류에 대해서 알려져 있는 모든 사항의 백과사전적인 목록이 아니고 오히려 널리 인간사회 전체의 발전 속에서 의미심장한 양식을 찾으려는 시도이기 때문이다. [2] 보편적인 역사를 쓰려고 하는 노력 그 자체도, 모든 국

1) Nietzsche, *The Use and Abuse of History* (Indianapolis: Bobbs-Merrill, 1957), p. 55.
2) '역사의 아버지' 로 불리는 헤로도토스는 현실적으로는 그리스나 그리스 이외의 모든 사회를 백과사전적으로 기술했을 뿐, 누가 보아도 분명한 이런 여러 사회에 공통된 관련성

민과 문화에서 공통적으로 찾아볼 수 있는 것은 아니다. 서양의 철학적·역사적 전통이 그리스로부터 시작된 것은 사실이지만 고대 그리스의 저술가들은 결코 그런 시도를 하지 않았다. 플라톤은 《국가》에서, 정치체제에는 일종의 자연스러운 사이클이 있다고 기술했다. 또 아리스토텔레스는 《정치학》을 통해 혁명이 왜 일어나고, 어떤 정치체제가 어떻게 해서 다른 정치체제로 대체되는가 하는 점을 논했다.[3] 아리스토텔레스는 어떤 정치체제도 인간을 완전히 만족시킬 수는 없고, 그 불만이 원인이 되어 정권교체가 끝없이 반복되는 것이라고 믿고 있었다.

이러한 이치에서 민주주의는 선악의 면에서도 안정성 면에서도 다른 정치체제에 비해서 특별한 평가를 부여받고 있지는 않았다. 오히려 플라톤도 아리스토텔레스도 민주주의는 전제정치로 대체되는 경향이 있다고 지적하고 있다. 나아가 아리스토텔레스는 역사의 연속성도 인정하지 않았다. 요컨대 정권교체의 사이클은 보다 커다란 자연의 사이클의 일부에 지나지 않고, 홍수와 같은 재앙이 기존의 인간사회뿐 아니라 그 과거의 사적(事跡)도 모두 소멸시키기 때문에 인간은 역사의 과정을 처음부터 다시 시작해야만 한다고 믿고 있었던 것이다.[4] 역사는 영속적인 것이 아니라 반복된다는 것이 고대 그리스인의 생각이었다.

서양의 전통에 보편적인 역사라는 사고방식이 처음으로 나타난 것은 크리스트교 문명에서였다.[5] 그리스인과 로마인은 그때까지 알려져 있던 세계의 역사를 쓰려고 노력한데 반해서, 크리스트교는 신의 관점에서 보면 인간은 누구나 평등하고 그 결과 세계의 모든 사람들이 같은 운명을 공유하고 있다는 생각을 최초로 도입했다. 성 아우구스티누스와 같은 크리스트교도 역사가는 그리스인이나 유대인의 개별적인 역사 그 자체에는 전혀 흥미를 갖지 않았다. 오히려 인류 전체의 구제나 지상에서 신의 섭리를 실현

에 대해서는 거의 언급하고 있지 않다.

3) 《국가》 제7권, 543c-569c, 또 《정치학》 제8권, 1301a-1316b.
4) 이 점에 대해서는 Leo Strauss, *Thoughts on machiavelli* (Glencoe, III.: Free Press, 1958), p. 299.
5) 보편적인 역사를 기술하려고 하는 과거의 시도에 관한 두 가지 매우 다른 관점에 관해서는 J. B. Bury, The Idea of Progress (New York: Macmillan, 1932); and Robert Nisbet, *Social Change and History* (Oxford: Oxford University Press, 1969).

하는 일에 관심을 기울였다. 모든 국가는 인류라는 거목에서 갈라진 작은 가지이고, 그 운명은 인류에 대한 신의 의지를 통해서 알 수 있다고 하였다.

나아가 크리스트교는 역사란 신이 인류를 창조하는 것으로 시작되어 신이 인류를 최후에 구제함으로써 끝나는 유한한 과정이라는 사고를 가지고 있었다.[6] 크리스트교도에게 있어서 지상의 역사의 종말은, 천국의 문이 열리는 심판의 날, 이 세상도 이 세상의 일들도 문자 그대로 소멸되는 그 날이 되는 것이다. 이러한 크리스트교의 역사관이 잘 나타내고 있듯이, 보편적인 역사에는 반드시 "역사의 종말"이 포함되게 된다. 역사상의 각각의 사건들은 보다 큰 목적과의 관련을 통해서만 의미를 갖고, 그 목적이 달성되면 역사의 과정은 필연적으로 막을 내린다. 그리고 인류의 역사가 종국을 고했을 때 비로소 모든 개개의 사건의 의미가 확실히 나타난다는 것이다.

르네상스 시대가 되어 고대문명에 대한 관심이 고조됨에 따라, 고대인에게는 결여되어 있던 역사적인 시각이 인간 사상에 도입되었다. 인류사를 한 사람의 인간의 생애에 견줄 수 있다는 비유와, 현대인도 고대문명의 업적을 토대로 하고 있는 한 "인류의 구시대"에 살고 있는 것이라는 생각이 파스칼을 포함한 이 시기의 몇 명의 저작에 나타나고 있다.[7] 그렇지만 종교색을 배제한 보편적인 역사를 쓰려는 중요한 의미를 지니는 초기의 움직임은 16세기의 과학적 방법론의 발달과 함께 시작되었다. 갈릴레오와 베이컨, 데카르트의 이름으로 대변되는 이 과학적 방법론은 인간의 지적(知的) 가능성과 자연정복의 가능성을 당연한 것으로서 인정함과 동시에, 일관된 보편적인 제반법칙에 지배되고 있었다. 이러한 제반법칙에 대한 지식은 보통의 사람들도 이해 가능했을 뿐만 아니라 차례차례 축적되었기 때문에,

---

6) 크리스트의 탄생년도로 기원전과 기원후로 나누는 현재의 연호 기술(記述)방법은 지금은 기독교권 이외의 세계에도 널리 받아들여지고 있는데, 이 방법은 7세기의 기독교 역사가였던 Isidor da Sevilla의 저작으로 거슬러 올라간다. R. G. Collingwood, *The Idea of History*, (New York: Oxford University Press, 1956), p. 49, 51.

7) 근대 초기의 보편적 역사 기술의 시도로서 Louis Le Roy, *De la Vicissitude ou variété des choses en l'univers.* 또한 이 1세기 후의 Bossuet, *Discours sur l'histoire universelle.* (Paris: F. Didot, 1852)가 포함된다. 이 점에 관해서는 Bury, *The Idea of Progress*, pp. 37~47을 참조.

차세대의 사람들은 전 세대 사람들의 고뇌와 실패를 다시금 되풀이하지 않게 되었다. 이처럼, 진보에 대한 근대적 사고는 근대 자연과학의 확립을 그 기원으로 하고 있고, 따라서 베이컨도 나침반, 인쇄술, 화약의 발명을 인용하면서 고대에 대한 근대의 우월을 주장했던 것이다. 1688년에 베르나르 르 보비에 드 퐁트넬은 계속 축적되고 끝없이 새로운 사실을 알게 되는 것이 곧 진보라고 하는 개념을 다음과 같이 명쾌히 설명하고 있다.

> 계발된 훌륭한 정신은, 말하자면 그 시대까지 존재했던 모든 정신을 한데 모은 것이다. 그것은 유사 이래 언제나 계발되고 개선되어 온 오직 하나뿐인 그 정신이다. ……이와 같은 정신의 혜택을 받은 인간은 결코 늙는 것이 아니라고 나는 굳이 말하고 싶다. 그는 어느 때라도 젊은 나이에 맞는 일을 충분히 능숙하게 처리할 수 있고 인생의 한창 때에 어울리는 일도 훌륭히 완수해 나갈 수 있는 것이다. 다시 말하자면 인류는 결코 퇴화하지 않으며 인류의 지혜의 성장과 발전에는 종국이란 없는 것이다.[8]

퐁트넬이 생각하는 진보란 오로지 과학적인 지식의 영역에 속하는 것이고, 사회적·정치적인 면에서의 진보에 대한 이론은 전개되어 있지 않다. 사회진보에 대한 근대적인 사고의 아버지가 되었던 것은 마키아벨리이다. 그는 정치가 고전철학의 도덕적 제약으로부터 해방되어야 한다고 주장하고, 인간은 운명의 여신을 정복해야 한다고 논했다. 또 볼테르, 프랑스백과사전파, 경제학자 튀르고, 튀르고의 친구로 전기작가인 콩도르세 등 계몽주의 사상가들도 진보에 대해서 다양한 이론을 전개했다. 콩도르세가 저술한 《인간정신의 진보》에는 인류의 보편적인 역사발전 10단계가 기술되어 있다. 그 최후의 —아직 도달되지 않은— 발전단계는 기회균등, 자유, 합리성, 민주주의, 보통교육의 시대로 특징지어진다.[9] 퐁트넬과 마찬가지로 콩도르세도 인간이 완전한 존재로 될 수 있는가라는 점은 전혀 논하고 있

---

8) Nisbet, *Social Change and History*, p. 104.에서 인용. 또 Bury, *The Idea of Progress*. pp. 104~111. 참조.

9) Nisbet, *Social Change and History*, pp. 120~121.

지 않은데, 당시까지는 인간에게 알려져 있지 않았던, 역사의 열한 번째의 발전단계가 있다는 가능성을 암시하고 있다.

보편적인 역사를 명시하려고 하는 가장 진지한 노력은 독일 관념론의 전통 속에서 배태되었다. 위대한 철학자 칸트가 1784년에 저술한 〈세계주의 견지에서 본 일반역사의 구조〉 속에서 보편적인 역사라는 개념을 제창한 것이다. 불과 16페이지에 불과한 이 논문은 이후 보편적인 역사를 쓰려고 하는 모든 사람들에게 필수적인 참고문헌이 되고 있다.[10]

칸트는 "인간에게서 일어난 일련의 어리석은 사건"이 표면상으로는 어떠한 특정 패턴을 보이고 있지 않은 것처럼 생각할 수 있다는 점, 그리고 인류사가 전쟁과 잔학 행위의 연속과 같다는 것을 충분히 깨닫고 있었다. 그럼에도 불구하고 그는 개인의 관점에서 보면 극심한 혼돈상태인 인류사의 과정 중에서 장기간에 걸친 완만하고 점진적인 진화의 발자취를 보이는 규칙적인 움직임이 존재하고 있는 것은 아닐까 생각했다. 특히 그것은 인간의 이성의 발전에 대해서 확실히 들어맞는다. 예를 들어 한 개인의 힘으로는 수학에 대한 모든 것을 소상히 알기를 기대조차 할 수 없지만, 수학적 지식의 축적을 통하여 각각의 세대는 이전 세대의 업적을 기초로 더욱 연구를 진전시킬 수 있게 되는 것이다.[11]

칸트는 역사에는 종점이 있을 것이라고 기술하고 있다. 이 종점이란, 말하자면 현재 인간의 잠재능력 속에 감추어진 최종 목표로서, 그것이 있기 때문에 역사 전체의 의미도 명확해진다고 한다. 칸트가 말하는 최종목표란 인간의 자유의 실현이었다. 왜냐하면 "사회적 입법 아래서 자유가 대항하기 어려운 권력, 즉 극히 공정한 시민적 기구와 불가분의 관계에 있는 사회의 실현이야말로, 자연이 인류에 부여한 가장 어려운 과제이기" 때문이다. 이와 같은 공정한 시민적 기구를 수립하여, 그것을 전세계로 확장해 가는 것이 역사의 진보를 이해할 수 있는지 없는지의 척도가 된다. 동시에 그것은 역사의 소재를 이루고 있는 잡다한 현실적인 요소 속에서 인간

---

10) 칸트의 논문에 있어서의 논의에 대해서는 Collingwood, *The Idea of History*, pp. 98~103 을 참조하였다. 또, William Galston, *Kant and the Problem of History*, (Chicago: University of Chicago Press, 1975) 특히 이 책의 205~268페이지를 참고.

11) "An Idea for a Universal History from a Cosmopolitan Point of View," in Immanuel Kant, *On History* (Indianapolis : Bobbs-Merrill, 1963), pp. 11~13.

의 진보에 없어서는 안 될 요소를 선택해내는 엄청난 작업을 수행할 때에
도 하나의 판단기준이 되는 것이다. 그러면 모든 사회와 시대를 고려한 경
우에, 인류 전체가 공화제 정부—오늘날 우리들이 자유민주주의로서 이해
하고 있는 정치체제—를 향하여 나아가고 있다고 판단할 수 있는 일반적
인 근거가 과연 존재하고 있는 것일까? 칸트에게는 이 점이 보편적인 역사
에 의해 해명되어야 할 문제였다.[12]

칸트는 또 자유주의라는 더욱 합리적인 제도로 인류를 몰아가는 메커
니즘에 대해서도 대략적으로 설명하고 있다. 이 메커니즘이란 이상이 아니
라 오히려 그것과는 정반대인 이기적 적대감이다. 인간의 "비사교적 사회
성"으로부터 발생한 이 이기적 적대감 때문에 인간은 오히려 인간 상호간
의 전면적인 투쟁으로부터 손을 떼어 시민사회에 함께 참가하고, 나아가서
는 그 사회가 다른 사회에 지지 않으려는 의도에서 예술과 과학의 진흥에
전력을 다하게 된다. 요컨대 경쟁심, 허영심과 지배하고픈 욕망만이 사회의
창조성의 원천이고 "이상향의 목가적 생활에서는 태어나지 않았던 인간"
의 잠재능력의 실현을 보증해 주는 것이었다.

칸트가 60세 때에 쓴 이 논문 자체는, 보편적인 역사를 명기한다는 체재
(體裁)를 취하고 있지는 않았고, 단지 인류의 역사적 진화의 보편적인 법칙
을 설명할 수 있는 새로운 케플러나 뉴턴과 같은 인물의 필요성을 지적하
고 있는데 불과하다. 칸트에 따르면 보편적인 역사를 기술할 수 있는 천재
야말로 인간의 삶에서 무엇이 중요한가를 이해할 수 있는 철학자로서 인정
되고, 동시에 모든 시대와 국민의 역사에 통일적인 의미 부여가 가능한 역
사가로서 인정받아야 한다고 한다. 이와 같은 천재라면 "그리스를 정복한
로마제국의 구조에 선이든 악이든 감화를 준 그리스사의 영향력, 그 로마
를 멸망시킨 야만인에게 끼친 로마의 영향력이라는 식으로 이어져 내려와,
우리들의 시대에까지 계승되는 역사의 영향력의 족적을 더듬어 갈 수 있
다"고 칸트는 기술하고, 나아가 이렇게 계속 언급하고 있다.

"만약 거기에 문명국의 갖가지 국민사로부터 몇 가지 일화를 덧붙인다
면, 우리 대륙에서도 국가의 형태가 규칙적으로 진보를 이루어 왔다는 것
을 알 수 있을 것이다 (필경 최후에는 다른 대륙도 모두 이와 같은 진보의

---

12) *Ibid.*, p. 16.

흐름에 따르게 될 것이다)." 역사란 문명 파괴의 연속인데, 어떤 문명도 그 문명에 선행된 시대의 유산을 파괴함으로써 더욱 고도의 생활수준을 수립하는 길을 개척해 갔던 것이다. 칸트는 자신에게는 이와 같은 역사를 기록할 수 있는 힘은 없다고 겸손해 하면서도, 만약 그 서술에 성공한다면 인류에 대해서 미래에의 명확한 비전을 줄 수 있고 나아가서는 공화제에 기초한 세계 정부를 건설하기 위한 일조가 될 수 있을 것이라고 결론짓고 있다.[13]

보편적인 역사를 기록하려고 한 칸트의 철학적으로 중요하고 또한 경험주의적 역사에 대한 깊은 통찰에 기초한 시도는 헤겔에게 계승되어 칸트 사후의 세대에서 완성을 보았다. 앵글로색슨의 세계에서는 헤겔에 대한 평판이 별로 좋지 못하여, 프러시아 왕정의 반동적 옹호자라든지 20세기의 전체주의 사상의 선구자라는 비난을 받아왔다. 그 중에서도 최악의 평판은 영국적인 견지에서 볼 때 난해한 형이상학자라는 것이었다.[14] 이와 같은

---

13) Kant, *"Idea"* pp. 23~26.

14) 경험주의적이고 실증주의적인 전통 아래서는 헤겔에 대한 피상적인 오해의 예는 많다. 예를 들면,

그러나, 헤겔에 관해 말하자면, 나는 헤겔이 유능했다고 생각하지 않는다. 헤겔은 난해한 저작가이다. 헤겔을 열심히 옹호하는 자조차 헤겔의 문체가 '틀림없이 읽기 힘들다'는 점은 인정할 것이다. 게다가 그 저작의 내용을 보면 독창성이 완전히 결여되어 있는 점만이 다른 사람과 차이가 난다. ……(중략)……헤겔은 남에게서 차용한 사상이나 방법을 전혀 영민함을 엿볼 수 없는 오로지 단일 목적을 위해 사용하고 있다. 즉 열린 사회에 저항하고, 헤겔의 주인이었던 프러시아왕 프레드릭 빌헬름에게 봉사하기 위해 사용한 것이다. (중략) 그리고 헤겔의 이야기는 전부 말이라는 것이 얼마나 손쉽게 '역사를 만드는 역할'을 할 수 있는가를 나타내는 한층 불길한 결과를 초래하기 위해 존재한 것과 같은 것으로, 그렇지 않으면 전혀 논할 가치조차 없는 것이다. –Karl Popper, *The Open Society and Its Enemies* (Princeton, N. J.: Princeton University Press, 1950), p. 227.

헤겔의 형이상학에 따르면 참 자유는 자의적인 권위에 대한 종속에 있고, 자유로운 발언은 악(惡)이며 절대군주제는 선(善)이고 프러시아 국가는 헤겔이 서술한 시점에서 최선의 존재이며 전쟁은 선(善), 분쟁을 평화적으로 조정하는 국제적 기관이 성립하면 불행을 낳는 것이 된다. –Bertrand Rusell, *Unpopular Essays* (New York: Simon & Schuster, 1951), p. 22.

헤겔이 자유주의자임을 부정하는 전통은 Paul Hirst에게도 이어지고 있다.

헤겔의 《법철학》을 숙독한 사람이면 헤겔을 자유주의자와 혼동할 리가 없다. 헤겔의 정치이론은 1806년의 예나전쟁에서의 패배 후 실시된 개혁이 지나치다고 느낀 프러시아 보수주의자의 견해에 기반을 두고 있다. "Endism," *London Review of Books,* (November 23, 1989)

헤겔에 대한 편견으로 인해 사람들은 근대를 만든 주요한 철학자의 한 사람인 헤겔의 위대함을 간과하게 되었던 것이다. 그렇지만 헤겔에 대한 이와 같은 정신적인 부채를 인정할 것이냐는 차치하고 우리들 현대인의 의식은 가장 근본적인 면에서 헤겔의 영향을 받고 있다.

헤겔의 체계에는 보편적인 역사라는 견해를 제창한 칸트의 주장이 형식과 내용 양면에서 놀라울 정도로 세밀하게 담겨 있다.[15] 칸트와 마찬가지로 헤겔도 "인간의 지식을 탐구하는 과정에서 인간의 정신(여기서는 인간의 집단적 의식을 말함)을 보여줄 수 있는" 보편적인 역사를 쓰는 것을 자신의 목표로 했다.[16] 그는 역사에 실재한 다양한 국가와 문명의 '선한' 면과, 이들 국가와 문명이 결국은 멸망해 버린 이유, 그리고 그 멸망 후에도 잔존하여 더욱 고도의 발전을 이룩한 '계몽의 씨앗'에 대해서 설명하려고 했다. 인간의 "비사교적 사회성"에 관한 칸트의 견해와 같이 헤겔도 역사의 진보는 이성의 착실한 발전에서 오는 것이 아니고 인간을 대립과 혁명, 그리고 전쟁으로 인도하는 열정의 맹목적인 상호작용으로부터 태동한 것이라고 생각했다. 그것이 "이성의 교지(狡智)"라는 헤겔의 유명한 말의 의미이다. 역사는 끊임없는 항쟁의 과정을 겪게 되는데, 그곳에서는 정치와 마찬가지로 사상의 체계도 스스로의 내부모순 때문에 서로 충돌하고 산산조각으로 붕괴되어 버린다. 그리고 그 대신에 보다 모순이 적고 따라서 보다 고도의 체계가 등장하게 되는데, 그 체계도 또 새로운 다른 모순을 배태해 간다—이것이 소위 변증법이다.

헤겔은 인도, 중국 등 유럽 이외의 "여러 나라 국민의 국민사"를 정면으로 문제 삼은 최초의 유럽인 사상가의 한 사람이고, 자신의 종합적인 이론체계에 그것을 편입시켰다. 또 칸트와 마찬가지로 헤겔도 역사의 과정에는 종점이 존재하고, 이 종점은 바로 지상에서의 자유가 실현되는 때라고 생각했다. "세계사는 자유에 대한 의식이 발달되어 가는 것" 이외에 아무 것도 아니다. 보편적 역사란 모든 인간에게 평등하게 자유가 부여되어 가는 과정으로서 이해할 수 있는 것이고, 그 점을 헤겔은 다음과 같은 경구(警

---

15) 이 점은 Galston, *Kant and the Problem of History*, p. 261에 보인다.

16) 위의 인용은 헤겔의 역사학 강의에서 발췌한 것이고 *The Philosophy of History*, trans. Sibree (New York : Dover Publication, 1956), pp. 17~18에서 볼 수 있다.

句)로 정리하고 있다. "동양의 나라들에서는 단지 '한 사람의 인간'만이 자유라는 사실을 알고 있었다. 그리스, 로마 세계에서는 '일부의 사람'만 이 자유라고 여겼다. 그런데 현재의 '우리들은' 모든 인간이 (정말로 인간 이라는 이유로) 절대적으로 자유롭다는 것을 알고 있다."[17]

헤겔에 따르면 인간의 자유는 근대적인 입헌국가—이것도 우리들이 말하는 자유민주주의 체제—안에서 실현되도록 되어 있었다. 인류의 보편적 역사란, 인간이 완전한 합리성을 향하여 서서히 진보하고, 또 자유민주정 부 안에서 이러한 합리성이 어떻게 나타나는지 의식적으로 자각하는 것이 었다.

헤겔은 국가와 권위의 예찬자로서, 나아가서는 자유주의와 민주주의의 적으로서 지금까지 종종 비난받아 왔다. 이 비난에 대해서 상세한 검토를 하는 것은 이 책의 한계 밖의 일이다.[18] 먼저 여기서는 헤겔 자신의 말을 빌리면서, 그가 자유의 철학자이고 역사의 전 과정은 구체적인 정치적, 사 회적 제도에서의 자유의 확립에 의해서 완결된다고 생각하고 있던 점을 기 술하는 것만으로 충분할 것이다. 헤겔은 국가의 옹호자이기보다 오히려 시 민사회의 수호자로 간주할 수 있다. 요컨대 그는 국가의 관리로부터 독립 된 개인의 경제적·정치적 활동의 영역을 넓게 지키려고 한 철학자였다. 마 르크스는 정말로 헤겔을 이와 같은 인물로 이해했던 것이고, 그가 헤겔을

---

17) *Ibid.*, p. 19

18) 헤겔이 권위주의자였다는 종래의 견해를 수정하는 좋은 길잡이로서는 Shlomo Avineri, *Hegel's Theory of Modern State* (Cambridge: Cambridge University Press. 1972) 및 Steven B. Smith, "Whit is 'Right' in Hegel's Philosophy of Right?," *American political Science Review* vol. 83, no. 1, (March 1989) : 3~18. 헤겔이 얼마나 오해를 받아 왔는지 몇 가지 예 를 들어보자. 헤겔이 군주제를 지지한 것은 사실이지만 《법철학》의 275~286절에 언급 되어 있는 그의 군주에 대한 개념은 현대의 국가원수에 가깝고, 현재의 입헌군주상과도 모순되지 않는다. 헤겔은 자기 시대의 프러시아 왕정을 정당화하기는커녕, 일반에게는 알 수 없는 형태로 현실정치를 비판한 사실을 원문을 통하여 알 수 있다. 헤겔이 직접선 거에 반대하고 사회조직의 계급화를 지지한 것은 사실이다. 그러나 그것은 인민주권의 권리 자체에 대한 반대에서 생긴 것은 아니다. 헤겔의 corporatism은 토크빌의 '협조의 기 술'에 대응하는 것으로서 이해할 수 있다. 거대한 근대국가에서는 정치 참가는 일련의 소규모 조직을 통해 이루어지기 때문에 능률적이고 또한 의의 있는 것이다. 어떤 계급에 소속할 경우에도 태생이 아니라 직업이 기준이 되고 그 계급은 만인에게 열려 있는 것이 다. 또한 헤겔이 전쟁을 찬미했다는 견해에 대해서는 제5부 참조.

부르주아 계급의 옹호자로 공격했던 이유도 그 점에 있다.

헤겔의 변증법에 대해서는 상당히 신비화된 면도 있다. 그 계기를 만든 것은 마르크스의 협력자 프리드리히 엥겔스로, 그는 변증법을 헤겔의 사상 내용으로부터 분리된 하나의 "방법론"으로서 이용해야 한다고 생각했다. 또 헤겔에게 있어서 변증법이란 실제의 역사적인 사건의 경험적 데이터나 지식과는 무관하게 선험적 또는 논리적인 기본원칙으로부터 인류사 전체를 추량하기 위한 형이상학적인 도구였다고 주장하는 이도 있다. 변증법에 대한 이와 같은 견해에는 전혀 근거가 없다. 역사에 관한 헤겔의 저작을 읽어보면 알 수 있듯이, 거기에서는 역사의 우연과 예측 불허의 사태가 커다란 역할을 수행하고 있다.[19] 헤겔의 변증법은, 플라톤학파의 선구가 된 소크라테스의 문답과 비슷하다. 소크라테스의 문답이란 선의 본질과 정의의 의미 같은 중요한 테마를 둘러싼 두 사람간의 대화였다. 이러한 토론을 해결하는 기초가 된 것은 모순의 원리이다. 즉, 모순이 적은 쪽이 토론에 이긴다. 그리고 만약 토론 중에 어느 쪽의 의견도 이치에 맞지 않는다는 것을 알았을 경우에는 그 모순을 해소한 제3의 의견이 등장한다. 그런데 이 제3의 의견도 재차 새로운 토론이 시작되고 새로운 결론이 얻어진다.

헤겔에 따르면 이와 같은 변증법은 철학상의 논쟁뿐 아니라 사회와 사회 사이에서도, 또 현대의 사회과학자가 지적하는 것처럼 사회경제 시스템에서도 일어나는 것이라고 한다. 역사도 또한 사회 상호간의 변증법으로서 묘사할 수가 있는 바, 역사에서는 내부에 중대한 모순을 안고 있는 사회는 패배하고 그 모순을 해결할 수 있었던 사회로 대체되어 가는 것이다. 그러므로 헤겔의 견해에 따르면 로마제국의 최종적인 붕괴의 이유는 만인에게 법적인 평등을 부여하면서 한편으로 그들의 권리와 내면적인 인간의 존엄을 인정하지 않았기 때문이었다. 그리고 유태 크리스트교의 전통만이 이와 같은 권리와 존엄을 인정하고, 인간의 도덕적 자유를 기초로 한 인류의 보편적 평등을 수립한 것이다.[20]

그런데 크리스트교 세계에도 다른 모순이 나타나기 시작한다. 그 전형적

---

19) 헤겔 체계의 비결정론적 측면을 강조한 헤겔론으로는 Terry Pinkard, *Hegel's Dialectic: The Explanation of Possibility* (Philadelphia: Temple University Press, 1988)를 참조.

20) Hegel, *The Philosophy of History*, pp. 318~323.

인 예가 중세도시이다. 도시 안에서는 자본주의적인 경제 질서의 핵이 된 상인들이 보호받고 있었는데, 결국에는 그들의 실로 효율적인 경제활동에 의해 경제 생산성에 대한 그때까지의 도덕적 제약의 불합리한 실태가 폭로되어 갔다. 이렇게 하여 상인을 산출한 중세도시 자체가 그 상인들의 손에 의해 멸망했던 것이다.

퐁트넬, 콩도르세 등 헤겔 이전시대에 보편적인 역사를 쓰려고 한 사람들과 헤겔의 차이는, 그가 자연의 자유, 역사, 진리, 이성이라는 개념에 대해서 훨씬 깊은 철학적 통찰력을 갖고 있었던 점이다. 헤겔은 역사를 논한 최초의 철학자는 아니었을지 모르지만 역사주의에 준한 최초의 철학자—역사의 관점에서 볼 때 진리란 애초부터 상대적인 것이라고 확신하고 있었던 철학자였다.[21] 헤겔에 의하면 인간의 모든 의식은 그 주위의 특정한 사회적, 문화적 조건—바꿔 말하면 '시대'에 제약받고 있는 것이다. 과거의 사상은 그것이 서민의 것이든, 위대한 철학자나 과학자의 것이든 절대적 혹은 '객관적'으로 옳은 것은 없고, 그 인물이 산 역사와 문화 속에서 상대적인 위치를 점하고 있는 것에 지나지 않는다. 따라서 인류의 역사라는 것은 각종 문명의 연속과 다양한 수준의 물질적 달성으로서 파악하는 것만으로는 충분하다고 말할 수가 없고, 다양한 의식 형태의 연속으로 생각하는 것이 더욱 중요해진다.

의식—선악이라는 근본 문제에 대해 생각하는 방법, 만족을 찾는 활동, 신에 대한 믿음, 인간의 세계관에 이르기까지—은 시대에 따라서 근본적으로 변화해 왔다. 더구나 이와 같은 선악과 세계의 견해가 서로 모순되어 있었다는 점에서 알 수 있듯이 그것들의 대부분은 잘못된 것이고, 혹은 이후의 시대에 의해서 "허위의식" 형태라는 것이 폭로되었다. 헤겔에 따르면 세계의 대종교도 그 자체가 진리가 아니고, 그 종교를 믿는 사람들의 특정한 역사적 필요에서 발생한 '이데올로기'였다. 특히 기독교는 노예제로부터 발생한 이데올로기이고 인간은 모두가 평등하다는 기독교의 주장

<hr/>

21) 여기서 말하는 '역사주의'는 Karl Popper가 *The Poverty of Historicism*을 비롯한 저작에서 기술한 용어와는 다르다. Popper는 언제나처럼 통찰력이 결여된 방식으로 역사주의를 역사적 과거로부터 장래를 예측하기 위한 구실로서 사용하고 있다. 이러한 Popper의 설명에서는, 불변하며 근원적인 인간성의 존재를 믿었던 플라톤과 같은 철학자도 헤겔과 똑같이 '역사주의자'가 되어버린다.

은, 자신의 해방을 기원했던 노예들의 이익에도 부합되는 것이었다.

헤겔의 역사주의가 갖는 급진적인 성격을 오늘날 좀처럼 이해하기 어려운 것은, 오히려 그것을 우리들 자신이 극히 당연한 것으로 받아들이고 있기 때문이다. 우리들은 사상에 역사적인 "원근법주의"가 존재하는 것을 당연하다고 간주하고, 현재 주류가 아닌 사고방식에는 하나같이 편견을 품게 된다. 자신들의 어머니와 할머니가 보인 육친과 가정에의 헌신을 기묘한 과거의 찌꺼기라고 생각하고 있는 근년의 페미니스트의 입장에는 이 역사주의가 엿보인다. 남성 우위의 문화에 옛 여성이 고분고분 복종했던 것은 그 시대에는 옳은 일이었을 것이고, 경우에 따라서는 그 쪽이 행복하기조차 했을지도 모른다. 그렇지만 그것은 이미 현재로서는 받아들일 수 없는 "허위의식"의 형태이다. 또 백인은 흑인이라는 것이 무엇을 뜻하는가 등에 대해서는 전혀 알려고 하지 않는다고 주장하는 흑인의 태도에도 역시 역사주의가 엿보인다. 이같은 것도 역사적 시대가 다르기 때문에 흑인과 백인의 자의식이 분리된 것은 아니었지만, 이 양자는 태어나서 자란 문화와 경험의 세계가 동떨어지고, 더구나 상호간의 커뮤니케이션 수단이 극히 한정되어 있었기 때문이다.

헤겔의 역사주의의 급진성은 그의 인간에 관한 취급방법에 현저하게 나타나고 있다. 루소라는 위대한 예외를 제외하고 실질적으로 헤겔 이전의 철학자는 모두 "인간의 본성"——즉 정념, 욕망, 재능, 덕 등 인간을 인간답게 하는 다소 영속적인 성격——의 존재를 믿어왔다.[22] 한 사람 한 사람의 인간은 각기 다르지만, 인간의 본질적인 성격에 대해서 말하자면, 고대 중국의 농부이든, 근대 유럽의 노동조합원이든, 시대에 따라서 조금도 변화는 없다는 것이다. 이러한 철학적 견해는 식욕, 번뇌, 잔인함 등 그다지 매력이 없는 인간의 성격을 표현할 때 자주 이용되는 "인간의 본성은 변하지 않는다"는 오랜 격언에도 반영되어 있다. 이에 대해서 헤겔은 식욕과 수면 등 육체로부터 오는 자연스러운 욕구는 부정하지 않았지만, 인간의 가장 본질적인 성격의 부분은 전혀 결정되어 있지 않고, 따라서 자유로이 자신

---

22) 루소의 《인간불평등 기원론》은 인류의 역사적 기술이고, 인간의 욕망의 성격이 시대와 함께 근본적으로 변화하는 것임을 나타내고 있다.

의 본성을 만들어낼 수 있다고 생각하고 있었다.[23]

　헤겔에 따르면 인간적인 욕망이란 원래 일정한 것이 아니라, 역사적인 시기와 문화 속에서 변화해 간다고 하였다.[24] 일례를 들면 오늘날 미국인, 프랑스인, 일본인은 사물(특정 형태의 자동차, 운동화, 유명 브랜드의 가운 등), 혹은 지위(훌륭한 주거환경, 학교, 직장) 등을 손에 넣으려고 엄청난 노력을 기울이고 있다. 이러한 욕망의 대상은, 과거 시대에는 존재하지도 않았고 따라서 그것이 요구되던 적도 없었다. 또 현대에도 치안, 식량 등 가장 급박한 수요를 충족시키기 위해 급급하고 있는 빈곤한 제3세계의 사람들이라면 필히 그런 것이 필요하다고는 생각하지 않을 것이다. 소비문화와 그것에 영합하는 마케팅학에서는 문자 그대로 인간 자신의 손으로 지금까지 만들어온 욕망, 그리고 미래에 다른 것으로 대체될 욕망을 다루고 있는 것이다.[25]

　우리들의 현재의 욕망은 사회의 환경에 좌우되고 있는데 그 사회 환경은 또 과거의 역사 전체로부터 발생된 것이다. 그리고 어떤 욕망의 특정 대상이란 시대와 함께 변화해 온 "인간의 본성"의 단순한 한 측면에 불과하고 시대의 변화에 따라서 무엇이 중요한 욕망인가 하는 기준도 인간성의 다양한 면과의 관련으로 변화해 왔다. 이와 같이 헤겔이 말하는 보편적인 역사에서는 지식과 제도의 진보뿐만 아니라 인간의 본성 그 자체의 변화에 대해서도 설명이 이루어지고 있다. 헤겔에 따르면 인간에게는 고정된 성격 등은 아무것도 없다. 그는 인간의 본성을 어느 정해진 상태에 있는 것이 아

23) 이것은 무엇보다도 인간이 다른 자연을 지배하는 물리법칙의 단순한 종속물이 아니라는 것을 나타내고 있다. 그런데 대부분의 근대 사회과학은 인간 연구가 자연과학 연구에 흡수될 수 있다고 가정하였다. 그것은 인간의 본질이 자연의 본질과 다르지 않다고 여겼기 때문이다. 사회과학이 '과학'으로서 널리 받아들여지지 않은 본래 원인은 아마 이 가정에 있을 것이다.
24) 인간적인 욕망의 성격이 변화할 수 있는 것에 관한 헤겔의 논의는 《법철학》 190~195절을 참조.
25) 헤겔은 소비문화에 관해 이렇게 생각하였다. "영국인이 말하는 '쾌적함'이란 끝이 없는 것이다. 어느 시점에서 쾌적하다는 것(과 여러분이 생각하고 있는 것)은 사실은 그 정도는 아니다(라는 것을 제3자는 발견한다). 이러한 발견은 끊임없이 계속된다. 따라서 보다 큰 쾌적함에 대한 요구는 자신 속에서 직접 생기는 것이 아니다. '이 요구를 만들어 냄으로써 이익을 얻으려는 제3자가 여러분에게 암시하고 있는 것이다.'" (' '는 필자) 《법철학》 191절 주해를 참조.

니라, 이전과는 다른 성격이 되어 가는 것이라고 생각했던 것이다.

헤겔은 퐁트넬과 퐁트넬 이후의 더욱 급진적인 역사주의자와는 달리, 역사의 과정은 무한히 계속되는 것이 아니고, 현실세계에서 자유로운 사회가 실현되었을 때에 그 종말을 맞이할 것이라고 믿고 있었다. 다른 말로 바꿔 말하면 '역사의 종말'이 존재한다는 것이다. 그러나 그것은 인간의 탄생과 죽음, 사회적 활동으로 생기는 다양한 사건에 종말이 온다는 의미도, 세계의 현실에 대한 지식이 한계에 달한다는 의미도 아니다. 그러한 것이 아니라 헤겔은 역사를 보다 고도의 합리성과 자유의 실현을 향한 인간의 진보로 간주하고, 인간이 절대적인 자의식을 손에 넣은 시점에서 그 과정은 논리적인 종착점에 도달한다고 생각했던 것이다. 그리고 프랑스혁명 후에 유럽과 미국 독립혁명 후의 북아메리카에 나타난 근대자유주의 국가에서 인간의 자유가 꽃핀 것처럼, 그는 이러한 자의식은 인간의 철학체계 안에서 꽃핀다고 믿고 있었다.

헤겔은 1806년의 예나전쟁(나폴레옹과 프러시아의 전투)에서 역사가 끝났다고 선언했는데 그것으로 자유주의 국가의 세계적인 승리를 주장했던 것이 아님은 분명하다. 당시 독일의 시골에 살고 있던 그에게는 그런 승리를 확인할 방법조차 없었다. 헤겔이 말하고자 했던 바는 가장 진보적인 국가들 안에, 근대 자유주의 국가의 기초를 이루는 자유와 평등의 원리가 발견되고 실현되어 왔다는 점, 그리고 자유주의보다 훌륭한 다른 사회적·정치적인 제도와 원리는 있을 수 없다는 점이었다. 다시 말해서 자유사회는 그 이전의 사회제도의 특징인 "여러 모순"으로부터 해방되고 그 결과 역사의 변증법적 발전도 종국을 고한다는 것이었다.

헤겔이 자신의 사상체계를 쌓아올린 당초부터, 사람들은 근대 자유주의 국가의 성립과 함께 역사는 종국을 맞이한다는 그의 주장을 별로 진지하게 받아들이지 않았다. 더구나 거의 때를 같이하여 그는 보편적인 역사를 쓰려고 한 19세기의 또 하나의 위대한 인물 칼 마르크스로부터 공격을 받게 된다. 헤겔이 오늘날의 지적세계에 얼마만큼 커다란 영향을 미쳤는지 우리들 자신이 알아차리지 못한 것은, 헤겔의 유산이 마르크스를 통해서 우리들에게 전해졌기 때문이다. 마르크스는 헤겔체계의 대부분을 자신의 목적에 맞도록 원용했던 것이다.

인간의 삶이 근본적으로 역사에 제약을 받고 있다는 관점과 인간사회가 원시적인 사회구조로부터 보다 복잡하고 고도로 발전한 구조의 시대로 동시에 진화되어 간다는 견해를 마르크스는 헤겔로부터 계승했다. 또 역사가 근본적으로 변증법의 과정을 걷는다는 것, 요컨대 선행하는 정치조직과 사회조직은 내부에 "여러 모순"을 내포하고 있고, 시간이 경과함에 따라 그 모순이 표면화되어 붕괴와 조직 교대의 길을 걷는다는 점도 마르크스는 헤겔의 의견에 동의하고 있다. 나아가 마르크스는 '역사의 종말'의 가능성을 믿는다는 헤겔의 견해도 수용하고 있다. 결국 그는 내부에 전혀 모순을 잉태하지 않은 최종적인 사회구조를 예상하고 그와 같은 사회의 실현이 역사의 과정을 종료시킨다고 생각했던 것이다.

다만 마르크스는 역사가 종말을 맞았을 때 어떠한 사회가 성립할까라는 문제에 대해서는 헤겔과 의견을 달리했다. 마르크스는 자유주의 국가에서는 계급투쟁 즉 부르주아지와 프롤레타리아트의 투쟁 등의 근본적인 모순을 전혀 해결할 수 없다고 확신하고 있었다. 그는 헤겔의 역사주의를 사용하여 헤겔 자신을 비난하고 자유주의 국가에서는 헤겔이 말하는 것처럼 만인에게 자유가 인정되는 것이 아니라 부르주아지라는 특정계급이 자유를 쟁취하는데 불과하다고 논했다. 헤겔에 따르면, 자유주의 국가가 가능케 하는 자유에 대한 철학적 인식을 통해서 소외라는 문제—인간이 자신과 별도의 존재가 되어 그 결과로서 인간이 자신의 운명을 지배할 수 없게 되어버리는 문제—도 역사의 종국을 맞기까지는 적절하게 해결되는 것이었다. 그런데 마르크스는 자유주의 사회에서는 원래 인간이 만들어낸 자본이 어느새 주인이 되어서 인간을 지배, 관리하기 때문에 인간은 아무리 시간이 경과하더라도 소외된 채로 남는다고 보았다.[26]

헤겔은 자유주의 국가의 관료제도를 전국민의 이익을 대표하고 있다는 이유에서 "보편적인 계급"이라고 부르는데, 마르크스에 따르면 이러한 관료제는 시민사회를 지배하는 자본가의 이익만을 대표하는 것에 지나지 않았다. 그리고 그는 헤겔에 대해서는 "절대적 자의식"을 성취한 철학자가 아니고 어디까지나 그 시대의 산물이고 부르주아지의 옹호자라고 생각했

---

26) 이러한 마르크스 해석은 Georgy Lukacs, *History and Class Consciousness*가 출판된 덕에 유행하였다.

다. 마르크스의 견해에 따르면, 참된 "보편적인 계급"인 프롤레타리아트가
승리를 거둘 때에만 역사는 종말을 맞고 세계적인 공산주의 유토피아의 실
현으로 계급투쟁은 영원히 종지부를 찍는다는 것이다.[27]

　마르크스주의 입장에서의 헤겔 비판과 자유주의 사회 비판은, 지금으로
서는 아주 익숙해진 소재이므로 굳이 여기에서는 되풀이하지 않겠다. 그런
데 현실사회를 구축하는 이론적 기반으로서의 마르크스주의의 터무니없
는 실패——《공산당 선언》간행 후 140년 만에 확실히 증명된 실패를 목도
할 때, 결국은 헤겔류의 보편적인 역사 쪽이 정확한 예언이 아니었을까 라
는 문제가 대두된다. 금세기 중반 무렵에 이같은 의문을 제기한 것이 알렉
산드르 코제에브였다. 러시아계 프랑스인인 코제에브는 1930년에 파리의
실업고등연구원에서 연속강의를 하여, 사상계에 크나큰 영향을 미쳤다.[28]
마르크스가 19세기 최고의 헤겔 해석자라고 하면, 20세기에 가장 밀도 있
게 헤겔을 이해한 사람은 틀림없이 코제에브였다. 마르크스와 마찬가지로
코제에브도 단순히 헤겔사상의 해설만을 목표로 한 것이 아니라, 헤겔의
사상을 창조적으로 활용해서 자신의 근대에 대한 이해를 심화시키려고 하
였다. 레이몽 아롱은 코제에브의 뛰어난 재능과 독창성을 다음과 같이 평
했다.

　　(코제에브는) 의혹과 비판에 치우치기 쉬운 초 인텔리 청중을
　　매료시켰다. 왜? 그것은 코제에브의 재능, 변설의 유창함 때문
　　이다……(강연자로서의 코제에브의 수완은) 거론된 테마가 자신

---

27) 이 점에 대해서는 Shlomo Avineri, *The Social and Political Thought of Karl Marx*
　　(Cambridge: Cambridge University Press, 1971)를 참조.

28) 코제에브의 고등연구원에서의 강의는 *Introduction à la lecture de Hegel* (Paris :
　　Gallimard, 1947)에 수록되어 있다. 영어번역은 Games Nichols, *Introduction to the
　　Reading of Hegel* (New York : Basic Books, 1969). 어떤 코제에브의 학생 중에는 다음
　　세대에 유명인이 된 사람도 많고 Raymond Queneau, Jacques Lucan, Georges Bataille,
　　Raymond Aron, Eric Weil, Georges Fessard, Maurice Merleau-Ponty 등이 있다. 이러한 인
　　명(人名)의 완전한 리스트가 필요하다면 Michael S. Roth, *Knowing and History* (Ithaca,
　　N.Y. : Cornell University Press, 1988), pp. 225~227. 참조. 코제에브에 관해서는 Barry
　　Cooper, *The End of History : An Essay on Modern Hegelianism* (Toronto: University of
　　Toronto Press. 1984).

의 인품과 밀접하게 연결되어 있었다. 그의 테마는 세계의 역사이
고 (헤겔의) 현상학이었다. 현상학은 세계사를 해명하는 도구였
다. 그가 말하는 모든 것이 무엇인가의 의미를 가지고 있었다. 역
사의 섭리를 의심하고 변론의 재주 이면에 무언가 책략이 숨어 있
는 것은 아닐까 하고 억측하는 사람조차 이 마술사에게는 맞설
수가 없었다. 코제에브가 시대와 사건들에 대해서 보여준 총명한
이해가, 그것을 충분히 증명했다.[29]

　코제에브가 행한 강의의 핵심에는, 헤겔의 주장이 본질적으로 맞는 것
이며 세계사는 지금까지 다양한 우여곡절을 거쳐 왔지만, 실제적으로는
1806년(예나전쟁)의 시점에서 종국을 맞았다는 놀라운 주장이 담겨 있었
다. 빈정거림으로 점철된 코제에브의 저작으로부터 그의 진의를 해독하는
것은 어렵지만, 언뜻 보기에는 이상한 이 결론의 배후에는 다음과 같은 견
해가 있다. 요컨대 프랑스 혁명에서 태동한 자유와 평등의 원리가, 코제에
브가 말하는 근대적인 "보편적이고 균질한 국가"로 재현되고 있는 사실을
볼 때, 인간의 이데올로기적 발전이 더 이상 진전될 수 없는 지점에까지 도
달했음을 알 수 있다는 것이다. 물론 코제에브도 1806년 이후에 피비린내
나는 전쟁과 혁명이 수없이 일어났다는 사실을 알고 있지만, 이러한 사건
은, 그의 말을 빌자면 본질적으로는 "지역적 조정"에 불과한 것이었다.[30]
　바꿔 말하면 공산주의는 자유민주주의보다 이데올로기적으로 조금도
고급스럽지 않고 세계 전역에 최종적으로 자유와 평등을 확장해 가야 하
는 역사 속에서는 양자 모두 같은 단계에 있다는 말이 된다. 러시아 혁명
과 중국혁명은 이 시대의 기념비적 사건으로 보이지만 양 혁명이 초래한 유
일한 영속적인 효과는, 지금까지 발달이 늦고 억압받아 온 국민들에게 자
유, 평등이라는 기존 원리를 확장한 것, 그리고 이미 이 원리를 받아들이
고 있던 여러 선진국에 대해서 더 완전한 자유와 평등을 실현하도록 다그

29) Raymond Aron, *Memoirs* (New York and London : Holmes and Meier, 1990). pp. 65~66.
30) "이 때(1806년)부터 무엇이 일어났을까? 아무것도 일어나지 않았다. 단지 여러 지역의
　조정 작업이 있었을 뿐이다. 중국혁명은 나폴레옹 법전이 중국으로 도입된 것에 지나지
　않는다." *La quinzaine littéraire*, June 1~15, 1968.의 인터뷰 기사. 이것은 Roth, *Knowing
　and History*, p. 83에서 인용하였다.

친 점이었다.

다음 문장을 읽으면, 코제에브의 총명함과 그 독자성의 일단을 이해할
수 있을 것이다.

> 나의 주위에서 일어난 사건을 관찰하고 또 예나전쟁 이후에 세
> 계에서 일어난 사건을 회고해 볼 때, 나로서는 예나전쟁에서 역
> 사의 종말을 파악했던 헤겔의 정확함을 이해할 수 있다. 이 전쟁
> 에서, 그리고 이 전쟁에 의해서, 인류의 선구자들은 인류사의 진
> 보의 한계에 봉착함과 동시에 역사가 지향하는 최종목표를 손에
> 넣었던 것이다. 이 이후의 사건은 로베스피에르에서 나폴레옹에
> 걸친 프랑스에서 실제로 일어난 보편적인 혁명운동의 단순한 연
> 장에 불과하다. 실로 역사적인 관점으로 따지자면, 두 차례의 세
> 계대전과 그에 수반되는 크고 작은 갖가지 혁명들은 주변지역의
> '떨어진 문명'을 (실질적이든 가상의 것이든) 가장 진전된 유럽
> 의 역사적 위치로까지 끌어올린데 지나지 않는다. 러시아의 소비
> 에트화와 중국의 공산화가 독일제정의 (히틀러식의) 민주화와 토
> 고랜드(역자주 : 아프리카의 서부공화국)의 독립 달성과 나아가서는
> 파푸아뉴기니의 민족자결 이상의 의미, 혹은 이것들과 다른 의미
> 가 있다고 한다면, 그것은 양국에 로베스피에르나 나폴레옹적인
> 독재체제가 탄생했다는 점이다. 그리고 이와 같은 체제의 출현 덕
> 택에 나폴레옹 이후의 유럽에서는 많든 적든 간에 혁명 전으로의
> 복고를 지향하는 시대착오적인 사건을 제지하려는 움직임이 한층
> 가속되어 갔던 것이다.[31]

코제에브에 따르면 프랑스 혁명의 원리들이 완전하게 실현된 것은 제2차
세계대전 후의 서유럽제국, 즉 상당한 물질적 풍요와 정치적 안정을 손에
쥔 자본주의·민주주의 체제에서였다.[32] 왜냐하면 이들 사회에는 어떠한 근

---

31) *Kojève, Introduction à la lecture de Hegel*, p. 436.
32) 코제에브 자신을 자유주의자로 보는 데는 몇 가지 문제가 있다. 코제에브는 가끔 스탈
린을 강하게 지지하고 1950년대의 미국과 소비에트와 중국 간에 본질적인 차이는 없다
고 강조했기 때문이다.

본적인 '모순'도 존재하지 않기 때문이다. 자기충족과 자립을 완수한 이와 같은 사회에서는 필사적으로 추구해야 할 더욱 크나큰 정치목표가 없고 오로지 경제활동에 전념하고 있을 수 있었던 것이다. 노년의 코제에브는 교단에 서는 일을 그만두고 EC에서 관리로 일했다. 역사의 종말이란 대규모의 정치대립과 분쟁의 종결을 의미하는 것뿐만 아니라 철학의 종국이기도 하다고 그는 생각했던 것이다. 그 점에서 유럽공동체는 역사의 종말을 상징하는데 적당한 조직이었다고 할 수 있겠다.

보편적인 역사를 쓰려고 한 헤겔과 마르크스의 기념비적 업적은 덜 인상적인 다른 이들에 의해 후대에도 계승되었다. 가령 19세기 후반에는 실증주의자인 오귀스트 콩트와 다윈설의 신봉자 허버트 스펜서 등이 사회진화에 대해서 매우 낙관적인 이론을 차례차례 전개했다. 스펜서의 경우는 사회진화를 보다 커다란 생물학적 과정의 일부로 간주하고, 생물계에서의 적자생존과 유사한 법칙이 이 과정을 지배하고 있다고 생각했다.

20세기에도 오스발트 슈펭글러의 《서양의 몰락》과 거기에서 착상을 얻은 아놀드 토인비의 《역사연구》 등 보편적인—하지만 분명히 음침한 성격을 띠고 있는—역사를 쓰려고 한 시도가 있었다.[33] 슈펭글러도 토인비도 역사를 각각의 국민사—슈펭글러는 '문화', 토인비의 경우에는 '사회'로 한 것—로 분할하고, 이 국민사는 성장과 쇠퇴를 관장하는 일정불변의 법칙의 지배하에 있다고 생각했다. 이 점에서 슈펭글러와 토인비는 기독교도인 역사학자에서 시작하여 헤겔과 마르크스에서 정점에 달하는 인류사의 단일적이고 진보적인 해석의 전통과 작별을 고하게 되었다. 결국 두 사람

"미국인이 유복한 중국인이나 소비에트인과 같이 보인다면 그것은 때로 러시아인이나 중국인이 여전히 빈곤하지만 급속히 풍요로워지고 있는 미국인과 같기 때문이다"라고 코제에브는 말하고 있다. 그러나 그 똑같은 코제에브가 EC와 부르주아 국가인 프랑스의 충실한 관리로서 이렇게 생각하고 있었다. "실제 '계급 없는' 사회의 전 구성원은 앞으로 자신에게 좋다고 생각되는 것을 무엇이든 손에 넣을 수 있고 게다가 원하는 것 이상으로 일할 필요가 없다. 이 점으로 생각하면 미국은 이미 마르크스주의적 '공산주의'의 최종단계에 도달해 있다." 전후 미국과 유럽에서는 확실히 스탈린주의 러시아 이상으로 완전한 형태의 '보편적인 인정'이 실현되었다. 이것이 스탈린이스트가 아니라 자유주의자로서의 코제에브의 이미지를 강하게 만들고 있다. *ibid.*, p. 436.
33) Max Beloff, "Two Historians, Arnold Toynbee and Lewis Namier," *Encounter* 74(1990) : 51~54.

모두 어떤 의미에서 그리스와 로마 사학자들이 주장한 개개의 국민을 중심으로 하는 순회적인 역사관으로 되돌아갔던 것이다. 두 사람의 저작은 그 당시에는 널리 읽혔지만 양자 모두 문화와 사회를 생물체에 견준다는 사회유기체설의 결함을 갖고 있었다. 슈펭글러는 그 페시미즘 덕분에 지금까지도 인기를 유지하고, 헨리 키신저와 같은 정치가에게도 영향을 미쳐온 듯한데, 슈펭글러든 토인비든 헤겔이나 마르크스와 같은 독일의 선배만큼 깊은 영향력은 갖지 못했다.

20세기에 보편적인 역사를 쓰려고 시도한 최후의 예는 한 개인이 시도한 일이 아니고, 제2차 세계대전 후 주로 미국인을 중심으로 하는 사회과학자 그룹이 "근대화이론"이라는 이름하에 시행한 집단작업이다.[34] 자본론의 영문판 서문에서 마르크스는 "산업이 보다 발전하고 있는 나라는, 보다 발전이 뒤늦은 나라에 대해서 단지 그 국가의 장래상을 보여주는 것뿐이다"라고 기술했는데, 의식적이든 무의식적이든 이 말은 근대화 이론의 기본적 전제가 되어 있었다. 근대화 이론에서는 마르크스의 저작과 베버, 뒤르켕 등 사회학자의 저작에 크게 의존하면서 산업발전은 일관된 성장의 패턴을 걷고 있고 마침내는 국가와 문화의 차이를 초월한 균일한 사회적·

---

34) 근대화 이론에 대해 권위 있는 정의를 부여하고 있는 교과서는 한 권도 없고, 시대가 흐름에 따라 본래 이론으로부터 나온 변종(變種)이 많이 나타난다. Daniel Lerner, *The Passing of Traditional Society* (Glencoe, Ill. : Free Press, 1958)를 별개로 하면 근대화이론은 Talcott Parsons의 일련의 업적, 특히 *The Structure of Social Action* (New York: McGraw-Hill, 1937), Edward Shils와의 공동편집에 의한 *Toward a General Theory of Action* (Cambridge Mass,: Harvard University Press, 1951), 그리고 *The Social System* (Glencoe, Ill: Free Press, 1951)에 상세히 기술되어 있다. 그의 견해가 간단하고 비교적 알기 쉽게 정리되어 있는 것은 "Evolutionary Universals in Society", *American Sociological Review* 29 (June 1964) : 339~357. 그의 학문을 이어받은 것으로서 미국사회학연구회의가 스폰서가 되어 1963년부터 75년에 걸쳐 간행한 9권의 저작집이 있다. 제1권은 Lucian Pye, *Communications and Political Development* (Princeton, N. J.: Princeton University Press, 1963), 제일 마지막권은 Raymond Grew, *Crises of Political Development in Europe and the United States* (Princeton, N. J. : Princeton University Press, 1978)이다. 이 저작집의 간행 경위의 개략적인 것에 관해서는 Myron Weiner and Samuel Huntington, eds., *Understanding Political Development* (Boston : Little, Brown, 1987)에 수록된 Samuel Huntington과 Gavriel Almond의 논문 및 Leonard Binder, "The Natural History of Development Theory," *Comparative Studies in Society and History* 28 (1986): 3~33을 참조할 것.

정치적 구조를 산출한다고 주장하고 있다.[35] 요컨대 공업화와 민주화를 일찌감치 실현한 영국이나 미국 등의 나라를 연구하면, 모든 나라가 최후에는 걸어야 할 보편적인 패턴을 해명할 수 있다는 것이다.[36]

막스 베버는 인류의 역사적 '진보'에 따른 합리주의와 비종교주의의 고양을 절망과 비관의 시각으로 보고 있었는데, 전후의 근대화 이론은 그의 사상에 정말이지 미국적이라고 말하고 싶을 정도로 낙관적인 색채를 가미했다. 단선적unilinear인 역사의 발전이란 어떠한 것일까? 근대화를 달성하는 행로는 한 가지밖에 없는 것일까? 등의 문제에 대해서는 근대화 이론의 연구자들 간에도 의견 차이가 있다. 그렇지만 역사에는 일정한 방향성이 있고 그 종착점에는 선진공업국의 자유민주주의 체제가 가로놓여 있다는 점은 누구도 의심하지 않는다. 1950년대부터 60년대에 걸쳐서 이와 같은 근대화 이론가는 갓 독립한 제3세계 제국의 경제와 정치 발전에 도움이 되는 새로운 사회과학을 만든다는 생각에 크게 고무되어 있었던 것이다.[37]

그런데 근대화 이론은 최후에는 '자민족 중심주의'라는 비난에 처하게 된다. 즉, 서유럽과 북아메리카에서의 사회발전을 그 지역 자체의 '문화적인 제약'에 대해서 아무것도 생각하지 않은 채 보편적인 진리의 수준까지 높여버렸다는 비난을 받았던 것이다.[38] 어느 연구자는 다음과 같은 비판을 던지고 있다. "서양이 정치면에서도 문화면에서도 주도권을 쥐고 있는 덕분에, 단순히 서양에서의 정치발전의 형태는 '아무데서나 적용되는 모

---

35) Karl Marx, *Capital*, vol. 1, trans, S. Moore and E. Aveling (New york : International Publishers, 1967), p. 8.

36) 예를 들면 Lerner, *The Passing of Traditional Society*, p. 46.을 참조.

37) 거기에서의 경제발전 개념은 지극히 직관적이지만 '정치발전'의 개념에 대해서는 그렇지도 않다. '정치발전'이라는 개념이 의미하는 것은 정치조직의 역사적 형태의 하이어라키 (피라미드형의 계층조직)이고 그것은 많은 미국인 사회과학자에게 있어서는 자유민주주의를 향해 수렴해가는 것이다.

38) 따라서 미국의 정치과학 전공 대학원에서 사용되고 있는 표준적인 통계 텍스트에는 다음과 같이 기술되어 있다. "정치발전에 관한 문헌에서는 민주적 다원주의 체제의 안정성이 도처에 설명되고, 완만한 변화가 강조되어 있다. ……(중략)……미국의 사회과학은 급진적이고 근본적인 체제 변동에 대처하는 개념은 갖지 못한 채 질서에 대한 규범적인 열의에 물들어 있다." James A. Bill and Robert L. Hardgrave, Jr., *Comparative Politics: The Quest for Theory* (Lanham, Md.: University Press of America, 1973). p. 75.

델'이라는 제멋대로의 사고방식이 조장되어 왔다."[39] 이 비판은, 근대화에는 영국, 미국과 같은 국가가 걸어온 경로 이외에도 많은 행로가 있다는 소박한 의견보다도 한층 본질을 꿰뚫고 있다. 왜냐하면 이 비판은 근대화라는 사고방식 자체에 의문을 제기하고 특히 어느 나라나 과연 정말로 서양의 자유민주주의 원리를 받아들이고 싶어 하는가라는 문제, 나아가 어느 나라에도 각각 어울리는 문화적 출발점과 종점이 있지는 않을까라는 문제를 제기하고 있기 때문이다.[40]

자민족 중심주의라는 비판은 근대화 이론의 죽음을 고하는 조종(弔鐘)이 되었다. 근대화 이론을 만들어낸 사회과학자들조차도 자기학설에 대한 비판의 근거가 되어 있던 상대주의적인 전제들을 받아들이고 있었기 때문이다. 그 때문에 그들은 자유민주주의의 가치를 지켜낼 수 있을 만큼의 과학적·경험적 근거를 잃고, 자신들에게는 특정 민족의 문화를 중심으로 논의를 진행할 생각은 전혀 없었다고 변명하는 것이 고작이었던 것이다.[41]

20세기에 나타난 역사에 대한 심각한 비관론은 보편적인 역사상에 대한 신뢰를 잃게 했다고 해도 좋을 것이다. 마르크스가 소련과 중국, 기타 공산주의 국가에서의 공포정치를 합리화하는 도구로 사용한 "역사"라는 개념은 대부분의 사람들에게 불길한 의미를 배태하게 만들었다. 역사는 방향성과 의의를 갖고 진보하는 것이고, 이해하는 것조차 가능하다는 생각은 현대사조의 주류에서 말하자면 완전히 이단이다. 세계사에 대해서 헤겔과 같은 이야기를 하면, 뒤섞인 현실의 복잡성과 비극성을 모두 깨닫고

---

39) Mark Kesselman, "Order or Movement? The Literature of Political Development as Ideology," *World Politics* 26, no.1 (October 1973): 139~154. Howard Wiarda, "The Ethnocentrism of the Social Science [sic] : Implications for Research and policy," *Review of Politics* 43, no. 2 (April 1981) : 163~197.

40) 이 선을 따른 비판으로는 그 밖에 Joel Migdal, "Studying the Politics of Development and Change : The State of the Art," in Ada Finifter, ed., *Political Science: The State of the Discipline* (Washington, D. C. : American Political Science Association, 1983), pp. 309~321 ; and Nisbet, *Social Change and History*.

41) Gabriel Almond는 근대화 이론의 개설 중에서 자민족 중심주의라는 비판에 답하면서 Lucian Pye의 *Communications and political Development* 중의 "문화적 상대주의의 교육이 널리 보급된 결과, 사회문제에 관심을 갖는 사람들은 이제 '진보'나 '문명의 발전 단계'와 같은 신념을 암시하는 어떠한 개념에도 참을 수 없게 되었다"는 한 구절을 인용하고 있다. Weiner and Huntington, *Understanding Political Development,* (1987) p.447.

있기라도 한 듯 빼기는 지식인들로부터 냉소를 받거나 콧방귀를 뀌는 것을 보게 될 것이다. 금세기에는 보편적인 역사를 논해서 인기를 끈 것이 슈펭글러와 토인비 등 서양의 가치와 제도의 쇠퇴와 추락을 설명한 사람들뿐이었다는 것은 결코 우연이 아니다.

그렇지만, 이와 같은 비관론이 이해 가능한 것이라고 해도 20세기 후반에 실제로 일어난 일련의 사건의 경험은 그 페시미즘과 정면으로 대립한다. 우리들은 이러한 비관주의가 19세기의 낙관주의와 마찬가지로 손쉽게 몸에 익혀버린 거드름 피는 포즈에 불과한 것은 아닌지 물어볼 필요가 있다. 확실히 기대를 배반당한 순진한 낙관주의자가 바보로 비치는 한편, 비관주의자의 경우는 자신의 실수가 명백해지더라도 여전히 그 주위에 심원함과 진지함 같은 분위기가 계속 머물고 있다. 그러므로 낙관론보다는 비관론의 길을 걷는 쪽이 안전한 것이다.

그렇다고는 하나 예상도 하지 않았던 지구상의 어느 지역에 민주주의 세력이 나타나, 권위주의적인 통치체제의 기반이 흔들리고 자유민주주의에 대항할 수 있는 일관된 '논리적' 선택이 완전히 사라져버린 오늘날에는, 우리들은 칸트가 제시한 오래된 문제를 새로이 문제 삼지 않을 수 없게 되었다. 그것은 칸트의 시대에 가능했던 것보다도 훨씬 세계적인 관점에서 보았을 경우, 과연 인류의 보편적인 역사라는 것이 존재하고 있었나? 라는 문제이다.

6
욕망의 메커니즘

  여기서, 말하자면 출발점으로 되돌아간 셈으로 지금까지의 권위 있는 역사이론에 의지하지 않고 다음 문제를 생각해 보자. 역사에는 일정한 방향성이 있는 것일까? 전 세계가 자유민주주의를 향해서 진보하고 있다고 생각할 만한 근거가 있는 것일까?

  우선적으로 역사에는 방향성이 있는가 없는가라는 문제만을 거론하기로 하고, 그 방향성이 도덕과 인간의 행복이라는 면에서 정말로 진보라고 말할 수 있는가에 대해서는 접어두기로 하자. 모든 사회, 혹은 대부분의 사회는 특정의 일관된 방향성을 가지고 있는 것일까? 그렇지 않으면 역사는 쳇바퀴돌기를 반복한다든가 전적으로 일정하지 않은 길을 걷고 있는 것일까?[1] 만약 후자 쪽이라면 인류는 과거의 사회나 정치상의 사건을 오로지 반복해갈 수밖에 없게 될 것이다. 가령 노예제가 소생할 수도 있고, 유럽에서는 왕정과 제정이 부활하고, 미국에서는 여성이 투표권을 잃을지도 모른다. 역으로 역사에는 방향성이 있다고 생각한다면 일단 쇠퇴한 사회조직은 같은 사회에서는 두 번 다시 되풀이되지 않게 된다(물론 발전단계가 다른 각각의 사회에서는 한쪽에서 볼 수 있었던 것과 비슷한 발전 패

---

1) 현재도 이와 같은 순환이론을 지지하는 사람은 있다. 나의 논문 〈역사의 종말〉 ("The End of History?")에 대해 Irving Kristol이 가한 비판을 참조. *The National Interest* 16 (Summer 1989) : 26~28.

턴이 또 한쪽의 사회에서 반복되더라도 이상한 것은 아니다).

그런데 만일 역사가 결코 반복되지 않는다고 하면 거기에는 역사를 한쪽 방향으로 진전시키는 구조, 과거의 기억을 보존해서 현대에까지 전해주는 일정불변의 메커니즘과 역사적인 근본 원인이 존재해야만 한다. 물론 역사가 순환한다거나 멋대로 진전된다거나 하는 식으로 생각했다 하더라도 사회변화의 가능성과 발전에 대해 어느 정도의 정형성마저 부정하는 것은 아니다. 그렇지만 이러한 견해를 취하면 역사를 움직이는 유일한 인과관계 등은 필요가 없다. 오히려 과거에 얻을 수 있었던 의식이 모두 소멸되어 버리는 퇴보의 과정에 대해 눈을 돌리지 않을 수 없게 된다. 즉, 역사에 있어 완전한 망각 따위는 있을 수 없다고 생각한다면 각각의 역사의 사이클은 조금씩이라도 그 이전의 사이클의 경험 위에 축적되어갈 것이기 때문이다.

역사에 방향성을 주는 메커니즘을 이해하기 위해, 여기에서는 퐁트넬과 베이컨의 예를 따라 지식—특히 과학을 통해 손에 넣을 수 있는 자연계의 지식—이 역사를 방향 짓는 열쇠라고 생각해 보자. 인간의 사회적 활동 분야를 구석구석까지 두루 살펴본다고 하더라도 일보 일보의 축적으로 진보하고 있다는 것이 누구의 눈으로 봐도 명확한 영역은 근대의 자연과학뿐이다. 이와 같은 성격은 회화나 시, 음악, 건축과 같은 분야에는 적용되지 않는다. 단지 20세기에 살고 있다는 이유만으로 라우센버그가 미켈란젤로보다 화가로서 낫다든가 쇤베르크의 음악이 바흐보다 훌륭하다고 단언할 수 있는 것은 아니다. 셰익스피어도 파르테논 신전도 어느 정도 완성의 경지를 보여주고 있고 그것을 추월한다고 운운하는 것은 말도 안 되는 소리이다.

이에 대해서 자연과학은 축적의 학문이다. 저 위대한 아이작 뉴턴조차 보지 못했던 자연계의 '사실을' 그 이후의 시대에 태어났다는 이유만으로 지금에 와서는 물리학과의 대학생이라면 누구나 이해할 수 있는 것이다. 자연에 대한 과학적 이해는 순환하는 것이 아니며 제멋대로 움직이는 것도 아니다. 인류가 주기적으로 옛날처럼 무지상태로 되돌아가는 일은 없고 근대 자연과학의 성과가 인간의 변덕에 의해 좌우되는 일도 없다. 물론 인간이 어느 분야의 과학을 연구하는가는 본인의 자유이고 그 성과는 자신의 바람대로 이용할 수 있다. 그렇지만 어떠한 독재자나 의회도 자연의 법칙

을 무효로 만들 수는 없는(물론 그럴 수 있었으면 하고 바라겠지만) 것이
다.[2]

과학의 지식은 실로 오랜 세월에 걸쳐서 축적되어 왔고 종종 간과되는
경우는 있지만 인간사회의 근본적인 특질을 형성하는데 있어서 끊임없이
영향을 주어 왔다. 철의 정련이나 농업기술을 갖고 있는 사회는 석기나 수
렵 채집생활밖에 모르는 사회와는 하늘과 땅의 차이가 있다. 그러나 과학
적 지식이 역사의 과정에 질적인 변화를 초래하게끔 된 것은 근대 자연과
학의 발전, 요컨대 16세기부터 17세기에 걸친 데카르트, 베이컨, 스피노자
등이 과학적 방법론을 발견한 이후의 일이다. 근대 자연과학에 의해 열린
자연 정복의 가능성은 모든 사회에서 찾아볼 수 있는 보편적인 현상은 아
니고, 어느 일정 시점에 일정 유럽인에 의해 고안된 것이었다. 그러나 근대
의 과학적 방법론이 일단 고안된 이상 그것은 널리 이성적인 인간 전체의
재산이 되고, 문화와 국적의 차이에 상관없이 누구라도 이용할 수 있게 되

---

2) 근대 자연과학의 누적적이고 진보적인 성격에 대해서는 Thomas Kuhn이 비판하였다. 그
   는 과학에서의 변화의 불연속적이고 혁명적인 성격을 지적하였다. Khun의 가장 급진적
   인 주장에서는 자연에 대한 '과학적' 지식의 가능성을 완전히 부정하고 있다. 과학자가
   자연을 이해하기 위해 사용하는 '패러다임'은 최종적으로는 도움이 안 된다는 것이 그
   이유이다. 즉, 상대성이론은 뉴턴 이론이 이미 세운 진리에 단순히 새로운 지식을 덧붙인
   것이 아니라 뉴턴 이론 전체를 근본적으로 잘못된 것으로 만들어 버렸다는 것이다.
      그러나 Kuhn의 회의주의를 우리가 당면한 논의에 적용할 수는 없다. 왜냐하면 과학적
   패러다임은 위대하고 또한 일관된 역사적 결과를 낳는 것과 같은 궁극적으로는 인식론
   상의 의미에서 '진리'일 필요가 없기 때문이다. 과학적 패러다임은 단순히 자연현상을
   잘 예언할 수 있다든가 인간이 자연현상을 잘 통제하는데 사용할 수 있으면 되는 것이
   다. 뉴턴 역학(力學)이 광속(光速)에 가까운 속도에서는 기능하지 않고 원자력이나 수소
   폭탄을 개발하는 충분한 기초가 되지 않았다고 해서 지구상의 항행법(航行法)이나 증
   기기관, 장거리 사격 등 자연의 다른 측면을 지배하는 수단으로서 부적당하다는 것이 아
   니다. 덧붙여 말하면 다양한 패러다임 중에는 인간에 의해서가 아니라 자연에 의해 확립
   된 하나의 하이어라키적인 질서가 있다. 예를 들면 뉴턴의 운동법칙 발견 이전에는 상대
   성 이론을 발견하는 것은 불가능한 것이다. 패러다임 간에 존재하는 이러한 질서가 과학
   적 지식의 진전에 일관성과 단일성을 가져온다.
      Thomas Kuhn, *The Structure of Scientific Revolution*, second edition (Chicago:
   University of Chicago Press, 1970)의 특히 pp. 95~110, 139~143, 170~173을 참조. Khun
   비판에 관한 개관은 Terence Ball, "From Paradigms to Research Programs: Toward a Post-
   Kuhnian Political Science," *American Journal of Political Science* 20, no. 1 (February
   1976) : 151~177을 참조.

었다. 따라서 과학적 방법론의 발견은 역사상 근본적이고도 반복될 수 없는 그 이전과 이후로 확실히 구분되는 중요한 분기점이 되었다. 또한 일단 과학적 방법론이 개발되자 계속되어온 근대 자연과학의 끊임없는 진보는 그 이후의 역사발전의 다양한 측면을 설명함에 있어 이론적인 틀을 형성해준 것이다.

근대의 자연과학은 무엇보다도 우선 군비경쟁을 통하여 세계의 역사를 일정한 방향으로 움직이게 하고 있다. 과학이 갖는 보편성은 인류의 세계적인 단일화의 기반이 되고 있는데, 그 첫째 이유로서 국제사회에 전쟁과 분쟁이 빈발하게 된 점을 들 수 있다. 근대 자연과학은 테크놀로지의 발전·창조·실용화를 가장 효율적으로 수행할 수 있는 사회에 결정적인 군사적 우위를 부여하고 있고 테크놀로지의 발전 속도가 빨라짐에 따라서 그 군사적 비교우위는 커져만 간다.[3] 줄루족(아프리카 Natal의 한 종족 : 역자 주)의 창으로는 전사 한 사람 한 사람이 아무리 용감하더라도 영국인의 라이플총에는 적수가 될 수 없었다. 과학을 이용함으로써 유럽은 18세기부터 19세기에 걸쳐서 현재 제3세계라고 부르는 대부분의 지역을 정복할 수 있었고, 그 과학이 유럽에서 타 지역으로 보급된 덕택에 20세기에 제3세계는 어느 정도나마 그 주권을 회복할 수 있었던 것이다.

전쟁의 가능성은 사회제도의 합리화를 재촉하고 문화의 차이를 초월한 균질한 사회구조를 만들어 낼 수 있는 커다란 요인이 된다. 어느 나라나 정치적인 독립을 유지하려고 하면 적국이나 경쟁 상대국이 지닌 테크놀로지를 도입하지 않으면 안 된다. 그러나 그 이상으로 전쟁의 위협은 각국에 대해서 테크놀로지를 최대한으로 창조하여 이용할 수 있는 구조로 사회조직을 재편성할 것을 강요한다. 가령 국가라는 것은 이웃나라와 대항하기 위해 일정규모를 갖추어야만 하고 그것이 국가통일의 강력한 동기가 된다. 모든 국내자원을 전시 체제에 편입시키는 능력도 필요하고 그것을 위해서는 징세와 각종 규제를 실현할 수 있는 강력한 중앙집권제의 확립이 요구

---

3) 기술적으로 진보가 늦은 국가가 기술이 진보한 국가를 '쳐부순' 예는 존재한다. 예를 들면 베트남과 미국, 아프가니스탄과 소비에트의 경우가 그러하다. 그러나 이러한 패배의 원인은 미·소가 각각 전혀 다른 면에서 정치적 위기를 안고 있었던 데에 기인한다고 볼 수 있다. 따라서 이 두 전쟁에서도 과학기술이 미·소에 군사적 승리의 잠재적 가능성을 주었던 것은 의심할 여지가 없다.

된다.

또 국가로서는 국민의 단결을 저해할 우려가 있는 갖가지 지방적, 종교적, 혈연적인 연관을 잘라내야만 한다. 테크놀로지를 다룰 능력이 있는 엘리트 육성을 위해 국민의 교육수준 향상을 도모해야 한다. 국경 너머에서 일어나고 있는 사건에 대해서는 항상 주시하면서 정보수집에 전력을 기울여야 한다. 나아가서는 나폴레옹 전쟁기에 국민개병제도(國民皆兵制度)가 도입되고 나서부터, 유사시에 국가 총 동원체제를 확립하기 위해 사회의 저변 계층에도 적어도 정치 참가의 기회만은 줄 필요가 생겼다. 이같은 사회 시스템의 재편성은 모두 다른 요인—가령 경제적 요인—에 의해서도 일어날 수 있다. 그렇지만 전쟁은 사회 근대화의 필요성을 실로 선명한 형태로 나타내고 동시에 그 근대화가 성공했는지 아닌지의 확실한 시금석이 되고 있는 것이다.

역사를 살펴보면 군사적인 위협에 직면하여 할 수 없이 일련의 개혁을 했다고 하는 소위 "방위적 근대화"가 수없이 많다.[4] 루이 13세 치하의 프랑스와 필립 2세 치하의 스페인 등 16세기부터 17세기에 걸친 강력한 중앙집권제는 이웃나라와의 전쟁에 필요한 자금을 확보하기 위해 영토 전역에 걸친 권력의 통합 강화를 도모했다. 17세기의 백년간을 통해 이들 왕조 간에 평화가 유지된 것은 불과 3년에 지나지 않는다. 그렇다고는 하나 군대의 육성을 위한 막대한 경제적 수요에 응하려고 한 것이, 중앙정부에게는 봉건적인 지방정권을 타파하여 '근대적인' 국가 구조를 만들어낸 계기가 되었다.[5] 이렇게 해서 탄생한 절대군주제가 이번에는 귀족 특권층을 줄임으로서 프랑스 사회의 균일화를 촉진시켜 프랑스혁명에서 중요한 작용을 하는 새로운 사회계층을 만들어 냈다.

동일한 과정은 옛 터키제국과 일본에서도 볼 수 있다. 1798년 나폴레옹이 이끄는 프랑스군의 이집트 침공은 이집트 사회를 전율케 하여 총독 모하메드 알리에 의한 이집트군의 대개혁을 초래했다. 유럽으로부터의 원조

---

4) Samuel Huntington, *Political Order in Changing Societies* (New Haven, Conn.: Yale University Press, 1968), pp. 154~156을 참조. 또한 이 점에 대해서는 Walt Rostow, *The Stages of Economic Growth: A Non-Communist Manifesto* (Cambridge: Cambridge University Press, 1960), pp. 26~27, 56에도 기술되어 있다.

5) Huntington, *Political Order in Changing Societies*, pp. 122~123.

를 받아서 훈련을 쌓은 이 새로운 군대는 이윽고 중근동(中近東)에서 대부분의 지배권을 장악하는 터키제국에 위협이 될 만큼 성장했다. 그 때문에 터키제국의 황제 마흐무드 2세는 과거 2세기의 유럽 여러 왕조의 방식을 흉내 내어 철저한 개혁에 착수한다. 그는 1826년 에니체리군(엘리트근위보병군단)을 격감하여 옛 봉건질서를 타파하고 비종교적인 학교를 차례차례 개설하여 제국의 중앙권력을 단숨에 증대시켰던 것이다.

마찬가지로 일본에서도 페리제독이 이끄는 군함의 위협은 개국과 국제경쟁에 참가하는 이외에 선택의 여지가 없다는 것을 모든 다이묘(大名… 봉건영주 : 역자주)가 깨닫게 하는 결정적인 사건이었다(물론 거기에는 저항이 없었던 것은 아니다. 1850년대 후반이 되어서도 포병 기술자인 타카시마 슈유항(高島秋帆)이 서양의 군사기술 도입을 주장했다는 이유로 투옥되는 사건이 일어났다). 그리고 일본의 새로운 지배층은 '부국강병'이라는 표어 아래 종래의 테라코야(寺子屋… 에도시대의 서당 : 역자주)를 대신하여 국가가 운영하는 의무교육 제도를 도입하고 사무라이가 아니라 농민을 모집하여 거대한 군대를 편성하고 전국적인 징세·금융·통화제도도 구축하였다. 거의 메이지유신기(明治維新期)에 실현된 일본사회의 변화와 국가적 권력의 재집권화는 청나라처럼 유럽의 식민지 정책에 굴하여 국가의 독립을 잃지 않으려면 서양의 기술을 흡수해야 한다는 다급한 문제의식에 기초한 것이었다.[6]

전쟁에서 굴욕적 패배를 당했기 때문에 사회기구를 합리화하기 위한 개혁을 채용하기 용이해지는 경우도 있다. 프러시아에서의 슈타인, 샤른호르스트, 그나이제나우 등의 개혁이 그러하다. 예나와 아우스테롤리츠의 전쟁에서 조국이 나폴레옹군에게 완전히 패배한 것은 프러시아국가의 후진성과 폐쇄성 때문이라는 인식이 이 개혁을 불러일으켰던 것이다. 프러시아에서는 국민개병제를 핵으로 하는 병제개혁(兵制改革)에 이어서 나폴레옹법전이 도입되었는데 그것은 헤겔에게는 독일 근대화의 도래를 예고하는 사건이었다.[7]

---

6) 터키와 일본의 근대화 과정 비교에 대해서는 Robert Ward and Dankwart Rustow, eds., *Political Development in Japan and Turkey* (Princeton, N. J.: Princeton University Press 1964)를 참조.

7) 프러시아의 개혁에 대해서는 Gordon A. Craig, *The Politics of the Prussian Army*

러시아에서도 군사적인 야심과 그 패배가 과거 350년에 걸친 근대화와 개혁의 원동력이 되어왔다.[8] 러시아의 군사적 근대화는 러시아를 유럽적인 근대군주국으로 바꾸려고 한 표트르대제의 노력으로부터 시작된다. 그의 이름과 관련된 도시 상트페테르부르크(구 레닌그라드)는 당초 네바강의 하구에 위치하는 해군기지로 구상된 것이다. 그 후에도 크리미아전쟁의 패배를 직접적인 계기로 삼아 알렉산드르 2세가 농노해방을 포함한 일련의 개혁을 단행하고, 나아가 러일전쟁에서의 패배는 스톨리핀의 자유주의적인 개혁과 1905년부터 1914년에 걸친 경제성장을 야기했다.[9]

방위적 근대화의 가장 최근 사례는 아마 미하엘 고르바초프에 의한 페레스트로이카일 것이다. 고르바초프와 다른 옛 소련 고위층의 연설에서도 알 수 있듯이 이대로 수수방관하고 있다가는 21세기에 경제적·군사적 경쟁력을 유지할 수 없게 된다는 것이 근본적 개혁을 결단케 한 가장 큰 이유가 되었다. 특히 레이건 미대통령의 전략방위계획(SDI)은 중대한 도전이었다. 그것은 이 계획이 소련의 모든 핵무기 자체를 시대에 뒤떨어진 것으로 만들고 미·소의 경쟁무대를 마이크로 일렉트로닉스 등 소련이 뒤떨어진 선진기술 분야로 이전해 버리게 되는 위험성을 갖고 있었기 때문이다. 소련지도자는 다수의 군부 수뇌도 포함하여 브레즈네프 이후의 부패한 경제시스템으로는 SDI가 지배하는 세계에 대적할 수 없다고 깨닫고 장기적인 국가의 생존을 고려해서 단기적인 군축을 흔쾌히 받아들였던 것이다.[10]

1640~1645 (Oxford: Oxford University Press, 1955), pp. 35~53. 또 Hajo Holborn, "Moltke and Schlieffen : The Prussian-German School," in Edward Earle, ed., *The Makers of Modern Strategy* (Princeton N. J.: Princeton University Press, 1948), pp. 172~173을 참조.

8) Alexander Gerschenkron, *Economic Backwardness in Historical Perspective* (Cambridge, Mass.: Harvard University Press, 1962), p. 17. 이와 같은 국가 주도의 '위로부터의 개혁'은 물론 장단점을 가지고 있다. 전통적 혹은 봉건적인 제도를 파괴하는 한편, 관료적 전제정치라는 '근대적 형태'를 낳는다. Gerschenkron의 지적에 따르면 표트르 대제의 경우, 근대화의 결과, 러시아의 농노에 대한 관리는 한층 엄격해졌다고 한다.

9) 군부가 주도한 근대화의 사례는 그 밖에도 많이 있다. 중국에서의 백일천하(戊戌政變))는 청일전쟁에서의 패배가 그 원인이었다. 또, 1920년대 레저 샤 파플레비에 의한 이란의 개혁은 1917년부터 18년에 걸친 소비에트와 영국의 침략이 원인이었다.

10) 그러나 전 참모각료인 오갈로프 장군과 같은 소비에트의 고위 장성은 결코 급진적인 경제개혁이나 군사면에서의 혁신을 저해하는 여러 문제의 해결책으로서의 민주화를 용

이렇게 생각하면 역설적인 이야기 같지만 국가 간의 끊임없는 전쟁과 군비확장은 오히려 국가들 간의 통일에 크게 기여하는 결과가 된다. 전쟁은 국가를 멸망으로 이끄는 것이지만 한편으로 국가들에게 근대적인 과학기술 문명과 그것을 지탱하는 사회구조를 받아들이게 하는 것이다. 좋든 싫든 간에 인류는 근대 자연과학을 몸에 익히지 않을 수 없다. 어느 나라에서나 대체로 국가로서의 자립성을 유지하고자 한다면 근대의 과학기술상의 합리주의를 거부할 수 없는 것이다. 역사의 변화는 인간의 "비사교적 사회성"으로부터 발생한다. 요컨대 인간끼리의 협조관계가 아니라 오히려 대립관계 덕택에 인간은 사회에서 생활하게끔 되고 그 사회의 가능성도 더 충분히 발휘되어 가는 것이라고 논파한 칸트의 정확한 관찰은 여기에서도 나타나고 있다. 단절된 지역이나 미개한 지역에 살고 있다면 일정기간 동안은 과학기술의 합리화의 요구에 등을 돌리고 살 수 있을지도 모른다. 그렇지 않으면 그 국가가 상당한 행운의 덕을 입고 있는 경우이다.

가령 아무리 이란이 야심적인 이웃나라 이라크로부터 호메이니 정권을 지키려고 하더라도 이슬람교에 기초한 '과학'으로는 F-4전투폭격기도 치프텐 전차도 생산할 수 없다. 그렇지만 이란에는 이러한 무기를 구입할만한 석유자원에서의 수입자금이 있고, 단지 그런 이유만으로 근대무기를 제조하는 서유럽제국의 합리주의를 공격할 수도 있게 되었다. 이란의 지배자들은 지면에서 분출되는 귀중한 자원을 그저 물끄러미 바라보고 있으면 되고, 그런 만큼 세계적인 이슬람혁명의 성취와 같은 계획—이란과 달리 석유자원의 혜택을 받지 못하는 나라에서는 도저히 가당치 않은 계획—에 몰두할 수 있는 것이다.[11]

인하지 않았다. 1985년부터 86년에 걸쳐 고르바초프는 분명히 그 이후의 시기에 비해 군사적 경쟁력의 유지라는 면에 한층 더 큰 관심을 기울였다. 페레스트로이카의 목적이 급진성을 더해감에 따라 군사력 정비의 목표는 국내에서 더욱 완강한 도전을 받게 되었다. 1990년대 초반에 소비에트 경제가 극적으로 약체화한 것은 개혁과정 자체의 귀결이고, 이 결과 군사적 경쟁력은 점점 약해졌다. 경제개혁의 필요성에 관한 소비에트 군부의 견해를 설명한 것으로서 Jeremy Azrael, *The Soviet Civilian Leadership and the Military High Command,* 1976~1986 (Santa Monica, Calif. : The RAND Corporation, 1987), pp. 15~21.

11) 이러한 점의 대부분은 V. S. Naipaul, *Among the Believers* (New York: Knopf, 1981)에 기술되어 있다.

근대의 자연과학은 군비경쟁을 통해서 뿐만 아니라 인간의 욕망을 충족시키기 위해 자연을 서서히 정복하는 행위를 통해서도 역사를 일정 방향으로 변화시키고 있다. 이러한 정복의 기도를 우리들은 경제발전이라고 불러도 좋을 것이다. 공업화란 생산과정에 테크놀로지를 집중적으로 응용하거나 새로운 기계를 발명하거나 하는 것만이 아니다. 거기에는 사회의 조직화와 합리적인 분업화 등의 문제에, 인간의 이성을 적용하는 것도 포함된다. 사람들은 새로운 기계의 발명과 생산과정의 조직화라는 두 가지 면에서 이전의 과학적 연구법의 제창자들이 전혀 예상치 못했을 만큼 이성을 잘 병용해왔다. 서유럽에서는 1700년대 중반 시점에 일인당 국민소득이 이미 오늘날의 제3세계를 상회하는 수준에 있었는데 현재는 그 십여 배 이상으로 팽창하고 있다.[12] 이와 같은 경제성장은 그 이전의 사회구조가 어떻든 모든 사회에 같은 형태의 변신을 초래해온 것이다.

근대 자연과학은 생산의 가능성을 끊임없이 확장하고 그럼으로써 경제성장에 일정한 방향성을 부여한다.[13] 또 이러한 테크놀로지상의 발전의 방향성은 노동의 합리적인 조직화와 실로 밀접하게 연결되어 있다.[14] 예를 들

12) Nathan Rosenberg and L. E. Birdzell, Jr., "Science, Technology, and the Western Miracle," *Scientific American* 263, no. 5 (November 1990): 42~54. 18세기의 일인당 소득에 대해서는 David S. Landes, *The Unbound Prometheus: Technological Change and Industrial Development in Western Europe from 1750 to the Present* (New York: Cambridge University Press, 1969), p. 13.

13) 과학기술과 그 기초인 자연법칙은 이 변화과정에 어떤 종류의 규칙성과 일관성을 부여하는데 그것은 마르크스와 엥겔스가 이따금 지적한 바와 같은 기계적인 방법으로 경제발전의 성격을 결정하는 것은 아니다. 예를 들면, Michael Piore와 Charles Sabel이 논한 바로는, 19세기 이래 생산에 대한 직인적(職人的) 패러다임을 희생하면서 획일화된 제품의 대량생산과 매우 좁은 직업의 전문화를 강조해온 미국적인 산업구조는 반드시 필요한 것이 아니고, 독일이나 일본과 같이 다른 민족적 전통을 가진 나라에서는 미국과 같은 규모로 채용되어 오지는 않았다고 한다. Michael Piore and Charles Sabel, *The Second Industrial Divide* (New York: Basic Books, 1984), pp. 19~48, 133~164

14) 이 책에서는 '분업' 이라는 잘 알려진 말 대신에 '노동의 조직화' 라는 말을 사용한다. 분업이라는 말은 수작업이 정신을 마비시키는 단순노동으로 점점 분할해 가는 것을 의미하게 되었기 때문이다. 이러한 노동 작업의 분할은 공업화 과정에서 발생하는데, 과학기술 외의 면에서의 발전에 따라 이러한 분할과정은 역전되고, 수작업이 보다 지적인 내용을 포함한 복잡한 작업으로 바뀌는 경향이 생겼다. 공업화된 세계에서는 노동자는 단순한 기계의 부속물이 된다는 마르크스의 견해는 일반적으로 말해 지금까지로 봐서는 현실과 맞지 않는다.

면 통신과 운수기술의 발전—도로 건설, 선박 및 항만 설비의 발전, 철도의 발명 등—에 의해서 시장은 크게 확장되고 그것이 이번에는 노동의 합리적인 조직화를 통해서 규모에 맞는 경제를 창출해간다. 한 공장에서 두세 곳의 마을을 상대로 장사를 하고 있는 동안에는 벌이가 되지도 않을 것 같은 특수한 비즈니스가 거래처를 국내 전역, 나아가 국제시장으로 확장하는 순간에 큰 가치를 갖게 된다.[15] 이와 같은 변화에 의해 생산성이 높아지면 이윽고 국내시장은 확대되고 분업화가 더욱 새로운 필요성을 갖게 되는 것이다.

노동의 합리적인 조직화가 필요해짐에 따라 그 사회의 구조도 일련의 대규모 변화를 필요로 하게 된다. 공업사회는 도시에 집중되지 않을 수 없는데 그것은 도시만이 근대공업의 운영에 없어서는 안 될 숙련 노동력을 충분히 제공할 수 있고 극히 전문화된 대기업을 지탱하는 기간 시설과 서비스 시설을 갖추고 있기 때문이다. 남아프리카의 인종차별이 최종적으로 실패한 것은 이 정책이 흑인 공업노동자를 어떻게든 영구히 농촌에 머물게 할 수 있다는 가정 위에 성립하고 있었기 때문이다. 노동시장이 효율적으로 기능하려면 노동력이 더 자유롭게 움직일 여지가 필요하다. 노동자를 죽을 때까지 특정한 일과 장소, 사회관계에 묶어둘 수는 없다. 그들에게는 이사를 하고 새로운 일과 기술을 몸에 익히고 가장 높은 급료를 주는 회사에 노동력을 팔 자유를 주어야 하는 것이다. 이것은 부족과 씨족, 친척, 종파 등 전통적인 사회집단에 커다란 영향을 미친다. 전통적인 사회집단은 일면적으로는 인간으로서의 만족된 생활을 부여해 줄지도 모르지만 경제적 효율성이라는 합리적인 원칙에 따라 조직되어 있지 않기 때문에 오늘날에는 쇠퇴해 가는 경향이 있다.

이와 같은 전통적인 사회집단을 대체한 것이 '근대적'이고 관료화된 조

---

15) 한편, 전문화된 새로운 일의 증가는 과학기술의 생산과정에로의 새로운 응용을 의미하고 있다. 애덤 스미스가 '국부론'에서 주장한 것은 단일하고 단순한 일에 전념하면 종종 기계생산의 새로운 가능성이 열린다는 것이었다. 이러한 기계생산에 의해 직인(職人)이 지금까지 여러 가지 일에 쏟아왔던 주의력을 하나로 집중할 수 있게 된다는 것이다. 이 결과 분업은 종종 새로운 기술의 창출을 가져오고, 또 기술이 분업을 낳게 되는 것이다. Adam Smith, *An Inquiry into the Nature and Causes of the Wealth of Nations,* vol. 1 (Oxford: Oxford University Press, 1976), pp. 19~20.

직이다. 노동자는 혈연과 신분이 아니라 당사자의 교육수준과 능력에 따라 이 조직에 편입되어 간다. 그리고 각자의 업적은 소정의 보편적인 기준에 의해서 평가된다. 이러한 근대적 관료 시스템에서는 복잡한 업무를 더 단순화하고 대부분은 벨트컨베이어 식으로 처리 가능한 일로 세분화하여 그것을 계열적으로 축적함으로써 노동의 합리적인 조직화를 도모하고 있다. 정부기관이든, 노동조합과 기업, 정당, 신문, 자선단체, 대학 혹은 전문단체이든 잘 살펴보면 거기에는 이 합리적인 관료시스템이 파급되어가는 경향에 있다. 19세기와의 비교를 통해 당시는 미국인의 80%가 자영업으로 어떤 관료시스템에도 편입되어 있지 않았는데 현재 그와 같은 부류에 들어가는 사람은 열에 하나밖에 없다. 이러한 말하자면 '계획되지 않은 혁명'은 그 나라가 자본주의인가 사회주의인가에 관계없이, 또 공업이 발전하기 이전 사회의 종교와 문화의 차이에 관계없이 모든 공업화된 나라에서 판에 박은 듯이 일어났던 것이다.[16]

물론 공업이 발전했다고 해서 반드시 관료 시스템의 규모가 차츰 커지거나 거대한 산업합동이 일어나는 것은 아니다. 관료 시스템의 규모가 어떤 한계를 넘으면 그 효율은 뚝 떨어지고—이것은 경제학자가 말하는 규모의 불경제의 영향이다—보다 작은 조직이 보다 많이 있었던 쪽이 더 능률이 오르게 된다. 또 소프트웨어 설계 등 어떤 종류의 현대산업의 경우에는 꼭 대도시에 회사를 갖출 필요도 없다. 그렇지만 이와 같은 소규모 조직에서도 역시 합리적인 원칙에 기초한 조직화는 반드시 필요하고 도시사회로부터의 지원도 필요하게 되는 것이다.

노동의 합리적인 조직화와 기술혁신이란 본질적으로 분리된 현상으로서 파악해야 하는 것은 아니다. 이것들은 경제생활이 합리화되어 가는데 따라 나타나는 현상인데 전자는 사회의 조직화라는 측면, 후자는 기계생산이라는 측면을 나타내고 있는 것이다. 마르크스는 근대 자본주의의 생산성의 기반이 분업이 아니라 오히려 기계생산(요컨대 과학기술의 응용)에 있다고 생각하여 언젠가는 분업이라는 형태가 폐지될 것이라고 예상하고 있

---

16) Charles Lindblom은 1970년대 후반에는 미국 국민의 반수가 민간부문의 관료 시스템 아래서 노동하고, 그 외에도 1,300만 명이 연방이나 주나 지방자치체에서 일하고 있는 점을 지적하고 있다. Charles Lindblom, *Politics and Markets: The World's Political-Economic System* (New York : Basic Books, 1977), pp. 27~28.

었다.[17] 과학기술은 도시와 농촌의 벽을 없애고, 석유 실업가와 석유 노동자, 투자은행가와 쓰레기 수집인과의 차이를 없애고, 인간이 "아침에는 사냥하러 나가고 낮에는 낚시하고 저녁에는 소를 돌보고 만찬 후에는 토론을 하는" 그런 사회를 창출케 한다는 것이다.[18]

그런데 그 후의 세계 경제발전의 역사를 보면 마르크스의 예언이 진실이었음을 나타내는 것은 아무것도 없다. 노동의 합리적인 조직화는 여전히 근대경제의 생산성의 근간을 이루고 있고, 더구나 테크놀로지의 발전에 의해서 단순작업이 노동자의 정신을 마비시킨다는 악영향은 완화되어 왔다. 분업을 폐지하고 세분화된 업무에 대한 종속상태를 마감시키려고 한 공산주의 정권의 기도는 마르크스가 비난한 맨체스터의 공장주 이상으로 흉포한 독재를 만들어낸 데에 지나지 않는다.[19] 모택동은 1950년대 말의 대약진운동과 그 10년 후의 문화혁명의 시기에 도시와 농촌, 정신노동과 육체노동의 차이를 몇가지 점에서 없애려고 노력했다. 그러나 이와 같은 시도는 모두 사람들에게 상상을 초월하는 고통을 주었고, 나아가 이것보다 심한 예로서는 1975년 이후 캄보디아에서 크메르 루즈(붉은 크메르)가 농촌과 도시의 융합정책을 강행한 데서 발생한 대학살을 들 수가 있겠다.

산업혁명의 시점에서도 노동의 조직화[20]와 관료시스템[21]은 조금도 새로

---

17) 마르크스는 기계생산을 분업으로 종속시킨 애덤 스미스의 견해가 옳다고 인정하고 있는데, 마르크스가 이것을 인정하는 것은 18세기 후반의 매뉴팩처 시대까지, 즉 기계가 생산수단의 주류가 아니었던 시기까지이다. Marx, *Capital*, vol. 1, p. 348.

18) 《독일 이데올로기》에서의 이 유명한 비전은 제대로 받아들이기 어렵다. 분업제 폐지의 경제적 영향은 고려하지 않더라도 이러한 딜레탕트(diletante)한 생활을 만족시킬 수 있을 것 같지는 않다.

19) 이 점에 관해 말하자면 소비에트는 대체로 보다 분별력을 갖추게 되었지만 '공산당원' 이라는 것과 '전문가' 라는 것은 양립시킬 때의 심리적 저항은 역시 보였다. Maurice Meisner, "Marx, Mao, and Deng on the Division of Labor in History," in Arif Dirlik and Maurice Meisner, eds., *Marxism and the Chinese Experience* (Boulder, Colo.: Westview Press, 1989), pp. 79~116.

20) Durkheim은 분업의 개념이 점차 생물학에 응용되고 있고 인간 이외의 유기체 조직을 특징짓는데 사용되고 있다고 한다. 또한 그에 따르면 이와 같은 현상의 가장 기본적 사례는 아이를 낳는 경우의 자웅(雌雄)의 생물학적 분업이라고 한다. *The Division of Labor in Society* (New York: Free Press, 1964), pp. 39~41. 또, 분업의 기원에 대한 칼 마르크스의 논문에 대해서는 Marx, *Capital*, vol 1. pp. 351~352.

21) 대규모적이고 중앙집권화된 관료조직은 중국이나 터키에서 보인 것과 같은 전근대적인

운 것이 아니었다. 다만 경제효율의 원리에 따라서 철저한 합리화를 행한다는 것은 산업혁명 전에는 없었던 점이다. 이 합리성의 추구야말로 공업화를 진행하고 있는 사회 모두에 획일적인 발전을 초래했다. 공업이 발달하기 이전의 사회라면 인간이 추구하는 목표는 그야말로 천차만별일 것이다. 종교와 전통은 사람들에게 용맹스럽고 지체가 높은 귀족 전사의 생활이 도시 상인의 생활보다 훌륭한 것이라고 가르쳤을지도 모른다. 사제가 어떤 상품에 대해서 '공정한 가격'을 제시할 수 있었을지도 모른다. 그러나 이와 같은 규칙에 따라서 생활하고 있는 사회에서는 자원을 효율적으로 분배할 수 없고 종국적으로는 합리적인 규칙에 기초한 사회만큼 신속한 경제발전은 바랄 수 없는 것이다.

분업이 사회의 균질화에 얼마만큼 기여했는가를 살펴보기 위해 사회관계에 미치는 분업의 영향력을 구체적인 사례를 들어서 고찰해 보자. 스페인 내란에서 프랑코 장군이 인민전선 세력을 쓰러뜨리고 승리를 거두었을 때, 이 나라는 전형적인 농업국가였다. 우파세력을 지탱하는 사회기반은 농촌의 유지와 지주였고 그들은 전통과 개인적 충성심을 이용해서 많은 소작농민으로부터 지지를 받을 수 있었다. 마피아도 역시 그 활동의 장이 뉴저지든 팔레르모든 이와 유사한 인간관계와 혈연에 의존하고 있고, 엘살바도르나 필리핀과 같은 제3세계 제국에서 지방정치를 오랫동안 장악하고 있는 군벌의 경우도 마찬가지라고 말할 수 있다.

그렇지만 1950년대부터 60년대에 걸친 스페인의 경제발전은 농촌에 근대적인 시장관계를 도입함으로써 야기된 계획되지 않았던 혁명이 지주·명망가와 소작농과의 전통적인 상하관계를 파괴해버렸던 것이다.[22] 수많은 농민이 농촌을 떠나고 도시로 유입되어 지방 명망가는 지지자를 잃었다. 한편 지주들은 더 수지가 맞는 농업 생산자로 변신하여 국내는 물론 해외 시장에도 눈을 돌리기 시작했다. 그리고 농촌에 남은 소작농민은 노동력을 파는 계약노동자가 되었다.[23] 요컨대 만약 오늘날 제2의 프랑코가 나타

제국의 특징이다. 그러나 이러한 관료조직은 경제적 효율성을 최대화하는 것을 목적으로 삼은 것이 아니기 때문에 정체된 전통적 사회와 양립할 수 있었다.

22) 물론 이러한 혁명은 토지개혁이라는 형태의 의식적인 정치개입에 의해 종종 이익을 얻는다.

23) Juan Linz, "Europe's Southern Frontier: Evolving Trends toward What?" *Daedalus* 108,

났다 하더라도 군대를 편성하기 위한 사회적 기반은 이미 없어져버린 셈이다.

이와 같은 경제적 합리화의 강력한 압력을 생각하면 왜 마피아가 공업화가 진전된 이탈리아 북부가 아니라 상대적으로 발전이 늦은 남부에 뿌리내리고 있는가도 이해할 수 있을 것이다. 경제를 매개로 하지 않는 상하관계는 확실히 현대사회에도 남아있다. 누구나가 알고 있듯이 보스의 아들은 동료보다 출세가 빠르고 사람을 고용하는데도 보스의 인맥이 중요한 법이다. 그렇지만 이와 같은 관계는 불법이라고 선언되는 것이 뻔한 이치이고 공공연하게는 일어날 수 없는 것이 실상이다.

이 장에서는 역사에는 방향성이 있는가라는 문제를 제기하려고 해왔다. 우리 주위에는 아주 조금이라도 역사가 일정한 방향성을 보인다는 것 자체를 부정하는 비관주의자가 매우 많은 탓에 이 문제에 대해서 일부러 소박한 형태로 접근해 보았다. 또 방향성을 가진 역사발전의 저변에 가로놓여 있는 "메커니즘"으로서 여기에서는 근대 자연과학을 살펴보았는데, 그것은 과학이 일보 일보의 축적으로 진보하고 있다고 만인이 인정할 수 있는 유일한 대규모 사회활동이기 때문이다. 근대 자연과학이 착실히 전진하고 있는 덕택에 사람은 역사적 진화를 나타낸 구체적인 사실의 많은 부분을 이해할 수 있게 된다. 가령 인간이 자동차와 비행기에 타기 이전에 마차, 철도를 이용하고 있었던 이유나, 시대가 발전함에 따라서 사회가 도시화되어갔던 이유, 혹은 공업이 발전한 사회에서는 근대정당과 노동조합, 근대적 민족국가가 부족과 씨족을 대신하여 집단적 충성심을 발양시킨 무대가 된 이유를 알 수 있는 것이다.

그러나 근대 자연과학에 의해 용이하게 설명되는 현상도 있는 반면, 각각의 사회가 어떤 형태의 정치체제를 선택할까 하는 문제처럼 설명하기가 실로 어려운 문제도 있다. 더구나 근대 자연과학이 필경은 역사진보의 "조정역"이라고 간주하는 것은 가능하더라도, 잘못하여 역사진보의 '궁극적인 원인'이라고 생각하는 것은 용인될 수 없다. 만약 그런 식으로 생각했다면 '어째서 근대 자연과학에 그런 힘이 있는가?'라는 의문에 곧 봉착해버릴 것이다.

no. 1 (winter 1979): 175~209

 과학이 왜 지금과 같은 형태로 발전해 왔는가에 대해서는 그 과학 자신이 배태한 논리로 설명이 가능할지도 모르지만, 인간이 과학을 추구해온 이유에 대해서 과학 그 자체는 아무것도 가르쳐 주지 않는다. 사회현상으로서의 과학이 발전한 것은 단순히 인간이 삼라만상에 호기심을 품어왔기 때문만은 아니고 신변의 안전을 추구하거나, 끝없이 물질적인 것을 요구하는 욕망이 과학에 의해서 충족되어 왔기 때문이다. 현대의 기업은 순수한 지식욕만으로 연구개발 활동을 계속하고 있는 것이 아니라 그것은 어디까지나 돈을 벌기 위해서이다. 경제적으로 발전하고 싶은 욕망은 오늘날 사실상 모든 사회에 통용되는 특질처럼 생각된다. 그렇지만 만약 인간이 단순한 경제동물이 아니라고 한다면 이런 설명만으로는 불완전할지도 모른다. 이 문제에 대해서는 나중에 다시 언급하기로 한다.

 이 책에서는 지금까지 근대 자연과학에 의해 명시되는 역사의 방향성에 대해서 어떤 도덕적 또는 윤리적 평가도 내리지 않았다. 당연한 이야기지만 분업과 관료 시스템의 발달이라는 현상이 인간의 행복에 대해서 갖는 의미는 극히 애매모호한 것이다. 그것은 이와 같은 현상이 근대생활의 본질이라는 것을 처음으로 지적한 애덤스미스, 마르크스, 베버, 뒤르켕 등의 사회학자도 강조해온 것이다. 우리들에게는 경제적 생산성을 높여주는 근대과학의 힘으로 인간이 옛날에 비해서 도덕심이 향상되었거나 더 행복하게 되었다거나 혹은 살림살이가 나아졌다고 규정할 필요는 없다. 이 책의 논의의 출발점으로, 우선 근대 자연과학의 발전으로 창출된 역사에는 일관된 방향성이 있다는 충분한 근거가 존재한다는 것을 분명히 할 수 있으면 족하다. 그 결론에서 무엇이 도출되는가는 그 후의 검토과제라고 말할 수 있겠다.

 그런데 근대 자연과학의 발견에 의해 일정한 방향성을 마련한 역사가 창조된다고 하면, 저절로 다음과 같은 의문이 대두된다. 근대 자연과학의 발견이 사라지는 사태는 있을 수 있는 것일까? 과학적 방법론이 우리들의 생활에 대한 지배를 중지할 수 있을까? 공업이 발전한 사회가 전근대의 과학 이전의 사회로 되돌아가는 일이 있을 수 있을까? 한마디로 말한다면 역사는 뒷걸음치는 일이 있을 수 있는 것일까?

7
야만인은 없다

 오스트레일리아의 영화감독 조지 밀러의 영화 〈로드 워리어〉*The Road Warrior*에는 석유문명이 종말전쟁에 의해서 파괴된 후의 세계가 묘사되고 있다. 그곳은 과학이 상실된 세계이다. 생산기술이 소멸된 결과, 서고트족과 반달족이 할리데이비슨 차와 사막용 지프를 타고 질주하면서 가솔린과 총탄의 쟁탈전을 전개하게 되는 것이다.

 근대의 기술문명이 붕괴되고 돌연 우리들이 미개사회로 다시 돌아갈 가능성은 SF소설의 테마로 반복해서 제기되어 왔다. 제2차 세계대전 후 핵무기의 발명으로 그 가능성이 더욱 현실성을 띠고부터는 특히 그러하다. SF소설 속에서 인류의 미래상으로 되어있는 미개사회는 대부분의 경우 사회가 아직 발전되지 않았던 시대의 단순한 재현이 아니라 황제와 군주가 우주선을 타고 태양계를 여행하는 식으로, 아주 오랜 옛날의 사회형태와 근대 테크놀로지가 기묘하게 혼재되어 있다. 그런데 근대의 자연과학과 근대적 사회조직과의 상호 의존관계에 대한 전항(前項)에서의 가정이 정확하다고 하면, 이와 같은 혼재상황이 그렇게 오랫동안 계속되지는 않을 것이다. 이것은 과학적 방법론을 파괴하거나 거부하지 않는 한 최종적으로 근대 자연과학은 부활하여 대부분의 많은 면에서 오늘날의 근대적이고 합리적인 세계가 되살아날 것이기 때문이다.

그러면 다음과 같은 문제를 생각해 보자. 과학적 방법론을 거부하거나 상실함으로써 인류 전체가 역사를 되돌리는 것은 가능한 일인가? 이 문제는 두 부분으로 나누어서 생각해볼 수 있다. 첫째로, 현존하는 사회가 근대 자연과학을 의도적으로 거부할 수 있는가? 둘째로 세계적인 대변동에 의해 근대 자연과학이 비자발적으로 소멸되는 것은 가능한가?

근대에 있어서 테크놀로지와 이성적인 사회를 의식적으로 배척하려는 운동은 19세기 초기의 낭만적 사상에서 1960년대의 히피운동, 나아가 아야툴라 호메이니가 이끄는 이슬람 원리주의에 이르기까지 많이 있었다. 그 중에서도 현재 가장 일관되게 기술문명에 명확히 반대를 주창하고 있는 것이 환경보호운동이다. 현재의 환경보호운동은 입장이 다른 단체가 모여 있으며 사상적 배경도 각양각색이다. 그 중에서도 가장 급진적인 그룹은 과학을 이용한 자연의 정복이라는 근대적 시도 일체를 공격하고, 자연을 조작하지 않고 공업이 발전하기 이전의 자연 본연의 상태로 근접해 가는 쪽이 인간은 더 행복했을 것이라고 주장하고 있다.

이와 같은 반기술주의의 대부분은 역사의 "진보"가 과연 선인가 아닌가의 의문을 품은 사상가 장 자크 루소의 영향을 폭넓게 받고 있다. 루소는 헤겔 이전에 인류의 경험이 본질적으로 역사로부터 제약을 받고 있으며 인간의 본성 자체가 시대와 더불어 변화해 가는 것을 이해하고 있었다. 그렇지만 헤겔과 달랐던 것은 역사의 진보가 인류를 크나큰 불행에 밀어 넣었다고 생각한 점이다. 근대경제가 인간의 욕구를 어디까지 만족시키는 능력이 있는지 살펴보기로 하자.

《인간불평등 기원론》에서 루소는 인간에게 있어서 참된 욕구는 사실상 별로 많지 않다고 지적하고 있다. 사람에게는 확실히 눈비를 피할 집과 식량이 필요할 것이다. 그렇지만 안전의 확보 등은 반드시 인간에게 불가결한 것은 아니다. 왜냐하면 안전 확보라는 발상이 생긴 것은 타인과의 연관 속에서 사는 인간이라면 당연히 서로 위협을 주고 싶어 한다는 전제를 두고 있기 때문이다.[1] 그리고 그밖의 일체의 욕구는 행복해지기 위한 필수품

---

1) 즉 루소는 홉스나 로크와는 달리, 공격성이 인간에게 있어서 자연스러운 것이 아니고, 본디 자연상태의 일부도 아니라고 논했다. 루소가 말하는 자연인은 욕구가 거의 없고 아

이 아니라 자신의 주변 사람과 자신을 비교하고 싶고 타인이 갖고 있는 것
이 자신에게 없을 때 결핍을 느낀다고 하는 인간의 특질로부터 발생한다.

　요컨대 그것들은 근대의 소비문화가 만들어낸 욕구, 바꿔 말하면 인간
의 허영심이 만들어낸 욕구인 것이다. 여기서 문제가 되는 것은 역사 속에
서 인류가 창출한 새로운 욕구는 무한하게 팽창하기 쉽고 게다가 완전하
게 충족되지 않는다는 점이다. 근대경제가 아무리 훌륭한 효율성과 기술
혁신력을 가지고 있다고 하더라도 하나하나의 욕구를 충족시킬 때마다 또
새로운 욕구가 창출된다. 인간이 불행해지는 것은 어떤 특정 욕구가 충족
되지 않았기 때문이 아니라 어느 욕구를 만족시키더라도 계속해서 새로운
욕구가 대두되는 영원한 악순환 때문인 것이다.

　이런 현상을 설명하기 위해 루소는 지금 소유하고 있는 컬렉션에 만족하
기보다는 아직 빠진 물건이 많다고 한탄하는 수집가의 예를 들었다. 고도
로 기술혁신이 진전된 오늘날 가전산업의 경우는 더 현대적인 예가 될 것
이다. 1920년대부터 30년대에 걸쳐서는 한 집에 한 대의 라디오를 갖는 것
이 소비자에게 최고의 꿈이었다. 그런데 오늘날의 미국에서는 대부분의 10
대들이 라디오를 두세 대 갖고 있지만, 비디오게임과 포터블 CD플레이어,
비퍼(일명 삐삐)가 없으면 지극히 불만족스럽게 생각하는 것이다. 나아가 이
런 상품을 손에 넣었다고 하더라도 그들이 충족된 기분이 들지 않을 것은
분명하다. 왜냐하면 그 무렵에는 이미 일본에서 젊은층이 선호하는 새로
운 전자제품을 고안하고 있을 것이기 때문이다.

　루소에 의하면, 인간이 행복을 얻으려면 근대 테크놀로지가 초래한 끝없
는 소비의 확대, 그리고 그것이 창출한 궁핍과 충족의 무한한 반복으로부
터 탈피하여 자연인의 때묻지 않은 인간성을 회복할 필요가 있다. 여기에
서 말하는 자연인이란 사회를 만들어 생활하지 않고 타인과 자신을 비교
하거나 하지 않고 사회가 인위적으로 만들어낸 공포, 희망, 기대의 세계에
살고 있지 않은 인간을 말한다. 자연인은 오히려 자신이 살아있는 것을 피
부로 느끼고 자연 속에서 자연스럽게 지낼 때 행복을 얻는 것이다. 이러한

<hr/>

주 조금 존재하고 있는 욕구도 비교적 쉽게 만족시킬 수 있기 때문에 이웃에게 물건을
빼앗는다거나 이웃을 살해한다든가 하는 이유도, 그리고 실제 시민사회에 살 이유도 없
는 것이다. *Discours sur l'Origine, et les Fondamens de l'inégalité parmi les hommes*, in
Oeuvres Completés, vol. 3 (Paris: Éditions Gallimard, 1964), p.136을 참조.

인간은 이성으로 자연을 정복하려고 하지 않는다. 그럴 필요가 없다. 본래 자연의 혜택을 받고 있는 이상, 타인으로부터 고립되어 사는 인간으로서 이성만큼이나 어울리지 않는 것은 없기 때문이다.[2]

문명인에 대한 루소의 비판은 자연을 정복하려고 하는 시도 자체와 숲과 산을 휴식과 명상의 장소가 아니라 단순한 자원으로서만 생각하는 사람들의 견해에 대한 최초의, 그리고 가장 근본적인 의문을 제기한 것이다. 존 로크와 애덤스미스가 상정한 경제인이라는 인간상에 대한 루소의 충고는 오늘날에도 무제한의 경제성장에 대한 대다수의 비판의 근거가 되어 현재의 환경보호론자의 다수에게도(종종 당사자들은 알아차리고 있지 못하지만) 그 이론적인 근거가 되고 있다.[3] 공업화와 경제성장이 계속되고 그 결과 자연환경의 파괴가 더욱 명백해짐에 따라 경제의 근대화에 대한 루소주의에 준하여 자연의 정복을 노린 근대의 시도 전체와 그 바탕 위에서 수립된 기술문명을 거부하려고 하는 매우 급진적인 환경보호주의가 출현할 가능성은 있는 것일까? 여러 가지 이유로 해서 대답은 그렇지 않다고 생각할 수 있다.

그 첫째 이유는 현재의 경제성장이 창출한 장래 전망과 연관이 있다. 개인과 소규모 사회라면 "자연으로 돌아가는 것"이 가능할 수도 있다. 투자은행가와 토지개발업자 같은 일을 그만두고 뉴욕주 북동부의 애디론닥스 산지의 호수 근처에서 살면 되기 때문이다. 그러나 사회 전체가 테크놀로지를 거부할 경우에는 유럽의 한 나라 또는 미국과 일본이라는 나라가 통째로 공업문명으로부터 이탈하게 되어 결과적으로 빈곤에 시달리는 제3세계

2) 이 자연의 완전성이 갖는 의미와 루소의 *sentiment de l'existence*에 관한 논의를 위해서는 Arthur Melzer, *The Natural Goodness of Man : On the System of Rousseau's Thought* (Chicago: University of Chicago Press, 1990)의 특히 pp. 69~85 참조.

3) Bill McKibben, *The End of Nature* (New York: Random House, 1989)에 따르면 우리는 인간의 활동으로는 손대는 것도 조작하는 것도 불가능했던 자연의 영역을 지금 비로소 제거하기 시작했다고 한다. 이 관찰은 물론 옳지만 이 현상의 시작을 겨우 4백 년 전으로 잡고 있는 것은 문제이다. 원시적인 부족사회도 자연적 주거환경을 바꾸어 왔다. 즉 부족사회와 현대의 과학기술사회의 차이는 정도의 문제에 지나지 않는다. 그렇지만 자연을 정복하고 인간의 선을 위해 조작하려고 하는 시도는 근대 초기의 과학혁명의 핵심이었다. 이러한 조작을 원리적으로 비판하려고 하는 것은 좀 늦은 감이 있다. 오늘날 우리가 눈앞에 두고 있는 '자연'은-엔젤스 국립 삼림공원이든 에딜론다크 산길이든-많은 점에서 엠파이어스테이트 빌딩이나 스페이스 셔틀과 마찬가지로 인공적인 것이다.

국가들 같은 상태로 전락해버릴 것이다. 대기오염과 유독성 폐기물은 감소할지도 모르지만 한편으로 근대적인 치료와 통신은 수준이 저하되고 산아제한은 잘 안될 것이며 나아가 성해방도 곤란하게 될 것이다. 대부분의 사람들은 새로운 욕구의 무한한 사이클로부터 해방된다기보다 오히려 육체노동의 무한한 사이클 속에서 토지에 속박된 빈농의 생활로 되돌아가 버리는 것이다.

물론 오랜 세월동안 자급자족 농업의 수준에서 살아온 국가는 많고 거기서 생활하는 국민도 그 나름의 행복을 얻어왔다. 그렇지만 일단 소비문화에 물든 인간이 이와 같은 생활을 받아들인다고는 생각하기 어렵고 사회 전체가 그런 식으로 전환될 가능성은 더더욱 없다. 더구나 여전히 공업화를 진행하는 나라가 남아 있으면 공업문명을 벗어던진 국민은 항상 자국을 그 나라와 비교하게 된다. 제2차 세계대전 후의 버마(현재의 미얀마)는 다른 제3세계에 일반적이었던 경제성장이라는 목표를 거부하고 국제적인 고립의 길을 선택했는데 공업이 발달하기 이전의 세계라면 어떨지 몰라도 싱가포르와 타이 등 경제성장에 매진하고 있는 국가에 둘러싸인 지역에서 이러한 정책을 지속하는 것은 지극히 곤란하다는 사실은 이미 증명되었다.

어떤 특정의 테크놀로지만 뽑아서 파기하는 방식이라면 아직 약간은 현실성이 있을지도 모른다. 요컨대 어떻게 해서든 테크놀로지의 발전을 현재의 수준으로 동결시키거나 혹은 기술혁신이 허용되는 분야를 좁게 한정하는 것이다. 이 방법이라면 당장은 현재의 생활수준을 잘 유지할 수 있을지 모르지만, 그렇게 하더라도 테크놀로지 수준을 멋대로 정하는 생활이 그렇게 만족스럽다고는 생각하기 어렵다. 이런 방식으로는 다이내믹하게 성장하는 경제의 혜택도 입을 수 없고, 그렇다고 해서 진정으로 자연으로 돌아가는 것도 아니다. 테크놀로지를 동결하려는 시도는 아미슈와 메노파교도가 생활하는 소규모 종교적 공동체에서는 성공하더라도 대규모적이고 계층 분화를 이룬 사회에서 성공할 가능성은 거의 없다. 오늘날의 선진국 사회에는 확실히 사회적, 경제적 불평등이 존재하고 있지만, 분배해야 할 경제의 보수가 커지고 있는 한 그 불평등이 정치적인 균열을 낳을 우려는 거의 없다. 미국이 불경기인 옛 동독처럼 된다면 물론 그러한 불평등은 훨씬 더 심각한 문제가 되긴 하겠지만.

 나아가 오늘날의 선진국이 지닌 높은 수준의 테크놀로지를 동결하는 것이 절박한 환경위기에 대한 적절한 해결법이라고는 생각할 수 없고, 동결을 하더라도 제3세계의 기술력이 모든 선진국 수준에 이르렀을 때 지구의 생태계가 견딜 수 있을지의 문제는 미해답인 채로 남는다. 분야를 선택하여 기술혁신을 하려고 한다면 어떤 테크놀로지의 개발이 허용되는가를 정하는 권한의 소재를 둘러싸고 어려운 문제가 대두된다. 이렇게 해서 기술혁신이 정치문제가 되면 경제성장 전체에 중대한 영향이 미치는 것을 피할 수 없다.

 덧붙여 말하자면 현대의 테크놀로지와 그로부터 발생된 경제세계가 단절되는 것이 환경보호에 있어서 불가결한 요소가 아니라 오히려 긴 안목으로 살펴보면 기술과 경제발전이야말로 환경보호의 전제로서 필요한 것이다. 실제로 독일의 녹색당 푼디파 등 일부 급진파는 제쳐두고 환경보호운동의 주류는 환경보전과 관계되는 대체 테크놀로지의 창조가 환경문제의 가장 현실적인 해결방법이 아닌가 생각하고 있다. 건전한 환경이란 어쩌면 부와 경제적 활력을 지닌 나라만이 유지할 수 있는 사치인지도 모른다. 또한 유독폐기물의 폐기든 열대우림의 채벌이든 환경을 가장 많이 파괴하고 있는 것은 개발도상국이다. 개발도상국은 상대적인 빈곤을 해결하려면 자국의 천연자원을 개발하는 것 이외에 방법이 없다고 느끼고 있고, 환경입법을 제정할 만한 사회적 규범도 갖추고 있지 못하다. 한편 산성비에 의한 삼림의 침식에도 불구하고 미국 북동부와 북유럽 대부분의 지역에서는 백 년 전 아니 이백 년 전과 비교하더라도 지금의 삼림이 더 무성한 편이다.

 이상의 모든 이유를 고려하면, 우리들의 문명이 루소가 주장한 길을 자발적으로 선택하여 오늘날의 경제활동에서 근대 자연과학의 역할을 거부할 가능성은 거의 없을 것 같다. 그러면 여기에서는 나아가 세계적 규모의 핵전쟁과 환경파괴 등의 대변동에 의해, 최선의 노력을 기울였음에도 불구하고 현재의 인간생활의 물질적 기반이 파괴되고, 그 결과 우리의 의도와는 무관하게 루소적 선택을 강요당한다는 더 극단적인 경우에 대해서도 검토해보자. 확실히 근대 자연과학의 성과를 파괴하는 것은 가능하다. 여하튼 근대 테크놀로지가 우리들에게 일순간에 그와 같은 파괴를 하기 위한 수단을 부여해 주고 있기 때문이다. 그렇지만 근대 자연과학 그 자체를 파괴하여, 인간생활을 지배해온 과학적 연구방법의 제약에서 스스로를 해방하여, 인류 전체를 과학이 탄생하기 이전의 문명으로 영구적으로 되돌리는 것은 과연 가능한 것인가?[4]

대량파괴무기를 사용한 지구적 규모에서의 전쟁을 예로 들어보자. 히로시마 이후, 세계적 규모의 전쟁이라고 하면 곧 핵전쟁을 연상하게 되는데, 오늘날에는 생물병기, 화학병기 등 무서운 신무기에 의해서도 같은 결말에 이를 위험성이 있다. 이러한 무기가 핵겨울과 인류 멸망의 위기에 도화선이 되지는 않는다고 가정하더라도 현대 전쟁이 일어나면 전쟁 당사국은 물론, 그 주요 동맹국의 인구, 국력, 부의 대부분이 파괴당하고 나아가 중립국에도 커다란 영향을 미칠 것이 확실하다. 또 군사적 파국이 생태계의 파국으로 이어져 대규모 환경변화가 일어날지도 모른다. 세계정치의 구조가 대폭적으로 바뀔 가능성도 있다. 교전국은 대국으로서의 지위를 잃고 영토는 분할되어 방관만 하고 있던 제3국에 점령될지도 모르고 한 사람도 살 수 없을 정도로 국토가 오염될 수도 있다. 대량파괴 무기를 생산할 수 있는 기술선진국은 모두 전쟁에 휘말려 공장과 연구소, 도서관과 대학이 파괴되어 거대한 파괴력을 지닌 무기의 제조기술에 대한 지식은 사라질지도 모른다. 전쟁의 직접적인 피해를 모면한 지역에서도 전쟁과 기술문명에의 혐오감이 팽배하여, 많은 나라가 스스로의 의지로 선진무기와 그것을 만든 과학과 인연을 끊으려고 할지도 모른다. 전쟁에서 살아남은 자는 인류를 파멸로부터 지킬 수 없었던 억지정책을 현재보다도 더 직접적으로 거부하고, 더 현명하고 온건해져서, 새로운 테크놀로지를 지금보다 훨씬 철저한 방식으로 관리하는 길을 모색해 갈지도 모른다(지구의 온난화 현상에 의해 빙

---

4) 우리는 우선 근대 자연과학과 그것이 가져온 경제발전이 선이라는 가정 없이 재난의 가능성에 대해 새삼 판단을 내리지 않으면 안 된다. 만일 역사를 비판하는 자가 옳다면, 근대의 테크놀로지가 인간을 보다 행복하게 만드는 것이 아니라 오히려 인간의 지배자나 파괴자가 되어버린 것이라면, 말하자면 과거를 청산하고, 인류를 한 번 더 재출발하게 하는 대재난의 가능성은 자연의 가혹함의 표현이라기보다는 자연의 자애로움의 표현이라고 해야 할 것이다. 이것이 플라톤이나 아리스토텔레스와 같은 고전적 정치철학자의 견해이다. 그들은 자신의 저작을 포함해 모든 인간의 발명품은 결국 인류가 어떤 사이클로부터 다음 사이클로 옮길 때 잃어버린다고 냉철하게 생각하였다. 이 점에 관해서는 Strauss, *Thoughts on Machiavelli*, pp. 298~299.

산의 용해와 북아메리카, 유럽에서의 사막화의 진행 등 생태계에 대변동이
발생한 경우도 그 원인이 된 과학기술을 관리하려고 하는 움직임이 나타
날 수 있다). 과학이 초래한 참극은 반 근대, 반 기술의 종교를 소생시키고
그리고 그 종교가 새로운 파괴적인 테크놀로지의 창조에 도덕적인 면, 감정
적인 면에서 제약을 가할지도 모른다.

그렇지만 이러한 극단적인 예를 상정했다고 하더라도 인류문명에 대한
테크놀로지의 지배력과 과학 그 자체의 복원력을 상실해버릴 가능성은 거
의 없다고 해도 좋을 것이다. 그 이유는 역시 과학과 전쟁과의 관계에 있
다. 근대무기가 파괴되어 그 제조방법에 관한 특정지식이 소멸된다고 하더
라도 무기생산을 가능하게 한 과학적 방법론의 기억까지는 근절시킬 수 없
다. 근대적인 운수 통신수단을 통해서 인류문명이 통일화의 길을 걸어온
결과, 어떤 지역도—지금 상태에서는 기술을 생산하거나 지식을 잘 응용
할 능력을 갖지 않은 지역조차도—과학적 방법론과 그 잠재능력에 무지할
수 없게 되었다. 바꿔 말하면 근대 자연과학의 힘을 깨닫지 못하는 진짜
야만인은 찾을 수가 없는 것이다. 그리고 그것이 사실인 이상 근대 자연과
학을 군사목적으로 응용할 수 있는 국가는 그것을 할 수 없는 국가보다도
계속 우위에 설 것이다.

전쟁으로 가까운 장래에 무의미한 파괴가 초래된다고 하더라도 그것으
로 사람들이 반드시 군사기술은 전혀 비합리적인 것이며 아무 도움이 되
지 않는다고 생각할 것이라고 한정할 수 없다. 오히려 더 새로운 기술이 자
신들에게 결정적인 우위를 부여해줄 것으로 확신할지도 모르는 것이다.

선량한 국가가 전쟁의 파국으로부터 자기 제어가 필요하다는 교훈을 도
출하고 그 파국의 원인이 된 테크놀로지를 관리하려고 해도 그 나라가 지
구상에서 대치해야 할 상대는 전쟁이라는 재앙을 스스로의 야심을 위해
이용하려고 하는 사악한 국가일지도 모른다. 근대 초기에 마키아벨리가
제시했듯이, 선량한 국가라 하더라도 적어도 국가로서 지속해 나가려면 사
악한 국가의 행동에 주의를 기울이지 않으면 안 된다.[5] 국가는 단순히 자

<hr>
5) Strauss는 말한다. "전쟁 기술에 걸맞은 발명이 장려되어야 한다고 인정하기는 어렵다.
이 점이 유일하게 고전적 정치철학에 대한 마키아벨리의 비판에 근거를 제공한 것이다.
ibid, p. 299.

위만을 위해서도 일정 수준의 과학기술은 유지해야 하고 적국이 군사 분야에서 기술혁신을 이루는 이상 이쪽도 가만히 있을 수는 없다. 새로운 테크놀로지의 개발을 억제하려고 하는 선량한 국가들조차 종국에는 약간의 주저와 제약은 있다고 해도 서서히 과학기술이라는 수호신을 호리병 속에서 불러내지 않을 수 없을 것이다.[6] 세계적 규모의 대격변을 거친 인류는 그것이 생태계상의 변동을 야기시킨 경우에는 근대 자연과학에의 의존도가 한층 높아질 수밖에 없다. 왜냐하면 과학기술만이 지구를 다시금 주거 가능케 하는 유일한 수단이기 때문이다.

하나의 문명이 후세에 아무런 흔적도 남기지 않고 소멸될 가능성을 가정했을 경우에만 역사가 순환된다는 상정도 가능하다. 그리고 근대 자연과학의 탄생 이전에는 확실히 그러했다. 그렇지만 오늘날에는 근대 자연과학이 목적의 선악 여부와는 상관없이 큰 영향력을 갖고 있기 때문에 인류가 물리적으로 멸종이라도 하지 않는 한 과학이 완전히 망각되거나 정체되거나 하는 상황은 거의 생각할 수 없다. 그리고 나날이 발전하는 근대 자연과학의 지배력이 사라지지 않는다면 역사의 방향성과 그로부터 파생되는 경제, 사회, 정치상의 조류가 근본적인 의미에서 원래상태로 되돌아가는 것은 있을 수 없다.

---

6) 이에 대신하는 해결책은 국제적인 국가 시스템을 그만두고 위험한 과학기술을 금지한다거나 과학기술의 제한에 대해 진지하게 전 세계적인 합의를 도출할 수 있는 세계정부를 만드는 것이다. 그러나 대재난 후의 세계에서조차 이러한 협정을 체결하는 데는 많은 곤란이 따르고, 그것은 별개로 치더라도 과학기술 발전의 문제는 반드시 해결되는 것은 아니다. 범죄자 집단이나 민족해방조직 등의 불만분자는 여전히 과학적 연구법을 이용할 수 있고 더 나아가 그것이 국내에서의 기술개발 경쟁으로 이어지는 것이다.

137

8
끝없는 축적

> 우리들의 국가는 행복하지 않았다. 이 나라는 마르크스주의의 실험을
> 하도록 결정지어져 있었다—운명이 우리들을 정말로 그 방향으로 내몰았던
> 것이다. 이 실험은 아프리카의 어딘가의 나라가 아니고 확실히 우리들의 조
> 국에서 시작되었다. 그리고 마침내 마르크스주의의 이론이 존재할 여지가
> 없다는 것이 입증되었다. 이 이론은 우리들을 세계의 문명국이 걸어온 길로
> 부터 벗어나게 했을 뿐이다. 국민의 4할이 빈곤에 시달리는 오늘날의 현상,
> 나아가서는 배급표를 보이고 상품을 받아야 하는 항구적인 굴욕이 이것을
> 분명히 반영하고 있다. 이 항구적인 굴욕은 이 나라에서 여러분이 노예의
> 존재라는 것을 매 시간마다 상기시켜주는 것이다.
> —보리스 옐친, 1991년 6월 1일, 모스크바, 민주러시아 집회에서 행한 연설

우리들은 지금까지 근대 자연과학의 진보적 발전이 역사에 방향성을 주
고 국가와 문화의 차이에 관계없이 어떤 종류의 균등한 사회변화를 창출
하는 것을 보아왔다. 테크놀로지와 노동의 합리적 조직화는 공업발전에서
결코 무시할 수 없고 이 공업화에 의해 도시화, 관료조직의 발달, 대가족
제와 종족적인 혈연관계의 붕괴, 교육수준의 향상이라는 사회현상이 나타
나는 것이다. 또 우리들은 어떠한 상황이든 인간생활에 대한 근대 자연과
학의 지배력이 쇠퇴할 가능성이 적다는 것을 극단적인 예도 포함해서 검
토해 보았다. 그렇지만 지금까지 과학이 경제면에서 자본주의 체제를 낳고
또는 정치면에서 자유민주주의를 낳은 필연성에 대해서는 논하지 않았다.

그리고 실제로 공업화의 초기 단계를 거치고 경제발전과 도시화, 종교와 정치의 분리를 달성하고 강력하고 집권적인 국가 구조와 국민의 매우 높은 교육수준을 유지하면서도, 동시에 자본주의도 민주주의도 아닌 국가는 존재하고 있다. 오랜 기간에 걸쳐서 그 전형이 되어온 것이 스탈린주의 소련이다. 1928년부터 1930년대 후반에 걸쳐서 소련에서는 국민의 경제적 · 정치적 자유가 인정되지 않은 채로 소작농 중심의 국가에서 활력 있는 공업국가로 놀라운 변모를 이루었다. 이 급속한 사회변화 덕분에 소련 국민의 다수는 경찰국가의 전제 지배 아래서 중앙통제를 실시하는 쪽이 자유시장에서 사람들이 자유롭게 활동하는 것보다 더 효율적으로 급속한 공업화를 달성할 수 있다고 생각하게 되었다. 아이작 도이처는 1950년대의 논문에서 중앙계획경제는 시장경제의 무정부적인 활동보다 효율적이고, 국유화된 공업 쪽이 민간부문보다 공장 설비를 훌륭히 근대화해 나갈 수 있다고 주장했다.[1] 또 사회주의이면서 경제적으로도 발전한 동유럽 국가들이 1989년의 급변기에 살아남은 것은 중앙계획경제와 경제의 근대화가 양립 가능한 증거처럼 보이기도 했다.

공산주의 세계에서의 이러한 사례가 나타내듯이 근대 자연과학의 발전은 항상 개방적이고 창조적인 자유사회로 인도했다고는 한정할 수 없고 오히려 막스 베버가 본 합리적이며 동시에 관료적인 전제정치라는 악몽을 인류에게 초래하는 경우도 있을 수 있다. 따라서 지금까지 논해 온 사회진보의 메커니즘이라는 사고는 더 확장해 갈 필요가 있다. 요컨대 정제발전을 완수한 국가가 왜 도시화된 사회와 합리적인 관료기구를 갖는가라는 문제의 설명은 물론이고, 왜 세계는 최종적으로 경제 · 정치 양면에서 자유주의의 방향으로 진보하는가라는 점에 대해서도 이 메커니즘으로 증명해야만 한다. 이번 장과 다음 장에서는 선진 공업사회 및 개발도상 사회의 두 가지 대조적인 사례를 들어서 사회진보의 메커니즘과 자본주의 체제와의 연관에 대하여 고찰해 보고자 한다. 그리고 사회진보의 메커니즘이 필연적으로 자본주의와 마찬가지로 민주주의 체제도 창출할 수 있는지 없는지의

---

1) Deutscher 등 사회주의를 통해 동서가 하나가 된다고 생각하고 있는 저술가에 대해서는 Alfred G. Meyer, "Theories of Convergence," in Chalmers Johnson, ed., *Change in Communist Systems* (Stanford, Calif.: Stanford University Press, 1970), pp. 321ff.

문제로 되돌아가고 싶은 바이다.

전통주의적 · 종교적인 우익세력에게도 사회주의적 · 마르크스주의적인 좌익에게도 자본주의는 도덕적으로 악취를 풍기는 존재이기는 하였다. 그런데 사회진보의 메커니즘과의 연관에서 이야기하자면, 자본주의가 세계에서 유일하게 생존능력이 있는 경제 시스템으로서 승리를 거둔 이유를 설명하는 편이 정치면에서 자유민주주의가 승리한 이유를 설명하는 것보다 손쉽다. '공업경제의 성숙이라는 상황에서는' 테크놀로지의 개발과 이용면에서도, 또 세계적인 분업화라는 급속한 변화에 대한 대처 면에서도 자본주의 체제가 중앙계획경제보다 훨씬 효율적이라는 것은 이미 확실히 입증되었기 때문이다.

공업화라는 것은 어떤 나라가 돌연 경제의 근대화를 달성했다는 일과성의 사건을 지칭하는 것이 아니다. 오히려 이것은 명확한 종점이 없는 지속적인 발전과정을 표현하는 말이고, 오늘날에는 근대적이라고 여겼던 것이 내일에는 급속히 시대에 뒤떨어진 것이 될 수도 있다. 헤겔이 말하는 "욕구의 체계"를 만족시키는 수단은 그 욕구 자체가 변화함에 따라서 확실히 변화해 왔다. 마르크스와 엥겔스 같은 초기의 사회이론가에게 있어서 공업화란 영국의 섬유공업이나 프랑스의 도자기공업과 같은 경공업을 지칭하고 있었다. 그렇지만 이윽고 철도가 보급되고 철강과 화학, 조선 등의 중공업이 성립되어 단일 국내시장이 성장하게 되자, 레닌과 스탈린 그리고 소련체제의 후계자에게는 이러한 발전이야말로 공업의 근대화를 의미하는 것처럼 생각되었다. 영국, 프랑스, 미국, 독일은 제1차 세계대전까지 이와 같은 발전단계에 거의 도달했고, 제2차 세계대전까지는 일본과 나머지 유럽 국가들에서, 그리고 소련과 동유럽 국가에서는 1950년대에 이 수준에 도달했다.

하지만, 오늘날의 관점에서 보면 이 공업발전도 어디까지나 중간점이고, 가장 발전한 선진국의 입장에서 보면 훨씬 옛날에 지나쳐온 길에 지나지 않는다. 그리고 현재의 도달단계는 "공업사회의 성숙기"라든가 "고도의 대중소비사회" 혹은 "테크네트론(전자기술에 의한 정보통신망) 시대", "정보화 시대", "탈공업화 사회" 등 다양한 명칭으로 불리고 있다.[2] 세부적인 정

---

2) '고도의 대중소비사회'는 Walt Rostow가 *The Stages of Economic Growth: A Non-*

의의 차이는 있어도 이들 모두가 강조하고 있는 것은 중공업에 대신해서 정보, 기술적 지식, 서비스의 역할이 대단히 중요하게 되었다는 점이다.

근대 자연과학은 그것이 공업화의 초기단계에 들어가고 있던 사회를 규정한 것과 거의 같은 형태로—요컨대 기술혁신과 노동의 합리적 조직화라는 아주 친숙한 형태로—"탈공업화 사회"의 특징을 계속 규정하고 있다. 1967년의 저서에서 다니엘 벨은 새로운 기술이 발명에서부터 상업화되기까지 걸리는 시간이 1880년부터 1919년의 시기에는 평균 30년이었던 것이 1919년부터 1945년까지의 시기에는 16년, 1945년부터 1967년에는 9년으로 단축되어 온 것을 지적했다.[3] 그 이후도 이 시간은 더 단축되어 컴퓨터와 소프트웨어 같은 최첨단 산업의 생산 사이클의 경우 현재는 년 단위가 아니라 월 단위에서 도모하게 되었다. 더구나 이러한 숫자는 1945년 이후에 생산된 상품과 서비스—그 대다수는 완전한 신제품—의 믿기 어려울 정도의 다양성에 대해서, 혹은 더더욱 복잡해지는 경제의 구조와 그 경제를 잘 운용시키기 위해 필요한 기술적 지식—과학과 엔지니어링은 물론 마케팅과 금융, 유통에 관한 지식—에 대해서는 아무것도 말해주지 않는다.

동시에 마르크스 시대에는 예언되었지만, 극히 불완전하게밖에 실현되지 않았던 세계적인 분업체제도 현실화되었다. 지난 30년 남짓 동안에 국제무역은 복리계산으로 매년 13%나 성장하여 왔고, 국제금융과 같은 특정 부문에서는 더욱 높은 신장률을 나타내 왔다. 그 이전의 십수 년 동안은 국제무역의 성장률이 3%를 넘은 경우는 극히 드물었다.[4] 수송과 통신 비용이 일관되게 계속 저하되고 있기 때문에 미국과 일본 혹은 다른 서유

---

*Communist Manifesto*에서 만들어낸 말이고, '정보화 시대' 는 Zbigniew Brzezinski가 *Between Two Ages : America's Role in the Technetronic Era,* (New York: Viking Press, 1970)에서 사용하였고, 또한 '탈공업화 사회' 는 Daniel Bell의 것이다. Bell에 관해서는 "Notes on the Post-Industrial Society" I and II., *The Public Interest* 6~7 (Winter 1967a) : 24~25 and (Spring 1967b) : 102~118을 참조. '탈공업화 사회' 의 개념의 기원에 관한 그의 기술은 *The Coming of Post-Industrial Society* (New York: Basic Books, 1973), pp. 33~40.

3) Bell, "Notes on the Post-Industrial Society I," p.25.

4) 이 숫자는 Lucian W. Pye, "Political Science and the Crisis of Authoritarianism," *American Political Science Review* 84, no.1 (March 1990) : 3~17.

럽 각국의 최대의 국내시장에서조차 대적할 수 없을 정도로 큰 규모의 경제가 실현되었던 것이다. 그 결과 또 하나의 예기치 못한 혁명이 서서히 일어나고 있다. 독일제 자동차와 말레이시아의 반도체, 아르헨티나의 쇠고기, 일본제 팩스, 캐나다산 소맥, 그리고 미제 비행기를 매매하기 위해 인류는 (공산주의 세계를 제외하고) 그 대부분이 단일시장으로 통합된 것이다.

기술혁신과 고도로 복잡화가 실현된 분업체계는 경제 전반에 걸쳐서 기술적 지식에 대한 수요를 격증시키고 나아가—지나친 표현을 하면—몸을 움직이는 인간보다 생각하는 인간을 강력하게 요구하고 있다. 이는 과학자와 엔지니어뿐만 아니라 공립학교, 대학, 정보산업 등 이러한 사람들의 기초가 되는 사회구조 모두에 적용된다. 현대경제의 보다 고도의 "정보적" 성격은 서비스 부문—전문직, 관리직, 화이트칼라, 무역과 마케팅, 금융에 종사하는 사람들, 그리고 공무원과 의료산업 종사자—의 발전과 "전통적" 제조업에 종사하는 직종의 감소에도 잘 나타나고 있다.

"탈공업화"를 도모하려고 하는 경제에 있어서는 정책 결정의 분권화와 시장을 중시하는 방향으로의 발전을 사실상 피하기 어렵다. 중앙계획경제를 채용한 나라에서도 확실히 자본주의 국가의 뒤를 따라서 석탄과 철광, 중공업 시대에 진입할 수는 있지만,[5] 그런 나라가 오늘날의 정보화 시대의 수요를 충족시키기는 정말로 어려운 것이다. 요컨대 대단히 복합하고 다이내믹한 "탈공업화" 경제세계 속에서 경제체계로서의 마르크스 레닌주의는 정말 워털루(나폴레옹의 워털루전투를 말함 : 역자주) 대전에 직면했다고 해도 과언이 아니다.

중앙계획경제의 실패는 요컨대 기술혁신의 문제와 관련되어 있다. 과학연구는 사람들이 자유롭게 생각하고 자유롭게 커뮤니케이션을 할 수 있는 환경, 더욱 중요한 점을 이야기하자면 사람들이 기술혁신의 공적에 대해서 보수를 받을 수 있는 환경에서만 가장 잘 진전되어 간다. 확실히 옛 소련도 중국도 특히 기초연구와 이론연구 같은 '무난'한 분야에서는 과학연구를 장려하고, 우주항공과 무기개발 분야에서는 기술혁신을 촉진하기 위해 인센티브 제도를 만들어왔다. 그렇지만 현대경제의 기술혁신은 하이테크와

---

5) 이러한 보다 옛날부터 있었던 산업의 경우에조차 사회주의 경제는 제조공정의 근대화에 있어 자본주의 체제에 훨씬 미치지 못했던 것이다.

같은 특정 산업뿐만 아니라 햄버거 판매 마케팅이라든가 새로운 형태의 신규 보험개발 등 그다지 두드러지지 않는 분야도 포함하여 사회 전반에서 골고루 이루어져야 한다. 소련은 핵물리학자를 구슬리는 데는 성공했지만, 자주 폭발사고를 되풀이하는 TV설계 기술자들에게는 변변치 못한 대우를 했다. 또 새로운 소비자에게 새로운 상품을 판매하는 등 소련과 중국에서는 전혀 미지의 분야에 도전하는 사람들에게도 사정은 마찬가지였다.

중앙계획경제는 합리적인 투자 결정에 실패하고 생산과정의 새로운 테크놀로지의 효율적인 도입에도 실패해 왔다. 이러한 것은 결정을 내리기 위한 적절한 정보가 시장가격이라는 형태로 경영자에게 제공된 경우에만 잘 운용되어 간다. 요컨대 가격 시스템을 통해서 얻을 수 있는 정보의 정확성을 보증하는 것은 경쟁이다. 일찍이 헝가리와 유고슬라비아의 개혁에서는 경영자에게 그때까지보다 어느 정도 큰 자주성을 부여하려고 했고 소련의 경우도 다소는 그것을 시도하였다. 그렇지만 합리적인 가격체계가 거기에 존재하고 있지 않았기 때문에 경영자의 자주성은 대부분 성숙되지 않았던 것이다.

현대경제는 집권화된 관료 시스템의 관리능력이 아무리 진보했다 해도 그것을 간단히 능가해 버릴 만큼 복잡하다. 소련의 경제계획 담당자들은 수요 주도의 가격 시스템 대신에 "사회적으로 공정한" 자원분배라는 방식을 위로부터 강요하려고 하였다. 오랫동안 그들은 보다 거대한 컴퓨터로 보다 엄밀한 선형계획Linear programming을 짜는 것이 자원의 효율적인 중앙계획적 분배를 가능하게 한다고 믿어왔던 것이다. 그것이 일장춘몽이었다는 것이 지금에 와서는 확실히 드러나고 있다.

예전의 물가통제에 관한 국가위원회 고스코므첸에서는 매년 약 20만 품목의 상품가격을 다시 책정해야만 했는데 이것은 이 위원회에서 일하는 관리가 한 사람당 매일 3, 4품목의 가격을 개정하고 있다는 계산이 된다. 더구나 이 숫자는 매년 소련의 관리가 결정하고 있는 가격품목 전체의 불과 42%에 지나지 않으며,[6] 만일 소련경제가 서방측의 자본주의 경제와 같은 다양한 상품과 서비스를 제공했다고 한다면 이 숫자가 나타낸 퍼센트는

---

6) 이 숫자는 Hewett, *Reforming the Soviet Economy: Equality versus Efficiency*, p. 192를 참조.

훨씬 적게 될 것이다. 모스크바나 북경의 관리들도 수백 종이나 기껏해야 수천종의 상품을 생산할 정도의 경제를 관리했다고 하면 효율적인 가격결정 체계를 운영할 수 있었을지 모른다. 그렇지만 한 대의 비행기에조차 수십만 개의 부품이 필요한 시대에 그런 것이 가능할 리가 없다. 나아가 현대 경제에서는 품질의 차이가 더욱 더 가격결정에 반영되고 있다. 크라이슬러사의 르바론과 BMW의 기술사양은 어디를 따져보아도 우열을 가리기 힘들지만, 소비자는 차에 대한 어떠한 '느낌'을 기초로 해서 BMW에 손을 들어주는 것이다. 아무리 생각해도 옛 소련과 중국의 관료들이 빈틈없이 그 차이를 이해할 수 있다고는 생각할 수 없다.

중앙계획경제의 입안자들은 가격관리와 상품할당 유지를 꾀하지 않을 수 없었기 때문에 국제적 분업체계에도 참가할 수 없게 되고, 그 결과 이러한 분업에 의해 가능해지는 규모의 경제 실현도 뜻대로 할 수 없게 된다. 1700만의 인구를 안고 있는 공산주의 국가 동독에서는 세계경제 시스템을 국내에 그대로 복제하는 용감한 시도를 했지만, 실제로는 공해를 마구 일으키는 트라반트차에서부터 에리히 호네커가 장려한 메모리칩까지 외국에서 구입하면 훨씬 싸게 먹히는 상품의 조악한 모조품을 대량으로 생산하는데 지나지 않았다.

결국 중앙계획경제는 가장 귀한 인적자산, 즉 근로를 선으로 하는 노동윤리를 엉망으로 만들었던 것이다. 노동의욕을 부정하는 사회·경제정책을 채용하면 아무리 견고한 노동윤리도 파괴되어 버리고 그것을 다시 회복시키기란 매우 곤란한 경우가 많다. 후에 제4부에서도 논하겠지만, 많은 나라에 존재하는 견고한 노동윤리는 근대화라는 과정의 결과로서 발생하는 것이 아니고 오히려 근대 이전의 문화와 전통의 잔재라고 생각해도 될 것이다. 견고한 노동윤리를 갖는 것은 '탈공업화' 경제를 성공으로 이끄는 절대조건은 아닐지언정 그 보탬이 되는 것은 틀림없고, 이러한 경제권에서 생산보다 소비를 중시하는 경향에 역으로 균형을 맞춰주는 데에도 결정적인 역할을 수행할지 모른다.

테크놀로지의 발전은 필연적으로 산업의 성숙을 가져오고 그 결과 공산주의 체제하에서의 중앙의 통제는 약화되어 보다 자유로운 시장지향형 경제로 대체될 것이라고 기대하는 사람은 지금까지도 많았다. 레이몽 아롱은 "테크놀로지가 한층 복잡해지는데 따라서 공론가나 군인은 힘이 약해지고, 대신 관리직 계급의 힘이 강력해질 것이다"라고 언급했는데, 이 의견은 기술관료는 "공산주의 붕괴자"라는 일찍이 그가 한 주장과 부합되고 있다.[7] 결과적으로 보자면 그의 예언은 매우 정확했는데, 서방측 사람들도 짐작 못했던 것은 이 예언이 언제쯤이면 실현될 것인가라는 점이었다.

옛 소련도 중국도 자국 사회를 석탄과 철광의 시대로 육성할 능력을 갖고 있다는 것은 완전히 입증되었다. 물론 거기에 필요한 기술은 그리 복잡하지 않아 농장에서 강제로 끌어다가 단순한 조립라인에 세우기만 하면 거의 문맹인 소작농조차 마스터할 수 있는 것이었다. 이와 같은 경제를 운영할 정도의 전문지식을 갖춘 스페셜리스트들은 순종적이고 정치적인 지배도 용이하였다.[8] 일찍이 스탈린은 저명한 항공기계 설계가인 츠포레프를 강제수용소에 감금했는데 거기서 츠포레프는 가장 좋은 비행기 한 대를 설계했다. 스탈린의 후계자들은 공산주의 체제에 대한 충성을 보이면 지위와 보수를 주는 식으로 관리직과 기술자를 수용했다.[9] 그렇지만 중국에서의 모택동의 방식은 달랐다. 그는 소련에 있었던 특권적인 인텔리 기술자가 생기는 것을 막기 위해 우선 1950년대 후반의 대약진 시기에, 그리고 나아가 1960년대 후반의 문화대혁명 기간에 지식인에 대한 전면전쟁을 선언했다. 엔지니어와 과학자는 농산물의 수확과 기타의 육체노동을 강제당하고, 한편으로 기술적 능력이 필요한 직무에는 정치적으로 품행이 방정한 이데올로기 신봉자가 배치된 것이다.

물론, 전체주의 국가와 권위주의 국가가 상당히 장기간에 걸쳐서――구

---

7) Jeremy Azrael, *Managerial Power and Soviet Politics* (Cambridge, Mass: Harvard University Press, 1966), p. 4에서 Aron을 인용하고 있다. Azrael은 이 점에 관해 Otto Bauer, Isaac Deutscher, Herbert Marcuse, Walt Rostow, Zbigniew Brzezinski, Adam Ulam 등도 인용하고 있다. 또한 Allen Kassof, "The Future of Soviet Society, in Kassof, ed., *Prospects for Soviet Society* (New York: Council on Foreign Relations, 1968), p. 501을 참조.

8) 산업의 가일층의 성숙화에 대한 요구에 대해 소비에트 체제가 어떻게 적응해 왔는가에 관해서는 Richard Lowenthal, "The Ruling Parthy in a Mature Society," in Mark G. Field, ed., *Social Consequences of Modernization in Communist Societies* (Baltimore: Johns Hopkins University Press, 1976).

9) Azrael, Managerial Power and Soviet Politics, pp. 173~180.

소련과 중국에서는 수십 년에 걸쳐서—경제적 합리화의 요청을 계속 거부할 수 있었던 그 능력을 과소평가해서는 안 된다. 그러나 이러한 거부는 최종적으로 경제정체라는 희생을 초래했다. 중국과 구소련은 1950년대의 경제수준을 초월했다고는 하나 중앙계획경제의 전면적 실패로 국제무대에서 유력한 역할을 할 수 없게 되어, 종국에는 자국의 안전조차 뜻대로 할 수 없게 되었다. 중국에서는 문화혁명기에 모택동이 유능한 기술자를 박해했던 탓에 1세대 전의 상태로 역행할 만큼 심각한 경제적 곤경에 빠졌다. 1970년대 중반에 권력을 장악한 덩샤우핑(鄧小平)이 가장 우선적으로 실행한 것은 기술계 지식인의 명성과 권위를 회복시키고 이데올로기가 선행되는 정치의 변덕으로부터 이들 지식인을 보호하는 것이었다. 요컨대 1세대 전에 소련이 채용한 인텔리 회유책을 받아들였던 것이다. 그러나 기술계 엘리트로 하여금 이데올로기에 봉사시키려고 한 노력은 또 다른 형태의 문제를 야기했다. 스스로 생각하거나 외부세계에 대해서 연구할 자유가 폭넓게 인정된 지식인들은 다양한 현대사상에 정통하게 되었고, 그리고 그것을 받아들이기 시작했다. 모택동이 두려워한 것처럼 기술계 지식인은 '부르주아 자유주의'의 주요한 소개자가 되어 그 후의 경제개혁에서 중요한 역할을 수행하게 되었던 것이다.

　1980년대 말까지 중국, 소련, 나아가 동유럽 나라들은 선진산업국의 경제논리에 굴복해 버렸다고 봐도 무방할 것이다.[10] 천안문 사태 후의 정치적 탄압에도 불구하고 중국지도부는 시장경제와 경제정책 결정에 있어서 분권화의 필요성을 인식하고, 나아가 세계화된 자본주의적 분업체제에 적극적으로 참가할 필요성도 점차 인정하고 있다. 동시에 기술계 엘리트의 진출에 수반하여 사회계층이 보다 폭넓게 분화해 가는 현상을 기꺼이 받아들이려는 자세도 보이고 있다. 또 1989년의 민주화 혁명 이후 동유럽에서는 시기와 속도에 차이는 있지만 모든 나라가 시장경제 시스템으로의 복귀를 선언했다. 그에 비해서 소련 지도부에서는 시장경제로의 전면적 이행에 대한 주저도 볼 수 있었지만, 1991년 8월의 쿠데타 실패에 의해서 초래된

---

10) 중국에 관해 이 점을 검토한 것으로서 Edward Friedman, "Modernization and Democratization in Leninist State: The Case of China," *Studies in Comparative Communism* 22, nos. 2-3 (Summer-Autumn 1989): 251~264.

정치적 변동 이후, 원대한 자유주의적 경제개혁의 길로 그 첫발을 내딛었던 것이다.

어느 사회가 자본주의 경제를 규제하고 계획화하는 것은 어느 정도까지는 그 사회의 재량의 범위 내에 있다. 우리의 사회진보 메커니즘에 의해서도 그것을 이러쿵저러쿵 말할 수 없다. 그렇지만 테크놀로지 주도의 경제적 근대화의 진전으로 선진국들은 실질적인 경제경쟁과 시장 메커니즘에 의한 가격결정 시스템을 인정하고, 동시에 자본주의 경제의 보편성을 기본적으로 받아들이도록 강력히 요구받고 있다. 이미 분명히 밝혔듯이 완전한 경제 근대화에 이르는 길은 이 이외에는 있을 수 없는 것이다.

9
자유시장경제의 승리

정치체제가 어떻든 쇄국정책을 유지한 채로 근대화를 수행한 국가는 지금까지 세계적으로 볼 때 한 나라도 없었다.

1982년, 덩샤오핑의 연설에서[1]

선진국에서는 자본주의 체제가 어떤 의미에서 불가결한 것이고, 반면에 마르크스 레닌주의에 기초한 사회주의 체제는 부와 근대적 기술문명을 만들어내는 데에는 심각한 장애물이었다는 사실은 20세기 최후의 10년간에 거의 상식화된 것 같다. 그에 비해서 1950년대 유럽의 공업화 수준에도 미치지 못하고 있는 후진국에 있어서 사회주의가 갖고 있던 자본주의와의 상대적 장점은 흔히 간과되기 쉽다. 석탄과 철강의 시대조차 꿈에 지나지 않는 빈곤한 국가로서는, 구소련이 정보화 시대의 테크놀로지에 뒤떨어졌다는 사실을 그다지 신경 쓰지 않는다. 더 중요한 것은 소련이라는 나라가 불과 1세대도 안 되는 동안에 도시화되고 공업화된 사회를 만들어냈다는 점이다. 사회주의적인 중앙계획경제의 매력이 오랫동안 지속된 것은, 자본의 축적과 '균형을 취한' 산업발전을 지향한 국가자원의 '합리적' 재분배를 신속히 달성하는 방법을 제시해 주었기 때문이다. 일찍이 공업화된 미

---

1) 인용은 Lucian W. Pye, *Asian Power and Politics: The Cultural Dimensions of Authority* (Cambridge, Mass.: Harvard University Press, 1985), p. 4.

국이나 영국과 같은 나라가 수세기에 걸쳐서 정치적 강제력을 이용하지 않고 달성한 이 과정을 소련에서는 1920년대부터 30년대의 노골적인 공포정치 아래서 농업부문의 착취를 통하여 달성해냈던 것이다.

사회주의 체제는 제3세계 제국의 발전 전략에 유리한 길이라고 하는 주장이 상당히 설득력을 갖게 된 것은, 라틴아메리카와 같은 지역에서 자본주의로는 지속적으로 경제성장을 할 수 없다는 것이 명백해졌기 때문이다. 실제로 제3세계가 존재하지 않으면 마르크스주의는 금세기의 보다 빠른 시기에 사멸되어 버렸을 것이다. 그렇지만 저개발국가들의 끊임없는 빈곤이 마르크시즘의 교의에 새로운 생명을 불어넣었다. 좌익세력은 처음에는 빈곤을 식민지주의 탓으로 돌렸고, 식민지가 소멸되면 "신식민주의" 탓으로, 최후에는 다국적기업의 탓으로 할 수가 있었던 것이다. 제3세계에서 마르크스주의를 유지하려고 하는 극히 최근의 시도는 소위 '종속이론'으로 불리고 있다. 주로 라틴아메리카에서 발달한 이 이론은 1960년대부터 70년대에 걸쳐서 풍요롭고 공업화가 진행된 북쪽의 국가들에 대해서 가난한 남쪽의 나라들이 하나가 되어서 자기주장을 전개할 때의 학문적 근거가 되었다. 그렇지만 이 종속이론은 남쪽나라들의 민족주의와 연결된 결과 그 학문적 정당성 이상으로 큰 영향력을 행사하게 되었고, 거의 30년 남짓 제3세계의 많은 지역에서 성장 가능성이 있던 경제발전을 엉망으로 만들어 버렸던 것이다.

종속이론의 사실상 아버지라고 불러야 할 존재는 레닌이다. 그는 1914년의 유명한 논문 〈자본주의의 최고단계로서의 제국주의〉에서 유럽의 자본주의가 노동자 계급의 절대적 빈곤을 초래하지 않고 오히려 현실적으로는 생활수준이 향상되고, 노동자 내부에 상당히 자기만족적인 조합주의적 발상을 뿌리내리게 했던 것에 대해서 설명을 시도했다.[2] 레닌에 따르면 자본주의는 사실상 유럽의 "잉여자본"을 흡수할 수 있을 만큼의 노동력과 원재료를 가진 식민지로 착취를 수출함으로써 존속을 도모해왔던 것이다. "독점 자본주의" 간의 경쟁은 저개발 국가들의 정치적 분할을 초래하고 나아가 그것이 대립과 전쟁 그리고 그 나라의 내부에 혁명을 초래한다

2) V. I. Lenin, *Imperialism: The Highest Stage of Capitalism* (New York: International Publishers, 1939).

는 것이다. 마르크스와는 대조적으로 레닌은 자본주의를 붕괴시키는 최종
적인 모순이 선진국 내부의 계급투쟁이 아니라 발전된 북과 저개발 국가들
의 "세계적 프롤레타리아트"와의 사이의 계급투쟁에 있다고 주장했다.

　1960년대가 되면서 종속이론에도 몇 가지의 학파가 태동했는데[3] 그 기
원을 살펴보면 모두 아르헨티나의 경제학자 라울 프레비시에 귀착한다.[4]
1950년대에 UN 라틴아메리카경제위원회(ECLA)의 장을 역임하고 후에 국
제연합무역개발회의(UNCTAD)의 사무국장이 되었던 프레비시는 세계경제
의 "중심국"에 비해서 "주변국"의 무역조건은 상대적으로 점점 악화하고
있다고 지적했다. 그리고 라틴아메리카와 같은 제3세계 지역의 경제정체는
세계화된 자본주의 경제질서 탓이고, 이러한 경제질서 때문에 제3세계는
영속적인 "종속적 발전상태"에 머물러 있다고 주장했다.[5] 요컨대 북쪽지
역이 풍요롭게 되면 될수록 그 직접적 결과로 남쪽 지역은 더욱 가난하게
될 것이라는 주장이다.[6]

3)　그러한 것들의 개략에 대해서는 Ronald Chilcote, *Theories of Comparative Politics: The Search for a Paradigm* (Boulder, Colo.: Westview Press, 1981); James A. Caporaso, "Dependence, Dependency, and Power in the Global System: A Structural and Behavioral Analysis," *International Organization* 32 (1978): 13~43, and idem, "Dependency Theory: Continuities and Discontinuities in Development Studies," *International Organization* 34 (1980): 605~628; and J. Samuel Valenzuela and Arturo Valenzuela, "Modernization and Dependency: Alternative Perspectives in the Study of Latin American Underdevelopment," *Comparative Politics* 10 (July 1978): 535~557.

4)　이 점에 관한 연구는 다음 논문에 상세히 쓰여 있다. "*El Segundo Decenio de las Naciones Unidas Para el Desarrollo : Aspectos Basicos del la Estrategia del Desarrollo de America Latina*" (Lima, Peru: ECLA, April 14~23, 1969). Prebisch의 활동은 Osvaldo Sunkel이나 Celso Furtado와 같은 경제학자로 이어져 북미에서는 André Gunder Frank 에 의해 확대되었다. Osvaldo Sunkel, "Big Business and 'Dependencia' " *Foreign Affairs* 50 (April 1972) : 517~531 ; Celso Furtado, *Economic Development of Latin America: A Survey From Colonial Times to the Cuban Revolution* (Cambridge: Cambridge University Press, 1970); André Gunder Frank, *Latin America: Underdevelopent or Revolution* (New York: Monthly Review Press, 1969). 또한 Theotonio Dos Santos도 그 흐 름을 이어받고 있다. "The Structure of Dependency," *American Economic Review* 40 (May 1980): 231~236.

5)　Walt W. Rostow, *Theorists of Economic Growth from David Hume to the Present* (New York: Oxford University Press, 1990), pp. 403~407. Prebisch의 설명을 참조.

6)　Valenzuela and Valenzuela, "Modernization and Dependency," p. 544에서 인용된 Osvaldo Sunkel과 Pedro Paz의 논(論).

고전적인 자유무역 이론으로 살펴보면 개방적인 세계무역 시스템의 참가에 의해, 어떤 국가는 커피 원두만을 팔고 다른 국가는 컴퓨터만을 판다고 하더라도 모든 나라가 최대한의 이익을 얻을 수 있을 것이다. 경제적인 후진국에서도 이 시스템에 참가하면 테크놀로지를 스스로 개발하지 않고 선진국으로부터 수입하면 되기 때문에 경제발전에 있어서는 확실히 유리한 것이다[7] 그렇지만 종속이론은 역으로 발전이 뒤떨어진 나라는 영구히 후진성이 운명 지어져 있다고 논했다. 선진국은 세계무역을 지배하면서 다국적 기업을 이용하여 제3세계 국가들에 소위 "불균형적인 발전"—즉 원재료와 상품의 대부분을 미가공 상태로 수출하는 것을 강요하고 있다. 그리고 발전된 북측 국가들은 세계시장을 자동차와 항공기 등 세련된 상품으로 독점하고, 제3세계를 사실상, 세계의 "나뭇꾼과 물 긷는 사람"의 지위로 끌어내리고 있다는 것이다.[8] 더구나 다수의 '종속이론가'는 국제경제 질서를 쿠바혁명의 뒤를 좇아서 라틴아메리카 각국에서 권력을 장악한 독재주의 정권과 관련지어 생각하고 있었다.[9]

---

7) 이 점은 원래 19세기 독일의 발전에 관해 Thorstein Veblen이 지적한 것이다. Thorstein Veblen, *Imperial Germany and the Industrial Revolution* (New York: Viking Press, 1942). 또 Alexander Gerschenkron, *Economic Backwardness in Historical Perspective* (Cambridge, Mass.: Harvard University Press, 1962), p. 8.

8) 최근의 종속이론가 중에는 라틴아메리카에서 제조업이 발전하고 있는 현실에 착안하여 서방의 다국적기업과 연결되어 소규모로 독립한 '현대적' 부문과 그것에 의해 발전 가능성이 저해되고 있는 전통적 부문을 구별하는 사람도 있다. Tony Smith, "The Underdevelopment of Development Literature: The Case of Dependency Theory," *World Politics* 31, no. 2 (July 1979): 247~285, and idem, "Requiem or New Agenda for Third World Studies?" *World Politics* 37 (July 1985): 532~561 ; Peter Evans, *Dependent Development: The Alliance of Multinational, State, and Local Capital in Brazil* (Princeton, N.J.: Princeton University Press, 1979) ; Fernando H. Cardoso and Enzo Faletto, *Dependency and Development in Latin America* (Berkeley : University of California Press, 1979), and Cardoso, "Dependent Capitalist Development in Latin America," *New Left Review* 74 (July-August 1972): 83~95.

9) 모든 종속이론가가 그렇다는 것은 아니다. 예를 들면 Fernando Cardoso는 이렇게 인정한다. "기업가는 다른 사회성원과 똑같이 '민주적 자유주의'에 매력을 느껴온 것 같다." 그리고 "대규모적인 공업화 사회의 형성에서 생기는 구조적 요인이 존재하는 것처럼 생각된다. 이 요인이 국가보다도 시민사회를 훨씬 높게 평가하는 사회 모델에 대한 탐구를 초래하고 있다." "Entrepreneurs and the Transition Process: The Brazilian Case," in O'Donnell and Schmitter, *Transitions from Authoritarian Rule: Latin America*, p. 140.

종속이론으로부터 성립된 정책은 자유주의 이념과 정면으로 대립하는 것이었다. 비교적 온건한 종속이론가조차도 서유럽의 다국적기업에 당하지 말고 수입에 대한 고관세 장벽의 설정과 수입 대체로 불리는 정책을 통하여 자국 산업을 보호 육성하도록 주장했다. 더 급진적인 종속이론가의 경우는 혁명의 기운을 고양시키거나 자본주의적인 무역 시스템에서 손을 떼거나, 쿠바를 본받아 소련 블록으로의 통합을 모색함으로써 세계 경제질서 전체를 엉망으로 만들라는 주장을 했다.[10] 이렇게 해서 1970년대 초기에 소련과 중국에서조차 이미 현실사회를 지지하는 토대로서는 외면당하고 있던 마르크스주의의 이념이 제3세계 및 구미 대학의 지식인들 손으로 후진세계에 미래를 열어줄 처방전으로서 소생했던 것이다.

이 종속이론은 오늘날에도 좌익 지식인 사이에서는 명맥을 유지하고 있지만 바야흐로 그것으로는 전혀 설명할 수 없는 일대 현상이 일어났기 때문에 이론 모델로서는 파탄을 맞이하게 되었다. 그 현상이란 제2차 세계대

---

10) 미국에서는 종속이론의 입장에 선 견해가 스스로를 경험주의적인 사회과학이라고 주장하는 근대화 이론에 대한 광범위한 공격의 기초가 되었다. 어느 비평가의 말을 빌면, "미국의 사회과학자들이 채용하고 있는 지배적인 이론은 결코 그 제창자가 주장하는 것만큼 보편적 타당성을 갖고 있지 못하다. 이러한 이론은 라틴아메리카에 대한 합중국의 일부 권익에 관해서만 들어맞는 것이고, 보다 정확히 규정한다면 과학적 지식의 확고한 기초라고 하기보다 하나의 이데올로기의 표현에 지나지 않는 것이다." 선진국에서의 정치적 내지 경제적 자유주의는 역사발전의 종점이라는 견해에 대응해 그것은 "문화적 제국주의"의 한 형태이고 "미국적인, 보다 넓게 말하면 서양적인 문화선택을 다른 사회에 강요하는 것이다" 라는 비판도 있다. Susanne J. Bodenheimer, "The Ideology of Developmentalism American Political Science's Paradigm-Surrogate for Latin American Studies," *Berkeley Journal of Sociology* 15 (1970): 95~137 ; Dean C. Tipps, "Modernization Theory and the Comparative Study of Society: A Critical Perspective," *Comparative Studies of Society and the History* 15 (March 1973): 199~226. 소규모 산업이 성장을 이루어온 것에 관하여 종속이론은 극히 편향된 역사해석을 하고 있다. 예를 들면 16세기의 세계는 이미 '중심부'와 착취당하는 '주변부'로 분할된 자본주의적 '세계체계' 였다는 것이다. 그 대표는 Immanuel Wallerstein의 저작이다. 예를 들면 *The Modern World System*, 3volumes, (New York: Academic Press, 1974 and 1980). Wallerstein의 역사자료를 읽는 방법을 다소 동정적 입장에서 비평한 것으로, Theda Skocpol, "Wallerstein's World Capitalist System: A Theoretical and Historical Critique," *American Journal of Sociology* 82 (March 1977): 1075~1090 ; and Aristide Zolberg, "Origins of the Modern World System: A Missing Link," *World Politics* 33 (January 1981): 253~281.

전 후의 동아시아의 경제발전이다. 종속이론이란 경제발전의 근원에서 등을 돌림으로써 스스로가 경제성장의 장애물이 되어버리는 자멸 이론이다. 아시아 국가들의 경제적 성공은 그들 국가에 어떠한 물질적 혜택을 가져다주었을 뿐만 아니라 이러한 종속이론을 마침내 잠재워버리는 유익한 결과를 낳았다.

종속이론의 주장대로 제3세계의 후진성이 개발도상국의 세계적인 자본주의 질서에의 참가에 의한 것이라고 한다면, 한국과 타이완, 홍콩, 싱가포르, 말레이시아, 태국 등의 국가에서 일어난 경이적인 경제성장을 어떻게 설명하면 될 것인가? 제2차 세계대전 후 이들 국가의 거의 대부분은 후에 라틴아메리카를 석권하는 자급자족과 수입대체 정책을 교묘히 회피하고 그 대신에 수출 지향형의 경제성장만을 추구하여 다국적 기업과의 연대를 통해서 외국시장 및 외국자본과 자국을 잘 연계했던 것이다.[11]

더구나 이 나라들은 천연자원이나 원래부터 자본축적이 있었기 때문에 부당하게 유리한 조건에서 출발했다는 주장은 성립되지 않는다. 중동과 같은 석유부국이나 라틴아메리카의 광산자원 혜택을 부여받은 나라와는 달리 동아시아 국가들은 국민이라는 인적 자본 이외에는 아무것도 지니지 못한 상태에서 경제의 국제경주에 참가했던 것이다.

제2차 세계대전 후의 아시아의 경험은 정말이지 고전적인 자유무역 이론의 예언대로 뒤늦게 근대화를 수행한 나라가 기존의 산업대국에 비해서 상대적으로 유리하다는 것을 증명하고 있다. 일본을 비롯하여 늦게 근대화를 수행한 아시아 국가들은 미국과 유럽으로부터 최첨단 테크놀로지를 살 수가 있고, 노후화되고 비능률적인 생산기반 때문에 고민하지도 않고 1세대에서 2세대 동안에 하이테크 분야에서 경쟁력을 갖출 수 있었다(많은 미국인들은 경쟁력을 너무 많이 갖추었다고 할지도 모르지만). 이것은 아시아를 유럽이나 북미와 비교한 경우뿐만 아니라 아시아 국가들 간에도 적용된다. 태국과 말레이시아 같은 나라에서는 경제발전이 일본과 한국보다도 늦게 시작되었는데 그래도 아무런 문제는 없었다. 또 서유럽의 다국적 기업은 자유주의 경제의 교과서에 씌어 있는 대로 행동하였다. 요컨대 저임금인 아시아의 노동력을 착취하는 한편 그 담보로서 시장과 자본, 기

11) 이 논의는 Lucian Pye, *Asian Power and Politics*, p. 4에서 전개되고 있다.

술을 공급하였다. 다국적 기업은 테크놀로지를 보급하는 도구로서의 역할을 담당하고, 그것이 결국은 각국의 자립적인 성장을 가져왔던 것이다. 어떤 싱가포르의 고위관료가 자국에서는 용납할 수 없는 세 가지의 악덕이 있는데 그것은 "히피족과 장발족, 그리고 다국적기업에 대한 욕설이다"라고 말한 이유도 여기에 있는 것이다.[12]

뒤늦게 근대화를 달성한 이러한 국가의 경제성장은 정녕 기록적인 것이다. 일본 경제는 1960년대에는 매년 9.3%, 70년대에도 연 6%의 성장을 이루었다. "네 마리의 호랑이"로 불리는 홍콩, 타이완, 싱가포르, 한국의 같은 시기의 성장률은 9.3%였다. ASEAN 전체적으로 따지더라도 경제성장률은 8%를 넘고 있다.[13]

또 아시아에서는 두 개의 상이한 경제 시스템을 서로 직접 비교해볼 수 있다. 타이완과 중화인민공화국은 1949년에 별개의 국가로 출발했는데 그 시점에서 양국의 생활수준은 거의 같았다. 그런데 타이완은 시장경제 하에서 실질 GNP가 매년 8.7%의 신장률을 보였고 일인당 GNP도 1989년에는 7,500달러에 달하고 있다. 그와는 반대로 중국의 같은 해의 일인당 GNP는 약 350달러이고 더구나 그 대부분은 10년에 걸친 시장경제 지향의 개혁 덕분에 손에 들어온 돈이었다. 북한과 한국의 경우도 1960년 시점에서 일인당 GNP는 거의 동일한 수준이었다. 다음해 1961년에 한국은 수입대체 정책을 포기하고 상품의 국내가격과 국제가격을 일치시켰다. 그 결과 한국경제는 연간 8.4%의 경제성장을 이루어 1989년의 일인당 GNP는 4,550달러가 되었는데 이 숫자는 북한의 4배를 넘는다.[14]

나아가 이와 같은 경제의 성공은 국내의 사회적 공정성을 희생으로 하고 있었던 것은 아니었다. 아시아의 임금은 착취라는 표현이 들어맞을 만큼 낮다거나, 각국 정부는 소비 수요를 무리하게 억제하여 높은 수준의 저축을 강권한다거나 하는 문제는 지금까지도 지적되어 왔다. 그러나 아시아 국가들이 일정 수준의 번영을 이룸에 따라서 그 소득분배는 차츰 급속

---

12) *Ibid.*, p. 5.

13) *Ibid.*

14) 이 숫자는 "Taiwan and Korea: Two Paths to Prosperity" *Economist* 316, no. 7663 (July 14, 1990): 19~22.

히 평준화되기 시작했다.[15] 타이완과 한국에서는 거의 30년의 세월에 걸쳐서 소득의 불평등이 서서히 해소되어 왔다. 1952년의 타이완에서는 2할의 최상층 계급이 마찬가지인 2할의 최하층 계급의 15배나 되는 소득을 얻고 있었는데, 이 수치는 1980년 시점에서 4.5배까지 내려갔다.[16]

현재의 경제성장률이 이대로 지속된다고 하면 ASEAN의 다른 국가들도 다음 세대까지 이와 동일한 정도의 소득의 평준화를 실현하리라는 것은 쉽게 추측이 되는 일이다.

종속이론의 최후의 정당성을 지키는 수단으로서 일부 옹호자들은 아시아의 신흥공업경제지역(NIES)의 경제적 성공은 경제계획 덕택이고, 자본주의가 아니라 산업정책이야말로 성공의 비결이었다고 설명하기도 한다.[17] 그렇지만 경제계획이 아시아에서는 미국 이상으로 커다란 역할을 수행한 것은 사실로 치더라도 아시아 경제 중에서 가장 성공한 것은 대체로 국내시장에서의 경쟁과 국제시장에의 통합이 가장 현저한 부분으로 나타나는 점이다.[18] 나아가 경제에 대한 국가 개입의 전형적인 예로서 아시아를 인용하는 좌익논자들 대부분은 노동력과 복지수요를 억제하는 거의 권위주의적인 아시아 방식의 경제계획을 참을 수 없을 것이다. 그렇다고는 하지만 자본주의의 희생자를 구하기 위해 국가가 개입하는 좌익이 선호하는 계획경제에서는 지금까지 역사적으로 보아도 훨씬 어설픈 성과밖에 올리지 못

15) 학력이 있는 광범한 중산계급의 성장을 측정하는 수단으로서 신문의 정기구독자수가 있다. 헤겔에 따르면 정기구독이라는 행위는 역사의 종점에 달한 중산계급 사회에 있어서는 매일의 기원을 대신하는 것이다. 타이완과 한국의 정기구독자수는 현재 미국과 같은 높은 수준에 있다. Pye, "Political Science and the Crisis of Authoritarianism," p. 9.

16) *Ibid.* 1980년대 초기까지 타이완은 개발도상국 중에서 지니계수(소득분배의 평등성을 측정하는 방법)가 가장 비율이 낮았다. Gary S. Fields, "Employment, Income Distribution and Economic Growth in Seven Small Open Economies," *Economic Journal* 94 (March 1984): 74~83.

17) 아시아의 사례를 들면서 종속이론을 옹호하는 다른 시도로는, Peter Evans, "Class, State, and Dependence in East Asia: Lessons for Latin Americanists," and Bruce Cumings, "The Origins and Development of the Northeast Asian Political Economy: Industrial Sectors, Product Cycles, and Political Consequences," 이 두 논문은 함께 Frederic C. Deyo, ed., *The Political Economy of the New Asian Industrialism* (Ithaca, N. Y.: Cornell University Press 1989), pp. 45~83, 203~226에 수록.

18) 일본이 성공한 산업부문의 경쟁적 성격에 관해서는 Michael Porter, *The Competitive Advantage of Nations* (New York: Free Press, 1990), pp. 117~122.

했던 것이다.

　제2차 세계대전 후의 아시아의 경제 기적이 증명했던 것은 자본주의야말로 모든 국가에게 실현 가능한 경제발전의 길이라는 점이다. 제3세계의 어떠한 저개발국도 경제면에서 자유주의를 기준으로 삼고 있는 한, 단순히 유럽보다 경제발전의 시기가 늦었기 때문이라는 이유로 불이익을 당하는 것은 아니고 기존의 산업대국도 이들 후진국의 발전을 저해하거나 할 힘은 갖추고 있지 않다.

　그런데 자본주의의 '세계시스템'이 제3세계의 경제발전에 장애가 되지 않는다면 아시아 이외의 시장 지향형 경제가 그만큼 급속하게 성장하지 않았던 것은 무엇 때문인가? 라틴아메리카와 다른 제3세계의 경제정체 현상은 아시아 경제의 성공과 마찬가지로 어떤 점에서 보더라도 사실이고, 종속이론이 생성된 원래의 이유도 거기에 있다. 이 물음에 대해서는 종속이론과 같은 네오 마르크스주의적인 설명을 논외로 하면 크게 나누어 두 가지의 답이 가능하다.

　첫째는 문화면에서의 설명이다. 요컨대 라틴아메리카와 같은 지역에 사는 사람들의 관습, 종교, 사회구조는 아시아와 유럽의 그것과는 상이하여 높은 수준의 경제성장을 거부하게끔 되어 있다는 것이다.[19] 이와 같은 문화면에서의 논의는 중요한 것이고, 우리들은 이 책의 제4부에서 또 한 번 그 문제로 되돌아가려고 생각한다. 어떻든 어떤 특정 사회 안에 시장기능에 대한 중대한 문화적 장애가 존재한다고 하면 경제적 근대화의 기초를 이루는 자본주의의 보편성 그 자체에도 의심을 품게 된다.

　둘째는 정치·정책면에서의 설명이다. 지금까지 라틴아메리카와 제3세계의 여러 지역에서 자본주의가 기능하지 못했던 것은 그 방식을 진지하게 받아들이려고 하지 않았기 때문이다. 요컨대 라틴아메리카의 "자본주의" 경제는 그 다수가 겉만 번드르르하고 대부분이 중상주의(16, 17세기에 유럽 국가들이 채용한 무역으로 국가를 풍요롭게 하려고 한 경제정책)의 전통과 경제적 공정성의 명목으로 설립되어서 모든 면에 침투한 국영 부문의 영향에 의해 심하게 손상되어 있다는 것이다. 이 주장은 상당한 설득력이

---

19) 이 주장을 하고 있는 것은, Lawrence Harrison, *Underdevelopment Is a State of Mind: The Latin American Case* (New York: Madison Books, 1985)이다.

있고 국가의 정책이라는 것이 문화에 비해서 훨씬 바꾸기 용이하다는 점을 고려한다면, 우선 이 논의로부터 시작해가는 것이 타당할 것이다.

명예혁명에 의해 출현한 자유주의 국가 영국의 철학과 전통, 문화를 북미가 계승한 것처럼 라틴아메리카는 16~17세기의 스페인과 포르투갈로부터 많은 봉건적 제도를 수용하였다. 그 중에는 자신들의 더욱 큰 영광을 위해 경제활동을 왕실의 관리 하에 두려고 한 스페인과 포르투갈 국왕의 강한 의지, 요컨대 중상주의로서 알려진 정책도 포함되어 있다. 어떤 연구자는 이렇게 말한다. "식민지 시대부터 오늘날까지 (브라질) 정부는 경제 면에서는 결코 중상주의 시대 이후의 유럽의 단계로 이행하지 않았다……국왕은 경제의 최고의 비호자이고, 모든 상업 생산 활동에는 허가증과 독점 특허장과 무역의 특권이 필요하게 되었다.[20] 라틴아메리카에서는 스페인의 남미 정복 후에 등장한 한층 더 기업가적인 중산계급 때문이 아니라 오히려 옛 유럽의 게으른 상류 지주계급을 본받은 자국의 상류계급의 경제적 이익을 증가시키기 위해 국가권력을 쓰는 일이 일상다반사가 되어 갔다. 1930년대부터 60년대를 통해서 많은 라틴아메리카 국가들이 채용한 수입대체 정책 덕분으로 이러한 특권계급은 자국 정부에 의해 국제경쟁에서 보호를 받았던 것이다. 그러나 이 수입대체 정책은 규모의 경제를 실현할 수 없을 정도로 작은 국내시장에 자국의 생산자를 속박해 버렸다. 그 결과 브라질과 아르헨티나 멕시코의 자동차 생산비용은 미국에 비해 60에서 150%나 비싸지게 되었던 것이다.[21]

오랫동안 역사적으로 배양된 라틴아메리카의 중상주의 지향은 20세기가 되자 "사회적 공정성"을 도모하기 위해 부자로부터 빈자에게 부를 재분배하는 수단으로서 국가를 이용하려고 하는 진보적 세력의 요구와 맞물

20) Werner Baer, *The Brazilian Economy: Growth and Development*, third edition (New York: Praeger, 1989), pp. 238~239.
21) 이 숫자의 출전은 Werner Baer, "Import Substitution and Industrialization in Latin America : Experiences and Interpretations," *Latin American Research Review* 7, no. 1 (Spring 1972) : 95~122에 인용되어 있는 Baranson의 연구. 유럽 및 아시아의 이전의 후진국들은 미성숙 산업을 보호하였는데, 이러한 보호가 이들 나라의 초기 경제성장의 원천이 되었는지 어떤지는 분명하지 않다. 어쨌든 수입대체는 라틴아메리카의 이곳저곳에서 볼 수 있고, 게다가 신산업의 보호라는 명목으로 정당화된 시기 후에도 계속되어 왔던 것이다.

려갔다.[22] 이 움직임은 다양한 형태를 취하고 있고, 거기에는 1930년대부터 40년대에 걸쳐서 아르헨티나, 브라질, 칠레 등에서 도입된 노동입법도 포함되는데, 이 법률은 아시아에서의 경제성장에 결정적인 역할을 한 노동집약형 산업의 발전을 저해하는 것이었다. 어떻든 좌파와 우파는 이렇게 해서 경제분야에 대한 정부개입을 확대시킨다는 한 가지에서 단결했다. 이 연합의 결과로 많은 라틴아메리카 경제는 직접적으로 경제활동의 지배를 기도하거나 위로부터 터무니없는 규제를 강제하거나 하는 방만하고 비효율적인 국영부문에 의해 지배되기에 이르렀던 것이다. 예를 들면 브라질의 경우 국가는 단지 우편과 통신사업을 하는 것뿐만 아니라 철강을 생산하고 철광석과 칼륨 화합물을 채굴하고 석유를 시추하고 상업은행과 투자은행을 경영하고 발전소를 움직이고 비행기를 조립하고 있다. 이와 같은 공영기업에는 파산 따위는 있을 수 없고, 정치적 보호의 일환으로서 고용을 한다. 브라질 경제의 상품가격, 특히 공공부문 내의 가격은 시장에 의해 결정된다기보다 오히려 유력 조합과의 정치적 흥정을 통해 결정되어 간다.[23]

또 하나, 페루의 예를 들어보자. 헤르난도 데소토는 그의 저서 《또 하나의 길》에서 리마에 있는 그의 연구소가 시험 삼아 페루정부가 정한 법적 규제에 준하여 가공공장의 설립 신청을 했을 때의 고통의 정도를 소개하고 있다. 이때 11단계의 관료적인 수속을 통과하는데 289일을 필요로 하고 수수료와 인건비(2건의 뇌물을 포함하여)의 총계는 1,231달러, 즉 페루의 월 최저 임금의 32개월분에 달했다.[24] 데소토에 따르면 신산업 개설시 규제의 장벽은 페루인, 특히 가난한 사람들로부터 기업가 정신을 빼앗는 주원인이 되고 있다. 또 국가가 강요하는 무역장벽에 대처할 의지도 힘도 없는 사람들이 거대하고 동시에 비공식적인 (요컨대 비합법 혹은 지하의) 경제를 만연시키고 있는 이유도 거기에 있는 것이다. 모든 주요 라틴아메리

22) 이 점에 대해서는 Albert O. Hirschman, "The Turn to Authoritarianism in Latin America and the Search for Its Economic Deteminants," in David Collier, ed., *The New Authoritarianism in Latin America* (Priceton, N. J. : Princeton University Press, 1979), p.85를 참조.

23) 브라질에서의 공공부문에 관해서는 Baer, *The Brazilian Economy*, pp. 238~273.

24) Hernando de Soto, *The Other Path : The Invisible Revolution in the Third World* (New York: Harper and Row, 1989), p. 134.

카 국가에는 거대한 '비공식적' 지하경제가 발달하고 있는데, 어떤 나라에 서는 총GNP의 4분의 1 내지 3분의 1을 차지하고 있다. 말할 필요도 없이, 경제활동을 불법적 채널로 몰아넣는 것이 경제효율에 도움이 될 수는 없 는 법이다. 소설가 마리오 바르가스 로사는 이렇게 말한다. "라틴아메리카 에 관해서 가장 널리 믿어지고 있는 신화의 하나는, 이 지역의 후진성이 경 제적 자유주의라는 오류로 가득찬 철학의 산물이라는 것이다." 바르가스 로사에 의하면 실제로는 그런 자유주의는 한 번도 존재했던 적이 없었다. 거기에 있었던 것은 일종의 중상주의, 예컨대 "국부의 재분배를 부의 생산 이상으로 중요하다고 간주하는 관료화된 규제투성이의 국가체제"였다. 그 리고 이 부의 재분배는 "독점의 용인, 혹은 국가와 유착관계에 있는 소수 특권그룹에 대한 좋은 대우"라는 형태를 취했던 것이다.[25]

라틴아메리카에서 경제활동에 대한 극심한 국가 개입을 말해주는 예는 한이 없다. 그중에서도 유명한 것은 아르헨티나이다. 1913년 시점에서 이 나라의 일인당 GDP(국내총생산)는 거의 스위스의 6분의 1, 이탈리아의 3 분의 1, 그리고 캐나다의 5분의 1에도 미치지 못했다. 아르헨티나가 선진 국에서 후진국으로 장기에 걸쳐 추락하게 된 직접적인 원인을 규명하면, 1930년대에 일어난 세계적인 경제위기에 대한 대응책으로 수입대체정책을 채용했던 것에 귀착된다. 이 정책은 1950년대에 팬 페론 정권하에서 강화 되어 정착해갔다. 페론은 또 자기 자신의 권력기반을 굳히는 수단으로서 국가권력을 이용해서 노동자에게 부를 재분배했다. 1953년에 그가 칠레대 통령 카를로스 이바네즈에게 보낸 서한은 경제현실이 제기하는 요청을 정 치지도자가 얼마만큼 완고하게 거부할 수 있는가 하는 실례를 무엇보다도 여실히 나타내고 있다. 이 서한에서 페론은 이렇게 충고하고 있다.

국민, 특히 노동자에게는 줄 수 있는 것을 모두 주는 것입니다. 이미 지나치게 충분히 주었다고 생각될 때에도 더 많이 주는 겁니 다. 그리고 형편을 지켜보세요. 누구나 경제붕괴라는 망령을 끌어 내 귀하를 위협하겠지요. 그러나 그런 것은 완전히 엉터리입니다. 누구도 그 실태를 이해할 수 없고 그 때문에 누구나 불안해하는

---

25) *Ibid.*, p. xiv의 서문.

경제일수록 오히려 더 융통성이 있기 마련입니다.[26]

공정을 기하기 위해서는 여기에서는 현재 아르헨티나의 기술 관료들이 페론보다 자국의 경제상태를 주도면밀하게 파악하고 있었다는 것을 언급해두자. 오늘날의 아르헨티나는 국가 통제주의적인 경제 유산의 수정이라는 곤란한 과제에 직면해 있다. 더구나 상당히 아이러니컬한 이야기지만 그 일을 담당했던 것은 페론의 후계자중 한 사람, 카를로스 메넴 대통령인 것이다.

멕시코는 카를로스 살리나스 데고르타리 대통령 하에서 메넴정권의 아르헨티나보다도 대담하게 광범한 자유주의적 경제개혁을 실시했다. 거기에는 세율의 인하와 재정적자의 해소, 민영화(1982년부터 91년에 걸쳐 1155개의 공영기업 중 875사를 매각), 탈세의 단속, 기업과 관청, 조합에서의 갖가지 부패의 적발, 나아가서는 자유무역 협정에 관해 미국과의 교섭 개시 등이 포함된다. 그 결과 1980년대 최후의 3년 동안에 실질 GNP는 3~4%의 신장을 보이는 한편, 인플레이션은 20% 이하—역사적으로도 지역적으로 보더라도 실로 낮은 수준—에 머물렀다.[27]

이와 같은 이유로 사회주의는 선진 공업사회에 매력이 없는 것과 마찬가지로 바야흐로 개도국에서도 경제 모델로서의 매력을 잃어가고 있다. 3, 40년 전이라면 사회주의라는 선택은 훨씬 설득력이 있었다. 제3세계 국가의 지도자들이 소련과 중국형의 근대화에 의한 헤아릴 수 없는 인적 희생을 인정할 만큼 정직한 인물이었다 해도, 역시 그들은 공업국화라는 목적을 위해서라면 그것도 정당화되는 것이라고 주장했을지도 모른다. 그만큼 그들 자신의 사회는 무지하고 폭력으로 가득차고 발전이 늦고 빈곤에 허덕이고 있었다. 더구나 자본주의적인 방식에 의한 경제의 근대화를 하더라도 거기에는 얼마간의 희생이 따르는 것이고 어떻든 자신들의 사회는 유럽과 북미가 근대화를 달성하는데 필요했던 오랜 세월을 도저히 기다릴 수 없다고 주장했던 것이다.

26) 인용은 Hirschman, "The Turn to Authoritarianism in Latin American and Search for Its Economic Determinants," p. 65.

27) *New York Times*, (July 8, 1990), pp. A1, D3. Sylvia Nasar, "Third World Embracing Reforms to Encourage Economic Growth" 를 참조.

그런데 오늘날 이러한 주장은 거의 통용되지 않게 되었다. 19세기 말부터 20세게 초기에 걸친 독일, 일본의 경험을 재현해 보여준 아시아의 신흥공업경제지역(NIES)은 근대화의 시작이 늦었던 나라에서도 자유 시장경제를 채용하면 기존 선진국을 따라잡고 추월까지 가능하다는 것, 그리고 그 목표를 달성하려면 1, 2세대의 기간이 있으면 족하다는 것을 증명했다. 물론 그 과정에는 그에 따르는 대가를 지불해야 했지만, 일본과 한국, 타이완, 홍콩과 같은 나라의 노동자 계급이 당한 고통은 옛 소련과 중국 사람들에게 가해졌던 대규모의 국가적 테러에 비교할 때 오히려 괜찮은 편에 속할 것이다.

최근에 구소련과 중국, 동유럽 국가들에서는 명령경제에서 시장경제 시스템으로 회귀하는 현상을 볼 수 있는데, 이것은 개발도상국에 사회주의를 통한 근대화를 단념하게 한 정말 새로운 요인이 되고 있다. 여기에서 예를 들면 페루의 정글과 남아프리카의 비백인 거주지구에 살면서 현 정권에 대해서 마르크스 · 레닌주의와 모택동주의적인 혁명을 기도하고 있는 한 사람의 게릴라 지도자의 모습을 상상해보자.

1917년 또는 1949년에 그러했듯이 그도 권력착취와 강제적 국가기관에 의한 옛 사회질서의 파괴, 그리고 집권화된 신경제 제도의 수립 등의 필요성은 당연히 예측하고 있을 것이다. 그러나 동시에 그들은 (앞에서처럼 이 인물도 정직한 게릴라라고 가정한 이야기지만) 이 첫째 혁명의 성과가 필연적으로 한정적이라는 점도 알아차리지 않을 수 없다. 즉 그는 겨우 한 세대 동안에 자국이 1960년대 또는 1970년대의 동독의 경제수준에 달할 정도의 혁명인 것이다. 물론 그 수준에 도달할 정도만 하더라도 보통은 넘는 수준이지만, 한편으로는 자국이 상당히 오랫동안 그 수준에 머무르는 것도 각오해야 한다. 만약 이 게릴라 지도자가 모든 사회적 · 환경적 희생을 감수하고라도 동독 수준 이상의 발전을 바란다면 더 나아가 제2의 혁명, 요컨대 사회주의적인 중앙계획경제의 메커니즘을 분쇄하고 자본주의 제도가 부활되는 혁명을 인식할 필요가 있다. 단, 이 제2의 혁명은 그렇게 용이한 것이 아니다. 왜냐하면 사회에는 그때 이미 불합리하기 짝이 없는 가격 체계가 편입되어 있는 반면, 국가 지도자들은 세계 최첨단을 달리는 경제 운영법에서 뒤처지고, 노동자 계급도 예전에 가지고 있던 노동윤리를 완전히 상실해버릴 것이기 때문이다.

이러한 문제를 생각하면 그에게는 자신이 오히려 자유시장을 신봉하는 게릴라가 되어 사회주의 단계는 거치지 않고 처음부터 제2의 자본주의 혁명을 지향하는 쪽이 훨씬 상책이라고 사전에 전망할 수 있을 것이다. 그리고 이 제2의 혁명이란, 규제와 관료주의의 오랜 국가구조를 타도하고 예로부터 내려온 사회계급을 국제경쟁에 드러냄으로써 그 부와 특권, 지위를 박탈하고 자국의 시민사회가 갖는 창조적인 에너지를 해방해 가는 것이다.

인간이 스스로의 경제적 이익에 대한 명확한 비전을 품고 있는 한 진보적인 근대과학의 논리는 인류사회를 자본주의의 방향으로 인도해 준다. 중상주의, 종속이론 혹은 기타 갖가지 지적 망상에 의해서 인간은 이러한 명확한 비전을 가질 수 없었다. 그렇지만 아시아와 동유럽의 경험은 오늘날 서로 대립하는 경제 시스템의 어느 쪽이 정말로 맞는 것인가를 예측하는 귀중한 산 역사의 시금석이 되고 있다.

구미와 아시아는 물론 제3세계에서도 보편적인 소비문화가 자유민주주의의 원리에 의해 만들어져 간다. 오늘날에는 그것은 사회진보의 메커니즘을 이용해서 설명할 수 있는 것이다. 선진기술과 노동의 합리적 조직화에 의해서 생성된 거대한 생산성과 다이너미즘을 배태한 경제세계는 사회를 동질화하는 헤아릴 수 없는 힘을 갖고 있다. 이 힘은 세계화된 시장의 형성과 다양한 사회의 경제적 야심의 고양과 그 실천을 통해서 세계 전체에 흩어져 있던 사회를 하나로 연결시켜 준다. 이 세계시장경제라는 매력적인 힘은 모든 인간사회를 끊임없이 자신의 세계로 계속 끌어당기고 있고, 그 세계에 참가해서 성공하기 위해서는 자유시장 경제원리의 채용이 불가결하다. 비디오 테이프레코더의 최종적인 승리, 그것은 자유시장경제의 최종적인 승리이기도 하다.

10
교육의 나라에서

오늘을 살아가는 사람들이여, 이리하여 나는 당신들이 있는 곳으로 왔다. 그리고 교육의 나라로…… 그렇지만 나에게는 무엇이 일어났던가? 모든 불안에도 불구하고 나는 웃지 않을 수 없었다. 일찍이 나의 눈은 이렇게 뒤범벅되어 얼룩진 모양을 본 적이 없었다. 크게 웃고 있어도 여전히 나의 발은 떨리고 그리고 심장도 떨고 있다. '이곳은 실로 모든 그림물감의 집산지이다' 라고 나는 말했다.

——니체 《차라투스트라는 이렇게 말했다》[1]

그런데 우리들은 여기서 가장 어려운 문제에 봉착했다. 그것은 근대 자연과학의 메커니즘은 자유민주주의를 초래하는가라는 문제이다. 근대 자연과학에 의해 규정된 공업발전의 논리가 자본주의와 시장경제에 대한 강력한 토양을 만들어내고 있다고 하면, 이 논리는 또 자유로운 정부와 민주적인 정치 참가를 산출하는 것일까? 사회학자 시머 마르틴 립셋은 1959년에 집필한 기념비적인 논문에서 도시화와 교육수준 등의 지표가 경제발전과 관련되어 있는 것처럼, 안정된 민주주의와 그 나라의 경제발전 수준과의 사이에도 경험적인 측면에서 말하여 지극히 강력한 상관관계가 있다

---

1) Nietzsche, *The Portable Nietzsche* (New York : Viking, 1954), p. 231.

는 것을 입증했다.[2]

그렇다면 공업발전과 정치적 자유주의와의 사이에는 이와 같은 상관관계를 설명하는 필연적인 연관이 있는 것일까? 그렇지 않으면 자유주의는 단순히 유럽문명과 그 다양한 연관으로부터 인위적으로 만들어진 문화적 산물이고, 그것과는 원래 무관한 몇 가지의 요인이 작용해서 공업화의 성공이라는 실로 주목할 가치가 있는 사례를 우연히 창출해온 것뿐인가? 뒤에서 나오겠지만 경제발전과 민주주의와는 전혀 우연한 관계가 아니지만, 민주주의 선택의 배후에 있는 동기는 기본적으로 경제와는 관계가 없다. 이 동기에는 또 하나의 '다른' 근원이 있고 그것은 공업화에 의해 조장되고 있으나 그것과 필연적으로 연관되어 있는 것은 아니다.

교육수준과 민주주의가 경제발전과 긴밀한 관계에 있다는 것은 남유럽을 살펴보면 일목요연하다. 1958년 스페인은 경제의 자유화 계획에 착수함으로써 프랑코 체제의 중상주의적 정책은 스페인 경제와 국제경제를 결합시키는 것과 같은 자유정책으로 대체되었다. 그 결과 매우 급속한 경제성장기가 도래한다. 프랑코의 죽음에 앞선 10년 동안 스페인 경제는 연 7.1%의 성장을 보였다. 이 움직임은 순식간에 포르투갈과 그리스에도 파급되어 양국은 각각 연 6.2%, 6.4%의 성장을 달성했다.[3] 또 공업화는 극적인 사회변동을 초래했다. 1950년 당시 스페인에서 10만 이상의 도시에 살고 있는 사람은 전인구의 불과 18%에 지나지 않았지만 이 수치는 1970년에

---

2) Seymour Martin Lipset, "Some Social Requisites of Democracy: Economic Development and Political Legitimacy," *American Political Science Review* 53 (1959): 69~105. 또 Lipset, *Poitical Man: Where, How, and Why Democracy Works in the Modern World* (New York: Doubleday, 1960), pp. 45~76의 "Economic Development and Democracy" 라는 장(章)도 참조. 또 Phillips Cutright, "National Political Development: Its Measurements and Social Correlate," *American Sociology Review* 28 (1963): 253~264. Deane E. Neubauer, "Some Conditions of Democracy," *American Political Science Review* 61 (1967): 1002~1009를 참조.

3) R. Hudson and J. R. Lewis, "Capital Accumulation: The Industrialization of Southern Europe?" in Allan Williams, ed., *Southern Europe Transformed* (London: Harper and Row, 1984), p. 182. 또 Linz, "Europe's Southern Frontier : Evolving Trends toward What?" p. 176. 이 수치는 EC설립 당시의 가맹국이었던 6개국보다도 높은 성장률을 보이고 있고, 또한 EC가 처음으로 가맹국을 확대한 후의 9개국의 같은 시기를 비교해도 높다.

는 34%까지 증가한다.[4] 1950년 시점에서의 농업 종사자의 인구비는 서유럽 전체의 평균이 24%였던 것에 반해 스페인과 포르투갈, 그리스에서는 5할에 달하고 있었다. 그런데 1970년이 되어서도 아직 24%라는 수치를 상회하고 있었던 것은 그리스뿐으로, 스페인에서는 그 비율이 21%까지 저하되었다.[5] 나아가 도시화에 따라서 교육수준은 향상되고 개인소득이 늘어 EC 내부에서 창출되었던 소비문화를 맛보게 되었다.

이러한 경제적 · 사회적 변화는 그 자체로는 정치적 다원주의의 확대를 초래하지 않았지만 일단 다른 정치조건이 성숙되면 다원주의가 만개해 갈 수 있는 사회적 환경을 창출했다. 프랑코파의 경제개발계획 위원장으로 스페인의 기술혁명 대부분을 지도 감독한 로레아노 로페스 로드는 일인당 소득이 2천 달러에 달할 무렵 스페인에서는 민주주의에 대한 준비가 마련될 것이라고 말했다. 그의 예언은 적중했다. 프랑코 사망 전야인 1974년 스페인의 일인당 GDP(국민총생산)는 2,446 달러에 달하고 있었다[6]

이와 비슷한 경제발전과 자유민주주의와의 상관관계는 아시아에서도 볼 수 있다. 동아시아에서 처음으로 근대화를 달성한 일본은 안정된 자유민주주의를 쟁취했던 최초의 국가였다(일본의 민주화는 말하자면 강제적으로 실현된 것인데, 지금에 와서는 억지로 강요된 민주주의라고는 말할 수 없을 만큼 장기간에 걸쳐서 존속해 오고 있는 것이다). 교육수준 및 일인당 GNP가 동아시아 제2위와 제3위의 국가 타이완과 한국은 정치 시스템 면에서도 최대의 변화를 체험해 왔다.[7] 예를 들면 타이완에서는 여당 국민당의 중앙위원회 멤버의 45%가 대학 학위를 가지고 있고, 그 다수는 미국에서 취득한 것이다.[8] 일정한 고등교육을 받은 사람의 비율은 미국 국민의 경우 60%, 영국인의 경우 22%인데 대하여 타이완에서는 45%, 한국에서는 37%이다. 타이완의 의회에서는 고등교육을 받은 젊은 의원이 더욱 민의를 반영하는 의회제도 조성을 강력히 추진해 왔다. 또 아시아 지역에서

4) John F. Coverdale, *The Political Transformation of Spain after Franco* (New York : Praeger, 1979), p. 3.

5) Linz, "Europe's Southern Frontier: Evolving Trends toward What?" p. 176.

6) Coverdale, *The Political Transformation of Spain after Franco.* p. 1.

7) "Taiwan and Korea: Two Paths to Prosperity," *Economist* 316: 7663 (July 14, 1990), p. 19.

8) Pye, "Political Science and the Crisis of Authoritarianism," p. 8.

유럽인의 이주지가 된 오스트레일리아 및 뉴질랜드에서는 당연한 것이지만, 제2차 세계대전 이전에 경제적 근대화와 민주화를 달성했다.

남아프리카에서는 1948년 D. F. 말란이 이끄는 국민당이 승리를 거두고 인종차별 체제가 성문화되었다. 그렇지만 국민당이 대표하는 아프리카나(네덜란드계 백인) 사회는 동시기의 유럽사회와 비교하더라도 사회 경제학적으로 볼 때 현저하게 뒤떨어져 있었다. 당시의 아프리카나의 대부분은 가뭄과 곤궁 때문에 도시로 몰려나온 가난하고 교육을 받지 못한 농민이었다.[9] 그들은 손에 넣은 국가권력을 활용하여 주로 공공부문에서의 고용의 증대를 통해서 자신들의 사회적·경제적 지위의 향상을 꾀했다. 1948년부터 1988년까지의 기간에 이 아프리카나 사회는 도회적이고 교육수준이 높고, 기업가 정신을 더욱 강하게 몸에 익힌 화이트칼라의 사회로 극적인 변모를 이루었다.[10] 교육수준의 향상과 함께 국제적인 정치규모와 정치적 조류와도 접촉을 갖게 된 그들은 바야흐로 자신들만의 성에 머물러 있을 수는 없었다. 남아프리카 사회의 자유화 움직임은 흑인조합이 다시 합법화되고 검열 법규가 완화된 1970년대 말부터 이미 시작되고 있었다. 1990년 2월 드 클라크 대통령은 아프리카민족회의(ANC) 만델라 전 의장의 석방을 단행했는데 이 시기의 정부는 이미 구미인의 교육이나 직업수준과 거의 차이가 없어진 자국의 백인 유권자들의 의향에 따르고 있었던 것에 지나지 않았다.

옛 소련에서도 아시아 국가들보다 느린 속도였지만 비슷한 사회변동이 계속되어 왔다. 이 나라에서도 역시 농업사회로부터 도시형 사회로의 전환이 일어나, 대중적인 전문교육의 수준도 향상되고 있다.[11] 이 사회학적 변

9) 어떤 자료에 따르면 이 시기의 아프리카 백인의 5분의 1은 "빈곤한 백인"(poor white), 즉 "원인이 도덕적인지 경제적인지 물리적인지를 불문하고 타인의 도움을 빌지 않으면 자신의 생활을 지탱할 정당한 수단을 얻을 수 없을 정도로 의존적으로 되어버린 인간"으로 분류되고 있다. Davenport, *South Africa*, p. 319.

10) 1936년에는 아프리카인의 41%가 농업생활을 하고 있었다. 1977년까지 이 숫자는 8%로 저하하는 한편, 27%가 블루칼라이고 65%가 화이트칼라로 관리직이나 전문직에 종사하고 있다. 이 숫자의 출전은 Hermann Giliomee and Laurence Schlemmer, *From Apartheid to Nation-Building*(Johannesburg: Oxford University Press, 1990), p. 120.

11) 1960년대 초기, Peter Wiles는 소비에트가 이데올로기가 아닌 능력을 기준으로 기술 엘리트를 양성하기 시작했다고 지적하면서, 그에 따라 이러한 엘리트는 최종적으로 소비에

화는 베를린과 쿠바에서 냉전이 계속되는 것을 지켜보면서 진행해 왔던 것이고 그러한 상황이 최종적인 민주화 발걸음의 촉진제가 되었던 것이다.

세계를 둘러보면 사회경제학적인 근대화의 진전과 새로운 민주주의 국가의 출현과는 여전히 매우 강력한 상관관계가 있다. 서유럽과 북미처럼 전통적으로 경제가 크게 발전되어 있는 지역은 동시에 세계에서도 가장 오래되고 가장 안정된 자유민주주의 국가를 이루어왔다. 남유럽은 바로 그 뒤를 쫓아 1970년대에 안정된 민주주의를 달성했다. 남유럽 중에서도 1970년대 중반의 포르투갈에서 일어난 민주주의로의 이행은 가장 난산(難産)이었는데, 그것은 이 나라가 사회적·경제적으로 매우 뒤떨어진 상태에서 출발했기 때문이다. 사회진보에의 움직임을 본격화하려면 구 정권의 붕괴를 기다려야만 했던 것이다. 경제적으로 유럽의 바로 뒤를 쫓은 것은 아시아이고 이 지역 국가들은 그 경제발전 단계와 훌륭하게 조화된 형태로 민주화를 달성하거나 혹은 현재 민주화 도상에 있다.

동유럽의 옛 공산주의 국가에서는 경제적으로 가장 발달된 나라들―동독, 헝가리, 체코슬로바키아 그리고 폴란드가 완전한 민주주의로 급속한 이행을 이루었다. 한편 경제발전이 비교적 늦었던 불가리아, 루마니아, 세르비아, 알바니아에서는 1990년부터 91년에 걸친 선거에서 모두 공산당 개혁파를 선택했다. 옛 소련의 경제발전 수준은 후한 점수를 주면 아르헨티나와 브라질, 칠레, 멕시코 등 라틴아메리카의 비교적 큰 나라와 어깨를 견줄 정도이고, 이들 국가와 마찬가지로 충분히 안정된 민주주의 질서는 아직 쟁취하고 있지 못하다. 세계에서 가장 발전이 늦은 지역은 아프리카이고 그곳에는 생긴지도 일천하고 불안정한 민주국가가 약간 존재할 뿐이다.[12]

유일한, 그리고 분명 이단적(異端的)인 지역은 중동으로서, 안정된 민주

트 경제체제의 다른 측면의 불합리를 이해하게 될 것이라고 서술하고 있다. Peter Wiles, *the Political Economy of Communism* (Cambridge, Mass.: Harvard University Press, 1962), p. 329. Moshe Lewin은 도시화와 교육을 페레스트로이카의 배경으로 중시하고 있다. Moshe Lewin, *The Gorbachev Phenomenon: A Historical Interpretation* (Berkeley, Calif.: University of California Press, 1987).

12) 제1부에서 서술하였듯이 보츠와나와 나미비아를 포함하는 몇 개의 아프리카 나라들에서 1980년대에 민주화가 이루어졌고, 더욱 많은 나라들이 1990년대에 선거를 실시할 예정으로 있다.

주의 국가는 한 나라도 없고 그러면서도 유럽과 아시아 수준의 일인당 소
득을 자랑하는 나라가 몇 개국이나 있다. 단지 그것이 석유 때문이라는 것
은 간단히 설명이 된다. 석유에 의한 소득 덕분에 사우디아라비아와 이라
크, 이란, 아랍에미리트연방 등은 현대를 장식하는 상품들—자동차, 비디
오, 카세트레코더, 미라주 전투폭격기 기타 등등—을 구입할 수 있게 되
고, 더구나 이 정도의 부가 자국민의 노동으로 창출된 경우라면 당연히 일
어날 사회변동에도 휩쓸리지 않고 있는 것이다.

공업화의 진전이 자유민주주의를 창출하는 이유를 설명하기 위해, 지금
까지 세 가지 형태의 논의가 진행되어 왔다. 그런데 그것들은 모두 약간의
오류를 내포하고 있다. 첫째는, 현대경제가 창출한 복잡하게 뒤얽힌 이해
대립의 조정역은 민주주의밖에 없다는 취지의, 기능면에서의 논의이다. 이
견해를 가장 강력히 내세우고 있는 학자는 탈코트 파슨즈로, 그는 민주주
의라는 것은 모든 사회가 '진화 발전하는 보편적 특성'이라고 생각했다.

> 민주주의라는 형태를 보편적이라고 간주하는 데에는 근본적인
> 이유가 있다. 그것은 ……사회가 보다 커지고 보다 복잡해짐에 따
> 라서 행정능력 면은 물론이고 특히 보편적인 법질서를 지탱한다
> 는 면에서, 효율적인 정치조직이 한층 중요해졌기 때문이다. 민주
> 주의와 근본적으로 다른 형태의 조직에서는 ……특정한 개인과
> 집단에 의한 (권력과 권위의) '집행에 있어서도' 또 특히 '일치 협
> 력해야 하는 정책결정' 시기에도 여론의 합의를 잘 성립시키는 것
> 은 불가능하다.[13]

파슨즈의 주장을 조금 바꿔 말하면, 공업화의 과정에서 형성되어 급속
하게 그 수가 늘어나고 있는 이익집단을 제어하기 위한 최선의 도구가 민
주주의라는 것이다. 공업화 도상에서 나타난 전혀 새로운 사회집단에 대
해서 생각해 보자. 노동자 계급은 공업과 직업의 전문화에 따라서 더욱 세
분화되고 있다. 새로운 관리자층에 있어서의 이해는 톱매니지먼트의 이해,
혹은 국가레벨, 지역과 지방레벨의 정부 관료의 그것과는 반드시 일치하지

13) Parsons, "Evolutionary Universals in Society," pp, 355~356.

않는다. 해외로부터 밀려들어오는 이주자는 입국이 합법인가 불법인가를 불문하고 선진국의 열린 노동자 시장에서 이익을 얻으려고 하고 있다.

파슨즈의 논리대로 말하자면, 이러한 상황 하에서도 민주주의는 그 훌륭한 순응성 때문에 크나큰 힘을 발휘한다. 정치에 참가하기 위한 문을 넓게 열어두면 새로운 사회집단과 이익단체도 자기의 입장을 표명할 수 있고 정치적인 컨센서스 조성에 참가할 수 있게 된다는 것이다. 물론 독재주의의 경우에서도 1868년의 메이지유신 이후의 일본을 지배한 과두정치처럼 사회변화에 적응하는 것은 가능하고, 때로는 민주주의보다 그 대응이 기민하기도 하였다. 그렇지만 역사는 그 정반대의 예로도 가득 넘치고 있다. 프러시아의 지주 귀족과 아르헨티나의 특권 지주처럼 비뚤어진 지배계급은 경제발전의 결과로서 자신들의 눈앞에서 일어나고 있는 사회변화에도 단지 수수방관하고 있을 뿐이었다.

민주주의는 파슨즈의 주장대로 이야기하자면 독재보다도 기능성이 높다. 그것은 새롭게 등장한 사회집단 사이에 일어나는 많은 대립이 법체계의 내부 혹은 요컨대 정치 시스템의 내부에서 해결되어야 하기 때문이다.[14] 시장의 힘만으로 생산기반에 대한 공공투자의 적정 규모와 대상은 정할 수 없고, 노동쟁의의 해결이나 항공운수 규제의 한도, 직장에서의 건강면과 안전성의 기준 등에 대해서 법규를 정할 수도 없다. 이것들은 모두 어느 정도까지 "가치관에 관계된" 문제이고 정치 시스템에 관련되기 마련이다. 그리고 만약 그 정치 시스템이 이해대립을 공정하게, 더구나 경제분야의 중심이 된 구성원 모두의 찬성을 얻을 수 있는 형태로 중재하게 되면 이 시스템은 민주주의적임에 틀림없다. 독재 하에서도 경제효율이라는 명목으로 이러한 대립을 해결하는 것은 가능하지만 현대경제를 원활하게 운영하려면 역시 서로 의존하고 있는 사회 각 계층이 협조하는 분위기가 중

14) 기능성에 대한 논의의 일종으로, 시장의 바른 움직임을 보증하는 데는 자유민주주의가 불가결하다는 것이 있다. 즉, 권위주의 체제가 시장경제를 관리하는 경우, 단순히 시장의 추이에 맡긴다는 것만으로는 좀처럼 만족할 수 없고, 경제성장이나 경제적 공정, 국가권력의 증대와 같은 여러 종류의 정치적 목적을 위해 국가의 권위를 이용하고자 하는 유혹을 끊임없이 받는다. 정책적 피드백(feed back)을 준다든가 현명하지 못한 정부의 정책에 저항한다든가 함으로써 경제에 대한 부당한 국가개입을 저지할 수 있는 것은 정치적 '시장'이 존재하는 경우뿐일 것이다. Mario Vargas Losa의 이 주장은 de Soto, *The Other Path: The Invisible Revolution in the Third World*, pp. xviii~xix에 소개되어 있다.

요하다. 그들이 대립의 중재역을 정당한 것으로 인정하지 않거나 정치 시스템에 대한 신뢰도가 제로였거나 하면 그 시스템 전체를 원활하게 기능시키는데 없어서는 안 되는 적극적이고 의욕적인 협력은 얻을 수가 없다.[15]

선진국에서 민주주의가 원활하게 기능을 수행하고 있다고 말할 수 있는 예는 현대의 초미의 관심사인 환경문제이다. 공업발전이 만들어낸 가장 유명한 부산물은 대규모의 공해와 환경 파괴이다. 이 두 가지는 장본인인 기업과는 직접 관계가 없는 제3자에게 피해가 미치기 때문에 경제학자로부터는 외부성의 문제로 불리고 있다. 환경파괴가 자본주의 탓이라거나 사회주의 탓이라는 등 논란은 다양하게 있지만, 지금까지의 경험에서 보면 그 어느 쪽의 경제 시스템이 환경에 특히 바람직하다고는 말할 수 없다. 사기업이든 사회주의 공영기업이나 관청이든 사업 신장과 생산고는 신경이 쓰이고 가능한 한 외부성의 문제에 돈을 지출하는 것은 피하고 싶다고 생각할 것이다.[16] 그런데 국민의 입장에서 보면 마땅히 경제성장뿐 아니라 자신과 그 자손이 안심할 수 있는 환경을 요구하게 된다. 따라서 경제성장과 환경보전의 균형을 취하여 생태계 보호의 비용 부담을 일부에 부당하게 치우치게 하는 형태가 아니라 전체가 서로 분할해서 부담할 수 있도록 하는 것이 국가의 역할이 된다.

이 점에서 공산주의 세계가 환경문제에 대해 놀라우리만치 무지하다는

---

15) 소비에트에서는 1960년부터 70년대에 걸쳐서 이러한 사태가 일어났다. 공산당이 위에서 경제발전의 향방을 지배하는 존재로서의 역할을 하기보다도 다른 경제부문 간이나 정부기관, 기업의 이해를 조정하는 기관으로서의 역할을 강화시켰기 때문이다. 공산당은 이데올로기적 이유에서 농업은 집단화시키라든가, 공사(公社)는 중앙계획에 따라 경영하라고 명령할 수 있을지도 모른다. 그러나 이데올로기는 예를 들면 투자자원으로 인한 화학산업 두 개 부문의 분쟁을 해결하기 위한 지도(guidance)는 거의 해주지 않는다. 이러한 조직 간의 이해 대립에 관해 일종의 조정자로서의 역할을 소비에트 당 국가조직이 한다고 해도, 그것이 소비에트에서 민주주의의 존재를 의미하는 것은 아니다. 오히려 그것이 사회의 어느 영역에서 공산당이 확고한 '지배'를 구축하지 못했다는 것을 의미하는 것이다.

16) 환경파괴의 책임을 자본주의에 돌리는 논의로서는 Marshall Goldman, *The Spoils of Progress: Environmental Pollution in the Soviet Union* (Cambridge, Mass.: MIT Press, 1972). 소련 및 동유럽의 환경문제에 대해서는 Joan Debardleben, *The Environment and Marxism-Leninism: The Soviet and East German Experiences* (Boulder, Colo.: Westview, 1985); and B. Komarov, *The Destruction of Nature in the USSR* (London: M. E. Sharpe, 1980)을 참조.

것을 생각하면, 환경을 가장 효과적으로 보호할 수 있는 것은 자본주의
도 사회주의도 아니고 민주주의라고 말할 수 있을 것 같다. 1960년대부터
70년대에 걸쳐서 환경문제에 대한 관심의 고조에 대하여 민주주의 국가들
은 전체적으로 독재국보다 훨씬 재빠른 대응을 보였다. 독성이 강한 화학
제품 공장 건설에 대해서 지역의 반대운동을 인정하는 정치 시스템이 없거
나 감시기관을 만들어서 기업활동을 점검할 자유가 허용되어 있지 않거나,
환경보호를 위해 상당한 재원을 쓸 수 있을 정도의 선견성을 가진 일국
의 정치지도자가 없거나 하면, 체르노빌 원자력발전소 사고와 아랄해의 고
갈, 혹은 이미 가장 높은 수준에 달한 폴란드의 국가평균에 비해서도 4배
나 되는 크라코우시의 유아 사망률, 혹은 서 보헤미아에서 70%를 넘어서
는 유산율 등 비참한 사태의 도래는 피하기 어렵기 때문이다.[17] 민주주의
는 시민의 정치참여와 그에 따르는 점검 기능을 인정하고 있다. 이 점검기
능이 없으면 정부는 국가의 부에 크게 공헌하는 대기업 편만 들어서 분산
된 시민집단의 장기적 이익은 소홀히 하게 될 것이다.

　경제발전이 필연적으로 민주주의를 낳는 이유를 해명하기 위한 제2형태
의 논의는, 시간이 경과함에 따라 독재와 일당 지배가 쇠퇴하는 경향이 있
다는 것, 특히 발전된 기술사회의 운영을 하지 않을 수 없는 경우에는 더
욱 급속히 쇠퇴하는 경향이 있다는 것과 깊은 관계가 있다. 혁명정부도 그
초기에는 막스 베버가 말하는 카리스마적인 권위 덕에 효율적인 통치를 할
수 있을지 모른다. 그렇지만 일단 건국 공헌자들이 죽고 나면 그 후계자가
이전과 같은 권위를 떨칠 수 있을지 알 수 없고, 그들에게 국가를 잘 운용
할 최소한의 힘이 있는지조차 보증할 수 있는 것은 아니다. 일찍이 루마니
아의 지도자 니콜라이 차우세스쿠가 국민에게 정기적인 전력제한을 선언
한 것과 같은 시기에 자택에 4만 와트의 샹들리에를 장식했던 것처럼, 장
기간에 걸친 독재는 자기 본위의 어리석은 짓을 저지르기 쉽다. 자신의 목
을 조르는 권력투쟁에 몰두하고 있는 정권 계승자들은 서로를 방해하는
데는 성공했다고 하더라도 국가의 효율적인 통치를 잘 해낼 리가 없다. 끊

---

17) *Washington Post* (March 30, 1990), p. A1에 게재된 "Eastern Europe Faces Vast
　　Environmental Blight"를 참조. *Christian Science Monitor* (June 21, 1990), p. 5에 게재
　　된 "Czechoslovakia Tackles the Environment Government Says a Third of the Country is
　　'Ecologically Devastated'"를 참조.

임없는 권력투쟁과 제멋대로 하는 독재와 결별하려면, 새로운 지도자를 선출하거나 정책을 점검하거나 하는 수속을 관습화·제도화할 필요가 있다. 만약 지도자를 갈아치우는 것을 가능케 하는 절차와 방법이 확립되어 있으면, 정치 시스템 전체는 파괴되지 않고 악정을 야기한 장본인만을 경질할 수 있게 된다.[18]

우익 독재정권이 민주주의로 이행하는 것에 대해서도 이 논제는 적용된다. 민주주의는 군대, 테크노크라트, 산업부르주아지 등의 특권집단 사이에서의 협정과 타협 끝에 성립된다. 이들 집단은 권력에 대한 야심에 지치고, 좌절감을 맛보고 혹은 서로 야심을 버린 결과, 차선책으로 권력의 분할 소유에 대한 협정을 받아들였던 것이다.[19] 요컨대 좌익 공산주의 체제 아래서든 우익 독재 아래서든 민주주의는 반드시 모두가 바라고 있기 때문에 발생하는 것이 아니라 오히려 특권계급의 권력투쟁의 부산물로 초래되는 것이다.

경제발전과 자유민주주의의 연관을 설명하는 마지막 주장은 가장 설득력이 있다. 이 제3설에 따르면 공업화의 성공은 중산계급 사회를 낳고 이 중산계급 사회가 정치참여와 평등한 권리를 요구한다는 것이다. 공업화 초기단계에서는 소득 분배에도 격차가 생기기 쉬운데 그 후의 경제발전은 대량의 숙련 노동력에 대한 거대한 수요를 낳아 최종적으로는 여러 조건의 광범한 평등화를 촉진하는 방향으로 기울어진다. 그리고 이와 같은 광범위한 평등이 보장된 사람들은 그 평등을 존중하지 않는 정치 시스템, 혹은 그들과 대등한 입장에서의 정치 참여를 허용하지 않는 정치 시스템에 대해서 반대의 목소리를 높여가게 될 것이다.

중산계급 사회는 보편적인 교육의 보급 결과로 생긴다. 교육과 자유민주주의의 연관은 종종 지적되고 있고 이 양자의 관계는 지극히 중요하다고 말할 수 있다.[20] 공업사회는 교육수준이 높은 숙련된 노동자, 관리직, 기술

---

18) 이 점에 관한 일반론으로는 Field, ed., *Social Consequences of Modernization in Communist Societies*에 수록되어 있는 Richard Lowenthal, "The Ruling Party in a Mature Society," p. 107을 참조.

19) 이 견해는 *Transitions from Authoritarian Rule*에 기고한 O'Donnell, Schmitter, Przeworski의 분석 중에 많이 포함되어 있다.

20) 그렇지만 이와 같은 설의 대부분은, 교육에 의해 어떻게 사람들이 민주주의적으로

자, 지식인을 대량으로 필요로 한다. 아무리 삼엄한 독재국가일지라도 경제발전을 달성하려고 하는 한, 대중교육의 보급과 고도의 전문적인 교육에 대한 문호개방의 요구는 피할 수 없다. 대규모인 동시에 전문화된 교육제도가 없이는 그러한 사회가 성립되지 않는 것이다 실제로 선진국 세계에서는 사회적 지위는 거의 당사자의 학력으로 결정되어 버린다.[21] 오늘날 미국에 존재하는 계급 격차는 대체로 교육격차 때문이다. 좋은 학력을 갖고 있는 사람에게는 출세 영달에 대한 장애 따위는 거의 없다. 교육의 불평등이 있으면 사회의 시스템에도 불평등이 잠입한다. 무교육이라는 것은 시민으로서 이류(二流)라는 것의 가장 확실한 낙인인 것이다.

　교육이 정치동향에 주는 영향은 복잡하지만 적어도 민주주의 사회로의 조건을 조성하고 있다고 생각할 수 있을 만한 근거는 있다. 근대교육의 목적은 스스로 공언하고 있듯이 편견과 전통적 권위로부터 사람들을 해방하는 것에 있다. 교육을 받은 자는 권위에 맹종하지 않고 오히려 자신의 힘으로 생각하는 것을 배운다고 일컬어진다. 그것이 일반 대중 수준에까지는 들어맞지 않는다고 하더라도, 교육을 받으면 사람들은 자신의 이해득실을 더 확실히, 또 장기 전망을 하면서 볼 수 있게 되는 것이다. 교육은 또 자기 자신에게 더 많은 것을 요구하고 자기 자신을 위해 더 많은 것을 바라도록 사람들을 변화시킨다. 바꿔 말하면 사람들은 같은 사회의 일원과 국가로부터 존경을 쟁취하는데 필요한 자존감을 익혀가는 것이다. 전통적인 농민사회의 지주라면 (혹은 공산당의 인민위원회라도 마찬가지이지만) 소작농민을 고용하여 다른 농민을 축출하고 그 토지를 빼앗는 일은 손쉽다. 그리고 소작농민들이 그런 행동을 취하는 것은 자신의 이익 때문이 아니라 권위에 복종하는데 익숙해져 버렸기 때문이다. 이에 대해서 선진국의 도시에 사는 직업인이라면 유동식(流動食)을 체험할 수 있다거나 장거리 경주 훈련이 된다거나 하는 어이없는 이유로 징병에 응하는 경우는 있을지도 모르지만 군인이 명령했다는 단순한 이유만으로 사설군대와 암

되고, 사람들의 통합이 촉진되는가를 논하고 있는 것이지, 왜 교육이 사람들을 민주주의로 향하게 하는가라는 이유를 설명하는 것은 아니다. 예를 들면, Bryce, *Modern Democracies*, Vol., pp. 70~79를 참조.

21) 물론 선진국에서도 고졸(高卒)의 부동산업자 이하의 수입밖에 얻고 있지 못한 박사학위 소지자가 있지만, 일반적으로 말하면 수입과 교육 간에는 고도의 상관관계가 있다.

살부대에 가담하거나 하지는 않는다.

이상과 같은 의론에서 말하면 현대 공업사회의 운영에 불가결한 과학기술 분야의 엘리트는 최후에는 더 많은 정치적 자유를 요구하게 된다. 왜냐하면 과학의 탐구는 자유롭게 의견을 교환할 수 있는 자유로운 분위기 속에서만 가능하기 때문이다. 이미 살펴본 바와 같이 구소련과 중국에서 많이 생겨난 기술계 엘리트들은 시장과 경제의 자유화가 경제의 합리적인 요청에 더 잘 들어맞는다는 이유로 지지하게 되었다. 그렇지만 여기에서의 주장은 나아가 정치분야로도 확장되어 간다. 요컨대 과학의 진보는 과학연구의 자유가 주어지고 있느냐 아니냐 뿐만 아니라 사회와 정치 시스템이 전체적으로 자유로운 토론과 참가에 문호를 열고 있는가 없는가에 달려있다는 것이다.[22]

고도의 경제발전과 자유민주주의와의 연관에 대해서 지금까지 세 가지 의론을 검토해 왔다. 경험으로 이야기한다면 확실히 양자 사이의 관계는 부정하기 어렵다. 그렇지만 이 세 가지의 주장은 모두 경제발전과 민주주의의 필연적인 인과관계를 입증하기에는 충분하다고 말할 수 없는 것이다.

탈코트 파슨즈로 대표되는 첫 번째 논제는, 자유민주주의가 복잡한 근대사회의 대립을 상호의 일치점에 입각하여 해결하기 위한 가장 적합한 시스템이라는 점에 관해서만 지지할 수 있다. 자유민주주의에서 법 지배의 특징을 이루는 보편성과 형식주의는 사람들이 경쟁하고, 연합관계를 구축하고 그리고 종국에는 서로 타협할 수 있는 공통의 토대를 부여해준다. 그렇다고 해서 그것은 반드시 자유민주주의 그 자체가 사회 대립의 해결에 최적이라는 증명은 되지 않는다. 기본적인 가치관과 게임의 룰에 대해서는 이미 합의가 이루어져 있는 소위 '이익단체' 사이에서 일어나는 대립이라면, 그리고 그 원인이 주로 경제적인 것이라면 민주주의는 그 대립을 해결하는 훌륭한 수완을 발휘할 수 있을 것이다. 그러나 세습되는 사회적 지위나 국적에 얽힌, 경제와는 무관하고 훨씬 풀기 어려운 대립도 존재하는데 그런 문제의 해결에는 민주주의도 도움이 되지 않는다.

미국의 민주주의는 변동이 심한 다민족 국가에서의 다양한 이익집단 간

---

22) 이 주장은 David Apter, *The Politics of Modernization* (Chicago University Press, 1965)에 전개되었다.

의 대립을 적절하게 해결해 왔다. 그러나 그것은 미국이 아닌 다른 사회에서 일어나는 대립을 그 사회의 민주주의가 동일하게 해결할 수 있다는 반증은 되지 않는다. 미국의 경험은 극히 독특한 것이고, 그것은 토크빌의 표현을 빌면 미국인이 "태어나면서부터 평등하다"는 것과 관련되어 있다.[23] 미국인은 선조의 생활환경과 출신국과 인종이 가지각색이었음에도 불구하고 일단 미국땅에 들어서면 과거의 아이덴티티의 태반을 내던지고, 확실히 구분된 사회계급도 오랜 인종과 민족 간의 불화도 없는 새로운 사회에 동화되어 갔다. 미국의 사회적 · 민족적 구조는 사회계급의 고정화를 저지하고, 확실한 민족주의와 언어적 소수파의 출현을 막는데 충분할 정도의 유동성을 지녀왔다.[24] 따라서 미국 민주주의는 다른 더 오래된 사회에서 일어난 것과 같은 더 어려운 사회대립에 전혀 직면하지 않고 성립된 것이다.

더구나 흑인문제와 같은 가장 완고한 민족문제에 대해서는 미국 민주주의도 지금까지 거의 감당해내지 못했다. 흑인 노예제는 미국인이 '태어날 때부터 평등하다'는 일반적 표현에 있어서 주요한 예외이고, 미국 민주주의가 아무리 수완을 발휘하더라도 결국 노예제의 해결에는 도달하지 못했던 것이다. 노예제 폐지로부터 오랜 세월이 흘렀고 더구나 흑인의 완전한 법적 평등을 쟁취하고 나서도 여전히 많은 흑인은 미국문화의 주류에서 따돌림을 받고 있다. 흑인과 백인 쌍방에 이 문제가 갖는 깊은 문화적 성격을 감안하면 미국 민주주의에는 흑인을 완전히 동화시킬 수 있는 힘이 있는지, 그리고 형식적인 기회균등에서 보다 광범한 여러 조건의 평등으로 나아갈 힘이 있는지 전혀 불분명해진다.

자유민주주의는 사회적 평등과 기본적 가치관에 대한 합의가 이미 높은 수준까지 도달한 사회라면 한층 효율적으로 기능할지 모른다. 그렇지만 사회계급과 국적, 종교면에서 분극화가 진행된 사회에서는 민주주의가 내

---

23) 이 주장은 Huntington, *Political Order in Changing Societies*, pp. 134~137에서 전개된다. 미국인이 '태어나면서부터 평등하다'는 사회적 영향에 대해서는 Louis Hartz, *The Liberal Tradition in America* (New York: Harcourt Brace, 1955).

24) 이러한 일반론에 대한 예외로서 미국 남서부에서 스페인어계 주민이 대량으로 증가하고 있는 점을 들 수 있다. 이들은 인구 규모에서도 영어에 대한 동화 능력이 상대적으로 낮다는 점에서 그 이전의 민족 집단과 다르다.

미는 처방전도 전혀 사태의 타개에는 도움이 되지 않는다. 고도로 계층화된 계급 구조를 봉건적인 사회질서로부터 계승해온 국가에서의 계급 대립은 이 분극화의 전형적인 예이다. 예를 들면 혁명시대의 프랑스의 상황과 오늘날의 필리핀이나 페루와 같은 제3세계에서 계속되고 있는 상황이 그렇다. 이러한 사회는 대체로 대토지 소유자인 전통적인 특권계급에게 지배되고 있으며 이들은 자신들 이외의 사회계급에도 유능한 기업가에게도 관대해질 수 없다. 그와 같은 국가에서 형식적으로 민주주의가 확립되었다고 하더라도 그것은 부와 명예와 지위, 권력의 극심한 불평등을 은폐하는 것에 지나지 않고, 특권계급은 그것을 기화로 민주적 절차를 조정하기 위해 악용할지도 모른다.

이렇게 해서 그 사회는 동일한 병에 걸린다. 요컨대 옛날부터 사회계급에 의한 지배는 완고함에서는 그 계급에 뒤지지 않는 좌익세력—민주주의 시스템은 뿌리부터 썩어 있고 그것을 옹호하는 집단은 모두 타도되어야 한다고 믿는 좌익세력—의 저항을 낳아가는 것이다 더구나 비효율적이고 게으른 지주계급의 이익을 보호하기 위해 내란을 야기시키는 민주주의는 경제적인 관점에서 보더라도 도저히 "기능적"이라고는 말할 수 없다.[25]

다른 민족간의 분쟁을 해결할 때에도 민주주의는 그다지 도움이 되지 않는다. 민족 주권의 문제는 애당초 일체의 타협을 용납하지 않는 것이다. 아르메니아인이나 아제르바이잔인, 리투아니아인이나 러시아인이라는 식으로, 주권은 어느 쪽인가 한쪽에만 속하는 것이다. 경제문제에서의 분쟁이라면 몰라도 다른 민족끼리 대립한 경우에는 평화적이고 민주적인 타협을 통해서 쌍방이 접근할 여지는 거의 없다. 예를 들면 구소련은 민주화를 수행하면서 동시에 중앙집권을 유지해가는 것은 불가능했다. 왜냐하면 국내의 여러 민족 사이에는 공통적인 시민권과 아이덴티티를 서로 나눌 만큼 국민적 합의가 존재하고 있지 않았기 때문이다. 이 나라가 보다 작은 민족

---

25) 유사한 상황은 소련에도 존재한다. 그러나 소련에는 봉건적 시대로부터 잔존한 구 사회계급 대신에 당관료나 노멘클라트라라고 불리는 거대한 특권과 권위를 가진 관리계층으로 이루어진 '새로운 계급'이 있다. 라틴아메리카의 대토지 소유자와 같이 이러한 계급은 전통적 권위를 이용해 자신들의 생각대로 선거과정을 좌우한다. 이 계급은 자본주의 및 민주주의의 등장에 대한 완강한 사회적 장애이고 그것을 타파하지 않으면 자본주의나 민주주의의 성립은 있을 수 없다.

공화국으로 해체되었을 때 비로소 민주주의는 그 모습을 나타낼 것이다. 한편 미국 민주주의는 민족적 다양성을 놀라울 만큼 잘 대응하고 있지만, 그러한 다양성도 알고 보면, 일정한 틀에서 벗어나지 않는 것이다. 미국의 모든 민족그룹은 어떤 그룹이든 출신지의 긍지를 품고 산다거나, 모국어를 말하거나 하면서 잃어버린 국적과 주권에 대한 생각에 빠질 만큼 과거의 역사에 계속 구애받고 있지는 않다.

원칙적으로 말하면, 근대화를 계속 수행하고 있는 독재국가 쪽이 민주주의 국가보다도 훨씬 효율적으로 자본주의적인 경제성장과 나아가 안정된 민주주의를 초래하는 사회적 조건들을 만들어준다. 한 예로 필리핀의 사례를 살펴보자. 필리핀 사회는 오늘날에 이르기까지 농촌 지역에서 극히 불평등한 사회질서가 잔존하고, 소수의 전통적인 지주 일족이 농지의 태반을 계속 지배하고 있다. 다른 나라의 상류 토지 소유 계급과 다를 바 없이 필리핀의 지주도 활력과 효율성 면에는 그리 익숙하지 않다. 그럼에도 불구하고 그들은 그 사회적 지위를 이용해서 독립 이후의 필리핀 정계에 영향력을 발휘해 왔다. 이러한 지주집단의 지속적 정치지배가 결과적으로 동남아시아에서도 찾아보기 힘든 모택동주의 게릴라운동, 요컨대 필리핀공산당과 그 군사조직인 신(新)인민군의 운동을 조장시켰던 것이다.

1986년에 마르코스 독재체제는 붕괴되고 코라손 아키노 정권이 성립되었지만 토지의 분배와 반정부 운동문제에서는 어떠한 개선책도 표방할 수 없었다. 그것은 무엇보다도 아키노여사 일족이 필리핀에서도 최대 지주의 하나였기 때문이다. 대통령 취임 이래 그녀는 철저한 토지개혁 계획의 실시를 지향해 왔는데, 마땅히 개혁의 표적이 될 사람들이 실질적인 권한을 쥐고 있는 의회의 반대에 직면하여 모두 좌초되어 버렸다. 이 예에서는 민주주의가 그 장점을 발휘할 수 없게 속박되어 있었기 때문에 자본주의 발전의 기반으로서도, 또 민주주의 그 자체의 장기적 안정에 있어서도 간과할 수 없는 평등한 사회질서를 가져올 수 없다.[26] 이러한 상황 아래서는 꼭 미

---

26) 물론 독재제 자체는 평등주의적인 사회개혁의 실시를 위해서는 불충분하다. 페르디난도 마르코스는 국가권력을 자신의 사적인 친구들에게 은혜를 주기 위해 이용했는데, 그 결과로 사회적 불평등은 더욱 악화되었다. 그러나 경제적 효율에 전념하는 근대화 도상의 독재체제라면 이론적으로 말해 민주주의 체제보다 단기간에 필리핀 사회를 철저히 변혁하는 일이 가능했을 것이다.

국의 일본 점령기에 단행된 토지개혁이 독재적 권력의 부산물이었듯이 독재제도가 훨씬 보기 좋게 사회의 근대화를 달성할 수 있는 것이다.

페루에서도 1968년부터 80년까지 페루를 지배한 좌익 군부가 이와 유사한 개혁을 시도했다. 군정 이전의 페루에서는 국토의 50%가 700명의 대농장 소유자에 의해 지배되고 페루 정치의 대부분도 또한 그들이 장악하고 있었다. 그런 점에서 군부는 라틴아메리카에서도 쿠바에 이어서 가장 포괄적인 토지개혁법을 제정하여, 농촌에 뿌리내린 과두적 지배층을 배척하고 실업가와 기술관료 등의 한층 근대적인 새로운 특권계급을 그 후임으로 앉히고, 나아가 교육 개선을 통해서 중산계급의 눈부신 성장을 촉구하였다.[27] 군정시대의 이러한 정책 덕분에 페루에서는 이전보다 더 규모가 크고 효율이 떨어지는 국유 부문이 강요되게 되었다.[28] 그렇지만 한편으로는 아주 눈에 거슬리는 사회적 불평등이 어느 정도 해소되고, 그럼으로써 1980년의 민정부활 이후에는 경제 근대화를 향한 장기적 전망이 다소나마 가능하게 되었던 것이다.

독재적인 국가권력을 이용해서 기존의 사회집단의 지배를 타파한다는 것은 레닌주의 좌익의 전매특허는 아니다. 우익정권이 그 권력을 행사하여 시장경제에의 길을 열고 최첨단 수준의 공업화를 수행하는 경우도 있다. 전통적 토지소유계급처럼 특권을 가지면서 경제적으로는 비효율적인 사회집단을 밀어낸 사회야말로 자본주의는 가장 번영하기 때문이다. 근대화를 수행하고 있는 독재정권이 강제적으로 이러한 중산계급의 진출을 가속화시키면서 동시에 무능한 전통적 지주계급으로부터 빼앗은 자원과 권력을 같은 수준으로 무능한 공영부문으로 옮기려고 하는 유혹에 빠지지 않으면, 이 독재정권은 '탈공업화'를 이룬 최신의 경제조직과도 양립하는 것이 가능하다. 그리고 앤드로닉 미그라니안 등 소련 지식인이 독재권력을 지닌 대통령제의 확립을 통해서 시장경제 도입으로의 "권위주의적 이행"을 요구

27) Cynthia McClintock, "Peru : Precarious Regimes, Authoritarian and Democratic," in Larry Diamond, Juan Linz, and Seymour Martin Lipset, *Democracy in Developing Countries*, vol. 4, *Latin America* (Boulder, Colo.: Lynne Rienner, 1988), pp. 353~358.

28) 이 이유로는 기존의 과두지배계급으로부터 거두어들인 것의 대부분이 비능률적인 국가부문에 맡겨진 것도 들 수 있다. 군부가 권력의 자리에 있었을 때, 국가부문의 비율은 GDP의 13%에서 23%로 증가하였다.

한 이유도 바로 여기에 있다.[29]

계급과 민족, 인종, 종교에 의한 첨예한 사회적 균열이 자본주의적인 경제발전과 함께 완화되고 민주적 합의가 생길 전망이 높아질 가능성도 있다. 그러나 국가의 경제가 발전하는 한 이와 같은 균열은 결코 영속되지 않는다는 보증은 어디에도 없고, 실제로 더 증오에 가득찬 형태로 이 대립이 재연되지 않는다고도 한정지을 수도 없다. 퀘벡 주에 사는 프랑스계 캐나다인의 민족적 아이덴티티는 경제발전에 의해서도 약화되지 않았다. 오히려 캐나다에서는 우세한 영어권 문화에 동화되어 버리지는 않을까 하는 우려로부터 자신들의 독자성을 지키려는 욕구가 더욱 심화된 것이 실상이다. 미국처럼 사람들이 '태어나면서부터 평등한 사회'에서 민주주의는 한층 기능적이라는 주장은 그러한 사회에 우선 어떻게 하여 도달할까라는 점에 대한 논제를 교묘하게 회피하고 있다. 요컨대 사회가 보다 복잡해지고 다양해짐에 따라서 민주주의가 반드시 잘 기능하는 것은 아니다. 오히려 현실적으로는 사회의 다양성이 어느 한도를 넘는 순간에 민주주의는 제대로 작동하지 않게 되어버린다.

앞에 기술한 제2의 의론, 민주주의는 결국 좌익이든 우익이든 비민주적 특권계급 간의 권력투쟁의 부산물로서 생성된다고 하는 주장도, 왜 자유민주주의 체제를 향한 보편적인 발전이 필연인가라는 이유를 설명하는 데는 충분하지 않다. 왜냐하면, 이 설에 따르면 국가의 지배권을 둘러싸고 투쟁하고 있는 어느 집단에 있어서도 민주주의는 원해서 얻은 결과가 아니기 때문이다. 민주주의는 오히려 교전상태에 있는 각 파벌 사이에 일종의 휴전협정이 되고 있고, 특정한 그룹과 계급이 승리를 차지하는 것과 같은 세력 균형의 변화가 일어나면 위태로움을 노출시키게 된다.

바꿔 말하면 구소련에서 민주화가 진전된 이유가 단순히 기존의 공산당 기관을 선동적인 수단으로 타도하려고 한 고르바초프와 옐친의 야심 때문이었다고 하면, 당연히 어느 쪽인가 승리하면 민주적 개혁의 성과는 사라져 버리게 된다. 또 이 설에 따르면 라틴아메리카의 민주주의도 권위주의적

---

29) *Literaturnaya Gazeta* (August 16, 1989)에 게재된 Andranik Migranian과 Igor Klyamkin 의 인터뷰 기사에서 인용. 이 기사는 Détente (November 1989)에 번역되어 있다. 또 "The Long Road to the European Home," *Novy Mir*, no. 7 (July 1989): 166~184.

인 좌우 양파 사이의, 혹은 우파 내의 유력 그룹끼리의 타협의 산물에 지나지 않는다. 그리고 어느 파가 권력을 획득하는 입장에 섰을 때 그들은 종래부터 가지고 있던 자신들에게 바람직한 비전을 강제하게 된다. 이와 같은 의론은 어떤 특정 국가의 민주주의 과정을 기술하는 데에는 옳은 방법일지 모른다. 그렇지만 민주주의 체제가 그들에게 있어서도 제일가는 선택이 아니라고 하면 그 안정도 또한 지극히 어렵다. 따라서 이 두 번째 의론도 자유민주주의로 가는 사회의 보편적인 발전을 설명하는 근거가 될 수는 없다.[30]

맨 마지막에 언급한 의론, 공업발전이 교육수준이 높은 중산계급 사회를 만들어내고, 그 사회는 저절로 자유로운 권리와 민주적인 정치참가를 요구하게 된다는 주장은 어떤 점에서는 확실히 맞다. 교육이 민주주의에 있어서 절대 필요조건이라고는 말할 수 없더라도 지극히 바람직한 요인이라는 것은 확실하다. 국민 대부분이 글을 읽을 수 없고 자신들에게 개방된 선택에 대해서 정보를 이용할 수 없는 사회에서 민주주의가 제대로 기능한다고는 생각하기 어렵다. 그렇기는 하지만 교육이 필연적으로 민주주의적 규범을 좋다고 여기는 신념으로 이어지느냐 하면, 그 문제는 전혀 별개이다. 구소련과 중국에서도 한국과 타이완, 브라질 등의 나라에서도 확실히 교육수준의 향상은 그 나라의 민주주의적 규범의 확대와 밀접하게 연관되어 왔다. 그렇지만 그것은 세계 교육의 중심지에서의 유행사상이 우연히 민주주의 이념이었을 뿐이라는데 지나지 않는다.

예를 들면 UCLA에서 공학 학위를 취득한 타이완 학생이 현대국가에서 가장 발달한 정치조직 형태는 자유민주주의라고 확신하고 모국에 돌아왔다고 하더라도 놀랄 필요는 없다. 그렇지만 이 학생이 받은 공학교육—타이완에서 극히 귀중한 재산이 될 교육—과 그가 새롭게 배양한 자유민주주의에 대한 신념과의 사이에 '필연적인' 관계가 있는지의 여부를 알아본다면, 그것은 전혀 별개의 문제이다. 교육을 받음에 따라서 민주주의 가치

---

30) 같은 지적은 Daniel H. Levine이 O'Donnell과 Schmitter의 *Transitions from Authoritarian Rule*에 대한 비판으로 나왔다. 민주주의의 정통성 자체를 아무도 믿지 않는다면 어떠한 형태로든 민주주의가 출현한다는 것은 생각하기 어렵고, 하물며 그것이 공고해지고 안정된다는 것은 도저히 믿기 어렵다. "Paradigm Lost: Dependence to Democracy," *World Politics* 40, no. 3 (April 1988): 377~394.

관이 자연스레 몸에 배게 된다고 생각하는 것은 민주주의를 신봉하는 인간 쪽에 상당한 선입견이 있기 때문이다. 민주주의의 이념이 그렇게 널리 받아들여지지 않았던 시기에 서유럽에서 교육을 받은 청년 중에는 공산주의와 파시즘이 현대사회의 미래의 조류라고 확신하고 귀국한 자도 많았다. 오늘날의 미국과 그밖의 서유럽 국가들의 고등교육은 전체적으로 청년에게 20세기 사상이 갖는 역사적 · 상대적인 시야를 심어주고 있다. 이로써 견해 차이에 대한 어떤 종류의 관용이 배양되고 자유민주주의 국가의 일원으로서의 준비가 갖추어지는데, 반면에 이 역사적 · 상대적인 시야는 당사자에게 자유민주주의가 다른 통치형태보다 뛰어나다는 확신에는 아무런 결정적 근거가 없다는 것도 가르치고 있는 것이다.

선진공업국의 교육을 받은 중산계급이 대체로 각종 권위주의보다도 자유민주주의를 선호하는 것은 사실이라고 하더라도, 왜 그와 같은 선호가 생성되었는가라는 이유는 아직 불문에 붙여진 채로 있다. 그리고 민주주의 선호가 공업화 과정 그 자체의 논리에서 도출된 것이 아니라는 것도 자명한 일이다. 오히려 그 과정의 논리에서 말하자면 전혀 반대의 결과에 다다르더라도 이상하지는 않다. 무엇보다도 경제성장을 국가의 지상목표로 삼는다면 그것에 가장 바람직한 체제는 자유민주주의도 레닌류의 사회주의도 혹은 사회민주주의도 아니고, 자유경제와 권위주의와의 조합된 형태가 제일 좋다. 이 체제는 "관료적인 권위주의 국가"로 불리는 경우도 있고 혹은 "시장지향형 권위주의"로 명명될 수도 있을 것이다.

경제적인 면에서 시장지향형 권위주의에 의한 근대화가 민주주의보다도 낮다는 것을 보여주는 예는 상당히 많다. 역사상 가장 눈부신 경제성장을 이룬 국가에는 이런 형태의 체제가 많다. 그러한 국가들로서는 제정 독일과 메이지 시대의 일본, 비테와 스톨리핀 지도하의 러시아, 가장 최근에는 1946년 군정 성립 후의 브라질, 피노체트 정권하의 칠레, 또한 아시아의 신흥공업경제지역(NIES)도 포함된다.[31] 가령 1961년부터 68년까지의 시

---

31) 초기의 공업화를 촉진시키는 데는 권위주의 체제 쪽이 뛰어나다는 것을 포괄적으로 논한 것으로는, Gerschenkron, *Economic Backwardness in Historical Perspective*가 있다. 절대주의와 일본의 1868년 이후의 경제성장의 관계에 대해서는 Koji Taira, "Japan's modern Economic Growth: Capitalist Development under Absolutism," in Harry Wray and Hilary Conroy, ed., *Japan Examined: Perspectives on Modern Japanese History* (Honolulu

기에 인도, 스리랑카(당시에는 실론), 필리핀, 칠레, 코스타리카 등 민주주의 체제를 취한 발전도상국의 경제성장률이 연평균 불과 2.1%였던데 반해 보수적인 권위주의 국가(스페인, 포르투갈, 이란, 타이완, 한국, 태국, 파키스탄)는 평균 5.2%의 성장률을 보였다.[32]

시장지향형 권위주의가 민주주의보다도 경제면에서 우수한 이유는 매우 확실한 것이고, 그것은 조지프 슘페터가 《자본주의, 사회주의, 민주주의》에서 지적하고 있는 바와 같다. 민주주의 국가의 유권자는 추상적으로 자유시장의 원칙을 지지할지도 모르지만, 일단 자신의 목전의 경제적 이익이 위태롭게 되면 누구나 기다렸다는 듯이 그 원칙을 팽개치는데 주저하지 않는다. 다른 표현을 쓰자면, 민주주의 국가의 국민이라면 경제면에서는 합리적 선택을 하거나, 경제적 패자가 정치력을 행사해서 자신이 지위를 지키는 일은 하지 않을 것이라는 억측은 어디에도 성립되지 않는 것이다.

민주주의 정권은 사회 내의 복잡 다양한 이익집단의 요구를 반영하여, 전체적으로는 복지에 더 많은 비용을 지출하고, 누진세제의 도입으로 생산의욕을 저하시키며, 경쟁력을 잃은 사양산업을 보호하고, 그 결과 더 큰 재정적자와 고율의 인플레이션을 초래한다. 비근한 예인데, 1980년대의 미국에서는 해마다 재정적자가 누적되어 갔음에도 불구하고 지출이 생산을 훨씬 상회하여 당면한 높은 소비수준을 유지하기 위해 미래의 경제성장과 차세대의 선택의 자유를 제약하는 지경에 빠졌다. 이와 같은 선견지명의 결여가, 자세히 살펴보면 경제적으로도 정치적으로도 마이너스라는 우려의 목소리는 드높았지만, 미국 민주주의 시스템은 예산삭감과 증세(增稅)를 어떻게 공평하게 각자에게 할당해 나갈지 결단을 내릴 수 없었고, 결국 이 경제위기를 정면으로 타개하는 것도 뜻대로 되지 않았다. 이처럼 최근의 미국 민주주의는 경제면에서 높은 기능성을 보이고 있다고는 말할 수 없다.

이에 반해 권위주의 정권은 원칙적으로 말해서 경제성장을 저해하는 소득의 재분배라는 목표로 골머리를 앓을 필요도 없이 정말로 자유로운 경

University of Hawaii Press, 1983), pp. 34~41.

32) 이 숫자는 Samuel P. Huntington and Jorge I. Dominguez, "Political Development," in Fred I. Greenstein and Nelson Polsby, eds., *Handbook of Political Science*, vol.3 (Reading Mass.: Addison-Wesley, 1975), p. 61에 따른다.

제정책을 취할 수가 있다. 이와 같은 정권은 사양산업의 노동자에 대한 책임을 지지 않아도 되고, 정치적 영향력이 있다는 이유만으로 비능률적인 경제부문에 보조금을 낼 필요도 없다. 오히려 실제로는 국가권력을 활용해서 소비를 억제하고 장기적인 성장을 도모해 나가면 되는 것이다. 1960년대의 고도성장기에 한국정부는 스트라이크는커녕 노동자의 소비 확대와 복지 향상의 주장조차 금지함으로써 임금인상 요구를 억누를 수 있었다. 이와는 대조적으로 1987년의 민정으로의 이행 후에는 스트라이크가 빈발하여 오랫동안 억압되어 왔던 임금인상 요구가 분출되었고 민주적으로 선출된 신정부는 이를 양보해야만 했다. 그 결과 한국의 노동비용은 현저히 상승하여 경쟁력은 대폭 저하되었던 것이다.

한편 공산주의 정권의 경우는 당연한 것이지만 소비자로부터 인정사정없이 돈을 쥐어짜냄으로써 극히 높은 수준의 저축율과 투자율을 달성할 수 있었다. 그렇지만 경쟁이 없기 때문에 장기적인 경제성장과 근대화로의 능력은 손상되어 왔다. 그에 비해서 시장지향형 권위주의 정권은 민주주의와 공산주의의 장점만을 겸비하고 있다. 예컨대 매우 엄격한 사회규제를 국민에게 강제하면서, 동시에 기술혁신과 최첨단 테크놀로지를 자진해서 채용할 자유를 인정해 주는 것이다.

민주주의 체제에 대해서는 그것이 소득의 재분배와 현재의 소비수준에 구애받은 나머지 시장에 지나치게 간섭한다는 경제면에서의 유효성을 의문시하는 논조도 있는가 하면, 거꾸로 시장에 대한 간섭이 충분하지 않다고 힐난하는 논조도 있다. 시장지향형 권위주의 정권은 북미와 서유럽의 선진 민주주의 국가에 비해서 경제정책에 관해서는 많은 점에서 국가 통제의 색채가 강하다. 그러나 이 국가 통제도 소득의 재분배와 사회정의라는 목표에 구애되고 있다기보다 오히려 오직 고도의 경제성장을 지향하고 있기 때문이다. 국가가 보조금을 내거나 어떤 부문을 희생해서 다른 부문을 보호하거나 하는 소위 '산업정책'이 장기적으로 보아 일본경제와 여타 아시아의 NIES제국 경제에 도움이 되었는지 족쇄가 되었는지 분명하지는 않다. 그렇지만 경쟁력이 있는 시장만으로 한정지은 철저한 정부개입이 높은 수준의 경제성장과 충분히 양립 가능했던 것은 확실하다.

1970년대 후반부터 1980년대 초에 걸친 타이완의 경제계획 담당자는 섬

유산업과 같은 부문에서 상당한 트러블과 실업이 발생했음에도 불구하고 그러한 경공업으로부터 일렉트로닉스와 반도체 등 더욱 발전된 산업으로 투자처를 교체할 수 있었다. 타이완에서 산업정책이 잘 진척된 것은 무엇보다도 경제계획 담당 테크노크라트가 시장정책을 추진하여 효율성을 높이기 위한 결단이 가능하도록 국가가 그들을 정치적 압력으로부터 비호했던 덕분이다. 달리 말하면, 타이완이 민주적으로 통치되고 있지 않았던 점 때문에 산업정책이 잘 수행되었던 것이다. 미국의 산업정책이 거의 경쟁력의 제고에 공헌하고 있지 못한 것은 오로지 미국이 타이완이나 기타 아시아의 NIES 국가들보다 더 민주적인 국가이기 때문이다. 미국에서는 경제계획이 그 입안단계부터 비효율적인 산업을 지키라든가 특정 이익단체에 선동된 산업을 촉진시키라든가 하는 상태로 즉시 의회의 압력에 희생되기 때문이다.

경제발전과 자유민주주의와의 사이에 관계가 있다는 것에 대해서는 아무런 의혹이 없고, 세계를 살펴보는 것만으로도 그것은 충분히 알 수 있다. 그렇지만 양자의 정확한 상호관계는 언뜻 본 것만으로는 알 수 없을 만큼 복잡하고, 지금까지 제기해온 세 가지 설의 어느 것으로도 그 관계를 충분하게는 설명할 수 없다. 경제분야에서는 근대 자연과학의 논리와 그것이 육성한 공업화의 과정이 같은 방향을 나타낸 것과는 달리, 정치영역에서는 이들이 일정한 방향을 가리키지 않는다. 자유민주주의는 확실히 공업화의 성숙과 양립될 수 있고 많은 선진 공업국의 국민들로부터도 호감을 받고 있다. 그렇지만 공업화와 자유민주주의와의 사이에 '필연적인' 연관이 있는 것으로는 생각할 수 없다. 일정한 방향성을 갖는 역사의 근저에 가로놓인 사회진보의 메커니즘은 자유주의의 미래를 초래한 경우도 있는가 하면, 관료적인 권위주의를 초래한 경우도 있다. 따라서 권위주의 체제의 오늘날의 위기와 전세계적인 민주주의 혁명에 대해서 이해하려고 한다면 우리들은 다른 측면에서 고찰을 진행해야만 할 것이다.

184

11
답을 얻은 첫째 문제

세계주의적인 관점에서 보편적인 역사를 기록하는 것은 가능한가라는 칸트의 물음에 대해서 우리들은 우선 그렇다고 대답해 두자.

근대 자연과학이 초래한 사회진보의 메커니즘은 과거 수세기의 인류사에 방향성과 일관성을 부여해 왔다. 유럽과 북미에서의 경험을 더 이상 인류 전체의 경험과 동일시할 수 없는 시대가 되었지만, 이 메커니즘의 보편성에는 변함이 없다. 브라질과 파푸아 뉴기니의 밀림에서 급속히 멸망하고 있는 부족은 별문제로 하고, 지금까지 이 메커니즘의 여파를 받지 않았던 민족이나 근대 소비문화의 보편적 경제관계를 통해서 다른 사람들과 연관되지 않았던 인간은 없다. 지방 제일주의가 아니고 세계주의의 견지에서는 테크놀로지 주도의 경제성장과 그 육성 유지에 필요한 자본주의적 사회관계를 핵으로 하는 '정녕 세계화된 문화'를 과거 수세기 동안에 출현시켰던 것이다.

토쿠가와(德川 : 토쿠가와 이에야스는 토요토미 히데요시 사후, 일본의 정권을 잡은 막부—역자주) 시대의 일본과 터키제국으로부터 구소련과 중국, 미얀마(버마), 이란에 이르기까지 이와 같은 세계적인 통일을 거부하려고 해왔던 사회도 역사에 역행하는 그 노력은 기껏해야 1세대나 2세대 동안밖에 지속되지 못했다. 이러한 사회는 보다 탁월한 군사 테크놀로지에 패한

것이 아니라, 근대 자연과학이 만들어낸 화려한 물질적 세계에 현혹되어
버렸던 것이다. 모든 나라가 가까운 장래에 소비사회로 편입을 마칠 수 있
다는 것은 아니지만, 그것을 목표로 내걸고 있지 않은 사회는 세계에서 거
의 그 예를 볼 수 없는 것이다.

근대 자연과학의 본질을 파악함에 따라, 역사는 순환하는 것이라고 생
각하기 힘들게 되었다. 이것은, 역사는 결코 반복되지 않는 것이라고 주장
하는 말이 아니다. 투키디데스를 읽은 적이 있는 사람이라면 아테네 대 스
파르타의 전투와 미국과 소련간의 냉전 대립과의 사이에서 유사성을 발견
할 것이다. 고대의 열강 제국의 주기적인 성쇠를 현대에도 적용, 비교하여
유사한 점을 찾아내는 것은 그 자체로 잘못된 것이 아니다. 단 그 역사의
반복 속에 기억과 움직임이 계승되어 가는 것을 우리들이 이해하고 있는
한, 장기간에 걸친 역사적 패턴의 재현과 역사가 갖는 변증법적인 방향성
과는 양립할 수 있는 것이라고 말할 수 있다.

아테네의 민주주의는 현대 민주주의가 아니고, 스탈린 지배하의 소련과
의 유사성은 보일지라도 스파르타의 정치체제를 그대로 현대에서 찾아보
는 것은 무리이다. 플라톤과 아리스토텔레스가 생각한 것처럼 역사가 정말
로 순환하려면 과거의 기억이 일체 상실되어버릴 만큼 대규모의 지구적 대
변동이 필요하다. 그러나 핵무기와 지구 온실화의 시대에서조차 근대 자연
과학 사상을 파괴할 만한 힘을 갖는 대변동은 상상하기 어렵다. 흡혈귀의
심장을 관통하는 말뚝이라도 쓰지 않는 한 근대 자연과학은—그것이 초
래한 사회적, 경제적, 정치적 부산물의 모든 것과 함께— 수세대가 지나기
전에 되살아날 것이다. 이러한 역사의 흐름을 근본적으로 역전시키려고 하
는 것은 근대 자연과학과 그것이 성립시킨 경제세계와의 전면적인 절연을
의미한다. 현재의 사회가 그런 길을 선택할 가능성은 거의 생각할 수 없
고, 군사경쟁이 있는 한 각국은 싫더라도 경제세계와의 관련이 강제될 것
이다.

20세기말의 시점에서 생각하면, 히틀러와 스탈린은 인간적인 사회조직
이 또 하나 다른 선택을 제시했다기보다 오히려 역사의 대도(大道)로부터
벗어나서 막다른 길에 봉착한 인물처럼 생각된다. 양자가 손수 양성한 순
수한 전체주의는 헤아릴 수 없는 인적 희생을 초래한 후 인간의 수명의 길

이만큼도 지속되지 못하고—히틀러주의는 1945년, 스탈린주의는 1956년
에—시들어 버렸다. 물론 어떠한 형태로든 전체주의의 복제를 만들려고
해온 국가는 많다. 1949년의 중국혁명으로부터 1970년대 중엽의 캄보디아
에서의 크메르 루즈(공산크메르)의 대량 학살에 이르기까지의 시기에도 북
한과 남예멘(중동지역의 친공산주의 국가), 모잠비크, 쿠바, 아프가니스탄과
같은 좌익정권으로부터 우익은 이란과 이라크, 시리아에 이르기까지 추악
한 독재를 펼친 작은 나라는 수없이 많다.[1] 그렇지만 이와 같은, 히틀러와
스탈린 이후의 자칭 전체주의 국가는 모두가 발전이 몹시 뒤늦고, 빈곤으
로 고통받고 있는 제3세계 국가에서 발생했다는 공통적인 특징이 있다.[2]
공산주의가 선진 세계에서는 결국 뿌리를 내릴 수 없었던 사실, 그리고 공
산주의가 파급된 것이 공업화 초기단계에 막 돌입한 나라들이라는 사실
은, 월트 로스트가 지적한 것처럼, "전체주의의 유혹"이 주로 "과도기의
병"이라는 것을 시사하고 있다. 요컨대 전체주의는 어떤 나라의 특정 사회
경제적인 발전단계에서의 정치적·사회적 요구에서 생기는 일종의 병리현
상인 것이다.[3]

그러나 그렇다고 하면, 고도로 발달한 나라에서 배태된 파시즘이란 어
떤 것일까? 독일 국가사회주의를 근대화 그 자체의 특유한 산물로는 보지
않고 오히려 어떤 '역사단계'에서의 현상으로 치부해 버리는 것이 과연 가
능한 것일까? 그리고 1930년대를 살았던 세대가 문명의 진보로 '극복되어
야 할' 증오의 폭발에 의해 불안의 밑바닥으로 떨어진 것이라면, 우리들이
앞으로 무엇인가 미지의 원인으로부터 분출되는 새로운 증오에도 결코 허

1) 시리아도 이라크도 자국(自國)이 어느 면에서 사회주의라고 주장하고 있지만, 그것은 양
국의 통치의 실태라고 하기보다 이러한 정권이 권력을 장악한 시점에서의 국제적 유행을
반영하고 있는 것이다. 이러한 나라에서는 국가의 지배권이 제한되어 있기 때문에 그것
을 '전체주의'로 분류하는데 반대하는 사람도 많을 것이다. 오히려 '실패한' 혹은 '불
완전한' 전체주의로 부르는 편이 보다 정확할지도 모른다. 그러나 그것만으로는 이들
국가의 잔학성이 제대로 표현되지 않지만.
2) 공산주의가 마르크스의 예언과 달리 독일과 같은 거대한 공업 프롤레타리아트가 존재
하는 선진국에서가 아니라, 제일 먼저 반공업화·반서양화된 러시아에서, 이어서 압도적
으로 농민과 농업의 나라였던 중국에서 승리를 거둔 것에 관해서는 널리 지적되어 왔다.
공산주의자가 이러한 현실을 어떻게 파악하려 해왔는지에 관해서는 Stuart Schram and
Hélène Carrère-d'Encausse, *Marxism and Asia* (London: Allen Lane, 1969).
3) Rostow, *The Stage of Economic Growth*, pp. 162~163.

둥대거나 하지 않는다고 누가 보증할 수 있겠는가?

물론 그런 보증은 없고 미래의 세대에 대해서 히틀러나 폴포트와 같은 인간은 두 번 다시 출현하지 않는다고 단언할 수도 없다. 오늘날 누군가가 헤겔주의자를 자처하여, 히틀러는 1945년 이후의 독일에 민주주의를 가져오기 위해 '불가결했다'고 주장하면 웃음거리가 될 뿐일 것이다. 한편 보편적인 역사라고 해서, 모든 독재와 전쟁을 인류의 진화에 있어서 중요하고 보다 큰 패턴을 나타내는 것이라고 일일이 정당화할 필요는 없다. 인류의 발전과정이 아무리해도 설명이 되지 않는 커다란 단절에 휩쓸린다고 인정했다고 해서 그 과정의 강력함과 장기적인 법칙성이 소멸되는 것은 아니다. 그것은 공룡이 갑자기 멸종되었다는 사실에 의해 생물학상의 진화이론이 엉망이 되거나 하지 않는 것과 같은 것이다.

나치스에 의한 유태인 대학살이 우리들에게 잠시 숙고를 촉구해 마지않을 정도로 전율해야 할 사건일지라도, 단지 그것을 인용하여 인류사의 일관된 진보와 합리성의 문제에 대한 토론을 기대하기는 불충분하다. 대학살의 역사적 원인을 합리적으로 논하기를 피하려고 하는 경향이 있는데, 그것은 반핵을 주장하는 활동가가 핵무기의 억제력과 전략배치를 둘러싼 이치에 부합된 논쟁을 거부하는 것과 많은 점에서 유사하다. 양쪽 모두 자기합리화로 대학살이라는 죄악에 아무런 느낌을 갖지 않게 되지는 않을까 하는 걱정이 그 근저에 있는 것이다.

대학살을 어떤 의미에서 근대의 가장 중요한 사건이라고 간주하는 저술가가 그것을 역사상 유례를 찾아볼 수 없는 죄악이라고 하면서 동시에 이 사건은 어떤 사회에서도 일어날 수 있는 보편적인 죄악의 발현이라고 기술하거나 하는 일이 자주 있다. 그러나 이것은 모순된 주장이다. 만약 대학살이 역사상 유례를 찾아볼 수 없을 정도로 특이한 죄악이라고 하면, 그것을 낳게 한 원인도 달리 찾아볼 수 없을 것이고 다른 시대의 다른 나라에 그런 원인이 쉽게 발생하거나 할 리가 없다.[4] 따라서 아무리 생각해도

4) 이 점은 *The New Republic* (March 19. 1990) : 30~33에 게재된 Zygmunt Bauman, *Modernity and Holocaust*에 대한 Tsvetan Todorov의 서평을 참조. Todorov는 나치스 독일을 근대화의 표본으로 할 수는 없다고 올바르게 지적하고 있다. 오히려 나치스는 근대적 요소와 반근대적 요소를 모두 가지고 있으며, 대학살(holocaust)이 가능했던 이유를 설명할 때에는 이 반근대적 요소가 상당히 중요해진다는 것이다.

이 사건을 근대사회의 필연적 현상으로 파악할 수는 없는 것이다. 거꾸로 만약 그것이 보편적인 죄악의 발현이라고 하면 결국은 과격한 민족주의자가 일상다반사로 일으키는 공포의 극단적인 일례에 지나지 않고, 역사라는 기관차를 늦추는 것은 가능하더라도 그것을 탈선시키는 데까지는 영향력을 갖고 있지 못한 것이다.

나는 이 대학살을 달리 유례를 찾아볼 수 없을 정도의 죄악임과 동시에 1920년대부터 30년대까지 독일에 집중적으로 나타난 역사상 특이한 사회환경의 산물이라고 생각하고 싶다. 대부분의 선진사회에 이와 같은 환경이 구비되어 있지 않을 뿐더러, 장래 어딘가 다른 사회에서 이런 환경이 갖추어지리라고는 (전혀 그 가능성이 없다고는 말할 수 없지만)생각하기 어렵다. 여기에서 말하는 사회 환경에서는 확실히 장기간의 잔인한 전쟁에서의 패배와 경제불황 등 다른 나라들에 상통되는 요소도 많다. 그러나 그 이외의 면에서는 당시 독일의 특수한 지적, 문화적 전통과 관계가 있다.

반물질주의와 투쟁과 희생의 존중이라는 전통은 독일을 자유주의인 프랑스와 영국으로부터 현저하게 구별되게 했다. 정말이지 '예스럽다'고 밖에 말할 수 없는 이러한 전통은 보불전쟁(1870~1871) 전후의 제정 독일의 지나치게 과보호된 공업화가 일으킨 사회의 혼란과 고뇌에 의해 그 진가가 확인되어 왔던 것이다. 나치즘은 좀 극단적인 형태이기는 하지만 "과도기 병"의 한 변종(變種), 요컨대 결코 근대화 자체에서 간과할 수 없는 구성요소라는 것이 아니고 근대화 과정의 하나의 부산물로서 이해하는 것이 가능하다.[5] 물론 그것은 우리들의 사회가 지금까지는 근대화의 단계를 넘어서 발전하고 있기 때문에 나치즘과 같은 현상이 일어나는 것은 이제 와서는 불가능하다는 의미가 아니다. 그렇지만 파시즘은 병리현상 중에서도

---

5) 예를 들면 고전적 저작으로서 Ralf Dahrendorf, *Society and Democracy in Germany* (Garden City, N.Y.: Doubleday, 1969)와 Fritz Stern, *The Political of Cultural Despair* (Berkeley: University of California Press, 1961)를 참조. 후자는 유기적인 전공업시대에 대한 향수나 경제적 근대화의 특징인 인간의 세분화 및 소외라는 광범한 불행 속에서 나치스의 본질을 보고 있다. 호메이니 체제하의 이란도 똑같이 설명할 수 있을 것이다. 이란은 제2차 세계대전 후 매우 급속한 경제발전을 경험했지만, 이 결과 전통적인 사회관계나 문화적 규범은 완전히 파괴되었다. 시아파의 원리주의는 파시즘처럼 이제까지와는 본질적으로 다른 새로운 수단을 통해 어떤 종류의 전(前)공업사회를 부활시키려고 하는 향수적인 노력이라고 볼 수 있다.

극단적인 상태의 것이고, 그러한 파시즘을 근거로 해서 근대의 전체상을
판단할 수는 없다는 점만은 말할 수 있다.

아무리 스탈린주의와 나치즘이 사회발전에 수반된 병리현상이라고 하더
라도 양자의 극악무도함을 간과하거나 그 희생자들에 대한 동정을 하지
않아도 된다는 것은 아니다. 장 프랑스와 라벨이 지적했듯이 1980년대에
는 몇몇 나라에서 자유민주주의가 승리를 거두었는데, 그 사실도 과거 백
년에 걸친 전체주의에 의해 생명을 잃은 사람들 대부분에게는 아무런 위
안이 되지 않는 것이다.[6]

한편 사람들이 헛되이 생명을 잃거나 그들의 고통이 보상받지 못한다고
해서 역사에는 합리적인 패턴이 존재하는가 라는 문제에 대해서 입을 다
물어서는 안 된다. 세상에는, 보편적인 역사라는 것이 어떤 종류의 통속적
인 신의론(神義論)—역사의 최종목표에 비추면 현실에 존재하는 것은 모
두 정당화된다고 하는 이론—의 역할을 수행해야 한다고 기대하는 경향
도 많다. 그렇지만 어떠한 보편적인 역사관을 갖고서도 그와 같은 기대에
부응할 수는 없다. 처음부터, 그런 역할을 수행하고 있었던 것에서는 역사
의 세부 사실과 경위가 엄청나게 추상화되고 거의 필연적으로 선사시대와
그 시대 사람들을 철저히 간과해 버리게 되는 것이다. 어떤 보편적 역사라
해도 많은 경우에 있어서 어떤 사건을 직접 경험한 사람들만큼 생생하게
설명하는 것은 불가능하다. 보편적인 역사란 단순히 지성적인 도구에 지나
지 않고, 신을 대신하여 역사의 희생자 한 사람 한 사람의 죄를 구제할 수
는 없다.

더구나 대학살처럼 역사 발전을 중단시키는 사건이 존재한다고 해서—
물론 이 사건 자체는 전율할 만한 것이더라도—근대가 일관성을 갖는 지
극히 강력한 통일체라는 명백한 사실을 부정하거나 할 수 없다. 역사에 단
절이 존재한다고 하더라도 근대화의 과정을 살아온 인간들의 체험이 놀랄
만큼 유사하다는 것은 조금도 손상되지 않는다. 20세기의 생활이 과거의
모든 시대의 생활과 근본적으로 다르다는 것은 누구도 부정할 수 없다. 선
진 민주주의 국가의 주민은 쾌적한 생활을 영위하면서 머리로는 역사 진보
라는 사상을 비웃고 있는 자도 있지만, 그렇다고 해서 인류의 옛날 그 자

6) Revel, "But We Follow the Worse……", pp. 99~103.

체와 같은 제3세계의 후진국에서 실제로 지내보려고 하는 사람은 거의 없다. 우리들은 근대가 인간의 죄악에 새로운 장을 열어준 것을 인지하고 인간의 도덕적인 진보라는 사실에 의문을 던지기는 하지만 그래도 역시 역사의 과정에 일관된 방향성이 존재하고 있다는 것은 계속 믿을 수 있는 것이다.

12
민주주의자 없는 민주주의란 없다

지금까지 기술해온 사회 진보의 메커니즘이 본질적으로 역사에 대한 경제적 해석이라는 것은 이제 확실히 이해되었으리라 생각한다. 욕구를 충족시키기 위해 혹은 위험에서 몸을 지키기 위해 과학을 이용하여 자연의 정복을 지향해온 인류와 분리시킨다면 "근대 자연과학"의 논리 그 자체에는 아무런 힘도 없다. 과학은 (그것은 기계생산이라는 형태를 취하든 노동력의 합리적 조직화라는 양태이든) 기본적인 자연법칙에 의해 정해진 테크놀로지의 가능성의 범위를 제시한 것에 불과하다. 인간을 몰아세워 이 가능성을 보다 확대시켜 가는 것은 인간의 욕망이다. 더구나 그것은 어느 한정된 종류의 "자연적 욕구"를 충족시키고 싶다는 욕망이 아니고 그 자체의 가능성의 한계를 부단히 확장시켜 가는 보다 탄력성이 있는 욕망인 것이다.

다른 표현으로 바꾸면 사회 진보의 메커니즘이란 완전히 비마르크스주의적인 결론을 초래하기는 하지만, 역사에 대한 일종의 마르크스주의적인 해석인 것이다. 인간이 농촌에서 도시로 유입되어 토지가 아니라 오히려 대규모 공장과 대규모 관료적 조직에서 일하고, 선조 전래의 직업을 계승하는 대신에 최고임금을 지불하는 회사에 노동력을 팔고, 교육을 받거나 시계처럼 엄격한 규율을 따르거나 하는 것은 바로 생산하고 소비하는 "생물계의 종(種)으로서의 인간"이 지닌 욕망 그 자체인 것이다.

다만 가장 평등한 상태에서 사람들에게 최대의 생산과 소비를 가져다주는 것은, 공산주의가 아니라 자본주의라는 점이 마르크스의 해석과는 다르다. 《자본론》 제3권에서 마르크스는 공산주의 하에서 출현하는 자유의 왕국을 다음과 같이 묘사하고 있다.

> 실제로 자유의 왕국은 필요성과 일상생활에 대한 걱정에 쫓겨서 일한다거나 하는 일이 없어졌을 때에만 시작된다. 요컨대 그것은 당연하지만 현실의 물질적 생산 영역을 초월한 곳에 있다. 야만인은 욕구를 채우고 생활의 유지와 자손의 번창을 도모하기 위해 자연과 싸우지 않을 수 없었는데 문명인도 이는 마찬가지이다. 더구나 문명인은 어떤 사회형태 하에서도, 생각할 수 있는 어떤 생산양식 하에서도 그렇게 해야만 하는 것이다. 문명인이 발전하는데 따라 욕망은 확대되고 그 결과 이 물질적 필요의 왕국은 확대된다. 그러나 동시에 이 욕망을 채우는 생산력도 또 증대한다. 이러한 상황 아래서는 자유는 자연과의 흥정 안에서만 존재한다. 요컨대 자연과 그 맹목적인 힘에 지배되지 않고 거꾸로 그것을 자신들 모두의 통제 아래 두었을 때, 그리고 최소한의 노력으로 자신들의 인간성에 가장 바람직하고 가치가 있는 조건 아래서 그것을 달성했을 때 자유를 쟁취할 수 있는 것이다. 그렇지만 이것은 여전히 물질적 필요의 왕국 안에서의 이야기이다. 그 너머에 그 자체가 스스로의 최종 목표가 되는 인간 에너지의 발전이, 즉 참자유의 왕국이 시작된다. 단 이 자유의 왕국은 물질적, 필요의 왕국이라는 토대 위에서만 꽃을 피운다. 노동일수의 단축은 그 근본적인 전제 조건이다.[1]

마르크스주의에서 말하는 자유의 왕국이란 실제로는 하루 4시간 노동제이다. 요컨대 오전에 일하는 것만으로 자신과 자기 가족의 자연스러운 욕구를 모두 채우고 낮과 저녁에는 사냥꾼, 시인, 평론가로서 지낼 수 있

---

1) *Capital*, vol. 3 (New York: International Publishers, 1967). p. 820.

을 만큼 생산성이 높은 사회이다. 구소련과 예전의 동독 같은 현실의 공산주의 사회는 어떤 의미에서 이 자유의 왕국을 실현하고 있었다. 거기에는 하루 4시간 이상 성실하게 일하는 자가 거의 없었기 때문이다. 그렇기는 하지만 노동 이외의 시간이 시나 평론을 쓰는데 사용되는 경우는 드물었다. 그런 것을 하면 즉시 형무소로 끌려갈지도 몰랐기 때문이다. 나머지 시간은 쇼핑 행렬을 만들거나 술을 마시거나 오염된 해안의 사람으로 가득찬 휴양지에서 휴가를 보낼 계획을 세우는데 사용되었다. 그러나 사회주의 사회에서 기본적인 물질적 욕구를 채우는데 빼놓을 수 없는 "필요 노동시간"이 평균 4시간이라고 하면 자본주의 사회는 그것이 한두 시간에 끝난다. 그리고 하루 6, 7시간의 "잉여노동"의 혜택은 자본가의 호주머니에 들어갈 뿐 아니라 노동자가 자동차와 세탁기, 바비큐세트, 캠핑카를 사는 데에도 쓸모가 있었다. 이러한 실상이 어떤 의미에서 자유의 왕국으로 부를 수 있는가 아닌가는 차치하더라도 어쨌든 미국의 노동자가 소련의 노동자보다 "물질적 필요의 왕국"에서 훨씬 해방되어 있었던 것은 사실이다.

물론 노동자 일인당 생산성에 대한 통계수치가 반드시 그 행복의 정도와 관련되어 있는 것은 아니다. 마르크스가 설명한 것처럼 생산성의 제고에 따라서 물질적 욕구도 증대하는 것이기 때문에 어떠한 형태의 사회가 노동자에게 더 만족을 주는지 조사하려면 어느 사회에서의 사람들의 욕구와 생산력과의 균형이 보다 잘 유지되고 있는지 조사할 필요가 있을 것이다. 아이러니컬하게 공산주의 사회에서는 서유럽의 소비문화 사회로부터 초래된 한없이 팽창하는 욕망을 앞에 두고 그것을 만족시키는 방법을 갖추고 있지 못했다. 구동독의 에리히 호네커 의장은 자국의 생활수준이 "황제의 시대보다도 훨씬 높다"는 것이 입버릇이었다. 확실히 이 나라의 생활수준은 인류사상 존재했던 사회의 대부분과 비교해도 훨씬 좋고 인간의 자연적인 욕망이라면 어느 정도 충족시켜 왔다. 그렇지만 그런 것은 거의 무의미한 이야기이다. 동독국민은 스스로를 황제 시대의 사람들이 아니고 동시대의 서독 국민과 비교하여 자신들의 사회가 결여되어 있음을 발견했던 것이다.

만약 인간이 무엇보다도 욕망과 이성에 따라 움직이는 경제적 동물이라고 한다면, 당연한 이야기지만 역사 발전의 변증법적 과정은 사회와 문화에 상관없이 서로 비슷할 것이다. 이것이 역사의 근저를 이루는 요인을 기본적으로 경제면에서 보는 마르크스주의의 방법을 차용한 "근대화이론"의 결론이었다. 근대화이론은 학자들 사이에서 격렬한 비판을 받았던 15년 내지 20년 전에 비해서 1990년 시점 쪽이 훨씬 설득력을 갖고 있는 것처럼 생각할 수 있다. 실제로 높은 수준의 경제발전에 성공한 나라는 그 대부분이 서로 다른 점이 많아진다기보다 오히려 더욱 서로 비슷해지고 있다. 각 나라가 역사의 최종점을 향해 나갈 때 취할 수 있는 길은 많이 있는데도 불구하고 근대화를 실현하는 방법으로 각국이 관심을 기울이고 있는 것은 자본주의적인 방법, 자유민주주의의 방법 이외에는 거의 없다.[2] 근대화 도상에 있는 국가들은 스페인과 포르투갈을 포함하여 구소련, 중국, 나아가 타이완과 한국에 이르기까지 어디서나 이 방향을 향해서 진행하고 있다.

그러나 경제적 관점에서 역사를 분석한 모든 이론과 마찬가지로 근대화이론에도 불충분한 점이 있다. 이 이론은 인간이 경제적 동물인 한, 그리고 인간이 경제성장과 생산적 합리성의 요청에 의해 움직이고 있는 한 유효한 것이다. 이 이론의 부정할 수 없는 설득력은, 인간—특히 집단으로서의 인간—이 실제 그와 같은 동기에 묶여 생활의 태반을 보내고 있는 점에서 생긴다. 그렇지만 인간은 경제적 관심과는 무관한 동기도 가지고 있다. 그리고 이와 같은 동기가 역사를 단절시킨 사건—지금까지의 많은 전쟁, 혹은 히틀러나 호메이니 같은 인물을 낳게 하는 종교와 이데올로기, 민족주의에 대한 갑작스런 정열의 분출—의 원인인 것이다. 진정으로 보편적인 인류의 역사란 폭넓고 점진적인 진보의 장일 뿐 아니라 역사발전의 예측할 수 없는 불연속면도 설명할 수 있는 것이어야만 한다.

지금까지 기술해온 점에서 말하더라도 경제면을 생각하는 것만으로는 민주주의라는 현상을 충분히 설명할 수 없다는 점이 명백해졌을 것이다. 경제면에서의 역사 해석은 확실히 우리들을 자유민주주의라는 약속의 땅으로 인류를 이끌어 왔지만 그 최종점까지 데려다 주지 않는다. 경제 근대화의 과정이 초래한 대규모 사회변동에 의해 농업을 주로 한 부족사회는

---

2) 두 가지 예외는 이슬람 원리주의와 이 책 제4부에서 다시 다루게 될 아시아의 시장지향형 권위주의 국가이다.

도회적이고 교육수준이 높은 중산계급 사회로의 변동을 이루고, 이 중산계급사회가 민주주의에 필요한 물질적인 조건을 창출해 간다. 그러나 이 과정만으로 민주주의 그 자체가 설명되는 것은 아니다. 근대화의 과정으로 깊이 들어가면 갈수록 민주주의가 경제적 이유 때문에 선택된 경우는 거의 없다는 것을 깨닫는다. 초기의 주요 민주주의 혁명, 즉 아메리카와 프랑스에서 혁명이 일어난 것은 마침 산업혁명이 영국에서 한창 진행되고 있었고, 양국 모두 오늘날의 우리들이 이해하고 있는 의미에서의 경제적인 근대화에 도달하지는 않았다. 따라서 이 두 나라가 인간의 다양한 권리를 선택했다고 하더라도 그것이 공업화의 과정에 영향을 받고 있었다고는 말할 수 없다.

미국 건국의 아버지들은 확실히 의회에 대표도 보내도록 허용하지 않았고 과세를 강요하던 영국 국왕의 처사에 화를 냈던 것인지는 모르지만, 새로운 민주주의 질서의 조성을 지향하여 독립선언을 하고 영국에 선전포고를 한 결단은 경제적 효율성을 운운하는 문제로서는 거의 설명이 되지 않는다. 물론 세계의 역사를 보면 미국의 독립선언에 반대한 영국파 이민, 19세기의 독일과 일본에서의 권위주의 체제 아래서의 근대화 추진자들, 현실에서는 공산당 독재를 계속하면서 국가의 경제적 자유화와 근대화를 도모하려고 하는 덩샤오핑(鄧小平) 같은 사람들, 민주주의는 싱가포르의 눈부신 경제적 발전의 장애가 된다고 논해온 리콴유 전 수상 등 자유 없는 번영을 선택한 예도 수없이 많다. 그럼에도 불구하고 사람들은 어떤 시대나 경제면을 도외시하고 민주적인 권리를 획득하기 위해 목숨과 생활을 걸고 싸워왔다. 이와 같은 민주주의자 없이 민주주의는 있을 수 없다. 요컨대 민주주의를 바라고 그것을 성립시키고, 그럼으로써 자신의 삶의 방식을 구축하려고 하는 진정한 민주주의적 인간이 없으면 민주주의란 있을 수 없는 것이다.

부연해서 말하면 근대 자연과학의 진보 발전을 기초로 하는 보편적인 역사를 해명하는 것은 16세기부터 17세기에 걸친 과학적 방법론의 발견으로 시작되는 과거 4백년 남짓의 인류사에 지나지 않는다. 더구나 이 과학적 방법론이든, 자연을 정복해서 인간을 위해 이용하려고 하는 기운을 초래한 인간적 욕망의 해방이든, 그것들은 데카르트와 베이컨의 글로부터 발생한 것만은 아니다. 보편적인 역사라는 사고를 더 완전한 것으로 하려면, 설사 그것이 근대 자연과학에 크게 의거한 것이라고 하더라도 근대 이전의 과학의 기원을 알고, 경제적 동물로서의 인간의 욕망의 기초가 되었던 보다 심층적인 욕망을 알 필요가 있다.

이렇게 생각하면 오늘날 세계로 확장되는 자유주의 혁명과 그 혁명의 토대를 이루고 있을지도 모르는 일종의 보편적인 역사의 근본 원리에 대해서 우리들은 아직 충분히 이해하는 데에 이르지 못하고 있음을 알 수 있다. 현대의 경제체제는 우리들의 생활의 대부분을 단단히 붙들고 떨어질 수 없을 만큼 거대하고 동요가 없는 구조를 가지고 있는데, 이 구조가 성립된 과정은 역사 그 자체와 동일하지 않고, 우리들이 역사의 종말에 도달하고 있는지 아닌지를 가르쳐 주기에는 충분하다고 말할 수 없다. 역사의 종말에 대해서 생각하려면 마르크스와 그 유물사관에서 생성된 전통적인 사회과학에 의거할 것이 아니라, 보편적인 역사를 쓰는 것은 가능한 일인가라는 칸트의 문제제기에 답한 최초의 철학자이고 마르크스의 '관념론적' 선구자인 헤겔에 의거하는 편이 좋을 것이다.

역사 발전의 근저를 이루는 메커니즘에 대한 헤겔의 이해는 마르크스와 최근의 사회과학자에 비해서는 훨씬 심오하다. 헤겔에게 인류사의 원동력이란 근대 자연과학이 아니라, 또 근대 자연과학의 발전을 촉구한 무한히 팽창하고 있는 욕망의 체계가 아니라 오히려 완전히 경제와는 무관한 요인, 즉 '인정을 구하는 투쟁'(타인에게 인정받으려고 하는 인간의 노력)에 있었다. 헤겔이 설명한 보편적인 역사는 지금까지 우리들이 대충 보아온 사회 진보의 메커니즘을 보충하고 경제적 동물로서의 인간이 아닌, '인간다운' 인간에 대한 한층 폭넓은 이해를 부여해 준다. 그것에 의해 우리들은 현실적으로 인류사의 특징이 되어온 역사의 단절의 의미—전쟁과 평온한 경제발전 속에 갑자기 나타나는 비합리적인 분출의 의미—를 알 수가 있는 것이다.

헤겔로 되돌아가는 것이 중요한 또 하나의 이유는, 헤겔의 역사관이 인류의 역사 발전은 무한히 계속되어 가는 것인지, 그렇지 않다면 우리들은 이미 역사의 종점에 도달했는가 하는 문제를 생각하기 위한 틀을 부여해 주기 때문이다. 이 분석의 출발점으로서 우리들은 과거의 역사가 '변증법적'으로 요컨대 모순의 과정을 통해서 발전해 왔다는 헤겔·마르크스적인 명제를 받아들이기로 하자(이 변증법의 기반이 관념론에 있는지 유물론에 있는지의 문제는 우선 접어둔다). 이 변증법의 명제에 의하면 세계의 어떤 지역에는 어떤 특정한 사회정치조직이 성립하는데, 그것은 내부에 모순을 배태하고 이윽고 그 모순으로 조직은 붕괴되고 다른 종류의 보다 나은 조직으로 대체된다는 것이다.

그리고 역사의 종말이라는 문제에 대해서도 이렇게 바꿔 말할 수 있다. ―과연 현재의 자유민주주의적 사회 질서의 내부에는 금후에도 더욱 역사가 진보하여 한층 고도의 신질서를 잉태하기를 바라는 기대를 우리들에게 갖게 할 만큼의 모순이 존재하고 있는 것일까? 만약 우리들이 최종적으로 자유민주주의 사회 전체―60년대의 표현을 이용하면 '시스템 전체'―의 붕괴를 일으키기에 족한 근본적인 사회 불만의 근원을 발견하면 여기서 이야기하는 모순을 인지하게 되는 것이다. 단 재정적자, 인플레이션, 범죄, 마약이라는 문제를 지적하는 것만으로는―그것들이 아무리 중요한 문제이더라도―충분하지 않다. 그것이 사회의 시스템 내부에서 해결할 수 없고 더구나 그 시스템 자체의 정통성을 붕괴시켜 와해시킬 만큼 심각한 것이 아니면 '문제'는 '모순'으로 전화되지 않는다. 예를 들면 자본주의 사회에서의 프롤레타리아 계급의 지속적인 궁핍화는 마르크스에게는 단순한 '문제'가 아니라 모순이었다. 왜냐하면 이 궁핍화는 자본주의 사회의 구조 전체를 파괴하여 다른 사회를 구축하는 혁명적인 상황을 초래하게 되는 것이었기 때문이다. 또한 역으로 현재의 사회적·정치적 조직의 형태가 인간의 본질적인 특성에서 '추호의 모순도 없을 만큼 완전히 만족스럽다'고 하면 역사는 이미 종말을 맞고 있다고 논하더라도 지장이 없는 것이다.

그러나 우리들의 현재의 사회질서에 모순이 남아 있는지 알려면 어떻게 해야 좋을까? 거기에는 크게 두 가지의 방법이 있다. 첫째는 실제의 역사 발전의 흔적을 더듬어보고 어떤 특정한 사회형태의 우월성을 나타내는 확실한 역사패턴이 있는가를 조사하는 방법이다. 근대 경제학이 상품의 '효용'과 '가치' 그 자체의 정의를 내리려고 하지 않고 오히려 가격이라는 형태로 나타나는 상품에 대한 시장의 평가를 받아들인 것처럼, 이 방법에서도 세계사라는 '시장'에 그 판단을 맡기는 것이다. 인류사는 다른 체제 혹은 사회조직 형태 사이의 문답 내지 경쟁이라고 생각해도 된다. 이 문답에서 어떤 사회가 다른 사회를 '제압'하는 것은, 군사적 제압이나 경제 시스템의 우월성과 내정의 안정화 등을 통해서 상대에 대해 승리를 거두고 혹은 상대보다 오래 존속했을 때이다.[3] 만약 인류사회가 오랜 시대에 걸쳐서 발전 혹은 수렴해간 유일한 정치사회 조직의 형태가 자유민주주의라면, 또 만약 자유민주주의에 대체될 조직형태가 발견되지 않으면, 그리고 나아가 자유민주주의 사회에서 지내는 사람들이 자신들의 생활에 근본적인 불만을 조금도 표명하고 있지 않다면, 이 문답은 최종적인 동시에 결정적인 결론에 도달한 것이 된다. 역사주의의 입장에 선 철학자는 자유민주주의가 최고인 동시에 최종적 존재라고 인정할 것이다. 이렇게 하여 세계사가 최후의 심판을 내리게 된다.[4]

그렇다고는 하나, 이와 같은 방법을 채용하는 자는 "힘이 곧 정의"라는 말을 금과옥조로 삼아 권력과 성공을 오로지 존경해야 한다는 말은 아니다. 아주 짧은 기간 동안에 세계사의 무대를 거만하게 활보했을 독재자와 자칭 황제를 인정할 필요는 없는 것이고, 중요한 것은 세계사의 '전 과정'을 통하여 살아남은 단 하나의 체제 내지는 시스템을 인정하는 것이다. 그리고 변화하는 환경 속에서 생존하고 적응하는 능력뿐 아니라 인간의 욕망을 어떻게 해서 충족시키는가 하는 인류 탄생 이래의 문제를 해결하는 능력이 있느냐 없느냐 하는 점이 여기에서의 판단의 기준이 된다.[5]

그렇지만 이와 같은 "역사주의적" 방법은 그것이 아무리 고도로 세련된 것이라고 하더라도 다음과 같은 문제에 부딪힌다. 요컨대 언뜻 보아 승리를 거둔 것처럼 생각되는 사회 시스템—여기에서는 자유민주주의—의 언뜻 보기에 '모순이 없는' 상태가 환상이 아니라고 과연 단언할 수 있는 것

---

3) 역사주의 관점에서 보면, 어떤 반론(反論)이 다른 반론보다 가치가 있다고 주장할 수는 없다. 특히 뛰어난 경제적 경쟁력 때문에 존속하고 있는 사회가 군사력 때문에 존속하는 사회보다도 '정통성'이 있다는 근거는 어디에도 없다.

4) 이 점에 관한 의론과 세계사를 대화에 비유하는 방식은 코제에브에 의해 이루어지고 있다. Leo Strauss, *On Tyranny* (Ithaca, N.Y.: Cornell University Press, 1963), pp. 178~179.

5) 이 점에 관해서는 Steven B. Smith, *Hegel's Critique of Liberalism: Rights in Context* (Chicago: University of Chicago Press, 1989), p. 255를 참조.

일까? 또 시대가 더욱 발전하면 또 다른 역사적 발전단계를 필요로 하는 새로운 모순은 결코 생기지 않는다고 단언할 수 있는 것인가? 인간성이란 그 본질적인 성격과 본질적이 아닌 성격을 포함한 전체상으로서 근본적으로 이해하고 있지 않으면, 평화롭게 보이는 사회가 실로 효율적인 치안정책의 부산물인지, 혁명의 폭풍전야의 단순한 정적이 아닌지는 판단할 수 없다. 많은 사람들의 눈에 프랑스 혁명 전야의 유럽이 성공적이고 충족된 사회로 비치고 있었던 것을 우리들은 명심해야 한다. 1970년대의 이란과 1980년대의 동유럽 여러 나라에도 그것은 적용된다.

또 최근의 페미니즘 운동의 예를 들어도 된다. 페미니즘의 주장에 의하면, 지금까지의 역사의 태반은 "부계제(父系制) 사회"간의 분쟁의 역사였는데 더 화기애애하고 자애로 가득차고 평화를 좋아하는 "모계제(母系制)"는 그에 대체되는 유력한 선택이라고 한다. 모계제 사회의 실제적인 예가 존재하지 않기 때문에 이 주장을 경험적인 사례에 입각하여 증명하는 것은 불가능하다.[6] 그렇지만 인간의 인격 중 여성적인 면이 해방될 가능성에 대해 주장하는 페미니즘 운동가의 이해가 옳다면 '장래'에 모계제 사회가 존재할 가능성은 도외시할 수 없다. 그리고 만약 그것이 실현된다면 현재 시점에서 우리들은 아직 역사의 종말에 도달해 있지 않은 것이다.

우리들은 역사의 종말에 도달해 있느냐 아니냐를 아는 또 하나의 방법은, 자연의 개념에 기초를 둔 "초역사적 방법"이라고 할 수 있을 것이다. 요컨대 인간을 초역사적인 관점에서 파악함으로써 기존의 자유민주주의의 타당성을 판단하려고 하는 것이다. 여기에서는 예를 들면 영국이나 미국이라는 현실사회에 있는 사람들의 불만의 실례를 단순히 '경험주의적'으로 문제 삼거나 하지는 않는다. 그보다는 본래의 인간에게 영원히 따라다니고 있는 속성, 즉 참 인간성에 방향을 맞추고 그 척도로 현재의 민주주의의 타당성을 측정하는 것이다. 이런 방법을 취하면 우리들은 현재라는 시간의 구속으로부터 벗어날 수 있고 이쪽의 판단의 대상인 사회 자신이 정한 기준과 사상으로부터도 자유롭게 될 수 있는 것이다.[7]

6) 모계제 사회가 지중해 지역에 이전에 존재하였고 어느 시기에 부계제 사회에 의해 압도당한 것은 지금까지도 논란이 되어왔다. 예를 들면, Maija Gimbutas, *Language of the Goddess* (New York: Harper and Row, 1989)를 참조.
7) 이러한 접근에도 물론 고유한 문제가 존재한다. 무엇보다도 우선 인간에 대한 초역사적

인간성이라는 것은 "단지 한번만" 창출되는 것이 아니라 "역사적인 시간의 경위 속에서" 스스로를 창출해가는 것이다. 그러나 그렇다고 해서 사람이 자기창조를 하는 장으로서의, 혹은 인간의 역사적 발전의 목적지로 생각되는 지점으로서의 인간성 문제를 논할 필요가 없어지는 것은 아니다.[8] 가령 칸트가 언급하고 있듯이 오랫동안 축적해온 사회적 과정의 결과로서가 아니면 인간의 이성은 충분히 발달할 수 없다고 하더라도, 그렇다고 해서 이상은 인간성 속에서 그다지 "본질적인 속성"이 아니라고는 말할

이해란 무엇을 기초로 하고 있는가라는 점이다. 우리가 종교적 계시를 인도자로 삼는 것을 거부한다면 그 기준은 어떤 종류의 철학적 고찰에서 구하지 않을 수 없다. 소크라테스는 타인을 관찰하고 타인과의 대화를 통해 이러한 고찰을 하였다. 소크라테스 이후에 태어난 우리들은 인간 본성의 가능성에 대해서 가장 깊은 이해를 나타낸 이전의 위대한 사상가 사이에서 똑같은 대화를 할 수 있다. 또한 루소나 무수한 저술가, 예술가가 그러했듯이 인간을 움직이게 하는 진짜 원인은 무엇인가를 이해하기 위해 자기 자신의 혼을 깊이 관찰하는 방법도 있다. 현재는 수학의 영역이나 얼마 되지는 않지만 자연과학의 영역에서도 개인적 성찰에 의해 진리의 본질에 관한 상호합의가, 데카르트가 말하는 '명백하고 확실한 관념'의 형태로 나올 수 있다. 해답이 곤란한 편미분방정식(偏微分方程式)을 풀기 위해 시장에 가려고 하는 사람은 없을 것이다. 해답을 얻으려면 수학자한테 갈 것이고, 그 해답은 다른 수학자에 의해 시인될 것이다. 그렇지만 인간적인 사물의 영역에서는 인간의 본성이나 정의, 인간적 만족, 그리고 거기에서 도출되는 최선의 정치체제에 관한 '명백하고 확실한 관념'도 일반적 합의도 존재하지 않는다. 한 사람 한 사람의 개인은 자신이 이러한 문제에 대해 '명백하고 확실한 관념'을 가지고 있다고 믿을지도 모르지만 괴짜나 미치광이도 똑같이 그러하기 때문에 양자의 구별기준은 항상 분명한 것은 아니다. 개개의 철학자가 그의 지지자 집단에게 자기 견해의 '명백성'을 나타내고 설득하면 그것은 그 철학자가 괴짜가 아니라는 것을 보증하는 것이 될지도 모른다. 그렇지만 그것은 지지자 집단이 어떤 종류의 선민적(選民的) 편견에 사로잡히는 것을 막지는 못한다. Strauss, *On Tyranny*, pp. 164~165에 수록된 코제에브 "Tyranny and Wisdom" 참조.

8) 1948년 8월 22일 코제에브에게 보낸 편지에서 Strauss는 코제에브의 헤겔적 체계 내부에 조차 자연철학이 여전히 '불가결'하다는 것을 지적하고 있다. 그는 이렇게 질문하고 있다. "역사발전의 독자성을……(중략)……이 이외의 방법으로 설명할 수 있을까요? 무한한 시간에서 유한한 기간밖에 존재하지 않는 유일한 '지구'가 존재하는 경우에만 역사과정은 필연적으로 독자성을 갖는 것입니다. ……(중략)……또, 이 하나의 잠정적이고 유한한 지구는 왜 역사적 과정의 전면적 혹은 부분적 반복에 의해 (1억년마다) 파멸하지 않는 것일까요? 자연을 목적론적으로 파악하는 것에 의해서만 이러한 문제는 해결할 수 있습니다." 인용은 Leo Strauss, *On Tyranny*, revised and expanded edition, Victor Gourevitch and Michael S. Roth, eds., (New York: Free Press, 1991), p. 237. 또, Michael S. Roth, *Knowing and History* (Ithaca, N. Y.: Cornell University Press, 1988), pp. 126~127.

수 없는 것이다.[9]

결국 영속적인 초역사적 기준이 없이는 즉 인간성에 대한 언급 없이는 역사는 말할 수 없고, 하물며 "보편적인 역사"를 말하는 것은 더욱 불가능한 것처럼 생각된다. 왜냐하면 "역사"란 기존의 사실도 단순한 과거의 사건의 카탈로그가 아니고, 중요한 사건과 그렇지 않은 것을 구분하는 의식적인 추상화의 작업이기 때문이다.

이 작업의 기초가 되는 기준은 고정적인 것이 아니다. 예를 들면 과거 수세대 동안 외교사(外交史)와 군사사(軍事史)는 쇠퇴하고 여성이나 소수민족이나 '일상'에 대한 역사, 요컨대 사회사(社會史)가 번창하게 되었다. 역사적 관심의 대상이 부자와 권력자로부터 사회의 저변층으로 옮겨진 것이다. 그러나 그렇게 됨으로써 역사적 사건의 중요도를 선별하기 위한 기준이 상실된 것이 아니라 보다 새롭고 보다 평등주의적인 의식에 맞추어 그 기준이 변화해온 것에 지나지 않는다. 연구의 대상이 외교사이건 사회사이건 중요한 사건과 그렇지 않은 것과의 선별작업을 피할 수는 없고, 그 작업을 위해서는 어딘가 역사의 '바깥'에 있는 기준에 의존하지 않을 수 없다. 한층 고도화된 추상화 노력이 필요하게 되는 보편적인 역사에서는 특정한 사람들이나 시대를 전역사적 혹은 비역사적인 것으로서 잘라버릴 각오가 필요하다. 왜냐하면 그와 같은 부분은 보편적인 역사에서 중심적인 구조로는 될 수 없기 때문이다.

역사의 종말이라는 문제를 진지하게 대하려면 역사에 관한 논제에서 인간성에 관한 논제로 이행해 가는 것을 피할 수 없을 것 같다. 오늘날 세계가 보여주는 "경험적" 사실에만 초점을 맞추어서는 현재의 자유민주주의의 장기적 전망—자유민주주의를 경험하지 못한 사람들에 대한 호소력과 오랫동안 다른 체제 아래서 지내온 사람들에 대한 영향력의 지속성 문제—에 대해서 논할 수는 없다. 그 대신에 초역사적인 기준을 직접적으로 명확하게 내걸어서 체제와 사회시스템의 선악을 평가해야 하는 것이다. 코제에브는 보편적이고 균질한 국가가 그 국민을 '완전히 만족시키고' 있는

9) Kant, *On History*, pp. 13~17. 칸트는 자연을, 인간의 외부에 선 의지를 가진 동인(動因)이라고 기술하였다. 그러나 우리는 이것을 만인에 잠재적으로 존재하면서도 인간의 사회적·역사적 상호작용 속에서만 실현되는 인간적 자연의 일면을 나타내는 metaphor(은유)라고 이해하면 될 것이다.

202 제2부 · 인류의 구시대

것이기 때문에 우리들은 이미 역사의 종점에 도달한 것이라고 주장했다. 뒤집어서 말하면 그것은 현대의 자유민주주의 세계는 모순이 하나도 없다는 말이 된다. 이 주장의 옳고 그름을 생각할 때에 우리들은, 그가 말하고자 하는 요점을 오해했기 때문에 생긴 비판—예를 들면 빈곤과 인종차별 등으로 인해 사회의 혜택을 평등하게 향유하지 못하고 그 때문에 확실히 불만을 표명하는 사회집단과 개인도 있지는 않을까 하는 류의 비판—에 현혹되어서는 안 된다.

더욱 중요한 문제는 원칙론적인 것, 즉 자유민주주의 사회에 존재하는 "장점"은 정말로 선이고 "본래의 인간성"을 만족시키고 있을까? 아니면 자유민주주의 사회보다 더 높은 만족을 제공해 주는 다른 체제와 사회조직이 원칙적으로 존재하는 것은 아닐까 하는 문제이다. 이러한 문제에 대해 답하고, 동시에 오늘날의 시대가 실제로 "인류의 구시대"인지 아닌지를 알기 위해 우리들은 역사발전이 시작되기 이전에 존재한 자연인, 즉 "최초의 인간"으로 거슬러 올라가서 살펴보아야 하는 것이다.

제3부
인정받기 위한 투쟁

13
태초의 순전히 특권을 차지하기
위한 목숨을 건 싸움

목숨을 거는 것에 의해서만 자유를 얻을 수 있다. 생명을 걸어야만 자기 의식의 본질이란 단순히 살아 있는 것이고, 그 최초에 나타난 모습 그 자체도 아니라는 것이 시험되고, 증명된다……… 생명을 걸지 않았던 개인도 한 사람의 인간으로서는 인정받지만, 그러나 그러한 사람은 자립한 자의식으로서 인정받는다고 하는 진리에는 도달하지 못한다.

          —헤겔 《정신현상학》[1]

인류의 발생과 진화에 따라다니는 일체의 인간적인 욕망--자의식 혹은 인간으로서의 실재성을 낳는 욕망--은, 결국 "승인"을 구하는 욕망의 기능을 다하고 있다. 그리고 인간으로서의 실재성을 "밝히기" 위해서 생명을 건다고 하는 것은, 이러한 욕망을 위해서 생명을 거는 것이다. 따라서 자의식의 "기원"에 관해서 말할 때는 필연적으로 "승인"을 구하기 위한 사투에 관해서 이야기할 수밖에 없다.

          —코제에브 《헤겔 讀解入門》[2]

    스페인이나 아르헨티나에서 헝가리, 폴란드에 이르기까지 전 세계의 사람들이 독재를 버리고 자유민주주의를 확립할 경우, 어떤 위험에 처해지는 것일까? 그때까지의 정치질서의 잘못이나 부정을 근거로 보면 이 질문에 대한 답은 어느 정도는 완전히 부정적일 수밖에 없다. 사람들은 자신들을

---

1) Hegel. *The Phenomenology of Mind*, trans, J. B. Baillie (New York: Harper and Row, 1967), p. 233.
2) Kojève, *Introduction à la lecture de Hegel*, p. 14.

학대한 군부나 정당의 지도자로부터 도망쳐서, 아무 때고 체포될 걱정이 없는 생활을 하기 원한다. 자본주의와 민주주의가 많은 사람들의 마음속에서 밀접하게 맺어져 있기 때문에 동유럽이나 소련에 사는 사람들은 자신들이 자본주의의 번영을 차츰 손에 넣고 있다고 생각하며, 또한 그렇게 될 것을 바라고 있다.

물론 이미 보아온 것이지만, 전제 지배하의 스페인이나 한국, 타이완과 같이 자유가 없는 번영을 획득하는 것도 가능하긴 하다. 그렇지만 이러한 나라들에서의 번영도 실제로는 충분한 것이 아니었다. 20세기 후반의 자유주의 혁명은 물론 18세기의 미국과 프랑스에서의 혁명 이래 모든 자유주의 혁명의 원동력이 되어 온 근본적인 인간의 충동을 단순히 경제적인 것으로 설명하려 하더라도 그와 같은 시도에는 처음부터 무리가 있다. 근대의 자연과학에 의해서 생겨난 사회진보의 메커니즘은 불완전하며, 결국은 역사의 진행에 관한 만족할 수 없는 설명을 남겼다. 자유정부는 그 절대적인 매력을 뿌리고 있다. 미국 대통령이나 프랑스 대통령이 자유와 민주주의를 칭찬할 때, 이를 본질적으로 선(善)이라고 극구 칭찬하고 있으며, 그리고 이 칭찬이 전 세계 사람들의 공감을 얻고 있는 것 같다.

이 자유와 민주주의에 대한 공감을 이해하기 위해서 우리들은 칸트의 요청에 부응하여 많은 점에서 가장 본격적이고 보편적인 역사를 글로 남긴 최초의 철학자, 헤겔로 돌아갈 필요가 있다. 코제에브의 해석에 따르면, 헤겔은 우리들에게 역사의 진행과정을 이해하기 위한 또 하나의 "메커니즘" 즉 "인정받기 위한 투쟁"*struggle for recognition*에 근거한 메커니즘을 부여하고 있다. 우리들은 경제면에서 역사를 해석하는 방법을 버릴 필요는 없지만, 그러나 한편으로 이 "인정받기"라고 하는 사고는 인간적인 열의나 의욕을 이해하는 데에 마르크스주의의 견해와 마르크스에게서 유래하는 사회학적인 전통보다도 훨씬 풍부하면서도 완전히 비유물론적인 사적(史的) 변증법을 재발견시켜 준다.

물론 코제에브에 의한 이와 같은 헤겔 해석이 헤겔의 본의 그대로인가 아니면 정확히는 코제에브식의 양념이 곁들여져 있는가에 관해서는 의문이 생기는 것이 당연하다. "코제에브"는 헤겔의 가르침 중에서 인정받기 위한 투쟁이나 역사의 종말이라고 하는 요소를 꺼내서, 헤겔 자신은 하지 않았을지도 모르는 방법으로, 그러한 요소들을 헤겔 교의의 주안점으로 삼고 있다. 그렇기 때문에 헤겔 본래의 모습을 확실하게 하는 것도 분명히 중요한 작업이지만, 당면한 논제를 위해 흥미가 있는 것은, 헤겔 '그 자체'가 아니라 코제에브에 의해서 해석된 헤겔, 혹은 헤겔=코제에브라는 새로운 이름의 종합철학자이다. 앞으로 헤겔에 관해서 이야기할 경우, 실제로는 이 헤겔=코제에브를 인용할 것이며, 거기서 이야기되는 사상의 내용이 그것을 가장 먼저 입에 올린 철학자의 탐색보다도 흥미 있는 점이다.[3]

자유주의가 갖는 실제의 의미를 밝히기 위해서는 자유주의의 원천을 이룬 철학자들 즉 홉스나 로크의 사상으로까지 시대를 거슬러 올라가는 것이 좋을지도 모른다. 왜냐하면 먼 옛날부터 면면히 이어지고 있는 자유주의 사회—영국이나 미국, 캐나다 등의 앵글로색슨의 전통이 살아 숨쉬는 사회—는 통상적으로 로크철학의 문맥에서 이해되어 왔기 때문이다. 우리도 물론 홉스나 로크에게로 돌아갈 것이다. 그렇지만 헤겔은 두 가지 이유 때문에 특별히 우리들의 관심을 끄는 존재이다. 첫 번째로 그는 자유주의에 관해서 홉스나 로크 이상으로 새로운 차원에서 훌륭한 이해를 하고 있다. 로크류의 자유주의를 신봉하고 있던 당시의 사람들은 이 자유주의로부터 생겨난 사회와 그러한 사회의 전형적인 산물인 부르주아에 대해서 끊임없는 불안을 느끼고 있었다. 그 불안이라고 하는 것은 부르주아가 무엇이고 자신의 물질적인 행복에만 마음을 빼앗겨서 공공심도 미덕도 갖지 못하고 주위의 보다 큰 사회에 조금도 헌신하고 있지 않다고 하는 한 가지 도덕문제에서 발단하고 있다. 예컨대 부르주아는 이기적이라는 뜻이다. 그리고 이 개개인의 이기주의야말로 좌로는 마르크스주의자, 우로는 귀족주의적인 공화주의자가 자유주의를 비판할 때 그 대상으로 거론되어 온 것이다. 그런데 홉스나 로크와는 달리 헤겔은 우리들로 하여금 인간의 인격 속의 비이기적인 부분에 기초를 두는 자유로운 사회에 관해서 자각하게 하며, 동시에 그 비이기적인 부분을 근대의 정치적인 계획의 핵심으로 삼으

3) 현실의 헤겔에 대한 코제에브의 관계라는 문제에 관해서는, Michael S. Roth, "A Problem of Recognition: Alexandre Kojève and the End of History," *History and Theory* 24, no. 3 (1985): 293~306; and Patrick Riley, "Introduction to the Reading of Alexandre Kojève," *Political Theory* 9. no. 1 (1981). pp. 5~48.

려고 했던 것이다. 그의 이 시도가 최종적으로 성공했는지의 여부는 이 책의 마지막 부분 즉 제5부에서 논하고자 한다.

헤겔에게로 되돌아가는 두 번째 이유는, 역사를 "인정받기 위한 투쟁"으로써 이해하는 것이 실제로는 현대세계를 아는 데에 실로 유익한 방법이기 때문이다. 자유민주주의 국가에 사는 우리들은 모든 동기를 경제적인 이유로 환원하려는 시사적 해설에 완전히 익숙해져 있으며, 또한 머리에서 발끝까지 부르주아화되어 버렸기 때문에 정치세계 대부분이 경제와는 전혀 인연이 없다는 것을 알아차리고 놀라는 경우가 자주 있다. 실제로 우리들은 거의 모든 전쟁이나 정치투쟁의 원동력인 인간성의 교만하고 독단적인 측면에 관해서 이야기하는데 필요한 공통의 어휘조차 갖고 있지 못하다. "인정받기 위한 투쟁"이라는 견해는 정치학만큼이나 오래된 개념이며, 정치세계 자체와 서로 겹쳐지는 현상과 관련되어 있다. 이것이 오늘날에는 약간 이상하고 익숙지 않은 말이라고 한다면, 그것은 과거 400년에 걸쳐서 우리의 생각이 철저히 "경제화"되어 온 때문이다. 그러나 "인정받기 위한 투쟁"은 우리 주위 어느 곳에서나 나타나고 있고, 오늘날 구소련이나 중국, 동유럽, 남아프리카, 아시아, 라틴아메리카, 혹은 미국에서 일어나고 있는 자유주의적 권리를 획득하기 위한 현대의 운동의 기저를 이룬다.

어떻든 "인정받기 위한 투쟁"의 의미를 명확하게 하기 위해서는 인간 혹은 인간성에 관한 헤겔의 사상을 이해할 필요가 있다.[4] 헤겔을 앞서는 근대 초기의 자유주의 이론가들에게 있어서 인간성에 관한 논의는 최초의 인간 즉 "자연상태"에 있는 인간묘사라는 형태로 제시되었다. 홉스나 로크, 루소는 이 자연상태를 원시인에 대한 경험주의적 혹은 역사적인 해석으로써 이해해야 한다고는 생각지 않았다. 오히려 이러한 철학자들은 인습의 산물에 지나지 않는 인간성의 측면—어떤 사람이 이탈리아 사람인지, 귀족인지 아니면 불교신자인가 라는 사실 등—을 벗겨내고, 본래의 인간에게 공통된 성격을 밝히려고 하는 일종의 사고(思考)실험을 의도하고 있었다.

---

4) 인정받기 위한 투쟁을 중심으로 한 코제에브의 헤겔 해석에 관해서는 Michael S. Roth, *Knowing and History*, pp. 98~99; and Smith, *Hegel's Critique of Liberalism*, pp. 116~117. 참조.

한편, 헤겔은 자연상태에 있는 인간이라는 교의를 부정하고, 인간성이 영구불변하다는 생각은 받아들이려고 하지 않았다. 그에게 있어서 인간이라는 것은 자유로우면서도 '미결정적'인 존재이며, 역사적인 시간의 경위 속에서 독자의 성질을 낳을 수 있는 존재였다. 그렇지만 이 역사적인 자기형성의 진행과정에도 자연상태에 관한 교의와 같이 모든 의도와 목적을 탐구하는 출발점은 있다.[5] 《정신현상학》에서 헤겔은 역사가 시작될 때 살아 있었던 원시적인 "최초의 인간"에 관해서 설명하고 있는데, 그 철학적 기능은 홉스나 로크 혹은 루소가 말하는 "자연상태에 있어서의 인간"과는 구별이 가지 않는다고 말하고 있다. 즉 이 "최초의 인간"은 인간의 원형이며, 시민사회의 형성이나 역사의 진행과정 개시 이전에 존재한 기본적이고 인간적인 속성을 가지고 있다는 뜻이다.

헤겔이 말하는 "최초의 인간"도 먹을 것이나 수면, 주거 특히 자신의 생명을 지키려고 하는 욕망 등 일종의 기본적인 자연적 욕망에 관해서는 동물과 다를 바가 없다. 이 점에서 그는(최초의 인간) 자연계의 혹은 물질계의 일부이다. 그러나 헤겔의 "최초의 인간"이 근본적으로 동물과 다른 것은, 그 최초의 인간이 스테이크나 몸을 따뜻하게 할 수 있는 털 자켓이나 생활을 영위하기 위한 주거와 같은 실생활의 '현물'만이 아니라, 전혀 비물질적인 것을 추구하는 점에 있다. 특히 그는 다른 사람의 선망의 대상이 되고 싶어 한다. 예컨대 다른 인간으로부터 필요한 존재가 되거나 혹은 인정받기를 원한다. 헤겔에 의하면, 인간은 혼자만으로는 자신을 의식할 수 없다. 다른 사람으로부터 인정받지 못하는 한 개개인의 인간으로서 자신에 대해 눈을 뜨지 못한다. 바꿔 말하면 인간은 처음부터 '사회적'인 존재이다. 그리고 자신의 가치라든가 자기확인이라고 하는 개개인의 감각은 다른 사람으로부터의 평가와 밀접하게 연관되어 있다. 데이비드 리스맨의 말을 빌린다면, 인간은 근본적으로 "타인지향형"이다.[6]

---

5) 이 점에 대해서는 *ibid.*, p. 115. 또 Steven Smith, "Hegel's Critique of Liberalism," *American Political Science Review* 80, no. 1 (March 1986): 121~139 참조.

6) David Riesman은 *The Lonely Crowd* (New Haven: Yale University Press, 1950) 중에서 그가 본 전후 미국사회에 만연한 체제 순응주의를 '타인지향'이라고 부르고, 19세기 미국의 '내부지향'과 비교하고 있다. 헤겔에 있어서 인간은 진정한 의미에서 '내부지향'은 될 수 없다. 사람은 타인과 상호작용하여 타인으로부터 인정받지 못하면 인간이 되는 것

　물론 동물도 사회적인 행동은 하지만, 그 행동은 본능적인 것이며 자연적인 욕구의 상호충족이 그 토대이다. 돌고래나 원숭이는 물고기나 바나나를 원하지만, 다른 돌고래나 원숭이의 선망의 대상이 되기를 원하지는 않는다. 코제에브가 설명하고 있듯이 "(메달이나 적의 깃발 등)생물학적 견지에서 보면 전혀 쓸모없는 것"을 원할 수 있는 것은 인간밖에 없다. 인간이 이와 같은 것을 욕구하는 이유는 그 자체의 가치 때문이 아니라 타인도 그것을 원하고 있기 때문이다.

　그렇지만, 헤겔이 말하는 "최초의 인간"이 근본적으로 동물들과 다른 점은 또 하나 있다. 그(최초의 인간)는 단지 다른 사람으로부터 그저 인정받고자 하는 것이 아니라, 한 사람의 인간으로서 인정받고 싶은 것이다. 그리고 본래의 인간으로서의 아이덴티티를 구성하는 것, 즉 가장 근본적이면서도 독자적인 인간의 특질은 이러한 인정받기를 위해 자기의 목숨을 위험에 내던지는 점이다. 따라서 "최초의 인간"이 다른 인간을 만나면 반드시 격렬한 싸움을 일으켜서, 상대에게 자기를 인정시키려고 자기의 목숨을 거는 것이다. 인간은 근본적으로는 타인지향형이며 사회적인 동물이지만, 그 사회성은 그를 평화로운 시민사회 속이 아니라, 순수한 위신을 찾는 격렬한 사투로 내몰아 간다. 이 "피비린내 나는 싸움"이 가져오는 결과는 세 가지 중 하나이다. 우선, 싸운 쌍방이 죽은 경우에는 인간으로서의 생명도 자연의 창조물로서의 생명도 종말을 맞는다. 다음으로, 싸움을 한 양쪽 중에서 어느 한쪽이 죽는 경우, 살아남은 자는 불만족스런 상태로 남는다. 왜냐하면, 자신의 승리를 인정받으려고 해도 상대의 의식이 더 이상 없기 때문이다. 그리고 마지막으로, 싸움이 주군과 노예의 관계를 낳고 끝나는 경우가 있다. 거기에는 싸우고 있던 한쪽이 폭력적인 죽음의 위기에 직면하기보다는 노예생활에 만족하려고 결의한다. 그리고 주군이 된 쪽은 자기의 생명을 위험에 내맡기고, 그것에 의해서 다른 사람에게 인정받았다는 것에 만족스러워한다. 헤겔이 말하는 자연상태에서의 "최초의 인간" 끼리의 첫 만남은 홉스가 말하는 자연상태, 혹은 로크가 말하는 전쟁상태

──────────────

　조차 불가능하다. 리스맨이 '내부지향'이라는 말로 표현한 것은 현실적으로는 잠재적인 '타인지향'의 하나의 형태일 것이다. 예를 들면 열심히 종교를 믿는 사람들의 명백한 자기 충족감은, 한번은 제거된 '타인지향'에 기반을 두고 있다. 왜냐하면 종교적 규범과 신앙의 대상을 창조한 것은 인간 자신이기 때문이다.

와 마찬가지로 완전히 폭력적이지만, 그것은 사회계약이나 기타 평화스러운 시민사회의 관계가 아니라 지배와 복종이라고 하는 더없이 불평등한 관계를 낳는다.[7]

마르크스와 마찬가지로 헤겔도 원시사회가 분화되어서 사회계급이 생기는 것은 인정하고 있었다. 단지 헤겔은 마르크스와는 달리, 가장 중요한 계급의 분화가 지주인가 아니면 소작인인가라는 경제적 역할에서가 아니라, 폭력적인 죽음에 대한 인간의 태도에서 기인하는 것이라고 생각했다. 사회는 자기의 생명을 자진해서 위험에 내맡긴 주군들과 그것을 바라지 않았던 노예들로 나뉠 수 있다고 한다. 초기의 계급사회 성립에 관한 헤겔의 이해는 역사적으로 보아 필경 마르크스보다 정확한 것이다. 전통적인 대다수 귀족제 사회는 당초 한층 더 냉혹하고 무정하며 잔학성과 용기를 무기로 정주성(定住性) 민족을 정복한 유목민족의 "용사의 기풍"에서 발생한 것이다. 이 정복시대가 끝나자 후세대의 주군들은 자신의 수중에 들어온 토지에 정주해서, 지배 아래 있는 수많은 소작농 "노예"로부터 세금이나 공물을 거둬들이는 지주로서의 경제관계를 당연한 것으로 여기게 되었다. 그러나 비록 오랜 세월 동안의 평화와 안일에 의해서 이 귀족들이 응석받이의 연약한 궁정인으로 영락해버린 뒤라고 하지만, 용사의 기품—자진해서 죽음의 위험을 무릅쓰려고 하는 마음에서 나오는 타고난 우월감—은 여전히 전 세계의 귀족제 사회문화의 핵심으로 남아있다.

역사의 초기단계의 인간에 대한 헤겔의 해석 중 대부분은 현대인이 듣기에는 이상할 것이다. 특히 순수한 위신을 욕구하는 싸움에 자진해서 생명을 거는 것이 인간의 가장 근본적인 특질이라고 하는 그의 주장은 그 중에서 가장 대표적인 것이다. 그 이유는 자진해서 목숨을 내거는 모습은, 결투나 보복 살인 등과 함께 이 세상에서 점차 사라져간 원시사회의 관습 중의 하나에 지나지 않기 때문이 아닐까?[8]

우리들의 세계에도 분명 여전히 명성이나 깃발 혹은 의복의 한 귀퉁이 따위를 얻고자 피비린내 나는 전투에 목숨을 걸고 무리지어 모여드는 인

7) Nietzsche, *On the Genealogy of Morals*, 2 : 16, (New York: Vintage Books, 1967), p. 86.
8) 결투의 배후에 있는 인간적인 동기를 오늘날에는 이해되고 있지 않은 한 예로서, John Mueller, *Retreat from Doomsday: The Obsolescence of Major War* (New York: Basic Books, 1989), pp. 9~11.

간은 있다. 그러나 그런 유형의 인간들은 대부분 폭력단에 가담해서 마약 판매로 생활을 영위하거나 아프가니스탄 같은 나라에서 살고 있다. 순수하게 상징적인 가치나 위신 혹은 인정받기를 추구하여 서로 싸우기를 마다하지 않는 쪽이, 도전을 받더라도 현명하게 양보하며 자기의 요구를 평화적인 중재나 재판으로 이끌어 가려고 하는 사람보다 인간미가 넘쳐난다고 어떻게 말할 수 있겠는가?

위신을 구하는 싸움에 자진해서 생명을 거는 일의 중요성은 인간의 자유가 갖는 의미에 관한 헤겔의 견해를 더 깊게 파고 들어가야만 이해할 수 있다. 우리들에게 친숙한 앵글로색슨적인 자유의 전통에 있어서 자유는 단지 억제가 없는 상태로서 해석하기 쉽다. 그렇기 때문에 홉스는 "자유라고 하는 것은 바로 반대하는 힘—즉 운동에 대한 외부로부터의 방해를—의 부재를 의미하고 있으며, 이는 이성이 있는 생물만이 아니라, 이성도 생명도 없는 창조물에도 해당될지 모른다"고 쓰고 있다.[9]

이 정의에 따르면 언덕에서 굴러 떨어지는 바위이든, 무턱대고 숲속을 돌아다니는 굶주린 곰이든 모두 다 "자유"라고 할 수 있을 것이다. 그러나 실제로 우리들은 바위의 낙하가 중력과 언덕의 경사에 의해 결정되며, 곰의 행동도 여러 가지 자연적인 욕망이나 본능의 복잡한 상호작용을 통해서 결정된다는 것을 알고 있다. 숲속에서 먹이를 찾아 헤매는 굶주린 곰은 표면적인 의미에서만 "자유"이다. 곰에게 있어서는 굶주림과 본능에 따라서 행동하는 이외의 방법은 없으며, 당연히 곰들은 무언가 훨씬 고상한 이유 때문에 단식을 하고 있는 것도 아니다. 바위의 움직임이나 곰의 행동은 스스로의 물질적인 성질과 주위의 자연환경에 의해서 결정된다. 그런 의미에서 바위도 곰도 어떤 일정한 규칙, 물리학의 근본법칙을 이루는 궁극의 법칙에 따라서 움직이도록 프로그램화된 기계와 하등의 차이가 없다.

홉스의 정의에 따르면, 어떤 행동을 물리적으로 억제 당하고 있지 않은 인간은 "자유"라고 간주된다. 그러나 인간이라고 하는 것은 일종의 육체적 동물적인 특질을 갖는 한, 남녀를 불문하고 누구나가 생리적인 욕구나 본능 아니면 욕망 혹은 정념(情念) 등의 유한한 복합체에 지나지 않으며, 그러한 요소들이 복잡하기는 하지만 결국에는 기계적인 상호작용으로 인

9) Thomas Hobbes, *Leviathan* (Indianapolis : Bobbs-Merill, 1958), P. 170.

간의 행동을 결정해 간다고 생각할 수도 있다. 따라서 굶주림이나 추위에 시달리며 먹을 것과 주거라고 하는 자연적인 욕구를 채우려는 데에 필사적 인 인간은 곰은 물론이고 바위보다도 자유롭지 못하다. 왜냐하면 그는 보 다 복잡한 일련의 규칙에 따라서 움직이는 보다 복잡한 기계에 불과하기 때문이다. 그가 먹을 것과 주거를 찾을 때에 하등의 물리적인 제약을 받지 않는다고 하는 사실은, 표면적인 자유는 창출하더라도 진정한 자유를 낳 지는 않는다.

홉스의 위대한 정치학적 저작 《리바이어던》은 정말로 그렇게 고도로 복잡화한 기계로서의 인간을 그리는 것에서부터 시작되고 있다. 홉스는 인 간성을 기쁨, 고통, 공포, 희망, 분노, 양심과 같은 일련의 기본적인 정념 으로 분류한 다음, 그 서로 상이한 결합에 의해서 인간의 모든 행동을 충 분히 결정하고 설명할 수 있다고 믿었다. 예컨대 그는 인간이 최종적으로 는 도덕적인 선택능력을 갖는다고 하는 의미에서 '자유'라고 생각하고 있 지는 않다. 인간의 행동은 다소는 합리적인 것이지만, 그 합리성은 자연에 의해 부여된 자기보존과 같은 목적에만 도움이 된다. 그리고 그 자연은 아 이작 뉴턴에 의해서 설명된 물질의 운동에 관한 법칙 아래서 완전히 설명 할 수 있다고 하는 뜻이다.

반대로 헤겔은 인간에 관해서 전혀 다른 이해로부터 출발한다. 인간은 스스로의 물리적 · 동물적인 성질에 의해서 결정되는 것이 아니다. 더구나 인간이 정말로 인간답다고 하는 이유는, 그러한 동물적인 성질을 정복하 고 부정하는 스스로의 능력에 있기 때문이다. 인간은 단순히 물리적으로 구속받고 있지 않다는 홉스류의 형식적인 의미에서의 자유가 아니라, 자연 에 의해 결정지어지는 것은 없다는 형이상학적인 의미에서의 자유인 것이 다. 여기에서 말하는 자연에는 인간 자신의 본성, 그 주위의 자연환경 그 리고 자연의 법칙이 포함되어 있다.

예컨대 인간은 참다운 도덕적 선택을 할 수 있는 능력을 가지고 있다. 즉, 단순히 편리성의 대소(大小)를 기준으로 하거나, 어느 쪽인가의 정념이 나 본능이 이겼다고 하는 결과에 연연하거나 하지 않고, 그 자신의 법칙을 창출해서 그것을 고수한다고 하는 선천적인 자유 때문에 두 가지 행동 중 하나를 선택하는 능력을 갖추고 있는 것이다. 그리고 인간 고유의 존엄은 하등동물보다도 현명한 기계가 되기 위한 우수한 계산 능력에서가 아니라 바로 이 자유로운 도덕적 선택을 할 수 있는 능력을 가지고 있는 데에 기인한다.

그러나 우리들은 이러한 한층 깊은 의미에 있어서 인간이 자유롭다는 것을 어떻게 알 수 있는가? 인간의 선택 중 많은 예들이 실제로 동물적인 욕망이나 정념을 만족시킬 뿐인 이기적인 타산에 지나지 않는 것은 확실하다. 예를 들면 어떤 사람이 이웃집의 과수원에서 사과를 훔치지 않는 것은 도의심 때문이 아니라 당장의 배고픔보다도 징벌의 엄격함을 두려워해서인지 모른다. 혹은 이웃사람은 얼마 후에 여행을 떠나게 되어 있고, 그렇게 된다면 사과는 곧바로 자신의 수중에 들어온다는 것을 알고 있기 때문인지도 모른다. 이와 같이 타산적이라고 해서 그 사람이 단순히 사과를 낚아채는 동물과 같은 자연의 본능—이 경우는 배고픔—에 지배받고 있지 않다고는 할 수 없다.

헤겔로서도 인간이 동물적인 측면이나, 한정되고 제약받는 성질을 갖고 있다는 것을 부정하지는 않을 것이다. 사람은 먹고 자지 않으면 안 된다. 그렇지만, 인간은 또한 스스로의 자연의 본능에 정면으로 상반하는 형태로 행동하는 힘도 확실히 가지고 있다. 더군다나 더 높고 더 강한 본능을 만족시키기 위해서 현재의 본능에 등을 돌리는 것이 아니라, 어떤 의미에서는 본능의 억제 그 자체를 위해서 그렇게 하는 것이다. 순수한 위신을 위한 싸움에 자진해서 생명을 거는 것이 헤겔류의 역사해석에 있어서 중요한 역할을 이루고 있는 이유도 여기에 있다. 생명을 거는 것으로 인간은 자기를 보전한다고 하는 가장 강력하고 동시에 기본적인 본능에 반해서 행동할 수 있는 힘을 입증하고 있다. 코제에브가 말하듯이 인간이 갖는 인간적 욕망은 자기보존을 추구하는 그의 동물적 욕망을 초월해야 한다. 그리고 역사가 시작될 때의 원시적인 싸움이 오로지 위신을 둘러싸고, 아니면 인정받음의 증거인 메달이나 깃발 등 보기에 하찮은 것을 둘러싸고 행해졌다는 사실의 중요성도 여기에서 생겨난다.

우리들이 싸우는 것은 자기가 자진해서 생명을 걸고 있고, 그렇기 때문에 자기는 자유로운 인간이라는 것을 다른 사람에게 인정시키기 위해서이다. 만약 가족을 지키기 위해서라든가, 적의 땅이나 재산을 빼앗는다고 하는 목적 (홉스나 로크에게 교육을 받은 우리들 현대 부르주아의 말을 빌자면, '합리적인' 목적) 때문에 피비린내 나는 싸움을 했다고 한다면, 그 싸움 자체는 일종의 동물적인 욕구를 충족시키는 수단에 지나지 않는다. 실제로 하등동물의 대부분은, 예를 들면 자기 새끼를 지키거나 아니면 식량 공급처를 확보하기 위한 싸움에 목숨을 건다. 그러나 이것은 본능적으로 정해진 행동, 종족을 확실하게 존속시킨다고 하는 진화상(進化上)의 목적을 위한 행동이다. 인간만이 자신은 죽음을 두려워하지 않는다는 자세를 보이기 위해서, 그리고 자신이 하나의 복잡한 기계나 "스스로의 정념의 노예"[10]이상의 존재라는 것을 나타내기 위해서, 예컨대 자신은 자유롭기 때문에 인간 고유의 존엄을 가지고 있다는 것을 내보이기 위하여, 감히 피비린내 나는 전투에 주저 없이 나서는 것이다.

위신을 구하는 싸움에 자진해서 생명을 건다고 하는, "반 본능적인 행위"도 또한 한층 깊고, 한층 격세유전적(隔世遺傳的)인 다른 본능에 의해 결정되고 있는데 지나지 않으며, 헤겔이 그것을 알아차리지 못했을 뿐이라고 논하는 사람들이 있을지도 모른다. 사실, 현대의 생물학은 인간과 마찬가지로 동물도 위신을 위한 싸움에 나선다는 것을 시사하고 있다. 그러나 아무도 동물이 도덕적 존재라고는 인정하지 않을 것이다. 만약 근대 자연과학의 가르침을 진지하게 받아들인다면 인간왕국은 자연왕국에 완전히 의존하며, 동시에 자연의 법칙에 따라 결정되고 있는 것이 있다. 인간의 모든 행동은 궁극적으로는 하등동물의 행동이나 심리학, 인류학에 의해서 설명이 가능하며, 더욱이 그러한 것들은 생물학과 화학 그리고 궁극적으로는 자연의 근본적인 힘의 작용을 토대로 하고 있다고 설명하고 있다.

헤겔과 그 선배인 칸트는 근대 자연과학의 유물론적인 기반이 인간의 자유로운 선택 가능성에 대해 가하는 위협을 알고 있었다. 칸트의 대저서

---

10) 이 표현은 《사회계약론》에서 나온 것으로, 거기서 루소는 "욕망의 유일한 추진력은 노예의 신분이다"라고 서술하고 있다. *Oeuvres Complètes*, vol.3(Paris: Gallimard, 1964), p. 365. 루소 자신은 '자유'라는 말을 홉스적인 의미와 헤겔적인 의미 쌍방에 이용하고 있다. 루소는 《인간 불평등 기원론》에서, 자연상태에서의 인간은 먹을 것, 여성, 휴식과 같은 자신의 본능적 요구에 자유롭게 따른다고 한다. 한편 위에 인용한 1절은 '형이상학적인' 자유를 위해서는 정념(情念)과 욕구로부터의 해방을 필요로 한다는 것을 뜻한다. 인간의 완전성에 관한 루소의 해석은 역사의 과정을 자유로운 인간의 자기창조라고 본 헤겔의 이해와 흡사하다.

《순수이성비판》의 궁극적인 목표는, 자연의 기계론적인 인간관계라고 하는 망망대해 속에 떠있는 "섬"에 울타리를 둘러치는데 있었다. 그곳은 엄격한 철학적 의미에 있어서 진실로 자유로운 인간의 도덕적 선택과 근대 물리학과의 공존이 허용되는 장소로 여겨졌다. 헤겔도 이 "섬"의 존재를 받아들였지만, 실제로는 칸트가 상정한 이상으로 크나큰 포용력이 있는 섬이었다. 어떻든 칸트도 헤겔도 인간은 어떤 면에서는 물리학 법칙의 제약을 전혀 받지 않는 존재라고 확신하고 있었다. 물론 그것은 인간이 광속보다 빠르게 움직일 수 있다거나 중력의 작용을 없앨 수 있다는 게 아니라, 오히려 정신적인 현상은 물질의 운동역학으로 단순하게 환원되지는 않는다는 의미이다.

독일 관념론이 낳은 이 "섬"의 타당성에 관해서 분석하는 것은 우리들의 현단계에서의 능력이나 의도를 초월하고 있다. 인간의 자유로운 선택 가능성이라는 형이상학적인 문제는 루소가 말하듯이 "철학적 심연"이다.[11] 그러나 이 난문은 잠시 접어두고 여기에서 지적해 두고 싶은 것은 다음과 같다. 즉 죽음의 위협을 무릅쓰는 태도의 중요성을 강조하면서, 헤겔이 '심리적인 현상'으로써 매우 현실적이며 중요한 것을 지적하고 있다는 점이다. 정말로 자유로운 의지가 존재하고 있든 그렇지 않든, 사실 모든 인간은 '마치' 그것이 존재하고 있는 듯이 행동하며 자기 생각에 순수하게 도덕적이라고 할 수 있는 선택을 하는 능력에 입각하여 서로를 평가한다. 대부분의 인간 활동이 자연스러운 욕구 충족으로 향하고 있는 반면 훨씬 변하기 쉬운 목표 추구에 막대한 시간이 쓰이고 있다. 사람들은 물질적인 편안함뿐만 아니라 존경과 인정도 추구하고, 또한 자신은 어떤 가치나 존엄(존경)을 갖추고 있기 때문에 다른 사람에게서 존경받아 마땅하다고 믿고 있다. 인정받기를 원하는 인간의 욕망과, 드물기는 하지만 가장 강력한 자연의 본능조차 거스를 정도로 확실한 자발성을 무시해 버리려는 심리학이나 정치학에 의존한다면 인간의 행동에 관한 더 없이 중요한 요점을 잘못 알게 될지 모른다.

11) 보다 정확하게 말하면 루소는 《사회계약론》 초판에서 "인간을 구성하고 있는 것 중, 육체에 대한 혼의 작용은 철학의 심연이다"라고 서술하고 있다. *Oeuvres Complètes*, vol. 3, P. 296.

헤겔에게 있어 자유라고 하는 것은 단순한 심리적인 현상이 아니라 더없이 인간적인 본질이었다. 이런 의미에서 자유와 자연은 완전히 대립한다. 자유라고 하는 것은 자연 속에서, 혹은 자연에 순응하여 어떤 제한도 없이 살아가는 것이 아니다. 오히려 자연이 끝나는 곳에서 자유가 시작된다. 인간적인 자유라고 하는 것은 인간 본래의 자연적이고 동물적인 존재를 뛰어넘어 '스스로의 힘'으로 새로운 자기를 창조할 수 있을 때 비로소 출현한다. 이 자기창조의 과정을 상징할 수 있는 출발점이 순수한 위신을 구하는 사투인 것이다.

그렇지만 이러한 인정받고자 하는 투쟁은 진실로 인간적인 행동의 발단이긴 해도 유일한 인간적 행위는 아니다. 헤겔이 말하는 "최초의 인간들" 사이에서 펼쳐지는 피비린내 나는 싸움은 그의 변증법의 기점(起點)에 지나지 않으며 거기에서 현대의 자유민주주의에 도달하기까지에는 대단히 엄청난 과정이 남아있다. 인류사의 문제는 어떤 의미에서는 상호적이면서도 동시에 평등한 기초 위에서 인정받고 싶다고 하는 주군과 노예 '쌍방'의 욕망을 만족시켜주는 방법의 탐구라고 간주할 수 있다. 그리고 역사는 이 목적을 달성하는 사회질서의 승리와 함께 막을 내린다.

그렇지만 헤겔의 변증법에서의 가일층 발전된 단계에 관해 논하기 전에, 자연상태에서의 "최초의 인간"에 대한 그의 이론과 현대 자유주의의 전통적 창시자인 홉스의 이론을 서로 비교해 보는 것도 무익하지는 않을 것이다. 왜냐하면 헤겔 사상의 출발점과 귀결점은 이 영국 사상가들과 상당히 유사한 한편 인간에 대한 생각은 근본적으로 다르며, 오늘날의 자유민주주의에 관해서도 더없이 대조적인 관점을 우리들에게 보여주기 때문이다.

14
최초의 인간

인간은 누구나가 스스로 자신을 평가하는 것만큼 친구도 자신을 평가해 주어야 한다고 생각하고 있다. 그리고 당연히 어떤 경우에 있어서든 경멸받거나 과소평가 받는 낌새를 눈치 채면, 자신을 경멸한 사람에게 위해를 가하고, 그밖의 사람에게는 그러한 예를 보임으로써 그들로부터 보다 높은 평가를 받으려고 열심히 노력한다.

––홉스 《리바이어던》[1]

오늘날의 자유민주주의 국가는 전통이라고 하는 옅은 안개로부터 나타난 것이 아니다. 공산주의 사회와 마찬가지로 그것은 인간 및 인간사회의 통치에 어울리는 정치체제에 대한 확고한 이론적 견해에 입각하여 인간의 손에 의해서 어느 일정한 시기에 의도적으로 만들어진 것이다. 자유민주주의는 마르크스와 같은 단 한사람의 철학자에게서 그 이론적 기원을 찾을 수는 없지만, 특정한 합리적 원칙에 입각하고 있음은 확실하며 그 원칙을 창출한 풍부한 내용과 지성을 갖춘 선조들에게로 쉽게 거슬러 올라갈 수 있다. 예를 들면 미국 독립선언이나 헌법에 성문화된 미국 민주주의의 근저를 이루는 모든 원칙은 제퍼슨, 메디슨, 해밀턴 등의 헌법 제정자들의 저작이 토대가 되어 있고, 그들의 사상은 대부분 홉스나 로크와 같은 영국 자유주의의 전통에서 유래한 것이다. 만약 우리들이, 이 세상에서 가장 오

---

1) Hobbes, *Leviathan*, p. 106.

래된 자유민주주의의 알맹이—북미 이외의 지역에서도 많은 민주주의 사회가 받아들인 사상의 알맹이—를 소상히 밝히고자 한다면, 홉스와 로크의 정치적 저작을 되돌아 볼 필요가 있다. 그 이유는 이 두 사람의 사상가는 "최초의 인간"의 본질에 관한 헤겔의 가정 중 많은 부분을 미리 고려하고 있으며, 또 한편으로 그들과 그에 이어지는 앵글로-색슨의 자유주의 전통은 인정의 욕망에 대하여 헤겔과는 결정적으로 다른 태도를 보이고 있기 때문이다.

오늘날 홉스는 주로 두 가지 점에서 유명하다. 첫째는 그가 자연상태를 "고독하고 가난하고, 더럽고 잔인하며, 덧없는 것"이라고 규정한 것이다. 또 하나는 절대적인 군주 주권론을 주장한 것이다. 이 주장은 폭정에 대한 혁명권(革命權)을 주장한 로크의 보다 '자유로운' 견해와 때때로 비교되어, 불리한 입장을 강요받고 있다. 그러나 홉스는 결코 현대적인 의미에서의 민주주의자는 아니라고 해도 자유주의자인 것만은 틀림없으며, 그의 철학은 근대 자유주의를 낳은 원천이 되었다. 왜냐하면 정부의 정통성은 왕권 신수(神授)나 지배자의 당연한 우위성에서가 아니라 오히려 피지배자 측의 권리에서 유래한다고 하는 원리를 최초로 확립한 것이 홉스였기 때문이다. 이 점에서 로크나 미국 독립선언 기초자들과 홉스 사이에는 필머 (영국의 정치사상가. 왕권신수설의 대표적 주창자. 1589-1653 ; 역자주)나 후커 (미국 청교도 지도자·식민지 건설자, 1586-1647 ; 역자주) 등 홉스와 거의 동시대의 사상가들과의 사이를 구분하는 깊은 골에 비하면, 극히 미미한 차이밖에 없다.

홉스는 자연 상태에서의 인간을 규정하는 것에서부터 정의와 공정의 원칙을 도출하고 있다. 홉스가 말하는 자연 상태라고 하는 것은 "정념에서의 추론"이며, 그것은 인류사의 일반적인 단계에서는 존재하지 않는다고 해도 시민사회가 붕괴할 때에는 어디에나 몸을 숨기고 있다. 그리고 예를 들면 1970년대 중반 내란 상태에 빠진 레바논과 같은 장소에서 그 모습을 드러내는 것이다. 마치 헤겔이 말하는 피비린내 나는 싸움처럼 홉스는 그런 자연상태도 영속적이고 근본적인 인간 정념의 상호작용에서 생긴 인간의 상태를 해명하기 위한 것이다.[2] 홉스가 말하는 "자연 상태"와 헤겔의 피비

---

2) 홉스가 말하는 자연상태와 대조적으로 피비린내 나는 싸움은 어떤 의미에서 현실의 역

린내 나는 싸움의 유사성은 놀라울 정도이다. 우선 양쪽이 모두 극단적인
폭력으로 특징지어져 있다. 원시적인 사회의 현실은 사랑과 협조가 아니라
"만인의 만인에 대한 싸움"이다. 그리고 "인정받기 위한 투쟁"이라는 말
로는 쓰여지고 있지 않지만, 홉스의 독자적인 주장인 만인에 대한 싸움에
서 목표가 되는 것은 본질적으로 헤겔이 주장하는 것과 일치하고 있다.

> 즉 인간의 본성 속에는 싸움의 주요 원인이 세 가지 있다. 첫째
> 가 경쟁이고 둘째가 불신, 셋째는 '영예'이다…… 세 번째 원인에
> 관해서 말하면, 한 마디의 말, 한 번의 미소, 하나의 이견, 그 밖
> 의 여러 가지 과소평가의 징조가 되는 사소한 것 때문에, 사람은
> 그것이 직접 자신의 인격을 향하고 있는지, 아니면 간접적으로 자
> 신의 친척이나 친구, 국민, 직업 또는 이름을 향하고 있는가를 묻
> 지 않고 폭력을 사용하게 된다.[3]

홉스에 의하면, 인간은 필요를 위해 싸우기도 하지만, 오히려 "하찮은
일"을 둘러싼, 즉 인정을 둘러싼 싸움 쪽이 많다. 위대한 유물론자인 홉
스는 관념론자 헤겔과 그다지 다르지 않은 표현으로 "최초의 인간"의 본
질에 관한 설명을 끝내고 있다. 즉, 무엇보다도 우선 사람들은 만인의 만
인에 대한 싸움으로 강하게 내몰고 있는 정념은, 물질적 소유에 관한 강한
욕망이 아니라, 야심 있는 소수인의 긍지와 허영의 만족감에 불과하다는
것이다.[4] 왜냐하면 헤겔이 말하는 "선망을 구하는 욕망" 혹은 "인정받기"
에 대한 추구는 우리가 일반적으로(그것을 바람직하다고 인정할 때에는)
"긍지" 혹은 "자긍심"이라고 부르며 (그것을 바람직하지 못하다고 생각
하는 경우에는) "허영" "허식" 혹은 "교만"이라고 부르는 인간의 정념으
로 이해할 수 있기 때문이다.[5]

사적 순간(보다 정확하게는 역사의 출발점)의 현상에 대한 하나의 성격규정을 의도하고
있었다.
3) *Ibid.*, p. 106. ' '는 필자의 자의임.
4) Thomas Hobbes, *De Cive*, Preface 100~101. 또 Melzer, *The Natural Goodness of Man*, p.
121.
5) 1936년 11월 2일의 Leo Strauss에게 보낸 코제에브의 편지는 이렇게 결말지어 있다. "홉

더구나 두 철학자 모두 자기 보존의 본능이 어떤 의미에서는 자연의 정념 중에서 가장 강하고 가장 널리 서로 공유되고 있다고 생각했다. 홉스에 있어서 이 본능은 예를 들면 "쾌적한 생활을 위한 모든 필수품"과 함께, 인간으로 하여금 평화를 지향하게 하는 가장 강한 정념이었다. 인간은 자부심 혹은 인정에 대한 욕망 때문에 위신을 위한 투쟁에 생명을 걸며, 한편으로는 폭력적인 죽음에 대한 공포 덕분에 평화와 안전을 담보로 한 노예생활을 달게 받아들이고 있는데, 홉스도 헤겔도 원시적인 싸움에서 이 양자의 긴장관계를 보고 있다. 그리고 결국에는 홉스도 피비린내 나는 싸움은 역사적으로 죽음을 두려워한 측이 항복이라고 하는 형태로 주군과 노예의 관계를 초래케 한다는 헤겔의 주장을 받아들였을 것이다. 주군에 의한 노예의 지배는 홉스에 있어서는 전제정치이며, 거기서는 노예가 힘이라는 절대적인 위협에만 복종하여 주군을 섬기고 있기 때문에 인간은 자연 상태로부터 빠져나올 수 없게 된다.[6]

그렇지만 홉스와 헤겔이 근본적으로 다르며, 더군다나 자유주의의 앵글로색슨적인 전통이 결정적으로 헤겔에게 등을 돌린 것은 긍지 혹은 허영 (즉 인정)이라고 하는 정념과 폭력적인 죽음에 대한 공포의 두 가지 중에서 어느 쪽에 더 비중을 두는가에 있어서이다.

이미 보았듯이 헤겔은, 순수한 위신을 찾는 싸움에 자진해서 목숨을 거는 태도가 어떤 의미에서는 인간이 인간다운 이유이며, 인간의 자유의 기반이라고 생각했다. 물론 헤겔도 더 없이 불평등한 주종관계를 최종적으로 인정한 것은 아니며, 그러한 관계가 원시적이고 억압적인 것이라는 사실

스는 노동의 가치를 바르게 평가하지 못했고, 이 결과 투쟁(허영심)의 가치를 과소평가하게 되었습니다. 헤겔에 따르면 노동하는 노예는 첫째 자유의 이념을, 둘째로는 투쟁에 의해 이 이념이 현실화하는 것을 인식하고 있습니다. 이리하여, 인간은 원래 항상 주군 아니면 노예인 것입니다. 역사의 종말에 등장하는 완전한 인간은 주군이고 또한 노예이기도 한 것입니다. (그 어느 쪽이라고도 말할 수 있고, 어느 쪽이라고도 말할 수 없는 것입니다) 이러한 상태가 왔을 때에만 인간의 허영심은 만족시킬 수 있는 것입니다." Leo Strauss, *On Tyranny,* revise and expanded edition, p. 233.

6) 홉스와 헤겔의 비교는 Leo Strauss, *The Political Philosophy of Hobbes* (Chicago: University of Chicago Press, 1952), pp. 57~58에 나와 있다. 주(註) 중에서 Strauss는 "M. 알렉산드르 코제에브와 필자는 헤겔과 홉스의 관계를 상세히 검토할 생각이다"라고 말하고 있으나 이 작업은 유감스럽게도 완성되지 못했다.

도 충분히 알고 있었다. 그러나 인류의 역사에는 계급적 균형이라든가 주군과 노예라든가 하는 말에 더없이 인간적으로 중요한 것이 남겨져 있으며, 이와 같은 관계는 역사상의 필수불가결한 발전 단계라고 그는 보았다. 주군의 의식은 헤겔의 경우 노예의 의식보다 어떤 의미에서는 한층 고고하고 한층 인간적인 것이었다. 왜냐하면 죽음의 공포에 굴복한 노예는 동물적인 성질을 뛰어넘지 못했기 때문이다. 바꿔 말하면 헤겔은 자진해서 생명을 위험에 내맡긴 귀족적 전사의 긍지 속에서 도덕적으로 칭찬해야 할 것을 발견했고, 또한 자기보존만을 추구하는 노예의 의식 속에서 도덕적인 비굴함 같은 것을 발견했던 것이다.

한편 홉스는 귀족적인 주군과 긍지(보다 정확하게 말하면, 허영) 속에서 하등의 도덕적인 구원도 찾고 있지 않다. 오히려 이 인정받기를 원하는 욕망, 메달이나 깃발 같은 "하찮은 것"을 둘러싸고 자진해서 싸우려고 하는 자세야말로 자연 상태에 있어서의 모든 폭력이나 인간적인 비참함의 근원이 된다고 말했다.[7] 홉스에 있어서 가장 강력한 인간적인 정념은 폭력적인 죽음에 대한 공포이며, 또한 가장 강력한 도덕적 요청—그가 말하는 "자연법"—이라고 하는 것은 자기의 육체적 존재의 보존이다. 자기보존은 기본적으로 도덕과 관련된 사실이다. 즉 홉스에 의한 정의와 공정에 관한 모든 개념은 자기보존의 합리적 추구에서 근거하고 있으며, 한편 부정과 악은 폭력, 전쟁 그리고 죽음을 가져오는 것이다.[8]

죽음에 대한 공포가 갖는 구심력이 홉스를 근대 자유주의 국가로 이끌어 간다. 왜냐하면 실정법(법 관례나 판례에 의한 것이 아니라, 일정한 절차를 거쳐 실제로 제정한 법률)이나 정부가 아직 확립되어 있지 않은 자연 상태에서는 자기 존재를 보존한다고 하는 만인을 위한 "자연권"에 의해서

---

7) 홉스에 따르면 인간이 자기 자신의 힘과 재능에 대해 상상할 때에 생기는 '기쁨'은 '자부심'이라고 불리는 정신의 고양이다. 그것이 만약 그 자신의 이전의 경험에 바탕을 둘 경우에는 '자신감'과 똑같지만 그것이 타인의 아첨에 바탕을 두고 있다거나, 그 결과를 상상하여 멋대로 혼자 기뻐하는 것일 경우에는 '허영심'이라고 불린다. 이와 같은 명칭은 정말 딱 어울린다. 왜냐하면 근거가 분명한 '자신감'은 시도를 낳지만 단순히 자신이 힘이 있다고 믿는 것만으로는 행동은 나타나지 않는다. 그러므로 실로 '허영심'이라고 불리는 것은 당연하다. " Hobbes, *Leviathan*, p. 57.

8) Leo Strauss, *Natural Right and History* (Chicago: University of Chicago Press, 1953), pp. 187~188.

인간에게는 폭력도 포함하여 그 목적 달성에 필수적이라고 판단되는 모든 수단을 행사할 권리가 주어져 있기 때문이다. 사람들이 공통의 지배자를 갖지 않은 곳에서는 만인의 만인에 대한 무정부적인 싸움이라는 결과가 초래되는 것은 피하기 어렵다. 이 무정부 상태를 구하는 것이 사회 계약에 입각하여 수립된 정부이며, 이 정부 하에서는 모든 사람이 "만물에 대한 이러한 권리를 포기하고, 타인에 대해서 자유를 행사할 때에도, 타인이 자신에 대해서 행사하더라도 좋을 정도만 행사한다"는 것에 동의한다.

국가의 정통성에 관한 유일한 원천은 개개인이 인간으로서 가지고 있는 '여러 가지 권리'를 지키고, 그것을 유지하는 능력에 있다. 홉스에 있어서 기본적 인권이라는 것은 생존적, 즉 만인의 육체적 존재를 보존하는 권리이다. 그리고 유일한 정통정부는 충분히 생명을 보존시켜 주며, 만인의 만인에 의한 싸움이 다시는 일어나지 않도록 막을 수 있는 정부이다.[9]

그러나 평화와 생존권의 유지는 그냥 실현되지 않는다. 홉스의 사회계약의 근본을 이루는 것은, 사람들이 자기 자신의 육체를 상처 입히지 않고 보존해 갈 수 있는 담보로서 부당한 긍지와 허영을 포기한다는 합의이다. 다시 말해 인간이 인정받기를 추구하는 투쟁, 특히 위신을 구하는 투쟁을 포기하도록 홉스는 요구하고 있는 것이다. 자신의 우월성을 타인에게 내보이고, 뛰어난 미덕을 기반으로 하여 타인을 지배하려고 하는 인간의 일면, 즉 자신의 "인간적인 너무나도 인간적인" 한계에 도전하는 긍지높은 성격이라고 하는 것은, 오히려 본인의 긍지에 대한 열등감의 소산이라고 설득된다. 따라서 홉스에게서 시작된 자유주의의 전통은 명확하게 "동물적인 본성"을 뛰어넘으려고 하는 소수인에게 초점을 맞추고 있으며, 인간의 최저의 공통사항으로 되어 있는 정념—즉 자기보존—의 이름으로 그들을 구속하고 있다. 그리고 이 정념은 인간만이 아니라 보다 '하등한' 동물에게도 통하는 공통 요소로 인식된다. 헤겔과는 대조적으로 홉스는 인정에 대한 욕망이나 "단순한 삶"을 내려다보는 경멸의 마음이 인간의 자유의

---

9) 홉스는 기독교에 바탕을 두지 않은 보편적인 인간평등의 원리를 주장한 최초의 철학자 중 한 사람이었다. 그에 따르면 인간은 서로 죽이는 능력에 있어서는 근본적으로 평등하고 설령 육체적 약자라 하더라도 한 계책을 생각해 낸다든가 다른 사람과 도당을 이루어 상대를 이길 수가 있다. 따라서 근대 자유주의 국가와 자유로운 인간의 권리의 보편성은 원래 폭력에 의한 죽음의 공포가 갖는 보편성 위에 구축된 것이다.

시초가 아니라 불행의 근원이라고 생각했다.[10] 홉스의 가장 유명한 저서의 표제가 이를 잘 나타내고 있다. 즉 "신은 리바이어던(대괴물)의 강력한 힘을 들어, 그를 '교만'한 자들의 왕이라고 불렀다"라고 쓰면서, 홉스는 국가를 "교만에서 생겨난 모든 자들의 왕"인 리바이어던으로 비유하고 있다.[11] 리바이어던은 그러한 긍지 높은 마음을 만족시켜 주는 것이 아니라, 그것을 억눌러 죽여 버리는 괴물인 것이다.

홉스로부터 "1776년의 정신"(미국독립) 및 현대의 자유민주주의에 이르기까지의 도정은 매우 짧다. 홉스는 군주의 절대 주권을 믿었지만, 그것은 국왕의 타고난 통치권 때문이 아니라, 군주들에게는 대중의 합의에 이르는 어떤 형태의 힘이 부여되어 있어야 한다는 생각에 입각하고 있다. 통치받는 측의 합의는 오늘날과 같은 보통 선거권에 의거한 무기명 자유투표의 복수정당 선거를 통해서만이 아니다. 홉스에 따르면, 특정한 정부 하에서 기꺼이 생활하며 법을 준수한다고 하는 시민의 자세에서 나타나는 바와 같은 암묵적 양해를 통해서도 얻어진다.[12] 그에게 있어서 전제정부와 정통성을 가진 정부는 표면은 같아 보여도 (즉, 양자 모두 절대군주제라는 형태를 취했다 해도) 둘 사이에는 매우 명백한 차이가 있었다. 정통성을 가진 통치자는 대중의 합의를 얻을 수 있지만, 전제군주는 그것을 얻을 수 없는 것이다. 홉스는 의회정치와 민주정치 체제보다도 단 한 명의 인간에 의한 통치를 선호했는데, 그것은 그가 오만한 자들을 억누르는 강력한 정부의 필요성을 믿고 있었음을 반영하는 것이지, 인민주권의 원리 그 자체에 이의를 제기했기 때문은 아니다.

홉스의 주장의 약점은, 정통성을 지닌 군주도 자기도 모르는 사이에 전

---

10) Strauss의 지적에 따르면 홉스는 원래 귀족적인 미덕을 칭송하고, 윤리의 근본요소로서 이러한 귀족으로서의 자부심 대신에 폭력적인 죽음의 공포를 든 것은 생애 후반에 접어들면서부터였다. Strauss, *The Political Philosophy of Hobbes*, chap. 4.

11) '' 는 원문. 이 문제에 관해서는 *ibid*., p. 13.

12) 암묵의 양해라는 개념은 보기보다 기이하지 않다. 예를 들면, 전통 있는 안정된 자유민주주의 사회의 시민은 선거를 통해 지도자 선출을 하는 일은 있어도 통상 그 나라의 기본적인 제도적 약속을 시인하도록 요구되는 경우는 없다. 그러면 이들 시민이 그것을 시인하고 있는지 어떤지 어떻게 알 수 있을까? 그것은 시민이 자신들의 자유의지로 그 나라에 남고, 기존의 정치과정에 참가한(적어도 반대는 하지 않는다)다는 사실에서 분명해지는 것이다.

제군주로 변하기 쉽다는 점에 있다. 선거와 같이 대중의 합의를 기록해 주는 제도적인 장치가 없으면, 군주가 그러한 합의를 얻고 있는지 어떤지를 알기란 매우 어렵다. 그래서 로크에 이르러서 군주 주권이라는 홉스의 교의(敎義)를, 다수결 원리에 입각한 의회 또는 입법부 주권이라는 교의로 수정하는 것은 비교적 손쉬운 일이었다. 자기 보존이 더욱 기본적인 정념이라는 점, 그리고 생존권이라는 기본적인 권리에서 다른 모든 권리가 파생되었다는 점에 관해서는 로크도 홉스와 같은 의견이었다. 자연상태에 관한 로크의 견해는 홉스보다도 온건한 것이긴 하지만, 이 자연 상태가 전쟁 상태 혹은 무정부 상태에 빠지는 경향을 갖고 있으며, 정통성을 가진 정부는 인간을 인간 자신의 폭력에서 지킬 필요성에서 생겨났다고 하는 점에서 양자는 일치하고 있다.

그렇다고는 하지만 로크는, 국왕이 국민의 재산과 생명을 일시적인 기분으로 빼앗는 경우가 있는 것처럼, 절대 군주도 인간의 자기 보존의 권리를 침해할 수 있다고 지적하고 있다. 그리고 이것을 해결할 수 있는 것은 절대 군주제가 아니라 제한된 정부, 요컨대 기본적 인권을 보증하고 비통치자의 합의에 따라 권위를 얻는 입헌정치 체제인 것이다. 홉스가 말하는 자기 보존의 자연권은 로크에 의하면, 국민의 이익에 반하여 부당하게 권력을 휘두른 폭군에 대한 혁명의 권리를 포함하고 있다고 여겨진다. 미국 독립선언의 첫머리에서 언급되고 있는 것은 바로 이 권리이며, 거기에는 "일국민이 지금까지 타국민에게 매여 있던 정치적 속박을 끊을" 필요성이 주장되고 있는 것이다.[13]

---

13) 로크는 홉스의 자기보존 권리에 또 하나의 기본적 인권, 즉 소유권을 덧붙이고 있다. 소유권은 자기 보존의 권리로부터 파생된 것이다. 살 권리를 갖고 있는 자라면, 식료, 의류, 말, 토지 등과 같은 사는 수단에 대한 권리를 갖는다. 시민사회의 확립은 인간이 서로 죽이는 것에 자부심을 느끼는 사태를 방지하는 것뿐만 아니라 사람들에게 자연상태에서 소유하고 있는 자유로운 소유물을 보호하고 평화리에 소유물을 늘리는 것을 허락하는 것이다.

자연의 소유물이 인습적인 소유물, 즉 재산 소유자들 간에 맺어진 사회계약에 의해 인정된 재산으로 바뀌면 인간의 생활에는 근본적 변화가 생긴다. 왜냐하면 로크에 따르면, 시민사회 이전에는 인간의 획득능력은 자기의 소비를 목적으로 자기 자신의 노동을 통해 축적할 수 있는 것에 한정되어 있었고, 게다가 그것은 부패하지 않는 것뿐이었다. 시민사회는 인간의 획득능력을 이러한 제약으로부터 해방시키기 위한 전제조건인 것이다. 즉 시민사회가 성립하면 인간은 필요로 하는 것뿐만 아니라, 갖고자 하는 것이라면 무엇 홉스가 인정받기 위한 욕망이 지닌 도덕적 가치보다 자기 보존을 더욱 중시했던 점에 관해, 로크는 이의를 제기하지 않았을 것이다. 자기 보존은, 다른 모든 권리를 파생시킨 기본적인 자연권이며, 인정받기 위한 욕망도 그것의 희생이 되어야 마땅한 것이다. 그렇지만 로크는 홉스와 달리, 인간의 단순한 육체적 존재의 권리뿐만 아니라, 쾌적하고 또한 부를 산출해 낼 수 있는 생활을 영위할 권리도 갖고 있다고 주장할 것이다. 시민사회는 사회의 평화를 유지하기 위해서뿐만 아니라, '근면하고 이성적인' 사람들이 누구나 사유재산 제도를 통하여 풍요를 창출할 수 있는 권리를 보호하기 위해서 존재한다. 그리고 "(미국의) 광대하고 풍요한 토지의 지배자가, 영국의 날품팔이 노동자보다 의식주 모든 면에서 열등하다는" 자연의 빈곤상태는 사회적인 면에서의 풍요로움으로 대신될 수 있다는 것이다.

로크가 묘사한 최초의 인간상은 홉스와는 비슷하지만, 헤겔의 그것과는 근본적으로 다르다. 즉 로크에 있어서의 최초의 인간은 자연상태 속에서 인정받기 위한 투쟁은 하지만, 그 인정에 대한 욕망을, 자기 생활을 유지하고 거기에 물질적 위안을 주려 하는 욕망에 종속시키도록 철저히 배울 필요가 있는 것이다. 헤겔이 말하는 최초의 인간은 물질적인 소유에는 관심도 없고, 그 대신에 자기 자신의 자유와 인간다움을 타인에게 인정받기를 원한다. 그리고 그 소원을 추구한 나머지, 사유재산에서 자기의 생명에 이르기까지 "세속적인 일"에는 전혀 관심을 나타내지 않는다. 이에 대해 로크가 말하는 최초의 인간은 자연 상태에서 소유하는 물질적 소유물을 지킬 뿐만 아니라 더욱 무한한 부를 얻을 가능성을 개척하기 위해 시민

이든 무한하게 축적할 수 있다. 로크에 따르면 모든 가치(여기서는 모든 '경제적 가치'라고 불러도 좋다)의 기원은 인간의 노동이고, 자연에 존재하는 '거의 가치가 없는 물질'도 노동에 의해 가치를 늘리는 것이다. 부의 축적이 타인을 희생시킬지도 모르는 자연상태와는 다르고, 시민사회에서는 끝없는 부의 추구가 가능하고 또 허용되는데, 그것은 노동의 미증유의 생산성이 온갖 영역의 풍요를 가져오기 때문이다. 즉 시민사회가 '싸우기 좋아하고 논쟁을 즐기는 사람들'에 반대하고 '근면하고 합리적인 사람들'의 이익을 지켜준다면 무한히 부를 추구할 수 있게 되고 그것이 허용되는 것이다. Rocke, *Second Treatise of Government* (Indianapolis : Bobbs-Merrill, 1952), pp. 16~30; Abram N. Shulsky, "The Concept of Property in the History of Political Economy," in James Nichols and Colin Wright, eds., *From Political Economy to Economics......and Back?* (San Francisco: Institute for Contemporary Studies Press, 1990), pp. 15~34. : and Strauss, *Natural Right and History,* pp. 235~246.

사회로 적극 나아가는 것이다.

최근의 학자들 간에는 미국 정치제도의 뿌리를 고전적 공화정치 체제 안에서 찾으려는 경향도 있는데, 미국의 건국사업에는 그 구석구석까지 로크의 이념이 골고루 배어 있다.[14] 생명, 자유, 그리고 행복을 추구하는 인간의 권리에 관해 제퍼슨이 말한 '자명한' 진리도 로크가 주장한 생명과 재산에 관한 자연권과 기본적으로 다르지 않았다. 미국의 건국자들은, 자국민에게 어떠한 정치적 권위가 수립되든 간에 이전부터 그들이 인간으로서 이러한 여러 권리를 갖고 있는 것이라고 확신하고, 동시에 정부의 첫째 목적은 그와 같은 권리를 지키는데 있다고 생각했다. 미국인이 태어나면서부터 부여받은 이러한 권리는 생명, 자유, 행복의 추구에만 국한된 것이 아니라, 권리장전에 열거된 것은 물론 최근 들어 생겨난 "프라이버시권" 등의 권리까지 포함되어 있다. 그렇지만, 어떠한 권리든 간에 그것이 개인의 자유로운 선택의 영역을 지키고 국가권력의 행사를 엄격히 제한하기 위한 감시역이라는 점에 관해서는, 미국의 자유주의에 있어서나 다른 비슷한 입헌공화국의 자유주의에 있어서도 공통으로 인식되어 왔다.

홉스나 로크, 제퍼슨 등 미국 건국의 시조들의 사상을 고취받은 미국인에게 있어서 위신을 추구하는 전쟁에 생명을 내거는 귀족적인 군주에 대한 헤겔의 찬사는, 그야말로 게르만 민족 특유의 편견으로 들릴 것이다. 물론 이러한 앵글로색슨계의 사상가들 역시, 헤겔이 말하는 최초의 인간을 진정한 인간의 원형이라 간주할 수 없었던 것은 아니다. 그러나 오히려 그들은, 군주를 자칭하는 자들에게 만인이 노예와 같은 일종의 무계급사회 속에서 노예 생활을 받아들이도록 설득하는 노력이야말로 정치의 문제라고 생각했던 것이다. 그것은 그들이 다른 사람으로부터 인정받는 것의 만족감을, 특히 "사람위에 군림하는" 고통—즉 죽음의 고통과 비교했을 경우에, 헤겔보다 훨씬 낮게 평가하고 있었기 때문이다. 실제로 그들은 폭력적인 죽음에의 공포와 쾌적한 자기 보존에의 욕망이 실로 강렬하여, 이기적인 손익계산을 철저히 교육받은 합리적인 정신 속에서는 이러한 정념

---

14) 고전적 공화주의와 미국 건국에 대하여 다룬 문헌의 개설 및 비판으로서 Thomas Pangle, *The Sprit of Modern Republicanism* (Chicago: University of Chicago Press, 1988), pp. 28~39.

이 인정받으려는 욕망을 능가해버릴 것이라고 생각했었다. 우리들이 헤겔이 말하는 위신을 건 싸움을 불합리한 것이라고 거의 본능적으로 느끼는 원인도 여기에 있다.

그렇지만 타인으로부터 인정받는 것보다 자기를 보존하는 편이 도덕적으로 중요하다고 하는 앵글로색슨의 전통을 받아들이지 않으면, 군주로서의 생활을 버리고 노예의 생활을 선택하는 것은 별로 합리적인 선택이라고 할 수 없다. 그리고 우리들에게 있어서 불만이 남는 것은, 바로 홉스와 로크의 사상이 바로 자기 보존, 혹은 쾌적한 자기 보존을 도덕적으로 최우선시하고 있는 점이다. 자유사회란 다만 상호의 자기 보존을 위한 룰을 설정할 뿐, 시민을 위해 적극적인 목표를 정하려고도 하지 않으며, 보다 탁월한 생활양식, 보다 바람직한 삶의 방식을 제창해 주지도 않는다. 적극적인 목표를 가진 생활이라는 것이 무엇을 가리키든 간에, 그 내용은 한 사람 한 사람의 인간에 의해 결정된다. 그러므로 그와 같은 생활의 내용은, 공공에의 봉사라든지 사생활에서의 관대한 행위 등 고상한 형태를 취하는 경우도 있거니와, 이기적인 쾌락의 추구라든가 사생활상의 야비한 행위 등 저열한 형태를 취하는 경우도 있다. 국가 자체는 이러한 생활의 내용에는 전혀 관심을 보이지 않는다. 정부는 실로, 어떤 권리의 행사가 다른 권리의 침해가 되는 경우를 제외하고, 다양한 "생활양식"을 용인하도록 만들어져 있다. 적극적이고 또한 보다 '고상한' 목표가 없을 경우, 로크류의 자유주의의 중심부에 뚫린 공백은 결핍과 기아라는 옛날의 제약에서 해방된 오늘날에는 항상 제한 없는 부의 추구에 의해 메워져 가는 것이다.[15]

15) 뛰어난 미국 연구가 중에는 종종 생각되는 것 이상으로 로크가 긍지와 활기에 관한 고찰에 매우 많은 에너지를 소비한 점을 지적하는 사람도 많다. 로크가 오만하고 공격적인 인간이 품는 긍지를 깨뜨리려고 시도하고, 그들을 합리적인 자기 이익에 따르게 하려는 것에 관해서는 의문의 여지가 없다. 그렇지만 Nathan Tarcov의 *Some Thoughts Concerning Education*에 따르면, 로크는 사람들에게 자유를 긍지로 삼고 노예 신분을 경멸하도록 촉구하고 있다고 한다. 즉, 생명과 자유는 그 자체가 목적으로, 재산을 보호하는 수단이라고 하기보다 잠재적으로는 자신의 생명까지도 희생할 가치가 그 자체에 있는 것이다. 따라서 자유국가에 사는 자유로운 인간의 애국심은 쾌적한 자기 보존에 대한 욕망과 공존할 수 있고, 이러한 공존관계는 실제로 합중국에서는 역사적으로 달성되어 온 것으로 생각된다.

매디슨이나 해밀튼의 경우가 그러했듯이 로크가 인정받기를 강조했다는 측면이 종종 간과되어 온 것은 분명하다. 그렇지만 나에게는, 로크가 긍지랄지 자기 보존과 같은 커다란 자유사회의 가장 전형적인 산물이며, 점차 경멸의 의미를 담아 '부르주아'라 불리게 된 새로운 유형의 인간에 관해 생각해 보면, 인간에 관한 자유주의적인 견해의 한계는 보다 명확해진다. 여기서 말하는 부르주아란, 목전의 자기 보존과 물질적 행복을 위해서만 악착같이 애쓰며, 사리사욕을 충족시키는 수단으로밖에 주위 사회에 관심을 갖지 않는 인간을 말한다. 로크의 철학에 나타나는 인간은 공공심도 애국심도 필요 없으며 주위 사람들의 행복을 생각할 필요도 없었다. 이 점에서는 오히려 칸트가 말한 것처럼 만약에 악마가 이성을 가지고 있다면 자유사회는 그 악마에 의해서도 성립될 수 있는 것이다.

자유주의 국가에 사는 사람들, 특히 홉스가 그리는 인간들이, 왜 군대에 근무하며 자국을 위해 전쟁에서 생명을 내걸려고 하는지 그 이유는 확실하지 않다. 만약 기본적인 자연권이 개개인의 자기 보존에 있다고 한다면, 그 개개인에게 있어서는 도대체 어떤 이유에서 재산과 가족을 거느리고 도망치기보다 나라를 위해 죽는 편이 도리에 맞는 행위일 수 있을까? 비록 평화로운 시대일지라도, 왜 사회의 양심 있는 사람들은 돈벌이로 치닫는 이기적인 생활보다 공공에 봉사하고 정치적 수단을 발휘하는 생활을 선택해야 하는가라는 문제에 관하여 홉스나 로크가 주장하는 자유주의 철학은 아무런 근거도 제시해 주지 않는다. 사실 로크가 그리는 인간이, 왜 스스로의 공동사회에서 활동적인 생활을 보내야 하는지, 왜 가난한 자에게는 아낌없이 나누어 주고, 왜 희생을 치르면서까지 가족을 부양하지 않으면 안 되는가라는 이유는 전혀 밝혀주고 있지 않은 것이다.[16]

윤리적 양자택일의 경우에는 자기 보존 쪽에 확고히 설 것으로 생각된다. 로크의 교육론에 관한 저작을 신중히 검토한 결과, 긍지를 중시하는 로크상이 분명해졌다고 하더라도 그것에 의해 《시민정부2론》에서 자기 보존을 첫째 의미로 둔 로크의 입장이 흔들릴지 어떨지는 알 수 없다. Nathan Tarcov, *Lock's Education for Liberty* (Chicago: University of Chicago Press, 1864). 특히 이 책의 pp. 5~8, 209~211을 참조. Tarcov, "The Spirit of Liberty and Early American Foreign Policy," in Catherine H. Zuckert, *Understanding the Political Spirit: Philosophical Investigations from Socrates to Nietszche* (New Haven, Conn: Yale University Press, 1988), pp. 136~148. 또 Pangle, *The Spirit of Modern Republicanism*, pp. 194, 227; and Harvey C. Mansfield, *Taming the Prince: The Ambivalence of Modern Executive Power* (New York: Free Press, 1989), pp. 204~211을 참조.

16) 자본주의가 잠재적으로 가족생활과 대립하는 것이라는 점에 관해서는 Schumpeter, *Capitalism, Socialism, and Democracy*, pp. 157~160에 서술되어 있다.

공공심이라곤 손톱만큼도 없는 사회가 과연 성립할 수 있을까라는 현실적인 의문은 차치하고라도 더욱 중요한 문제가 거기엔 남아있다. 그것은, 자기의 편협한 사욕과 육체적 욕구 이상의 것에 눈을 돌리려 하지 않는 인간에게는 실로 멸시할만한 어떤 것이 존재하고 있지는 않을까라는 문제이다. 헤겔이 말하는 귀족적인 군주는 위신을 건 전쟁에 생명의 위험을 노출시키는데, 그것은 단순히 자연스러운 욕망과 육체적 요구를 넘어서려는 인간적 충동의 보다 극단적인 실례에 불과하다. 인정받기를 추구하는 투쟁에는 폭력에 찬 자연상태와 예속상태의 밑바닥을 흐르고 있으면서, 나아가 애국심, 용기, 관대, 공공심이라는 고귀한 정념의 밑바닥에도 흐르고 있는 자기 극복에의 동경이 반영되어 있는 것은 아닐까? 타인에게 인정받고 싶다는 욕망은, 인간성 중의 완전히 도덕적인 측면—즉 협소한 육체적 관심사를 희생하여 육체를 넘어선 곳에 있는 목표와, 주의(主義)를 추구하는 성격과 어떠한 형태로든 결부되어 있는 것은 아닐까? 헤겔은 주군의 관점을 버리고 노예의 관점을 선택하는 것이 아니라 거꾸로 인정받기를 추구하여 싸우는 주군의 모습을 인간다움의 핵심으로 간주함으로써, 홉스나 로크가 상정하는 사회에는 완전히 결핍되어 있는 인간생활의 확고한 도덕적 차원을 예찬하고, 이를 지키려 애썼던 것이다. 바꿔 말하면 그는, 인간을 도덕 실천의 주체로서 이해하고, 그 고유한 존엄성은 육체나 자연의 제약으로부터 정신적으로 자유롭게 되는 것과 관련을 갖고 있다고 생각했던 것이다. 그리고 이 도덕적 차원과 그것을 인정시키기 위한 투쟁이야말로 역사의 변증법적인 과정의 원동력으로 여겼던 것이다.

그렇다고는 하나, 인정받기를 추구하는 투쟁과 원시적인 피비린내 나는 투쟁 속에서 죽음의 위험을 감수하는 인간의 자세는 우리들에게 있어서 보다 친숙한 도덕적 현상과 어떻게 관련되어 있는 것일까? 이 의문을 풀기 위해서는 타인으로부터 인정받고 싶다는 욕망의 내용을 더욱 상세히 검토하여, 이러한 욕망을 창출한 인간성이라는 것을 이해하도록 노력할 필요가 있다.

15
불가리아에서의 휴양

"그러면 우리들은 그와 같은 것 전부를(올바른 도시[국가]에서) 지워
없애버리자"고 나는 말했다. 다음 싯귀를 시작으로 하여
나는 대지 위에 남겠네. 다른 이의 노예가 되어
비록 주인에게 큰 땅이 없고, 살림살이 넉넉지 못해도
죽어버린 모든 亡者의 지배자가 되기보다는……
　　　　　　　　——플라톤 《국가》 제3권에서, 소크라테스의 말[1]

　"인정(認定)에의 욕망"이라는 말은, 이상하고 약간 인위적인 개념처럼
들리는데 그것이 인간의 역사를 움직이는 제일의 원동력이라고 불린다면
더욱 그러하다. "인정"이라는 말은, 예를 들면 직장의 동료 한 사람이 은
퇴하여, "오랜 세월에 걸친 공로를 인정받아" 손목시계를 받을 때 등, 때
때로 우리들의 일상생활에도 모습을 보인다. 그러나 우리들은 보통, 정치
의 세계를 "인정을 추구하는 투쟁"이라고 생각하지는 않는다. 정치 이야기
가 일반론에 그치는 한, 정치는 오히려 경제적인 이해집단 간의 권력을 구
하는 투쟁이라든지, 부(富)나 기타 생활상의 유용한 물품의 배분을 둘러
싼 투쟁으로 간주되는 경우가 훨씬 많다. "인정"의 기초를 이루는 개념은,
모두 헤겔이 생각해낸 것은 아니다. 그것은 서양의 정치철학만큼이나 오래

---

1) 《국가》, 386c. 또 호메로스 《오딧세이》, XI, 489~491.

되었으며, 인간의 성격 속의 실로 친숙한 측면과 관련을 가지고 있다. "인
정에의 욕망"이라는 심리적인 현상을 나타내는 일관된 표현은 수천 년 동
안 존재하지 않았다. 플라톤은 '패기'(thymos) 또는 '기개'에 관해서 말했
으며, 마키아벨리는 영광을 추구하는 인간의 욕구를, 홉스는 인간의 교만
과 허영을, 루소는 인간의 자존심에 관해 말했다. 알렉산더 해밀턴은 명성
에의 사랑, 제임스 메디슨은 야심, 헤겔은 인정, 그리고 니체는 "붉은 뺨을
가진 야수"로서의 인간을 말했다. 이와 같은 표현은 모두가 다양한 사물
에—우선은 자기 자신에게, 그러나 주위 사람들과 행동과 사물에도 마찬
가지로— '가치'를 설정하고 싶은 인간의 측면에 관련되어 있다. 그것은 긍
지와 분노, 수치심 등의 정념의 기본적인 원천을 이루는 인격의 일부이며
욕망으로도 이성으로도 환원할 수 없는 것이다.

　인정에의 욕망은, 인간성 중에서도 뛰어나게 정치적인 부분이다. 왜냐하
면 그것은 사람들로 하여금, 타인을 밀어내고 자기주장을 고집하게 하여,
그로써 칸트가 말한 "비사교적 사회성"의 상태로 몰아가기 때문이다. 이
인정에의 욕망은 정치의 중심적 공동체 전체에 공헌할 수 있는 형태로 완
화·억압하는 것이 정치의 중심적 과제라고 간주하고 있는 정치 철학자는
실로 많은데, 그것도 놀랄 일은 아니다. 그리고 실제로 인정에의 욕망을 길
들이려 한 계획은, 근대 정치철학에 의해 큰 성공을 거두게 되었기 때문에,
평등한 민주국가의 시민들은 이 인정에의 욕망이 도대체 무엇 때문에 있는
것인지도 간과하는 경향이 있다.[2]

　인정에의 욕망이라는 현상에 관하여, 서양철학의 전통 속에서 최초로
심오한 분석을 한 것은, 당연한 말일지 모르지만 그 전통의 정점에 서 있
다고 할 수 있는 저작, 즉 플라톤의 《국가》이다. 《국가》에는 철인 소크라
테스와 아테네의 두 명의 청년 귀족 글라우콘, 아디만토스와의 대화가 기
록되어 있으며, 그들은 그 '이야기상'에 불과한 공정한 도시의 본질을 이

2)　서양의 철학적 전통으로는 '패기'나 인정을 둘러싼 현상이 커다란 영향을 끼쳤음에
　도 불구하고, 그것에 대한 체계적 연구는 극히 적다. 그 체계적 연구의 한 가지 시도로
　서는 Zuckert, ed., *Understanding the Political Spirit: Philosophical Investigations from
　Socrates to Nietzsche* (New Haven, Conn : Yale University Press, 1988). 또 Allan Bloom
　에 의한 플라톤의 《국가》의 역주에 있는 패기에 대한 논의도 참조. *Republic* (New York:
　Bagic Books, 1968), pp. 355~357, 375~379.

232 제3부 · 인정받기 위한 투쟁

야기하고자 했다. 이와 같은 도시도 '현실의 도시'와 같이 외적을 막기 위한 수호자, 혹은 전사 계급을 필요로 한다. 소크라테스에 의하면, 이 수호자들의 주요한 특징을 나타내는 말이 그리스어로 "thymos'(튜모스), 약간 어색한 역어를 쓰자면 패기[3]인 것이다. 소크라테스는 '패기'가 있는 인간을, 큰 용기와 분노를 가지고 자신의 영역을 지키기 위해 외적과 싸우는 고귀한 개에 비유하고 있다. 이 문제에의 최초의 단서로서 소크라테스는 우선 '패기'를 바깥쪽으로부터 묘사하고 있다. 그래서 거기에서는 이 말이 용기—즉 기꺼이 생명을 내거는 자세—및 자신을 위한 분노의 감정과 관계가 있다는 정도밖에 알 수 없다.[4]

다음으로 소크라테스는, 유명한 혼의 삼분설을 포함한 《국가》 제4권에서 '패기'에 관한 보다 상세한 분석으로 되돌아가고 있다.[5] 인간의 혼은 다종다양한 욕망으로 이루어지는 일면을 갖고 있으며 그중에서도 가장 눈에 띄는 욕망이 굶주림과 갈증이라고 그는 말했다. 이들 욕망은 모두 비슷한 노출방식을 보이며, 인간을 외계에 있는 무엇인가—먹을 것이나 마실 것—로 좋든 싫든 간에 몰아간다. 다만 소크라테스는 인간에게는 목이 말라도 마시기를 주저할 때가 있다고 말한다. 그리고 그와 아디만토스는, 혼에는 또 하나의 독립된 부분, 즉 이지적 · 계산적인 부분이 있어서 그것이 욕망에 거스르는 행동—예를 들면 더럽혀져 있음을 알고 있기 때문에 목이 말라도 마시지 않는다고 하는 그런 행동—을 인간에게 취하게 하는 경우가 있다는 점에서 완전히 의견이 일치하고 있다. 그러면, 혼은 욕망과 이성이라는 두 부분만이 있으며, 그 두 가지로 인간의 행동을 충분히 설명할 수 있는 것일까? 예를 들면 탐욕과 색욕, 장기적 안정과 잠깐 동안

---

3) '패기'는 또한 '기백'이라든가 '기개'로 해석할 수 있을 것이다.

4) 플라톤에 있어서 '패기'의 역할에 관한 좀 더 상세한 논의는 Catherine H. Zuckert, "On the Role of Spiritedness in Politics," and Mary P. Nicholas, "Spiritedness and Philosophy in Plato's *Republic*," in Zuckert, *Understanding the Political Spirit*.

5) 혼의 3분설에 관한 논의는 《국가》, 435c~441c에 보인다. '패기'에 관한 논의는 이 책 제2권 중의 375a~375e에서 시작된다. 또 이 책의 411a~411e, 441e, 442a, 456a, 465a, 467e, 536c 547e, 548c, 550b, 553c~553d, 572a, 580d, 581a, 586c~586d, 590b, 606d를 참조. 인간 본성을 다면적으로 규정하려고 하는 이러한 시도는 플라톤 이래 장대한 역사를 갖지만 이 문제가 처음으로 진지하게 논의된 것은 루소에 의해서였다. Melzer, *The Natural Goodness of man*, pp. 65~68; 69.

의 쾌락과 같이, 이성이 하나의 욕망을 또 하나의 욕망과 싸우게 하여 자제심을 불러일으키는 것과 같은 경우를 모두 설명할 수 있는 것일까?

아디만토스가, 실로 '패기'를 또 하나의 종류의 욕망에 불과하다고 인정하려 했을 때, 소크라테스는 사형수 옆에 가로놓인 시체 더미를 보고 싶어 했던 레온티우스라는 남자에 관한 이야기를 했다.

> 그는 보고 싶다는 욕망에 이끌리면서 동시에 혐오의 기분도 품고서 몸을 돌렸다. 그리고 한참동안 버둥거리며 얼굴을 가리고 있었다. 그러나 마침내는 그 욕망을 이기지 못해, 눈을 크게 뜨고 시체 쪽으로 다가가 이렇게 말했다. "보는 편이 낫다. 저주받은 놈, 이 아름다운 광경을 마음껏 봐라."[6]

레온티우스의 마음에 생긴 갈등은 두 가지의 욕망이 충돌한 것에 불과하다고 해석할 수 있다. 즉 시체를 보고 싶다는 욕망이, 인간의 시체를 봄으로써 당연이 일어날 혐오감과 싸운다는 것이다. 이는 홉스가 주장하는 어느 정도 기계론적인 심리학과도 일치할 것이다. 홉스는, 의지란 단순히 '숙고한 끝에 마지막으로 나오는 욕구'이며 그런 까닭에 더욱 강력하고 집요한 욕망의 승리를 의미한다고 생각했기 때문이다. 그러나 레온티우스의 행동을 욕망끼리의 충동에 불과하다고 해석한 것으로는 그 자신의 '분노'는 설명할 수 없다.[7] 왜냐하면 자기 자신을 억제할 수 있었다면 그는 아마도 분노를 품는 일도 없었을 것이기 때문이다. 오히려 그는 또 하나의 다른, 그러나 분노와 관계있는 감정, 즉 긍지를 느꼈을 것이다.[8] 레온티우스의 분노가 혼(魂) 속의 욕망이라는 부분에서 생겨난 것도 아니며,

---

6) 《국가》, 439e-440a
7) 홉스가 '패기'나 긍지를 상대적으로 낮게 평가한 것은 분노에 대한 그의 극히 불충분한 정의로 보아도 분명하다. 그는 분노를 '돌연한 용기'라고 정의하는 한편, 용기란 "저항으로써 그 해를 물리칠 수 있다는 희망이 수반된 것"이고, 거꾸로 공포란 "대상으로부터 해를 입는다는 생각이 수반된 반감"이라고 보고 있다. 이러한 홉스의 주장에 대해서는 용기는 분노에 기인한 것이고 분노 자체는 희망이나 공포의 메커니즘과는 관계없는 완전히 독립된 정념이라는 의견도 있을 것이다.
8) 자기 자신에 대한 분노는 수치와 같은 것이고, 레온티우스의 이야기는 수치를 느낀 사례로서도 설명할 수 있다.

이지적인 부분에서 생겨난 것도 아니라는 것은 조금만 생각해봐도 알 수 있을 것이다. 왜냐하면, 레온티우스는 자기의 내적인 갈등의 결말에 무관심할 수는 없었기 때문이다. 따라서 그의 분노는 소크라테스가 '패기'라 부르는 제3의 혼의 전혀 다른 부분에 기인하는 셈이다. '패기'로부터 발생하는 이 분노는, 소크라테스가 지적하는 것처럼 바르지 못한 욕망과 바보스러운 욕망을 억누르는데 도움이 된다는 점에서는 이성과 비슷할지 모르지만 그래도 역시 이성과는 명백히 다른 것이다.

《국가》안에 등장하는 '패기'는 오늘날에는 "자존심"이라고나 불릴만한, 자기에 대해 설정하는 평가와 어떤 관계를 가지고 있다. 레온티우스는 스스로를 존엄과 자제심에 찬 태도로 행동할 수 있는 타입의 개인이라고 믿고 있었으며, 스스로의 자존심에 미처 부응할 수 없을 때에는 자기에 대해 화를 냈다. 소크라테스는 패기있는 인간—즉 자기 자신이 가치를 보다 높게 평가하는 인간일수록 부당한 처우를 받았을 때는 한층 더 화를 내는 법이라고 설명하면서, 분노와 "자존심"의 관계를 밝히고 있다. 비록 "기아와 추위, 그밖의 어떠한 경우를 당하더라도" 이와 같은 인간의 혼은 "부글부글 끓어올라, 바르다고 생각하는 편에 서서 싸우는" 것이다.[9]

'패기'는 인간이 태어나면서부터 갖고 있는 정의감과 같은 것이다. 사람들은 자신이 얼마간의 가치를 가지고 있다고 확신하고 있으며, 타인이 그것을 부정하는—자기의 가치를 올바르게 '인정'하지 못하는— 그런 행동을 하면 화를 낸다. 영어에서 성냄과 동의어인 "indignation"(분노)이라는 말을 보더라도 자기 평가와 분노(노여움)와의 밀접한 관계를 알 수 있다. "존엄(dignity)"은 인간의 자신에 대한 가치관과 관련되어 있고, 어떤 경우에 그 가치관이 침해되면 분노가 생겨나는 것이다. 그것과는 반대로 자신이 자신의 자존심에 따라 행동하고 있지 않음을 타인에 의해 깨달았을 때, 우리는 '수치심'을 느낀다. 그리고 자기가 정당하게 (즉 자기의 진가에 적합하게) 평가받았을 때에는 '긍지'를 느끼는 것이다.

분노는 마음속에 잠재하는 전능한 감정이며, 소크라테스가 지적한 바와 같이, 기아나 갈증이나 자기 보존과 같은 자연의 본능을 압도하는 힘이 있다. 그러나 그것은 외계의 물질적인 것을 구하는 욕망은 아니다. 만약 분

9) 《국가》, 440c~440d.

노를 욕망의 하나로 말할 수 있다면, 그것은 "선망을 추구하는 욕망", 즉 우리들을 너무나 과소평가하는 인간의 의견을 바꾸게 하고, 스스로의 자기평가에 따르는 형태로 우리 자신을 인정받고 싶어 하는 욕망이다. 요컨대 플라톤이 쓴 '패기'라는 말은 다름 아닌 헤겔이 말하는 인정받고자 하는 욕망의 심리학적인 토대인 것이다. 왜냐하면 귀족적인 군주는 피비린내 나는 투쟁 속에서, 타인에게 자기를 스스로의 가치기준에 의거해 평가받고 싶다는 욕망으로 치닫기 때문이다. 그리고 이와 같은 자기에 대한 가치관이 상처받으면 격한 분노에 휩싸인다.

'패기'라는 말이 대상물에 가치를 부여하는 혼의 일부를 말하는 것인데 대해, '인정에의 욕구'는 '패기'의 한 활동이며, 타인의 의식의 대해 자신과 같은 평가를 해주기를 바라는 것이라는 점에서, 이 양자는 다소의 차이가 있다. 인정받기를 요구하지 않아도 자기 안에서 '패기'에 찬 긍지를 느끼는 것은 가능하다. 그러나, 존경이란 사과나 포르쉐 자동차 같은 '물건'이 아니다. 그것은 의식의 한 상태이며, 자기 자신의 가치관에 관해 본질적인 확신을 갖기 위해서는 그 가치관을 타인의 의식에 의해 인정받아야 한다. 그래서 '패기'는 반드시는 아니라 해도, 일반적으로 말해서 타인으로부터의 인정을 요구하도록 사람을 몰아가는 것이다.

그러면 여기서 잠깐, 현대사회에 있어서의 '패기'에 관해 실례를 들어보기로 하자. 1989년 가을에 체코슬로바키아 대통령에 취임한 바츨라프 하벨은, 그 전에는 반체제 활동가로서, 또 인권옹호조직(헌장77)의 창립멤버로서 오랫동안 투옥되었다가 다시 석방되는 생활을 거듭해 왔다. 거듭된 형무소 생활은 그에게 자신을 투옥한 제도와 그 제도로 대표되는 악의 본질에 관해 생각할 시간을 충분히 부여해 주었다. 고르바초프가 동유럽의 민주주의 혁명의 동향을 알아차리기 훨씬 전인 1980년대 초두에 출판된 《힘없는 권력》이라는 책에서 하벨은 다음과 같은 청과상에 관한 이야기를 하고 있다.

과일과 야채를 파는 상점 주인이 양파와 당근이 진열된 진열장에 "만국의 노동자여, 단결하라!"라는 슬로건을 내걸고 있다. 왜 그는 그런 일을 하는 걸까? 무엇을 이 세상에 외쳐대려는 걸까?

세계의 노동자의 단결이라는 이상에 충심으로 열중하고 있는 것일까? 너무 열중한 나머지, 자기의 이상을 사람들에게 전달하려는 충동을 억누르지 못한 것일까? 어떻게 하면 그런 단결이 이루어질 수 있으며, 또 그 단결이 무엇을 의미하는지, 그는 곰곰이 생각한 바가 있을까?

분명히 이 청과상은 내걸어 놓은 슬로건의 의미에 관심을 기울이고 있지는 않다. 그가 가게의 창에 이 슬로건을 내건 것은, 거기에 구가된 이념을 사람들에게 전달하겠다는 그런 개인적인 바람에서가 아니다. 물론 그렇다고 해서 그의 행위에는 동기가 없고 의미도 없는 것은 아니며, 이 슬로건이 사람들에게 아무것도 불러일으키지 못하는 것도 아니다. 이 슬로건은, 실제로는 하나의 '신호'이며, 무의식적인, 그러나 매우 확고한 메시지를 담고 있다. 그 메시지를 말로 나타내면 이럴 것이다. "나, 청과상 ○○은 여기에 살며, 자신이 무엇을 해야 하는지 알고 있습니다. 나는 기대 받는 대로 행동을 취합니다. 나는 믿을 만한 사람이며 하나도 나무랄 데가 없는 사람입니다. 나는 순종적이며, 따라서 평온히 그대로 가만두어도 될 사람입니다." 물론 이 메시지는 수신처도 없다. 청과상보다 신분이 높은 더 훌륭한 사람들을 향한 메시지인 것이다. 그리고 동시에 이 메시지는, 비밀의 밀고자들로부터 청과상을 지키는 방패 역할을 하고 있다. 요컨대 슬로건의 진의는 청과상의 존재 안에 확실히 뿌리를 내리고 있으며, 그의 사활이 걸린 이해를 반영하고 있다. 그런데, 그 사활에 관련된 이해란 도대체 무엇일까?

생각해 보자. 만약 이 청과상이 "나는 두렵다. 그러므로 무조건 복종한다"라는 슬로건을 내걸도록 지시받았다면, 비록 그 문구가 진실을 반영하고 있다 해도 그는 슬로건의 의미 내용에 그렇게 무관심할 수는 없을 것이다. 청과상은 자기 자신을 실추시키지 않을 수 없는 표어를 진열장에 내건 점에 당혹하고, 수치스러워할 것이며, 그가 한 사람의 인간이며, 자기 자신의 존엄성을 갖고 있는 한, 그것은 당연한 이야기이다.

이러한 번거로운 사태를 피하기 위해, 그는 적어도 문자상으로는 공평무사한 신념을 나타낼 수 있는 표어를 이용해 자기의 충성심을 나타내야 한다. 그것은 청과상이 당당하게 "세계의 노동자가 단결하는 게 뭐가 나쁘냐?"라고 말할 수 있는 표어가 아니면 안 된다. 이 표어는 청과상의 눈에서, 자기가 순종하는 근본적 이유를 덮어 가리고, 동시에 권력이 존재하는 근본적 이유도 덮어 가리는 데 도움이 된다. 표면을 무엇인가로 겉바르고 본심을 그 배후에 감추는 것이다. 그리고 그 무엇인가는 바로 '이데올로기'를 말한다.[10]

이 문장을 읽고 놀라지 않을 수 없는 것은, 하벨이 "존엄"이라는 말을 사용하고 있는 점이다. 하벨은 이 청과상을 이렇다 할 교양도 재능도 없는 평범한 인간으로서 묘사하고 있는데, 그런 인간조차 '나는 두렵다'라는 등의 표어를 내거는 것을 수치스럽게 느끼는 것이다. 인간을 근원적인 면에서 억제하는 존엄의 본질이란 무엇일까? 하벨은 공산주의적인 슬로건보다도, 이러한 "나는 두렵다"와 같은 표어를 내거는 편이 훨씬 정직한 기분의 표출이라고 말하고 있다. 게다가 공산주의 정권하의 체코 국민이라면 누구든지 이해하고 있었던 바와 같이, 사람들은 공포를 품은 까닭에 싫은 일이라도 마지못해 감내했던 것이다. 이 공포 자체는 자기 보존의 본능이고, 만인이 가지고 있는 자연의 본능이다. 그렇다면 왜, 인간인 까닭에 공포를 품는다는 사실을 인정하려 하지 않는가?

따져보면 그 이유는 자기에게는 얼마간의 가치가 있다고 하는 청과상의 신념과 관계가 있다. 그 가치란 자기가 공포심에 차 어쩔 줄 모르는 동물 이상의 존재이며, 공포나 결핍 때문에 우왕좌왕하지는 않겠다는 확신과 관련을 가지고 있다.

청과상은 자신이 도덕 실천의 주체이며 적절한 선택을 할 수 있고, 주의(主義)를 위해서는 자기의 자연적 욕구도 억누를 수 있음을, 비록 입으로는 표현하지 않아도 마음 속으로 믿고 있는 것이다.

물론 하벨이 지적한 바와 같이 청과상은 이러한 마음의 갈등을 회피할

10) Havel et al., *The Power of the Powerless* (London: Hutchinson, 1985), pp. 27~28.

수도 있다. 의기양양한 공산주의 슬로건을 내걸고, 자기가 주눅이 든 비굴한 인간이 아니라 주의주장을 가지고 있는 인간이라고 생각하고 있으면 되는 것이다. 어떤 의미에서 그가 놓인 입장은, 소크라테스의 우화에 등장하는 인물, 즉 시체를 보고 싶다는 욕망에 굴복한 레온티우스와 비슷하다. 청과상이든 레온티우스이든 자신이 적절한 선택력과 관계있는 어떠한 가치를 가지고 있고, 본능적인 공포와 욕망에 지지 않는 '양심'을 갖춘 인간이라고 믿고 있었다. 그러나 두 사람 모두 마지막에는 공포와 욕망이라는 자연의 본능에 정복되는 것이다. 이 양자 간의 단 하나의 차이는, 레온티우스가 스스로의 약함을 솔직하게 인정하고 자기 자신을 비난했음에 대해 청과상은 이데올로기라는 편리한 은신처 덕분에, 자기 자신의 타락을 깨닫지 못하고 있었다는 점에 있다. 하벨의 이야기는 우리들에게 두 가지를 가르쳐 준다. 하나는, '패기'의 근본에 있는 존엄과 자존심은, 어떤 의미에서 자신이 참된 선택력을 가진 도덕 실천의 주체라는 인간의 사고방식 그 자체와 관련되어 있다는 것. 그리고 또 하나는 이와 같은 자기 인식은 위대하고 긍지 높은 정복자이든 별 볼일 없는 청과상이든 간에 모든 인간의 천부적인 특질이라는 것이다. 하벨은 다음과 같이 말하고 있다.

> 인생의 본질적인 목표는, 태어나면서 만인에게 갖추어져 있다. 인간으로서 알맞은 도덕상의 고결함을 간절히 원하는 마음, 그리고 세속으로부터의 초월감과 자기 존재의 자유로운 표현 등을 추구해 마지않는 기분은 누구에게나 있는 것이다.[11]

그리고 또 한편 하벨은, "사람은 모두 정도의 차이는 있다 해도, 거짓과 속임수 속에서도 어떻게든 살아갈 수 있는 법이다"라고 말하고 있다. 전체주의의 후계자인 공산주의 국가에 대한 그의 비난은 사람들의 도의적 품성과 도덕 실천의 주체로서 행동할 수 있다는 신념— "만국의 노동자여, 단결하라!"란 표어의 게시에 동의한 청과상에게는 결여되어 있던 존엄—을 공산주의가 손상하고 말았다는 한 가지 점으로 향하고 있다. 존엄과 그 반의어인 굴욕이라는 말은 하벨이 공산주의 국가인 체코의 생활을 이

11) *Ibid.*, p. 38.

야기할 때 가장 빈번히 사용한다.[12] 공산주의는 보통사람들의 양심에 사소한 도덕적 타협을, 그리고 때로는 사소하지도 않은 타협을 끝없이 강요함으로써 그들에게 '굴욕'을 준 것이다. 이 타협은, 가게 진열장에 표어를 내건다든지, 동료를 고발하는 소송에 서명을 한다든지, 그 동료의 부당한 박해에도 입을 다물고 있다든지 하는 형태를 취하고 있다.

이 초라한 포스트전체주의 국가 소련은 브레즈네프 시대가 되면서, 공포정치에 의해서가 아니라 얄궂게도 현대의 소비문화의 과실을 국민의 코 앞에 늘어뜨림으로서 모든 인간을 도의적인 공범자로 만들려 했다. 이러한 과실이란 1980년대 미국 투자금융가의 탐욕을 부채질한 굉장한 눈요깃거리는 아니었지만, 냉장고와 넓은 아파트, 불가리아에서의 휴가 등 사소하기는 해도, 물질적인 부를 누리지 못한 사람들에게 있어서 그것은 실로 대단한 것으로 보였던 것이다. 공산주의는 흔속의 '패기'에 찬 부분을 억누르기 위해서, 부르주아 자유주의보다도 훨씬 철저하게 욕망의 부분을 강화했다. 하벨이 공산주의를 비난하는 것은, 공산주의가 산업의 효율화를 통해 물질적인 풍요를 가져오겠다던 공약을 완수하지 못했기 때문도 아니고, 노동자 계급과 생활의 향상을 바라는 가난한 사람들의 희망을 묵살했기 때문도 아니다. 공산주의는 사람들에게 도덕적인 긍지에 타협을 요구한다고 하는 파우스트적 교환조건을 달면서, 물질적인 풍요를 제공해왔던 것이다. 그리고 그 거래를 통해 체제의 희생자들은 체제의 옹호자로 바뀌고, 한편 그 체제 자체는 그곳에 관여하고 싶다는 국민의 의향과는 전혀 무관하게 독자적인 발전을 거두었던 것이다.

물론 하벨이 말하는 "소비지향 인간에게 보이는 물질적인 근거를 희생하면서까지 자신들의 정신적·도덕적 고결함을 지키려 하지는 않는다는 일반

---

12) 존엄과 굴욕에 대해서는 《힘없는 권력》 중에서만이 아니고 대통령 취임 후 최초의 하벨의 연두교서에서도 자주 언급되었다. "스스로를 노동자의 국가라고 부르는 국가는 노동자들에게 '굴욕'을 주는 것이다……(중략)……교만하고 참을 수 없는 이데올로기로 무장된 현재의 체제는 인간을 생산력으로, 자연을 생산도구로 '훼손' 시켰다……(중략)……말없이 복종하고 '굴욕'을 감내하고 분명 더 이상 아무것도 믿을 수 없게 된 회의적인 체코 국민이 갑자기 불과 몇 주일 사이에 강력한 힘을 발휘하여 더할 나위 없이 평화로운 방법으로 전체주이 체제를 폐기시킨데 대하여 전 세계의 사람들은 경탄했던 것이다." 인용·부호는 필자가 강조한 것임. 인용은 *Foreign Broadcast Information Service* FBIS-EEU-90-001, 2 (January 1990), pp. 9~10.

적인 경향"은 공산주의 사회에만 한정된 현상은 아니다. 서유럽 국가에서도 소비주의 매력 덕분에, 사람들이 날마다 도덕면에서 자기 자신과의 타협이 불가피하다. 그리고 그들은 사회주의의 이름으로가 아니라 "자기실현"이라든지 "자기발전" 등의 명목으로 스스로를 속이는 것이다. 그렇지만 이 두 가지 체제 간에는 중요한 상이점이 있다. 공산주의 사회에서는 다소간 '패기'를 억제하지 않으면 평소 생활을 해나가는 것조차 어렵고, 하물며 "부유한" 생활은 십중팔구 무리한 주문이었다. 마치 앞에 예로 든 청과상이 그러했던 것처럼, 사람들은 어떠한 형태로든 "협조"해 나가지 않으면 단순한 목수나 전기공, 의사가 되는 것조차 어렵고 체제의 기만에 자신을 모두 바치는 듯이 보이기 전에는 작가나 교수, TV 저널리스트로 성공한다는 것은 꿈도 꾸지 못할 일이었다.[13]

철저하게 정직한 마음을 갖고 내면에 감춘 자기의 가치감각을 계속 지키고 싶은 사람에게 있어서는 선택할 길이 하나밖에 없었다(물론 이 사람이 점점 찾아보기 힘든 마르크스 · 레닌주의의 신봉자가 아니라는 가정에서의 말이지만). 그것은 체제로부터 완전히 이탈하여 블라디미르 부코프스키나 안드레이 사하로프, 알렉산드르 솔제니친 또는 하벨 자신과 같이 반체제파가 되는 것이었다. 그러나 그것은 일상의 욕망과 결별하고, 고정된 직장을 갖고 아파트에서 산다고 하는 간소한 물질적 만족을 희생하고, 형무소나 정신병원 또는 망명 등의 금욕생활을 선택하는 것이었다. 그러므로 그 정도의 '패기'를 갖지 못한 대다수의 인간은 나날이 조금씩 도덕적으로 타락해 가는 일상생활을 받아들였던 것이다.

플라톤이 쓴 레온티우스의 이야기나 하벨의 청과상에 관한 우화—말하자면 서양 정치철학의 전통에 있어서 가장 오래된 것과 가장 최신의 예를 읽으면, 정치세계의 중심적인 요인으로서 '패기'가 조심스러운 모습으

13) 미국인 억양으로 말하는 유명한 소련의 TV저널리스트 Valdimir Posner는 자기 변명적인 자서전에서, 브레즈네프 체제하에 소련 저널리즘의 정상으로 부상했을 때의 자신의 도덕적 선택을 정당화하려고 했다. 그는 어느 정도의 타협을 강요받았는가에 대한 설명에서 독자에게 (그리고 아마도 자기 자신에게도) 정직하지 못하다. 그리고 소비에트 체제의 사악한 성격을 목전에 두고 그러한 선택을 한 것을 누가 비난하겠느냐고 항변하고 있다. 도덕적 타락을 이러한 상투어로 용인하는 태도 자체가, 하벨이 포스트 전체주의적 공산주의의 필연적 귀결이라고 간주한 패기에 찬 생활의 타락의 한 단면이다. Vladimir Posner, *Parting with Illusions* (New York: Atlantic Monthly Press, 1989).

로 떠오른다는 사실을 알 수 있다. 이 '패기'는 용기나 풍부한 공명심, 도덕적 타협에 대한 일종의 불복종의 원천이기 때문에 어떤 의미에서 그것은 올바른 정치질서와 결부되어 있는 것처럼 보이기도 한다. 플라톤과 하벨에 의하면, 바른 정치질서란 단순한 상호 불가침조약 이상의 것이어야 한다. 그리고 동시에 스스로의 존엄과 가치를 인정받고 싶어 하는 인간의 당연한 욕망을 만족시키는 것이어야 한다.

그렇지만 '패기'나 인정에의 욕망은 레온티우스나 청과상의 예가 나타내는 것 이상으로 대단히 폭넓은 현상이다. 사물이나 자기를 평가한다고 하는 행위는 일반적으로는 경제생활로서 간주되는 우리들의 일상의 구석구석까지 퍼져 있다. 그 점에서 인간은 바로 '붉은 빰을 가진 야수'(수치심을 갖고 있는 존재)라고 말할 수 있을 것이다.

242

16
붉은 뺨을 가진 야수

하지만 만약 250년의 노예제로, 보상할 수 없는 고역으로 축적된 부(富)가 사라질 때까지, 또한 채찍 밑에서 흘린 피 한 방울 한 방울이 검(劍)에 의한 피로 보상될 때까지 이 전쟁이 계속되는 것이 신의 의지라면, 3천 년 전의 계시처럼 지금 또한 이렇게 말해야 할 것이다. "신의 재판은 진실로 모든 것이 올바르다" 라고.

　　　　　　　　　　　　　　　　　　　　—링컨, 제2회 대통령 취임연설, 1865년 3월[1]

　플라톤의 《국가》와 하벨의 청과상 이야기에서 볼 수 있는 것처럼 '패기' 는 정의감과 같은 선천적으로 인간다운 감각을 재흥시키고, 동시에 그 자체가 무사(無私), 이상주의, 도덕성, 자기희생, 용기, 명예 등등 모든 미덕의 정신적 지주가 되고 있다. '패기' 는 어떤 평가나 가치설정 때에도 만능의 정신적 지주를 이루어 주기도 하고, 패기 덕택에 인간은 자연의 가장 강한 본능을 극복하고, 정의 혹은 공정하다고 믿는 것을 추구할 수 있게 된다. 사람들은 우선 최초에 '자기 자신' 을 평가해서 거기에 가치를 부여하고 '자기 자신' 때문에 분노를 느낀다. 하지만 동시에 인간은 '타인' 에게도 가치를 두어 '타인' 을 대신하여 분노를 느끼는 일도 있을 수 있다. 어떤 개인이 부당한 취급을 받고 있다고 자인하고 있는 부류(계층)의 일원

---

1) 인용은 *The Life and Writing of Abraham Lincoln* (New York: Modern Library, 1940), p. 842.

인 경우, 이를테면 전 여성을 대표하는 페미니스트이든가 자기의 인종그룹을 대표하는 민족주의자인 경우에 이러한 일은 빈번히 일어난다. 자기 자신을 위한 분노는 이리하여 그 계층 전체로 퍼져 연대감을 형성해 간다. 또한, 자신이 속해 있지 않은 계층 때문에 분노를 느끼는 경우도 물론 있다. 미국 남북전쟁 이전에 백인의 급진적 노예제 폐지론자들이 노예제에 대해 품고 있던 의분(義憤)이나 전세계 사람들이 남아프리카의 인종차별제도에 대해 느끼는 분노는, 둘 다 '패기'의 표현이다. 이러한 경우의 분노는 분노를 느끼는 본인의 관점에서 보면, 인간으로써 당연히 부여받았다고 생각되는 가치가 인종차별의 희생자에게는 부여되지 않기 때문에 생긴다. 다시 말해서 인종차별의 희생자가 타인에게서 '인정받지 못하고 있기' 때문에 발생하는 것이다.

'패기'는 정의나 무사무욕(無私無慾)의 정신적 토대이면서 한편으로는 이기심과 밀접하게 연관되어 있기 때문에 거기서 생기는 인정받고자 하는 욕망은 극히 역설적인 현상이 된다. 패기로 충만된 사람은 자신과 타인의 양쪽에 대해서 '자신의 가치관'을 인정받기를 요구한다. 인정에의 욕망은 어디까지나 자기주장, 다시 말해 외부에의 자기 자신에 대한 가치 투영이라는 형태를 취하기 때문에 그러한 가치가 타인에게 인정받지 못하는 경우에 분노라는 감정이 발생하는 것이다. 패기에 충만된 어떤 사람의 정의감이 다른 사람의 정의감과 반드시 합치한다는 보증은 어디에도 없다. 예를 들면 흑인의 존엄에 관한 평가가 상이하기 때문에 반인종차별 활동가의 정의와 친인종차별의 아프리카나(네덜란드계 백인)의 정의는 정반대의 것이 되어 버린다. 사실 패기가 충만한 사람은 통례적으로 우선 자신에 대한 평가부터 하기 때문에, 거기에 '과대평가'가 발생할 가능성이 높다. 로크가 말한 것처럼, 자신의 재판에 있어서는 누구도 훌륭한 재판관이 될 수 없는 것이다.

'패기'에는 자기주장의 성질이 있기 때문에 '패기'와 욕망이 곧잘 혼동되곤 한다. 하지만 패기에서 발생하는 자기주장과 욕망에서 일어나는 이기심과는 전혀 별개의 현상이다.[2] 어느 자동차공장에서 있었던 노사 간의

---

2) 엄밀히 말해 인정받으려는 욕망은 굶주림이나 갈증과 같은 욕망의 한 형태로도 생각할 수 있으나 그 대상이 되는 것은 물질이 아닌 이념이다. '패기'(thymos)와 욕망의 깊은 관

임금쟁의를 예로 들어보자. 의지의 힘이라는 것을 욕망과 이성만으로 환원시키는 홉스류 심리학의 흐름을 따르는 현대 정치학자라면, 이런 쟁의를 "이익집단" 간의 싸움, 다시 말해 경영자의 욕망과 노동자의 욕망 사이의 보다 큰 경제적 파이의 몫 찾기 싸움이라고 해석할 것이다. 이러한 정치학자의 주장에 따르면 이성 덕택에 노사 쌍방은 자기 측의 경제적 이익을 최대화하고, 스트라이크를 일으킬 경우 자기 쪽의 희생을 최소한으로 억제하는 교섭전략을 취할 것이고 이윽고 상호간의 역학관계에 따라 타협에 도달하는 식이 되어 버린다.

하지만 사실 이것은 노사 쌍방의 내부에서 진행되고 있는 심리적 진행과정을 상당해 단순화시킨 이론이다. 하벨의 청과상이 "나는 두렵다" 라는 표어를 내걸고 싶어 하지 않은 것처럼, 스트라이크 중의 노동자도 "나는 탐욕스런 인간이기 때문에 경영자에게서 짜낼 수 있는 만큼의 돈을 받고 싶다" 등의 구호를 내걸지는 않는다. 오히려 스트라이크에 참가하는 사람은 이렇게 말하는(그리고 자신도 그렇게 생각하는) 것이다. "나는 선량한 노동자입니다. 경영자 측에 있어서 나는 지금 받고 있는 임금보다 훨씬 더 가치 있는 인간입니다. 솔직히 말해서 우리 회사에 벌어주고 있는 이익이라든가 다른 업종에서 같은 일에 지불되는 급료 등을 생각하면, 나의 임금은 부당하게 낮게 책정되어 있습니다. 사실상 나는……" 그리고 이 노동자는 계속해서 자신이 소나 말이 아니라고 말할 뿐만 아니라 인간으로서의 존엄이 짓밟히고 있는 실태를 호소해 갈 것이 틀림없다.

그런데 이 노동자는 당연히 앞에 예시한 청과상처럼 자신에게는 뭔가 가치가 있다고 믿고 있다. 대부금(貸付金)의 변제문제나 자녀의 식비 때문에 임금인상을 요구하는 것은 말할 것도 없지만 동시에 그는 자신이 가치를 갖고 있다는 증거로 그것을 요구하는 것이다. 노동쟁의에서 발생하는 분노는 단순히 임금수준의 문제와는 거의 관계가 없고, 오히려 경영자의 임금 제시액이 노동자의 존엄을 충분히 '인정' 하고 있지 않기 때문에 그런 분노가 발생하는 것이다. 스트라이크 참가자가 경영진 자체보다도 파업의 약속을 어긴 사람에 대해, 훨씬 더 격한 분노를 나타내는 이유도 여기에 있다. 설령 파업의 약속을 어긴 사람이 경영자 측의 끄나풀에 지나지 않는다고

계는 욕망을 나타내는 그리스어가 *epithymia*인 것을 보더라도 명확히 나타난다.

해도 그는 눈앞의 경제적 이익에 사로잡혀서 자신의 존엄을 잃은 비굴한 인간으로 경멸당한다. 스트라이크 참가자와는 달리, 파업 불이행자에게 있어서는 욕망이 '패기'를 능가하고 있는 것이다.

우리들은 경제면에서의 사리추구주의(私利追求主義)에 관해서는 기꺼이 이해하려고 하지만 그것이 패기에 넘친 자기주장과 밀접하게 연관되어 있는 점은 무시하는 경향이 있다. 임금이 오르면 마음속의 욕망으로 숨어있는 물질욕은 물론이고, 패기 부분에 있는 인정받고자 하는 욕망도 충족되는 것이다. 정치세계에서는 경제적 요구가 단지 더 많은 분배의 요구라는 형태로 나타나는 것은 극히 드문 예이다. 경제적 요구는 소위 "경제적 정의"라는 말로 표현된다. 경제적 요구를 그 당사자에 관계되는 정의를 위한 요구처럼 그럴싸하게 꾸며대는 것은 몹시 냉소적인 말로써도 생각할 수 있다. 이것은 종종 의식하고 있건 안하고 있건, 돈을 둘러싼 싸움 속에서 최종적으로는 자신들의 존엄이 위기에 노출되는 것은 아닐까 하고 생각하는 사람들의 패기에서 생성되는 분노의 강도를 현실감 있게 반영하고 있다. 실제로 일반적으로 경제적인 욕구로 해석되고 있는 것은 대체로 따지고 보면 패기에서 생긴 인정에의 욕망인 것이다. 정치경제학의 아버지 애덤 스미스는 그 점을 충분히 알고 있었다.《도덕정조론(道德情操論)》에서 스미스는, 인간이 부를 추구하고 빈곤을 싫어하는 이유는 물질적 결핍과는 거의 관계가 없다고 말하고 있다. 왜냐하면 "가장 천한 노동의 대가"로도 "의식주와 가족의 위안" 등 필요 불가결한 것은 해결될 수 있고, 빈곤한 사람들조차 그 수입의 대부분은 엄밀히 말하면 "사치라고 말할 수 있는 편익"에 사용하고 있기 때문이다. 그렇다면 인간은 왜 경제생활에서의 고역과 중노동을 자청하면서까지 "처우개선"을 도모하려 하는가? 그 대답은 이런 것이다.

공감과 만족과 찬동을 염두에 두고 관찰되고, 주시되어 이목을 집중시키는 것, 그것이 우리들이 획득할 수 있는 우위성의 전부이다. 우리들의 흥미를 끄는 것은 '안락과 쾌락이 아닌 허영'이다. 하지만 허영은 항상 자신이 주목과 찬동의 대상이라는 신념 위에 존재한다. 유복한 인간이 자신의 재산을 '자랑으로 생각'하

는 것은 당연히 그 재산에 의해 세상의 주목이 그에게 집중되는
것을 알기 때문이고 또한, 세상의 어느 누구도 자신의 멋있는 삶
에 전면적으로 찬동해 줌으로써 자신을 더욱 더 기분 좋게 만들
어 준다는 것을 알고 있기 때문이다. ……이에 반하여 가난한 인
간은 자신의 가난을 '부끄러워한다.' 그는 가난하기 때문에 자신
이 세상에서 잊혀져 간다고 느끼고, 혹은 세상으로부터 주목받는
다고 해도 자신이 당하고 있는 참혹함과 불행에 대해 동료의식을
갖고 동정받는다는 것은 거의 가능성이 없다는 점을 느끼고 있는
것이다.[3]

빈곤상태가 너무 심하면 자연적 욕구를 충족하기 위한 경제활동이 행해
지는 경우도 있다. 1980년대에 가뭄이 엄습해 왔던 아프리카의 사하라사
막 주변지대 등이 그 예이다. 그러나 세계의 기타 대부분의 지역의 경우에
빈곤과 궁핍은 부(富)의 상징으로서의 금전의 역할에서 생기는 절대적 개
념이 아니라, 오히려 상대적인 것이다.[4] 미합중국의 공식적 "최저생활기준"
은 제3세계 국가들의 유복한 사람들의 생활수준보다도 훨씬 높다. 그것은
미국의 가난한 자가 아프리카나 남아시아의 부자들보다 충족된 생활을 하
고 있다는 의미는 아니다. 왜냐하면 그들은 매일매일 자신들의 존재가치에
대해 상처받고 있기 때문이다. 일찍이 미국의 지배자가 "영국의 일용 노동
자보다 질 낮은 음식을 먹고, 변변찮은 집에 살며, 초라한 옷을 걸친다"는
로크의 말은 '패기'를 무시하고 있고, 따라서 완전히 빗나간 지적이다. 미
국의 지배자는 영국의 일용노동자가 절대로 맛볼 수 없는 존엄, 다시 말해
서 자유와 자기 충족, 주변 사회로부터 존경받고 인정받음으로써 발생하

---

3) Adam Smith, *The Theory of Moral Sentiments* (Indianapolis: Liberty Classics, pp. 50~51.
   인용부호는 필자가 강조한 것임. 여기서의 기술을 포함, 애덤 스미스에 관해 여러 가지
   통찰을 해준 Abram Shulsky와 Charles Griwold, Jr에게 사의를 표하고 싶다. 또 Albert
   O. Hirschman, *The Passions and the Interests* (Princeton, N.J.: Princeton University Press,
   1977), pp. 107~108을 참조.
4) 루소는 자연의 요구가 비교적 적은 점, 또 개인의 재산욕구가 인간의 자존심 혹은 허영
   심, 즉 자기와 남을 비교하는 성향에서 비롯된다는 점에서 스미스에게 동의할 것이다. 물
   론 '자기 상태의 개선'을 도덕적으로 용인할 수 있는가라는 평가를 놓고 두 사람은 다
   른 견해를 취하고 있다.

는 존엄을 손에 쥐고 있다. 일용 노동자 쪽은 보다 좋은 식사를 하고 있다고 하더라도 완전히 고용자에 빌붙어 살고 있고, 고용자의 눈에는 인간으로 보이지 않는 존재인 것이다.

일반적으로 경제적 동기라고 생각되고 있는 것 중의 하나인 '패기'라는 요소를 이해할 수 없다면, 정치나 역사 변동을 해석할 때에 커다란 실수를 범하게 된다. 예를 들어 혁명이 빈곤과 결핍에 의해 발생한다고 주장하는가 하면, 그러한 빈곤과 결핍이 심화되면 그만큼 혁명 가능성도 커진다고 믿는 것은 흔히 있어온 이야기이다. 하지만 프랑스혁명에 관한 토크빌의 유명한 연구는 사태가 완전히 반대였다는 것을 시사하고 있다. 즉, 혁명 전의 30년 혹은 40년간에 프랑스는 전례 없을 정도의 경제성장을 경험하고, 그와 더불어서 군주제에 대해서도 의도는 좋았지만 충분히 숙고되지 않은 일련의 자유주의적 개혁이 행해졌었다. 혁명 전야의 프랑스 농민은 중산계급으로서 시레지아 혹은 동프러시아의 농민보다 훨씬 유복하고 자유스런 생활을 하고 있었다. 그럼에도 불구하고 그들이 혁명의 도화선 역할을 하게 된 것은 18세기 말경에 일어난 정치세계에서의 자유주의화에 따라 자신들의 '상대적'인 빈곤상태를 프러시아의 어떤 농민보다도 민감하게 느끼고 그것에 대한 분노를 불태웠기 때문이다.[5] 현대 세계에서는 최빈국과 최부유국만이 안정된 경향이 있다. 경제근대화의 도상에 있는 국가는 경제성장 그 자체가 새로운 기대와 요구를 북돋아주기 때문에 정치적으로는 훨씬 불안정해진다. 사람들은 자신들의 현재 처지를 그 국가의 기존 사회상태가 아니라 부유국과 비교하고 그 결과로 더욱 더 분노의 감정을 강화한다. 흔히 듣는 "상승하는 기대에 의한 혁명"이라는 것은 욕망에서 발생함과 동시에 사람들의 '패기'와도 극히 관련이 깊은 현상이다.[6]

'패기'가 욕망과 혼동되어온 실례는 이 이외에도 또 있다. 미국 남북전쟁을 설명하고자 시도하고 있는 역사가는, 이 전쟁을 통하여 총인구 3천 1백만 명 중 60만 명이 사망, 다시 말해 인구의 거의 2퍼센트에 해당하는 사망자를 냈음에도 불구하고, 어떻게 미국인이 그런 전쟁의 참화를 굳이

---

5) Alexis de Tocqueville, *The Old Regime and the French Revolution* (Garden City, N.Y.: Doubleday Anchor Books, 1955). 특히 이 책의 제3부 제4~6장을 참조.

6) 이 현상에 관한 경험에 바탕을 둔 기록으로서는 Huntington, *Political Order in Changing Societies,* pp.40~47.

겪어내려 했는가 하는 이유를 분명히 밝히지 않으면 안 된다. 경제적 요인
만을 주시하는 금세기 대부분의 역사가는 이 전쟁을 공업화를 진행하고
있던 북부 자본가와 전통적인 남부의 대농장 경영자의 갈등으로 해석하려
고 해왔다. 하지만 이러한 해석에는 어딘가 만족스럽지 못한 면이 있다. 원
래 이 전쟁은 주로 비경제적인 이유——즉 북부의 경우에는 연방의 존속이
라는 목적, 남부의 경우에는 스스로 "특유의 제도" 및 그러한 제도에 기
본을 둔 생활양식의 유지라는 목적 아래서 싸움이 행해졌다. 거기에는 또
한 깊은 대립 요소가 있어서, 후세의 많은 역사가들보다도 현명했던 링컨
은 "누구나 알고 있듯이" 노예제도가 "이 전쟁의 원인 중 하나"라고 지적
했던 것이다. 북부인의 다수는 물론 노예해방에 반대하고 타협에 의한 조
기 정전을 바라고 있었다. 그러나 링컨은 이 전쟁이 "노예제 250년에 걸친
보상할 수 없는 고역"의 열매를 다 써버리더라도 전쟁이 계속되는 것을 기
꺼이 지켜보겠다고 말한 그의 엄한 경고로부터 확실히 알 수 있다. 그리고
이 결의는 경제적인 해석만으로는 설명하기가 어렵고 인간의 혼속의 '패
기' 부분에 눈을 돌려야만 그 의미를 알 수 있게 된다.[7]

현대 미국의 정치에도 인정에의 욕망이 기능하고 있는 예는 무수히 많
다. 예를 들어 인공 임신중절은 과거 30년 가까이에 걸쳐 미국사회를 몹
시 번민케 하던 문제 중의 하나이지만 그 내용은 경제와는 전혀 관계가 없
다고 해도 좋을 것이다.[8] 중절에 관한 결론은 태아와 여성 쌍방의 권리대
립을 둘러싸고 전개되지만, 사실 그런 논의에는 전통적인 가정이나 가정에
서의 여성의 역할이 갖는 존엄과, 자립한 직업여성의 존엄 간에 어느 쪽에
비중을 더 두는가 하는 점에서의 뿌리 깊은 의견의 차이가 반영되어 있다.
중절 논의에서 반대파는 낙태된 태아를 위해, 찬성파는 무면허 중절의(中
絶醫)의 손에 의해 죽는 여성 때문에 분노를 느끼지만, 동시에 어느 쪽이
든 간에 이 분노는 자신들을 향한 것이기도 하다. 왜냐하면 전통을 중시
하는 여성은, 중절이 여성에게 표현되어야 할 존경스런 생각에 상처를 입

---

7) 그러나 링컨의 신에 대한 신앙의 언급은, 패기에 찬 자기극복의 위대한 행위가 신에 대한
   신앙에 의해 유지될 것을 필요로 하는지 어떤지의 문제를 초래한다.
8) 임신중절 문제에 대해 지지자와 반대자가 교육, 수입, 주거가 도시냐 시골이냐에 따라 그
   룹을 결성하는 점에서는 확실히 경제적 사회학적 배경이 있다. 하지만 이 논의의 본질은
   경제학이 아닌 권리에 관련된 것이다.

한다고 생각하고, 직업여성은 중절권이 없는 것이 남성과 대등해야 할 여성의 존엄을 해친다고 생각하기 때문이다.

또한 인종차별은 현대 미국의 오점이지만, 빈곤에 의해 초래되는 흑인의 물질적인 결핍은 인종차별이 오점이 되는 이유의 극히 일부이다. 오히려 그 고통의 태반은 많은 백인에게 흑인이 (랠프 엘리슨의 표현을 빌자면) "투명인간"인 것이고, 흑인이 미워서 견딜 수 없는 것이 아니라 백인의 눈에 친구로서 비치지 않는다는 사실에 있다. 빈곤은 단지 그 투명도에 첨가되는 요소에 지나지 않는다. 실제로 시민적 자유와 시민권의 문제는 전부 어느 정도 경제적 요소를 갖고 있다고 말할 수 있지만, 본질적으로는 '패기'에 관계되는 대립이며, 거기에는 정의와 인간의 존엄에 대해서 경합하는 견해를 인정하느냐가 문제가 된다.

보통 자연적 욕망의 실례로서 생각되고 있는 행동도 그 대부분은 '패기'라는 관점에서 설명이 가능하다. 예를 들어 이성의 정복이라고 하는 것은 통례상 육체적 만족의 문제에만 국한되지 않고 자신의 매력을 상대방에게 인정받고 싶다는 욕구가 반영되어 있다. 이러한 경우, 타인에게 인정받는 자아(自我)라고 하는 것은 헤겔이 말한 귀족적인 주군과 하벨이 말하는 청과상의 도덕적인 자아와 반드시 일치하지는 않는다. 그러나 원래 긴밀한 형태를 취하는 성애라는 것은 사랑하는 사람에게 자신의 육체적 특질 이상의 뭔가를 인정받고 싶다는 열망, 즉 자신의 가치를 인정받고 싶다고 하는 절박한 마음을 담고 있는 것이다.

'패기'에 관해서 몇 가지 예를 들었지만, 그렇다고 해서 모든 경제적 활동, 모든 성애, 그리고 모든 정치가 인정에의 욕망으로 환원되는 것은 아니다. 이성과 욕망은 어디까지나 패기와는 다른 정신의 한 부분이다. 게다가 이 이성과 욕망은 많은 점에서 현대의 자유스런 인간이 갖고 있는 정신의 대부분을 점유하고 있다. 인간이 무턱대고 돈을 갖고 싶어 하는 것은 '물건'을 손에 넣고 싶기 때문이지 단순히 타인에게 인정받고 싶기 때문은 아니다. 근대에 들어서 인간의 욕심이 제약에서 벗어남에 따라 물질적인 욕망은 그 숫자도 종류도 폭발적으로 증가해 왔다. 그리고 사람들이 섹스를 열망하는 것은 요컨대 그것이 쾌감을 부여해 주기 때문이다. 내가 지금까지 물욕(物慾)이나 육욕(肉慾)이 갖는 패기의 측면에 대해 언급해온 것은,

욕망과 이성만이 눈에 들어오는 현대사회에서 실제로 '패기'와 인정이 매일매일 행하는 역할이 유야무야로 될지도 모르기 때문이다. '패기'는 욕망의 동맹군으로써 나타나는 경우가 많고—소위 "경제적 정의"를 추구하는 노동자의 예가 그러하지만— 그 때문에 욕망과도 혼동되기 쉬운 것이다.

인정에의 욕망은 구소련과 동유럽, 중국에서 반공산주의의 지각변동이 생길 때에도 중요한 역할을 해왔다. 동유럽 국민의 대부분이 공산주의의 종언(終焉)을 원한 것은 틀림없이 그다지 고상하다고는 볼 수 없는 경제적 이유 때문이다. 다시 말해, 공산주의가 끝나면 서독 정도의 생활수준까지 가는 길이 열린다고 생각했기 때문이다. 구소련과 중국에서 일어난 개혁의 근본적 추진력이 된 것은 중앙집권적 명령경제로는 "탈공업화" 사회의 요청에 부응할 수 없는 현실, 즉 어떤 의미에서는 경제적 현실이었다고 말할 수 있다. 그렇지만 그 번영을 추구하는 욕망에는 민주적 권리와 정치 참가를 그 획득 목표로 하는 요구, 바꿔 말하면 일상적인 동시에 보편적인 기반 위에서 자신들을 인정받을 수 있는 체제를 지향하는 요구가 함께 존재해 있다. 어떤 러시아 공화국의회 옹호파의 말을 빌자면, 1991년 8월에 있었던 소련의 쿠데타 미수의 주모자들은 자국민이 "자유를 소시지 한 개와 교환하여 팔 것이다"라고 생각하고 있었다고 하지만 그것은 큰 착각이었던 것이다.

공산주의의 경제위기에 동반하여 발생한 '패기'에 입각한 분노의 작용과 인정에의 요구를 바르게 이해하지 않으면 오늘의 민주주의 혁명이라는 현상의 전모를 파악할 수는 없다. 혁명적인 상황이라는 것은 어딘가 색다른 특질을 가지고 있다. 사람들을 선동해서 커다란 위험에 대항하도록 하고, 정부 전복에의 첫발을 내딛게 하는 것은 대체로 후세의 역사가가 혁명의 주요인이라고 해석할 대사건이 아니라 오히려 언뜻 보기에 우발적인 사건이 많다. 예를 들어 체코슬로바키아에서는 야케슈 공산당 정권이 당초의 자유주의적 개혁의 공약에도 불구하고, 하벨을 체포 · 투옥했던 것에 대하여 국민의 격분이 고조되었고, 그것을 수렴하여 반체제 그룹 '시민포럼'이 결성되었다. 1989년 11월에는 프라하의 가두에 대군중이 집결하기 시작했는데, 그 최초의 동기는 어떤 학생이 비밀경찰에 의해 살해되었다는 소문—뒤에 유언비어로 판명이 났다—이 퍼진데 있었다.

루마니아에서는 치미시와라 마을 (루마니아 동부, 치미시 강변)에서 그곳의 헝가리인 사회의 적극적인 인권 활동가였던 토케스 신부의 투옥에 대한 항의행동이 일어나서 그것이 연쇄 반응적으로 퍼졌고, 결국에는 1989년 12월 차우셰스쿠 정권 붕괴에까지 이르렀던 것이다.[9] 또한 폴란드에서는 소련과 폴란드 국내의 친소파 공산주의자에 대한 적의(敵意)가 수십 년에 걸쳐 배양되어 왔지만, 그 기폭제가 된 것은 1943년에 카친숲에서 발생한 소련 비밀경찰에 의한 폴란드인 장교 대량학살 사건의 책임을 모스크바 당국이 인정하려고 하지 않았기 때문이다. 1989년 봄의 원탁회의에서의 합의를 거쳐 자유노조 '연대(連帶)'가 정권에 참가하고, 최초에 착수한 일 중의 하나가 카친숲 사건의 충분한 해명을 소련에 요구하는 것이었다.

소련 국내에서도 비슷한 경과를 거쳐서, 스탈린 시대를 살아왔던 많은 사람들이 숙청 당사자에 대한 해명과 희생자들의 명예회복을 계속 요구했다. 페레스트로이카와 정치개혁은 과거에 대한 진실을 솔직히 말하려는 욕구, 그리고 말 한마디 못하고 강제수용소로 모습을 감춘 사람들의 존엄을 회복시키려는 욕구와 따로 떼어서 생각할 수 없다. 1989년 후반부터 1990년 전반에 걸쳐서 소련에서는 민중의 분노에 의해 셀 수 없을 정도의 지방당 간부가 추방되었지만, 그것은 소련체제의 경제적 곤경 때문만은 아니다. 자가용 볼보를 구입하기 위해 당의 공금을 착복한 볼고그라드 당 제1서기처럼 개인적인 욕구나 만용과 같은 문제도 그 계기가 되었던 것이다.

동독의 호네커 정권은 1989년에 발생한 일련의 사건에 의해 결정적으로 약화되었다. 서독으로 대규모 시민들이 탈출하고, 호네커는 소련에서의 원조줄을 잃어 결국에는 베를린 장벽의 붕괴를 가져왔던 것이다. 하지만 당 지도자인 크렌츠와 모드로가 불신임을 당하고 사회주의 통일당이 권력의 권좌에서 완전히 일소되어 버린 원인은 밴드리츠 교외에 있는 호네커의 호화사택이 발각되었기 때문이었다.[10] 단 엄밀히 말하면 이 발각이 불러일으킨 터무니없는 분노는 약간 궤도를 이탈한 것이라고 말할 수 있다. 정치적

---

9) 루마니아의 경우는 사정이 복잡하다. 왜냐하면 치미시와라의 데모는 완전히 자발적인 것이 아니고 그 폭동이 군부에 의해 미리 계획되어 있었기 때문이다.

10) 예를 들면 "East German VIPs Now under Attack for Living High Off Party Privileges," *Wall Street Journal* (November 22, 1989), p. A6를 참조.

자유의 결여와 서독과 비교한 경우의 생활수준차를 비롯하여 동독 공산주의 정권에의 불만은 많았다. 호네커에 대해 말하자면, 그는 현대판 베르사이유 궁전에 살았던 것은 아니다. 그의 주거지는 함부르크와 브레멘의 유복한 시민과 비슷한 것이었다. 하지만 동독 국내에서의 공산주의에 대한 여러 해에 걸쳐 잘 알려진 비판적 여론도, 평균적인 시민이 TV화면에서 호네커의 저택을 봤을 때의 '패기'에서 발생한 분노에는 도저히 미칠 수 없었다. 평등의 실현을 주장해온 정권 측의 엄청난 기만이 TV영상에 의해 밝혀졌던 관계로 사람들은 자신들의 정의감을 현저히 상처받고 공산당 권력의 숨통을 끊기 위해 용감히 가두로 나섰던 것이다.

마지막으로 중국의 예를 들어보자. 덩샤오핑(鄧小平)에 의한 경제개혁은 1980년대에 성인에 도달한 중국의 젊은 세대에게 정제면에서 완전히 새로운 가능성을 열어 주었다. 그들은 혁명 이후 처음으로 스스로 비즈니스를 시작하기도 하고, 외국의 신문을 읽기도 하고, 미국 및 서유럽 나라에서 공부도 할 수 있는 기회를 손에 넣었다. 이 경제적으로 자유로운 풍조 속에서 성장한 학생들도 물론 경제적으로 불만은 있었고 특히 도시 주민의 구매력을 확실히 계속 저하시켜온 1980년대 후반의 인플레이션에 대해서는 우려를 품고 있었다. 그렇지만, 개혁 후 중국은 마오쩌둥(毛澤東) 시대보다도 활력과 기회에 충만해 있었고, 어쨌든 베이징(北京)과 시안(西安), 광둥, 상하이의 일류대학에 다니는 특권 계급의 자녀들은 지나칠 정도로 혜택을 받고 있었다.

그럼에도 여전히 학생들은 더 나은 민주주의를 추구하여 처음으로 1986년에 이어서 1989년 봄의 후야오방(胡耀邦) 추도 기념일에 시위 행위를 했던 것이다. 그러나 이러한 항의행동의 진전에 따라 그들은 자신들이 발언권도 갖고 있지 않고 또한 당과 정부가 그들의 존재와 그 불만의 정당성을 인정하려고 하지 않는 것에 불만을 터뜨리게 되었다. 학생들은 덩샤오핑, 자오쯔양(趙紫陽) 등 중국의 최고 지도자에게 개별회담을 신청하여 장기적으로는 자신들의 정치참여를 제도적으로 인정하도록 요구하기 시작했다. 학생 전부가 그 제도의 궁극적 형태로써 의회민주주의를 바라고 있는지 어떤지는 확실하지 않지만, 그 근저에 자신들을 하나의 성인으로서 올바르게 인정해 주고, 그 의견에 알맞은 존경을 받고 싶다는 요구가 있었던 것은 분명하다.

이상과 같은 사회주의국의 실례를 보면, 인정에의 욕망의 움직임을 다소라도 알 수 있을 것이다. 개혁을 하건 혁명을 하건 국민 한 사람 한 사람이 보편적으로 인정받는 제도를 갖는 정치 시스템을 지향하고 있다. 하지만 좀 더 덧붙여 말하자면 '패기'에서 발생한 분노는 혁명적인 사건을 불러일으키는 데에 불가결한 촉매 역할을 해왔던 것이다. 사람들은 "탈공업화 경제"의 실현과 수퍼마켓의 식료품 보급을 정부에 요구하면서 라이프치히와 프라하, 치미시와라, 베이징 혹은 모스크바의 가두로 진출한 것은 아니다. 그들의 불타는 분노는 목사가 투옥되거나 요구 리스트의 수취를 권력측이 거부하거나 하는 비교적 사소한 부당행위를 계기로 발생했던 것이다.

역사가들은 후에 이상과 같은 일을 혁명과 개혁의 2차적 혹은 우발적 사건으로 해석하고 있는데 그것은 정당한 평가이기도 하다. 그렇다고 해서 최종적으로 혁명으로 유도하는 연쇄반응을 일으키는데 이런 사건이 그다지 필요하지 않았다는 것은 아니다. 적어도 어떤 대의를 위해 생명과 평온한 생활을 자진해서 희생하는 인간이 없으면, 혁명적 정세는 발생하지 않는다. 그러한 희생을 치를 용기는 정신 속의 욕망이라는 부분에서부터 발생하는 것이 아니라 '패기'라는 부분에서 분출하는 것이다. 욕망적인 인간, 경제적 인간, 다시 말해 천성적인 부르주아는 마음속에서 "손익계산"을 항상 해두고, 항상 그것을 외부를 움직이는 근거로써 계속해서 사용해 나간다. '패기'에 찬 인간, 분노하는 인간만이 스스로의 존엄과 동포의 존엄을 잃지 않으려고 정신을 바짝 차린다. 그리고 자신의 가치는 육체적 존재를 형성하는 여러 욕망 이상의 무언가에 의해서 성립한다고 느끼는 것이다. 이러한 인간만이 스스로 자진해서 전차를 막아서고 병사들의 대열 앞을 가로막을 수 있다. 왜냐하면 대개의 경우 어떤 하찮은 부당행위에도 작지만 용기를 가지고 일어서는 사람이 없으면 정치와 경제구조의 근본적 변혁을 일으킬 대사건이 계속해서 일어나지는 않는 것이다.

17
패기의 흥성과 쇠퇴

인간은 행복을 추구하지 않는다. 영국인만을 제외하고.
––니체 《우상의 황혼》[1]

　인간의 자기 자신에 대한 가치관과 그것을 타인에게 인정시키려는 욕구
는 오늘에 이르기까지 용기나 관용이나 공공심 등의 고상한 미덕을 낳았
고, 폭정에 대한 저항의 아성이 되어 자유민주주의를 선택하는 근거가 되
기도 했다. 하지만 그러한 인정을 추구하는 욕망에도 어두운 면은 있어서
많은 철학자가 '패기'를 인간악의 근원으로 간주하게 되었다.
　원래 '패기'라는 것은 스스로의 가치평가라는 형태를 취해왔다. 하벨의
청과상의 예가 나타내듯이 이러한 가치관은 자신이 자연적 욕망만을 달성
하면서 살아가는 것 '이상의 존재'라고 하는 감각, 자유로운 선택을 허가
받은 도덕적 객체라고 하는 감각과 다분히 서로 연관되어 있다. 이러한, 약
간은 소박한 형태의 '패기'는 자존심이라든가 자부심이라고 불러도 지장
은 없을 것이다. 정도의 차가 있기는 해도 대개의 인간은 자존심이 있다.
모든 사람이 적당히 자존심을 갖는 것은 세상을 살아나가기 위해서도 인
생에서 만족감을 찾아내기 위해서도 중요한 것이라고 생각할 수 있다. 조
안 디디온에 의하면, 우리들은 이 자존심 덕택에 마음에 묻어두지 않고 타

---

1) Nietzshe, *Twilight of the Idols and the Antichrist* (London: Penguin Books, 1968), p. 23.

인에게 'NO' 라고 말할 수 있는 것이다.[2]

자신과 타인을 끊임없이 평가하려고 하는 인간의 성격에는 확실히 도덕적인 일면이 존재하고 있지만 그렇다고 해서 도덕 자체의 본질적인 내용에 관해서 의견일치가 이루어지는 것은 아니다. 패기가 충만된 도덕심을 가지고 있는 사람들의 세계에서는 크고 작은 여러 가지 문제에 관해서 끊임없는 논쟁이 발생하고 분노가 커져간다. 즉 '패기' 라는 것은 극히 완곡히 표현되더라도 동료 간에 생기는 말다툼의 화근이 될 수 있다.

또한 인간이 자신의 "덕성" 의 테두리에서 벗어나지 않고도 자신의 가치를 평가할 수 있다는 보증도 없다. 하벨은 모든 인간에게는 선악의 판단력과 "정의" 의 감각이 있다고 믿었다. 그러나 이런 일반론을 받아들인다고 하더라도 타인보다 그러한 마음의 발달이 늦어지는 사람이 있다는 것은 인정하지 않을 수 없다. 사람은 자신의 도덕적 가치 뿐만이 아니라 부나 권력, 육체미에 대해서 타인에게서 인정받고 싶어 하는 경우도 있는 것이다.

더욱 중요한 것은 모든 인간이 자신을 타인과 '대등하게' 평가할 것이라는 근거가 어디에도 없다는 점이다. 오히려 사람은 자신이 타인보다 우월하다고 인식하려는 경향이 있고, 그것은 진정으로 내적 가치에 기본을 둔 경우도 있지만 대부분은 우쭐해진 자기평가에서 생성된다. 이처럼 자신의 우월성을 인식시키려는 욕망을, 나는 고대 그리스어에서 어원을 빌려 우월욕망megalothymia(메가로사이미어)이라고 새로이 명명하고 싶다. 자신의 권위를 인정받기 위해서 인접 국가를 침략하여 인민을 예속시키는 폭군에게도, 당대 최고의 베토벤 해석가를 꿈꾸는 콘서트 피아니스트에게도 이 '우월욕망' 이 엿보인다. 한편 대등욕망isothymia(아이소사이미어)은 그 반의어로 타인과 대등하게 인정받고 싶다는 욕망을 의미한다. '우월욕망' 과 '대등욕망' 은 인정에 대한 욕망의 두 가지 표현이며, 근대 역사의 이행도 이 양자와의 연관으로 이해할 수 있다.

'우월욕망' 이 정치세계에 있어서 매우 큰 문제를 내포하는 정열이라는 것은 분명하다. 어떤 사람에게서 자신의 우월성을 인정받아서 마음이 충만

2) 이 점에 관해서는 Joan Didion, *Slouching Towards Bethlehem* (New York: Dell, 1968) pp. 142~148. 수록된 내용은 짧지만 훌륭한 에세이 *"On Self-Respect"*를 참조하기 바란다.

되는 것이라면 '모든' 인간에게서 그것을 인정받는다면 당연히 큰 만족을
얻을 수 있게 되기 때문이다. 처음에는 점잖은 자존심으로 등장한 '패기'
도 이리하여 지배로의 욕망으로 변신할지도 모른다. 이 지배욕은 '패기'의
어두운 면이고, 물론 헤겔이 묘사한 피비린내 나는 결투의 개시점에서 이
미 존재하고 있었다. 인정받고자 하는 욕망은 원시적인 전쟁을 선동하여,
그것이 주군의 노예에 대한 지배를 초래했다. 그리고 결국 이 논리는 전세
계에서 '보편적으로' 인정받고 싶은 욕망, 즉 제국주의로 향하는 길을 연
것이다.

'패기'라는 현상은 사상가에 따라 불리는 이름도 각양각색이지만 어쨌
든 그것은 청과상의 존엄 같은 소박한 형태나, '우월욕망'—시저나 스탈
린형 인간의 폭군적 야심—이라는 형태로 오늘날까지 계속해서 서양 정치
철학의 중심테마가 되어 왔다. 정치나 공정한 정치질서에 대해서 진지하게
생각하는 사람이라면 거의 누구라도 패기의 도덕적 애매함과 싸우게 되고
'패기'의 적극적인 면을 이용하여 그 어두운 면을 극복하는 방법을 찾아
내야 했던 것이다.

《국가》중에서 소크라테스는 '패기'에 관해서 상세한 논의를 전개하고
있다. 왜냐하면 '패기'는 그가 말하는 '대화' 상에서 나오는 정의의 도시
건설에 필연적인 역할을 하고 있다는 것이 명백하기 때문이다.[3] 이러한 가
공의 도시에도 현실의 도시와 같이 외적(外敵)이 있고 또 그 공격으로부터
스스로를 지키지 않으면 안 된다. 따라서 용감하고 공공심이 풍부하고 공

---

3) 아리스토텔레스는 '영혼의 위대함'(megalopsychia) 또는 아량이란 말로 패기에 대해 논
   하고, 그것을 인간의 미덕의 중심으로 생각했다. 위대한 영혼을 소유한 인간은 명예나
   일체의 위대한 사회적 선이라는 미덕에 대해 "많은 것을 요구하고 많은 가치가 있는 것"
   이며 그것을 통해 허영(많은 것을 요구하는 한편, 조그만 미덕으로밖에 가치가 없는)과
   소심(적은 미덕밖에 요구하지 않는 한편, 큰 미덕에 해당하는)과의 사이의 중용의 도를
   견지했던 것이다. 영혼의 위대함은 용기, 정의감, 절도, 정직 등 다른 모든 미덕을 포함,
   kalorakathia(예의바름 또는 도덕적 고귀함)를 필요로 한다. 바꿔 말하면 위대한 영혼을
   가진 인간은 최고의 미덕을 갖추고 있음을 최대한으로 인정받으려 하는 것이다. 아리스
   토텔레스가 위대한 영혼을 가진 인간은 자립하는 것이 바람직(autarkous gar mallon)하므
   로 '아름답지만 도움이 되지 않는' 것을 원한다고 지적하는 것은 흥미 있다. 패기에 찬
   영혼이 지닌 도움이 되지 않는 것에 대한 욕망은 생명을 위험에 처하게 하는 충동과 맥
   을 같이하고 있다. Aristotle, *Nichomachean Ethics*, II 7~9; IV 3. 인정이나 명예에 대한 욕
   망의 허용도는 그리스의 윤리와 기독교 윤리가 큰 차이를 보인다.

공의 선을 위해서라면 기꺼이 자신의 물질적 욕망을 억제할 수 있는 수호자 계급이 필요하게 된다. 소크라테스는 이러한 용기와 공공심이 약삭 빠르고 타산적인 이기심에서 생겨난다고는 믿지 않았다. 그러한 것들은 오히려 '패기' 즉 수호자 계급이 자기 자신이나 그들이 살고 있는 도시에 대해서 품는 정당한 긍지와, 그것을 위협하는 자에 대한 잠재적으로 불합리한 분노 등에 그 뿌리를 두고 있는 것이다.[4]

이와 같이 '패기'는 각 개인을 사리사욕의 생활로부터 끌어내어 공공의 선으로 향하도록 하는 토대이기 때문에 소크라테스는 '패기'를 정치공동체의 존속에 빼놓을 수 없는 선천적인 정치적 미덕으로 보았다. 그러나 그는 이 '패기'가 정치공동체를 견고히 하는 한편, 그 공동체를 거꾸로 파괴할지도 모른다고 생각하였다. 예를 들어 그는 패기로 충만한 수호자를 맹견에 비교하여 적절한 훈련을 하지 않으면 침입자뿐 아니라 주인까지도 물어뜯을지 모른다고 기술하는 등, 이러한 견해를 《국가》의 여러 곳에서 암시하고 있다.[5] 그러나 공정한 정치질서의 구축에는 패기의 육성과 제어가 어느 한쪽도 결여되면 안 된다고 생각하여 《국가》의 최초 6권의 대부분이 수호자 계급의 올바른 패기교육의 방법에 할애되어 있는 것이다.

제국주의를 통해 타 국민을 정복하고 싶어 하는 자칭 지배자의 '우월욕망'은 중세 및 근대 초기의 많은 정치사상가에게 중요한 테마였으며 그들은 이 욕망을 '영광'의 추구라고 불렀다. 당시에는 야심적인 군주에 의해 벌어지는 인정을 추구하는 투쟁은 인간성과 정치 쌍방의 일반적 특질이라고 보는 견해가 널리 퍼져 있었다. 제국주의의 정통성이 당연시되는 경우가 많았던 시대에 있어서 이러한 투쟁은 반드시 폭정과 부정을 의미하지는 않았던 것이다.[6] 예를 들어 성 아우구스티누스는 영광에로의 욕망이 틀림

---

4) 소크라테스의 생각으로는 정의의 도시를 건설하는 데는 패기만으로는 불충분하며 철인왕이란 형태로 영혼에서의 제3의 부분, 즉 이성이나 예지를 보충할 필요가 있었다.
5) 《국가》, 375b~376b를 참조하기 바란다. 실제로 소크라테스는 패기가 매우 빈번하게 이성의 적이 아니라 같은 편이 된다고 지적하여, 아디만토스를 혼란시키고 있다.
6) 우월욕망이 전부터 가지고 있던 전혀 다른 윤리적 함의를 생각해 내기 위해 크라우제비츠에 의한 다음의 일절을 고찰하기 바란다.
투쟁에서 인간의 마음을 고무하는 모든 정열 가운데 솔직히 말해서 명성과 영예에 대한 동경만큼 강하고 흔들림 없는 것은 없다. 허나 부당하게도 독일어는 '공명심'(Ehrgeiz)이나 '영예욕'(Ruhmsucht)이라는 비천한 용어로 이 동경심의 품위를 떨어뜨리고 말았

없이 악덕의 하나이지만 또한 가장 해(害)가 적은 동시에 인간의 위대함의 원천이 될 수도 있다고 생각했던 것이다.[7]

영광에로의 욕망으로서 이해된 '우월욕망'은 중세 크리스트교 정치철학의 아리스토텔레스적 전통과 결정적으로 궤를 달리했던 근세 최초의 사상가, 마키아벨리의 중심개념이었다. 오늘날 마키아벨리는 사랑받는 것보다 두려움의 대상이 되는 쪽이 더 낫다든가, 자기의 이익에 합치될 때만 약속을 지킬 필요가 있다는 등 충격적일 정도로 노골적인 많은 격언을 만들어 낸 사람으로 알려져 있다. 그러나 그는 근대 정치철학의 원조이기도 하고 현세에서 자신의 삶을 지배하기 위해서는 '이렇게 살아야 한다'라는 이상이 아니라 실제로 살고 있는 모습 자체를 본받아야 한다고 주장했다. 교육을 통하여 인간을 선도하려고 한 플라톤의 가르침에 대해 마키아벨리는 인간의 악(惡)에서 참다운 정치질서를 찾으려고 했다. 악(惡)도 올바른 제도의 의해 선도된다면 선한 목적에 합치된다는 것이다.[8]

영광에로의 욕망이라는 형태를 취한 '우월욕망'을 마키아벨리는 군주의 야망의 배후에 있는 근본적인 원동력으로 생각했다. 국가는 때에 따라 필요에 의해서 혹은 자위의 수단으로서, 혹은 장래의 인적 · 물적 자원의 확보를 위해 인접국가를 정복한다. 하지만 이러한 이유를 훨씬 넘는 곳에 타인으로부터 인정받고 싶다는 욕망이 있다. 그렇게 때문에 승리를 거둔 로

다. 이 품격 높은 야심이 남용되었기 때문에 인류가 지금까지 거듭되는 극악무도한 행위에 시달려 왔음이 분명하다. 하지만 이 감정의 기원은 인간의 가장 고상한 부분에 속하는 것으로, 전쟁에서는 게으른 대중을 활기차게 만드는 생명의 숨결이 된다. 그 밖의 감정--조국애, 이상주의, 복수심, 모든 종류의 열광--은 보다 일반적인 동시에 고귀할지도 모르지만 명성이나 영예에의 갈망에는 미치지 못한다. Carl von Clausewitz, *On War*, edited and translated by Michael Howard and Peter Paret (Princeton: N. J.: Princeton University Press, 1976), p. 105. 여기서의 논술에 대해서는 Alvin Bernstein에 감사하고 싶다.

7) 물론 명예욕은 기독교의 겸손의 미덕과는 공존할 수 없다. Hirschman, *The Passions and the Interests*, pp. 9~11.

8) 특히 《군주론》의 제15장에 주목하기 바란다. '더욱 위대한 콜럼버스'인 마키아벨리의 일반적 해석에 대해서는 Leo Strauss, *Natural Right and History*, pp.177~179 및 Leo Strauss and Joseph Cropsey, eds., *History of Political Philosophy*, second edition (Chicago: Rand McNally, 1972), pp. 271~292 중에서 마키아벨리에 대해 쓰여 있는 장을 참조하기 바란다.

마장군은 적장(賊將)을 쇠사슬에 묶어서 민중의 환호에 발맞추어 걷게 하면서 환희를 느꼈던 것이다. 마키아벨리에게 있어서 영광에로의 욕망은 군주정치와 귀족정치에만 한정되는 특유의 성질은 아니었다. 이 욕망은 욕심 많은 아테네나 로마제국 등의 공화정치 체제에도 영향을 발휘하여, 민중의 정치참여로 국가의 야망이 부추겨진 결과 국토 확장을 위한 군비의 증강을 도모하게 되었던 것이다.[9]

영광에 대한 욕망은 인간의 보편적 특징이지만[10] 마키아벨리는 그것이 야심적인 인간을 폭군으로 바꾸고 그 나머지 사람을 노예로 만들어버린다는 점에서 중대한 문제를 야기한다는 것을 알고 있었다. 마키아벨리는 그 문제를 플라톤과는 다른 방법으로 해결하였고, 그리고 그 방법은 이후의 공화제 입헌정치의 특징으로 받아들여졌다. 마키아벨리는 일찍이 플라톤처럼 '패기'에 충만된 군주나 수호자 계급의 교육을 위해 노력하는 것이 아니라, 오히려 '패기'를 통해 패기를 제어하려고 했다. 그리고 군주와 소수 귀족의 패기에 입각한 야망과 인민 측의 패기에 입각한 자립에로의 욕구의 균형이 잡힌 혼합공화제라면 일정한 자유가 보장될 것이라고 생각하였다.[11] 마키아벨리가 말한 이 혼합공화제는 따라서, 미합중국 헌법에서 볼 수 있는 삼권분립 체제의 출발점이 된다.

마키아벨리 이후의, 어쩌면 좀 더 야심적인 또 하나의 계획에 대해서는 우리들도 이미 보아온 대로이다. 근대 자유주의의 원조라고 볼 수 있는 홉스와 로크는 '패기'를 정치의 세계에서 근절하고 대신에 욕망과 이성을 결합시켜서 거기에 모든 의미를 부여하려고 했다. 이 근대 초기의 영국 자유주의자들은 군주의 정열적이고 동시에 완고한 자부심, 혹은 호전적인 성직자의 황당무계한 광신과 같은 형태로 나타나는 '우월욕망'을 전쟁의 최대의 원인으로 간주하고, 모든 종류의 자만이나 자부심에 공격의 화살을 퍼

9) 스스로 명예를 위해 싸우는 자만이 우수하고 충실한 병사이다"라는 제목이 붙은 《정략론》 제1권 43장을 참조. Michael Doyle, "Liberalism and World Politics," *American Political Science Review* 80 no.4 (December 1986): 1151~1169. 또 Harvey C. Mansfield, *Taming the Prince*, pp. 137~239도 함께 참조하기 바란다.
10) *Ibid.*, pp. 129, 146.
11) Harvey C. Mansfield, Jr., "Machiavelli and Modern Executive," in Zuckert, *Understanding the Political Spirit*, p. 107.

부었다. 귀족적인 자부심에 대한 그들의 모욕행위는 애덤 퍼거슨, 제임스 스튜어트, 데이비드 흄, 몽테스키외 등 많은 계몽사상가들에게 이어졌다.

홉스와 로크 같은 근대 초기의 자유주의 사상가들이 생각했던 시민사회에 있어서는, 사람은 욕망과 이성 이외에는 아무것도 필요로 하지 않는 존재이다. 부르주아라는 계급은 근대 초기의 사상가들의 의도적인 산물에 지나지 않고 인간성 그 자체를 바꿈으로써 사회의 안정을 만들어 내려고 하는 사회개조 계획의 노력 덕택으로 인한 산물이었다. 근대 자유주의의 창시자들은 마키아벨리가 일찍이 시사했던 것처럼 소수자의 '우월욕망'과 다수자의 '우월욕망'을 맞서게 하는 것이 아니라 인간성 내부의 욕망이 갖는 이해(利害)와 패기가 갖는 정열을 맞서게 함으로써 우월욕망을 실질적으로 극복하려 했던 것이다.[12]

'우월욕망'의 사회적인 표현으로 근대 자유주의로부터 선전포고를 당한 사회계급은 전통적 귀족들이었다. 귀족적 전사는 부(富)를 스스로는 만들지 못하고 다른 계급에게서 강탈했다. 더 정확하게 말하자면 농민계급이 만들어내는 부의 잉여분을 우려내고 있었던 것이다. 귀족의 행동은 최고의 보답을 주는 자에게 자신의 노동력을 파는 경제적 합리성에 기초하여 움직이는 것은 아니었다. 사실, 그는 일체 일하지 않고, 노는 것만을 자신의 본분으로 여겼다. 그런 행동은 자만심과 명예의 규범에 속박당하여, 상업적 거래 등 자신의 존엄을 깎아내리는 행위에 접근하는 것은 스스로 허락하지 않았다.

귀족사회는 퇴폐로 만연되어 있었지만 귀족 그 자체의 본질은 유혈이 낭자한 전쟁터에 나가 목숨을 걸고 싸우는 모습과 연결되어 있었다. 그러므로 전쟁은 언제까지고 귀족적인 생활양식의 중심을 이루어왔고, 그리고 그 전쟁은 우리들도 잘 알고 있는 바와 같이 "경제적으로 말하면, 차선책"인 것이다. 그렇다고 하면 귀족적 전사에게 자기 야망의 허영을 깨닫게 하여 평화를 좋아하는 실업가, 그 사리추구 행위가 주위에도 이익을 줄 수 있는 실업가로 변신시키는 쪽이 훨씬 바람직스럽게 된다.[13]

---

12) 이것은 근대 초기 사상에 패기를 의도적으로 과소평가하는 경향이 있음을 설득적으로 논한 Hirschman, *The Passions and the Interests* 의 주제이다.

13) 인정에의 욕망은 홉스나 로크의 자유주의를 시작으로 본격적으로 공격한 장 자크 루소

지금 세계의 무수한 나라에서 진행되고 있는 "근대화"는, 정신속의 욕망 부분이 이성에 계속 이끌리어 '패기' 부분에 대해서 조금씩 승리를 거두어온 과정으로 이해할 수 있다. 귀족제 사회는 유럽으로부터 중동과 아프리카, 그리고 남아시아에서 동아시아에 이르기까지 문화의 격차에도 불구하고 거의 전세계에 존재하고 있었다. 경제 근대화를 위해서는 도시나 합리적 관료제와 같은 근대적 사회구조를 구축하는 것뿐만 아니라 '패기'에 넘친 귀족생활에 대해서 부르주아적 생활양식이 도덕적으로 승리를 거둘 필요도 있었다. 그리하여 귀족제 사회에서는 하나, 둘 홉스식의 협상안이 귀족계급에게 제안되었다. 다시 말해서 물건이 무한히 손에 들어오는 평온한 생활에 대한 보답으로 패기에 충만한 자만심을 팔아 치운다면 어떨까 하고 제의했던 것이다.

일본과 같이 이러한 제안이 공공연히 이루어졌던 나라도 있다. 국가가 근대화되어 가면서 무사들은 실업가로 변신했고, 이들 기업은 20세기에 들

의 사상에서도 중핵을 이루고 있다. 홉스와 로크가 제시한 시민사회론에 날카롭게 반론을 제기하면서도 루소는 인정에의 욕망을 amour-propre 즉 허영이라고 부르고 문명에 중독되어 있지 않은 자연스런 인간을 특징짓는 amour de soi(즉 자기애)와 대조를 이룬다고 했다. 자기애는 인간의 식욕, 성욕, 수면욕의 충족과 관련되어 있으나 본질적으로는 해가 되지 않는다. 왜냐하면 루소의 생각으로는 자연 상태의 인간은 고독하고 비공격적인 생활을 보내고 있기 때문이다. 그에 대해 허영은 처음 인간이 사회에 몸을 담고 자기와 남을 비교하기 시작하는 역사의 발전단계에서 생겨난다. 이처럼 인간이 스스로의 가치를 남과 비교하는 과정이 인간의 불평등과 문명인의 사악함, 불행의 근원이라고 루소는 생각했다. 이 결과 사유재산과 일체의 사회적 불평등이 생겨난 것이다.

이에 대한 루소의 해결책은 홉스나 로크처럼 인간의 제멋대로의 자존심을 일절 없애버리자는 것은 아니었다. 루소는 플라톤을 좇아 패기를 어떤 의미선 민주적이며 평등한 공화국에서의 공공심의 기초로 삼고자 생각했다. 《사회계약론》에 제시된 정통한 정부의 목적은 사유재산이나 개인의 경제적 이권의 보호가 아닌 자연적인 자유의 유사물, 즉 일반의지를 사회 안에서 실현하는 것이었다. 인간은 스스로의 자연적 자유를, 로크가 주장한 것처럼 국가로부터 방임되어 멋대로 재산을 획득함으로써가 아닌, 작고 결합력 있는 민주주의 정치체제 안에서 공적인 생활로의 적극적인 참가를 통해 다시금 획득하는 것이다. 공화제 국가 시민들의 개인적 의지로 구성되어 있는 일반의지는, 자기결정과 자기주장의 자유에 만족을 느끼는 단일하면서도 거대한 패기에 찬 개체라고 생각할 수 있다. Jean-Jacques Rousseau, *Oeuvres Complètes,* vol. 3, pp. 364-365를 참조.

또 인간이 사회에 몸을 담고 타인에게 의존하게 되면서 생겨난 영혼의 부조화를 논한 Arthur Melzer, *The Natural Goodness of Man: On the System of Rousseau's Thought* (Chicago University of Chicago Press, 1990), pp. 70~71도 아울러 참조.

어서 재벌로 성장하게 되었던 것이다.[14] 한편 프랑스에서는 귀족의 대부분이 이 제안을 거부하고 패기에서 출발한 윤리질서를 어떻게든 살려나가기 위해 승산도 없는 싸움을 계속했다. 이러한 싸움은 지금 또한 제3세계 제국에서 행해지고 있고, 과거의 귀족적 전사의 자손들은 가보(家寶)인 검(劍) 대신에 컴퓨터 단말기를 손에 쥐고 취직을 해야 하는지 아닌지에 대한 결단을 강요받고 있다.

미합중국이 건국될 즈음, 북미에서의 로크주의의 승리, 즉 '패기'에 대한 욕망의 승리는 거의 완전한 것으로 되어 있었다. 미국 독립선언에서 낭독되었던 "행복추구"의 권리는 대체로 재산획득에 관한 권리로 간주되었다. 해밀튼과 매디슨, 존 제이 등이 헌법옹호의 강력한 논진을 펼친 〈페더릴리스트〉지는 로크주의를 그 기본방침으로 삼고 있었다. 예를 들면 〈페더럴리스트〉 제10호에서는 정부가 빠져들기 쉬운 파벌병(派閥病)의 특효약으로서 대의정체가 옹호되었고, 그 주장에서 매디슨은 인간의 다양한 능력, 그중에서도 특히 "재산획득에 관해 개개의 인간이 지닌 다른 능력"을 지키는 것이 "정부 제1의 목표"라고 역설하고 있다.[15]

합중국 헌법에서 로크주의의 유산은 부정할 수 없지만 〈페더럴리스트〉의 집필자들은 한편으로 인정에의 욕망이 정치세계로부터 그렇게 간단히 소거되지 않는다는 것을 확실히 깨달았다. 실제로, 자만심이 가득 찬 자기주장은 정치활동의 목표 혹은 동기의 하나로 생각되었고 그러한 자기주장의 배출구가 충분히 부여되어 있는 정부가 좋은 정부로 인식되었다. 그렇기 때문에 그들은 일찍이 마키아벨리가 목표로 설정했던 것처럼 인정에의 욕망이 적극적인 (적어도 해가 없는)방향으로 향하도록 노력했다.

〈페더럴리스트〉 제10호에서 매디슨은 경제적 "이해"를 토대로 한 당파에 대해 계속 언급하고 그것을 "정열"을 토대로 한 당파, 좀 더 엄밀히 말하면 선악에 관한 사람들의 정열적인 의견을 토대로 한 여러 당파와 확실히 구별하고 있다. 그리고 "종교, 정부, 기타 여러 가지 사항에 관해서 각

---

14) 물론 일본에서의 윤리적 거래가 아주 부드럽게 이루어졌다는 것은 아니고, 귀족적인 기풍은 군대에 온전히 남아 있었다. 일본에서의 제국주의의 급성장은 결국 미국과의 태평양전쟁을 초래했으나, 이것은 패기에 찬 전통적 계급의 최후의 몸부림이었다고 볼 수 있다.

15) *The Federalist Papers* (New York: New American Library, 1961), p. 78.

양각색의 의견을 가지고자 하는 의욕" 혹은 "다양한 지도자에의 경도"가 이러한 정열의 내용으로 여겨졌다. 또한 매디슨은 정치적 견해가 자기애(自己愛)의 한 표현이며, 자기 자신 및 자신의 가치평가와 분리되기 힘들 정도로 강하게 결부되어 있는 것으로 생각했다고 그는 말했다.

"이성과 자기애가 연결되어 있는 한, (사람의) 의견과 정열은 계속 서로 영향을 끼칠 것이다. 그리고 정열은 의견과 어디까지나 분리되지 않고 함께 따라갈 것이다.[16] 요컨대 당파는 서로 다른 인간의 혼에 내재되어 있는 욕망의 부분(즉 경제적 이해)의 충돌에서 뿐만 아니라, '패기' 부분의 충돌에서도 발생한다는 것이다.[17] 그렇기 때문에 오늘날의 미국에서 임신중절의 권리나 학교에서의 기도(祈禱)와 언론의 자유를 둘러싸고 의견이 대립하고 있는 것처럼, 매디슨 시대의 정치도 절주(節酒)나 종교, 노예제도 등의 문제를 둘러싼 대립으로 점철되고 있었다.

〈페더럴리스트〉 집필자들에 따르면, 정치세계에서는 다수의 상대적으로 약한 개인들로부터 나오는 극히 다채로운 정열적 의견의 대립에 덧붙여서 "명성에 대한 집착"과의 싸움도 피할 수 없는 것이었다. 이것은 해밀턴에 따르면 "극히 높은 정신을 지배하는 정열"[18]이지만 결국은 야심을 가진 강자 측의 영광에 대한 욕망이다. '우월욕망'은 '대등욕망'과 마찬가지로 건국의 아버지라 불리는 사람들의 골치를 썩여왔던 것이다.

매디슨이나 해밀턴에 따르면, 합중국 헌법은 여러 형태의 패기의 표현을 억제하는 제도적 수단이 아니라, 오히려 그것들에 안전하고 진실로 생산적인 배출구를 열어주는 수단이었다. 인민의 정권—입후보, 연설, 토론, 논설의 집필, 선거투표 등의 과정을 거치는 정권—을 매디슨은, 그것이 비교적 커다란 공화체제로 확대되었으면 하는 조건이 붙어있긴 하지만, 인간 본래의 자만심과 패기에 기초를 둔 자기주장을 하고 싶은 기질을 충족시키기에는 안성맞춤의 방법으로 간주했다. 민주주의적인 정치과정은 정책결

16) *Ibid.*, pp. 78-79.
17) 연방주의자의 견해의 이러한 해석에 대해서는 David Epstein, *The Political Theory of the Federalist* (Chicago : University of Chicago Press, 1984), pp. 6, 68~81, 136~141, 183~184, 193~197을 참조. 연방주의자들뿐만 아니라 다른 여러 정치 사상가들에 있어서 패기의 중요성을 지적해준 David Epstein에게 감사의 뜻을 표하고 싶다.
18) *The Federalist Paper*, p. 437.

정 즉 "이해의 집약"의 수단으로서 뿐만 아니라, 하나의 과정으로서, 다시 말해 패기를 표현하는 하나의 무대, 자신의 견해를 타인에게 인정시킬 수 있는 장소로서도 중요한 것이다.

야심을 품은 강자의 한층 더 높은 위험을 배태하고 있는 '우월욕망'에 대해서 말하면, 입헌정치 체제는 확실히 야심을 이용하여 "야심을 제어하는 수단"으로서 구축되었다. 정부는 다양한 부문으로 나뉘어 있기 때문에 강력한 야심가에게는 상당히 틈이 있는 것처럼 보이지만, 견제와 균형의 원칙에 따라 그러한 야심은 서로 상쇄되어 폭군의 출현이 저지되었다. 예를 들어 어떤 정치가가 제2의 시저나 나폴레옹이 되려는 야심을 품었다고 하더라도, 이 시스템 하에서는 기껏해야 지미 카터나 로널드 레이건처럼 되는 것이 고작일 것이다. 강력한 제도상의 속박과 사방의 정치세력의 견제에 의해서 그러한 인간은 자신의 야심을 실현하기 위해서는 인민의 주군이 아니라 오히려 인민의 "하인"이 되는 것을 강요당하게 된다.

홉스와 로크의 전통을 이어받은 자유주의 정치가들이 인정에의 욕망을 쫓아내려고 하거나, 혹은 그 욕망을 구속해서 무력한 상태로 만들려고 하는 것은, 많은 사상가를 강한 불안 속으로 빠져들게 했다. 그것은 근대 사회가, 앞으로 C. S. 루이스가 말하는 "가슴이 없는 인간", 즉 욕망과 이성만 있지 일찍이 인간성의 핵심으로까지 여겨졌던 자만심에 넘친 자기주장이 완전히 결여된 인간들로만 구성되는 것은 아닌가 하는 불안이었다. 왜냐하면 가슴이야말로 인간을 인간답게 만들어 주는 것이며, "지성에 따르면 사람은 영혼밖에 없고, 욕심을 따르면 사람은 동물적일 뿐이기 때문이다."[19]

근대에 있어서 가장 위대하다고 해도 과언이 아닌 '패기'의 옹호자, 그리고 '패기'의 부활에 대한 예언자가 된 사람은 오늘의 상대주의와 허무주의를 길러낸 사람, 바로 니체였다. 니체는 어떤 동시대인으로부터의 "귀족적 급진주의자"라는 비판에 한마디도 반론을 제기하지 않았다. 니체의 저작 대부분은 사실, 그가 "가슴이 없는 인간"에 의한 순수 문명의 대두,

---

19) C. S. Lewis, *The Abolition of Man, or Reflections on education with special reference to the teaching of English in upper forms of schools* (London: Collins, 1978)의 제1장 7~20page를 참조하기 바란다.

다시 말해 쾌적한 자기보존 이외에는 아무것도 바라지 않는 부르주아 사회의 대두에 대한 반발로 해석될 수 있다. 니체에게 인간의 본질이라는 것은 욕망도 이성도 아닌 인간의 '패기'였다. 인간은 무엇보다도 우선, '평가할 수 있는' 생명체이고 '선'과 '악'의 판단을 내리는 능력에서 생명을 찾고 가치판단을 하는 "붉은 뺨을 가진 야수"인 것이다. 그의 저작에서의 등장인물, 차라투스트라는 말한다.

> 사실, 인간은 스스로에게 스스로의 선과 악을 부여했다. 정말로 인간은 그것을 받아들인 것도 아니고, 찾아낸 것도 아니고, 그것이 하늘의 계시처럼 내려온 것도 아니다. 인간만이 스스로를 보존하기 위해서 사물에 가치를 두었다—인간만이 사물에 의미를, 인간적 의미를 만들어 붙였다. 그렇기 때문에 인간은 스스로를 "인간" 즉 "평가하는 자"로 부르는 것이다.

> 평가하는 것은 창조하는 것이다. 이 말을 들어라, 너희 창조자들이여! 평가하는 것 자체가, 평가된 모든 사물 중에서 가장 평가되어야 할 보물이다. 평가하는 행위에 의해서만이 모든 것에 가치가 부여된다. 그리고 평가할 수 없다면 존재하는 모든 것은 껍데기일 뿐이다. 이 말을 들어라, 너희 창조자들이여![20]

인간이 어떤 가치를 창조했는지는, 니체에게 있어서 중요한 논점이 아니다. 왜냐하면 인간에게는 힘들게 추구해야 할 1,001개의 목표(다시 말해 무수한 목표)가 있기 때문이다. 지구상의 어떤 민족도 이웃민족으로서는 이해할 수 없는 자기만의 "선과 악의 언어"를 가지고 있다. 인간의 본질을 이루고 있는 것은 평가한다고 하는 행위, 자신에게 가치를 부여하고 인정받는 것을 요구하는 행위이다.[21]

평가한다는 행위는, 보다 선한 것과 보다 악한 것을 선택적으로 구별하

---

20) 니체 《차라투스트라는 이렇게 말했다》제1부 '천과 하나의 목표'에서. Nietzsche, *The Portable Nietzsche* (New York: Viking, 1954), pp. 170-171.

21) Nietzsche, *On the Genealogy of Morals* 2:8 (New York: Vintage Books, 1967), p. 70.

는 것을 요구하기 때문에, 본질적으로 불평등한 속성이 있다. 그래서 니체
는, 인간에게 자신이 타인보다 더 뛰어난 존재라고 결론짓는 '패기'의 표
현, 즉 '우월욕망'에만 관심을 보였다. 근대철학 탄생의 주역인 홉스와 로
크는, 육체적인 안전과 물질적 축적이라는 이름 아래 인간이 사물을 평가
하는 힘을 제거하려고 했기 때문에 비참한 결과를 초래하고 말았다는 것
이다.

니체의 유명한 《권력에의 의지》라는 교의는 욕망과 이성에 대한 '패기'
의 우위성을 재차 언명하려는 노력이고, 근대 자유주의가 인간의 자만심
과 자기주장의 능력에 입힌 상처를 치유하기 위한 노력으로 이해할 수 있
다. 니체의 저작은 헤겔이 설명하는 귀족적 주군과 그 순수한 위신을 건
사투에 대한 찬미이자 동시에, 자신도 깨닫지 못하는 사이에 노예정신을
흠뻑 받아들여버린 근대에 대한 통렬한 비난인 것이다.

패기나 인정에의 욕망이라는 현상을 설명하기 위해서 다양한 설명을 해
왔지만 어쨌든 인간 영혼의 "셋째 부분"인 이 thymos가 플라톤에서 니체
에 이르기까지 철학적 전통의 중요한 관심사였다는 것은 틀림없다. 그것은
역사의 과정을 근대 자연과학의 전개와 경제발전의 논리로서만이 아니라,
오히려 '우월욕망'의 출현, 성장 그리고 최종적인 쇠퇴의 이야기로서 이해
하는 완전히 새로운 해석법을 암시하고 있다. 실제로 근대의 경제세계는
욕망이 소위 '패기'의 희생 위에 존재하는 형태로 이해되어야만 겨우 그
모습을 읽을 수 있었던 것이다. 주군의 피비린내 나는 전쟁과 함께 시작된
역사과정은 어떤 의미로는 오늘의 자유민주주의 사회에서 살면서 영광보
다 오히려 질적인 부를 추구하는 근대 부르주아지와 함께 막을 내리는 것
이다.

오늘날에는 누구 한 사람 '패기'를 교육의 일환으로 체계를 세워 공부
하지 않고, '인정받기 위한 투쟁'이란 말은 현대의 정치용어에 포함되어 있
지도 않다. 영광을 향한 욕망—타인보다 뛰어난 존재가 되어, 자기우월성
을 가능한 한 많은 사람에게 인식시키려는 엄청난 노력—은 마키아벨리에
있어서는 인간의 극히 당연한 기질이었지만, 지금에 와서는 이미 인간의 개
인적 목표를 가리키는데 적합한 말로는 간주되고 있지 않다. 기껏해야 히
틀러나 스탈린, 사담 후세인 같은 악독한 현대의 폭군의 특징을 설명하는

데에 이용되고 있는 것이다. 물론 '우월욕망' ——우월한 존재로서 인정받고 싶다는 욕망——은 여러 가지 가면을 쓰고 지금도 일상생활 속에 존재하고 있으며 제5부에서 보겠지만 '우월욕망'을 빼고서는 생활 속에서 만족을 이끌어내는 것도 거의 불가능한 것이 되어버릴 것이다. 하지만 자기 자신을 어떻게 분석할 것인가 하는 관점에서 보면, 이 '우월욕망'은 현대세계 속에서 윤리적으로는 이미 패배를 맛보고 있다.

오늘의 세계에서는 "우월욕망"이 공격의 표적이 되었으면 되었지, 존경받는 일은 없다. 그것을 생각하면 눈에 거슬리는 '패기'를 시민사회에서 추방하려고 한 근대 초기의 철학자들의 기도가 멋지게 성공했다는 점에서 우리들은 니체에게 동의하고 싶어진다. '우월욕망'을 대체한 것은 두 가지 정도이다. 첫째는 혼속의 욕망 부분이 철저한 생활의 '경제화'라는 형태로 개화한 것이다. 이 경제화는 국력 증대와 제국 건설 대신에 1992년까지 EC의 통합강화를 도모하려는 유럽제국 같은 고상한 예에서부터, 주어진 선택범위 속에서 어떤 직업을 택할 것인가를 은밀히 계산해 보는 대학 졸업생의 세속적인 예까지 넓은 범위를 점하고 있다.

'우월욕망'의 자리를 차지한 것 중 두 번째는 강한 침투력을 가진 '대등욕망', 즉 타인과 대등한 존재로서 인정받고 싶다는 욕망이다. 이 욕망은 하벨의 청과상의 '패기'와 중절반대를 외치거나 동물의 권리를 주장하는 사람들의 '패기' 등 여러 형태로 나타난다. 우리들은 자신의 목표에 대해서 말할 때 "인정"이나 "패기"라는 말은 하지 않는 반면, "존엄"과 "존경", "자존심", "자부심"이라는 말은 자주 사용하고 있고, 이런 정신론적인 요소는 극히 평범한 대학졸업생이 직업 선택의 손익 계산을 하는 경우에도 등장한다. 이런 개념은 우리들의 정치세계에도 널리 퍼져 있어서 20세기 후반에 세계 곳곳에서 발생한 민주주의를 향한 정권 이행의 본질을 이해하기 위해서도 빼놓을 수 없는 것이다.

이처럼 우리는 뻔히 보이는 모순 속에 놓여 있다. 앵글로색슨적인 근대 자유주의의 전통을 창조한 사람들은 정치세계에서 '패기'를 추방하려고 했지만, 그래도 인정받기 위한 욕망은 '대등욕망'의 형태로 우리들 주위에 넘쳐있다. 이것은 예기치 않은 결과일까? 결국 우리들은 원래 억누를 수 없는 인간성을 억지로 억누르려고 하다가 실패한 것인가? 그렇지 않으면 근대 자유주의에 있어서 정치의 영역에서 인간성의 '패기'에 가득찬 측면을 추방하려고 한 것이 아니라, 오히려 보존하려고 노력한 것으로, 더욱 깊게 이해할 여지가 있는 것일까?

확실히 그러한 깊은 이해는 가능하지만, 그것을 이해하기 위해서는 헤겔에게로 되돌아가, 인정받기 위한 투쟁이 결정적인 역할을 하는 헤겔의 미완의 역사적 변증법을 다시 살펴보아야만 한다.

18
지배와 예속

절대적으로 자유롭고, 있는 그대로의 자신에 완전히 만족하고 있는 인간, 그리고 이 만족 속에서 완전해지고 완성되어진 인간은 노예임을 '극복한' 노예가 될 것이다. 태만한 군주가 하나의 헤어날 수 없는 막다른 길이라 한다면, 노예인 상태는 역으로 모든 인간적, 사회적 진보의 원천이다. 역사란, 일하는 노예의 역사인 것이다.

──코제에브 《헤겔 독해입문》[1]

　지금까지 서술한 헤겔의 변증법에 관한 설명은, 역사적 과정의 입구 부근——실제로는 사람이 순수한 위신을 위한 싸움에 생명을 걸곤 하던 인류사 개시기의 끝날 무렵——에서 끊어진 상태로 있다. 헤겔이 상정한 "자연상태"(그렇다고는 해도 헤겔 자신은 한 번도 이같은 말을 쓰지 않았지만)에 만연한 전쟁은 로크의 경우와는 달라서, 직접적으로 사회계약에 기초한 시민사회의 확립을 가져오지는 않았다. 오히려 그것은 원시적인 싸움에 있어서 한쪽이 생명을 부지하기 위해 상대편을 '인정하고', 그의 노예가 되는 것을 승낙하는 주종관계로 이어져갔다. 그렇기는 하지만, 이 사회적 주

---

1) Kojève, *Introduction à la lecture de Hegel*, p. 26.

종관계는 장기적으로 보면 안정적인 것은 아니었다. 왜냐하면 군주와 노예의 양자가 모두 인정의 욕망을 최종적으로 채우지는 못했기 때문이다.[2] 이 만족감의 결여가 노예사회에 "모순"을 낳고 한층 큰 역사적 진보의 원동력이 되었다. 피비린내 나는 싸움에 자진해서 목숨을 거는 자세는, 인간에게 있어 최초의 인간다운 행동이었는지는 모르지만, 그것만으로 그가 완전하게 자유롭고 만족하는 인간이 되었을 리는 없다. 그렇게 되기 위해서는 좀 더 역사의 진전을 기다리지 않으면 안 되었다.[3]

군주와 노예가 모두 만족하지 못한 상태로 있다 하더라도 그 이유는 각기 다르다. 군주는 어떤 의미에서는 노예보다 인간적인 상태이다. 그는 인정이라는 비생물학적 목적을 위해 자신의 생물학적인 속성을 자진해서 극복하려 했기 때문이다. 목숨을 위험에 노출함으로써 군주는 자유를 과시한 것이다. 노예 쪽은 거꾸로, 홉스의 충고에 따라서 폭력적인 죽음의 공포에 굴복한다. 때문에 그는 언제까지나 가난하고 겁 많은 동물이며, 자신의 생물학적 혹은 선천적인 제약을 극복하지 못한 채로 있는 것이다. 그러나 노예가 자유가 아닌 인간으로서 불완전하다고 하는 것이 바로 군주에게 있어 딜레마의 시작이 된다. 군주는 다른 사람에게서 인정받고 싶어 한다. 바꿔 말하면 자신의 가치와 존엄을 똑같은 가치와 존엄을 갖추고 있는 다른 사람에게서 인정받고 싶은 것이다. 그렇지만 위신을 건 싸움에서 이겨도 그런 자신을 인정해 주는 것은 노예로 전락해버린 인간, 죽음에 대한 선천적인 공포심으로 인해 인간성을 지킬 수 없었던 사람만이 남는다. 즉 군주의 가치는 그다지 인간답지 않은 자들로부터 인정받게 되는 셈이다.[4]

2) 여기서 말하는 '장기적'이란, 사회에서의 주종관계가 최초로 출현한 때부터 거의 프랑스 혁명까지의 수천 년에 이르는 아주 오랜 기간이다. 코제에브(내지는 헤겔)가 언급한 노예란, 법적으로 다른 이의 소유물이 된 인간에 한정된 것이 아니라, 존엄을 '인정' 받지 못하는 모든 사람을 가리키는 것으로, 예를 들면 혁명 전의 프랑스에서 법적으로는 자유를 보장받았던 농민도 포함된다.

3) 여기서 말하는 헤겔의 《정신현상학》에서의 역사발전론의 개략은 코제에브의 해석을 답습하는 것으로, 종합철학자 헤겔=코제에브의 논의라고 생각하기 바란다. 이 점에 대해서는 Roth, *Knowing and History*, pp. 110~115 및 Smith, *Hegel's Critique of Liberalism*, pp. 119-121을 참조.

4) 군주도 물론 다른 군주에게서 인정을 요구하지만 그러한 과정 속에서 그는 일련의 피하기 어려운 위신을 건 전쟁을 통해 다른 군주를 노예로 바꿔 나간다. 합리적인 상호인정(相互認定) 이전의 시기에는 이렇게 노예로부터 인정받는 것밖에는 없었다.

이것은 우리의 체험에도 들어맞는다. 존경하는 사람이나 판단력에 신뢰를 둘 수 있는 사람들로부터 자신의 가치를 칭찬받고 인정받는 쪽이 훨씬 무게가 있고, 마지못해서가 아니라 자발적으로 그렇게 인정받았다면 금상첨화이다. 기르는 개도 주인이 돌아오면 꼬리를 흔들며 어떤 의미에서는 주군을 '인정' 해 준다. 그러나, 개의 경우는 본능적으로 그렇게 하도록 길들여져 있고 상대가 누구이든—우편배달부든, 강도든—똑같이 인정하는 것이다. 이번에는 정치적인 예를 들어보자. 스탈린이나 사담 후세인 같은 인물은 스타디움에 버스로 동원되어 죽음의 공포에 의해 갈채를 강요받고 있는 군중의 환호성을 듣고서도 만족감이 들 것이다. 그러나 그것은 워싱턴이나 링컨 같은 민주적인 지도자가 자유로운 민중에게서 순수한 존경을 얻을 때에 받는 만족감에는 미치지 못할 것이다.

여기에 군주의 비극이 있다. 그는 군주로서의 가치를 인정하기에 충분할 만큼의 가치도 없는 노예들로부터 인정받기 위해 생명을 거는 것이다. 때문에 군주의 마음은 언제까지나 충족되는 일이 없다. 그리고, 군주는 언제까지나 군주로 남게 된다. 일해 주는 노예가 있기 때문에 스스로 일할 필요가 없으며 생활필수품이라면 얼마든지 쉽게 손에 넣을 수 있다. 여가와 풍족한 소비생활 속에서 그의 생활은 천년이 하루같이 변화 없는 지루한 것으로 되어간다. 코제에브가 지적했듯이, 군주는 살해되는 일은 있어도 교육되는 일은 없다. 물론 영토의 지배권이나 후계자 문제를 둘러싸고 다른 군주들과 몇 번이나 사투를 거듭하여 생명을 위험에 드러내는 경우는 있을 것이다. 하지만 목숨을 걸었다고 하는 행위는 그것이 아무리 인간미가 넘친다 해도 결국, 어디까지나 단지 그것뿐인 행위에 지나지 않는다. 영토분쟁을 끊임없이 반복했어도 그것으로 타인과의 질적 관계나 본인의 인간성이 변할 리는 없고 역사를 진보하게 하는 원동력도 낳을 수 없다.

만족하지 않는 것은 노예 쪽도 마찬가지이다. 그렇지만 군주와 달리 노예는 만족할 수 없다하여 무기력한 사람으로 노쇠해 가는 것이 아니라 오히려 창조적으로 풍부한 변신을 이루어 간다. 군주에 굴복한 노예는 말할 필요도 없이 인간으로서 인정받지 못한다. 그는 '물건'으로서 즉 군주의 욕망을 채우기 위한 도구로서 취급된다. 인정은 완전히 일방통행이다. 그러나 전혀 인정받을 수 없기 때문에 노예는 오히려 변화를 갈망하게 되는 것이다.

노예는 폭력적인 죽음을 두려워하여 포기한 인간성을 '노동'을 통해 되찾는다.[5] 노예는 처음에는 죽음에 대한 공포도 있고 해서 군주를 만족시키기 위해 일하지 않을 수 없다. 그러나 노동의 동기는 그 사이에 변해간다. 직접적인 형벌을 두려워해서가 아니라, 의무감과 자기수련을 위해 일을 시작하게 되고, 그 속에서 일을 위해 자신의 동물적 욕망을 누르는 방법을 배워간다.[6] 바꿔 말하면 그는 일종의 노동윤리를 발달시켜 가는 것이다.

더욱 중요한 것은 자신이 하나의 인간으로서 자연을 변화시킬 수 있다는 사실, 자연의 물질을 이용하고 어떤 발상이나 생각을 근거로 하여 자연물질을 뭔가 다른 것으로 자유롭게 변화시켜 갈 수 있다는 사실을, 그는 노동을 통해서 깨닫게 되는 것이다. 노예는 도구를 사용한다. 도구를 사용해 도구를 만들 수 있게 되고 그에 따라 과학기술을 낳기 시작한다. 근대 자연과학은, 원하는 것은 무엇이든 손에 넣을 수 있는 게으른 군주가 만들어 낸 것이 아니라, 노동을 강요당했던 그리고 주어진 상황에 불만을 가진 노예가 만들어 낸 것이다. 과학과 기술을 통해서 노예는 자신이 자연을 바꿀 수 있다는 것, 또 자신이 태어난 물리적 환경만이 아니라 자신의 본성까지도 변화시킬 수 있음을 발견하는 것이다.[7]

---

5) 코제에브는 노예가 진보해 가기 위해서는 형이상학적으로 말해 죽음의 공포가 필요하다고 주장하고 있다. 그것은 노예가 죽음의 공포를 피하기 때문이 아니라, 죽음의 공포는 그에게, 자신이 근본적으로 무일물(無一物)이라는 점, 자기가 어떤 영원한 주체를 갖지 못하고, 또는 자신의 주체가 역사와 함께 부정되는 (즉 변화하는) 것이라는 점을 나타내기 때문이다. Kojève, *Introduction à la lecture de Hegel*, p. 175.

6) 코제에브는 스스로를 위해 일하는 부르주아와 노예를 구별하고 있다.

7) 여기서 노동이란 문제에 대한 헤겔과 로크의 접점을 깨달을 것이다. 헤겔과 마찬가지로 로크에게 있어서도 노동은 '가치'의 근원이었다. 부의 최대의 원천은 인간의 노동이지, 자연계에 존재하는 '거의 가치 없는 물질'이 아니라는 것이다. 또한 로크는 헤겔처럼 노동 본래의 목적 같은 것은 없다고 생각했다. 인간의 필연적 욕구는 비교적 적고 용이하게 채워진다. 그리고 금은을 무한정 추구하는 로크流의 자산가적 인간은 이러한 요구를 충족시키기 위해서가 아니라 끊임없이 변화하는 새로운 욕구를 채우기 위해 일하는 것이다. 이런 의미에서 말하면 인간의 노동은 창조적 행위이다. 왜냐하면 거기에는 한층 새롭고 야심적인 무한한 일이 담겨있기 때문이다. 또한, 인간이 스스로를 위해 새로운 요구를 만들어 냄에 따라, 인간의 창조력은 자기 자신에게도 파급되어 온다. 결국, 자연을 뜻대로 조종하여 자기 자신의 목적에 맞춰나가는 능력에서 인간은 만족을 찾아낸다고 확신하고 있던 점에서, 로크는 헤겔과 공통된 反자연적 경향을 갖고 있는 것이다. 양자의

헤겔은 로크와는 대조적으로, 노동이 자연의 제약으로부터 완전히 해방되고 있다고 생각하고 있었다. 그에 의하면 단지 자연의 필요나 새롭게 태어난 욕망을 채우는 것만이 노동의 의미는 아니다. 노동 자체가 자유의 표현이다. 왜냐하면 노동은 자연의 제약을 넘어서, 노력을 통해 창조하려고 하는 인간의 능력을 보여주고 있기 때문이다. "자연과 조화를 이룬" 노동이라는 것은 존재하지 않고, 자연을 극복할 때 비로소 참으로 인간적인 노동이 시작되는 것이다. 헤겔은 또 사유재산의 의미에 관해서도 로크와는 전혀 다른 견해를 보이고 있다. 로크의 생각으로는 인간은 자신의 욕망을 충족시키기 위해 재산을 소유한다. 한편 헤겔은 재산—집이나 차, 토지 등—을 통해 인간 자신을 "구상화"한 것으로서 받아들였다. 때문에 사물의 고유한 특성을 보여주고 있지 않다. 재산이라는 것은 사람들이 서로의 재산권을 존중하기로 동의했을 때 비로소 하나의 사회관례로서 존재하게 된다. 사람은 단지 욕구를 채우기 위해서 뿐만이 아니라 남에게 인정받고 싶은 감정이 있기 때문에 재산을 소유하고 거기에서 만족을 느끼는 것이다. 로크나 매디슨과 같이 헤겔에게 있어서도 사유재산의 보호는 시민사회의 목적에 부합되는 것이었다. 그러나 헤겔은 재산이란 인정을 추구하는 역사적 투쟁의 한 단계, 혹은 한 측면이고, 욕망뿐만 아니라 '패기'를 만족시키기도 하는 것으로 간주하였던 것이다.[8]

─────────────

견해는 근대 자연과학의 발전에 따라 등장한 경제세계, 즉 자본주의를 정당화하는 것이었다고 말할 수 있다.

그러나 로크와 헤겔은, 일견 사소한 것처럼 보이나 실은 중요한 점에서 서로 다른 견해를 가지고 있다. 로크에게 있어 노동의 목적은 충족이었다. 욕망은 고정되지 않고 항상 확대 변모하나, 그 욕망을 채우고 싶은 욕구는 일정불변함을 특징으로 하고 있다. 로크에게 있어서 노동이란 노동 가치를 위해 수행하는 본질적으로 불쾌한 행위였다. 자연원리를 기준으로 해서는 노동목적을 미리 특정지을 수 없으나─예를 들면 로크의 자연법은 어떤 이가 구둣방을 하든 반도체 소자 설계사가 되든 그러한 문제에 대해서는 입을 다물고 있다─그래도 노동에 있어서 자연적 기준은 존재한다. 노동이나 재산의 무한한 축적은 죽음의 공포로부터 달아나기 위한 수단이 되는 것이다. 죽음의 공포는 모든 인간이 노동에 의해 회피해야 할 음극이 되어왔다. 자기의 자연적 욕구보다 훨씬 많은 것을 소유한 부자라도 강박관념에 쫓기듯 재산의 축적을 계속하는 것은 궁극적으로 역경을 회피하고 자기의 자연 상태인 빈곤으로의 역행을 막아보고자 하는 욕망 때문이다.

8) 이 점에 관해서는 Smith, *Hegel's Critique of Liberalism*, p. 120; and Avineri, *Hegel's Theory of the Modern State*, pp. 88~89. 또 Kojève in Strauss, *On Tyranny*, p. 183도 아울러 참조.

군주는 피비린내 나는 싸움에 목숨을 걸고 스스로의 자유를 과시하고, 그에 따라 자신이 자연의 제약을 넘어선 존재임을 과시한다. 노예는 거꾸로 군주를 위한 노동을 통해서 자유라는 '이념'을 알게 되고, 자신이 하나의 인간으로서 자유로이 창조적인 노동을 통해 지배의 본질을 이해하게 되는 것이다. 노예가 잠재적으로 갖는 자유는 주군이 현실적으로 갖는 자유보다도 역사적으로 훨씬 중요하다. 주군은 자유 그 자체이다. 마음대로 행하고 마음껏 사용하면서, 단순하고 문자 그대로인 자유를 구가한다. 반대로 노예는, 노동의 결과로 얻은 자유라는 '이념'을 마음에 둘 뿐이다. 그래도 노예는, 실생활에 있어서는 자유가 아니다. 당연히 자유의 이념과 자신의 현상과의 사이에는 차이가 있다. 그 때문에 노예는 한층 더 철학적이 된다. 그는 실제로 자유를 누리지 못하면서 추상적으로 자유를 생각할 수밖에 없고, 또 실제로 자유스런 사회에 살지 않으면서 자유사회의 원리를 자신들을 위해서 만들어내지 않을 수 없는 것이다. 이리하여 노예의 의식은 군주의 의식을 능가한다. 왜냐하면 노예 쪽은 깊은 자기의식, 즉 자신과 자신이 처한 상황에 대한 깊은 통찰에 이르고 있기 때문이다.

미국 독립과 프랑스 혁명에서의 자유와 평등의 원리는 저절로 노예의 머리에 들어온 것이 아니다. 노예는 군주에게 도전함으로써 혁명의 제일보를 내딛었던 것이 아니라 오히려 길고 험한 자기수양의 길을 더듬어, 그 속에서 죽음에의 공포를 극복하고 정당한 자유를 주장하는 법을 스스로에게 가르친 것이다. 그는 자신의 현상태와 자유라는 추상적인 이념을 감안하여 참자유를 찾아내기까지 여러 가지 아직 채 완성되지 않은 자유의 형태를 구상해 왔다. 헤겔에게 있어서 이 완성되지 않은 자유란, 마르크스에게는 '이데올로기'로서 그 자체는 진실이 아니고 지배와 예속이라는 현실의 토대를 이루는 하부구조를 반영한 지적 구성개념이다. 이들 미완의 자유에 대한 개념은 자유라는 이념의 씨앗을 내포하는 한편, 노예에게 자유가 결여된 현상태를 일깨워주는 역할을 한다. 《정신현상학》에서 헤겔은 이같은 노예의 이데올로기로서, 예를 들면 금욕주의나 회의주의 등의 철학을 들고 있다. 그러나 훨씬 더 중요한 노예의 이데올로기이며 동시에 지상에서 자유와 평등에 기초한 사회 실현에 더욱 직접적으로 연결된 이데올로기는 "절대종교", 다시 말하면 기독교이다.

　헤겔이 기독교를 "절대종교"라고 본 것은 시야가 좁은 자민족 중심주의에서가 아니라, 기독교의 교의와 서유럽에서의 자유민주주의 사회의 출현과의 사이에서 객관적인 역사적 관계—베버나 니체 등 후세의 많은 사상가도 받아들인 관계—가 존재하고 있었기 때문이다. 기독교가 자유의 이념을 실현하는 마지막에서 두 번째 형태(최후의 형태는 자유민주주의)로 된 것은, 헤겔에 의하면 이 종교가 인간의 도덕적 선택 혹은 신앙의 힘에 기초하여 신 앞에서는 만인이 두루 평등하다는 원리를 처음으로 내세웠기 때문이다. 즉 기독교에서는 인간은 자유이고, 더욱이 그 자유는 홉스가 말하는 육체적 속박으로부터의 자유라는 형식적인 것이 아니라 선악의 판단에 있어서의 도덕적 자유인 것이다. 인간은 낙원을 잃고 굶주리고 헐벗은 동물로 전락했지만, 선택과 신앙의 힘을 통해서 정신적으로 다시 태어나는 것도 가능하다. 기독교의 자유는 영적인 상태이고 외면의 육체적인 상태가 아니다. 하벨의 청과상인과 소크라테스의 레온티우스가 함께 느낀 자신에 대한 '패기'로 충만한 가치관은 기독교 신자의 마음속에 있는 존엄이나 자유와 어딘가 공통점을 가지고 있다.

　기독교에 있어서도 자유는 인류의 보편적인 평등을 포함한다고 해석되는데 그 이유는 홉스나 로크의 유파로 구성된 자유주의자들의 주장과는 다르다. 미국 독립선언이 "모든 인간은 평등하게 만들어졌다"고 강조한 것은, 필시 창조주가 만인에게 어떤 양도할 수 없는 권리를 주었다고 믿었기 때문이다. 홉스나 로크가 품었던 인류평등의 신념은 천부적 재능의 평등을 토대로 하고 있다. 홉스는 사람은 서로 죽이는 힘을 똑같이 갖고 있으므로 평등하다고 했고, 로크의 경우도 인간 재능의 평등성을 지적했다. 단지 로크는 어린이가 부모와 대등하지는 않다고 서술해, 매디슨과 같이 인간의 재산획득의 능력은 평등하지 않다고 생각했다. 따라서 로크의 견해로는 자유라는 것은 일종의 기회균등을 의미하는 것이다.

　이에 대하여 기독교에서 말하는 평등은 만인이 유일 특정의 재능, 즉 도덕적 선택의 능력을 평등하게 부여받았다고 하는 점에 뿌리박고 있다.[9] 사람은 누구든 신을 받아들이거나 거부할 수 있고, 선을 이루는 것이나 악행을 저지를 수도 있다. 평등에 대한 기독교의 견지는 1964년에 마틴 루

---

9) Strauss, *On Tyranny*, p. 183의 코제에브의 견해를 참조.

터 킹 목사가 링컨기념관 단상에서 행한 "나에게는 꿈이 있다"는 연설 속에 여실히 나타나고 있다. 그 연설에서 킹목사는 그의 4명의 자식들이 "피부색이 아니라 인물 됨됨이로 판단되는 나라에서 며칠만이라도 살게 되는" 꿈이 자신에게는 있다고 하는 잊을 수 없는 구절을 남겼다. 여기서 킹목사가, 자기의 자식들이 재능이나 장점에 의해서 판단되어야 한다든지, 그들의 능력이 허락되는 한 출세해 주기를 바란다고 말하지 않은 것에 주목하기 바란다. 기독교 목사인 킹에게 있어서 인간의 존엄은, 인간의 이성이나 현명함에서가 아니라 그 인격에서, 즉 도덕적 성질, 선악을 식별하는 능력 속에 존재하는 것이었다. 미모라든지 재능, 지성, 기능면에서 인간은 분명히 불평등하지만, 도덕 실천의 주체라는 점에 한해서 말한다면 누구나 평등하다. 아무리 초라한 처지로 의지할 데 없는 고아라도 신의 눈으로 본다면 비범한 피아니스트나 재기 넘치는 물리학자보다도 아름다운 영혼을 가졌을지도 모르는 것이다.

그러므로 역사과정에 대한 기독교의 공헌은, 인간의 자유에 대한 비전을 노예들에게 보여주고, 어떤 의미에서 인간 모두가 존엄성을 가지고 있는지를 노예들에게 분명하게 밝힌 점이다. 기독교에서의 신은 만인을 두루 '인지'하여 개개인의 인간적 가치와 존엄을 인정한다. 바꿔 말하면 신의 국가는 허영심이 강한 사람들의 '우월욕망'이 아니라 모든 사람들의 '대등욕망'이 가득찬 듯한 미래를 가리키고 있는 것이다.

그렇지만 기독교의 문제점은, 그것 역시 단순한 일종의 노예의 이데올로기에 머물고 있다는 것, 즉 어떤 결정적인 측면에 있어서는 진실이 아니라는 점이다. 기독교에 있어서 인간의 자유는 이 지상에서가 아니고 신의 왕국에서만 실현된다. 바꿔 말하면 기독교는 자유에 대한 올바른 '개념'은 가지고 있지만, 결국은 현실의 노예들에게 이 세상에서는 해방을 기대하지 말라고, 즉 그들에게 자유가 결핍된 상태를 감내하도록 요구하고 있다. 헤겔에 의하면 기독교도는, 신이 인간을 만든 것이 아니라 인간이 신을 만들었다고 하는 점을 깨닫지 못하고 있다. 인간은 자유라는 이념의 하나의 투영으로서 신을 만들기 시작한 것이다. 왜냐하면 기독교의 신을 통하여 자기 자신과 자연계의 완전한 지배자인 어떤 하나의 존재가 보이기 때문이다. 그렇지만 기독교도는 더 나아가 자신이 만들어 낸 신에게 자신을 예속시켜 버렸다. 원래대로라면 스스로가 자신의 구원자가 됨이 당연한데, 기독교도는 내세에서 신에게 구원받을 것을 믿고서 지상에서의 노예생활을 순순히 감내하는 것이다. 이처럼 기독교는 인간이 스스로 만들어 낸 것의 노예가 되고, 그에 따라서 자기 자신을 둘로 분열시켜 버리는 새로운 종속의 형태, 즉 '소외'의 한 형태가 되어버린 것이다.

이 최후의 위대한 노예의 이데올로기, 기독교는 인간의 자유가 어떠해야 하는가 하는 비전을 노예들에게 확실히 보여주고 있다. 기독교는 그에게 노예로부터 빠져나가는 현실적인 방법을 부여하지는 않았으나, 그가 목표로 삼아야 할 것을 훨씬 명확하게 보여 주었다. 그 목표란 자유롭고 자율적인 인간이 되어 그 자유와 자율에 의해 인정되고, 또한 만인이 널리 서로 인정할 수 있도록 되는 것이다. 노예는 노동을 통해서 스스로를 해방하려는 목적의 대부분을 수행한다. 그는 자연을 지배하고 그것을 자신이 뜻한 대로 바꿈으로써 자신의 자유에 대한 가능성을 인식한다. 때문에 헤겔은 역사를 완성시키기 위해서 기독교로부터 종교적 색채를 없애기만 하면 되었다. 즉 기독교의 자유의 이념을 현실세계로 끌어 옮기기만 하면 되었던 것이다. 거기에는 또 하나의 피비린내 나는 싸움, 노예가 자신을 주군으로부터 해방시키는 싸움이 필요했다. 그리고 헤겔은 자기 자신의 철학을 이미 신화나 성서의 권위에 의존하지 않고, 노예의 절대적인 지식과 자기인식의 획득에 기초한, 기독교 교의의 한 변형으로 보고 있었다.

역사의 과정은 순수한 위신을 추구하는 투쟁으로 막을 열고, 그 곳에서 귀족적 군주는 다른 사람에게서 인정받기 위해서 자진해서 스스로의 생명을 걸었다. 자신이 갖고 태어난 성질을 극복함으로써 주군은 자신이 보다 자유스런, 보다 거짓 없는 인간임을 보였다. 하지만, 역사의 과정을 앞으로 전진시켰던 것은 주군의 투쟁이 아니라 노예의 노동이다. 노예는 처음에는 죽음의 공포 때문에 노예 신분을 받아들였지만, 홉스가 말한 것과 같은 자기보존을 추구하는 이성적 인간과는 달리, 헤겔이 말하는 노예는 결코 자신에게 만족하지 않았다. 그는 노예이면서 '패기'를 가지고, 자존심과 존엄 그리고 단순한 노예 이상의 생을 목표로 하는 욕망을 함께 가지고 있었다. 그의 '패기'는 일에 대한 긍지나, 자연의 "거의 무가치한 물질"을 교묘히 다루어, 자신이 아니고서는 만들 수 없는 작품으로 바꾸는 능력에 대한 자부심으로 나타난다. 또 그것은 그가 자유에 관해 품은 이념에도 나타나 있다. 그는 이 '패기' 덕분에 자신의 가치나 존엄이 타인에게 인정받기 훨씬 이전부터, 가치와 존엄을 지닌 어떤 자유스런 존재의 가능성을 머릿속에 그려보게 되었다. 홉스가 말한 이성적 인간과 달리, 그는 스스로의 긍지를 억누르려 하지 않았다. 그렇기는커녕, 타인에게 인정받을 때까지는 자신을 완전한 인간이라고 느끼는 일도 없었다. 역사를 진전시키는 원동력은 이와 같은 노예의 인정에 대한 끊임없는 욕망이지, 결코 주군 측의 나태한 자기만족이나 변함없는 독선적 성격이 아니다.

19
보편적이고 균일한 국가

국가의 존재는 이 세계에 있어서 신의 행함이다.
––헤겔 《법철학》[1]

헤겔에게 있어서 프랑스혁명이란, 자유롭고 평등한 사회에 대한 기독교의 비전을 받아들여 그것을 지상에 실현한 사건이었다. 혁명을 일으킴으로써 예전의 노예들은 스스로의 생명을 걸고, 그때까지 노예가 노예로 살 수밖에 없었던 죽음에 대한 공포를 극복하게 되었다. 자유와 평등의 원리는 나폴레옹의 무적군대에 의해 유럽의 인근 국가들에 널리 퍼졌다. 프랑스혁명의 뒤를 이어서 탄생한 근대의 자유민주주의 국가는, 기독교가 말하는 자유와 보편적인 인간 평등의 이념을 현실세계에서 실현한 것뿐이다. 그것은, 국가를 신격화하거나 앵글로색슨적인 자유주의에 결여되어 있는 "형이상학적 의미"라는 것을 국가에 부여하는 것 같은 시도는 아니었다. 오히려거꾸로 무엇보다도 먼저 기독교의 신을 만든 것은 인간이고, 따라서 신을 지상으로 끌어내려 의사당이나 대통령 관저나 근대국가의 관료제도 속에 살게 할 수 있는 것도 인간이라고 하는 인식을 수립한 것이다.

헤겔은 우리들에게 홉스나 로크에서 발단한 앵글로색슨적인 자유주의

---

1) 이 말은 이밖에도 "국가야말로 세계에 남아있는 신의 발자취이다" 또는 "국가의 형태야말로 세계에 있어서 신의 길이다" 라는 등 여러 가지로 해석되고 있다. addition to paragraph 258 of *The Philosophy of Right*에서 인용.

의 전통과는 다른 관점에서 자유로운 근대 민주주의를 바꾸어 해석하는 기회를 제공해 주고 있다. 자유주의에 대한 이런 헤겔류의 이해는 동시에, 자유주의가 무엇을 나타내고 있는가에 관한 한층 품위 있는 비전이고, 세계의 사람들이 민주주의 사회에서 살고 싶다는 바람을 말할 때 그것이 무엇을 의미하고 있는가에 관한 훨씬 더 정확한 해석이기도 하다. 홉스나 로크, 그리고 합중국 헌법이나 독립선언을 기초한 후계자들에 있어서 자유로운 사회란 특정의 자연권, 그중에서도 생명의 권리—즉 자기보존의 권리—나 재산획득의 권리로서 일반적으로 이해되고 있는 행복 추구의 권리를 소유한 개인 사이의 하나의 사회계약이었다. 즉, 서로 간에 사생활이나 개인 재산에 대해 간섭하지 않는다는, 시민간의 상호적이고도 대등한 합의였다.

이에 반하여 헤겔에 있어서의 자유로운 사회란 시민이 서로 인정한다는 상호적이고도 대등한 합의였다. 홉스나 로크가 말하는 자유주의가 합리적인 사리사욕의 추구라면 헤겔류의 "리버럴리즘(자유주의)"은 '합리적 인정'의 추구, 즉 개인이 자유롭고 자율적인 인간으로서 만인으로부터 인정받는다는 보편적인 기반 위에서 성립한 인정의 추구로 해석할 수 있다. 자유민주주의 사회를 택한 경우에 중요한 것은, 그것이 우리에게 자유로이 돈벌이를 할 수 있도록 하고, 영혼 속의 욕망의 부분을 채워준다는 점만이 아니다. 더욱 중요하고 최종적으로 훨씬 만족을 주는 것은, 이 사회가 우리의 존엄을 인정해 준다고 하는 점이다. 자유민주주의 사회는 엄청난 물질적 번영을 가져올 가능성을 내포하고 있지만, 그것은 또 각자의 자유를 서로 인정한다는 완전히 정신적인 목표 실현에 도달하는 길도 제시해 준다. 자유민주주의 국가에서는 우리가 자기 자신의 가치를 어떻게 받아들이는가 하는 관점에서 인간이 평가된다. 이렇게 하여 우리 영혼의 욕망의 부분과 '패기' 부분은 동시에 만족을 찾는 것이다.

보편적인 인정은 노예사회나 그와 유사한 많은 사회에 존재하는 인정에 관련된 심각한 결함을 바로잡아 준다. 프랑스혁명 이전의 사회는 대부분이 군주제나 귀족제이고, 한 사람의 인간(국왕) 혹은 소수(이른바 "지배계급"이나 특권계급)만이 인정받고 있었다. 그들의 만족은 수많은 민중의 희생 위에 성립되었고, 민중의 인간성은 전혀 인정되지 않았다. 보편적이고도 평등한 기반이 있어야만 비로소 합리적 인정이 실현되는 것이다.

주종관계가 내포하고 있는 내부적인 "모순"은 군주의 도덕성과 노예의 도덕성이 잘 통합된 국가에서 해결된다. 군주와 노예의 명확한 구별이 사라지고 이전의 노예는 새로운 군주가—다른 노예에 대한 군주가 아니고 자기 자신의 군주가—되는 것이다. 이것이 '1776년(미국 독립선언)의 정신'이 지니는 의미이다. 즉 거기에서는 새로운 군주가 승리한 것이 아니고, 새로운 노예의식이 생겨난 것도 아니며, 민주체제라는 형식으로 인간의 자기지배가 달성된 것이다. 그리고 이전의 주종관계 속에 있던 요소 중 몇 가지—군주 측의 인정으로부터 얻어진 만족감과 노예 측에 있어서의 노동—는 이 새로운 통합형태 속에서도 여전히 존속하고 있다.

보편적인 인정의 합리성은, 그다지 합리적이라 할 수 없는 다른 인정의 형태와 대비해 보면 훨씬 잘 이해할 수 있다. 예를 들면 민족주의적인 국가, 즉 시민권이 특정의 국민이나 민족이나 인종집단에게만 한정되어 있는 국가에서는 '비합리적'인 인정의 형태가 형성된다. 민족주의는 인정에 대한 욕망의 표현이고, '패기'로부터 생긴다. 민족주의자에게는 경제성장 등은 부차적인 요소가 되고 인정과 존엄이 가장 중요한 요소가 된다.[2] 민족성이란 국민에게 본래부터 갖추어진 특성이 아니라 타인에게 그것을 인정받아야 비로소 얻어진다.[3] 그렇지만 민족주의자는 어떤 민족으로서의 인정을 개인으로서의 자신을 위해 추구하는 것이 아니라, 자신이 속한 집단을 위해서 추구한다. 어떤 의미에서 민족주의는 이전의 '우월욕망'을 근대적이고 민주적인 장식을 걸친 모습으로 변형시킨 것이라 할 수 있다. 개개의 군주가 스스로의 영광을 추구하여 싸우는 대신에, 지금은 모든 국가가 국가로서의 지위를 인정받으려 애를 쓰고 있다. 이전의 귀족적 군주와 마찬가지로 이들 국가도 인정받기를 원하고 "볕이 드는 장소"를 찾아 폭력적

---

2) 이것을 아래에 제시한 Ernest Gellner의 민족주의의 정의와 비교하기 바란다. "심정으로서의 또는 운동으로서의 민족주의는 이 원칙(정치적 단위와 민족적 단위는 일치해야만 한다는 원칙)에 의해 훨씬 잘 정의될 수 있다. 민족주의적 '심정'이란 이 원칙이 깨졌을 때 끓어오르는 분노, 혹은 이 원칙이 달성되었을 때 향수하는 만족감이다. 그리고 민족주의적 '운동'이란 이런 종류의 심정에 끌려 발생한 것이다." Ernest Gellner, *Nations and Nationalism* (Ithaca, N. J.: Cornell University Press, 1983) p. 1.
3) 이 점도 Gellner의 지적에 따른 것이다. *ibid*., p. 7.

인 죽음의 위협마저 사양치 않을 각오를 단단히 하고 있다.

하지만, 민족성이나 인종을 토대로 한 인정에의 욕망은 합리적인 것은 아니다. 인간인가 인간이 아닌가하는 구분을 토대로 하는 것이라면 그것은 매우 합리적인 것이다. 즉 인간만이 자유로운 존재이고, 따라서 순수한 위신을 위해서 인정을 추구해 싸울 수 있다. 이같은 구별은 자연에 기초한 것, 혹은 자연의 영역과 자유의 영역과의 근본적인 차이에 기초한 것이라고 말할 수 있을 것이다. 이에 반하여 어떤 인간집단과 다른 집단과의 구별은, 인류사에 있어서 우연적이고도 자의적인 부산물이다. 그리고 스스로의 존엄에 대한 인정을 추구하는 이국민 집단끼리의 투쟁은, 이전의 귀족적 군주들이 위신을 둘러싼 싸움을 벌인 것을 국제적인 규모로 확대한 것과 같은 막다른 길로 이끌게 된다. 말하자면 한 국가가 군주가 되고, 또 다른 국가가 노예로 되는 것이다. 어느 쪽이건 한쪽의 국가만 인정받는 이러한 인정의 형태는, 역사 초기의 개인적인 주종관계가 결코 만족을 가져오지 못했던 것처럼, 이 또한 불완전한 것이다.

반대로 자유국가는 합리적인 존재이다. 왜냐하면 이같은 국가에서는 서로를 받아들이는 것을 가능케 하는 유일한 토대, 즉 사람을 사람으로서 간주한다는 원칙을 토대로 하면서, 인정에 대한 상충하는 욕망을 화해시켜 가기 때문이다. 자유국가는 '보편적'인 것이어야만 한다. 즉 모든 시민을 그들이 특정의 국가적, 민족적 혹은 인종적 집단에 속하고 있다는 이유 때문이 아니라, 그들이 당연한 인간이라는 이유에 의해서 인정해야 한다. 동시에 그 국가는, 군주와 노예의 구별을 폐지함으로써 계급 없는 사회를 세워갈 수 있을 정도로 '균질적'인 것이어야 한다. 보편적이고 균질한 사회가 합리적이라는 것은, 미국에서 공화제를 초래한 헌법제정회의의 논의 과정에서 보여준 것처럼 이러한 국가가 열린 주의주장에 입각하여 의식적으로 세워졌다는 사실을 생각한다면 한층 명백해진다. 즉 자유국가의 권위는 오랜 전통이나 신앙심의 어두운 깊은 곳에서 생겨난 것이 아니라, 시민이 동시에 살아가기 위한 조건에 대하여 서로 합의를 얻을 수 있는 대중적 토론의 결과로서 탄생한 것이다. 자유국가는 이성적인 자기의식의 하나의 표현이다. 왜냐하면 이러한 나라이어야 비로소 인간은 공동체로서의 스스로의 본질을 깨닫고, 그 본질과 합치되는 정치 공동체를 완성시켜 나갈 수 있게 되기 때문이다.

　그렇다 하더라도, 우리는 어떻게 근대 자유민주주의가 전 인류를 보편적으로 '인정한다'고 말할 수 있을까?

　그것은 자유민주주의가 만인의 다양한 '권리'를 인정하고 그것을 보호하기 때문이다. 미국이나 프랑스 등 자유주의 국가에서 태어난 어린이에게는 누구나 당연히 그 나라에서 태어났다는 이유만으로, 시민으로서의 다양한 권리가 주어진다. 가난하든 유복하든 흑인이든 백인이든 간에, 그 어린이가 재판제도에 의해서 고발을 당하는 일이 아니라면 누구라도 그 생명을 위협할 수 없다. 이 어린이는 언젠가는 재산소유의 권리를 손에 넣게 되고, 그 권리는 국가와 동료 시민들 쌍방으로부터 존중되는 것이다. 또 모든 논의에 대해서 '패기'에 근거한 선택의 권리(즉 가치나 평가에 관해 의견을 주장하는 권리)도 가질 것이고, 자신의 의견을 가능한 한 널리 공표하고 보급해가는 권리도 손에 넣는다. 이 '패기'에 기초를 둔 의견은 신앙의 형태를 취할 경우도 있을 것이고, 이에 대한 주장에도 완전히 자유가 보장된다. 그리고 이 어린이는 점점 성인에 이르면서 자신에게 주어진 여러 가지 권리를 최초로 확립해준 정부에 참가할 수 있는 권리를, 그리고 공적인 정치에 관계되는 훨씬 고상하고 중요한 문제의 토론에 기여할 권리를 손에 넣는다. 이 정치참가는 정기적인 선거에서 한 표를 던지는 형태를 취하는 경우도 있고, 스스로 선거에 입후보하여 정치과정에 직접 관여하는 것을 목표로 하는, 한층 적극적인 형태를 취할 경우도 있다. 또 특정의 인물이나 특정한 입장을 지지하는 사설을 쓰기도 하고, 정부의 공공기관에서 일할 수도 있다.

　인민의 자치정부는 주군과 노예의 구별을 없앤다. 거기에서는 누구나 주군으로서의 역할을 단지 얼마만이라도 공유할 자격을 가지고 있다. 바야흐로 지배는 민주적으로 결정된 법률—즉 인간이 자각적으로 스스로를 지배하기 위한 일련의 보편적인 규칙—의 공포라는 형태를 취한다. 국가와 인민이 서로 인정했을 때, 국가가 인민에게 권리를 부여하고 인민이 국가법 준수에 합의했을 때 인정은 호혜적인 것이 된다. 이와 같은 여러 권리가 제한되는 것은 그것들이 자기모순에 빠졌을 때, 즉 어떤 특정한 권리행사가 남의 권리를 침해할 때뿐이다.

이상과 같은 헤겔류의 국가 해석은, 국가를 일련의 개인적 권리를 보호하는 시스템으로서 정의하고 있는 로크류의 자유주의 견해와 대체로 일치한다. 헤겔사상의 전문가라면, 로크류 혹은 앵글로색슨적인 자유주의에 대해서 헤겔은 비판적이었다고 이의를 주장하면서, 로크를 시조로 하는 미합중국이나 영국과 같은 국가가 역사의 최종단계를 형성한다는 따위의 생각에 대해 헤겔이라면 당연히 반대할 것이라고 이의를 제기할 것이다. 이런 반론은 물론 어떤 의미에서는 옳다. 개인의 방해가 되지 않으려고 하는 것이 정부의 유일한 목표이고, 이기적인 사욕을 추구하는 자유가 절대적이라고 하는 등의 앵글로색슨적 자유주의의 일부에서 엿볼 수 있는 견해, 오늘날에는 주로 자유주의 우파로 대표되는 견해를 헤겔은 결코 인정하지 않았을 것이다. 또 정치상의 권리가, 생명이나 재산 혹은 요즘말로 표현하자면 개개인의 '생활양식'을 지키기 위한 수단에 불과하다는 일부 자유주의자의 견해에 관해서도 헤겔은 단연코 반대했을 것임에 틀림없다.

그렇지만 한편으로 제2차 세계대전 후 미국이나 EC제국에서는 헤겔이 말한 보편적인 인정의 형태가 구체적으로 표현되고 있다는 코제에브의 주장에서 우리는 하나의 중대한 진리를 엿볼 수 있다. 이것은 바로, 앵글로색슨적인 민주주의는 확실히 로크주의의 토대 위해서 구축되었다 해도 그같은 민주주의의 자기 이해는 결코 순수하게 로크적인 것은 아니기 때문이다. 예를 들면 이미 살펴본 것처럼 매디슨이나 해밀턴은 〈패더럴리스트〉중에서 인간성의 '패기'의 측면에 주의를 기울였고, 특히 매디슨은 대의정치 체제의 목적 중 하나가, 사람들의 '패기'로 가득찬 열정적인 주의주장에 배출구를 부여하는 것이라고 믿고 있었던 것이다.

또 현대의 미국인이 자신들의 사회나 정부의 일을 화제로 할 때에는 로크류의 용어보다도 헤겔적인 용어 쪽을 빈번하게 사용한다. 예를 들어 공민권운동의 고양기에는 극히 당연한 것처럼 공민권의 법제화는 흑인의 존엄을 인정하기 위한 것이고, 모든 미국인에게 존엄과 자유의 생활을 보장한 독립선언 및 헌법의 공약을 실현시키기 위한 것이라고 주장되고 있었다. 당시 사람들은 이러한 논의의 요점을 이해하기 위해 헤겔학자가 될 필요는 없었고, 거의 교육받지 못한 저변의 시민들까지 이런 용어를 사용한 것이다(독일연방공화국의 헌법은, 인간의 존엄에 대해 확실하게 언급하고 있다). 미국에서도 다른 민주주의 국가에서도 선거권은 투표를 위한 재산 자격을 충족시키지 못한 사람들에게로 먼저 확대하고, 계속해서 흑인과 그 외의 소수민족이나 여성에게로 확대되어 왔지만, 결코 그것은 단순한 경제적인 권리(이들 집단이 스스로의 경제적 이익의 보호를 위해서 부여받은 권리)로 생각되고 있었던 것은 아니다. 오히려 선거권은 널리 인간의 가치와 평등의 상징으로 간주되어, 그것 자체가 하나의 목표로서 중시되었던 것이다. 미국 건국의 선조들이 "인정"이라든지 "존엄"이라든지 하는 낱말을 사용하지 않았다 해도 그것이 권리에 대한 로크의 용어가 부지불식간에 인정에 관한 헤겔의 용어로 순조롭게 이행해 가는 것을 막을 수는 없었다.

역사의 종말에 등장하는 보편적이고 균질한 국가는, 이처럼 경제와 인정의 두 기둥 위에 성립하고 있다고 볼 수 있다. 이러한 국가에까지 다다른 역사의 과정은, 근대 자연과학의 발전과 인정을 구하는 투쟁 덕분에 발전해온 것이다. 자연과학은, 근대 초기에 이르러 해방된 영혼의 욕망 부분에서 생겨나서 제한 없는 부의 축적을 초래했다. 이 제한 없는 부의 축적은, 욕망과 이성이 손을 잡은 덕분에 가능해졌다. 그러한 의미에서 자본주의는 근대 자연과학에 헤아릴 수 없을 정도로 의존하고 있는 것이다. 한편 인정을 구하는 투쟁은, 영혼 속의 '패기'의 부분에서 생겼다. 노예들은 만인이 자유롭고 평등하게 될 수 있는 신의 세계를 상상했지만, 현실은 이와는 정반대이고, 이러한 가혹한 노예상태가 인정을 구하는 투쟁을 한층 가속화했던 것이다. 역사의 과정—참된 보편적인 역사—의 전모는, 경제와 인정이라는 두 기둥 쌍방에 대한 설명이 없다면, 진정한 의미에서 분명해지지 않는다. 그것은 바로 인간의 인격 전체를 명확히 하는데 욕망과 이성 그리고 '패기'에 대한 설명이 필요한 것과 같다. 마르크스주의나 "근대화이론", 또는 한결같이 경제를 기반으로 한 그밖의 여러 가지 역사이론도 영혼의 패기부분과 인정을 구하는 투쟁을 역사의 주요 원동력으로서 고려하지 않으면 불완전한 것이 되고 마는 것이다.

그러면 여기에서 자유 시장경제와 자유주의와의 상관관계, 그리고 고도의 공업화와 자유민주주의와의 밀접한 상관관계에 대해서 좀 더 분석해보자. 앞에서도 서술했던 것처럼, 민주주의를 선택해야 하는 '경제적' 근거는 하나도 없다. 혹시 그런 것이 있다고 해도 그것은, 민주적인 정치가 경제효율을 떨어뜨린다는 점 정도이다. 민주주의의 선택은 자신의 의지에 기초한 행위이고, 그것은 욕망을 위해서가 아니라 인정을 위해 이루어지는 선택인 것이다. 단지 경제의 발전은 민주주의를 자신의 의지로 선택하기 쉽도록 유리한 조건을 만들어 낸다. 거기에는 두 가지 이유가 있다. 첫째, 경제발전은 노예들에게 지배의 개념을 보여준다. 노예는 자신들이 과학기술을 사용해서 자연을 지배하고, 동시에 노동과 교육 덕분에 스스로를 지배할 수 있다는 것을 깨닫기 때문이다. 사회의 교육수준이 올라가면, 노예들은 점점 자신이 처한 상황을 이리저리 생각하고 스스로가 지배자가 되려고 생각하며, 노예근성에 젖어있는 동료들의 생각을 어떻게든 없애려고 한다. 교육 덕분에 노예는 자신이 존엄성을 지닌 인간이고, 그 존엄을 인정받을 수 있도록 싸워야 한다는 것을 배운다.

근대교육이 자유와 평등의 이념을 가르치고 있는 것은 결코 우연이 아니다. 자유와 평등의 이념은 노예들이 자신이 처한 현실상황에 반발해 부르짖은 노예의 이데올로기이다. 기독교와 공산주의(후자의 등장을 헤겔은 알지 못했지만)는 어느 쪽이나 다 진리의 일부를 취한 노예의 이데올로기이다. 그러나 시대가 지남에 따라, 양자의 비합리성과 자기모순이 폭로되어 왔다. 특히 공산주의 사회는 아무리 자유나 평등의 원리를 추구했다 하더라도, 거기서 살고 있는 사람들의 태반이 스스로의 존엄을 인정받지 못하고 있기 때문에 노예제 사회의 현대판이라는 것이 확실해졌다. 1980년대 후반에 일어난 마르크스주의의 붕괴는, 어떤 의미에서는 공산권의 인민이 보다 높은 합리적인 정신을 획득했다는 것, 그리고 합리적이고 보편적인 인정은 자유로운 사회질서에서만 존재한다는 것을 깨달은데 대한 반영이기도 하다.

경제발전이 자유민주주의를 촉진시키는 두 번째 이유는, 경제발전에서 빼놓을 수 없는 교육의 보급이 사회의 평등화를 대규모로 촉진한다는 것이다. 오랜 계급의 벽은 기회균등 때문에 무너져 간다. 물론 경제상태나 교육의 정도에 근거한 새로운 계급이 생겼지만, 그럼에도 불구하고 사회란 원래 평등의 이념을 널리 퍼뜨릴 수 있는 훨씬 큰 유동성을 가지고 있다. 이리하여 경제는 '법률상'의 평등이 달성되기 이전에 '실질상'의 평등을 만들어낸 것이다.

만약 인간이 단순한 이성과 욕망의 덩어리에 지나지 않는다면, 군사정권 하의 한국이나 교활한 기술관료에 의해 지배되는 프랑코 정권하의 스페인, 혹은 급속한 경제성장에 흠뻑 빠져있는 국민당 정권하의 타이완 같은 나라에서 살더라도 충분히 만족할 것이다. 그렇지만 이들 나라에 살고 있는 사람들은 욕망과 이성 이상의 것을 가지고 있다. 그들은 '패기'로 가득찬 긍지를 품고, 자신이 존엄한 인간이라는 믿음을 갖고서, 그리고 그 존엄함을 무엇보다도 자국의 정부가 인정해 주기를 원하고 있는 것이다.

자유로운 경제와 자유로운 정치 사이에는 인정에의 욕망이라는 잃어버린 고리가 있다. 이미 보아왔던 것처럼 공업화의 진전에 의해서 사회는 도시화하고 유동적이 되며, 교육수준은 점점 올라가 부족이나 성직자나 직인조합 같은 전통적인 권위로부터 자유로워진다. 이와 같은 사회와 자유민주주의 사이에는 지금까지 충분한 설명은 되지 않았지만 경험적으로 상당히 밀접한 상관관계가 있다는 것을 알 수 있다. 그것을 정확하게 해석할 수 없었던 것은, 자유민주주의의 선택이라는 것을 경제적 이유에 의해서 즉 영혼의 욕망 부분으로 좁힌 형태로 설명하려 해왔기 때문이다. 오히려 우리는 '패기'의 부분, 다시 말해서 인정에의 욕망에 당연히 눈을 돌려야 했던 것이다.

공업화의 진전에 동반되는 사회의 변화, 특히 교육의 향상은 가난하고 교육받지 못한 사람들에게는 먼 존재였던 인정에의 욕망을 오랜 제약으로부터 해방시키려 하고 있는 것으로 보인다. 부와, 세계적인 시야와 교육을 몸에 익히면 익힐수록 사람들은 더욱 큰 부를 추구할 뿐 아니라, 자신들의 지위도 인정받고 싶어 한다. 스페인이나 포르투갈, 한국, 타이완, 중국의 민중이 시장경제만이 아니라 인민에 의한 인민을 위한 자유로운 정부를 너나없이 요구하고 있는 이유도, 이같이 경제와는 무관한 비물질적인 동기에 의해 설명될 수 있다.

코제에브는 그의 헤겔 해석 속에서 보편적이고도 균질한 국가야말로 인류사의 최종 단계인데, 왜냐하면 그것은 인간을 '완벽하게 만족시키기 때문'이라고 서술했다. 그 주장은 요컨대 훨씬 근본적이고 뿌리 깊은 인간적 열정으로서의 '패기', 혹은 인정에의 욕망이 인간의 첫 번째 본질이라고 확신하고 있는 데서 생겨나는 것이다. 인정의 중요성을 심리적인 면만이 아니라 형이상학적인 면에서도 제시한 헤겔과 코제에브는, 필시 욕망과 이성이 전부라고 생각한 로크나 마르크스나 그 외의 철학자들보다 깊게 인간성을 이해하고 있었다. 인간이 만들어낸 제도의 타당성을 측정하는 초역사적인 판단기준을 자신은 가지고 있지 않다고 코제에브는 서술했지만, 실제로는 인정에 대한 욕망이 그와 같은 척도가 되었다. 결국 코제에브에 있어서 '패기' 란 인간성에 있어 불멸의 부분이었다. 그리고 패기에서 생겨난 인정을 추구하는 투쟁은, 승리까지 1만년 이상에 걸친 역사의 여정을 필요로한 것인지도 모르지만, 그것이 영혼에 있어서 없어서는 안 되는 부분이라는 점에서는 플라톤도 코제에브도 일치하고 있었던 것이다.

따라서 우리가 지금 역사의 종착점에 서있다고 하는 코제에브의 주장이 옳은가 어떤가는 전적으로 현대의 자유민주주의 국가가 인간의 인정에의 욕망을 어느 정도 만족시키고 있는가에 달려 있다. 근대 자유민주주의는 주군의 도덕과 노예의 도덕을 잘 통합하고, 양자의 요소를 다소는 남기면서도 그 구별을 제거해 버렸다고 코제에브는 생각하고 있었다. 그러나 정말 그럴까? 특히 근대 정치제도는 주군의 '우월욕망' 을 정치에 있어서 무해한 것으로 바꾸고, 그 비난의 화살을 다른 곳으로 돌리는데 성공한 것일까? 사람은 단지 만인과 평등하다고 인정되는 것만으로 영원히 만족하는 것일까? 금방 더 많은 것을 구하려고 하지는 않을까? 그리고 '우월욕망' 이 근대정치에 있어서 그렇게도 철저하게 골자가 빠진 채 방향전환된것이라면, 우리는 니체와 같이 이런 현상을 두고 기뻐할 것이 아니라 유례없는 재해로 보는 것이 마땅할 것인가?

이와 같은 의문에 관해서는 제5부에서 차분히 고찰해 보고자 한다. 그전에 우선 인간의 의식이 자유민주주의에 접근함에 따라서, 의식자체가 실제로 어떻게 변해 가는가 하는 점을 더 자세히 보고자 한다. 인정을 구하는 욕망은, 보편적이고 평등한 인정으로 이행하기 이전에는, 여러 이름의 종교나 민족주의로 대표되는 다종다양한 불합리한 형태를 취할 수 있다. 이 이행은 결코 순탄하게 일어나지 않으며, 현실의 대부분의 사회에서는 합리적인 인정은 분명히 어떤 종류의 불합리한 인정 형태와 공존하게 되어 있다. 더구나 합리적 인정에 근거한 사회의 탄생과 그 존속은 특정한 형태의 비합리적 인정의 존속을 필요로 한다는 것이다. 이 점은 코제에브도 충분히 밝히지 않은 역설이다.

헤겔의 《법철학》의 서문에서, 철학이란 "그 시대를 사상으로 이해한 것"이고 일찍이 로도스섬에 지어졌던 거인상을 누구도 뛰어넘을 수 없었던 것과 마찬가지로 철학자도 그의 시대를 넘어서 미래를 예측할 수는 없다고 설명하고 있다. 하지만, 이와 같은 경고에도 불구하고, 우리는 미래로 눈을 돌려 근대 세계에서 일어난 자유주의 혁명의 전망과 한계를 이해하면서, 그것이 앞으로 국제관계에 어떤 영향을 미칠 것인가를 고찰해 가고자 한다.

제4부
로도스 섬을 뛰어넘어

20
가장 차가운 괴물

> 지금도 어딘가에는 민족과 가축의 무리가 남아 있겠지만 우리가 있는 곳에는 없다. 나의 형제들이여, 여기 있는 것은 국가이다. 국가? 국가란 무엇인가? 그러면 귀를 열고 들어보라. 지금 내가 너희에게 諸민족의 죽음에 대해 말하려 하니,
>
> 국가란 온갖 차가운 괴물 중에서도 가장 차가운 것이다. 그것은 또한 차갑게 거짓말을 한다. 이런 거짓말이 그의 입에서 튀어나온다. "나, 국가는 곧 민족이다"라고. 그것은 거짓이다! 이전에 민족을 창조하고 그 머리에 하나의 신앙, 하나의 사랑을 내건 것은 창조자들이었다. 이렇게 해서 그들은 생명에 봉사한 것이다.
>
> 지금 다수의 인간을 향해 함정을 만들고 그것을 '국가'라고 부르고 있는 것은 대량 학살자들이다. 그들은 그 함정 위에 한 자루의 칼과 백 가지 욕망을 늘어뜨린다.
>
> 민족의 표식을 나는 너희들에게 가르치겠다. 어느 민족이나 선과 악에 대해서 독자적으로 말한다. 이웃 민족은 그것을 이해할 수 없다. 민족은 스스로의 풍습과 법률 속에서 독자적인 언어를 만들어낸 것이다. 그런데 국가는 선과 악에 대해 온갖 단어를 구사해 거짓말을 한다. 국가가 무엇을 말해도 그것은 거짓이다 --국가가 무엇을 가지고 있든 그것은 훔친 것이다.
>
> ――니체 《차라투스트라는 이렇게 말했다》[1]

역사의 종점에서 자유민주주의와 상대할 수 있는 이데올로기상의 강적은 하나도 남지 않았다. 일찍이 사람들은 자유민주주의를 거부해 왔다. 왜

---

1) Nietzsche, *The Portable Nietzsche*, pp. 160~161.

냐하면 자유민주주의는 군주제, 귀족정치, 신권정치, 파시즘, 공산주의라는 이름의 전체주의 혹은 그밖의 무엇이든 간에 자신들이 때때로 신봉해온 이데올로기보다도 열등하다고 생각했기 때문이다. 그렇지만 지금은 이슬람 세계를 제외하고는 자유민주주의의 주장을 가장 합리적인 정치체제로서, 즉 합리적인 욕망과 합리적인 인정을 가장 완전하게 실현시키는 것으로서 받아들이려는 일반적인 합의가 존재하고 있는 것처럼 보인다. 그렇다면 왜 이슬람 세계 이외의 모든 나라가 민주주의 국가가 아닌 걸까? 국민도 지도자들도 이론적으로는 민주주의의 원리를 받아들이고 있는 많은 나라들이 민주주의에로의 이행에 여전히 어려움을 안고 있는 이유는 무엇인가? 안정된 민주주의를 대신하는 것은 생각할 수 없는데도, 현재 스스로 민주주의를 선언하고 있는 세계의 몇몇 정권이 그대로 지속해 나갈 수 없을 것 같다는 의혹을 갖게 되는 것은 왜일까? 그리고 설령 마지막으로는 승리를 거둔다고 해도 자유주의를 향하고 있는 현재의 추세가 후퇴하고 있는 것처럼 생각되는 것은 무슨 이유인가?

자유민주주의의 기본은 가장 합리적인 정치활동을 하는 데에 있고, 거기서는 공동체 전체가 헌법의 성격을 심의하고 그 공적 생활을 지배하는 일련의 기본적 법률을 규정한다. 그런데 거기서 종종 문제가 되는 것은 이성과 정치가 동시에 자기의 목표를 좀처럼 실현하기 어렵다고 하는 약점, 그리고 인간이 자신들의 생활을 단순히 개인적인 차원에서뿐만 아니라 정치적 차원에서도 '제어할 수 없다'는 약점이 있다는 점이다. 예를 들면 라틴아메리카의 많은 나라들은 19세기에 포르투갈과 스페인에서 독립을 쟁취한 직후 미합중국이나 공화제 프랑스와 같은 나라들을 표본으로 한 정치체제에 의해 자유민주주의 국가로서 건국되었다. 그럼에도 불구하고 이들 나라 중 어느 하나도 민주주의의 전통을 계속 유지하는데 성공한 나라는 없다. 라틴아메리카에서는 파시즘이나 공산주의가 한때 도전한 것을 빼면, 이론 수준에서 대립할 수 있을 만한 적은 나타나지 않았지만 그래도 자유민주주의는 괴로운 투쟁을 가까스로 이겨내고 간신히 권력을 유지해 온 것이다.

또한 갖가지 독재적인 정치체제의 경험은 해왔지만 바로 최근까지 참된 민주주의를 경험한 적이 없는 러시아와 같은 나라도 많이 존재한다. 더구나 독일과 같은 나라는 서유럽의 전통에 단단히 뿌리를 두고 있으면서도 안정된 민주주의를 획득하기 위해 무수한 어려움을 겪어왔다. 한편 자유·평등의 발상지인 프랑스는 1789년(프랑스혁명) 이래 다섯 가지의 다른 민주주의적 공화체제를 경험해 왔다. 이상과 같은 예는 그 제도의 유지가 비교적 용이했던 앵글로색슨계 대부분의 나라들의 경험과 분명한 대조를 이루고 있다.

자유민주주의가 여전히 보편적인 힘을 갖지 못하는 이유, 혹은 일단 자유민주주의가 힘을 얻더라도 안정을 유지할 수 없는 이유는 결국 국가와 민족이 완전히 조화하지 못한 데에 있다. 국가는 어떤 목적을 가진 정치적 창조물인데 반하여 민족은 국가의 생성 이전부터 존재한 도덕적 공동체이다. 즉 민족은 선과 악의, 성(聖)과 속(俗)의 특질에 관한 공통의 신념을 가지고 있는 공동체인 것이다. 민족이란 개념이 원래 훨씬 옛날의 심사숙고된 토대로부터 발생한 것인지는 모르지만 지금은 그 대부분이 전통으로 존재한다.

니체가 말하듯 "어떤 민족이든 선과 악에 대해 독자적으로 말하고 자신의 독특한 풍습과 법률을 만들어" 냈지만, 그 풍습과 율법은 헌법과 법률에서 뿐만 아니라 가족과 종교, 계급구조, 일상 관습, 혹은 영광에 찬 삶과 같은 것에도 나타나 있다. 국가의 영역이란 정치의 영역이고, 지배의 적절한 양식에 관한 영역이다. 반면에 민족의 영역이란 정치 아래 가로놓인 영역, 즉 사회 및 문화의 영역이고 거기에 참가하고 있는 사람들에 의해서조차 좀처럼 분명히, 혹은 자각적으로 의식되지 않는 것이다. 토크빌이 미국 헌법상의 견제와 균형체계에 관해, 혹은 연방제도와 주정부의 분권제도에 관해 논할 때 그는 미국이라는 국가에 관해 말하고 있다. 그렇지만 토크빌이 이따금 열광적으로 미국인의 정신주의와 그 평등에 대한 열정, 혹은 미국인이 이론과학보다도 실천과학에 열중한다는 사실에 관해 논할 때 그는 미국인을 민족이라는 의미로 말하고 있는 것이다.

국가는 민족 위에 강제된 것이다. 물론 리쿠르고스*Lycurgus*와 로물로스*Romulus*의 법률이 각각 스파르타와 로마라는 민족의 기풍을 만들어냈다고 생각되고 있는 것처럼, 혹은 자유·평등이라는 규범이 미합중국을 구성하고 있는 다양한 민족 간에 민주주의적 의식을 형성하고 있는 것처럼, 때로는 국가가 민족을 만드는 경우도 있다. 그러나 대부분의 경우, 국가와 민족은 심상치 않은 긴장관계에 있다. 그리고 러시아나 중국 공산주의자들이 자국민을 마르크스주의의 이상을 위해 마구 개종시켰을 때처럼 어떤 국가와 민족은 전쟁상태에 있다고 말할 수 있는 경우조차 있는 것이다. 따라서 자유민주주의의 성공과 안정은 결코 어떤 일련의 보편적 원리나 법률을 기계적으로 적용함으로써 이루어지는 것은 아니다. 거기에는 국가와 민족 간의 일정한 조화가 필요하다.

반대로 니체의 말처럼, 하나의 민족을 동일한 선과 악의 개념을 공유하는 도덕적인 공동체로서 정의한다면 민족과 민족이 만들어낸 문화는 혼속의 '패기' 부분에 기원을 두고 있음이 분명해진다. 즉 예를 들면 연장자를 공경하는 인물은 평가할 가치가 있다거나 돼지 같은 부정한 동물을 먹는 인간은 가치가 없다든가 하는 것처럼 '문화' 란 가치평가를 내리는 능력에서 발생하는 것이다. '패기' 혹은 인정에 대한 욕망은 요컨대, 사회과학자들이 '가치(價値)' 라고 부르는 것의 토대인 것이다. 지금까지 보아온 것처럼 다양한 주종관계의 모든 것을 만들어내고 그 주종관계에서 발생하는 도덕률─신하의 군주에 대한 복종, 지주에 대한 복종, 귀족의 오만한 우월감 등─을 만들어낸 것은 인정을 추구하는 싸움이었다.

인정을 추구하는 욕망은 종교와 민족주의라는 매우 강력한 두 가지 정열의 심리적 기원이기도 하다. 그렇다고 해도 그것은 종교와 민족주의를 결국은 인정에 대한 욕망으로 환원시킬 수 있다는 의미는 아니다. 그런 것이 아니라 종교와 민족주의가 '패기' 에 깊이 뿌리를 두고 있기 때문에 이 두 정열에는 커다란 힘이 주어져 있다는 것이다. 종교를 믿는 자는 자신의 종교에서 신성시되는 것이라면 그것이 무엇이든 존엄성을 부여한다. 그들은 일련의 도덕률과 삶의 방식, 특정한 숭배 대상에게 존엄성을 부여한다. 그들은 자기가 신성하다고 생각하고 있는 것이 모독당하면 화를 낸다.[2] 한편 민족주의자는 자신의 국가 혹은 민족 집단의 존엄성을 믿고, 따라서

---

2) 물론 코제에브가 지적하고 있듯이, 영원한 생명에 대한 기독교도의 신념에는 어떤 종류의 욕망적 요소가 있다. 신의 은총에 대한 기독교도의 욕망은 자기 보존에 대한 자연적인 본능 이상의 동기는 없을지도 모른다. 영원한 생명은 폭력에 의한 죽음의 공포에 쫓기는 인간의 궁극적인 희망의 실현인 것이다.

그 집단의 일원으로서 갖는 존엄성을 믿고 있다. 그는 이 특별한 존엄성을 타인에게 인정받으려 한다. 그리고 종교를 믿는 자와 똑같이 그 존엄성이 상처받으면 분노한다. 역사의 과정을 출발시킨 것은 귀족적인 군주 측의 패기에 찬 정열, 즉 인정에 대한 욕망이고 그것을 수세기에 걸친 전쟁과 대립으로 몰고 간 것도 종교적인 광신과 민족주의의 '패기'에 찬 정열이었다.

패기가 종교와 민족주의의 원천이라는 사실은, "가치"를 둘러싼 대립이 특정한 소유나 부를 둘러싼 대립에 비해 훨씬 치명적인 결과를 가져올 위험성이 있는 이유를 설명해 준다.[3] 간단히 분할할 수 있는 금전과는 달리 존엄성은 본질적으로 타협이 될 수 없는 것이다. 즉 자신의 존엄성 혹은 자신이 신성하다고 생각하고 있는 존엄성을 상대가 인정하는가, 인정하지 않는가 그 둘 중의 하나밖에 없다. "정의"를 추구하는 '패기'만이 순수한 광신과 집착 혹은 증오를 낳을 수 있다.

앵글로색슨류의 자유민주주의는 그 당초의 도덕적, 문화적 성격을 희생하면서 일종의 냉정한 계산을 도출해 왔다. 합리적인 욕망은 비합리적인 인정에 대한 욕망, 특히 자신의 우월성을 인정받고 싶어 하는 거만한 지배자들의 '우월욕망'을 이겨내야 한다. 홉스와 로크의 전통 아래서 성장한 자유주의 국가는 자국민과의 싸움에 몰두하고 있다. 자유주의 국가는 자국민의 다양한 전통적 문화를 균질화하려 하며, 그들에게 전통을 고집하기보다 장기적인 이해를 계산하라고 가르친다. 또한 "선과 악"에 대한 독자적 언어를 지니는 유기적 또는 도덕적인 공동체 대신에 사람들은 일련의 새로운 민주주의적 가치 즉 "참가", "합리성", "세속성", "유동성", "배려", 그리고 "관용"과 같은 가치를 배워야 했다.[4] 이러한 새로운 민주주의

3) 물론 앞에서 기술한 바와 같이 지방이나 국가적 재산이라고 하는 물질적인 것을 둘러싼 대립의 배후에는 대부분의 경우, 실제로는 정복자 측에 있어서 인정받기 위한 투쟁이 숨어 있다.

4) 이러한 용어는 모두 근대의 자유민주주의를 가능케 하는 '가치관'을 정의하고자 했던 근대 사회과학에 유래하고 있다. Daniel Lerner는 이렇게 말한다. "이 연구에서 주요한 가정은, 고도의 공감능력이 매우 공업적, 도시적, 교육적이고 그리고 누구라도 참가할 수 있는 근대사회에서만 지배적인 개인 생활양식이라는 점에 있다." Lerner, *The Passing of Traditional Society*, p. 50. '시민문화'라는 용어는 Edward Shils에 의해 처음으로 사용되었고, "그것은 전통적인 것도 근대적인 것도 아닌 그 양자를 합친 제3의 문화이다. 즉 커

의 가치는 단순히 수단으로 도움이 되는 기능, 혹은 평화스럽고 풍족한 자
유주의 사회에서 잘 살아가기 위해 몸에 익혀야 할 습관으로서 생각해낸
것이었다. 니체가 국가를 일컬어 "백 가지 욕망을" 민족 앞에 제시함으로
써 그들의 문화와 민족을 멸망시킨 "온갖 차가운 괴물 중에서도 가장 차
가운 괴물"이라고 부른 것도 이러한 이유에서이다.

그러나 민주주의가 제 기능을 발휘하기 위해서는, 민주주의 국가의 시민
들은 이들 가치가 본질적으로는 수단이라는 것을 잊고 자신들의 정치체제
나 삶의 방식에 대해 어떤 비합리적인 패기에 바탕을 둔 긍지를 키우지 않
으면 안 된다. 즉, 시민들은 대체할 것이 없기 때문에 어쩔 수 없다는 이
유에서가 아니라, 그것이 '자신들의 것'이라는 이유에서 민주주의를 사랑
해야 하는 것이다. 더구나 "관용"과 같은 가치를 단순한 하나의 수단으로
생각해서도 안 된다. 왜냐하면 민주주의 사회에서 관용은 미덕을 나타내
는 것이기 때문이다.[5]

민주주의 사회에서 이와 같은 긍지를 키워가는 것, 혹은 시민 자신의
의식 속에 민주주의의 가치를 침투시켜 나가는 것은 '민주주의 문화' 또
는 '시민의 문화'를 창조해 가는 것이다. 그리고 이와 같은 문화는 장기간
에 걸친 민주주의 국가의 안정과 번영에 절대적인 의미를 갖는다. 왜냐하
면 합리적인 계산과 욕망에만 바탕을 두고 오래 존속할 수 있는 사회 같
은 것은 현실세계 어디에도 없기 때문이다.

이러한 까닭에 문화는—어떤 종류의 전통적인 가치들을 민주주의적인
가치로 바꾸어 가는 것에 대해 저항하는 경향을 지니는 문화는—민주화
에 대한 장애물이 될 수도 있다. 그러면 안정된 자유민주주의의 건설을 방
해하는 문화적 요인에는 어떠한 것이 있을까?[6] 이것들은 몇 가지 종류로

뮤니케이션과 설득에 기초한 다원적인 문화이며 합의와 다양성의 문화, 변화를 허용하
는 한편 그 변화를 완만하게 하는 문화인 것이다." Gabriel A. Almond and Sidney Verba,
The Civic Culture (Boston: Little, Brown, 1963), p. 8.

5) 관용의 미덕이 현대 미국의 중심에 있음은 Allan Bloom, *The Closing of the American
Mind* (New York: Simon and Schuster, 1988)의 특히 제1부의 1에 잘 설명되어 있다. 이것
에 반대되는 악덕인 불관용은 오늘날, 야심, 정욕, 탐욕 등 전통적인 대부분의 악덕보다
훨씬 더 받아들이기 어려운 것으로 인식되고 있다.

6) 민주주의 전제조건에 관한 일반적인 논의에 대해서는 Diamond, Linz, and Lipset,
*Democracy in Developing Countries*의 각권에 나와 있는 서문을 참조. 특히 라틴아메리

나뉜다.

첫 번째는 한 나라의 국민적, 민족적, 인종적 의식의 성격과 그 정도에 관계가 있다. 원래 민족주의와 자유주의는 서로 양립하지 못할 이유가 없다. 19세기 독일이나 이탈리아의 국가 통일의 전쟁에서는, 민족주의와 자유주의는 사실상 동맹관계에 있었다. 또한 1980년대 폴란드의 국가재건운동에서도 민족주의와 자유주의는 제휴하였고 구소련에서 독립을 요구한 발트제국의 투쟁에서도 그것들은 밀접하게 연결되어 있다. 국적과 인종 혹은 민족과 같은 것이 시민권이나 갖가지 법적 권리취득에 대한 배타적 조건이 아니라면, 국가의 독립과 주권에 대한 욕망은 민족자결과 자유에 대한 욕망의 한 가지 표현이라고 생각할 수 있다. 독립한 리투아니아가 원래의 리투아니아로 머물기를 택한 러시아인 소수파를 포함해서 그 모든 시민의 권리를 보장한다면 리투아니아는 완전히 자유국가가 될 수 있는 것이다.

한편 국가를 구성하고 있는 여러 집단의 국민성과 민족성이 하나의 국가의식을 함께 나눌 수 없을 만큼, 또는 서로의 권리를 인정하지 않을 만큼 강한 국가에서는 민주주의가 출현할 것 같지 않다. 따라서 국민적 일체감이라는 강력한 의식은 영국이나 미국, 프랑스, 이탈리아 혹은 독일과 같은 나라들이 그랬듯이 안정된 민주주의의 출현에 앞서 먼저 요구되는 것이다. 구소련에서 보였던 이러한 일체감의 결여는 보다 작은 국가 단위로 해체되기 전에 왜 안정된 민주주의가 출현하지 못하는지에 대한 이유 중 하나로 들 수 있다.[7] 페루에서는 스페인인의 피를 이은 백인들의 인구가 불과 전체 인구의 11%에 지나지 않는다. 인구의 나머지는 인디오이다. 그리고 그들은 그 나라 백인들로부터 지리적, 경제적, 정신적으로 단절되어 있다. 이러한 단절은 페루에서 민주주의가 정착하는데 장기적으로 보아 심각한 장애물이 될 것이다. 남아프리카에 대해서도 똑같이 말할 수 있다. 즉 남아프리카에서는 흑인과 백인 간에 근본적인 균열이 존재할 뿐만 아니라, 흑

카에 관한 제4권 pp. 2~52를 참조. 또, Huntington의 민주주의 전제조건에 관한 논의는 Huntington, *"Will More Countries Become Democratic?"* pp. 198~209를 참조.

7) 국민으로서의 일체감은 민주주의에 있어 올바른 유일한 전제조건이라고 다음의 문헌은 지적하고 있다. Dankwart Rustow, "Transitions to Democracy," *Comparative Politics* 2 (April 1970): 337~363.

인끼리도 서로 적대시해온 오랜 역사를 가진 여러 민족 집단으로 분열되어
있기 때문이다.

민주주의에 대한 문화적 장애물의 두 번째는 종교와 관계가 있다. 민족
주의가 그러했듯이 종교와 민주주의 간에도, 종교가 관용과 평등주의에
기초하지 않을 때를 제외하고는 본래 마찰이 있을 이유가 없다. 이미 보아
왔듯이 헤겔은, 모든 인간은 도덕적 선택이 가능하다는 기초 위에 만인평
등의 원칙을 세움으로써 기독교가 프랑스혁명으로의 길을 열었다고 굳게
믿고 있었다. 오늘날 민주주의 제국은 그 대부분이 기독교의 전통을 가지
고 있고, 또한 헌팅턴에 따르면 1970년 이후에 탄생한 새로운 민주주의 국
가는 거의 가톨릭 국가였다고 한다.[8] 그러한 까닭에 종교는 어떤 의미에서
는 민주화에 있어 장애물이 아니라 오히려 그 추진력이 되어 왔다고도 생
각할 수 있다.

그러나 종교 '그 자체'가 자유스런 사회를 창조해온 것은 아니다. 어떤
의미에서는 자유주의의 출현에 앞서 기독교가 종교적인 여러 목표를 세속
화함으로써 스스로를 폐지해야만 했던 것이다. 서유럽에서는 프로테스탄
티즘이 이 세속화에 대한 중개자로서 널리 받아들여졌다. 프로테스탄티즘
은 신앙을 기독교도와 그가 믿는 신과의 개인적인 관계로 변화시킴으로써
성직자라는 특별한 계급을 없애고 넓은 의미에서 정치에 대한 종교의 간
섭을 배제한 것이다. 세계에는 기독교 이외에도 이와 마찬가지로 세속화의
진행을 도와준 종교들이 또 있다. 예를 들면 불교나 신도(神道 : 일본 고유

---

8) 헌팅턴은 현재 발생하고 있는 세계적 민주화의 '제3의 물결'에 아주 많은 가톨릭 국가
들이 참가한 결과, 이 '제3의 물결'이 어떤 의미에서 가톨릭적인 현상이 되어, 그것이
1980년대에 보다 민주적이고 평등주의적인 방향을 찾아 가톨릭의 의식이 변화한 것과
도 관련이 있다고 한다. 이 견해는 확실히 일리가 있으나, 만일 그렇다면 왜 가톨릭 의식
이 변화했나 하는 점이 당연히 문제가 된다. 가톨릭의 교의에, 그 의식을 민주정치로 향
하게 할 만한 그 무엇도 없으며, 또한 가톨릭교회의 권위주의적·계층적인 구조가 권위
주의적인 정치를 지탱시키고 있다는 전통적인 주장을 반박할 수 없음은 자명하다. 가톨
릭의 의식변화의 주요한 원인은 ①가톨릭 사상에서 나왔다기보다는 오히려 가톨릭사
상에 영향을 끼쳐온 민주적 이념의 일반적 정통성, ②1960년대까지는 거의 가톨릭 각
국에서 일어난 사회경제적 발전수준의 향상, 그리고, ③마르틴 루터 이후 400년이란 오
랜 세월에 걸쳐 진전된 가톨릭교회의 '세속화'에 있는 것으로 생각된다. 이 점에 관해
서는 Samuel Huntington, "Religion and the Third Wave," *The National Interest* no. 24
(Summer 1991): 29~42를 참조.

의 신앙)는 그 자체가 가족을 중심으로 한 개인적 예배라는 영역에 머물렀다. 또한 힌두교와 유교의 유산은 서로 혼합되어 있다. 다시 말해 이 두 종교는 둘 다 비교적 관대한 교의를 가지고 있고 광범위한 세속적 활동과 대립하지 않는 한편, 그 교리의 본질은 계층적인 것이며 불평등한 것이었다. 대조적으로 정통 유대교나 이슬람 원리주의는 정치의 영역도 포함하여 공적, 사적인 인간생활의 모든 분야를 규정하려 한 전체주의적인 종교이다. 이러한 종교는 어쩌면 민주주의와 공존이 가능할지도 모르겠다. 특히 이슬람교는 기독교에 못지않게 보편적인 인간 평등의 원칙을 내세우고 있다. 그러나 이러한 종교가 자유주의와 보편적 권리들의 인정과 조화를 이루는 것, 특히 양심의 자유 및 종교의 자유와 조화를 이루는 것은 대단히 어렵다. 현대 이슬람 세계에서 유일한 민주주의 국가가 터키라는 것은 그다지 놀랄만한 것이 아니다. 터키는 20세기 초부터 세속적인 사회를 지지하고 이슬람교적인 유산을 철저히 거부해온 유일한 나라였던 것이다.[9]

안정된 민주주의의 출현을 방해하는 세 번째 것은 불평등한 사회구조의 존재, 그리고 거기서 발생하는 모든 정신적 습관과 관계가 있다. 토크빌에 따르면 미국 민주주의의 견고함과 안정은 미국에 독립선언이나 헌법이 기초되기 훨씬 이전부터 미국사회가 철저히 민주주의적이고 평등했다는 사실, 미국인은 "태어나면서부터 평등"하다는 사실에서 연유한다. 북미대륙에 들어온 전통문화로는 17세기 포르투갈이나 스페인의 절대주의 문화보다 오히려 영국이나 네덜란드의 자유로운 문화 쪽이 우세하였다. 이에 반해 브라질이나 페루는 각 계급이 이기적이고 서로 적의를 품은 계급화된 계층구조를 이어받았다.

어떤 나라에서는 다른 나라보다 좀 더 노골적이고 또한 뿌리 깊은 주종관계가 남아있는 경우도 있다. 라틴아메리카에서는 대개 남북전쟁 이전의 미국 남부처럼 공공연한 노예제도가 있었다. 사실상 지주계급에 소작인들을 농노로 묶어 두었던 대농장 농업이 존재했던 것이다. 이것은 헤겔이 지

9) 하지만 터키에서도 정교 분리를 실시한 이후 민주주의의 유지에 곤란을 겪고 있다. 미국의 인권단체인 프리덤하우스는 1984년, 이슬람교도가 대다수를 차지하는 36개국 가운데 21개국을 '자유롭지 않다', 15개국을 '부분적으로 자유롭다'고 했으나 그 사정(查定)에는 완전히 자유로운 나라는 하나도 없었다. Huntington, *"Will More Countries Become Democratic?"* p. 208.

배와 복종의 초기단계에 특유한 것으로 논한 상황을 가져왔다. 즉 폭력적이고 나태한 지배계급과 그들 자신이 자유롭다는 것을 거의 생각하지 못하는 공포에 찬 노예계급이 존재한 것이다. 대조적으로 코스타리카에서는 대농장 농업이 존재하지 않았다. 코스타리카는 스페인 제국으로부터 독립적인 (혹은 무시된) 지역이었고 누구나가 빈곤하다는 점에서 평등했다. 그리고 그것이 이 나라가 상대적으로 민주주의에 성공한 이유 중의 하나가 되었다.[10]

안정된 민주주의의 발전을 저해하는 마지막 요인은 건전한 시민사회— 즉 민족이 국가에 의존하는 것이 아니라, 민족 스스로가 토크빌이 말한 "협조의 기술"을 발휘할 수 있는 영역—를 자율적으로 만들어내는 사회적 능력과 관계가 있다. 토크빌은 민주주의가 가장 잘 기능할 때에는, 그것이 상의하달(上意下達)에 의해서가 아니라 하의상달(下意上達)에 의해, 즉 자유나 정치에 대하여 학교의 역할을 하는 무수한 지방자치단체나 민간단체로부터 중앙정부가 자연스럽게 발생한 경우라고 논했다. 요컨대 민주주의는 자치의 문제이고, 만일 사람들에게 자신의 마을이나 사회, 다양한 직업단체, 대학 등을 자기들 스스로 다스려 나갈 수 있는 능력이 있다면 국가수준에서도 똑같이 잘 해나갈 수 있는 가능성이 더 높아진다는 것이다.

이러한 능력은 민주주의를 낳은 근대 이전 사회의 성격과 관련이 있는 경우가 많다. 근대 이전에 봉건적인 귀족이나 지방에 할거하는 군벌 등 중간에 위치하는 권력계층이 조직적으로 파괴되고 중앙집권 국가의 강력한 지배를 받은 사회는 일단 근대화되면 권력이 봉건영주와 왕 사이에서 분할되어 있던 봉건사회에 비해 독재적인 지배 체제를 낳는 경향이 크다고 주장되어 왔다.[11] 국토가 넓고, 혁명 이전 시대에는 중앙집권화된 관료주의적 제정국가였던 러시아와 중국은 공산주의라는 전체주의 국가로 발전한데 반해, 대단히 봉건적이었던 영국과 일본은 안정된 민주주의를 유지하고

---

10) 코스타리카에 관한 논의에 대해서는 Harrison, *Underdevelopment Is a State of Mind*, pp. 48~54를 참조.

11) 이러한 논조로 가장 유명한 것은 Barrington Moore, *Social Origins of Dictatorship and Democracy* (Boston: Beacon Press, 1966)이다.

있다.[12] 이것은 프랑스나 스페인 같은 서유럽 국가들에서 안정된 민주주의를 건설하는 데 따르는 어려움을 설명해 주고 있다. 이 두 나라의 경우 봉건제는 16, 17세기에 중앙집권화와 근대화를 시행한 군주제에 의해 파괴되었고 강력한 국가 권력과 함께 이에 의지하는 약화된 힘없는 시민사회만이 남았다. 이들 중앙집권화된 군주제는 특정한 정신적 관습, 다시 말해 사람들이 개인적, 자발적으로 스스로를 조직화하여 지역 수준에서 함께 일한다든지 자신들의 생활에 책임을 진다든지 하는 관습을 없애버리는 결과를 초래하였다. 프랑스에서 중앙집권의 전통이란 어떤 지방에 홍수가 나더라도 파리의 허가 없이는 도로나 다리 하나도 만들 수 없는 그런 것이었다. 그리고 그 중앙집권의 전통은 끊이지 않고 루이13세부터 나폴레옹에까지 이어져, 현재의 제5공화국 체제에서도 국무자문회의라는 형태로 남아있다.[13] 스페인도 라틴아메리카 대부분의 나라에 똑같은 유산을 남겨주고 있다.

"민주주의적"인 문화의 강점은 때로는 자유민주주의의 다양한 요소가 나타나는 순서에 크게 좌우된다. 예를 들면 영국이나 미국 등 현대의 가장 강력한 민주주의 제국은 자유주의가 민주주의에, 자유가 평등에 선행한 국가이다. 즉 언론의 자유나 결사의 자유, 그리고 정치참여와 같은 자유로운 권리는 처음에는 소수 특권계급——대개 남성이고 백인 토지소유자——간에 행사되었고 그것이 나중에 다른 국민에게도 확대된 것이다.[14]

---

12) 이 주장에는 설득력을 약화시키는 문제가 많이 있다. 예를 들면, 스웨덴을 비롯, 수많은 중앙집권화된 전제군주 국가가 나중에는 아주 안정되고 자유로운 민주주의 국가로 발전해 갔다. 일부 논자의 지적에 따르면, 봉건제는 그 후의 민주적 발전에 방해가 되기도 하는가 하면, 그 반대작용을 하는 경우도 있어, 남북 아메리카의 경험의 주요한 차이는 여기에 있는 것이다. Huntington, "*Will More Countries Become Democratic?*" p. 203을 참조.

13) 오랫동안 프랑스인은 중앙집권주의의 습관을 스스로 타파하려고 하여, 교육 같은 분야에서 지방자치제로 권한이양을 시도하는 등 많은 노력을 기울여왔다. 이러한 시도는 최근, 보수정권에서도 사회당 정권에서도 실시되었으나 비중앙집권화로의 이러한 노력의 최종적인 성과는 아직 이루어진 것이 없다.

14) 국민적 일치의 형성에서 시작하여 효과적인 민주적 제도의 설립, 나아가 국민의 직접적 정치참여의 확대에 이르는 경위에 관해서는, Robert A. Dahl, *Polyarchy: Participation and Opposition* (New Haven: Yale University Press, 1971), p. 36에서도 같은 주장이 실려 있다. 또 Eric Nordlinger, "Political Development: Time Sequences and Rates of Change,"

패자의 권리를 신중하게 보호하는 민주주의적인 논쟁이나 타협과 같은 습관은 말하자면 장기간에 걸쳐 종족적, 민족적 증오가 넘치는 광대하고 잡다한 사회의 모든 사람들이 몸에 익히기 훨씬 이전부터, 비슷한 사회배경과 기호를 가진 특권집단에 의해 몸에 익혀진 것이었다. 이러한 발전단계가 자유민주주의를 튼튼히 뿌리내리게 하고 그것을 국가의 전통으로 연결시킨 것이다. 자유민주주의와 애국주의의 이와 같은 동일화는 근래에 시민권을 얻은 집단이라도 이들을 강하게 유도하여, 처음부터 이 사회에 참가했다 해도 이루지 못할 정도로 강하게 그 집단을 민주주의적 제도에 연결시키는 것이다.

이러한 모든 요인—국가적 동일성에 대한 감각, 종교, 사회적 평등, 시민사회를 향한 성향, 그리고 자유주의적 제도에 대한 역사적 체험과 같은 요인—이 어우러져 한 민족의 문화를 형성하고 있다. 이 점에 대한 각 민족의 차이로 인해, 자유민주주의라는 동일 체제가 어떤 민족에 대해서는 잘 기능하고 다른 민족에서는 기능하지 못하거나, 혹은 동일 민족이 어떤 시대에는 민주주의를 거부하고 다른 시대에는 주저 없이 그것을 채용하게 하는 것이다. 자유의 영역을 확대하고 그 흐름을 강화하려고 하는 정치가는 누구나 국가가 '역사의 종점'에 도달하는데 필요한 힘을 둔화시키는 문화적·전통적 속박에 대해 민감하지 않으면 안 된다.

그렇기는 하지만, 문화와 민주주의의 관계를 고찰할 때 피해야 할 잘못된 논제가 몇 가지 있다. 그 첫째는 문화적 요인이 민주주의 창조에 필요한 '충분한' 조건을 갖추고 있다는 생각이다. 예를 들면 어느 저명한 소비에트 문제 연구자와 같은 이는 브레즈네프 시대의 소련이 도시화나 교육, 일인당 수입, 종교와 정치의 분리 등의 면에서 일정 수준에 달해 있었다는 이유만으로 소련에서 실질적 다원주의가 존재할 수 있다고 확신한 것이다. 그러나 우리들은 나치스 독일이 통상 안정된 민주주의에 불가결하다고 간주되는 문화적인 전제조건을 거의 대부분 갖추고 있었다는 점을 상기해야 한다. 나치스 독일은 국가적으로 통합되어 있고 경제적으로도 발전하고, 다수가 프로테스탄트이며 건전한 시민사회를 이루고 있었고, 서유럽의 다

World Politics 20 (1968): 494~530 and Leonard Binder, et al, *Crises and Sequences in Political Development* (Princeton: Princeton University Press, 1971)를 참조.

른 나라들 이상으로 불평등하지도 않았다. 그럼에도 불구하고 국가사회주의를 구성하고 있던 분노나 패기에 기반을 둔 자기 주장의 무서운 분출은 합리적이고 상호적인 인식을 향한 욕망을 완전히 능가해버린 것이다.

민주주의는 결코 뒷문으로 들어오지 않는다. 어떤 점에서 민주주의는 그 건설을 위한 정성스런 정치적 결단으로부터 태어나야 하는 것이다. 정치의 영역은 문화의 영역과는 분명한 구별이 있고, 또한 욕망, '패기' 및 이성이 교차하는 지점으로서 그 자체가 특수한 존엄성을 갖고 있다. 안정된 자유민주주의는 정치의 기술을 이해하고, 사람들의 보이지 않는 성향을 영속적인 정치제도로 도출해 낼 수 있는 현명하고 유능한 정치가 없이는 탄생하기 어렵다. 민주주의로의 이행에 성공한 예에 관한 연구에서는 새로운 민주주의 지도자들의 정치력이 지니는 중요성이 강조되고 있다. 예를 들면 군사력을 삭감하면서 과거의 군사력 남용에 대한 책임을 추궁하는 능력이라든가, 예부터 전해 내려온 상징(국기, 국가 등)을 존속시켜가는 능력이라든가, 확립된 정당 제도를 유지하고 대통령제이든 의회제이든 그 민주주의적 제도를 유지해 가는 능력 등에 대한 중요성이 강조되고 있다.[15] 이와는 반대로 민주주의의 붕괴에 관한 연구에서도 민주주의의 쇠퇴는 문화적 · 경제적 상황의 피하기 어려운 소산이 아니라, 분명히 개개 정치가들의 잘못된 결정에서 발생한 것이었다는 점을 어떤 예에서도 찾아볼 수 있다.[16] 예를 들면 라틴아메리카 제국은 1930년대 세계공황에 직면했을 때 결코 수입대체 정책이나 보호무역주의를 채택하지 않을 수 없었던 것은 아닌데도 이러한 정책을 취했기 때문에 오랜 세월에 걸쳐 안정된 민주주의에 대한 가능성을 해쳤던 것이다.[17]

---

15) 예를 들어 만일 칠레가 대통령제가 아니라 오히려 국가 전체의 제도적 구조를 파괴하지 않고 정부의 사직이나 정치적 연립을 허용하는 의회제도를 가지고 있었다면, 1970년대 칠레의 민주주의 붕괴는 막을 수 있었을지도 모른다. 대통령제 민주주의와 의회제 민주주의의 대비에 관해서는 Juan Linz, "The Perils of Presidentialism," *Journal of Democracy I*, no. 1 (Winter 1990): 51~69를 참조.

16) 이것은 Juan Linz, *The Breakdown of Democratic Regimes: Crisis, Breakdown, and Reequilibriation* (Baltimore: Johns Hopkins University Press, 1978)에서의 주제이다.

17) 이에 관련된 일반적인 문제에 관해서는 역시 Diamond et al., *Democracy in Developing Countries*, vol. 4, pp. 19~27을 참조. 제2차 세계대전이 끝날 때까지 비교정치학의 이론적 연구는 헌법이나 법 원리에 초점이 맞춰져 있었다. 유럽의 사회학 영향을 받아 전후의

문화와 민주주의를 둘러싼 보다 일반적인 잘못은, 문화적 요인을 민주주의 건설을 위한 '필요조건'이라고 보는 것이다. 막스 베버는 근대 민주주의의 역사적 기원에 대해 상세히 설명하면서, 민주주의는 서유럽 도시에 존재하는 특정한 사회적 조건에서 발생하는 것이라고 생각했다.[18] 민주주의에 대한 베버의 설명은 여느 때처럼 역사적으로도 내용이 풍부하고 통찰력이 있다. 그러나 그는 민주주의를 무언가 서양문명 한쪽 구석의 특수한 문화적·사회적 환경에서 생겨난 것으로 묘사하고 있다. 민주주의가 생각할 수 있는 한 가장 합리적인 정치체제이고, 문화의 차이를 넘어 인간의 본성에 한층 '적합'하다는 이유에서 생겼다는 사실에 대해서는 진지한 고찰이 이루어지지 않았다.

민주주의를 낳기 위한 소위 문화적 "전제조건"의 모든 것을 만족시키지는 못하면서도 놀랄 만큼 높은 수준의 민주주의적 안정을 달성하고 있는 나라들의 예는 많다. 그 전형이 인도이다. 인도는 가난하고 근대화에도 뒤떨어지고(경제의 어떤 분야에서는 과학기술이 대단히 진보해 있지만), 국가도 통합되어 있지 않을 뿐더러 종교는 프로테스탄트도 아니다. 그럼에도 불구하고 이 나라는 1947년 독립 이래 계속 민주주의를 효과적으로 기능시켜 왔다. 또한 과거 다른 시대에는 문화적으로 안정된 민주주의를 수립할 자격이라곤 없다고 단정지었던 민족도 있었다. 예를 들면 독일인이나 일본인은 그 권위주의적인 전통에 의해 민주주의로 향하는 길이 차단되어 있다고 일컬어지고 있었다. 러시아나 그리스에서 그리스정교가 그러했듯이 스페인이나 포르투갈, 그리고 많은 라틴아메리카 나라들에서 가톨릭교도

'근대화이론'은 이러한 법과 정치의 문제를 도외시하고, 오로지 기본적인 경제적·문화적·사회적 요인에만 초점을 맞춰 민주주의의 기원과 그 성공을 설명했다. 최근 수십 년 간에 예일대학의 Juan Linz의 연구에 따라 예전의 시점으로 돌아가고자 하는 움직임도 얼마간 일어나고 있다. 그의 그룹은 자치와 정치의 존엄에 올바르게 빛을 비추고, 그것을 정치 아래의 영역으로 한층 균형이 잡힌 것으로 만들어 놓았다.

18) 베버의 설명에 의하면 서유럽에 자유가 존재하는 것은, 서유럽의 도시가 자립한 전사들의 자기방어 조직에 근거하고 있고, 서유럽의 종교(유대교와 기독교)가 주술이나 미신과의 관계를 끊어버렸기 때문이다. 길드(guild) 시스템, 특히 중세적인 신제도는 중세도시에서의 자유롭고 비교적 평등주의적인 사회관계의 출현을 설명하기 위해 필요하다. Weber, *General Economic History* (New Brunswick, N. J.: Transaction Books, 1981), pp. 315~337을 참조.

민주화에 결코 극복할 수 없는 장애가 된다고 생각되어 왔다. 수많은 동유럽 민족만 해도 서유럽의 자유민주주의에는 흥미도 없거니와 그것을 실현할 능력도 없다고 여겨졌던 것이다.

고르바초프의 페레스트로이카가 아무리 시간이 지나도 명확한 개혁을 이룰 수 없었던 점에 대해, 구소련 내외를 불문하고 많은 사람들이 러시아인은 민주주의의 유지에 관해 문화적으로 무능하다고 생각했다. 사실, 러시아인은 자유주의적 전통도 시민사회도 갖지 못한 채 여러 세기에 걸쳐 독재에 시달려왔다. 그럼에도 불구하고 이와 같은 지역의 도처에서 모두 민주적 제도가 나타난 것이다. 구소련에서는 보리스 옐친 하에서 러시아공화국 의회가 마치 오랜 전통을 가진 입법부처럼 기능하고 있고 동시에 1990년부터 1991년에 걸쳐 점점 광범하면서도 늠름한 시민사회가 자연발생적으로 나타났다. 이 나라의 민주주의 이념이 국민 사이에 얼마만큼 깊게 뿌리내렸는가는 1991년 8월 소련지도부의 쿠데타 미수에 대한 폭넓은 저항을 보면 분명해진다.[19]

너무나 자주 듣는 주장으로, 원래 민주주의적인 전통을 가지고 있지 않은 나라는 민주화될 수 없다는 설이 있다. 그러나 만약 민주주의적인 전통이 필요불가결하다면 어떠한 나라도 민주주의 국가는 될 수 없다. 왜냐하면 극히 권위주의적인 전통에서 출발하지 않았던 민족이나 문화는 (서유럽을 포함하여)하나도 존재하지 않기 때문이다.

이러한 고찰을 더 진행시키면, 문화와 정치와의, 그리고 민족과 국가와의 경계는 그다지 명확하지 않다는 것을 알 수 있다. 국가는 민족을 형성한 후에, 즉 민족의 "선과 악에 관한 기준"을 확립하고 새로운 습관, 풍습 그리고 문화를 새로 창조하고 나서야 실로 커다란 역할을 할 수 있다. 미

19) 당초 고르바초프류의 개혁 결과로서 구소련에 영속적인 민주적 제반제도가 확립될지 어떨지는 전혀 짐작이 가지 않으나, 그것이 차세대에 정착하는 것을 저해하는 결정적인 문화적 요인은 아무것도 없다. 교육수준이나 도시화, 경제발전 등의 요소에서 보더라도, 구소련은 현실적으로 민주화에 성공하고 있는 인도나 코스타리카 같은 제3세계 나라들보다 많은 유리한 점을 가지고 있다. 어떤 민족은 깊은 문화적 이유로 인해 민주화가 불가능하다고 하는 생각 자체가 실제로 민주화에 있어서는 장애가 된다. 러시아 엘리트의 마음속에 존재하는 어떤 종류의 러시아 공포증이나 구소련 시민이 자기들의 생활을 지배하는 능력에 대한 심각한 비관주의, 그리고 강대한 국가권력이 불가피하다고 하는 숙명론은 생각만으로 그친다면 괜찮지만, 도가 지나치면 정말 심각한 문제가 된다.

국인은 단순히 "태어나면서부터 평등했던" 것이 아니라, 독립과 건국에 앞서서 영국 식민지 시대부터 주 및 군 단위로 자치를 실시함으로써 "평등하게 만들어진" 것이었다. 그리고 미국 건국의 민주주의적인 성질은 분명히 후세대의 민주적인 미국인, 즉 그때까지의 역사과정에는 존재하지 않았던 하나의 인간 유형(토크빌이 선명하게 묘사해낸 유형)의 형성원인이 되었다. 문화는 자연법칙과 같이 일정불변의 현상은 아니다. 그것은 인간의 창조물이고 끊임없는 진화과정을 거치고 있다. 경제발전, 전쟁 등의 전 국민적인 참화, 이민 혹은 의식적인 선택에 의해 문화는 바뀔 수 있는 것이다. 따라서 민주주의를 위해 문화적인 '선행조건'이 되는 것에 대해서는 그 결정적인 중요성은 이해하면서도 어느 정도의 의구심을 갖고 대응해갈 필요가 있다.

한편 민족과 그 문화의 중요성은 자유로운 합리주의의 한계를, 바꿔 말하면 합리적이면서 자유주의적인 제도가 비합리적인 '패기'에 어떻게 의존하는 것인가를 두드러지게 한다. 합리적이고 자유로운 국가는 단 한 번의 선거로는 태어나지 않는다. 또한 그것은 어느 정도 비합리적인 애국심이나 관용 등의 가치관에 대한 본능적인 애착을 빼고서는 살아남을 수 없다. 현대의 자유민주주의의 건전함이 시민사회의 건전함에 의해 유지되고 그 시민사회의 건전함이 사람들의 자발적인 연대능력을 기반으로 한다면, 자유주의가 성공하기 위해서는 스스로의 원리원칙을 뛰어넘어야만 한다는 것이 분명해진다. 토크빌이 말한 것과 같은 시민연합체나 공동체는 종종, 자유주의적인 원리에서가 아니라 종교나 민족성, 그 외의 비합리적인 원리에 기반을 두고 있다. 그렇기 때문에 정치상의 근대화가 성공하기 위해서는 제반 권리나 제도적 약속이라는 틀 속에 여러 민족의 유풍이나 국가의 불완전한 승리와 같은 전근대적인 요소를 남겨둘 필요가 있다.

21
노동의 패기적 본질

헤겔은⋯⋯노동은 본질이다, 인간의 참 본질이다, 라고 믿었다.
—칼 마르크스[1]

공업화의 진전과 민주주의 간에 강한 상관관계가 있다면 어느 나라가 장기간에 걸쳐 경제적으로 발전해 갈 능력을 갖는 것이 그 나라가 자유로운 사회를 만들고 유지해 나가기 위해 극히 중요한 것이라고 생각될 것이다. 그러나 현재 가장 성공을 거두고 있는 경제가 자본주의라 하더라도 모든 자본주의 경제가 성공을 거두고 있는 것은 아니다—적어도 다른 나라의 자본주의 경제 만큼 잘 되어가지 않는 경우가 있다. 마치 형식상으로는 민주주의를 채택하고 있는 나라들이라도 민주주의의 유지 능력에는 분명한 차이가 있는 것처럼, 형식상 자본주의 경제를 채택하고 있는 나라들도 그 성장 능력에는 분명히 차이가 있다.

국가 간에 부의 격차를 초래하는 첫째 원인은 정부의 정책이 현명한지 어리석은지에 달려 있고, 일단 잘못된 정책이 강제되는 것을 제외한다면 인간의 경제활동은 거의 보편성을 지닌다는 것이 애덤 스미스의 생각이었다. 자본주의 나라들 간의 업적의 차이의 대부분은 사실상 정부 정책의

---

1) Kojève, *Introduction à la lecture de Hegel*, p. 9.

차이에서 기인한다고 할 수 있다. 전부터 지적되었듯이[2] 라틴아메리카에서 표면상 자본주의 형태를 취하고 있는 나라의 대부분은 실은 중상주의(16, 17세기에 유럽 여러 나라가 취한, 무역을 통해 나라를 풍요롭게 하려는 경제정책)의 기형적 산물이다. 거기서는 오랜 동안에 걸친 국가의 간섭이 효율을 저하시키고 기업가 정신을 압살시켜 왔다. 반대로 제2차 세계대전 후 동아시아의 경제적 성공의 최대원인은 이 지역이 국내의 경쟁적 시장경제의 유지와 같은 현명한 경제정책을 취한 데에 있다. 정부의 정책이 얼마나 중요한가는 스페인이나 한국, 멕시코와 같은 나라가 시장을 개방해 급성장을 이루고, 한편 아르헨티나와 같은 나라가 산업을 국유화함으로써 경제 붕괴를 초래한 것에서 단적으로 나타나고 있다.

그럼에도 불구하고 경제에 있어 정책의 차이는 사사로운 문제이고, 안정된 민주주의를 유지하는 국민의 능력을 문화가 좌우하는 것과 같이, 경제활동에도 오히려 문화 쪽이 어떤 결정적인 영향을 미친다는 느낌이 든다. 이것은 무엇보다도 노동에 대한 인식에 가장 잘 나타나 있다. 노동은 헤겔에 따르면 인간의 '본질'이다. 자연을 인간이 생활하기 쉬운 형태로 바꿈으로써 인류사를 만들어낸 것은 일하는 노예이다. 소수의 나태한 군주를 뺀 모든 인간은 노동을 한다. 그런데도 인간의 노동하는 양식과 정도에는 엄청난 차이가 있다. 이러한 차이는 전통적으로 "노동윤리"라는 표제 아래 논의되어 왔다.

오늘날 세계적으로 "국민성"에 대해 말하는 것은 그다지 환영받지 못한다. 한 민족의 윤리적인 습관에 대한 일반론의 시비는 '과학적'으로 측정할 수 없고, 따라서 흔히 그러하듯이 그것이 일화(逸話) 비슷한 근거에 바탕을 두고 있을 때는 조잡한 표본화와 남용에 빠지기 쉽다. 국민성의 일반화는 우리 시대의 상대주의나 평등주의 풍조에 반하는 것이기도 하다. 그것은 거의 항상 문제시되고 있는 문화의 상대적 가치에 대해 암묵적인 가치판단을 내포하고 있기 때문이다. 자신의 문화가 나태와 불성실을 조장한다는 말을 들어 기분 좋을 사람은 없다. 그러나 실제로는 그러한 가치판단이 상당히 널리 통하곤 한다.

그렇지만 외국생활이나 해외여행 경험이 있는 사람이라면 누구라도 노

2) 제2부의 5 "자유시장 경제의 승리"를 참조.

동에 대한 생각은 그 나라의 문화에 따라 결정적으로 좌우된다는 것을 인정하지 않을 수 없을 것이다. 이러한 차이는 예를 들면 말레이시아, 인도 혹은 미국 등 다민족 사회의 상대적인 경제활동양식에서 어느 정도 경험적으로 추측할 수 있다. 유럽에서의 유태인, 중동에서의 그리스인이나 아르메니아인, 동남아시아에서의 중국인과 같은 특정 민족집단에 의한 탁월한 경제활동은 상세한 자료를 내밀 필요도 없을 만큼 잘 알려져 있다. 토머스 소웰의 지적에 따르면, 미국에서는 서인도제도에서 자발적으로 이민해 온 흑인 자손과 직접 아프리카에서 노예로 끌려온 흑인 자손 간에는 교육과 수입에 뚜렷한 격차가 있다고 한다.[3] 이러한 격차는 경제적 능력이 단순히 경제활동 기회의 유무와 같은 환경상의 조건뿐만 아니라 그 민족집단의 문화 그 자체에도 관계가 있음을 나타내고 있다.

다양한 문화에서의 노동에 대한 대응방법에는 일인당 수입과 같은 경제적 업적에 관한 대략적인 척도 이상으로 많은 미묘한 차이가 있다. 그 하나의 예로서 제2차 세계대전시 영국의 과학적 첩보활동의 창시자의 한 사람인 R. V. 존스의 이야기를 소개하겠다.

그는 전쟁 초기에 영국이 독일의 레이더 기기를 어떻게 아무 손상 없는 상태로 입수하여 본국으로 가지고 들어왔는가에 대해 자세히 이야기하고 있다. 당시 영국은 이미 레이더를 개발하였고 기술적으로는 독일보다 훨씬 앞서 있었지만 그래도 독일제 레이더는 놀랄 만큼 우수했다. 그 이유는 독일 안테나가 영국에서 생산 가능한 제품보다 내구성 면에서 뛰어났기 때문이다.[4] 고도로 숙련된 공업기술 전통의 유지라는 점에서 독일이 장기간에 걸쳐 유럽의 이웃나라를 훨씬 능가해온 것은 독일의 자동차나 공작기계 산업을 보면 지금도 분명하다. 그리고 그것은 "거시" 경제정책이라는 관점에서는 설명할 수 없는 현상의 하나이기도 하다. 독일의 우월성의 궁극적인 원인은 문화의 영역에서 찾아야 할 것이다.

애덤 스미스에서 시작되는 전통적인 자유주의 경제이론에 따르면 노동

---

3) Thomas Sowell, *The Economics and Politics of Race: An International Perspective* (New York: Quill, 1983); and Sowell, "Three Black Histories," *Wilson Quarterly* (Winter 1979): 96~106을 참조.

4) R. V. Jones, *The Wizard War: British Scientific Intelligence*, 1939~1945 (New York: Coward, McCann, and Geoghan, 1978), pp. 199, 229~230.

이란 본질적으로 불쾌한 활동이고[5] 노동에 의해 창조되는 물건의 효용으로 인해 어쩔 수 없이 하게 되는 활동[6]이라 한다. 그 효용은 주로 여가시간을 즐길 수 있는데 있는 것이고, 어떤 의미에서는 인간의 노동의 목적은 일하는 데에 있는 것이 아니라 여가를 즐기는데 있다는 것이다. 인간은 노동의 한계 불효용 즉, 잔업이나 토요일 노동의 불쾌함 등이 노동에서 생기는 물질적 이익의 효용을 초과하는 점에 달할 때까지 일한다. 노동의 생산성 및 노동의 한계 불효용에 대한 주관적인 평가는 사람에 따라 다르다 하더라도 인간이 얼마만큼 일할지는 본질적으로 노동의 불쾌함과 그 노동의 결과 생기는 만족을 감안한 합리적인 계산의 결과인 것이다. 한층 커다란 물질적 이익을 위해서라면 노동자는 더욱 더 일을 열심히 한다. 고용자가 시간외 노동에 대해 두 배의 임금을 지불하겠다고 말하면 노동자는 늦게까지 잔업을 하게 되기 쉬운 것이다. 따라서 전통적인 자유주의 경제이론에서는 욕망과 이성이라는 두 가지 요소가 노동에 대한 자세의 차이를 충분히 설명해 준다.

이에 반해 "노동윤리"라는 말은, 사람들의 노동양식과 정도의 차이가 문화나 습관에 따라 결정되는 것, 따라서 그것이 어떠한 형태든 '패기'에 관계되어 있음을 암시하고 있다. 그리고 사실, 전통적인 자유주의 경제학의 엄밀히 공리주의적인 관점에서 보면, 강한 노동윤리를 겸비하고 있는 한 민족 혹은 한 개인을 충분히 설명하는 것은 대단히 어렵다. 현대의 "A형 행동양식 인간"(항상 긴장하고, 성급하며 경쟁적인 성격의 인간)을 예로 들어보자. 높은 급료를 받는 변호사나 기업의 간부, 혹은 경쟁력 있는 일본의 다국적 기업에 고용되어 있는 일본인 비즈니스맨이 이에 포함된다. 이런 타입의 인간은 불평도 없이 주 70시간에서 80시간이나 되는 노동을

5) 일하는 것이 본질적으로 불쾌하다는 사고방식은 유대·기독교의 전통에 깊이 뿌리박혀 있다. 구약성경의 천지창조 부분에서 노동은 세계를 창조하기 위해 고심한 신의 이미지 속에 나타나 있으나, 동시에 신의 은총으로부터의 타락의 소산인 인간에 부과된 하나의 저주라고도 묘사되고 있다. '영구한 생명'이란 노동이 아닌 '영원한 안식'이란 의미이다. Jaroslav Pelikan, "Commandment or Curse: The Paradox of Work in the Judeo-Christian Tradition," in Pelikan et al., *Comparative Work Ethics: Judeo-Christian Isramic, and Eastern* (Washington, D. C.: Library of Congress, 1985), p. 9, 19.

6) 이 생각은 노동은 소비를 위해 유익한 것을 만들어내는 수단으로만 생각하고 있는 로크에게도 지지를 받을 것이다.

하고 거의 휴가도 받지 않으며 출세의 계단을 올라간다. 확실히 그들은 그다지 일하지 않는 다른 사람들에 비해 고액의 급료가 지불될지도 모르지만, 그 노동의 정도는 엄밀하게는 보수와는 무관한 것이다. 실제로 그들의 행동은 엄밀한 공리주의적 관점에서 보면 비합리적인 것이다.[7]

그들은 자신의 돈을 쓸 틈이 없을 정도로 열심히 일한다. 여가를 즐기려 해도 그럴 여가조차 없는 것이다. 그리고 오로지 일만 하는 생활 속에서 자신의 건강을 해치고 안락한 은퇴생활의 전망도 잃는다. 왜냐하면 그들은 퇴직하기 전에 죽게 될 가능성이 높기 때문이다. 물론 그들은 자신의 가족을 위해, 혹은 미래의 세대를 위해 일하고 있는 것이라고 주장할 수도 있고, 그것이 다소라도 일의 동기가 되는 것은 틀림없다. 그렇지만 일 중독자의 대부분은 좀처럼 아이들의 얼굴을 보는 적도 없고 오로지 일에 쫓기고 있기 때문에 가정생활의 대부분은 희생되고 있다.

이와 같은 사람들이 그렇게까지 열심히 일하는 이유는 금전상의 보수와는 거의 상관이 없다. 그들은 분명 노동 그 자체에 혹은 노동이 가져다주는 지위나 인정받는 것에 만족을 느끼고 있는 것이다. 그들의 자기 자신에 대한 가치관은 얼마만큼 솜씨 좋게 일하는가, 어떻게 해서 출세의 계단을 올라갈까, 그리고 타인으로부터 어떻게 해서 존경을 얻을 수 있을까 하는 것과 밀접하게 연결되어 있다. 그들이 물질적인 부를 얻고 기뻐하는 것은 실제로 그것을 어떤 용도에 쓸 수 있기 때문이 아니라 그 부가 자신에게

---

7) 현대의 경제학자라면 이러한 개인의 행동을 '효용' 이라는 순수하게 형식적인 정의(定義)를 사용하여 설명하려 들 것이다. '효용' 이란 실제로 인간에 의해 추구되는 어떠한 목적이라도 포함하는 것이다. 결국, 현대의 일중독자는 자기의 노동에서 정신적 '효용' 을 얻고 있다고 할 수 있다. 이 점에서는 베버가 말하는 금욕적인 프로테스탄트 기업가가 영원의 구제를 추구하는 자기의 소망에서 '정신적 효용' 을 얻고 있는 것과 같다. 금전이나 여가, 인정 또는 영원의 구제에 대한 욕망이 '효용' 이라는 틀에 박힌 표현으로 일괄해 파악할 수 있다는 사실은, 인간행동 가운데 정말 흥미 깊은 뭔가를 설명하고자 할 때 이러한 경제학의 형식적 정의로는 도움이 되지 않는다는 것을 나타내는 것이다. 효용이론은 별도로 치더라도 이러한 효용에 관한 포괄적인 정의의 이론적인 설득력은 상실되었다. 종래의 경제적인 '효용' 의 정의에서 한발 떨어져, 이 말의 사용법을 좀 더 상식적인 의미로 제한해 가는 편이 훨씬 현명할 것이다. 효용이란, 주로 재산이나 다른 물질적 소유에 의해 인간의 욕망을 채우거나 인간의 고통을 완화시키는 것이다. 따라서, 순수하게 패기에 찬 만족을 위해 자기의 정욕을 매일매일 억제하는 금욕적인 인간은 '효용을 최대한으로 추구하는 자' 라고는 할 수 없을 것이다.

명성을 가져다주기 때문이다. 그들에게는 부를 충분히 즐기고 쓸 정도의
여가조차 없다. 바꿔 말하면 그들은 욕망을 위해서라기보다도 오히려 자신
의 '패기'를 만족시키기 위해 노동에 힘을 쓰고 있는 것이다.

　사실, 노동윤리에 대한 경험주의적 연구의 대부분은 이와 같은 사람들
을 비공리주의적인 기원을 갖는 타입으로 간주해 왔다. 이러한 연구 중에
서 가장 유명한 것은 의심할 것도 없이 막스 베버의 《프로테스탄티즘 윤리
와 자본주의 정신(1904-05)》이다. 베버는 프로테스탄티즘, 특히 칼빈파나
퓨리턴파와 자본주의적인 경제발전과의 관계를 처음으로 인식한 인물은
결코 아니었다. 실제로 베버의 관찰은 이 책을 쓴 시대에는 극히 당연한 이
야기이고 오히려 그것에 반론을 제기하려는 쪽이 성가실 것이라고 그 자신
은 느끼고 있었다.[8] 그렇지만 이 책이 출판된 이래 그의 설은 끊임없이 논
란의 표적이 되어 왔다. 베버가 가정한 종교와 경제행동과의 특정한 인과
관계에 대해 많은 사람이 이의를 제기했지만, 그 양자 간에 강력한 관계가
있다는 사실을 완전히 부정하려 한 사람은 거의 없다.[9]

---

8)　자본주의와 프로테스탄티즘과의 관계를 지적한 저술가로서 베버 자신이 언급하고 있
　는 인물로는 1880년대에 널리 읽힌 경제학 텍스트를 쓴 벨기에의 Emile de Laveleye와 영
　국의 비평가 Matthew Arnold가 있다. 그 밖에 러시아의 작가 Nikolay Mel'gunov, John
　Keats, 그리고 H. T. Buckle도 포함된다. 베버가 다룬 테마의 선구자에 대해서는 Reinhold
　Bendix, "The Protestant Ethic-Revisited," *Comparative Studies in Society and History* 9,
　no. 3 (April 1967) : 266~273을 참조.

9)　베버 비평가의 대부분은, 예를 들면 유태인이나 이탈리아인의 가톨릭 공동체에서 종교
　개혁에 앞서 자본주의가 출현한 것을 지적했다. 베버가 논한 퓨리터니즘은 자본주의가
　퍼진 뒤에 나타난 쇠퇴된 퓨리터니즘에 지나지 않고, 그런 이유로 그 퓨리터니즘은 자본
　주의의 창시자로서가 아니라 전달자로서 도움이 되었다고 지적하는 이도 있다. 또한 프
　로테스탄트나 가톨릭 공동체의 상대적인 업적은, 프로테스탄티즘의 어떤 적극적인 공헌
　에 의해서가 아니라, 오히려 반 종교개혁이 낳은 경제적 합리주의에 대한 장애에 의해 더
　잘 설명할 수 있다고 하는 주장도 있어 왔다.
　베버의 테마에 대한 비판문헌으로는 다음과 같은 것이 있다. R. H. Tawney, *Religion and
　the Rise of Capitalism* (New York: Harcourt, brace and World, 1962); Kemper Fullerton,
　"Calvinism and Capitalism," *Harvard Theological Review* 21 (1929): 163~191; Ernst
　Troeltsch, *The Social Teaching of the Christian Churches* (New York: Macmillan, 1950);
　Werner Sombart, *The Quintessence of Capitalism* (New York: Dutton, 1915); 그리고 H.
　H. Robertson, *Aspects of the Rise of Economic Individualism* (Cambridge: Cambridge
　University Press, 1933). 또 Strauss, *Natural Right and History, footnote* 22, pp. 60~61에서
　베버에 관한 논의를 참조. Strauss는 종교개혁에 앞서 합리적 철학사상의 혁명이 있었고,

라틴아메리카를 보면 프로테스탄티즘과 경제성장과의 관계는 오늘날에도 명백하다. 이 지역에서는 대규모적인 프로테스탄티즘으로의 (대개 북미의 복음주의—16세기 초기의 유럽에서 종교개혁에 앞서서 가톨릭교회의 조직 내에서 그 정화를 꾀하고 신앙을 쇄신하고자 시도한 운동, 또 그 근저에 있는 생각—종파에 의한)개종이 종종 개인수입의 눈부신 증가와 범죄행위나 마약 사용 등의 저하를 가져온 것이다.[10]

베버가 설명하고자 시도한 것은 제한 없는 부의 축적을 위해 그 생애를 바친 자본주의 초기의 기업가의 대부분이 왜 그 부의 소비에는 관심을 갖지 않았던 것처럼 보이는가 하는 점이었다. 그들의 검소함이나 자기 수양, 성실함, 결백, 단순한 쾌락에 대한 혐오감 등은 베버가 칼빈파 예정설의 교의(教義)의 변형으로서 이해한 "세속적 금욕주의"의 구성요소였다. 노동은 효용과 소비를 위해 행해지는 불쾌한 활동이 아니라 오히려 "천직"이고 프로테스탄트 교도는 거기서 자신이 구제받을 존재인가 단죄받을 존재인가가 반영된다고 믿고 있었다. 노동은 완전히 비물질적이고 '비합리적'인 목표를 위해 행해지는 것, 즉 사람이 그것을 하도록 '선택' 되었음을 나타내는 것이었다. 프로테스탄트가 노동을 할 때의 헌신과 규율은 쾌락과 고통에 관한 어떠한 현세적이고 합리적인 타산으로도 설명할 수 없다. 베버에 따르면, 자본주의의 기반을 이루는 최초의 정신적인 추진력은 시대와 함께 쇠퇴하고 물질적인 부를 위한 노동이 자본주의 속으로 다시 파고들어왔다. 그럼에도 불구하고 "천직을 다하려는 이념"은 오늘날의 세계에서도 "사멸한 종교적 신념의 망령처럼" 살아있고 현대 유럽의 노동윤리는 그 정신적 기원에 대한 언급이 없고서는 완전히 설명할 수 없다는 것이다.

그것이 자본주의의 정통성 보급에 일정한 책임을 갖는 제한 없는 물질적 부의 축적도 정당화했다고 말하고 있다.

10) Emilio Willems, "Culture Change and the Rise of Protestantism in Brazil and Chile," in S. N. Eisenstadt ed., *The Protestant Ethic and Modernization: A Comparative View* (New York: Basic Books, 1968), pp. 184~208을 참조. 진보에 대한 문화의 영향에 관해서는 1992년에 Basic Books에서 출판 예정인 Lawrence E. Harrison의 저서를 참조할 것. 그밖에 David Martin, *Tongues of Fire: The Explosion of Protestantism in Latin America* (Oxford: Basil Blackwell, 1990)를 참조. 라틴아메리카에서의 해방신학은 그것이 합리적이고 제한 없는 자본주의적 축적의 비정통화에 한몫을 담당하고 있는 한, 반 종교개혁의 훌륭한 후계자이다.

다른 문화에서도 그 경제적인 성공을 설명하기 위한 "프로테스탄트 윤리"와 유사한 사상이 발견된다.[11] 한 예를 들면, 로버트 벨라는 현대 일본인의 노동윤리의 원천을 이루는 일본적 종교관이 칼빈이즘과 기능적으로 같다는 것을 나타내고 있다. 예를 들면 불교의 한 파인 정토진종(淨土眞宗)은 검약과 검소, 정직, 근면, 게다가 소비에 대한 금욕적인 태도 등을 강조하는 반면, 일본의 그 이전의 유교적 전통에서는 인정되지 않았던 이익 추구를 어느 정도까지 인정하였다.[12] 정토진종 만큼의 영향력은 갖지 못했지만 이시다 바이간(石田梅岩)의 심학(心學)도 일종의 "세속적 신비주의"를 내세웠고, 근면과 검약을 강조하는 한편 소비를 경시하였다.[13]

이러한 종교적인 운동은 사무라이 계급의 무사도 윤리와 밀접한 관계가 있었다. 무사도는 목숨을 거는 각오에 중점을 두는 전사의 이데올로기였음에도 불구하고 나태한 지배자가 되는 것보다 금욕적인 생활과 검약을, 그리고 특히 학문을 장려하였다. 그 때문에 일본에서는 금욕적인 노동윤리와 합리성을 동반하는 "자본주의 정신"에 대해서는 해군의 과학기술이나 프러시아 헌법처럼 외국에서 수입할 필요가 없었다. 이 정신은 일본의 문화와 전통 속에 처음부터 갖추어져 있었던 것이다.

이상과 같이 종교적 신념이 자본주의 경제발전을 촉진시키거나 가능하게 한 예와는 대조적으로 종교나 문화가 그 장애물로 작용한 나라들의 예도 많이 있다. 예를 들면 힌두교는 인류의 보편적 평등이라는 원칙에 바탕을 두지 않은 얼마 안 되는 세계적인 대종교 중의 하나이다. 힌두교의 원리에 따르면 인간은 모든 권리와 특권, 삶의 방식을 규정하는 복잡한 일련의 카스트(인도 고대의 세습적 계급제도)로 나뉜다. 힌두교가 지금까지 인도에서의 자유로운 정치의 실천에 있어 그다지 방해가 되지 않았던 것은 기묘한 역설이라고 말할 수 있지만—하긴 종교상 편협의 도는 증대해 가는

---

11) 베버 자신, 중국이나 인도의 종교에 관한 책을 저술, 이러한 문화 속에 자본주의의 정신이 나타나지 않았던 이유를 설명하고자 했다. 하지만 그것은 이러한 문화가 외국에서 수입한 자본주의를 촉진하거나 또는 반대로 방해하거나 했느냐 하는 문제와는 시점이 미묘하게 다르다. 후자의 시점에 관해서는 David Gellner, "Max Weber, Capitalism and the Religion of India," *Sociology* 16, no. 4 (November 1982): 526~543을 참조.

12) Robert Bellah, *Tokugawa Religion* (Boston: Beacon Press, 1957), pp. 117~126.

13) *Ibid*., pp. 133~161.

추세로, 이러한 상태도 언제 뒤집힐지 모른다—그것이 경제성장에 있어 장애물인 것은 분명하다. 그 이유로는 일반적으로 힌두교가 하층 카스트의 빈곤과 사회적 비유동성을 정당시하고 있다는 사실, 즉 내세에서는 지금보다 높은 카스트로 다시 태어날 수 있는 가능성을 약속하는 한편, 현세의 타고난 신분은 그것이 무엇이든 감수하게끔 한다는 사실을 들 수 있다.

빈곤을 정당시하는 힌두교의 전통은 현대 인도의 아버지인 간디에 의해 어느 정도 근대적인 모습을 갖추면서 촉진되어 왔다. 간디는 단조로운 농민의 생활이 정신적인 충족을 가져오는 미덕이라고 설명했던 것이다. 힌두교는 확실히 빈곤 속에서 살아가는 인도인의 일상생활의 무거운 짐을 경감시켜 왔는지도 모르고 이 종교의 그러한 '정신성'이 서유럽 중류계급의 젊은이들에게는 커다란 매력이었는지도 모른다. 그렇지만 그것은 신자들에게 자본주의 정신과는 많은 점에서 양립할 수 없는 일종의 현세에 대한 무력감과 무관심을 초래하고 있기도 하다. 물론 인도인 기업가 중에는 대성공을 거둔 사람도 많지만, 그들은 (마치 중국의 화교처럼) 인도 문화의 틀밖에서 그 진취성을 한층 활기있게 발휘하고 있는 듯하다. 인도의 우수한 과학자들이 대부분 해외에서 일을 하고 있는 것에 주목한 작가 V. S. 나이폴도 다음과 같이 말하지 않을 수 없었다.

> 인도의 빈곤은 어떤 기계보다도 인간성을 빼앗고 있다. 또, 인도에서 사는 인간은 '달마'라는 불법(佛法)개념(법, 규범)에 의해 어떤 기계문명 하에서 생활하는 인간보다도 심한 굴종 속에 갇혀 있다. 인도로 돌아온 과학자는 외국에서 몸에 익힌 개인으로서의 인격을 벗어던진다. 그는 스스로 카스트에 동화됨으로써 평안을 다시 얻는다. 그리고 그들의 세계는 한번 더 단순한 것이 된다. 거기에는 붕대처럼 아픔을 완화시켜 주는 세세한 풍습이 있다. 이전에 스스로의 창조력을 낳아준 인식이나 판단은 마치 무거운 짐처럼 버려진다. ……카스트의 암묵은 불가촉(不可觸) 천민제도나 거기에서 생기는 부정(不淨)한 것에 대한 신성시에만 있는 것은 아니다. 인도와 같은 나라에서는 카스트가 부과하고 있는 절대적인

복종, 그 틀에 박힌 만족, 모험심의 쇠퇴, 인간에게서 인격과 뛰어 난 가능성을 박탈하는 검은 그림자가 점점 커지려 하고 있다.[14]

군너 뮈르달Grunnar Myrdar도 남아시아의 빈곤에 관한 뛰어난 연구 중에서 인도의 종교는 도처에서 "사회의 불활성화의 강력한 요인"을 이루고 있고, 정토진종(淨土眞宗)이나 칼빈이즘이 그러했듯이 그것이 사회변혁의 적극적 인자로서 작용하고 있는 곳은 아무데도 없다는 결론에 달하고 있다.[15]

힌두교가 빈곤을 정당시하는 것 같은 사례를 근거로 사회과학자들의 대부분은, 종교는 공업화와 함께 쇠퇴하는 각종 "전통적 문화"의 하나라고 생각해 왔다. 종교상의 신념은 근본적으로는 비합리적인 것이고, 그렇기 때문에 근대 자본주의를 구성하고 있는 합리적인 탐욕 앞에 굴복하지 않을 수 없다는 것이다. 그러나 만일 베버나 벨라가 옳다면 종교상의 신념이 갖는 '특정형태'와 자본주의 사이에는 근본적인 긴장관계 같은 것이 전혀 없었던 것이 된다. 확실히 자본주의는 그것이 유럽형이든 일본형이든 '천직으로서의 노동', 즉 소비를 위해서가 아니라 노동 그 자체를 위한 노동을 촉구한 종교적 원리 덕분에 대단히 용이하게 발전하였다. 노골적인 자유주의 경제—재산에 대한 사욕을 채운다는 문제에 이성을 채용함으로써 제한 없이 스스로를 풍요롭게 하는 것을 인간에게 요구하는 교의—는 확실히 자본주의 사회기능의 대부분을 설명해 주는지도 모른다. 그러나 그것은 가장 경쟁력 있고 다이내믹한 자본주의 사회에 대해서는 충분한 설명을 해주지 않는다. 최대의 성공을 거두어 세계의 정점에 오른 자본주의 사회는 이 사회가 근본적으로 비합리적이고 또한 '전근대적 노동윤리'를 우연히 가지고 있었기 때문이고, 한편으로는 그 노동윤리가, 노동 바로 그자체가 보수로 간주되어야 한다는 이유에서 사람들에게 금욕적 생활을 하

14) *India: A Wounded Civilization* (New York: Vintage Books, 1978), pp. 187~188.
15) 힌두교에 의해 야기된 정신적인 무기력 상태 말고도 뮈르달은 생산활동에 도움이 되지 않는 소의 숫자가 인구의 반수에 달하는 나라에서는 소의 도살을 금지하는 힌두의 가르침 자체가 경제성장에 있어서 중대한 장애물이 되고 있다고 기술했다. Gunnar Myrdal, *Asian Drama: An Inquiry into the Poverty of Nations* (New York: Twentieth Century Fund, 1968), vol, 1, pp. 89~91, 95~96, 103.

게끔 했기 때문이다. 이러한 점을 생각하면 역사의 종착점에서도 우리들의 합리적이고 자유주의적인 경제활동을 유지해 가기 위해, 혹은 적어도 우리들이 세계 경제대국 중의 톱클래스에 머물기 위해서 어떤 종류의 비합리적인 '패기'는 여전히 빼놓을 수 없는 것이다.

물론 그 중에는 유럽이나 일본에서 노동윤리의 종교적인 기원이 어떤 것이든 이 나라들은 현대사회가 전면적으로 세속화되는데 따라 이제는 독자적인 정신적 원천으로부터 완전히 분리되었다고 반론하는 사람도 있을 것이다. 사람들은 노동을 이제는 '천직'이 아니라, 자본주의의 제반 법칙이 명령하는 대로의 합리적인 사익추구를 위한 것으로 생각하고 있다는 것이다.

자본주의적인 노동윤리가 그 정신적인 원천으로부터 결별한 것, 그리고 소비를 적극적으로 인정하는 문화가 성장한 것을 근거로 하여 많은 연구자는 노동윤리의 급격한 쇠퇴와 그에 따른 자본주의 자체의 약체화를 예언하게 되었다.[16] "풍요한 사회"의 실현은 자연스런 필요에서 나오는 자극의 잔재를 모두 없애고 사람들을 노동보다도 오히려 여가의 만끽을 추구하는 방향으로 이끌 것이라는 주장이다. 노동윤리의 쇠퇴를 둘러싼 이와 같은 예언은 1970년의 연구—노동자의 직인 기질이나 자기 수양, 근로의욕 수준의 저하가 경영자 측의 일반인식이 된 것을 지적한 수많은 연구—에 의해 지지받아온 관점이었다.[17] 오늘날에는 베버가 그린 금욕적인 검약을 맹종하는 기업 경영자는 거의 없을 것이다. 때문에 노동윤리는 정면 공격에 의해 파괴되는 것이 아니라 '자기실현'이라든가, 단순한 노동이 아니라 '의의 있는 일'을 하고 싶다는 욕구와 같은 금욕주의와는 상반되는 다른 세속적인 가치가 조장됨으로써 서서히 붕괴되어갈 것이라고 믿어졌다. 노동윤리가 여전히 뿌리 깊게 남아있는 일본에서도 중역이나 경영자들은 구미의 동료들과 마찬가지로 모든 점에서 자신이 태어난 문화의 정신적 원

---

16) 이 논의는 Daniel Bell, The Cultural Contradictions of Capitalism (New York: Basic Books, 1976), p. 21에서 주장되었다. 또 Michael Rose, *Reworking the Worth Ethic: Economic Values and Socio-Cultural Politics* (New York: Schocken Books, 1985), pp. 53~68을 참조.

17) *Ibid*, p. 66. 그리고 David Cherrington, *The Work Ethic: Working Values and Values that Work* (New York: Amacom, 1980), pp. 12~15, 73을 참조.

천으로부터 분리되어 세속화되고 있기 때문에 장래에는 이 나라에서도 노동에 관련된 가치의 쇠퇴라는 똑같은 과정이 문제가 될 것이라는 주장이다.

노동윤리의 쇠퇴에 관한 이상의 예언이 미국에 들어맞을지는 아직 알 수 없다. 1970년대에 지적된 노동윤리의 쇠퇴화 경향은 적어도 미국의 전문직이나 경영자층 사이에서는 오히려 역전되어온 것처럼 보인다.[18] 그 이유는 문화적인 면이 아니라 오히려 경제적인 면에 있는 듯하다. 1980년대에 미국국민의 많은 계층은 실질적인 생활수준의 저하나 고용의 불안정화에 타격을 입고 지금까지의 생활수준을 유지하기 위해서는 좀 더 근면해지지 않을 수 없다는 것을 깨달았다. 이 시기에 한층 높은 수준의 물질적 번영을 향유한 사람조차 합리적인 사익 추구라는 견인력은 사람들을 고무하여 근면하게 오래 일하도록 하는 형태를 계속 취하였다. 노동윤리에 미치는 소비주의의 악영향을 우려한 사람들은 마르크스처럼 사람들을 육체적 한계까지 노동으로 계속 몰아세우는 인간적인 욕망과 불안은 매우 탄력적인 성질을 갖고 있다는 사실을 망각하는 경향이 많았다. 합리적인 사익추구가 노동윤리를 자극하는데 중요한 것이라는 사실은 동서독 노동자들의 생산성을 비교해보면 분명해진다. 그들은 같은 문화를 공유하면서도 그들이 직면한 물질적 동기가 달랐다. 자본주의 체제인 서독에서의 강력한 노동윤리의 존속은 베버가 말하는 "사멸한 종교적 신념의 망령"의 영속성의 증거라기보다 오히려 이성과 결부된 욕망이라는 힘의 강대함을 입증하는 것인지도 모른다.

그럼에도 불구하고 자유시장 경제에 대한 공통의 열의를 가지고 있는 나라들, 그리고 합리적인 사익의 추구가 당연시되고 있는 나라들 사이에서도 노동에 대한 자세에는 여전히 큰 차이가 있다. 이것은 몇 개 나라에

---

18) 미국 노동통계국에 따르면 1989년에 풀타임 고용의 미국 노동자 가운데 주 49시간 이상 일하는 사람은 24%였으나, 그 수가 10년 전에는 겨우 18%였다. Louis Harris의 조사에 따르면, 미국 성인의 주당 여가시간의 평균치는 1973의 26.2시간에서 1987년에는 16.8시간으로 떨어졌다. 통계는 Peter T. Kilborn, "Tales from the Digital Treadmill," *New York Times* (June 3, 1990), Section 4, pp. 1, 3에서 인용. 또한 Leslie Berkman, "40-Hour Week Is Part Time for Those on the Fast Track," *Los Angeles Times* (March 22, 1990), Part T, p. 8 을 참조. 이러한 참고문헌에 관해서는 Doyle McManus에게 감사한다.

서 '패기'가 현대 세계에서 종교 이외의 새로운 거점을 발견했다는 사실의 반영처럼 생각된다.

예를 들면, 일본의 문화는(동아시아의 많은 나라들과 동일한데) 개인보다는 집단지향이 강하다. 이 집단은 가족이라는 가장 가까운 단위에서 시작하여 교육에 의해 확립되는 다양한 도제관계(徒弟關係)를 통해 확대되고, 근무지인 회사, 그리고 나아가서는 일본문화에 있어 어떠한 의미에서도 최대의 집단인 국가에까지 이른다. 어느 개인의 독자성은 완전이라고 해도 좋을 정도로 집단의 독자성에 의해 묵살되어 있다. 그는 자신의 눈앞의 이익을 위해 일하는 것이 아니라 자신이 소속하고 있는 집단이나 혹은 좀 더 큰 집단의 복리를 위해 일하는 것이다. 그의 지위는 개인으로서의 공적보다도 그 집단의 공적에 의해 정해진다. 집단에 대한 그의 애착은 따라서 매우 '패기'에 찬 성격을 가지고 있다. 즉 그 집단이 자신과 일체라는 것을 인정받기 위해 일하는 것이고 또 단순히 자신의 급료라는 형태로 나타난 눈앞의 이익을 위해서가 아니라 다른 모든 집단에게 자신의 집단을 인정받기 위해 일하는 것이다. 그가 인정받으려고 하는 집단이 국가일 경우, 거기에는 경제적 민족주의가 생긴다. 그리고 확실히 일본은 미국보다도 경제적으로 민족주의 색채가 짙은 나라이다. 이 민족주의는 보호무역주의와 같은 분명한 형태가 아니라, 예를 들면 메이커에 의해 유지되고 있는 전통적 국내 유통업자의 네트워크가 더 비싼 가격을 지불하더라도 일본제품을 사려고 하는 그들의 자세 등, 보다 눈에 보이지 않는 형태로 나타나고 있다.

이러한 집단에 대한 일체화가, 일본 대기업의 일정 부분에도 도입되어 효과를 발휘하고 있는 반영구적인 종신고용과 같은 관행을 낳고 있다. 서유럽 자유시장 경제의 교훈으로 보면 종신고용은 피고용자에게 지나친 안도감을 줌으로써 경제효율을 당연히 저하시킬 것이다. 그것은 예를 들면 대학교수가 종신 재직권을 부여받은 그 순간부터 논문을 쓰지 않게 되는 것과 똑같다. 사실상 누구나 종신고용을 인정받았던 공산주의 세계의 경험도 또한 이 견해를 입증하고 있다. 가장 우수한 사람은 가장 보람 있는 일을 하는 것이 당연하고, 가장 높은 보수가 주어지는 것이 당연하다. 뒤집어 말하면 회사는 쓸모없는 사원을 해고시킬 수 있는 힘을 가지고 있어야만 한다.

고전적인 자유주의 경제학의 관점에서 보면 주인과 도제(徒弟)의 충성심은 시장을 경직화시키고 경제효율을 억제한다. 그런데 일본문화 속에서 자라난 집단의식의 현상으로 말하면 회사가 사원에게 보이는 온정에 보답하기 위해 사원은 눈물겨운 노력을 하고 자기 자신의 이익은 물론 한층 커다란 조직의 영광과 명성을 위해서도 일하게 된다. 이 한층 커다란 조직이란 단순한 급료 지불자일 뿐만 아니라 가족과 친구들을 보호해 주는 하나의 우산이고 인정의 원천이기도 하다. 그리고 일본인의 매우 발달된 민족적 자의식은 가족이나 회사 이상으로 동일성과 노동 의욕의 보다 깊은 원천이 되고 있다. 따라서 종교적인 정신성이 거의 소멸해버린 시대에 있어서조차 일본의 노동윤리는 중첩하는 다양한 공동체로부터의 인정에 기반을 둔 노동에 대한 긍지를 낳음으로써 지금까지 계속 유지되어온 것이다.

이와 같은 고도로 발달한 집단의식은 아시아의 여타 지역에는 공통된 현상이지만 유럽에서는 별로 찾아볼 수 없고, 하나의 회사에 대한 일생에 걸친 충성이라는 발상을 종종 불가해한 것으로 생각하는 미국에서는 거의 전무하다고 해도 좋다. 그러나 아시아 이외에도 어떤 종류의 집단의식이 노동윤리 유지에 도움이 되어온 곳은 있다. 유럽에서도 스페인이나 독일과 같은 나라에서는 수출시장 확대를 위해 노사가 일체가 되어 일하고자 하는 공통된 욕망의 형태를 취한 경제적 민족주의가 상당히 발달해 있다. 각종 직업별 조합도 전통적인 집단에 대한 동일화의 또 하나의 원천이었다. 예를 들면 고도로 숙련된 기계공은 단순히 타임레코더를 누르기 위해서가 아니라 일의 결과에 긍지를 갖고 있기 때문에 일하는 것이다. 다양한 자유업에 관해서도 똑같이 말할 수 있다. 이러한 직업을 갖기 위해 필요한 자격 기준이 상대적으로 높다는 것이 '패기'의 만족감을 떠받쳐주고 있는 것이다.

공산주의의 경제적 붕괴는 어떤 종류의 집단의식이 개인적인 사익 추구보다도 강한 노동윤리를 북돋우는 데에 있어 훨씬 뒤떨어진다는 사실을 우리에게 가르쳐준다. 지방의 정당 간부로부터 사회주의 건설을 목표로 삼아 일하라는 고함소리를 듣거나, 베트남이나 쿠바인과의 연대 의사를 나타내기 위해 토요일을 반납하라고 요구당한 구동독이나 소련의 노동자는,

노동을 가능한대로 회피하고 싶은 무거운 짐에 지나지 않는다고 생각하고 있었다. 민주화 과정에 있는 동유럽 여러 나라는 어느 곳이나 수십 년에 걸쳐 국가복지라는 발상에 익숙해져 있었기 때문에 이제 개인의 사익에 기반을 둔 노동윤리의 재구축이라는 문제에 직면하고 있는 것이다.

그렇지만 아시아나 유럽에서 경제적으로 성공을 거둔 나라의 경험에 비추어 보면 서유럽 자본주의 경제이론의 핵심을 이루는 개인의 이기심은 어떤 종류의 집단적 이해보다도 노동의욕의 원천으로서는 뒤떨어지는지도 모른다. 서유럽에서는 사람들이 자신만을 위해서라기보다 가족을 위해서라는 편이 일을 더 잘하고 또 전쟁이나 위기적 상황의 시대에는 국가를 위해서 일하는 것에도 인색하지 않다는 것이 오랜 동안 인정되어 왔다. 한편 오로지 합리적인 욕망에 토대를 두고 개인 수준으로 세분화되어 있는 미국이나 영국의 자유주의 경제에서는 어느 지점까지 오면 생산성에 브레이크가 걸리게 된다. 노동자가 일 그 자체에 대한 긍지를 잃고, 노동을 단순히 팔아야 할 상품의 하나에 지나지 않는다고 간주하게 되었을 때, 혹은 노사 쌍방이 서로 타국의 경영자나 노동자와 경쟁할 때 잠재적 동맹군이 된다고 생각하지 않고 오히려 세력권 다툼(제로섬게임)에서의 적으로 생각하게 되었을 때 이러한 사태가 일어나는 것이다.[19]

문화는 정치적인 자유주의를 수립하여 유지해 가는 국가의 능력에 영향을 주는 것처럼, 자유주의 경제를 기능시켜 가는 국가의 능력에도 영향을 준다. 그리고 자본주의의 성공은 정치적 민주주의의 경우와 같이 전근대적인 문화의 전통이 현대에 남아있는지 어떤지에 어느 정도 관련되어 있다. 정치적인 자유주의가 그러하듯이 경제적인 자유주의도 완전히 자율적인 것이 아니라 비합리적인 '패기'의 정도에 의해 좌우되는 것이다.

많은 나라들이 정치적 · 경제적 자유주의를 널리 받아들인다 해도 문화에 관한 각국 간의 차이는 사라지지 않을 것이고, 이데올로기상의 대립에 의한 균열이 수복됨에 따라 그 차이가 점점 뚜렷해질 것은 틀림없다. 일본과 미국이 형식적으로는 공통의 정치 · 경제체제를 공유하고 있음에도 불구하고, 이미 많은 미국인에게 있어서는 세계의 자유에 관한 문제보다

---

19) 영국과 일본 노동자의 차이에 관해서는 Rose, *Re-working the Work Ethic*, pp. 84~85를 참조.

도 미·일의 무역논쟁 쪽이 훨씬 커다란 현안으로 등장하고 있다. 이 점으로 말하면 미국에 대한 일본의 영구적이고 도저히 해소 불가능하게 보이는 무역흑자는 입법조치에 의한 보호무역주의의 소산이 아니라 오히려 높은 저축율과 일본 공급업자 간의 폐쇄적인 결합과 같은 문화적인 요인의 소산인 것이다. 냉전이라는 이데올로기상의 대결은 어느 한쪽이 베를린 장벽과 같은 특정 정치문제에서 타협하면, 혹은 그 이데올로기를 모두 버린다면 완전히 해결될 것이다. 그러나 표면상 자유민주주의적인 자본주의를 채택하고 있는 국가 간의 영속적인 문화의 차이는 그렇게 쉽게 없어지지는 않을 것이다.

　노동에 대한 자세를 둘러싼 미·일간의 이와 같은 문화적 차이도 한편으로 자본주의가 거의 제대로 기능하고 있지 않은 제3세계 국가 다수와 미·일 양국을 가로막는 문화적인 차이와 비교하면 전혀 하잘 것 없는 것처럼 생각된다. 자유주의 경제는 그것을 자신해서 이용하려 하는 사람들이라면 누구에게든 번영을 향한 가장 바람직한 경로를 가르쳐 준다. 많은 나라들에 있어서는 올바른 시장지향형 정책을 채택한다는 그 하나만이 문제가 될 뿐이다. 그렇지만 경제정책은 고도성장에 불가결한 전제조건에 지나지 않는다. '패기'의 비합리적인 다양한 형태—종교, 민족주의, 숙련직이나 전문직이 노동에 대한 긍지와 수준을 유지해가는 능력—는 무수한 경로를 통해 경제활동에 계속 영향을 주어 부유한 나라와 빈곤한 나라의 차를 만들어간다. 그리고 이와 같은 격차가 뿌리 깊게 존속하고 있다는 사실에서 보면, 앞으로의 국제세계는 적대하는 이데올로기 간의 경합관계로서가 아니라—왜냐하면 경제적으로 성공한 나라의 대부분이 비슷한 이데올로기 노선을 따라 계열화되어갈 것이기 때문에—오히려, 점점 서로 다른 문화 간의 경합관계로서 의미를 갖게 될 것이다.

22
분노의 왕국, 복종의 왕국

문화는 경제발전에 대해서 그것을 촉진하든지 억제하든지 간에 다소라도 영향을 끼치고 있으며, 그것이 제2부에서 설명한 바와 같이 보편적인 역사의 발전에 잠재적 장애로 등장하고 있다. 근대경제—근대의 자연과학에 의해 정해진 공업화의 진행—는 인류의 균질화를 조장하고, 그 과정에서 다종다양한 전통문화를 파괴하고 있다. 그렇다고는 해도, 근대경제가 항상 승리만 한다고는 볼 수 없으며, 거꾸로 어떤 종류의 문화나 특정한 형태로 나타나는 '패기'를 자기의 내부로 받아들이는데 어려움을 느낄지도 모른다. 그리고 만약 경제적인 균질화의 진행이 멈추면 민주화의 진행도 역시 불확실한 미래에 직면하게 될 것이다. 세계의 많은 국민이 머릿속으로 자본주의적 번영과 자유민주주의를 추구하고 있다고 해서 누구나다 그것을 손에 넣는다고 확신할 수는 없다.

따라서, 현재 자유민주주의를 대신할 만한 체계적인 원리가 없는 것은 명확하다고 해도 어쩌면 지금까지의 역사에서 예를 볼 수 없었던 새로운 권위주의적인 대체물이 장래 그 존재를 과시하게 될지도 모른다. 만약 이와 같은 새로운 원리가 등장한다고 하면, 그것은 두 종류의 독특한 민족

집단으로부터 생겨날 것이다. 그 하나는 자유주의 경제를 기능시키려는 노력에도 불구하고 문화적 이유에서 경제적 실패를 반복하고 있는 민족, 또 하나는 자본주의 게임에서 당치도 않은 성공을 거두는 민족이다.

첫 번째 경우, 요컨대 경제적 실패로부터 반 자유민주주의적인 원리가 생겨난다고 하는 현상은 과거에도 예가 있다. 최근의 이슬람 원리주의(근대화, 서구화를 부정하고, 움마라고 하는 공동체 속에서 이슬람법을 통해서 이슬람사회를 이룩해 가자는 움직임)의 부활은 상당수의 이슬람 인구가 존재하는 세계의 많은 나라들의 거의 대부분에 영향을 끼치고 있지만, 그 부활은 이슬람 사회가 비이슬람의 서유럽에 대해 스스로의 존엄을 유지하는데 대체로 실패하고 있다는 사실에 대한 하나의 반동이라고도 생각할 수 있다. 군사적으로 우수한 유럽과의 경쟁이라는 압력에 대해 많은 이슬람 제국은, 19세기에서 20세기 초에 걸쳐 그 경쟁에서 살아남기 위해 필수적이라고 생각되는 서유럽의 다양한 관습을 흡수하기 위해 엄청난 근대화의 노력을 시작했다. 메이지시대의 일본의 개혁과 마찬가지로 이와 같은 근대화 계획에는 경제나 관료제도, 그리고 군사로부터 교육 및 사회정책에 이르기까지 생활의 모든 부문에 서유럽 합리주의의 원리를 도입하려고 하는 철저한 시도가 포함되어 있었다. 이 방향에서의 가장 조직적인 시도는 터키에 의해 도모되었다. 터키에서 19세기의 오스만의 개혁이, 20세기가 되어 민족주의에 입각한 정교분리사회의 건설을 목표로 한 케말 아타튀르크 등 오늘날의 터키국가의 기초가 된 사람들에게 승계된 것이다. 이슬람 세계가 서구로부터 도입한 정신면에서의 최후의 주요 수입품은 비종교적인 민족주의이고 이집트 나세르의 범아랍 대민족주의 운동이나 시리아, 레바논, 그리고 이라크의 바스당은 그 대표적인 예이다.

그럼에도 불구하고 서유럽 테크놀로지를 이용하여 1905년에 러시아를 패퇴시키고 1941년에는 미국에 도전하고 있던 일본과 달리, 이슬람 세계의 대부분은 이러한 서구로부터의 수입품을 제대로 섭취하지 못했을 뿐 아니라 19세기와 20세기 초의 근대화주의자들이 바라고 있던 바와 같은 종류의 정치적 혹은 경제적인 성공을 이룬 것도 아니었다. 1960년대에서 70년대가 되어 석유가 부(富)를 가져오기까지 어떠한 이슬람 사회도 정치적으로나 경제적으로 서구의 적수가 되지는 못하였다. 실제로 많은 이슬람 제국은 제2차 세계대전 동안 식민지적인 종속상태를 지속해 왔으며, 비종교적인 범아랍 통일의 계획도 1967년에 이집트가 이스라엘에 굴욕적인 패배를 당한 후에는 완전히 틀어지고 말았다.

1978년부터 79년에 걸쳐 일어난 이란혁명과 동시에 부활한 이슬람 원리주의는 "전통적인 가치"들이 현대까지 살아남아 있는 것을 보여주는 예가 아니다. 교의로부터 일탈하여 타락한 이러한 전통적인 가치는 그때까지의 수백 년 동안에 완전히 패퇴했던 것이다. 이슬람 원리주의의 부활은 오히려 먼 옛날에 존재하고 있었다고 생각되는 한층 더 오래되고 순수한 일련의 가치에 대한 향수에 젖는 재주장이다. 이들 가치는 그 후의 역사에 보이는 신용할 수 없는 "전통적 가치"와도, 어색한 형태로 중동에 이식된 서유럽의 가치와도 다른 것이다. 이러한 점에서 이슬람 원리주의와 유럽의 파시즘과의 사이에는 표면적인 것 이상의 유사성이 있다. 유럽의 파시즘의 경우와 마찬가지로 이슬람 원리주의의 부활이 어설프게 근대화된 국가들에게 최대의 충격을 준 것은 그다지 놀랄 일이 아니다. 왜냐하면 이러한 국가에서는 서구의 다양한 가치의 이입에 따라 전통적인 문화가 철저하게 위협받고 있었기 때문이다. 전통적 사회의 일관성을 유지하지 못하고 또 서구의 기술이나 가치도 제대로 섭취할 수 없었다고 하는 이중의 실패에 의해 이슬람 사회의 존엄이 얼마나 깊이 상처받아 왔는지 그 점을 이해해야만 비로소 이슬람 원리주의가 가진 힘도 이해할 수 있게 된다.

미국의 경우에도 경제활동에 대한 자세의 문화적 차이가 새로운 반자유주의적 이데올로기를 발생시키고 있는 모습을 볼 수 있다. 공민권 운동의 고양기에는 미국의 흑인이 대부분 백인사회에로의 완전한 동화를 절실하게 원하였고, 이는 미국사회를 지배하고 있는 문화적 가치들을 충분히 흡수하고 있다는 것을 뜻했다. 흑인의 경우에 문제는 미국의 지배적 여러 가치 그 자체에 얽힌 것이 아니라 그 가치들을 수용한 흑인의 존엄을 백인사회가 기꺼이 인정할 수 있는지의 여부에 있었다. 그런데 법적으로 인정되고 있던 평등에의 장애가 1960년대가 되어 폐지되었음에도 불구하고, 또 흑인에게 유리한 각종의 고용·교육 촉진계획이 도입되고 있었음에도 불구하고 흑인 주민들 중에는 경제적인 발전은 고사하고 사실상 후퇴의 기미가 보이는 부분마저 있었다.

계속되는 경제상의 실패에 대한 정치적인 반동으로서 노동이나 교육, 고용 등 경제적 성공에 관한 전통적인 척도는 보편적인 가치가 아니라 "백인의 가치"라고 하는 주장이 이제는 보다 빈번하게 들리게 되었다. 흑인 지도자들 중에는 인종 편견이 없는 사회에의 동화를 추구하는 대신에 백인 사회의 문화와는 이질적이지만 대등한 문화, 스스로의 역사나 전통, 영웅, 그리고 다양한 가치를 갖고 있는 독특한 아프리카계 흑인문화에 자부심을 가져야 한다고 역설하는 사람도 있다. 이러한 주장은 어떤 경우에는 자본주의나 사회주의와 같은 "유럽형" 사상에 대해서 아프리카 고유의 문화의 우월을 설명하는 "아프리카 중심주의"로 변질한다. 이와 같은 고유한 문화의 존엄성을 교육제도에도, 고용자 측에게도, 그리고 국가 자체에서도 인정받고자 하는 욕망이 많은 흑인들 사이에서 분리할 수 없는 '인간적' 인 존엄, 예를 들면 마르틴 루터 킹이 언급한 크리스트교도로서의 인간의 존엄을 인정받고자 하는 욕망으로 바뀌어온 것이다. 이러한 사고방식의 결과로서 흑인들 자신에 의한 자기 차별은 더욱 더 진행되고—오늘날 대부분의 미국 대학 캠퍼스에서 분명히 나타나고 있듯이—경제활동이나 개인의 업적보다도 오히려 집단의 존엄에 눈을 돌린 정치가 사회발전의 주요한 원동력으로서 한층 중시되게 되었다.

그렇지만, 만약 새로운 반자유주의적 이데올로기가 경제 경쟁에서 문화적인 속박을 깨달은 눈뜬 사람들로부터 생겨난다면, 또 하나 생각될 수 있는 권위주의적 사상의 원천은 경제적으로 보통 이상의 성공을 획득해온 사람들인지도 모른다. 미국과 프랑스의 두 개의 혁명이 남긴 자유로운 보편주의는, 오늘날 경제적 실패가 누구의 눈으로 보더라도 명백한 공산세계에서가 아니라, 자유주의 경제가 일종의 가부장적인 권위주의와 결합된 아시아 사회로부터 가장 중대한 도전을 받고 있다. 제2차 세계대전 후 오랫동안에 걸쳐 일본이나 그 외의 아시아 사회는 구미를 완전히 근대화된 사회의 모델로 생각하고 경쟁력을 유지하기 위해 과학기술이나 서구적 경영방식, 나아가 구미적 정치체제에 이르기까지 모든 것을 도입해야 한다고 믿고 있었다. 그렇지만 그 미증유의 경제적 발전을 통해 아시아의 경우에는, 자신들의 성공이 단순히 서구의 모든 관습을 잘 차용해 왔기 때문이 아니라 아시아 사회가 스스로의 문화의 전통적 특질—강력한 노동윤리와 같은 특질—을 유지하고 그것을 현대의 비즈니스 환경에 동화시킨 사실 덕분이라는 인식이 높아졌던 것이다.

대부분의 아시아 여러 나라에서는 정치적 권위의 기원이 구미의 경우와는 다르고 자유민주주의에 관한 해석도 역사적으로 그것이 탄생한 나라들과는 상당히 다르다.[1] 유교적인 사회에서는 집단이라는 것이 노동윤리를 유지하는데 있어 중요할 뿐만 아니라 정치적 권위의 기반으로서도 결정적인 의미를 갖는다. 어느 한 개인이 지위를 얻는 것은 그 사람이 갖고 있는 개인적인 능력이나 가치 덕분이라고 하기보다 오로지 그가 일련의 집단들 중 하나에 속해있기 때문이다. 예를 들면 일본 헌법이나 법체계는 미국과 똑같이 개인의 제반 권리를 인정하고 있는지 모르지만 한편으로 일본사회는 우선 집단을 인정하려 하는 경향이 있다. 이와 같은 사회의 개인은 그 사람이 기존 집단의 일원이고 그 규칙을 준수하는 한도 내에서 존엄성을 갖는다. 그러나, 그가 그 집단을 거스르고 자신의 존엄과 권리를 주장하면 그 즉시 전통적인 전제 지배의 공공연한 폭정과 별반 다를 바 없는 심한 사회적 따돌림을 받게 되고, 지위를 잃게 된다. 이것이 협조성을 익혀야만 한다는 엄청난 압력을 낳고 그와 같은 사회에서 사는 사람은 어렸을 때부터 이 협조성을 몸에 익히게 되는 것이다. 바꿔 말하면 아시아 사회에서의 개인은 토크빌이 말하는 "다수자의 전제(專制)"—어쩌면 오히려 대소를 불문하고 개인의 생활과 연관이 있는 온갖 사회적 집단 속의 다수자의 전제—의 먹이가 되고 있다.

이와 같은 전제에 대해서는 일본사회 속에서 두세 가지 예를 들 수 있을 것이고, 동아시아의 어떤 문화에서도 비슷한 점을 찾아볼 수 있다. 일본에서 개인이 우선 첫째로 경의를 표해야 할 사회집단은 가족이고, 아이에 대한 아버지의 자애로운 권위는 지배자와 피지배자의 관계를 포함해 사회전반의 역학관계의 원형이었다.[2] (유럽에서도 가부장적 권위가 정치적 권위

---

1) 이 문제의 보다 상세한 검토에 대해서는 "Roderick McFarquhar, The Post-Confucian Challenge," *Economist* (February 9, 1980): 67~72; Lucian Pye, "The New Asian Capitalism: A Political Portrait," in Peter Berger and Hsin-Huang Michael Hsiao, eds., *In Search of an East Asian Development Model* (New Brunswick, N. J.: Transaction Books, 1988), pp. 81~98; and Pye, *Asian Power and Politics*, pp. 25~27, 33~34, 325~326을 참조.

2) 일본에서의 기본적인 사회적 관계는 동년배가 아니라 선배와 후배, 윗사람과 아랫사

의 모델이었지만, 근대 자유주의는 그 전통에 명확한 결별을 표명하였다).[3] 미국에서도 아이들은 어릴 때 양친의 권위에 대한 복종을 요구받는다. 그러나 성장함에 따라 그들은 부모에게 반항하고 자기 자신의 독자성을 주장하기 시작한다. 부모의 가치관이나 희망에 아이가 공공연하게 반기를 드는 10대의 반역이라는 행위는 하나의 인간으로서의 개성을 만들어가는 과정에서 거의 빼놓을 수 없는 것이다.[4] 왜냐하면 반역이라는 행위에 의해서만 아이는 자립과 자활에 대한 정신적 자세를 길러간다. 동시에 자신을 지켜주는 가정이라는 우산을 버릴 능력, 그리고 나중에는 한 사람의 어른으로서의 인격을 유지할 능력에 기초한 하나의 인간으로서의 '패기'에 찬 자기 가치관을 연마해 가는 것이다. 이 반역의 시기가 지나야 비로소 그는 양친과 서로 존중하는 관계로 되돌아갈 수 있는데, 그것은 이제 이전과 같은 종속관계가 아니라 대등한 관계인 것이다.

이에 반하여 일본에서는 10대의 반역 같은 것은 좀처럼 일어나지 않는다. 어린 시절의 연장자에 대한 복종은 성인이 되어서도 일생 계속되어 가는 것이 당연시된다. 사람의 '패기'는 개인의 자질에 긍지를 갖는 자기 자신에게가 아니라 오히려 개개 구성원 이상으로 전체로서의 평판을 우선하는 가족과 그 외의 집단으로 연결되어 간다.[5] 분노를 느끼는 것은 타인이 자기 자신의 가치를 인정해 주지 않았을 때가 아니라 이러한 집단이 경시되었을 때이다. 거꾸로, 최대의 수치심은 개인적인 실패로부터가 아니라 자신이 속하는 집단이 입은 불명예로부터 생긴다.[6] 따라서 일본의 많은 부모

람과의 수직적 관계이다. 이것은 가족이나 대학, 회사에서도 적용되며, 거기서 사람들이 우선 배려하는 것은 나이 많은 비호자에 대해서이다. Chie Nakane, *Japanese Society* (Berkeley: University of California Press, 1970), pp. 26ff를 참조.

3) 예를 들면 통치에 관한 로크의 제1논문은 가족을 모델로 한 가부장적인 정치적 권위를 정당화하려고 한 Robert Filmer에의 공격에서 시작된다. 이 점에 관해서 Tarcov, *Locke's Education for Liberty*, pp. 9~22를 참조.

4) 이것은 우연이 아니다. 로크는 《시민정치이론(二論)》 중에서 모종의 양친의 권위에 대해 아이의 권리를 옹호하고 있다.

5) Pye, *Asian Power and Politic*, p. 72에서는 일본의 가족이 중국의 가족과 다른 것은 가족의 충성심과 개인의 체면에 같은 중점을 둔다는 것이며, 그 때문에 일본인은 보다 현세적이고 순응성이 많다고 지적하고 있다.

6) 가족 그 자체는 경제적 합리성에 있어서 특별히 도움이 된다고는 생각되지 않는다. 파키스탄이나 중동의 여러 지역에서는, 가족의 기반이 어느 모로 보나 동아시아와 비슷하게

들은 결혼 상대를 고르는 등 아이들에게 있어서의 중요한 결단에 대해서도 자존심이 있는 미국 젊은이라면 누구 한 사람도 허용하지 않을 부분까지 나서서 참견하는 것이다.

일본에서 집단의식이 나타나는 두 번째 것은 종래의 서유럽 식의 민주주의적 정치가 침묵하고 있는 데에 있다. 서유럽의 민주주의는 선악에 대한 '패기'에 기초한 대립 의견의 충돌 위에 성립하고, 그 대립은 매스컴을 통한 논전으로 나타나며 최종적으로는 각종 수준의 선거에 의해 이해나 주장이 다른 정당에 의해 정권교체를 거듭해 간다. 이 대립의견의 충돌은 극히 당연하며 민주주의의 정상적인 기능에 있어 불가결한 부산물이라고 생각되고 있다. 대조적으로 일본에서는 사회 전체가 단일하고 안정된 권위의 원천을 가지고 있는 단 하나의 대집단으로 간주되기 쉽다. 그리고 집단의 조화를 강조함으로써 공공연한 대립은 정치의 외부로 쫓겨나는 경향에 있다. 따라서 일본에는 '정치문제'에서의 충돌에 의한 정권교체는 없고 오히려 자유민주당의 지배가 수십 년에 걸쳐서 계속되고 있는 것이다. 물론 자유민주당과 야당인 사회당이나 공산당 사이에는 명백한 논쟁도 있지만, 이들 야당은 주장이 너무 급진적이어서 시류에 맞지 않는 것이 실상이다. 그리고 진정한 의미에서의 정치 협상은, 일반적으로 말하자면, 중앙관료제도의 내부나 자민당의 밀실 등 대중의 눈이 닿지 않는 장소에서 이루어지고 있다.[7] 자민당 내부에서는 정치가 개인적인 상사, 부하 관계에 기초한 파벌의 끊임없는 술책을 통해 맴돌고 있으며, 서유럽이라면 누구나 정치의 내용으로서 이해하고 있는 것이 그곳에는 완전히 결여되어 있다.

강하지만, 그것은 경제적 합리성에 있어서 종종 장애가 되고 있다. 왜냐하면 이러한 기반이 친척을 봐준다거나 부족을 토대로 한 정실을 조장하고 있기 때문이다. 동아시아에서 가족을 구성하는 것은 현재 살아있는 혈연만이 아니라 때때로 선조도 그 일원이며, 그들이 자손 개개인에게 어떤 행동규범을 기대하는 것이다. 이리하여 강한 유대로 연결된 가족은 일가를 더 봐준다기보다는 오히려 내면적인 규율이나 결백과 정직함을 조장하는 경향이 있다.

7) 1989년 리쿠르트 사건 및 그 밖의 스캔들은 1년 동안 자민당의 두 명의 수상을 끌어내리고, 자민당은 참의원에서 다수 의석을 상실하게 되었다. 이것은 일본의 정치체제에도 서유럽 스타일의 인책 방식이 존재하고 있음을 나타내는 것이었다. 그럼에도 불구하고 자민당은 그 타격을 그런대로 잘 막아내어, 당 자체는 말할 것도 없고 일본의 정치적·관료적 방식을 조금도 구조적으로 개혁하지 않은 채 정치체계에 있어서의 패권을 간신히 유지했던 것이다.

일본의 집단적 합의의 중시는 그것에 반대한 미시마유키오(三島由紀夫)와 같은 개인주의자의 존경에 의해 부분적으로는 균형을 잡고 있다. 그러나 많은 아시아 사회에서는 자기를 둘러싼 사회의 부정에 대해 홀로 반기를 든 솔제니친이나 사하로프 박사와 같은 인간의 원리원칙에 입각한 개인주의에 대한 존경심은 거의 보이지 않는다. 프랑크 캐프라의 영화《스미스 워싱턴에 가다》속에서 제임스 스튜어트는, 지방 출신 상원의원이 죽은 뒤 정계의 보스로부터 그 주(州)의 대표로 지명된, 작은 마을의 순수한 인물을 그려내고 있다. 워싱턴에 도착하자마자 제임스 스튜어트는 자신이 본 부패에 대해서 반기를 들고 무절제한 법률의 성립을 저지하기 위해 단신으로 상원의 의사 진행을 방해하고 그를 교묘하게 조종하고 있던 막후 인물들을 당혹케 하는 것이다. 스튜어트의 역할은 어떤 의미에서 아메리칸 히어로(영웅)의 전형이다. 그렇지만 아시아 사회의 대부분에서는 단지 한 사람의 개인이 압도적 다수의 합의에 이의를 제기하면 미쳤다고 간주될 것이 틀림없다.

일본의 민주주의는 구미의 기준에서 보면 어딘가 권위주의적으로 보인다. 일본의 최고 권력자는 고급관료나 자민당 파벌의 우두머리들이지만, 그들은 민중의 선택에 의해 그 지위에 오르는 것이 아니라 학력이나 그것도 아니면 개인적인 연고를 통하여 올라왔다. 이러한 사람들이 선거 결과나 대중으로부터의 각종 압력에 그다지 귀 기울이지 않고 공동체의 복리에 영향을 끼치는 중대한 결정을 하고 있는 것이다. 그렇지만 이와 같은 체제도 그 밑바탕은 민주주의의 틀 안에 자리하고 있다. 왜냐하면 그것은 정기적인 복수 정당선거나 기본적 권리의 보증 등 자유민주주의의 기준을 지키고 있다는 의미에서 '형식적으로는' 민주주의적이기 때문이다.

일본사회의 대부분은 보편적인 개인의 여러 권리라고 하는 서구적 개념을 받아들여 그것을 그들 나름의 방식으로 만들어 왔다. 그러나 한편으로는 일본이 자애에 넘친 일당독재 체제에 의해 지배되고 있다는 견해도 성립된다. 그것은 집권당이 과거의 소비에트 공산당과 같은 형태로 사회에 스스로를 강요하기 있기 때문이 아니라 일본의 대중이 현상과 같은 방식으로 지배되는 것을 선택하고 있기 때문이다. 현대 일본의 정권 시스템은 일본의 집단 지향형 문화, 보다 공공연한 논쟁이나 여러 정당의 정권 교체에는 거의 친숙하지 않은 문화에 뿌리내린 광범한 사회적 합의를 반영하고 있는 것이다.

그렇지만 아시아 사회의 대부분에 집단의 조화를 이루는 광범한 합의가 있다면, 이 지역에서 권위주의가 더욱 표면화된 다채로운 형태로 퍼지고 있다 해도 놀랄 일은 아니다. 어떤 종류의 가부장적 권위주의는 자유민주주의에 비해 아시아의 유교적인 전통과 어울리기 쉽고, 더욱 중요한 점으로서, 일관된 높은 경제성장률을 유지해 가는 데에도 한층 적합하다는 설명은 가능하고, 실제로도 그와 같은 주장이 나오고 있다. 그 대표적인 예는 싱가포르의 수상(당시) 리광유의 의견이다. 그는 민주주의는 경제성장에 대해 손발의 족쇄라고 주장했다. 왜냐하면 민주주의는 합리적인 경제계획의 방해가 되고, 공동체 전체를 희생하여 무수한 사적 이익을 소리 높여 주장하는 것과 같은 일종의 평등주의적인 방종을 조장하기 때문이라는 것이다.

싱가포르 자체는 언론 비판의 봉쇄나 반체제파의 인권침해라는 점에서 최근에는 매우 악명이 높아졌다. 더구나 싱가포르 정부는 어린이의 장발을 규제하고, 비디오 가게를 불법화하고 심지어는 쓰레기를 내던지거나 공중화장실의 물을 내리지 않는다거나 하는 등의 사소한 범죄에까지 엄청난 벌금을 부과하는 등 서구에서는 전혀 받아들일 수 없을 정도로 시민의 사생활에 간섭의 손을 뻗치고 있다. 싱가포르의 권위주의는 20세기의 수준으로 보면 아직 온건하다고는 해도 두 가지 점에서 독특한 특징이 있다. 첫 번째로는 거기에 놀랄만한 경제적 성공이 수반되어 왔다는 점, 그리고 두 번째는 그것이 과도기적 조치로서가 아니라 자유민주주의보다 뛰어난 시스템으로 거부감 없이 정당화되어 왔다는 점이다.

아시아 사회는 그 집단 지향에 의해 많은 것을 잃고 있다. 그 사회는 사람들에게 고도의 복종을 강요하고 온건한 형태에서의 개성의 표현도 거부해 버린다. 이와 같은 사회의 속박은 전통적인 가부장적 가족의 중시에 의해 가정 바깥에서의 생활의 기회가 제한되어온 여성의 현상에 단적으로 나타나고 있다. 소비자도 거의 아무런 권리가 없고, 경제정책을 거부 표시 없이 받아들이지 않으면 안 된다. 집단에 기초를 둔 인정이란 결국 비합리적인 것이고 극단적인 경우에는 1930년대와 같이 광신적 배외주의나 전쟁

의 온상이 될 수도 있다. 전쟁으로 치닫지는 않는다 하더라도 집단 지향적
인 인정은 중대한 기능장애에 빠지는 경우가 있다. 예를 들면 오늘날에는
모든 선진국이 가난하고 정정(政情)이 불안정한 나라로부터 직장이나 안전
에 매혹된 대량의 인구가 유입되는 사태를 체험하고 있다. 그리고 일본도
미국 못지않게 특정 직종에 대한 저임금 노동자를 필요로 하고 있다. 그렇
지만 아마도 일본은 외부인에 대해서 기본적으로 너그럽지 않은 집단이기
때문에 이민을 받아들일 가능성이 가장 낮은 나라다. 이에 대해 미국의 철
저한 개인 수준의 자유주의는 막대한 이민 인구를 잘 동화해 갈 수 있는
유일한 기반이라고 생각할 수 있을 것이다.

　그렇다고는 해도 아시아의 전통적 가치는 근대적 소비주의 앞에서 붕괴
되어갈 것이라고 하는 이전부터의 예언은 지금까지 좀처럼 현실로 나타나
지 않았다. 그것은 아마도 아시아 사회가 어떤 종류의 장점을 가지고 있기
때문이다. 그리고 아시아인들은 이 장점을 그렇게 쉽사리 버리려 하지 않
고, 아시아 이외의 지역에서 나타나는 사회현상을 주위에서 보면서 더욱
그러한 경향은 짙어질 것이다. 미국의 노동자들은 아침 조례에서 사가(社
歌)를 제창할 필요는 없을지 모르지만 현대의 미국인의 생활에서 가장 공
통적으로 드러나고 있는 불만은 바로 그와 같은 공동체가 결여되어 있다
는 점이다. 미국의 공동체 생활의 붕괴는, 미국인이라면 누구나 느끼고 있
겠지만, 과거 2, 3세대 사이에 나타난 가족의 분해 및 핵가족화와 함께 시
작되었다. 그러나 그것은 또한 많은 미국인이 향토애에 아무런 의미를 발
견하지 못하고 가까운 가족 이외에는 사교성이 끼어들 자리가 없을 것 같
은 현상을 보더라도 확실히 알 수 없다. 그리고 아시아 사회는 바로 이 공
동체 감각을 제공하고 있고 그 문화 속에서 성장하고 있는 많은 사람들에
게 사회적 획일화나 개인주의에 대한 속박은 미세한 대가에 지나지 않는다
고 간주되는 것이다.

　이상의 내용을 종합적으로 생각해보면, 아시아 그리고 특히 일본은 세
계사라는 면에서 보아 특히 결정적인 전환점에 서 있는 것으로 보인다. 아
시아가 앞으로 수 세대에 걸쳐서 경제적 성공을 계속해 가더라도 그 진행
방향으로는 다른 두 가지의 가능성을 생각해 볼 수 있다. 하나는 점점 더
국제화되어 교육수준을 높인 아시아인들이 보편적이고 상호적인 인정이라

334 제4부 · 로도스 섬을 뛰어넘어

는 서구적 발상을 이대로 계속 흡수하여 형식상의 자유민주주의를 한층 더 넓혀가는 방향이다. 거기에서는 집단이라는 것이 '패기'에 입각한 자기 동일화의 원천으로서의 중요성을 잃어버릴 것이다. 결국 아시아인은 개인의 존엄, 여성의 권리, 그리고 사적 소비에 더욱 관심을 갖기 시작하고 인간의 보편적 권리라고 하는 원리를 자신의 내부에 내재시켜 가게 될 것이다. 이것은 과거 수십 년간에 걸쳐 한국이나 타이완을 형식적인 민주주의의 길로 들어서게 해온 과정이기도 하다. 그리고 일본 등은 전후에 이 길을 훨씬 멀리까지 진행해 왔고, 가부장적 제도의 쇠퇴에 의해, 예를 들면 싱가포르보다는 훨씬 현대적인 국가로 변모를 이루고 있다.

한편, 거꾸로 아시아인이 스스로의 성공을 외부에서 차용한 문화 탓이 아니라 자신들 스스로의 문화의 덕택이라고 확신하게 된다면, 구미의 경제 성장의 추세가 극동에 비해 쇠퇴하게 된다면, 서구사회가 가족과 같은 기본적 사회제도의 더욱 심한 붕괴를 경험해 간다면, 그리고 서구가 아시아에 대해 불신이나 적의를 품고 달려든다면, 그 때 극동에서는 기술주의적인 경제 합리주의와 가부장적 권위주의를 결합시킨 반 자유주의적, 비민주주의적인 시스템이 지지를 받게 될지도 모른다. 오늘날까지 아시아 사회의 대부분은 서구의 자유민주주의의 원리에 대해 적어도 입으로는 찬성하고 그 형식은 받아들이더라도 내용은 아시아의 문화적 전통에 적합하도록 수정해 왔다. 그렇지만 그 형식 자체도 서구로부터의 강요이고, 서구의 기업경영 기술이 아시아 경제에 적합하지 않은 것과 같은 정도로 자유민주주의도 아시아 사회의 원활한 기능에는 부적절한 것으로서 민주주의와 확연히 결별한다고 하는 사태도 일어날 수 있다. 자유민주주의에 대한 아시아의 조직적인 거부의 씨앗은 리광유의 공리공론적인 발언이나 이시하라 신타로(石原信太良)와 같은 일본인의 저작에서 찾아볼 수 있다. 만약 장래에 이와 같은 민주주의 이외의 원리가 출현한다면 거기서는 일본이 결정적인 역할을 할 가능성이 있다. 이렇게 말할 수 있는 것도 일본은 이미 미국을 대신하여 대부분의 아시아 국가들에 근대화의 모델이 되고 있기 때문이다.[8]

---

8) 예를 들면 한국은, 자기네 집권당을 편성하는데 있어 미국의 민주당이나 공화당이 아닌 일본의 자민당을 모방하려 했다.

아시아의 새로운 권위주의도 아마 우리들이 익히 알고 있는 가혹하고 전체주의적인 경찰국가는 아닐 것이다. 그 전제 지배는 사람들이 좀 더 큰 권위에 따르고, 일련의 엄격한 규범으로 획일화를 추진해 가는 복종의 제국이라는 형태를 취할 것이다. 이슬람 원리주의를 세계의 비이슬람 지역으로 수출할 수 없었던 것과 마찬가지로 이러한 정치체제를 아시아의 유교적 전통을 공유하고 있지 않은 다른 문화지역으로 수출할 수 있을지는 의심스럽다.[9] 아시아의 새로운 권위주의에 나타난 복종의 제국은 전대미문(前代未聞)의 번영을 낳을지도 모르지만, 그것은 또 대부분의 시민에게는 유년시대가 오래 지속되는 것이고, 따라서 '패기'가 절반밖에 채워지지 않는 상태를 의미하는 것이다.

현대세계에서 우리들은 보편적이고 균질한 국가가 승리를 거두면서 동시에 다양한 민족이 존속하고 있다고 하는 기묘한 이중 현상을 목격하고 있다. 한편에서는 근대 경제나 과학기술에 의해, 나아가서는 합리적인 인정이 세계의 정치 체제에서 유일한 전통적인 원리로서 보급되어옴에 따라 인류의 끊임없는 동질화가 진행되고 있다. 다른 한편으로는 도처에서 이러한 동질화하는 문화적 아이덴티티를 추구하려고 하는, 대체로 정치 수면 이하에서의 재주장이 있다. 모든 차가운 괴물 중에서도 가장 차가운 괴물인 국가는 불완전한 승리마저도 이루어내지 못했던 것이다.

과거 백년간에 걸쳐서 도입 가능한 경제적 · 정치적 조직 형태의 숫자는 착실히 감소되어 왔지만 자본주의나 자유민주주의 등 잔존하는 형태에 대한 선택은 앞으로도 계속 다양할 것이다. 이 점에서 나타나듯이 국가 간의 이데올로기적인 차이가 점차로 뒷배경으로 사라져 갔다 하더라도 국가와 국가의 차이는 문화나 경제 분야에 그 국면을 옮겨서 의연하게 살아남을 것이다. 또한 이와 같은 차이에서 나타나는 바와 같이 현존하는 국가조직이 가까운 장래에 붕괴되고 완전히 보편적이고 균질한 국가로 주저앉는 일

---

9) 근년에는 직접 투자와 아울러 집단의 충성심이나 결속을 강조하는 일본식 경영방식이 미국이나 영국에 수출되어 어느 정도 성공을 거두고 있다. 그러나 가족이라든지 국가의식 같은 보다 큰 도덕적 내용을 포함한 다른 아시아적 사회제도가 마찬가지로 수출될 수 있을지는, 그것이 아시아 각국의 특정한 문화적 경험에 깊게 뿌리박고 있음을 생각한다면 의문이 아닐 수 없다.

은 없을 것이다.[10] 비록 갈수록 많은 나라들이 공통의 경제적 · 정치적 조직 형태를 취하게 되었다 하더라도 국가라는 것은 의연히 (국민의) 자기 동일화의 중핵으로서 계속 존재해갈 것이다.

그래서 다음에 이와 같은 국가 간의 관계가 어떤 것인지, 그리고 그 관계가 우리들이 익히 알고 있는 국제적인 질서와 어떻게 다른가를 생각해볼 필요가 있다.

---

10) 역사의 종국에는 문자 그대로 보편적이고 균질한 국가를 창조하는 것이 필요하다고 코제에브가 믿고 있었는지 어떠했는지는 확실치 않다. 그가 역사는 끝났다고 주장하는 1806년에도 국가 체제는 분명히 손도 안댄 채 남아 있었다. 한편, 온갖 민족적인 도덕적 특성의 차이를 없애버리기 이전에, 완전히 합리적인 국가라는 것을 생각하긴 어렵다. 코제에브가 유럽공동체를 위해 일했다는 사실은, 그가 현존하는 국경의 폐지를 역사적으로 의의 깊은 사업이라고 생각했음을 나타내고 있다.

23
현실주의의 비현실성

> 왜냐하면 우리가 믿고 있는 신도, 우리가 알고 있는 인간도, 그 본성의 필연성 때문에 어디서든 힘을 얻으면 항상 지배행위를 한다. 그리고 우리의 경우도 마찬가지이다. 우리가 이 법을 만든 것도 아니고, 이 법이 만들어진 때에 처음으로 그것을 이용한 것도 아니다. 그러나 이 법의 존재를 발견하고, 모든 시대에 그것을 남기고 가고 싶어 하기 때문에 그것을 이용하는 것이다. 그리고 우리는 여러분이나 다른 사람도 우리와 같은 힘이 주어졌다고 한다면 똑같이 행동했으리라는 것을 잘 알고 있다.
>
> 아테네인의 메로스인에 대한 연설
> ――투키디데스 《펠로폰네소스 전쟁사》에서[1]

일정한 방향성을 가진 역사의 존재는 국제관계에 중요한 결과를 가져올 것이다. 만일 보편적이고 균질한 국가의 도래에 의해 어떤 사회에서 개인 수준의 합리적인 인식이 생겨나, 개인 간의 지배와 복종이라는 관계가 끝난다면, 그리고 그것이 세계 각국에까지 파급되어 각국 간의 지배와 복종이라는 관계도 끝난다면, 제국주의는 끝나고 그와 아울러 제국주의에 의한 전쟁의 위험성은 점차 감소해갈 것이다.

그렇지만 마침 20세기에 갖가지 사건이 일어났기 때문에 이제는 보편적인 역사나 국가 내부의 점진적인 변화는 있을 수 없지 않을까 하는 비관적인 견해가 나왔듯이, 그것은 또한 여러 국가 간의 다양한 관계에 관한 비

---

1) 같은 책, III 105. 2를 참조. 이것과 같은 책의 I 37, 40~41을 대조할 것.

관주의도 조장해 왔다. 국제관계에 대한 비관주의는 어떤 의미에서 내정에 관한 비관주의보다도 훨씬 철저하다. 왜냐하면 경제학이나 사회학 이론의 주류가 과거 1세기에 걸쳐 역사 및 역사의 변화라는 문제에 몰두해온데 반해 국제관계론의 연구자들은 마치 역사 같은 것은 존재하지 않는 것처럼—예를 들면 마치 전쟁이나 제국주의 시대는 인간적 영역의 보편적 측면이고 그 근본적인 원인은 오늘날도 투키디데스 시대와 별반 다름이 없는 것처럼—말하고 있기 때문이다. 그들에 따르면 종교나 가족, 경제조직, 정치적인 정통성의 개념 등 인간의 사회적 환경의 국면이 아무리 역사적인 진화를 해도 국제관계는 어디까지나 변함없이 독자적인 존재라고 생각한다. "전쟁은 영구불변"이라는 것이다.[2]

국제관계에 대한 이 비관적 견해는 "현실주의"라든지 '현실적 정책', 혹은 "무력외교" 등 수많은 이름 아래 하나의 체계적인 정형화가 이루어져 왔다. 의식적으로 이 말이 사용되었는지 어떤지는 별개로 하고, 현실주의는 국제관계를 이해하기 위한 가장 유력한 틀이고 미국이나 유럽은 물론 대부분의 세계에서 오늘날 거의 모든 외교정책 전문가의 생각을 형성하고 있다. 국제정치에 민주주의의 보급이 어떠한 영향을 미치는가를 이해하기 위해서도 우리는 이 다수파를 차지하는 현실주의자들의 해석의 약점에 대해 분석할 필요가 있다.

현실주의의 참된 창시자는 마키아벨리였다. 그는 인간이란 어떻게 살아야 하는가 하는 철학자의 공상에 의해서가 아니라 현실적으로 어떻게 살고 있는가라는 면에서 자기의 위치를 확인해 나가야 한다고 생각하고, 동

---

2) 예를 들면 Kenneth Waltz, *Theory of International Politics* (New York: Random House 1979), pp. 65~66에는 다음과 같은 일절이 있다.

변화는 도처에 있으나, 계속성은 변화와 마찬가지로, 아니 그 이상으로 인상적이며 여러 가지 형태로 예시할 수 있는 명제이다. 제1차 세계대전이 한창이던 때나 전후의 사건을 마음에 새기며 성서外典의 마카베어 제1서를 읽는 이는, 국제정치를 특징짓는 계속성의 감각을 깨달을 것이다. 기원전 2세기이든 기원 20세기든 간에, 아랍인과 유대인은 북방 제국의 나머지 부분을 둘러싸고 전쟁을 벌이는 한편, 그 전쟁터 밖에 있는 나라들은 빠짐없이 그것을 지켜보거나 혹은 열심히 간섭했던 것이다. 이 점을 보다 일반적으로 나타내기 위해 어떤 이는 홉스가 투키디데스와 동시대성을 체험했다고 하는 유명한 사례를 인용할지도 모른다. 그만큼 유명하지는 않지만 마찬가지로 인상 깊은 것은 핵무기와 초강대국 시대에 있어서 Louis J. Halle가 투키디데스의 현대성을 인식하고 있는 점이다.

시에 최선의 국가가 살아남고 싶으면 최악의 국가의 정책을 배워야 한다고
설명하였다. 그러나 현대정치의 제반문제에도 적용할 수 있는 교의로서 현
실주의가 등장한 것은 제2차 세계대전 후의 일이다. 그 때 이후 현실주의
는 다양한 형태를 취해왔다. 그 최초의 정형화는 전전(戰前)부터 전후 초
기에 걸쳐 신학자인 라인홀트 니버, 외교관인 조지 캐넌, 대학교수인 한
스 모겐소 등에 의해 이루어졌다. 그 중에서도 모겐소가 만든 국제관계론
에 대한 교과서는 필시 냉전 시기의 외교정책에 관한 미국인의 생각에 최
대의 영향을 미쳤을 것이다.[3] 그 후는 "신현실주의"라든가 "구조적 현실주
의"와 같은 학술적인 형식의 이론이 여러 가지 나왔지만 전 세대에서 가장
단호한 현실주의의 제창자를 한 사람 들자면 그것은 키신저이다. 국무장
관 시절의 키신저는 미국의 대중을 윌슨의 전통적 자유주의로부터 멀리하
도록 교육하고, 외교정책의 보다 "현실주의적"인 이해에 눈을 돌리게 하는
것을 자신의 장기적 임무의 하나로 생각하였다. 이 현실주의는 키신저의
사직 후에도 오랫동안 미국의 외교정책 작성에 관계한 수많은 제자들의 사
고방식의 특징이 되어 왔다.

　현실주의 이론은 모두 불안정성이 국제질서의 보편적이고 항구적인 특
색이고, 그것은 국제질서가 영원히 무정부적이라는 성격을 갖는 데에서 생
긴다는 가설에서 출발한다.[4] 국제적인 지배자가 나타나지 않는 한 각국은
서로에게 있어 잠재적인 위협이 될 것이고, 그 불안을 없애기 위해서는 어
느 나라든 자위를 위해 무장하는 수밖에 없다.[5] 이 위협감은 어떤 의미에
서는 피하기 어려운 것이다. 왜냐하면 어떤 나라가 타국의 방위적 활동을
자국에 대한 위협으로 오해하고 이번에는 거꾸로 상대편 나라로부터 공격

3)　Reinhold Niebuhr의 국제관계에 관한 견해에 대한 가장 간결하고 계통적인 논술은
　　Moral Man in Immoral Society : A Study in Ethics and Politics (New York: Scribner'
　　s, 1932) 안에서 찾아볼 수 있다. Morgenthau의 교과서란 *Politics among Nations: The
　　Struggle for Power and Peace* (New York: Knopf, 1985)이다. 이 책은 Morgenthau의 사후
　　Kenneth Thompson에 의해 최종적으로 편집되어 제6판이 나왔다.
4)　국가 차원에서의 여러 가지 원인과 국제적 차원에서의 여러 원인들을 최초로 구별한 것
　　은 Waltz이다. *Man, the State, and War* (New York: Columbia University Press, 1959).
5)　전쟁의 원인으로 공통주권과 국제법의 결여를 강조하는 점에서 현실주의자들은 자유로
　　운 국제주의자들과 공통 보조를 취하고 있다. 실제로 앞으로 보게 되는 것처럼, 공통주
　　권의 결여는 전쟁방지의 결정적인 요인으로는 생각되지 않는다.

적이라고 오해받을 만한 방위수단을 강구하기 때문이다. 이렇게 해서 위협은 스스로 목적을 달성하는 예언이 된다. 그 결과 모든 나라가 타국 이상으로 군사력을 증강하려고 하는 것이다. 군비경쟁과 전쟁은 국제체제에서의 피하기 어려운 부산물이고 그것은 국가 자체의 성격 때문이 아니라 모든 국가 체제 전체가 무정부적인 성격을 갖고 있는 데에 따른 것이다.

이 권력투쟁은 여러 국가의 내부적 성질—그 나라가 신권정치인가, 노예가 있는 귀족제인가, 파시즘의 경찰국가인가, 공산주의의 독재국가인가 혹은 자유민주주의 국가인가—에는 영향을 받지 않는다. 그 점을 모겐소는 "정치무대에 올라가 있는 배우에게 다양한 이데올로기를 사용하게끔 해서 그 연기의 참 목적을 은폐시키는 것, 그것이 바로 정치의 본질이다"라고 설명하고 있으며, 그리고 참 목적이란 권력을 말하는 것이다.[6] 예를 들면 러시아는 제정 하에서도, 볼셰비키 지배 하에서도 같은 과정으로 영토를 확장해 왔다. 정권의 형태는 바뀌어도 영토 확장이라는 점에서는 조금도 다름이 없었던 것이다.[7] 장래의 러시아 정부도 마르크스 · 레닌주의의 껍질을 완전히 벗어던졌다 하더라도 그 확장주의는 변함없이 남겨질 것으로 보아도 좋다. 왜냐하면 확장주의는 러시아 민족이 권력을 원하는 의지의 표현이기 때문이다.[8]

또, 일본은 지금은 1930년대 군부 독재국가가 아니라 자유민주주의 국가일지 모르지만, 그래도 총탄이 아닌 엔(円)으로 아시아를 변함없이 지배하고 있는 점은 일본이 일본인 까닭이기도 하다.[9] 만일 권력을 추구하는

---

6) 이 의론의 하나로 플라톤 《국가》 제1권, 338c~347a에 있는 '강자의 이익' 이 정의라고 하는 Thrasymachus의 정의를 참조.

7) 전후 초기의 다른 현실주의자 대부분과는 대조적으로 George Kennan은 영토 확장이 반드시 러시아에 고유한 것은 아니며, 그것은 무장한 마르크시즘과 결합한 소비에트 러시아의 민족주의 산물이라고 생각했다. Kennan의 애초의 봉쇄전략은 소비에트 공산주의가 최종적으로는 소비에트 내부에서부터 붕괴해 가는 것을 전제로 했던 것이다.

8) 이러한 요지의 일종으로 Samuel Huntington, "No Exit: The Errors of Endism", *The National Interest* 17 (Fall 1989) : 3~11을 참조.

9) Kenneth Waltz는 Morgenthau, Kissinger, Raymond Aron, Stanley Hoffmann 등 현실주의자들을, 예를 들면 '혁명적 국가' 와 '현상유지 국가' 를 구별함으로써 국제분쟁 이론 속에 국내정치라는 불순물을 혼합시켜 버렸다고 비판했다. 그는 이런 방식과는 대조적으로 국제정치를, 그것을 구성하고 있는 여러 국가의 어떠한 국내적 특질도 고려하지 않고 순수하게 국제정치 체제의 구조에 의거해 설명하려고 했다. 일상적으로 사용되고 있

충동이 어느 나라나 본질적으로 같은 것이라고 한다면 전쟁이 일어날지 어떨지를 좌우하는 진짜 요인은 어느 특정 국가의 침략적인 행동이 아니라 모든 국가에 의한 체제 내부의 역학관계의 균형 여하에 달려 있다. 만일 균형이 잡혀 있지 않으면 이웃나라의 약점을 파고들려는 유혹에 사로잡힌다. 현실주의자에 따르면 가장 순수한 형태의 '권력배분'이 전쟁이냐 평화냐를 결정하는 유일 최대의 요인이다. 두 개의 국가가 다른 모든 나라보다 우월한 경우 권력은 '양극'으로 배분될 수 있다. 펠로폰네소스 전쟁시대의 아테네와 스파르타에도, 수세기 후의 로마와 카르타고에도, 혹은 냉전시대의 미국과 소련에도 그것은 들어맞는다. 그 양극체제에 대신하는 것은 "다극체제", 즉 18세기부터 19기에 걸친 유럽이 그러했듯이 권력이 수많은 국가에 배분되어 있는 체제이다.

현실주의자 사이에서는 보다 장기적인 국제적 안정을 가져오는 것은 양극 체제인가 다극 체제인가 하는 점이 오랫동안 논란되어 왔다. 그리고 그들의 대부분은 양극 체제 쪽이 보다 안정적인 체제임에 틀림없다는 결론을 내리고 있다. 하긴 그 이유는 필시 근대국가가 완전한 그리고 유연한 동맹 체제를 구축하지 못한 것과 같이 역사적인 우발적 요인과 관계되어 있을 것이다.[10] 어쨌든 이러한 까닭에 제2차 세계대전 이후의 권력의 양극

는 어법의 놀랄만한 전도에 의해 그는 국내정치를 고려하는 논리들을 '환원주의'라고 부른다. 그에 대해, 그 자신은 세계정치의 복잡함을 일괄하여 '체제'라는 것으로 환원시키고 있다. 거기에서 알 수 있는 것은 하나의 기본적인 사실, 즉 그것이 양극체제인가 다극체제인가 하는 점이다. Waltz, *Theory of International Politics*, pp. 18~78을 참조.

10) 이 점에 관해서는 *ibid*, pp. 70~71, 161~193을 참조. 이론적으로는, 유럽 각국의 고전적 협조체제 같은 다극체제 쪽이 양극체제보다 어느 정도 유리할 것이다. 왜냐하면 그러한 체제에의 도전자는 재빨리 동맹국을 변경함으로써 균형을 유지할 수 있기 때문이다. 또한 권력이 보다 넓게 분산되기 때문에, 주변영역에서의 균형 변화도 그다지 중요한 문제가 되지 않는다. 그러면서도 그것은, 국가가 완전히 자유로이 동맹을 맺거나 파기, 또는 영토의 교환에 의해 힘의 균형을 물리적으로 적정화시켜 나갈 수 있는 왕조적인 세계에서 잘 기능하는 것이다. 민족주의와 이데올로기가 국가의 동맹 체결 자유를 억압하는 세계에서는 다극성이 불리하게 작용한다. 제1차 세계대전이 차차 양극성에 가까워진 노후한 다극성의 결과였는지 어땠는지는 전혀 알 수 없다. 독일과 오스트리아-헝가리 제국은 민족주의적인 이유와 이데올로기적인 이유가 서로 어우러져 다소나마 항구적인 동맹관계로 맺어졌고, 유럽의 다른 나라들은 이들 양국에 대해 이 같은 경직된 동맹으로 밀어붙이게 하는 결과를 낳았다. 그리고 세르비아인의 민족주의로 대표되는 오스트리아 통합으로의 위협이 미미하게 흔들리고 있던 양극체제를 전쟁으로 몰고 갔던 것이다.

배분은 유럽이 1945년 이후 반세기에 걸쳐 전례 없는 평화를 유지해온 이유의 하나가 되고 있다.

가장 극단적인 형태의 현실주의는 민족국가를 당구공처럼 다룬다. 그 알맹이가 불투명한 껍질로 덮여있는 데다가 행동을 예측하는데 전혀 관계가 없다는 것이다. 국제정치학에서는 이와 같은 국가의 내용에 대한 지식은 필요치 않다. 필요한 것은 상호 작용을 지배하고 있는 물리학의 기계적 제반법칙을 이해하는 것뿐이다. 즉 쿠션에 부딪힌 당구공은 어떤 각도로 튕길까, 혹은 하나의 공이 두 개의 공에 부딪힌 순간에 에너지가 어떻게 배분되는가 하는 점을 알면 되는 것이다. 따라서 국제정치는 복잡하고 또한 역사적으로 발전하고 있는 인간사회의 상호작용과는 관계없으며, 전쟁은 다양한 가치의 충돌과는 무관한 것이 된다. 당구공식 연구법에서는 전쟁이냐 평화냐 하는 전망에 대해 판단을 내리는 데는 국제체제가 양극 구조로 되어 있는가 다극 구조로 되어 있는가에 대한 빈약한 지식만 있으면 그것으로 충분하다.

현실주의는 국제정치의 진단서이고 동시에 국가가 어떻게 대외정책을 수행해 가야 하는가에 대한 처방전이다. 현실주의 처방전으로서의 가치는 분명 그 진단서의 정확함에서 나온다. 선량한 인간이라면 아마 누구라도 마키아벨리가 말하듯이 "많은 선량하지 않은 인간"의 행동에 의해 강제당하지 않는 한, 현실주의의 비뚤어진 교의에 따라 활동하려고 하지는 않을 것이다. 처방전으로서의 현실주의는 결국 정책가이드 역할을 하는 몇 가지 친숙한 규칙으로 귀착된다.

첫째 규칙은, 국제적인 불안정이라는 문제는 최종적으로는 잠재 적국에 대응하는 힘이 균형 유지를 통해 해결된다는 것이다. 전쟁은 국가 간의 분쟁에 관한 최종적 해결수단이기 때문에 모든 국가는 자국을 지키기에 충분한 힘을 갖지 않으면 안 된다. 모든 국가는 국제협정에 의지하고 있을 수만도 없고 아무런 강제력이나 제재력을 갖지 못하는 국제연합과 같은 국제조직에 의지할 수도 없다. 라인홀트 니버는 일본의 만주침략에 제재를 가하지 못한 국제연맹을 예로 들어 "국제적인 공동체의 위신……은 충분히 통합된 하나의 공동정신을 수립하거나 다루기 힘든 국가를 벌할 만큼 큰

것은 아니다"라고 논했다.[11] 국제정치 영역에서의 진정한 통화는 군사력이
다. 확실히 천연자원이나 공업생산력 등 다른 힘도 중요하지만 그것들은
주로 자위(自衛)를 위한 군사능력을 육성하는 수단으로서 중요한 것이다.

현실주의의 두 번째 교훈은, 어느 나라를 자기편으로 하고 어느 나라를
적으로 돌릴 것인가를 판단할 시기에는 상대의 체제 내부의 체질이나 이데
올로기보다도 오히려 그 국력을 기준으로 삼아야 한다는 것이다. 예를 들
면 히틀러를 쳐부수기 위한 미·소의 제휴나 이라크에 대응한 부시정권의
시리아와의 협력 등 세계정치 속에서 이러한 사례는 무수히 존재하고 있
다. 나폴레옹의 패배 후, 오스트리아의 외무장관 메테르니히공(公)이 이끄
는 반프랑스연합은, 유럽의 평화에 대해 새로운 예측할 수 없는 장래의 위
협에 대한 대항 세력으로 프랑스가 필요하다는 이유에서 프랑스의 분할
혹은 징벌적인 영토 할양을 요구하지 않았다. 그리고 사실 후에 유럽의 힘
의 균형을 뒤집으려 한 것은 프랑스가 아니라 러시아이고 독일이었다. 이데
올로기나 보복의 관념에 사로잡히지 않은 이러한 냉정한 세력균형 정책은
키신저의 첫 저서의 주제이고 이제는 현실주의를 실천하는데 있어서의 고
전적인 본보기가 되고 있다.[12]

이것과 연관이 있는 제3의 가르침으로서 외국의 위협을 측정할 경우에
정치가는 상대국의 의도보다도 그 군사적인 능력 쪽을 보다 신중히 검토
해야 한다는 점을 들 수 있다. 현실주의 관점에서 보면 의도라는 것은 어
떤 의미에서는 항상 존재하는 것이다. 오늘은 우호적이고 비호전적으로 보
이던 나라가 내일은 그 기분을 돌변시키는 일도 있을 수 있다. 그에 반하
여 군사력—전차, 비행기, 총기 보유수—은 그다지 일시적인 생각에 의해
좌우되는 것이 아니고 오히려 상대편 나라의 의도를 탐지하는 지표도 되
는 것이다. 현실주의의 일련의 교의의 마지막 항은 외교정책에서 도의심을
배제할 필요가 있다는 것과 관계가 있다. 모겐소는 많은 나라에 널리 퍼져
있는 "세계를 지배하는 도덕률과 특정 국가의 도덕적 욕망을 동일시"하기
쉬운 경향을 비판하고 이러한 경향이 교만과 만용을 초래하는 데에 대해

---

11) Niebuhr, *Moral Man and Immoral Society*, p. 110.
12) Henry A. Kissinger, *A World Restored: Metternich, Castlereagh and Problems of Peace*
1812-1822 (Boston: Houghton Mifflin, 1973)의 특히 312~332page를 참조.

서 "권력이라고 하는 관점에서 정의된 이해라고 하는 사고방식은……도덕적인 과오와 정치적인 실수로부터 우리들을 구해 준다"고 말했다.[13] 키신저도 비슷한 취지에 따르면서 국가 체제에는 "정통적인 시스템과 혁명적인 시스템"의 두 가지가 있다고 주장하고 있다. 정통적인 국가 체제를 취하는 나라들은 모두 서로가 근본적인 정통성을 갖고 있음을 인정하고 있고, 다른 나라를 침해하거나 그 생존권을 위협하지는 않는다. 이에 대해 혁명적인 국가 체제를 취하는 나라들 중에는 힘의 균형을 그대로 받아들이기를 꺼리는 나라도 있으므로 끊임없이 큰 분쟁에 말려든다.[14]

당초부터 세계 혁명을 추구하는 투쟁과 사회주의의 세계적 승리에 열을 올리고 있던 소련은 이와 같은 혁명적 국가의 전형이었다. 그렇지만, 미국과 같은 자유민주주의 국가도 때때로 자국의 정치체제를 베트남이나 파나마 등 그다지 적합하지 않은 지역으로 넓히려고 할 때에 혁명적인 국가와 같은 행동을 취하는 경우가 있다. 그렇다고는 해도 혁명적인 국가 체제는 본질적으로 정통적인 국가 체제보다 훨씬 많은 분쟁을 일으키기 쉽다. 이와 같은 나라는 평화 공존에 만족하지 않고 모든 분쟁을 원리원칙을 둘러싼 선과 악과의 투쟁으로 간주하기 때문이다. 그리고 특히 오늘날의 핵 시대에는 평화가 가장 중요한 목표라는 점에서 보면, 당연하긴 하지만 정통적인 국가 체제는 혁명적인 체제보다 훨씬 바람직한 것이라 할 수 있다.

이상과 같은 사고방식으로부터는 도의심을 외교정책에 도입하는데 대한 강한 반발이 생겨난다. 니버는 이렇게 말한다.

> 도학자(道學者)는 정치적인 현실주의자와 비슷한 정도로 위험한 안내인일지도 모른다. 그는 대체로 당대의 어떤 사회적 평화 속에서도 존재하는 억압과 부정이 요소를 보지 못하고 있다……협조나 우의를 너무 무비판적으로 찬미한다면 결국 전통적인 부정을 받아들이고 드러난 형태의 억압보다도 드러나지 않는 형태의 억압을 좋아하는 처지에 빠져버리는 것이다.[15]

---

13) Morgenthau, *Politics Among Nations*, p. 13.
14) *Ibid*, pp. 1~3.
15) Niebuhr, *Moral Man and Immoral Society*, p. 233.

여기서는 약간 역설적인 상황이 발생한다. 요컨대 현실주의자는 한편으로는 군사력에 입각한 힘의 균형을 끊임없이 유지하려고 하면서 다른 한편으로는 그것과 같은 정도로 강대한 적과의 화해를 도모하려고 하는 것이다. 적과의 화해라고 하는 발상은 현실주의자의 입장에서 보면 당연한 귀결이다. 왜냐하면 가령 국가 간의 경쟁이 어느 의미에서 항구적이고 보편적인 것이라고 한다면, 적국의 지도자나 이데올로기에 변화가 있다고 해서 국제적인 안정을 둘러싼 딜레마가 근본적으로 개선되지는 않기 때문이다. 혁명적인 수단을 통해서 안전보장 문제에 대한 구제책을 찾아내려고 하는 시도—예를 들면, 인권침해 문제에 대한 비판을 통해서 대립국 정권의 기본적인 정통성을 공격하는 시도—는 잘못된 생각인 동시에 위험한 방식이기도 하다. 따라서 일찍이 현실주의자 메텔니히가 군인이 아니라 외교관이었던 점이나 현실주의자 키신저가 국제연합을 몹시 얕보았던 한편 1970년대 초기 미·소의 데탕트—즉 자유민주주의국과 개혁의 기미조차 없었던 소련과의 긴장완화 정책—의 고안자였던 것은 전혀 우연이 아니다. 당시의 키신저가 설명을 시도했듯이, 소비에트 공산주의 세력은 국제적 현실에서의 항구적인 한 측면으로, 그것은 원한다고 해서 소멸하는 것도 아니고 근본적인 개혁이 이루어질 수 있는 것도 아니었다. 그리고 미국인의 대응방법으로서는 대결보다도 오히려 화해라는 생각에 익숙해질 필요가 있었다. 미국과 당시의 소련은 핵전쟁의 회피라는 점에서 공통의 이해를 갖고 있었고, 그렇기 때문에 키신저는 이 공통의 이해에 입각한 관계 촉진에 대한 노력 속에 유대인 이민문제와 같은 소련의 인권문제를 끌어들이는 것에 대해 일관되게 반대했던 것이다.

현실주의는 제2차 세계대전 후의 외교정책에 대한 미국인의 사고방식을 형성하는데 대단히 유익한 역할을 하였다. 현실주의는 예를 들면 국제적 안정을 위해 무엇보다도 우선 국제연합을 신뢰하는 아주 천진하고 자유로운 국제주의에서 마음의 지주를 구하려는 풍조로부터 미국을 구해냄으로써 이와 같은 역할을 다한 것이다. 현실주의는 이 시대의 현실주의가 제시한 전제대로 움직이고 있었기 때문이다. 그것은 현실주의의 원리가 시대를 초월한 진리를 반영하고 있었기 때문이라기보다 오히려 세계가 근본적으로 다르고 서로 반목하는 이데올로기를 가진 국가들 사이에는 확실히 분할되어 있었기 때문이다.

금세기 전반의 세계정치는 처음은 유럽의 침략적인 민족주의—그 중에서도 독일의 민족주의—에 지배되고 이어서 파시즘, 공산주의와 자유민주주의의 충돌에 지배되었다. 파시즘이 분명히 "모든 정치체제는 만족할 줄 모르는 권력투쟁의 장이다" 라는 모겐소의 주장을 받아들였던 것에 반해 자유주의와 공산주의는 "우리가 바로 정의이다" 라는 보편주의를 공유하고 그것으로 세계의 구석구석까지 대립과 항쟁을 펼쳐나가게 되었다. 이 집요한 이데올로기상의 적대관계에 있어서는 자유로운 여러 국가 체제의 상호작용의 조정관인 국제주의가 무시된다든가, 침략이라는 국가 목표의 추진을 위해 부정하게 이용되었다든가 하는 것도 당연한 이야기이다. 제2차 세계대전 시기에 일본이나 독일, 이탈리아는 국제연맹의 결의를 조롱했고, 1946년 이후의 국제연합 안전보장이사회에서의 소련의 거부권 발동은 이 조직을 약화시키기에 충분했다.[16] 이와 같은 세계에서는 국제법은 환상이고, 바로 군사력만이 안전보장 문제에 대한 유일한 해결법이었던 것이다. 그렇기 때문에 현실주의는 세계의 움직임을 이해하는데 적절한 구상으로 보았고, 전후 시기의 나토(NATO)나 다른 서유럽 및 일본의 군사동맹 창설에 필요한 정신적 지주를 제공했던 것이다.

현실주의는, 비관론으로 물든 세기의 국제정치에는 어울리는 견해이고 그 사상의 주요 실천자인 많은 사람들의 생활사 속에서 극히 자연스럽게 키워져온 것이다. 예를 들면 키신저는 나치스 지배하의 독일로부터 어쩔 수 없이 망명하게 된 소년시절에 문명생활이 야만적인 권력투쟁으로 바뀌어가는 모습을 직접 목격하는 개인적 체험을 가지고 있었다. 하버드대학 재학 시절에 우등상을 수상한 그의 칸트에 대한 논문 중에서 역사의 진보라는 칸트의 견해를 비판하였다. 그 대신에 그 당시로 보면 일종의 니힐리즘에 가까운 관점, 즉 신은 존재하지 않고 또 다양한 사건의 흐름에 의미를 줄 수 있는 헤겔류의 보편적 역사와 같은 현세적 메커니즘조차 존재하지 않는다는 관점에 서 있었다. 역사는 오히려 국가 간의 혼돈된 끊임없는 일련의 투쟁이고 거기에는 자유주의도 특별히 내세울 만큼 특권적인 지위를 차지

---

16) 그 유일한 예외는 물론 1950년의 북한의 공격에 대한 UN의 대응이었으나, 그것도 소련이 UN을 보이콧했기 때문에 비로소 가능했던 것이다.

하고 있지 않았던 것이다.[17)]

분명히 현실주의는 일찍이 미국의 외교정책에 공헌해 왔다. 그럼에도 불구하고, 현실의 국제관계를 둘러싸고 이 주의(主義)의 구상이 현실의 진단서로서도 정책의 처방전으로서도 중대한 약점을 잉태하고 있는 점에 대해 우리들은 눈을 감아서는 안 된다. 왜냐하면 현실주의는 이제 외교정책의 전문가들 사이에는 약간의 숭배 대상이 되어 있기 때문이다. 그들은 종종 현실주의의 전제를 잘 이해하지 못하고, 그것이 현실세계에 어떤 면에서 이미 적합하지 않은가를 깨달으려고도 하지 않는다. 현실주의의 이론적 구상이 그 수명을 넘어서 언제까지나 살아남아 왔기 때문에 냉전 후의 세계에서 어떻게 생각하고 행동해야 할 것인가라는 점에 대해서도 약간 기묘한 제안이 나오게 되었다. 예를 들면 1945년 이후의 유럽대륙을 뒤덮은 평화는 유럽의 양극분할 체제 덕분이므로 서쪽은 바르샤바조약기구를 존속시켜야 한다는 제안이 있다.[18)] 혹은 유럽의 분극 구조의 종언은 이 지역에 냉전시대 이상의 불안정과 위험을 초래할 것이므로 그것을 막는 방책으로서 서독에 대한 통제된 핵확산을 도모해야 한다는 주장도 있다.[19)]

이 두 가지 제안을 듣고 있노라면 한 사람의 의사의 모습이 떠오른다. 그 의사는 어느 암환자에게 고통을 수반하는 장기의 화학요법을 쓰고 드디어는 암을 완치시켰다. 그렇지만 그 후에도 그는 환자에 대해서 지금까지 이렇게 효과가 있었으므로 앞으로도 계속 화학요법을 지속해야 한다고 필사적으로 납득시키고 있는 것이다. 이미 어느 곳에도 존재하지 않는 질병을 이것저것 주물러온 현실주의자도 지금은 자신들이 건강한 환자에 대해 가격이 높고 위험한 치료법을 제안하고 있는 자신들을 발견하게 된다. 그 환자가 왜 기본적으로 건강한지를 이해하기 위해 우리들은 여기에서 병의 근본적인 원인, 즉 국가 간의 전쟁에 대한 현실주의자의 가설을 다시금 점검해 볼 필요가 있다.

---

17) Kissinger의 학위논문에 관해서는 Peter Dickson, *Kissinger and the Meaning of History* (Cambridge: Cambridge University Press, 1978)를 참조.

18) John Gaddis, "One Germany--In Both Alliances", *New York Times* (march 21, 1990), p. A 27.

19) John J. Mearsheimer, "Back to the Future: Instability in Europe After the Cold War," *International Security* 15, no. 1 (Summer 1990): 5~56.

24
힘없는 권력

현실주의 이론의 주장에 따르면, 국제적인 정치체제의 경우에는 어느 때라도 정정(政情) 불안이나 침략, 전쟁 발발은 있을 수 있으며, 그것이 '인간적인' 상태이다. 요컨대, 이와 같은 상태는 보편적인 인간의 본성에 근거하고 있는 것이므로 특정의 형태나 유형의 인간사회가 출현한다고 해서 변할 수 없다는 것이다. 이 주장을 옹호하기 위해 현실주의자들은 성서에 기록된 최초의 피비린내 나는 싸움으로부터 금세기의 두 차례의 세계대전에 이르기까지 인류의 역사에는 항상 전쟁이 횡행하고 있었다고 지적한다.

이러한 주장은 어느 것이나 얼핏 지당하게 들릴지 모르지만 현실주의는 두 개의 지극히 불안정한 토대 위에 성립되어 있다. 그 하나는 인간사회의 활동과 동기에 대해서 도저히 받아들일 수 없는 단순화이고 또 하나는 역사라고 하는 문제를 회피하는 자세이다. 더구나 순수한 형태의 현실주의는 국내정치에 대한 고찰을 전혀 하지 않고 전쟁 가능성을 오로지 국가체제의 구조라는 면에서 도출해내려고 한다. 어느 현실주의자는 말한다. "국가 간에는 대립이 있는 것이 당연하고 그것은 국제적인 체제가 침략에의 강한 동기를 낳고 있기 때문이다. 국가는 타국에 대해서 자국의 힘을 최대화함으로써 무정부 상태 속에서의 생존을 도모하기 때문이다."[1]

그렇지만 이 순수한 형태의 현실주의는 국제체제를 만들어내고 있는 인간사회의 본질에 관한 극히 단순화된 가설을 슬그머니 제도입하고, 그 가설이 국제체제를 구성하는 개개의 단위 사회의 특질이 아니라 "체제 그 자체"의 특질이라고 착각하고 있다. 예를 들면, 무정부적인 국제질서 속에서는 어떤 나라도 타국의 위협을 느끼게 된다고 하는 상정은, 인간사회가 본래 침략적인 성질을 가지고 있다고 생각할 수 있을 만큼의 이유가 없는 한 전혀 이치에 맞지 않는다. 현실주의자가 그리는 국제질서는 홉스가 말하는 자연상태, 요컨대 만인의 만인에 대한 전쟁상태와 상당히 유사하다. 그렇지만, 홉스가 말하는 전쟁상태는 단순한 자기보존의 욕망에서 생겨나는 것이 아니라, 그 자기보존이 허영심이나 인정에의 욕망과 공존하고 있다는 이유에서 생겨나는 것이다. 만약 자신의 의견을 타인에게 강요하려는 인간이 한 사람도 없다면, 특히 종교적 광신과 같은 정신을 가진 인간이 한 사람도 없다면, 홉스도 원시적인 전쟁상태 등은 애당초 생겨났을 리 없다고 스스로 언명할 것이다. 만인의 만인에 대한 싸움을 자기보존 본능으로만 설명할 수는 없는 것이다.

자연의 평화로운 상태라는 것을 가정한 것은 루소이다. 루소는 허영심이나 자만심이 인간에게는 자연적인 것이라는 생각을 부정하고 두려움을 느끼고 고립된 자연인은 얼마 되지 않는 이기적 요구가 쉽게 충족되므로 본질적으로 평화로운 것이라고 설명했다. 공포나 불안은 인간에게 끝없는 권력의 추구를 유발하는 것이 아니라, 고독과 고요함을 유발시켜 간다. 자연상태에 살고 있는 소와 같은 인간은 한 사람 한 사람이 살아있는, 혹은 생을 유지시켜 가는 것에 만족하고, 타인에게 의존하지 않는 자기 자신의 존재감을 체험하는 것에 만족한다. 이리하여 원시의 무정부 상태는 평화를 낳는다.

다른 표현을 하자면, 자연상태에서 살아가고자 원하는 노예의 세계에서는 대립이 일어나지 않고 피비린내 나는 전쟁에 나서는 것은 주군들뿐이다. '만약' 인간사회가 루소가 말하는 자연상태에 살고 있는 인간과 같은, 혹은 헤겔이 말하는 노비와 같은 모습이라면, 요컨대 자기보존밖에 관심

---

1) Mearsheimer, "Back to the Future," p. 12.

을 가질 수 없다고 가정한다면, 무정부 상태이면서 동시에 평화로운 국가
체제를 상정하는 것은 충분히 가능하며, 거기서는 양극체제라든가 다극체
제라든가 하는 것은 전혀 문제가 되지 않는다. 따라서 모든 국가가 상호간
에 위협을 느껴 무장한다고 하는 현실주의자의 주장은 국가 체제의 존재
양식에서 생겨나는 것이 아니다. 그것은 오히려 인간사회가 국제무대에서
는 루소가 말하는 소심하고 고립된 인간으로서가 아니라, 헤겔이 말하는
인정받기를 추구하는 지배자나, 홉스가 말하는 허영심에 빠진 최초의 인
간과 유사한 행동을 하기 쉽다고 하는 숨겨진 가설로부터 생겨나는 것이
다.

과거의 여러 국가로 성립되는 국제체제에서는 평화를 유지하는 것이 극
히 곤란했지만, 그것은 어느 특정의 나라가 자기보존 '이상'의 것을 추구
한다고 하는 사실을 반영하고 있다. 거대한 패기를 가진 개인과 마찬가지
로 이와 같은 국가는 왕조 존속이라는 이유나 종교적, 민족주의적, 혹은
이데올로기상의 이유에서 자기의 가치나 존엄의 인정을 추구하고, 그 과정
에서 타국에 대하여 복종과 전쟁을 강요해 간다. 요컨대 국가 간의 전쟁
의 궁극적인 원인은 자기보존에 있는 것이 아니라 오히려 '패기'에 있는 것
이다. 인류의 역사가 순수한 특권을 다투는 피비린내 나는 투쟁과 함께 시
작되어, 그것이 제국주의의 발생원인이 되었던 것이다. 따라서 현실주의자
는 여러 국가로 구성된 국제체제 내의 힘의 배분이라고 하는 단순한 사실
에서는 아무것도 도출해낼 수 없다. 그러한 사실에 대한 지식이 의미를 갖
는 것은 국제체제를 구성하고 있는 사회의 성격에 대해서 어떤 종류의 가
설을— 즉 적어도 그 사회의 얼마 정도는 단순한 자기보존이 아니라 인정
을 추구하고 있는 것이라는 가설을—현실주의자 자신이 만들어낸 경우뿐
이다.

모겐소나 케넌, 니버, 키신저 등 초기 현실주의자들은 그 분석에서 여러
국가의 내정에 관한 고찰을 어느 정도 하고 있었기 때문에 국제분쟁의 원
인에 대해서는 나중의 '구조적 현실주의학파' 사람들보다도 올바른 설명
을 할 수 있었다.[2] 그들은 적어도 국가 간의 대립이 당구공의 움직임과 같

---

2) 자신의 국제관계이론에서 국내정치에 관한 고찰을 일소하고자 하는 Waltz의 시도는 그
   이론을 엄밀하면서도 과학적인 것으로 하고자 하는 욕구--그의 표현을 빌자면 분석의

은 기계적인 상호작용에서 생기는 것이 아니라 지배에의 '인간적인' 욕망 때문임을 인식하고 있었던 것이다. 그럼에도 불구하고 어떤 유파의 현실주의자들도 막상 내정문제를 얘기하게 되면 국가의 행동을 극히 단순화시킨 형태로 설명하지 않을 수 없었던 것이다.

예를 들면 모겐소와 같은 현실주의자는 권력투쟁이 "시공을 초월하여 보편적인 것이다"라고 말했다 해도 그가 그것을 경험적으로 증명할 수 있다고는 생각할 수 없다. 왜냐하면 사회든 개인이든 자기의 상대적인 힘을 최대화하려고 하는 욕망 이외의 무엇인가에 의해 움직이고 있다고 생각할 수 있는 사례가 수없이 존재하고 있기 때문이다. 1974년에 그리스 군부가 권력을 민간정부에 위양했던 것이나, 1983년에 아르헨티나 군부가 실정의 책임 추궁을 두려워하여 정권에서 물러났던 사실은 "힘의 최대화"를 꾀한다고 하는 관점에서는 합리적으로 설명할 수 없다. 19세기의 마지막 25년 간에 영국은, 특히 아프리카에서 신식민지 획득을 위해 국력의 상당부분을 쏟아 부었지만 제2차 세계대전 후에는 대영제국을 해체하기 위해 거의 같은 정도로 국력을 소비했다. 또 터키는 제1차 세계대전 이전에 아드리아해에서 아득히 중앙아시아의 러시아령에 이르는 범 터키제국, 혹은 범 우랄알타이제국의 건설을 꿈꾸고 있었지만, 나중에는 케말 아타튀르크의 지도 아래 이와 같은 제국주의적인 목표를 버리고 소아시아의 아담한 민족국가로 국경선을 후퇴시켰다. 영토 축소를 추구하는 이들 국가들의 경우도 정복과 군비증강에 따라 더욱 영토 확대를 노리는 국가들과 마찬가지로 권력투쟁의 사례가 되는 것인가?

아마도 모겐소라면 권력의 형태도 그 권력의 축적 방법도 다양하게 다르므로 이러한 사례도 바로 권력투쟁을 나타내고 있는 것이라고 논평할 것이다. 어떤 국가는 힘의 균형 유지라고 하는 정책에 의해 힘의 보존을 목표로 하고, 다른 국가는 제국주의의 정책을 통하여 힘의 증대를 도모하며, 그리고 또 국위발양 정책을 이용하여 힘을 과시하려는 나라도 있다. 식민지에 독립을 허락한 영국도, 케말주의에 의해 영토를 축소한 터키도 권력

'단위'와 '구조적' 차원을 구별해 두고자 하는 욕구에서 나온 것이다. 국제정치에서 인간행동의 규칙적이고 보편적인 법칙을 발견하려고 하는 노력 속에 세워진 그의 광대한 지적체계는 결국에 가서 '힘의 균형이 모든 것을 말해준다'라는 말로 요약되는 국가행동에 관한 일련의 진부한 관찰로 귀결된다.

기반의 강화를 위해 부득이하게 했던 것이며, 따라서 힘의 최대화를 꾀하려고 하는 의도에 변함은 없다. 이러한 국가의 경우에는 영토의 축소가 긴 안목으로 보면 자기 권력의 보증이 되고 있다.[3] 국가가 힘의 최대화를 꾀하는 경우에 반드시 군비 확장이나 영토 확장 등의 전통적인 수단을 강구할 필요는 없다. 경제성장을 통하여 혹은, 자유와 민주주의를 추구하는 투쟁의 선두에 스스로 나섬으로써도 그것을 달성할 수 있다는 것이다.

그렇지만 좀 더 생각해보자. "힘"의 정의를 침략이나 폭력에 의해 영토 지배의 확대를 꾀하는 국가의 목표뿐 아니라 영토 축소를 꾀하는 국가의 목표로까지 너무 확대해 나가면 그 정의가 가치를 잃어버린다는 것은 자명하다. 그러한 정의는, 왜 국가가 전쟁에 휘말려드는 것일까 하는 점을 이해하는 데에 전혀 도움이 되지 않는다. 왜냐하면 거기까지 확대 해석된 "권력투쟁"은 타국에게 위협을 가하기는커녕, 오히려 적극적으로 은혜를 베푸는 것이 되기 때문이다. 예를 들면 만약 우리들이 한국과 일본의 수출시장의 추구를 양국의 권력투쟁의 표출로 받아들인다면 그것은 양국이 상호 이익을 위해, 그리고 한층 싼 가격의 제품을 얻을 수 있다고 하는 그 지역 전체의 이익을 위해 어디까지든 추구할 수 있는 종류의 권력투쟁이 되어버린다.

어떤 나라도 국가목표의 달성을 위해서는, 그것이 단순히 국가의 존속이라고 하는 목표 때문이라고 해도 힘을 추구해 가지 않으면 안 된다. 그것은 자명한 이치이다. 이와 같은 형태의 힘의 추구는 보편적인 것이기는 하지만, 거기에는 그다지 큰 의미가 포함되어 있지 않다. 그런데, 어떤 나라도 그 힘, 특히 군사력의 최대화를 목표로 하는 경우에는, 그것은 완전히 별개의 문제가 된다. 오늘날의 캐나다나 스페인, 네덜란드 혹은 멕시코와 같은 나라들을 힘의 최대화를 지향하는 나라로 이해했다고 해서 그것이 대체 어떤 관점에서 도움이 된다는 것일까? 어느 나라도 보다 풍요로워지려고 하지만 그 부가 요구하는 것은 국내 소비를 위해서이지 단순히 인접국

3) Thucydides, *History of the Peloponnesian War*, 1, 76에서 코린트인과 라케다이몬인에의 호소에 대한 아테네인의 반응을 참조. 거기서 아테네인은 스파르타가 현상유지를 지지하고 있음에도 불구하고 각국이 품고 있는 아테네와 스파르타에 대한 위구심은 같다고 논하고 있다. 또한 이 책 III, 105의 메로스인과의 대화에서의 논의(이 책 제4부의 4 앞부분)도 참조.

가에 비해 국력을 높이기 위한 것은 아니다. 오히려 그런 나라는 자국의 번영에 밀접한 관계를 갖고 있다는 이유에서 인접국의 경제성장에 대해 지원을 하는 것이다.[4]

요컨대 국가는 그저 단순히 힘을 추구하는 것이 아니다. 국가는 '정통성'이라고 하는 개념에 의해서 나타난 다양한 목표를 추구하고 있는 것이다.[5] 이 개념은 힘 그 자체를 위한 힘의 추구를 강하게 억제하고 있고, 정통성에의 배려를 무시하는 나라들은 위험을 각오하고 그렇게 하고 있는 것이다. 제2차 세계대전 후에 영국이 인도 등 대영제국의 여러 지역의 지배를 포기했던 것은 주로 전쟁에서는 승리했지만 국력이 피폐했다고 하는 이유에서였다. 그러나 동시에 영국인의 대다수가 식민지주의를 대독일전쟁 종결의 기초가 된 대서양헌장(1941년)이나 세계인권선언에 반대된다고 생각하게 되었던 것도 사실이다. 만약 힘의 최대화가 제1의 목표라면 영국은 대전 후의 프랑스가 그러했던 것처럼 식민지에 매달리려 해도 괜찮았고, 혹은 경제력이 회복되고 나서 식민지를 다시금 쟁취하는 것도 가능했다. 영국의 경우에 식민지를 빼앗는 등의 행위가 도저히 상상할 수 없는 일이었던 것은 식민지주의가 비정통적인 지배 형태라는 현대세계의 평가를 영국이 받아들이고 있었기 때문이다.

권력과 정통성이라고 하는 개념과의 밀접한 관계는 동유럽을 보면 가장 잘 알 수 있다. 1989년 및 1990년은 바르샤바조약기구가 붕괴되고 유럽의 한 가운데에 통일 독일이 출현하는 등, 힘의 균형이 평화시에 최대의 변화를 보인 해였다. 그렇다고는 하지만 물질적인 의미에서의 힘의 균형 변화는 아무것도 발생하지 않았다. 전투에 의해 파괴된다거나 군축협정에 의해 없애버리거나 했던 전차는 단 하나도 없었다. 이 변화는 오로지 정통성의 기준의 변화에서 발생한 것이다. 요컨대 공산주의 세력이 동유럽 제국에서 차례차례 신용을 잃어감에 따라, 그리고 소련 자신이 그 제국을 힘으로

---

4) 물론 근린제국이 급속한 성장, 때때로 격분을 초래하는 상황을 낳았을 때는 문제가 발생한다. 그러나, 그러한 상황에 직면했을 때 현대의 자본주의 각국은, 그 근린제국의 성공을 방해하려고 노력하는 게 아니라 그 나라를 모방하려고 하는 것이 보통이다.

5) 권력과 정통성의 상호관계에 관한 논술, 그리고 '무력외교'의 단순화된 개념에 대한 비판으로서는 Weber, "Politics as a Vocation," in From *Max Weber,* pp. 78~79를 참조. 또 "The Prestige and Power of the 'Great Powers'" pp. 159~160을 참조.

354 제4부 · 로도스 섬을 뛰어넘어

부활시킬 자신을 잃어감에 따라 현실의 전쟁에 휘말린 경우보다도 훨씬 빠른 속도로 바르샤바조약기구의 결속력이 쇠퇴되어 버렸던 것이다. 병사나 비행사들이 자진해서 전차나 비행기에 타고 적국으로 간주되는 상대방을 향해 돌진해 가지 않는다는 자세가 없으면, 혹은 외면적으로 충성을 바치고 있는 체제를 지키기 위해서 감히 민간인의 데모대에까지 발포하지 않는다면, 아무리 그 나라가 전차나 비행기를 많이 보유하고 있더라도 문제가 될 것은 없다. 정통성은 바츨라프 하벨이 말하는 "힘없는 권력"을 만들고 있다. 가능성만을 보고 의도(意圖)에는 눈을 돌리지 않는 현실주의자들은 의도의 이같은 급격한 변화에 직면하면 어찌할 바를 몰라 난처해질 뿐이다.

정통성의 개념이 시대와 함께 이 정도로 격변해 왔다는 사실은 현실주의의 제2의 큰 약점, 요컨대 '현실주의는 역사의 문제를 회피한다'고 하는 약점을 나타내고 있다.[6] 현실주의는 국제관계를 인간의 정치적, 사회적 생활에 연관된 다른 모든 국면과는 명확하게 구별하고, 주위에서 일어나고 있는 진화의 과정과는 전혀 관계가 없는, 시간이 없는 진공상태 속에서 고립된 현상으로서 묘사하고 있다. 그러나 이와 같은 국제관계는 투키디데스의 시대로부터 냉전의 시대에 이르기까지 세계정치 속에 일관되게 존속하고 있는 것처럼 보이지만, 그것에만 눈을 돌리고 있으면, 다양한 사회에서 권력추구나 통제의 방법, 그리고 권력과의 관련에는 큰 차이가 있다는 사실을 간과하게 되는 것이다.

제국주의─어느 사회에 대한 다른 사회의 힘에 의한 지배─는 우월자로서 인정받고자 하는 귀족주의적인 지배자의 욕망, 즉 '우월욕망' megalothymia에서 직접적으로 발생한다. 주군이 노비를 무릎 꿇리고 싶은 것과 마찬가지로 패기에 넘친 행동 때문에 지배자는 만인으로부터의 인정을 추구하게 되고, 그 때문에 자신의 사회를 다른 사회와의 피비린내 나는 전쟁으로 치닫게 한다. 이 과정은 지배자가 세계 제국을 손에 넣거나 죽거

---

6) Kenneth Waltz의 현실주의 이론의 비역사적 시야에 대해 동조하면서도 마르크스주의적 입장의 반대론은 Robert W. Cox, "Social Forces, and World Orders," in Robert O. Keohane, ed., *Neorealism and Its Critics* (New York: Columbia University Press, 1986), pp. 213~216에서 이루어지고 있다. 또 George Modelski, "Is World Politics Evolutionary Learning," *International Organization* 44, no. 1 (Winter 1990): 1~24를 참조.

나 하지 않는 한 논리적으로는 결코 끝나지 않는다. 국제체제의 구조가 아
니라 지배자의 인정에의 욕망이 전쟁의 근원적 원인인 것이다. 따라서 제
국주의와 전쟁은 어느 사회계급, 주군들의 계급, 다시 말하면 스스로 자기
생명을 건 지나간 날들의 무훈에 의해 사회적 지위를 획득해온 귀족이라
는 이름의 계급과 결부되어 있다. 약, 이삼 백년 전까지 거의 대부분의 인
간사회의 대명사였던 귀족제 사회의 경우에는 보편적이지만 '불평등한' 인
정을 추구하는 주군의 투쟁은 널리 정당한 것이라고 간주되었다. 지배권
을 끊임없이 확대하기 위한 영토정복 전쟁은 그 파괴적 영향이 일부의 모
럴리스트나 작가들에게는 격렬하게 비난받았다고 해도 정상적인 인간의
야망의 하나로 생각되고 있었던 것이다.

 인정을 추구하려고 하는 지배자의 패기 넘치는 노역은 예를 들면 종교
와 같은 다른 형태를 취하는 경우도 있었다. 종교적 지배에의 욕망—요컨
대 어떤 민족 고유의 신(神)이나 우상을 타민족에게도 인정케 하려고 하는
욕망—은 코르테스Cortes나 피사로Pizarro의 정복과 같이 개인적인 정복
욕을 동반하거나, 16~17세기에 걸쳐 일어났던 여러 종교전쟁에서와 같이
세속적인 동기가 완전히 폐쇄되어 버리는 경우도 있었다. 어떻든 이 노력은
현실주의자가 주장함직한 왕조의 확장주의와 종교적 확장주의의 공통 기
반을 이루는 미분화된 권력투쟁이 아니라, 인정을 추구하는 투쟁인 것이
다.

 그렇지만 근대 초기가 되자, 이와 같은 '패기'의 표현이 대부분 한층 합
리적인 인정의 형태로 바뀌고, 궁극적으로는 그것이 근대 자유주의 국가
로 정착하게 되었다. 홉스와 로크가 예언한 부르주아 혁명은 귀족주의적
인 주군의 미덕보다도 노예의 죽음에 대한 공포를 도덕적으로 높은 입장
에 두고, 그에 따라 군주의 야망이나 종교적 열광과 같은 비합리적인 패기
의 표명을 제한이 없는 부의 축적으로 승화시키려고 했다. 예전에는 왕조
의 존속이나 종교문제를 둘러싼 시민의 투쟁이 일어났던 그 장소에 지금
은 근대 유럽의 민족국가에 의해 새로운 평화지대가 구축된 것이다. 영국
의 정치적 자유주의는, 17세기에 이 나라를 하마터면 멸망시킬 수도 있었
던 프로테스탄트와 가톨릭이 종교전쟁을 종결시켰다. 자유주의의 도래에
의해, 종교는 관용을 베푸는 쪽으로 바뀌고 그 힘을 잃게 되었던 것이다.

자유주의가 시민의 평화를 가져온다고 하는 사실은 논리적으로 국가 간의 관계에도 적용된다. 제국주의와 전쟁은 역사적으로 말하면 귀족사회의 산물이었다. 만약 자유민주주의가 노예를 스스로의 주군으로 바꾸고, 그리하여 주군과 노예 사이의 계급의 구별을 폐지한 것이라면, 그것은 또한 마지막에는 제국주의도 폐지하게 되는 것이다. 아래에 소개할 경제학자 조셉 슘페터의 논문에는 그 점이 약간 다른 형태로 서술되어 있다. 슘페터에 의하면, 민주적인 자본주의 사회는 명백히 비전투적이면서도 동시에 반제국주의적인데, 그것은 일찍이 전쟁을 부채질하고 있던 에너지에 다른 배출구가 주어지기 때문이라고 한다.

> 경제적인 시스템은 대부분의 사람들의 모든 정력을 경제적 차원으로 흡수해 버린다. 끊임없는 근면과 조심, 그리고 정력의 집중이 그 시스템 속에서 살아남기 위한 조건이다. 그것은 특히 경제적 직업의 시스템에 딱 맞는데 그것을 표본으로 조직된 다른 활동에 대해서도 마찬가지이다. 자본주의 이전의 어떤 사회와 비교해도 이 시스템 속에서는 전쟁이나 정복을 추구할 수 있는 남은 정력이 별로 없다. 남은 정력의 대부분은 산업 그 자체에 투입되고 있고 이 분야에서 산업계의 총수라고 일컬어지는 탁월한 인물이 배출되는 이유도 거기에 있다. 그리고 남은 정력은 예술이나 과학 나아가서는 사회투쟁에 돌려진다.……따라서 순수하게 자본주의적인 세계는 제국주의적인 충동을 배우기 위한 비옥한 토양을 줄 수는 없다. ……요컨대 자본주의 세계의 사람들은 본질적으로 전쟁을 좋아하지 않는다.[7]

슘페터는 제국주의를 "영토를 제한 없이 닥치는 대로 확장하려고 하는 국가의 기질"이라고 정의했다.[8] 정복을 추구하는 이 제한 없는 노력은 모든 인간사회의 보편적인 성격도 아니고 노예사회가 추상적으로 안전을 추

---

7) Joseph A. Schumpeter, *Imperialism and Social Classes* (New York: Meridian Books, 1955), p. 69.
8) *Ibid.*, p. 5.

구하기 위해 발생한 것도 아니다. 오히려 그것은 힉소스왕조(기원전 18세기에서 16세기에 걸쳐 이집트를 지배한 셈족의 왕조)를 축출한 후의 이집트, 혹은 아랍인이 이슬람교로 개종한 뒤의 이집트에서 그랬던 것처럼 특정한 시기에 특정한 장소에서 태어났다. 왜냐하면 거기에 출현한 귀족주의적인 질서가 전쟁을 지향하는 도덕적 기반을 가지고 있었기 때문이다.[9]

주군이 아니라 노예의 의식 속에 있는 근대 자유주의 사회의 계보와 최후의 위대한 노예 이데올로기인 크리스트교가 그와 같은 사회에 끼친 영향력은 오늘날 세간에서의 동정심의 확대나, 폭력이나 죽음, 고통에 대해 갈수록 용납하지 않게 되어간다는 사실을 보면 잘 알 수 있다. 그것은 예를 들면 선진국 사이에서 서서히 사형이 폐지되고, 혹은 전쟁에서의 희생을 갈수록 용인하지 않는다는 점을 생각해 보아도 분명하다.[10]

남북전쟁 시대의 미국에서는 탈주병에 대한 총살이 일상 다반사였다. 그런데 제2차 세계대전 시대가 되자, 탈주죄로 처형된 병사는 단 한 사람이고 더구나 그 병사의 부인은 나중에 본인을 대신하여 합중국 정부를 상대로 소송을 제기했던 것이다. 일찍이 영국 해군에서는 하층사회에서 입대한 수병에게는 강제노동과 같은 고역을 무리하게 강요하는 것이 예사였다. 그것이 지금에 와서는 민간 부문의 일과 어깨를 나란히 할 정도의 급료로 수병을 교묘하게 회유한다거나 항해 중에도 가정과 같은 쾌적함을 부여하지 않으면 잘 안되게 되었다. 또 17세기나 18세기의 군주라면 자기 개인의 영광을 위해 수만 명의 농민병을 죽음에 몰아넣어도 전혀 가책을 느끼지 않았을 것이다.

그런데 오늘날의 민주주의 제국의 지도자는 중대한 국제적 사유가 아니면 자국을 전쟁으로 끌어들이려 하지 않고, 무모한 행동은 정치적으로 도저히 용납될 수 없다는 것을 알고 있으므로, 그와 같은 중대한 결단을 내릴 때에는 당연히 주저할 것임에 틀림없다. 그리고 전쟁에 돌입하고 나면

---

9) 슘페터는 패기의 개념을 사용치 않고 그 대신, 정복을 위한 제한 없는 투쟁은 생존을 위한 기술로서 필요했던 시대부터 오늘날까지 이어져왔다고 하는 기능적·경제적인 설명을 하고 있다.

10) 이 점은 구소련에서도 딱 들어맞는다. 소련은 아프간 전쟁에서의 전사자 수가 브레즈네프 체제 하라고 하더라도 국외의 관찰자들이 예상했던 것 이상으로 정치적으로 심각한 문제가 되었던 것이다.

베트남 전쟁에서의 미국의 경우처럼 지도자는 곤경에 빠지게 되는 것이다.[11] 토크빌은 1830년대의 《미국의 민주정치》 집필 당시부터 이미 세상의 동정심 고양에 주목하고, 그 책에 드 세비니에이 부인이 딸에게 보낸 1675년의 편지를 인용하고 있다. 그녀는 그 편지에 바이올리니스트가 음악용지를 몇 매 훔친 죄로 극형에 처해져서 죽은 뒤 몸이 네 갈래로 찢겨 마을의 네 귀퉁이에 걸린 사건에 대한 견해를 차분한 필치로 묘사하고 있다.[12]

토크빌은 부인의 말이 마치 날씨 얘기나 하고 있는 듯한 가벼운 어조라는 데에 놀라고, 부인의 시대 이후 같은 사형관습이 힘을 잃은 원인으로서 평등이라는 개념의 발생을 언급하고 있다. 민주주의는 일찍이 사회의 모든 계층을 나누고 있던 벽, 요컨대 드 세비니에이 부인만큼의 교양과 섬세함을 가진 사람들에게까지도 바이올리니스트가 같은 인간이라는 점을 깨닫지 못하게 했던 벽을 허물어 주었다. 그리고 오늘날 우리들의 동정심은 하층 계급의 인간은 물론 고등 동물에까지 미치고 있는 것이다.[13]

사회적 평등이 보급되는데 따라서 전쟁의 경제학도 크게 변화했다. 산업혁명 전에는 어디나 대부분이 농업사회였고, 국가의 부(富)는 간신히 살아가든지 아니면 그보다 조금 나은 정도의 대다수의 농민들이 염출한 약간

11) 이러한 경향은 현대 미국도시에서 폭력사건이 빈발하고 있는 것이나, 대중문화에서 점차 폭력묘사가 일상다반사가 되고 있는 것과 전혀 모순되지 않는다. 북미나 유럽, 그리고 아시아의 주류를 이루는 중산계급 사회에서는 비록 유아사망률의 감소나 평균수명의 신장이 오직 건강관리의 개선을 위한 것이라고 해도, 폭력이나 죽음의 개인적 체험은 과거 2, 3세기와 비교해 훨씬 줄어들고 있다. 영화에서 볼 수 있는 생생한 폭력묘사는 필경, 폭력이 그러한 영화를 보러 가는 사람들의 생활에서 얼마나 비일상적인 것인가를 반영하고 있는 것이다.

12) Tocqueville, *Democracy in America*, vol. 2, pp. 174~175.

13) 이러한 점의 일부는 John Mueller, *Retreat from Doomsday*에서 설명되고 있다. Mueller는 근대세계에서는 쇠퇴해버린 오랜 세월에 걸친 사회적 습관의 사례로서 노예제와 결투의 폐지를 들고, 선진 각국 간의 전쟁도 같은 방향으로 향하고 있을지 모른다고 지적했다. Mueller가 이러한 변화를 지적한 것은 맞지만, Carl Kaysen이 기술했듯이, Mueller는 그것을 과거 수백 년 간에 걸친 인류의 사회적 진화의 일반적인 문맥 밖에서 일어난 고립된 현상으로서 설명하고 있다. 노예제와 결투의 폐지는, 프랑스 혁명에 의해 야기된 주종관계의 폐지와 공통의 뿌리를 갖고 있으며, 주군의 인정에 대한 욕망이 보편적이고도 균질한 국가의 합리적인 인정으로 전환한 것에서 나오고 있다. 근대세계에 있어 결투는 주군의 도덕성의 산물이며, 피비린내 나는 전투에 자진해 나가 자신의 생명을 걸려고 하는 자세를 나타내고 있다. 노예제와 결투, 전쟁이 오랜 세월에 걸쳐 쇠퇴하게 된 원인은 어느 것이나 다 같다. 즉 합리적 인정이 출현한 탓이다.

의 잉여 농산물로부터 채우지 않으면 안 되었다. 야심적인 군주가 자신의
부를 늘리고 싶다면 누군가 타인의 토지와 농민을 강탈하든지 그렇지 않
으면 신세계의 금은과 같은 가치 있는 자원을 손에 넣는 방법 외에는 없었
다.

   그런데 산업혁명 이후 토지나 인간이나 천연자원은 기술이나 교육, 노동
의 합리적인 조직화에 비해 부의 원천으로서는 중요성이 현저하게 저하했
다. 후자에 의해서 초래된 노동생산성의 엄청난 증대는, 영토의 정복을 통
해서 손에 넣은 어떤 경제적 성과보다 훨씬 중요하고 확실한 것이었다. 그
리고 일본이나 싱가포르, 홍콩 등 좁은 국토와 한정된 인구밖에 수용할
수 없고 또한 천연자원도 풍부하지 않은 국가들도 자국의 부를 늘리기 위
해 제국주의적 수단에 호소할 필요가 전혀 없다고 하는, 경제적으로는 오
히려 부러워해야 하는 상태에 있는 점을 깨달았던 것이다. 물론 이라크에
의한 쿠웨이트 점령 기도에서도 명백하듯이 석유와 같은 특정의 천연자원
의 지배는 경제적으로 큰 이익을 초래할 가능성이 있다. 그러나 이 침략행
위의 결과로 볼 때, 이러한 방식이 장래의 자원 획득법으로서 매력을 발휘
하는 경우는 없을 듯하다. 같은 자원을 세계적인 자유무역 체제를 통해서
손에 넣을 수 있다고 하는 사실을 생각하면 전쟁이라는 수단은 2, 3백년
전에 비해 경제적으로는 한층 적합하지 못한 것이 되었다.[14]

   그 뿐만 아니라 칸트가 심하게 한탄했듯이, 과학기술의 진보에 따라 전
쟁의 경제적 비용이 비약적으로 증가한 것이다. 이미 제1차 세계대전 당시
부터 재래의 기술 덕분에 전쟁은 큰 경비를 요구하게 되고 아무리 승리자
측에 섰다 해도 전쟁에의 참가 그 자체에 의해 사회 전체가 약체화되는 경
우도 있었다. 그리고 말할 필요도 없이 핵무기는 전쟁의 잠재적 비용을 몇
배나 증가시켰던 것이다. 냉전 시기를 통해서 핵무기가 평화유지에 공헌한
역할은 분명히 널리 인정되고 있다.[15] 1945년 이후 유럽에서 전쟁이 일어나
지 않았던 이유를 설명할 때에는 양극 체제와 같은 요인과 함께 핵무기의
억제력도 도외시할 수 없을 것 같다. 돌이켜 생각해 볼 때 만일 두 초강대

14) 이 점에 대한 일반론은 Carl Kaysen의 John Mueller에 관한 뛰어난 논평기사에 나와 있다.
    Carl Kaysen, "Is War Obsolete?" *International Security* 10, no. 4 (Spring 1990): 42~64.
15) 예를 들면 John Gaddis, "The Long Peace: Elements of Stability in the Postwar International
    System," *International Security* 10, no.4 (Spring 1986) 99~142를 참조.

국이 무력충돌을 초래할지도 모를 잠재적 비용을 의식하지 않았다고 한다면, 냉전시대의 위기—베를린이나 쿠바나 중동을 둘러싼 위기—중 어느 하나가 현실의 전쟁으로까지 확산되었을지도 모른다.[16]

자유주의 사회의 본질적인 전쟁 혐오 성격은 이와 같은 사회가 서로 극히 평화적인 관계를 유지하고 있는 점에서도 명백하다. 지금까지도 수많은 서적이 자유민주주의국끼리 전화(戰火)를 일으키는 경우는 가령 있다 해도 극히 소수에 불과하다는 점을 밝혀왔다.[17] 예를 들면 정치학자인 마이클 도일은 근대의 자유민주주의가 존재해온 약 200년 사이에 그와 같은 사례는 단 한 번도 없었다고 주장하고 있다.[18] 물론 미국이 두 차례의 세계대전이나 한국, 베트남 혹은 극히 최근의 페르시아만 전쟁에 참가했던 것과 같이 자유민주주의 국가가 그렇지 않은 국가와 싸우는 경우는 있을 수 있다. 그러한 전쟁의 수행에 수반되는 고양감(高揚感)은 전통적인 전제국가나 독재국가의 그것을 능가하는 것인지도 모른다. 그렇지만, 자유민주주의 국가들은 상호불신도 없고, 상대 국가의 지배에도 관심을 품고 있지 않다. 이러한 국가들은 보편적인 평등이나 제반권리 등의 원리를 공유하고 있기 때문에 상호의 정통성에 대해 이의를 제기할 이유는 가지고 있지 않다. 이와 같은 제국의 '우월욕망'은 전쟁 이외의 장소에서 그 배출구를 찾았거나 그렇지 않으면 현대판의 피비린내 나는 전쟁을 일으킬 기력도 남지

---

16) 물론 핵무기 그 자체는 냉전이나 쿠바의 미사일 위기에서 심각한 미국과 소련의 대립에 책임이 있지만, 그 경우에도 핵전쟁에의 위기감에 의해 그 대립이 현실의 무력충돌로 이행하는 사태는 피할 수 있었다.

17) 예를 들면 Dean V. Babst, "A Force for Peace," *Industrial Research* 14 (April 1972): 55~58; Ze'ev Maoz and Nasrin Abdolali, "Regime Types and International Conflict, 1816-1976," *Journal of Conflict Resolution* 33 (March 1989): 3~35 ; and R. J. Rummel, "Libertarianism and International Violence," *Journal of Conflict Resolution* 27 (March 1983): 27~71.

18) 이 결론은 어느 정도 Doyle의 자유민주주의에 대한 정의에 의거하고 있다. 영국과 미국은 1812년 전쟁에 돌입했으나 그 당시 이미 영국헌법은 수많은 자유주의적 특징을 갖고 있었다. Doyle은, 영국의 자유민주주의에로의 전환을 1832년의 선거법 개정안 가결의 해로 봄으로써 이 문제를 회피하고 있다. 이 구분은 어느 정도 독단적인 것이다. 영국에서는 선거권이 20세기에 들어서도 한동안 여전히 제한되어 있었고, 또한 영국은 1832년 시점에서 식민지에까지 자유주의적인 권리를 확대시키지는 않았다. 그럼에도 불구하고 Doyle의 결론은, 타당하면서도 인상 깊은 면이 있다. Doyle, "Kant, Liberal Legacies, and Foreign Affairs 1," pp. 205~235; and Doyle, "Kant, Liberal Legacies, and Foreign Affairs II," pp. 323~353. 또한 Doyle의 "Liberalism and World Politics"를 참조.

않을 정도로 쇠약해져 있다. 요컨대 거기에서는 자부심 높은 자유민주주의가 공격적 · 폭력적인 인간의 자연스런 본능을 억제한다기보다 오히려 그 본능 자체를 근본적으로 바꾸고 제국주의에의 의욕을 배제한다는 것이다.

1980년대 중반 이후, 소련과 동유럽에서 일어났던 변동에서는 외교정책에 대한 자유주의 사상의 평화적인 영향을 엿볼 수 있다. 현실주의자의 이론에 의하면, 소련의 민주화는 이 나라의 전략적 입장에 아무런 변경을 초래하지 않는 것이었다. 실제로 현실주의에 가담하는 사람들의 대부분은 베를린 장벽의 붕괴나 동유럽으로 일컬어지는 소련의 '방파제'의 소실을 고르바초프가 묵과할 리는 없다고 예언하고 있었다. 그런데 1985년부터 1989년에 걸쳐 소련 외교정책에 나타난 일련의 놀랄만한 방향전환은 소련의 국제적 입장을 둘러싼 어떤 물질적인 변화의 결과가 아니라 바로 고르바초프가 말하는 "신사고"로부터 나온 것이다. 고르바초프와 당시의 외무장관 에드아르드 세바르드나제는 소련의 "국익"을 기정사실로 보지 않고 그에 대한 극히 명확한 재해석을 했다.[19] "신사고"(新思考) 노선은 소련이 직면해 있던 대외적 위협의 재평가로부터 시작되었다. 그리고 민주화 진행의 직접적인 결과로서 "자본주의 포위망"에 대한 '공포나 공격적, 보복주의적' 기구인 NATO에 대한 공포라는 식의 이 나라의 기존 외교정책의 주요 요소가 그 중요성을 잃게 되었다.

한편, 소비에트 공산당의 이론지 《공산주의자》는 1988년초에 "사회주의에 대한 군사적 침략"을 꾀하는 "정치적 영향을 갖는 세력은 오늘날의 미국에도 서유럽에도 전혀 존재하지 않는다"고 언급하고 "부르주아 민주주의는 그와 같은 전쟁의 발발에 대한 하나의 완충역할을 하고 있다"고 설명했다.[20] 대외적 위협을 어떻게 인식할 것인가는 국가체제 속에서의 그 나라의 입장에 따라 '객관적'으로 결정되는 것이 아니라 오히려 이데올로기의 막대한 영향을 받고 있는 것이라고 할 수 있다. 이리하여 소련에서의 위협에 대한 인식의 변화는 이 나라의 재래식 병력의 일방적 대폭 삭감으로

---

19) 구소련에서의 '국익'의 정의 변화에 관한 설명으로는, Stephen Sestanovich, "Inventing the Soviet National Interest," *The National Interest* no. 20 (Summer 1990): 3~16을 참조.

20) V. Khurkin, S. Karaganov, and A. Kortunov, "The Challenge of Security: Old and New," *Kommunist* (January 1, 1988), pp. 45.

이어졌다. 동유럽국가에서의 공산주의 정권의 전복에 의하여 체코와 헝가리, 폴란드 등 민주화 도상에 있던 나라들도 비슷한 군사력의 일방적 삭감 성명을 발표했다. 이상과 같은 사태가 일어날 수 있었던 것은 소련이나 동유럽의 새로운 민주세력이, 민주주의 제국은 거의 대부분 위협을 불러일으키거나 하지 않는다는 점을 서방측의 현실주의자들 이상으로 이해하고 있었기 때문이다.[21]

현실주의자들 중에는 지금까지 자유민주주의 국가 간의 전쟁이 없었다고 하는 경험적으로도 명백한 사실에 대해서 교묘한 말장난으로 회피하려는 사람도 있다. 그들은 자유민주주의국은 서로 국경을 접하고 있지 않았다(따라서 싸울 필요가 없었다)든가, 자유민주주의가 아닌 나라들로부터 큰 위협을 받고 있었기 때문에 서로 손을 잡지 않을 수 없었다고 주장한다. 요컨대 영국이나 프랑스 독일 등 전통적으로 적대관계에 있던 나라들이 1945년을 경계로 해서 평화공존을 시작한 것은 자유민주주의에 대한 공통의 열의라고 하기보다 구소련에 대한 공통된 공포감 탓이고, 따라서 이 나라들은 NATO나 EU와 같은 동맹으로 결속되어 나갔다는 주장이다.[22]

이런 부류의 결론을 내리는 사람은 국가를 어디까지나 당구공으로 비유하고 그 내부에서 일어나고 있는 모든 사태에서 완고하게 외면하고 있는 인간일 뿐이다. 물론 국가 간의 공통의 적이 주는 한층 큰 위협에 대항하기 위해서 평화적 관계를 맺고, 그 위협이 사라지고 나면 곧바로 서로 적대상태로 돌아서 버리는 경우도 분명히 있다. 예를 들면 시리아와 이

---

21) Waltz는, 구소련의 국내개혁은 국제환경의 변화에 따라 야기된 것이며 페레스트로이카는 현실주의 이론이 올바르다는 증명으로 생각할 수 있을 것이라고 지적하고 있다. 앞에서 서술한 것처럼, 외압과 경쟁이 소련의 개혁을 크게 재촉한 것은 분명한 사실이며 만일 후에 2보 전진을 하기 위해 지금 소비에트가 일보 후퇴하고 있는 것이라면, 현실주의 이론의 정당성이 입증될지도 모른다. 그러나 이것은 1985년 이후의 소련과 소비에트 권력기반 속에서 발생한 국가목표의 완전히 근본적인 변화를 간과하는 것이다. *the United States Institute of Peace Journal* 3, no. 2 (June 1990): 6~7의 Waltz의 해설을 참조.

22) Mearsheimer, "Back to the Future," p. 47. 놀라운 환원주의 수법으로 Mearsheimer는 200년에 걸친 자유민주주의 국가 간의 평화기록을 영국과 미국, 영국과 프랑스, 그리고 1945년 이후의 서구 민주주의제국이라는 세 가지 사례로 압축하고 있다. 말할 것도 없이 실제로는 합중국과 캐나다의 예를 비롯해 이러한 세 가지 케이스 이상의 수많은 사례가 있었다. 이 밖에 Huntington, "No Exit," pp. 6~7을 참조.

라크는 이스라엘과의 항쟁상태에 있는 동안만은 서로 결속하지만 그 이외의 기간의 대부분은 사력을 다해 싸워왔다. 아무리 평화로운 시대라 하더라도 이러한 동맹 간의 대립은 누가 보더라도 명백했다. 그러나 냉전의 시기를 통해서 구소련에 대해서 결속을 견고히 해온 민주주의 국가들 사이에는 그와 같은 적의는 존재하지 않았다. 현대의 프랑스인이나 독일인 중 도대체 누가 옛날에 당한 행위에 보복하기 위해 혹은 새로운 영토를 빼앗기 위해 라인강을 넘을 기회를 호시탐탐 노리고 있다는 것인가? 네덜란드나 덴마크와 같은 현대의 민주주의 국가 간의 전쟁 발발 우려는 존 밀러의 말을 빌자면 "머리의 한쪽을 스칠 가능성"조차 없는 것이다.[23] 미국과 캐나다는 대륙을 가로질러 계속되는 무방비의 국경선을 거의 1세기에 걸쳐서 그대로 방치해 왔다. 더구나 캐나다 측은 거의 아무런 군사력도 가지고 있지 않다. 현실주의자가 스스로의 주장을 일관되게 밀고 나가려면, 냉전의 종결에 의해 기회의 창이 열린 것을 계기로 캐나다를 점령하라고 미국인에게 제창해야 마땅할 것이다(물론 이 현실주의자가 미국인일 때의 이야기지만).

　냉전으로부터 출현한 유럽의 질서도 드디어는 19세기의 열강에 의한 할거상태로 되돌아갈 것이라고 생각하는 것은 오늘날의 유럽 세계의 극히 부르주아적인 성격을 살펴보지 않은 견해이다. 자유주의 유럽의 무정부적인 국가체제는 불신감이나 불안정을 조장하거나 하지는 않는다. 왜냐하면 유럽 국가들 대부분이 서로 상대를 충분히 알고 있기 때문이다. 이 나라들은 인접국이 죽음의 위기를 무릅쓰기에는 너무나도 방종하고 소비주의적이어서 기업가나 경영자는 많아도 전쟁을 하고 싶어 하는 군주나 선동가는 없다는 것을 잘 알고 있다.

　그렇다고는 해도 이 동일한 부르주아적 유럽이 전쟁에 휘말려든 것은 현

23) 현대 독일에는 현재 폴란드나 체코슬로바키아 및 구소련에 있는 예전 독일 영토의 회복을 부르짖는 소수파가 존재하고 있다. 이 그룹은 대개 제2차 세계대전 후 그들의 지역에서 쫓겨난 이들이나 그 자손으로 구성되어 있다. 옛 동서독일의 의회도 새로운 통일 독일의 의회도 모두 이러한 요구를 거절해 왔다. 민주화한 독일이 민주화한 폴란드에 대해 정치적으로 상당히 강한 실지 회복주의의 입장을 다시 나타낸다고 하면, 그것은 자유민주주의 국가끼리는 서로 싸우지 않는다고 하는 테제에 있어 중요한 시금석이 될 것이다. Mueller, *Retreat from Doomsday*, p. 240을 참조.

존하는 많은 사람들의 실제 체험이기도 하다. 제국주의와 전쟁은 부르주아 사회가 도래했다고 해서 사라지지는 않았다. 역사상 가장 파괴적인 전쟁은 실제로 부르주아 혁명 이후에 발생했던 것이다. 이 점을 우리들은 어떻게 설명해야 할 것인가? 슘페터는 제국주의가 일종의 선두격이고, 사회진화의 초기단계 유산이라고 설명했다. "그것은 현재의 생활조건에서가 아니라 과거의 생활조건에서 생기는 요소이다."—혹은 역사의 경제적 해석이라는 관점에서 말하면 현재의 생산관계에서가 아니라 과거의 생산관계에서 생긴 요소이다.[24] 유럽이 일련의 부르주아 혁명을 체험해온 한편, 제1차 세계대전 후에 그 지배계급은 귀족이라고 하는 계급에서 계속 배출되었고, 그들의 입장에서 보면 국가의 위대함이나 영광은 상업으로 바뀌어버린 것은 아니었다. 귀족적인 사회의 호전적인 기풍은 민주주의적인 자손에게 이어져서 위기나 열광의 시대에는 그것이 표면으로 부상할지도 모른다.

　제국주의와 전쟁의 존속을 격세유전적(隔世遺傳的)인 유물이라고 논한 슘페터의 설명에 우리들은 또 하나 '패기'의 역사로부터 직접적으로 도출된 설명을 해야 할 것이다. 왕조 존속이나 종교적 야망 등으로 대표되는 전시대적인 인정의 형태와, 인정의 근대적 형태인 보편적이고 균질한 국가 사이에서 패기는 민족주의라고 하는 형태를 취할 수 있다. 민족주의는 명백히 금세기의 전쟁과 깊은 관계를 가져왔고, 동유럽과 구소련에서의 민족주의의 부활은 포스트 공산주의 시대의 유럽의 평화를 위협하는 것이다. 그래서 우리들은 이제 이 문제에 대하여 생각해 보고자 한다.

---

24) Schumpeter, *Imperialism and Social Classes*, p. 65.

25
국 익

민족주의는 특히 근대적인 현상이다. 왜냐하면 그것은 주종관계를 상호적이고 평등한 인정으로 대치시키기 때문이다. 그러나 민족주의는 충분히 합리적인 것은 아니다. 왜냐하면 그것은 특정 국민이나 민족 집단밖에 인정하려 하지 않기 때문이다. 민족주의는 예를 들면 그 나라의 모든 민족 전체를 선조 전래의 유산으로 생각하는 경향이 많은 세습 군주제보다도 한층 민주적이고 평등주의적인 정통성을 가진 형태의 하나이다. 따라서 민족주의자의 운동이 프랑스혁명 이래의 민주주의 운동과 밀접하게 연관되어 있던 것도 놀랄만한 것이 못된다. 그렇지만 민족주의자가 인정받고 싶어 하는 존엄은 보편적인 인간으로서의 존엄이 아니라 자기네 집단의 존엄이다. 이와 같은 인정에 대한 욕구는 나름대로의 존엄을 인정받으려는 다른 집단과의 대립을 초래할지도 모른다. 그러므로 민족주의가 왕조나 종교의 야망을 대신해 제국주의의 토양이 될 가능성은 충분히 있을 수 있고, 바로 독일은 그 실제 예였던 것이다.

18세기부터 19세기의 위대한 부르주아혁명 이후도 제국주의와 전쟁이 존속해온 것은 단순히 격세유전(隔世遺傳)적인 전사의 기풍이 살아남아 있었기 때문만이 아니라 지배자들의 '우월욕망'이 경제활동에 불완전하게 승화되었기 때문이기도 하다. 과거 2, 3세기에 걸친 국제체제에는 자유주의 사회와 비자유주의 사회가 혼재해 있었다. 비자유주의 사회에서는 민족주의와 같은 비합리적인 '패기'의 형태가 종종 세력을 떨쳤고, 모든 국가가 다소나마 민족주의의 영향을 받아왔다. 유럽, 특히 그 동부 및 남동부 지역에는 여러 민족이 복잡하게 섞여 있고, 그 분규에 대한 해소와 개개 민족국가로의 분리는 대립항쟁의 커다란 원인의 하나가 되어 오늘날까지 오랫동안 이어지고 있다. 또한 자유주의 사회가 비자유주의 사회의 공격으로부터 자신을 지키기 위해 전쟁을 일으켰고 자유주의 사회 스스로가 비유럽 사회에의 공격과 지배를 감행한 경우도 있었다. 표면상으로는 자유주의를 신봉하는 사회도 그 대부분이 편협한 민족주의라는 첨가물에 의해 변색되었고, 시민권의 기초를 사실상은 인종이나 민족적 기원에 두었기 때문에 그 사회의 다양한 권리의 개념을 보편화하는 데에 실패하였다. 자유로운 영국이나 프랑스는 19세기의 마지막 10년간에 아프리카나 아시아에서 광대한 식민지 제국을 손에 넣고 주민의 합의라기보다 오히려 완력으로 지배를 했지만, 그러한 것이 가능했던 것도 양국이 인도인이나 알제리아인, 베트남인 등의 존엄을 자신들의 존재보다 낮은 것이라고 생각하고 있었기 때문이다. 역사가 윌리엄 랭거의 말을 빌자면 제국주의는 "민족주의의 유럽 국경을 넘은 투영이고, 수세기 동안 유럽 대륙에 존재해온 유서 있는 권력투쟁과 힘의 균형을 세계적 규모로 투영한 것"이다.[1]

프랑스혁명 후에 발흥한 근대 민족국가는 여러 가지 중요한 면에서 국제정치의 성격을 근본적으로 변화시켰다.[2] 군주들이 민족의 잡다한 농민집단을 이끌고 어느 도시나 지방의 정복에 나서는 것과 같은 왕조적인 전쟁은 꿈같은 이야기가 된 것이다. 정략결혼이나 수세대 전에 있었던 정복만으로 네덜란드나 스페인의 피에몬테 지방이 오스트리아의 "소유물"이었던 시대는 이미 종말을 고했다. 또한 민족주의의 중압을 받아 합스부르크 왕조나 오스만 터키와 같은 다민족 제국은 붕괴하기 시작했다. 근대정치와

1) William L. Langer, "A Critique of Imperialism," in Harrison M. Wright, ed., *The New Imperialism: Analysis of Late Nineteenth-Century Expansion,* second edition (Lexington, Mass,: D. C. Heath, 1976), p. 98.
2) 이 점에 관해서는 Kaysen, "Is War Obsolete?" *International Security* 14, no. 4 (Spring 1990), p. 52를 참조.

마찬가지로 근대적인 군사력도 가일층 민주주의적인 것이 되고, 국민 개병(皆兵)제도가 탄생하였다. 그리고 일반 대중이 전쟁에 참가함으로써 지배자 개인의 야심뿐만 아니라 국민 전체를 어떠한 형태로든 만족시키는 전쟁 목적이 필요하게 되었다. 국민이나 민족도 이미 체스의 말과 같이 교체할 수는 없게 되었기 때문에 동맹관계도 국경선도 훨씬 엄격해졌다. 이것은 형식상의 민주주의 국가뿐만 아니라 인민주권은 없어도 국가적 동일성이 명하는 바를 무시할 수 없는 비스마르크의 독일과 같은 나라에도 들어맞는다.[3]

게다가 민족주의에 의해 국민 대중이 일단 전쟁에 대한 의욕을 갖게 되면 그들의 패기에 찬 분노는 왕조끼리의 투쟁에서는 거의 볼 수 없었던 정도로 불타올라 적국과의 온화하고 유연한 거래를 획책하는 지배자들의 손발을 묶어버리는 경우도 있었다. 그 전형적인 예가 제1차 세계대전을 종결시킨 베르사유 강화조약이다. 비인회의와 대조적으로 이 베르사유 협정에서는 유럽에 효과적인 힘의 균형을 재건하는데 실패했다. 그것은 한편으로는 구 독일과 오스트리아 · 헝가리 제국에 대신하는 새로운 국경선을 그을 때 국가주권의 원리를 적용할 필요가 있고 다른 한편으로는 독일에 대한 보복을 원하는 프랑스 국민의 요청이 있었기 때문이다.

그러나 우리는 과거 수세기에 있어서의 민족주의의 거대한 힘을 인정할 때, 이 현상에 대해서 바른 관점에서 논할 필요가 있다. 저널리스트나 정치가는 물론 학자들조차 민족주의를 인간의 특질에 잠재된 뿌리 깊은 근본적인 열망인 것처럼 생각하거나, 민족주의의 기반인 민족을 마치 가족이나 국가와 같이 오래되고 영원한 사회적 존재처럼 생각하는 것이 다반사가 되었다. 일단 머리를 쳐든 민족주의는 역사 속에서 맹위를 떨치고, 종교나 이데올로기와 같은 다른 지향 형태로서는 저지시킬 수도 없으며 더 나아가서는 공산주의이든 자유주의이든 연약한 갈대를 모조리 베어버릴 것이라

---

3) 19세기 유럽의 협조체제 붕괴와 그 결과로서 제1차 세계대전의 발발을 설명하는 것은 다극체제의 고유한 결함이 아닌 엄격함이다. 여러 국가가 만일 19세기의 왕조적 정통성의 원리에 의해 조직되어 있었다면, 유럽 협조체제에 있어서는 일련의 동맹관계 변경을 통해 독일의 증대하는 세력에 대응하는 것도 훨씬 용이했을 것이다. 실제로 국가원리가 없다면 독일 자체도 통일되어 있지 않았을 것이다.

는 생각이 상식으로 되어 있었던 것이다.[4] 최근에는 구소련이나 동유럽 전체에 걸친 민족주의적 감정의 부활도 있어서 이러한 견해는 경험적인 뒷받침을 해주는 것처럼 보이기도 하고, 그 중에는 냉전 후의 시대가 19세기에 뒤지지 않을 정도의 민족주의 부흥시대가 될 거라고 예언하는 사람조차 있다.[5] 구소련 공산주의자의 주장에 따르면, 국가의 문제는 보다 근본적인 계급이라는 문제에서 파생한 것이고 계급 없는 사회로의 이행에 의해 깨끗하게 해결되었다고 한다. 그런데 민족주의자가 소련 내의 공화국에서 차례차례 공산주의자를 정권에서 추방하고, 동유럽의 구 공산권 여러 나라에서도 똑같은 사태가 일어남에 따라 이 주장의 공허함이 명백해지고 그것은 많은 사람들에게 민족주의를 몰아냈다고 하는 모든 주장의 신뢰성을 실추시키는 결과가 되었다.

냉전 후의 세계에 폭넓게 나타난 민족주의의 힘은 부정할 수 없다 하더라도 민족주의를 영원불멸하고 모든 것을 다 정복할 수 있는 것이라고 여기는 견해는 편협한 동시에 진실과는 동떨어진 것이기도 하다. 이와 같은 생각은 첫째, 민족주의가 얼마나 최근의 현상이고 우발적인 현상인가 하는 점을 오인하게 만든다. 민족주의는 어네스트 게르너의 말을 빌자면 조금도 "인간의 혼에 뿌리내린 것"이 아니라고 한다.[6]

인간은 전부터 어떤 종류의 큰 사회적 집단에 대해 그것이 존재하는 한 애착심을 느껴오긴 했으나 이와 같은 집단이 언어적으로도 문화적으로도 균질적인 존재라고 정의된 것은 산업혁명 이후의 일이었다. 공업사회가 도래하기까지는 민족성을 공유하는 사람들 간에도 계급의 차이가 널리 퍼져 있었고, 그것이 상호 교류를 방해하는 장애물이 되고 있었다. 러시아의 귀족은 자신의 영지에서 사는 농민보다도 프랑스 귀족과 훨씬 많은 공통점을 가지고 있었을 것이다. 러시아의 귀족은 사회적 조건이 그 프랑스 귀족과 비슷했을 뿐만 아니라 자기 자신도 프랑스어를 말하였고, 그런 반면에 자기 영지의 농민과는 직접 맞대고 이야기할 기회도 거의 없었던 것이다.[7]

---

4) 이것들의 대부분은 Ernest Gellner, *Nations and Nationalism*에서 전개되고 있다.
5) 예를 들면 John Gray, "The End of History-or of Liberalism?" *The National Review* (October 27, 1989): 33~35를 참조.
6) Gellner, *Nations and Nationalism*, p. 34.
7) 러시아 귀족이 프랑스 편을 드는 것은 아마도 극단적인 예라고 해도 거의 모든 나라에서

국가도 또한 민족성이라는 것을 전혀 고려대상에 넣지 않았다. 예를 들면 합스부르크 왕조의 칼 5세는 독일의 일부와 스페인, 네덜란드를 동시에 통치하고 있었고, 터키의 오스만제국은 터키인, 아랍인, 베르베르인 게다가 유럽의 일부 기독교도까지 지배하고 있었던 것이다.

그러나 이와 같은 경위를 거쳐온 모든 사회에 철저하게 평등주의를 주입하고 사회의 균질화와 계몽을 강요한 것은 바로 제2부에서 논했던 근대 자연과학의 경제적인 논리였다. 거기서는 지배자도 피지배자도 하나의 국가경제 속에 함께 있는 이상, 어느 쪽이나 같은 언어를 사용하지 않을 수 없었다. 시골에서 나온 농민들은 근대적인 공장에서 일하고 더 나아가 사무직에 종사하기 위해서도 공통어의 읽기 쓰기가 가능하고, 어느 정도의 교육을 받아둘 필요가 있었다. 계급, 혈연, 부족, 종파와 같은 이전의 사회구분은 노동력의 동원을 계속 필요로 하는 압력 아래 점차 쇠퇴하고 공통의 언어와 그것을 토대로 한 문화만이 사람들의 주요한 사회적 유대로서 남겨졌다. 요컨대 민족주의는 대개 공업화와 그에 따른 민주적이고 평등주의적인 이데올로기의 산물이었던 것이다.[8]

근대 민족주의의 열매인 국가는 이전부터 존재하고 있던 ‘자연스런’ 언어 구분을 토대로 하고 있었다. 그러나 동시에 그 국가는 누가 혹은 무엇이 언어나 국가를 구성하는가를 어느 정도 자유롭게 정의할 수 있게 된 민족주의자들의 손에 의해 인위적으로 건설된 것이기도 했다.[9] 예를 들면 근대들어 ‘다시 눈을 뜬’ 소비에트 중앙아시아의 여러 나라는 볼셰비키 혁명 이전에는 언어적 국가임을 자각하면서 존재했던 것은 아니다. 게르너에 따르면 지구상에는 8천 이상의 ‘자연’ 언어가 있고 그 중 7백가지가 주요한 언어라고 하는데, 반면에 국가의 수는 2백도 되지 않는다. 바스크 지방의 소수 민족을 안고 있는 스페인과 같은 둘 내지 그 이상의 언어집단에

귀족과 농민의 말에는 분명한 언어적 차이가 있었다.
8) 민족주의에 대해 이러한 종류의 경제적인 설명을 너무 기계적으로 적용하지 않도록 주의해야 한다. 민족주의는 넓게 공업화의 산물로 파악할 수 있으나 그런 한편, 국가주의적 이데올로기는 일국의 경제발전 단계에 관계없이 그 자체가 고유한 생명을 가질 수 있다. 그렇지 않다면 제2차 세계대전 후 라오스나 캄보디아 등 애당초 전근대적인 국가에서의 민족주의 운동을 어떻게 설명할 수 있을까?
9) 따라서 예를 들면, 아타튀르크는 만년에 역사적·언어적 ‘조사’에 많은 시간을 할애, 그가 바라던 터키의 근대적 국가의식의 토대를 현실로 이루어 놓았다.

걸쳐있는 오래된 민족국가의 대부분은 목하 이들 새로운 언어집단의 개별
적인 독자성을 인정하라는 압력을 받고 있다. 거기에는 국가가 영원한 것
이 아니거니와 시대를 초월하는 애착심의 '자연스런 원천'도 아니라는 현
실이 나타나 있다. 민족의 동화나 국가의 재정의(再定義)는 당연히 일어날
수 있는 것이고 또한 조금도 신기한 것이 아니다.[10]

　민족주의는 그 고유한 인생사를 가지고 있는 것처럼 보인다. 어떤 역사
적 발전단계, 예를 들면 농경사회에 있어서 사람들의 의식 속에 민족주의
는 전혀 존재하지 않는다. 공업사회로 한창 이행중일 때 혹은 그 직후에
민족주의는 급속히 성장한다. 그리고, 경제 근대화의 첫 단계를 통과한 국
민이 그 국민적 독자성이나 정치적 자유를 부정당했을 때 민족주의는 특
히 급격히 타오른다. 그러므로 파시스트의 초민족주의를 낳은 서유럽의 두
나라 이탈리아와 독일이 공업화와 정치적 통일이 가장 늦은 나라였다 해
도, 혹은 제2차 세계대전 직후에 가장 강력한 민족주의를 낳은 것이 제3
세계에 속하는 이전의 유럽 식민지였다 해도 그것은 그다지 놀랄만한 것
이 못된다. 이와 같은 과거의 경위에서 보면, 공업화의 도래가 비교적 늦
고, 공산주의에 의해 오랜 동안 민족적 독자성을 억압받고 있던 구소련이
나 동유럽에서 오늘날 가장 강력한 민족주의가 나타났다 해도 역시 그것
은 조금도 이상할 것이 없다.

　그렇지만 오랜 시간에 걸쳐 비교적 안정된 독자성을 확보해온 민족 집단
에 있어서는 패기에 찬 자기 동일화의 원천으로서의 국가는 쇠퇴하고 있는
것처럼 보인다. 한때는 민족주의 바람이 격렬하게 불어댔지만 그 폭풍이
어디보다도 빨리 지나간 것은 민족주의자의 정열로 인해 몹시 타격을 받은
지역, 즉 유럽이다. 유럽 대륙에서는 두 차례의 세계대전이 민족주의를 비
교적 완만한 형태로 재정의하기 위한 강력한 자극제로 작용하였다. 유럽
사람들은 민족주의적인 인정의 형태로 잠재되어 있던 터무니없는 비합리성
을 체험했던 덕분에 그에 대신하는 것으로서 보편적이고 평등한 인정을 차
츰 받아들이게 되었다. 그리고 전쟁에서 살아남은 사람들은 국경을 없애
기 위해, 또 민중의 정열을 국가로서의 자기주장에서 분리시켜 경제활동으
로 돌리기 위해 차분히 노력해가게 되었다. 거기에서 생겨난 것이 최근에는

10) Gellner, *Nations and Nationalism*, pp. 44~45.

오히려 북미나 아시아로부터 오는 경제경쟁 압력에 의해 움직여지는 느낌
도 있는 프로젝트, 다름 아닌 EC라는 것은 말할 필요도 없다. 물론 EC는
국가 간의 차이를 폐지하지는 않았고, 창설자들이 기대하는 초주권적 성
격을 구축하는데 있어서도 곤란에 직면해 있기는 하다. 그러나 농업정책이
나 단일통화 문제를 둘러싸고 EC내에서 펼쳐지고 있는 민족주의적 주장
의 종류는 두 차례의 세계대전을 부추긴 당시의 고압적인 외침과는 반대
로 지금은 더없이 온순한 것이다.

　민족주의는 자유주의와 경제적인 사익이 힘을 합쳐서 대적하더라도 이
길 수 없을 만큼 엄청나게 강대한 힘이라고 주장하는 사람들도 있다. 그런
데 그들은 인정받기 위한 수단으로서는 민족주의의 직전까지 기능하고 있
던 조직적인 종교의 운명에 대해 생각해봐야 할 것이다. 종교도 예전에는
유럽 정치에서 전능한 역할을 수행하고 있던 시대가 있었고, 거기서는 프
로테스탄트와 가톨릭이 자신의 정치적 파당을 조직하고 그 종파끼리의 전
쟁으로 유럽의 부를 허비하고 있었던 것이다. 영국의 자유주의는 앞에서
살펴본 것처럼 국가의 내전에서 볼 수 있는 종교적인 광신에 대한 직접적인
반동으로서 출현하였다. 종교는 정치라는 무대에서 빼놓을 수 없는 불멸
의 특색이라는 당시 사람들의 신념에 반하여 자유주의는 유럽에서 종교를
'타도했던' 것이다.

　몇 세기에 걸친 자유주의와의 항쟁 끝에 종교는 너그러워지는 법을 배
웠다. 16세기라면 자신들의 특정 종파의 교의를 믿게 하기 위해 정치권력
을 이용하지 않는다는 것은 거의 유럽인에게 있어서 실로 기묘한 이야기로
느껴졌을 것이다. 그렇지만 오늘날에는 다른 종교의 실천이 자신의 종교적
신앙을 위협한다고 말하면 아무리 경건한 목사라도 기상천외한 발상이라
고 생각할 것임에 틀림없다. 이렇게 하여 종교는 개인적인 영역으로 쫓겨나
고 생각하기에 따라서는 유럽의 정치세계로부터 반영구적인 유배에 처해졌
던 것이다.[11]

　민족주의가 종교처럼 싹이 잘리고 근대화되고 그리고 개개의 민족주의

11) 물론 나는 유럽 도처에 강력한 기독교민주당이 존재하고 있음을 알고 있으나, 그들이 기
　독교적이기 전에 민주주의적이라는 사실, 그리고 기독교 해석에 있어 세속적인 성질을
　갖고 있다는 사실은, 자유주의의 종교에 대한 승리를 나타내는 것에 지나지 않는다. 불
　관용적이고 반민주주의적인 종교는 프랑코의 죽음과 함께 유럽정치에서 소멸되었다.

가 서로 분리되긴 했지만 대등한 관계에 있는 현상을 받아들이는데 따라 제국주의와 전쟁을 위한 민족주의적 기반은 약화되어갈 것이다.[12] 최근의 유럽 통합화로의 움직임은 제2차 세계대전과 냉전에 의해서 초래된 일시적인 일탈이었고, 근대 유럽사의 전반적인 조류는 민족주의를 지향하고 있는 것이라고 생각하고 있는 사람은 아주 많다. 그러나 어쩌면 두 차례의 세계대전은 16세기와 17세기의 종교전쟁이 종교에 대해서 수행한 것과 비슷한 역할을 하고, 단순히 다음 세대뿐 아니라 이후의 모든 세대에 그 영향을 끼치게 될지도 모른다.

만일 민족주의가 정치세력으로서 점차 사라질 운명에 있다고 한다면, 그 전에 종교가 그러하였던 것처럼 관용이 주입될 것이다. 물론 민족집단은 각각의 언어와 아이덴티티의 감각을 보호 유지해갈 수 있지만 그 아이덴티티는 정치의 영역이 아니라 주로 문화의 영역 속에서 표현되게 될 것이다. 프랑스인이 프랑스의 와인을, 독일인이 독일의 소시지를 계속 맛보는 것은 가능하다고 하더라도 그것은 모두 개인적인 영역에 한정된 이야기이다. 이와 같은 진화는 과거 수세대에 걸쳐서 유럽의 가장 발전된 자유민주주의 국가들에서 실제로 일어났던 것이다.

현대 유럽사회의 민족주의에 대해서는 지금도 여전히 자주 선전되고 있는데, 그것은 국민이나 민족적 아이덴티티라는 사고가 비교적 새로운 것이었던 전 세기의 민족주의와는 성격을 전혀 달리하고 있다. 히틀러의 몰락 이후 서유럽의 민족주의는 타민족을 지배하는 것이 스스로의 아이덴티티에 있어서 중요하다는 생각 따위는 결코 하지 않았다. 사실은 전혀 정반대의 것이다. 가장 근대적인 민족주의는 케말 아타튀르크가 걸은 길을 따라 조국의 내부에서 국가로서의 아이덴티티를 순화하고 강화하는 것을 스스로의 사명으로 간주해 왔던 것이다. 실제로 모든 민족주의는 "터키화"의 과정을 거치고 있다고 할 수 있을지도 모른다. 이와 같은 민족주의에 새로운 제국 건설의 힘이 있다고는 생각할 수 없다. 가능한 것이라면 고작해야 기존의 제국을 타도할 정도인 것이다.

독일의 쉐엔후버가 이끄는 공화당, 혹은 프랑스의 루펭이 이끄는 국민전

---

12) 민족주의의 이러한 추세에 대해서는 Gellner, *Nations and Nationalism*, p. 113에서도 지지받고 있다.

선과 같은 오늘날의 가장 급진적인 민족주의 정당조차도 외국인의 지배에
는 아무런 관심을 품고 있지 않으며, 단지 외국인을 내쫓고 탐욕스러운 중
산시민답게 타인에게 간섭받지 않고 인생의 즐거움만을 향수해 가는 것에
만 마음을 뺏기고 있는 것이다. 실로 놀랍고 의미 있는 사실은 유럽에서
는 항상 낙오자로 보여지던 러시아의 민족주의가 급속히 터키화의 과정을
거쳐 예전의 확장주의를 버리고 "작은 러시아" 라는 생각을 선택했던 것이
다.[13] 현대 유럽은 주권을 포기하고 사적 생활의 기분 좋은 만족감 속에
서 국가로서의 아이덴티티를 즐기는 방향으로 전환하고 있다. 종교와 마찬
가지로 민족주의도 소멸의 위기에 직면해 있는 것은 아니지만 역시 종교와
마찬가지로 유럽인에 대해서 제국주의의 대사업을 위해 쾌적한 생활을 내
던지게 할 만한 힘은 상실한 것 같다.[14]

그렇다고 해서 유럽의 장래가 민족주의자의 대립에서 해방된다는 뜻은
아니다. 지금까지 공산주의 지배 하에서는 잠자는 사자였지만 최근 드디어
사슬을 벗어던진 구소련과 동유럽의 민족주의에는 특히 이것이 적용될 것
이다. 실제로 냉전의 종결에 수반하여 유럽에서는 민족주의 항쟁이 일어날
가능성이 높아졌다고 해도 좋다. 국민과 민족 집단이 장기간에 걸쳐서 주
권과 독립의 주장을 자숙해 온 경우, 민족주의는 민주화의 확대에 결코 결
여할 수 없는 부산물인 것이다. 예를 들면 유고슬라비아에서는 1990년의
슬로베니아, 크로아티아, 그리고 세르비아에서의 자유선거 실시에 의해서
내전의 무대가 되었다. 이 선거결과 슬로베니아와 크로아티아의 양 공화국
에서 독립을 지지하는 비공산주의 정권이 탄생했던 것이다.

13) 물론 여전히 광신적 배외성을 가진 제국적인 러시아의 민족주의 운동 일파가 구소련의
최고수뇌부에는 다수 존재하고 있다. 낡은 제국주의적 민족주의의 주요한 요소를 유
라시아대륙의 그다지 발전되지 않은 지역에서 발견할 수 있다는 것은 예상하기 어렵지
않다. 그 일례가 Slobodan Milosevic의 광신적 배외주의로 채색된 세르비아 민족주의이
다.

14)   Mearsheimer는 민족주의를 전쟁 발발의 가능성과 관련된 유일한 국내 정치요인으로
보고 있다. 그는 '과도한 민족주의' 를 대립의 원천으로 보고 있으며 '과도한 민족주
의' 그 자체는 외부환경에서 야기되거나 또는 학교에서의 잘못된 국사교육에 의해 일어
난다고 시사하고 있다. 민족주의나 '과도한 민족주의' 는 무질서하게 나타나는 것이 아
니라 특정한 역사적·사회적·경제적 문맥에서 생겨나는 것이며, 또한 다른 모든 역사현상
처럼 민족주의도 진화의 내재적 법칙에 따른다는 것을 Mearsheimer는 인식하고 있지 않
은 것같다. Mearsheimer, "Back to the Future," pp. 20~21, 25, 55~56.

장기간 존속해온 다민족 국가의 붕괴는 반드시 폭력적인 유혈 참사를 불러일으켰는데 거기에 민족 집단이 관련되면 더욱 참혹한 사태가 된다. 예를 들면 크로아티아에 사는 세르비아인은 전 인구의 약 8분의 1인데 반해, 구소련에서는 6억이나 되는 사람들(그 절반은 러시아인)이 자신의 모국인 공화국 이외의 지역에서 생활하고 있다. 소련에서는 이미 대규모 주민 이동이 시작되고 있고, 각 공화국이 독립함으로써 그 이동에 박차가 가해지고 있다. 현재 태동하고 있는 민족주의의 대다수는 특히 그것이 사회적 · 경제적 발전 수준이 비교적 낮은 지역의 경우 극히 원시적인 형태—요컨대 관용적이지도 못하고 배외주의적이고 공격성을 노출한 형태—를 취할 가능성이 많다.[15]

나아가 예부터 있어온 민족국가는 자신들의 존재를 개별적으로 인정받으려고 하는 다양한 소언어 집단에 의해서 아래로부터 압력을 받을 우려도 있다. 슬로바키아인은 지금에 와서는 체코인과는 별개의 아이덴티티를 요구하고 있다. 퀘벡의 프랑스계 캐나다인은 자유주의 캐나다의 평화와 번영만으로는 만족하지 않고, 자신들의 문화가 갖는 특이성의 보존도 마찬가지로 바라고 있다. 쿠르드인, 에스토니아인, 오세트인, 티베트인 등 자신들의 민족적 아이덴티티를 획득하기 위한 새로운 민족국가를 탄생시켜갈 가능성은 헤아리면 한이 없다.

그렇지만 이와 같은 민족주의의 새로운 출현에 대해서는 올바른 관점에서 살펴나갈 필요가 있다. 첫째 민족주의는 주로 유럽의 가장 근대화가 늦은 지역, 특히 발칸반도 내부 혹은 그 주변부, 그리고 구 러시아 제국의 남부지역에서 가장 선명하게 나타날 것이다. 그렇지만 이러한 지역에서 아무리 민족주의의 불길이 타오르더라도 앞에서 기술한 것처럼 관용의 정도가 큰 옛 형태의 유럽 민족주의가 장기간에 걸쳐서 진화해갈 그 과정에 영향을 미칠 정도라고는 생각할 수 없다. 구소련의 트랜스–코카서스 지방의 민

---

15) 1991년 그루지아(조지아)에서 선거에 승리한 Zviad Gamsakhurdia가 이끄는 독립 지지의 원탁회의는 우선 최초로 그루지아 내의 소수민족인 오세트인과의 전쟁을 선택, 오세트인이 별도의 소수민족으로서 인정받을 권리를 일절 부정했다. 이것은 러시아공화국 대통령인 보리스 옐친이 취한 행동과 뚜렷한 대조를 이루고 있다. 1990년 옐친은 러시아공화국을 구성하는 여러 민족을 시찰, 러시아와의 제휴는 완전히 각 민족의 자발적 의지에 따를 것이라고 보장했던 것이다.

족이 이미 언어도단의 잔학행위를 범했다고는 하나 동유럽 북부지역의 민족주의—체코슬로바키아, 헝가리, 폴란드 그리고 발트제국의 민족주의—가 자유주의와는 양립하지 않는 침략적인 방향으로 나아가고 있다고 규정할 증거는 거의 없다. 물론 여기에서는 체코와 같은 기존 국가가 분열하지 않는다거나, 폴란드와 리투아니아 사이에 국경분쟁은 일어나지 않는다고 말할 의도는 아니다. 그렇다고 해서 이들 나라가 반드시 타지역에서 자주 일어나는 정치적 폭력의 소용돌이에 휘말리는 것은 아니며, 또한 경제적인 통합에의 압력에 의해서 그와 같은 사태는 회피되어갈 것임에 틀림없다.

둘째로 새로운 민족주의끼리의 대립이 유럽과 세계의 보다 광범위한 평화와 안전보장에 미치는 영향은 제1차 세계대전의 도화선이 된 1914년의 세르비아인 민족주의자에 의한 오스트리아 · 헝가리제국 왕위 계승자의 암살사건의 충격보다는 훨씬 작은 것이다. 유고슬라비아가 공중 분해되고 새로이 자유를 획득한 헝가리인과 루마니아인이 트랜실바니아 지방의 헝가리계 소수민족의 지위를 둘러싸고 끝없는 폭력사태를 되풀이했다고 하더라도 현재의 유럽에는 바야흐로 자국의 전략적 입장을 강화하기 위해 이러한 항쟁을 기회로 삼으려고 하는 대국은 어디에도 존재하지 않는다. 그러기는커녕 선진 유럽제국의 대부분은 이와 같은 수렁으로 변질된 분쟁에는 휘말려들지 않으려고 할 것이고, 간섭의 자세를 보인다고 하더라도 그것은 상당한 인권침해와 자국민에 대한 위협에 직면하는 경우에 한정될 것이다. 제1차 세계대전도 자국의 영토에서 시작된 유고슬라비아는 지금 내전상태에 돌입하여 국가적으로는 해체일로를 걷고 있다. 그런데 유럽의 다른 나라들은 이 문제의 해결의 방향성으로서 유럽의 안전보장이라는 더 큰 문제로부터 유고를 분리해서 생각해야 한다는 점에서 대체적인 합의에 도달하고 있는 것이다.[16]

셋째로 현재 동유럽과 구소련에서 일어나고 있는 새로운 민족주의의 투쟁이 갖는 과도적인 성질을 인식해 두는 것이 중요하다. 이 투쟁은 공산주

16) 적어도 현실주의적인 전제에서 말한다면 많은 새로운 민족 집단이 그 규모나 지리적 제약으로 인해 독립된 국가로서의 군사적 발전을 기대할 수 없음에도 불구하고 각자의 주권을 요구하고 있는 것은 흥미롭다. 이것은 국가조직이 예전만큼 위협으로 생각되고 있지 않다는 점, 그리고 대국에 있어서 전통적 논의--즉 국방문제--가 그다지 중요한 것으로 간주되고 있지 않음을 시사하고 있다.

의 제국의 붕괴에 동반하여 이 지역에 새롭고 일반적인 (단 보편적은 아니다) 보다 민주적인 질서를 창출해 가기 위한 산고(産苦)인 것이다. 이 과정에서 탄생하는 새로운 민족국가들 중 다수가 자유민주주의 국가이고, 지금 독립투쟁을 위해 더 격화되고 있는 민족주의도 종국에는 성숙하고 최종적으로는 서유럽 제국과 같은 '터키화'의 과정을 더듬어갈 것이라는 점은 충분히 예측 가능하다.

민족적 아이덴티티에 기초를 둔 정통성의 원리는 제2차 세계대전 후, 제3세계에서도 완전히 정착하였다. 공업화와 국가 독립이 늦어진 제3세계에서는 정통성 원리의 도래도 유럽보다 늦었는데, 일단 그것이 도래하자 거의 유럽과 같은 영향을 받았다. 1945년 이후에도 제3세계에서 민주주의의 형식을 갖추고 있는 국가는 비교적 수가 적었지만 그 대부분은 정통성과 얽힌 종교적 또는 왕조적인 근거를 버리고 민족자결 원리를 선택했던 것이다. 옛 기존의 민족주의보다도 훨씬 자기주장이 강하고 유럽의 민족주의 이상으로 자신에 넘쳐있는 점에 이 지역의 민족주의의 신선함이 있다고 하겠다. 예를 들면, 범 아랍민족주의는 이전의 독일과 이탈리아의 민족주의처럼 민족 통일에 대한 강한 열망에 지지되고 있었지만, 그렇다고 해서 그 민족주의가 단일의 정치적으로 통일된 아랍국가의 건설에 의해서 성취되지는 않았던 것이다.

그렇지만 제3세계에서 민족주의의 융성이 국제분쟁에 대한 일정한 제어장치가 되어왔던 것도 또한 확실하다. 민족자결 원리가—설사 자유선거를 통한 정식 민족자결이 아니라 선조 전래의 조국에서 독립하여 살아간다고 하는 민족 집단으로서의 집단의 권리라 해도—널리 받아들여진 덕분에 어느 나라나 마찬가지로 군사적 간섭과 영토 확대의 기도는 지극히 곤란한 것이 되었다. 제3세계의 민족주의 세력은 테크놀로지와 국가발전의 상대적 수준과는 전혀 관련이 없고 거의 항상 승리를 자신의 손으로 거두어왔다. 예를 들면 프랑스는 베트남과 알제리에서 쫓겨났고, 미국은 베트남에서, 소련은 아프가니스탄에서, 리비아인은 차드에서, 베트남인은 캄보디아에서 축출 당했던 것이다.[17] 1945년 이후에 일어난 주요 국경의 변화

---

17) 물론 거기에는 몇 가지 예외도 있다. 예를 들면 중국의 티베트 점령, 이스라엘의 요르단 강 서안 및 가자지구 점령, 인도의 고아 합병 등이다.

는 제국주의에 의한 영토 확장이라기보다 오히려 민족의 경계선에 따른 국가의 분리—예를 들면 1971년 파키스탄과 방글라데시의 분리—라는 경우가 대부분이었다. 선진제국에서 영토 정복이 결과적으로 수지가 안 맞게 된 이유—적국민 지배의 경비를 포함한 전쟁 수행비용의 비약적 증대와 보다 가까운 부의 원천인 국내경제의 발전 전망 등—의 대부분은 그대로 제3세계 국가 간의 분쟁에도 적용되어 왔던 것이다.[18]

제3세계, 동유럽, 그리고 구소련의 민족주의는 유럽과 미국의 민족주의에 비해서 변함없이 격렬한 형태를 취하고 있다. 그것은 금후에도 구미 이상으로 오랫동안 잔존할 것이다. 이와 같은 새로운 민족주의가 갖는 활기 덕분에 발전된 자유민주주의 국가에 사는 많은 사람들은 자국의 민족주의가 서서히 쇠퇴해 가고 있는 것도 알아차리지 못하고 민족주의야말로 오늘날이라는 시대의 증명에 다름없다고 외곬으로 생각해 왔던 것 같다. 민족주의와 같은 역사적으로도 새로운 현상을 사람들이 인간사회의 영구불변의 특질이라고 믿는 것은 기묘한 현상이다. 다양한 경제의 힘은 계급 대립을 민족적 장벽으로 치환함으로써 민족주의를 촉진했다. 그리고 그 과정에서 중앙집권화되고 언어적으로 균질화된 국가를 만들어냈다. 그런데 이제 와서 그와 같은 경제적인 힘이 단일하고 동시에 통합된 세계시장을 만들어냄으로써 민족이라는 장벽을 붕괴시키려고 하고 있는 것이다. 현재의 세대, 혹은 다음 세대에 민족주의가 정치적으로 중화되는 일은 없을지도 모른다. 그렇다고 해도 그와 같은 사태가 최종적으로 찾아올 것이라는 전망은 어디까지나 조금도 흔들림이 없을 것이다.

---

18) 아프리카의 국경선이 부족적·민족적 분포를 무시하고 그어진 불합리한 것임에도 불구하고, 아프리카 제국의 독립 이래 어떠한 국경도 쉽사리 변경되지 않았던 것은 종종 언급되고 있는 형편이다. Yehoshafat Harkabi, "Directions of Change in the World Strategic Order: Comments on the Address by Professor Kaiser," in *The Changing Strategic Landscape: IISS Conference Papers*, 1988, Part II, Adelphi Paper No. 237 (London: International Institute for Strategic Studies, 1989), pp. 21~25를 참조.

26
평화적 통일체를 향하여

자유민주주의를 채택하고 있지 않은 나라에서는 아직도 무력 외교가 횡행하고 있다. 제3세계에서는 공업화와 민족주의의 도래가 늦어졌기 때문에 이 지역 대부분의 나라와 이미 공업화가 진전된 민주주의 국가 사이에 있어서 행동의 차이는 두드러질 것이다. 그리고 가까운 장래에 세계는 역사를 벗어난 지역(탈역사세계)과 아직도 역사에 매달려 있는 지역(역사세계)으로 나뉠 것이다.[1] 탈역사세계에서는 경제가 국가 간 상호작용의 주축이 되고 무력 외교의 낡아빠진 규범은 그 의미를 상실해 갈 것이다. 요컨대, 여기서 생각할 수 있는 것이, 예를 들면 다극화되어 독일의 경제력에 지배를 받으면서도 주변 국가들이 그것에 그다지 군사적 위협을 느끼지 않고, 군비증강에 이렇다 할 노력도 기울이지 않는 민주적인 유럽의 모습이다. 그곳에서는 경제성장은 적잖게 벌어지고 있으니 군비경쟁은 거의 사라지고 있다. 탈역사세계는 여전히 민족국가로 나뉘어 있으나 개개의 민족주의는 자유주의와 화목하게 지내고 있으며 그 자기주장도 점차 개인적인 영

---

1) 이 구별은 크게 남과 북, 선진국과 개발도상국이라는 낡은 구분에 대응한다. 그러나 이 대응은 완전한 것이 아니다. 왜냐하면 코스타리카나 인도 같은 개발도상국에서도 자유민주주의를 기능시키고 있는 점이 있고, 한편 나치스 독일 같은 선진국이 독재국가였던 예도 있기 때문이다.

역으로 제한되어갈 것이다. 한편 경제적 합리성이 시장과 생산의 일체화를 추진하고, 그에 따라 전통적인 국가주권의 대부분의 특징은 조금씩 소멸될 것이다.

반대로 역사세계는 거기에 관여하고 있는 나라들에 무력 외교의 낡은 규범이 여전히 적용되고 있기 때문에, 특정한 나라의 발전단계에 맞춰 일어나는 다양한 종교적, 민족적, 그리고 이데올로기적 충돌에 의해 세계는 변함없이 갈라진 채로 남아있을 것이다. 이라크나 리비아 같은 나라는 여전히 주변 국가를 침략, 피비린내 나는 싸움을 계속해 갈 것이다. 또한 역사세계에서는 민족국가가 계속해서 정치적 아이덴티티의 중심적 존재가 될 것이다.

탈역사세계와 역사세계의 경계는 급속히 변화하고 있고, 거기에 일획을 긋기는 어렵다. 구소련은 한쪽 진영에서 또 다른 진영으로 이행해 가고 있다. 그리고 금후 자유민주주의로의 이행에 성공한 후계 국가군과 그렇지 않은 국가군으로 나뉘어 갈 것이다. 천안문 사건 이후 중국은 도저히 민주주의를 달성했다고는 말할 수 없는 상황이지만, 경제개혁이 시작되고부터 중국의 외교정책은, 말하자면 점차 "부르주아적"으로 되고 있다. 현재 중국의 지도자들은 이미 경제개혁을 후퇴시킬 수 없으며, 이대로 세계경제에 문호를 개방해 나가야 한다는 것을 알고 있는 것 같다. 국내적으로는 여러 면에서 마오쩌둥주의의 부활이 계획되고 있다고는 해도, 위와 같은 사정으로 외교정책상 마오쩌둥 노선으로의 회귀는 저지되고 있다. 멕시코, 브라질, 아르헨티나 등 라틴아메리카의 비교적 큰 나라들은 이미 전 세대에 역사세계로부터 탈역사세계로의 이행을 이루었기 때문에, 반대로 되돌아 갈 수 있음에도 불구하고 어느 나라도 이제는 경제적인 상호 의존을 통해 다른 민주주의적인 선진 공업국과 굳게 유대를 맺고 있다.

여러 가지 면에서 역사세계와 탈역사세계는 병존상태를 계속하면서도 다른 길을 걷고 있으며, 두 세계 간에는 그다지 서로 구애받지 않게 될 것이다. 그러나 몇 개의 축을 둘러싸고 이 두 세계가 충돌하는 경우도 물론 있다. 그 첫 번째가, 이라크의 쿠웨이트 침공으로 발단이 된 페르시아만 위기의 배경적 요인이기도 한 석유이다. 석유생산은 여전히 역사세계에 집중되어 있으며, 또 그것은 탈역사세계의 경제적 안정에 있어서도 결정적인

의미를 갖는다. 1970년대 석유위기 때, 각종 필수물자의 세계적인 상호의
존에 관한 논의가 지속되었음에도 불구하고, 석유생산만은 여전히 한쪽에
만 집중하는 양상을 보였고, 그로 인해 석유시장에서는 정치적인 이유에
의한 조작이나 교란이 가능하게 되었다. 그리하여 석유시장이 혼란해지면,
탈역사세계의 경제는 즉각 궤멸적인 영향을 입기 쉽게 되었다.

　두 세계의 충돌을 일으키기 쉬운 제2의 축은, 현재 석유만큼 두드러지
진 않으나 장기적으로는 아마도 석유보다 귀찮은 문제, 즉 이민이다. 지금
도 가난하고 불안정한 나라에서 풍요하고 안전한 나라로의 사람들의 유입
은 끊임없이 계속되고 그것이 선진 세계 거의 대부분의 나라에 영향을 끼
치고 있다. 이러한 유입은 근년에 들어 일정하게 늘고 있으나, 역사세계에
정치적 변동이 일어날 경우 이러한 경향에 급속히 박차를 가할 우려도 있
다. 소련의 해체, 동유럽에서의 심각한 인종폭동의 발발, 또는 미개혁 공
산주의 중국에 의한 홍콩의 통합과 같은 사건은 모두 역사세계에서 탈역
사세계로의 대규모 인구 이동의 계기가 될 것이다. 그리고 이러한 인구 유
입 때문에 탈역사세계의 나라들은 그 흐름을 저지하기 위해서, 또는 자국
정치체제에 참가하게 된 새로운 이민들로부터의 압력이 이유로 작용하여
역사세계에 계속 관심을 갖게 될 것이 틀림없다.

　탈역사세계의 나라들에 있어 이민을 저지하는 것이 극히 곤란한 이유
는 적어도 두 가지가 있다. 첫째 이들 나라는 인종차별주의자라고도 민족
주의자라고도 생각되지 않는 외국인들을 배제할 원리를 만드는 것이, 자
유민주주의 국가로서 준수하기로 약속해온 권리를 침해하게 될 것이라는
염려에서 이민 제한에 주저하고 있는 것이다. 발전된 민주주의 국가에서는
어느 나라든 한 번은 이민 제한을 실시해 왔으나, 그러한 것에는 대개 양
심의 가책이 항상 따라다니고 있었다.

　이민이 증가하는 두 번째 이유는 경제적인 면 때문이다. 왜냐하면 선진
국은 거의 대부분의 나라에서 제3세계라면 무진장 제공할 수 있는 거의
모든 종류의 미숙련 및 반숙련 노동력의 부족을 절실히 느끼고 있기 때문
이다. 물론 모든 저임금 노동이 수출 가능한 것은 아니다. 그렇다고는 해
도, 마치 초기 자본주의가 국내 노동력의 고도의 유동성으로 통일된 민족
국가의 성장을 촉진했듯이, 단일하고 전세계적인 시장에서의 경제경쟁은

지역적인 노동시장의 통합을 촉구해 나가게 될 것이다.

두 세계의 상호관계를 둘러싼 최후의 기축은, 어떤 "세계질서"와 관계되어 있다. 즉 탈역사세계의 많은 나라들은 역사세계의 특정 국가가 주변국에 끼치는 위협에 대해서는 물론, 역사세계에서는 분쟁이나 폭동이 자주 발생하기 쉬우므로, 그쪽 세계에 어떤 종류의 테크놀로지가 확산되어가는 것을 막아야 한다는 일반적인 이론을 만들어갈 것임에 틀림없다. 현재, 이러한 과학기술에는 핵무기나 탄도미사일, 생물·화학무기 등이 포함되어 있다. 하지만 장래, 세계질서의 문제는 테크놀로지의 확산을 규제하지 않았기 때문에 생기는 환경위기 같은 것으로까지 퍼져 갈지도 모른다. 그리고 만일, 탈역사세계는 역사세계와는 다른 행동을 취한다고 하는 가정이 옳다면, 탈역사세계의 민주주의 각국은 외부의 위협에서 스스로를 지키는 것과 동시에, 아직 민주주의가 존재하고 있지 않은 나라들에게 민주주의의 대의를 보급시켜 나가는 것에 공통의 관심을 기울이게 될 것이다.

1970년대와 80년대에 민주주의가 크게 진전했음에도 불구하고, 국제관계에 대한 현실주의자의 전망은 계속해서 하나의 '처방전적' 원리로서의 의미를 가지고 있다. 역사세계는 현실주의적인 원리에 근거한 행동을 고집하고 있으며, 한편 탈역사세계도 여전히 역사세계에 머물러 있는 나라들에 대처할 때는 현실주의적인 방법을 취하지 않으면 안 된다. 민주주의 각국과 비민주주의 각국과의 관계는 앞으로도 상호 불신과 공포에 의해 채색될 것이다. 그리고 경제적인 상호 의존이 점차 강해져 가기는 해도 힘이야말로 변함없이 양자의 상호관계에 있어서 '최후의 수단'이 될 것임에 틀림없다.

한편 현실주의는 세계가 어떻게 움직여 갈 것인가에 대한 '진단서'로서는 부족한 점이 많다. 현실주의자는 불안정성이나 힘의 최대화를 노린 기도를 인류 역사상 모든 시대와 모든 국가가 갖는 특질이라고 생각하고 있으나, 그러한 요소들은 보다 상세한 음미를 하기에는 너무나 불충분한 것이다. 인류사의 과정은 일련의 정통성이라는 생각—왕조나 종교의 정통성, 민족주의의 정통성 또는 이데올로기의 정통성이란 개념—을 낳았다. 그리고 그것들은 제국주의나 전쟁의 잠재적인 근거를 같은 수만큼 낳고 있다. 근대 자유주의 이전의 이러한 정통성의 형태는 모두가 어느 정도 지배와 복종의 형태에 근거하고 있다. 따라서 제국주의도 어떤 의미에서는 사회 체제에 의해 결정되어 있다고 할 수 있다. 정통성의 개념이 과거 오랜 세월에 걸쳐 변화해온 것과 보조를 맞춰, 국제관계도 변화해온 것이다. 전쟁과 제국주의가 역사를 통해 끝없이 계속되어 가는 것처럼 보인다고 해도 실제로 전쟁은 각 시대마다 전혀 다른 목적을 위해 수행되어 왔다. 시대와 장소에 관계없이 국가 행동에 공통된 논리를 부여하는 객관적인 국익은 무엇 하나 존재하지 않았다. 반대로 국익의 대부분은 그것을 해석하는 개개인에 따라, 또 그 시대에 기능하고 있는 정통성의 원리에 따라 결정되어 온 것이다.

그렇다면, 모든 인간을 자신의 지배자로 삼음으로써 주군과 노예의 구별을 없애려고 하는 자유민주주의 국가가 각각 다른 외교정책 목표를 가지고 있다고 하는 것도 당연한 얘기라고 할 수 있다. 주요 국가들이 정통성에 대해 하나의 공통된 원리를 서로 나눠 갖고 있다고 해서, 탈역사세계에 평화를 낳게 할 수는 없다. 그것은 예를 들면 유럽의 모든 국가가 군주제나 제정제였던 시대와 같은 것이다. 오히려 평화라고 하는 것은 필경 민주주의적 정통성이 갖는 특수한 성질과 인간적인 인정에의 갈망을 채워가는 민주주의의 힘에서 나오는 것임이 분명하다.

민주주의 제국과 비민주주의 제국 간에 가로놓인 차이, 그리고 역사의 과정에는 세계 구석구석까지 자유민주주의를 넓혀갈 가능성이 잠재해 있다는 사실은, 인권이나 "민주주의의 여러 가치"에 관심을 갖고 있는 미국 대외정책의 전통적인 도덕주의가 완전히 잘못하고 있던 것이 아니라는 사실을 나타내고 있다.[2]

키신저는 1970년대에 다음과 같이 말했다. "소련이나 중국 같은 공산주의 국가에 대해 정면으로 도전하는 것은, 도덕적으로는 만족할 수 있는 것이라 해도, 실질적으로는 경솔한 방법이다. 왜냐하면 소련이나 중국은 지역분쟁이나 군비관리 같은 문제에 대해 '현실적인' 조정방법을 거부하기 때문이다." 1987년에 레이건 대통령은 베를린 장벽을 철거하라고 소련에 요구해 심한 비난을 받았는데, 그 중에서도 그 때까지 소련의 힘의 "현실"

2) 현실주의 이론에 입각하지 않은 외교정책론에 대해서는 Stanley Kober, "Idealpolitik" *Foreign Policy* no. 79 (Summer, 1990): 3~24를 참조.

에 오랫동안 길들여진 동독의 비난이 가장 지독한 것이었다. 그렇긴 하지만 민주주의를 향한 진화 도상에 있는 세계에서는 소련의 정통성에 대한 이러한 정면 도전이 공산주의 하에서 살고 있는 많은 이들의 소망과 일치하고 있는 한, 도덕적으로 만족할만한 것이며 동시에 정치적으로도 현명한 행위였던 것이다.

물론 그 어느 누구도 강력한 무기, 특히 핵무기를 가진 비민주주의 국가에 대해 군사적 도전을 하라고 제창하지는 않을 것이다. 그런데 바로 그러한 혁명이 1989년에 동유럽에서 일어났다. 이 일련의 혁명은 완전히 전대미문의 사건이며, 민주주의 국가 측에서도 자기들과 대치하고 있는 독재정권의 붕괴 조짐을 눈앞에 두고 확고한 외교방침을 내세울 수 없었다. 그러나 권력이라는 것을 생각할 경우에 민주주의국은 정통성도 또한 권력의 한 형태이며, 강대한 국가는 때때로 그 내부에 심각한 약점을 감추고 있다는 것을 명기해 두어야 한다. 이것은 적과 우방의 선별을 이데올로기상의 이유——상대편이 민주주의적인지 어떤지——에 의해 결정하는 민주주의 국가들은 긴 안목으로 보면 한층 강력하고 영속적인 동맹국이 많다고 하는 것을 의미하고 있다. 동시에 민주주의 국가는 적국과 대처할 때 서로의 사회에 도덕면에서의 차이가 있음을 잊어서는 안 되며, 강대한 권력자만 뒤쫓는 나머지 인권문제를 한쪽으로 젖혀놓거나 해서도 안 된다.[3]

민주주의 국가들의 평화적인 행동에 나타나 있는 대로 미국이나 그 밖의 민주주의 국가는 세계의 민주주의 세력 범위를 유지하는 것과 가능하고도 온당하다고 생각되는 지역에 민주주의를 보급시키는 것에, 장기적인 의미에서의 관심을 쏟고 있다. 즉 민주주의 국가들끼리 다투지 않는다면, 탈역사세계는 착실히 확대되고, 점차 평화와 번영을 구가해갈 것이다. 동유럽과 구소련에서 공산주의가 붕괴하고 바르샤바조약기구의 직접적인 군사적 위협이 거의 소멸했다는 사실을 보면, 우리는 금후의 추이에 대해 무

---

3) 이데올로기상의 투쟁을 하는데 중요한 무기의 하나는 라디오자유유럽, 라디오리버티, 그리고 미국의 소리 같은 방송조직이며, 이들은 냉전시에도 계속 소비에트권에 전파를 흘려보내고 있었다. 냉전은 오직 전차사단과 핵탄두의 문제라고 믿고 있던 현실주의자들은 때때로 경시, 또는 무시해 왔으나 미국이 스폰서가 된 이들 라디오방송은 동유럽이나 소비에트에 민주주의 사상을 계속 살려나가는데 커다란 영향을 끼쳐왔음이 밝혀졌다.

관심으로 있을 수는 없다. 왜냐하면 긴 안목으로 볼 때, 서방측에 있어서는 세계의 이러한 지역 국가들에서 앞으로 자유민주주의가 번영해 가는 것이 이들 국가 자체 및 재통일 후의 독일이나 뛰어난 경제력을 갖춘 일본으로부터의 위협을 또다시 불러일으키지 않기 위한 최대의 보증이기 때문이다.

민주주의와 국제평화를 촉진하기 위해서는 민주주의 국가의 상호협력을 빼놓을 수 없다는 것은 자유주의 그 자체와 거의 마찬가지로 오래전부터 있었던 발상이다. 법에 지배된 민주주의 각국의 국제연맹이란 생각은 칸트의 유명한 논문 〈영원한 평화를 위하여〉나 〈세계 공민적 견지에서의 일반사의 구상〉에 나타나 있다. 칸트에 따르면 인간이 자연상태에서 시민사회로 이행했을 때 쟁취했던 것은, 각국 간에 횡행하고 있던 전쟁상태에 의해 거의 그 가치를 잃어버렸던 것이다. 결국 "서로 전쟁에 사용되는 군비를 위한 국력의 낭비, 전쟁으로 인해 초래된 황폐, 더 나아가 끊임없이 전쟁에 대처해 행동할 필요성 등에 의해 (국가는) 인간성의 전면적 발달을 방해하고 있다"[4]는 것이다. 국제관계에 대한 칸트의 저서는 그 후 현대의 자유주의적 국제주의에 있어서 정신적 기반이 되었다. 칸트가 제창한 연맹 구상은 최초로 국제연맹에 이어 국제연합을 설립하고자 했던 미국인들에게 있어서 발상의 원천이었다. 그러나 앞에서 논술한 바와 같이 대전 후의 현실주의는, 세계의 안정에 있어서의 진정한 구제책이 국제법보다도 오히려 힘의 균형이라고 제창함으로써 여러 가지 점에서 자유주의적인 국제주의 요소에 대한 해독제의 역할을 한 것이다.

국제연맹이나 국제연합은 최초로 무솔리니에게서, 다음에는 일본인과 히틀러에게서 받은 도전에 대해, 그리고 더 나아가 소련의 확장주의에 대하여 집단안전보장 체제를 제공하는데 명백히 실패하고, 칸트 철학의 국제주의 및 한걸음 더 나아가 국제법 일반에 대한 커다란 불신감을 낳게 했다. 그러나 애초의 출발점에서 칸트의 가르침에 등을 돌렸기 때문에 그 철학이념의 실천이 처음부터 중대한 결함을 내포하고 있었다는 점은 그다지 이해

---

4) '세계 공민적 견지에서의 일반사의 구상' 제7명제에서. Kant, *On History*, p.20을 참조. 칸트는 특히 인류의 도덕적 개선은 국제관계의 제반 문제가 해결되는 시점까지는 있을 수 없을 것이라고 생각했다. 왜냐하면 그 개선을 위해서는 '그 시민의 교화에 맞춰 각각의 정치체제 내부에서의 장기적 사업'이 전개되어야 하기 때문이다. *Ibid*, p. 21.

되고 있지 않은 것 같다.[5] 영구평화를 위한 칸트의 첫째 조건은 각 국가에 있어서 정치적 체제는 공화주의, 즉 자유민주주의이어야 한다고 말했다.[6] 둘째 조건으로 "국제법은 '자유로운' 각 국가들의 연맹 위에 기초를 두어야 한다."[7]라고 주장했다. 바꿔 말하면 공화주의 헌법을 공유하는 '자유로운' 각국의 연맹 위에 기초를 두어야 한다는 것이다.

이것에 대해 칸트가 말하고 있는 이유는 실로 명백하다. 즉 공화정치의 원리에 기초를 둔 국가라면 서로 싸우지 않을 것이다. 왜냐하면 자치를 하고 있는 국민은 전제정치 체제하에 있는 국민보다 훨씬 전쟁의 희생을 싫어하고, 한편 국제적인 연맹은 스스로를 기능시키기 위해 권리에 관해 자유주의적인 원리를 공통으로 가져야 하기 때문이다. 국제법은 요컨대 국내법이 확대된 것에 지나지 않는다.

국제연합은 처음부터 이러한 조건에 따라 행동한 것은 아니었다. 국제연합헌장은 "그 모든 가맹국의 주권 평등"이라고 하는 그다지 설득력 없는 원칙을 받아들이고 "자유로운 국가"들의 연합에 대한 기술을 빠뜨리고 말았다.[8] 즉 국제연합의 가맹자격은 해당 국가가 인민주권에 의거하고 있느냐 아니냐에 관계없이, 주권이라고 하는 어떤 최저한의 형식적 기준을 채우고 있는 나라들에게는 모두 개방되어 있었던 것이다. 그러므로 스탈린의 소련도 당초부터 그 조직의 창설 멤버의 일원으로 안전보장회의 이사국의 하나가 되었고 회의의 결의 등에 대한 거부권도 가졌던 것이다. 또한 식민지 국가들이 해방된 후 국제연합 총회는 칸트가 말하는 자유주의적 원리를 갖추지 않고, 국제연합을 반자유주의적 정치의제를 강요하기 위한 유리한 도구로 생각하고 있던 제3세계 신흥국가에 의해 점령당하게 되었다.

---

5) 칸트 자신이 영구평화를 현실적인 목표로는 생각하고 있지 않았다는 견해에 관해서는 Kenneth Waltz, "Kant, Liberalism, and War," *American Political Science Review* 56 (June 1962): 331~340을 참조.

6) 칸트는 공화정치 체제를 '첫째, 사회의 구성원이 (인간으로서) 보유한 여러 원리, 둘째로 모든 인간이 (신민으로서) 유일하고 공통된 입법에 의존하는 제반 원리, 셋째로 그들의 (시민으로서의) 평등법'에 의거하여 수립되는 것이라고 정의했다. Perpetual Peace, in Kant, *On History,* p. 94에서.

7) *Ibid*, p. 98

8) Carl J. Friedrich, *Inevitable Peace* (Cambridge, Mass.: Harvard University Press, 1948), p. 45를 참조.

정치적인 질서나 제반 권리의 본질에 관한 원칙에 관해서조차, 사전합의가 없었기 때문에 국제연합은 창설 이래, 특히 집단안전보장이라고 하는 결정적인 분야에서 무엇 하나 그럴듯한 성과를 달성하지 못하고 있다. 그것은 별로 놀랄만한 일은 아니며, 동시에 국제연합을 미국인들이 언제나 상당한 의혹의 눈으로 보고 있다는 것도 놀라운 일이 아니다. 국제연합의 전신인 국제연맹의 경우, 1933년 이후 소련이 가담했다고 해도, 참가국의 정치적 체질은 그래도 서로 비슷했다. 그러나 집단안전보장을 실시하는 능력에 대해서는 일본이나 독일처럼 국가로 이루어진 국제체제 안에서도 대국이며 중요한 역할을 완수하는 나라가 민주주의가 아니었기 때문에, 더욱이 이 양국이 연맹 규약의 준수에 적극적이지 않았기 때문에 결정적으로 약체화되어 있었다.

냉전시대가 끝나고 소련과 중국에서 개혁의 움직임이 나타나는데 따라, 국제연합은 예전의 허약한 체질을 다소는 벗어났다. 국제연합 안전보장이사회는 이라크에 대해 전례 없는 경제제재 조치를 결정하고 이라크의 쿠웨이트 침공 후에는 무력행사를 허가했는데, 이러한 자세는 장래 일어날 수 있을지도 모를 국제적 행동에 대한 하나의 양상을 보여주고 있다. 그러나 안전보장이사회는 구소련이나 중국 등 완전한 개혁에 이르고 있지 않은 대국의 배신행위에 아직 이렇다 할 대처를 하지 못하고 있고, 국제연합 총회 또한 여전히 자유롭지 못한 나라들로 채워져 있다. 과연 가까운 장래에 국제연합이 "새로운 세계질서"의 기반이 될 수 있을지, 고개를 갸우뚱거리는 것도 무리는 아니다.

만일 우리가 초기의 국제조직이 가지고 있던 치명적인 결함에 대해 고민하지 않을만한, 칸트 자신의 가르침에 따른 형태의 국제적 연합체를 창설하려고 한다면, 그것은 국제연합보다도 오히려 NATO형의 연합체─즉 자유주의적 원리에 대한 공통의 열의에 의해 결합된 진정한 자유국가의 연합체에 훨씬 가까울 것이다. 이러한 연합체는 세계의 비민주주의 국가들이 일으킬 위험에 대해, 스스로의 집단안전보장 체제를 지키는 활동을 더한층 강력히 전개할 수 있는 것이어야 한다. 그것이 가능해지면 가맹국은 국가 간 교섭에 즈음해서도 국제법에 따라 행동해 갈 수 있게 된다. 실제로 칸트가 말한 자유주의적 국제질서는 냉전시대를 통해 NATO, EC,

OECD, G7, GATT[9] 등 자유주의를 가맹 자격으로 삼고 있는 조직의 비호 하에서 좋든싫든 간에 생겨난 것이다. 민주주의적인 선진공업 각국은 오늘날 상호경제활동을 규정하는 구속력이 강한 법적 합의망 속에서 서로 유효하게 맺어져 있다. 이러한 나라들은 쇠고기 수입할당이나 유럽의 통화 통합방식에 대해, 또는 아랍·이스라엘 간의 항쟁이나 리비아를 어떻게 다룰 것인가에 대해서는 정치적으로 다투고 있을지도 모르지만, 민주주의 국가들끼리의 그러한 논쟁에 결론을 짓기 위해 스스로 무력을 행사하는 일은 도저히 상상할 수 없는 이야기이다.

미국과 그밖의 자유민주주의 국가들은 공산주의 사회의 붕괴에 의해 자기들이 살고 있는 세계가 지정학적인 옛 세계에서 점차 멀어지고 있는 사실을, 그리고 역사세계의 원칙과 방법이 탈역사세계의 생활에는 적절하지 않다고 하는 사실을 확실히 인식해 두어야 할 것이다. 탈역사세계에 있어서 중요한 문제는 경쟁력과 기술혁신의 촉진, 내외 적자의 조정, 완전고용의 유지, 심각한 환경문제에 대한 상호협력이라고 하는 경제적인 문제가 될 것이다. 바꿔 말한다면 탈역사세계는 4백 년 전에 일어난 부르주아혁명의 상속인이라는 사실을 받아들여야 한다. 탈역사세계란 쾌적한 자기 보존에의 욕망이 순수한 위신을 위한 목숨을 건 싸움보다 고귀한 것으로 대우받고 보편적이고도 합리적인 인정이 지배를 원하는 투쟁과 교체된 세계인 것이다.

현대에 살고 있는 사람들은, 자기가 탈역사세계에 도달해 있는지 어떤지—국제세계가 더 큰 제국을, 독재자를, 인정에의 채워지지 않는 욕망을 안고 있는 민족주의를, 또는 사막의 모래 회오리처럼 거칠게 불어올 새로운 종교를 출현시킬지 어떨지—에 대해 제한 없이 논의해 갈 수 있다. 하지만 그 어딘가에서 현대인은 스스로를 위해 쌓아온 탈역사세계라는 이름의 주거, 즉 20세기의 절망적인 폭풍 속에서 자신을 지키는데 빼놓을 수 없는 피난처로서 도움이 된 탈역사세계라는 이름의 주거가 앞으로 오랜 세월을 살아가는데 만족할 만한 집인가 하는 문제에도 직면하지 않을 수 없다. 분명히 오늘날 선진국에서 생활하는 거의 모든 사람들에게 있어서, 자

---

9) GATT는 물론 그 참가국이 민주주의 국가일 것을 요구하지는 않으나 경제정책에 관한 자유주의라는 점에 대해서는 엄격한 기준을 설정하고 있다.

유민주주의가 그 주요한 라이벌인 파시즘이나 공산주의보다도 바람직하다는 것은 충분히 납득할 수 있을 것이다. 하지만 자유민주주의는 그 자체가 본질적으로 일부러 선택할 만한 가치가 있는 것일까? 또한 자유민주주의의 안에서도 우리는 변함없이 욕구불만에 쌓여 있을까? 또한 파시즘의 최후의 독재자나 군부, 공산당의 지도자가 지구의 표면에서 사라진 뒤에도 우리들의 민주주의적인 질서의 밑바닥에는 여전히 모순이 남아 있을까? 우리들이 이 책의 최종부에서 논의하고자 하는 것은 바로 그러한 문제이다.

제5부
최후의 인간

390

27
자유의 왕국 안에서

> 본래의 의미에서 일컫는 역사에서는, 인간(계급들)은 인정받기 위하여 상호 투쟁하고, 또 노동에 의해 자연과 싸우고 있는데, 마르크스는 이 역사를 '필요의 왕국'으로 부른다. 그리고 이 영역을 초월한 곳에 '자유의 왕국'이 있고 인간은 그곳에서는 (서로를 무조건 상호 인정하면서) 싸우는 일도 없고 최저한의 노동밖에 하지 않는다고 했다.
>
> ——코제에브 《헤겔독해입문》[1]

　　앞에서 보편적인 역사를 기술하는 것의 가능성을 논했을 때에 방향성을 갖는 역사적 변화가 과연 진보라고 말할 수 있는가 하는 문제에 대해서는 뒤에서 언급한다고 기술해 두었다. 역사가 우리들을 어쨌든 자유민주주의로 인도해 간다고 하면, 이 문제는 자유민주주의와 그 토대가 되고 있는 자유와 평등의 원리가 좋은 것인가 아닌가 하는 문제로 치환할 수 있다. 상식적인 생각으로 본다면, 자유민주주의는 파시즘이나 공산주의 등 20세기의 주요한 경쟁자보다 뛰어난 점을 많이 갖추고 있고, 우리들이 타고난 가치관과 전통에 대한 충성심은 무조건 민주주의에 힘이 되게 하라고 명하는 것일 것이다. 그렇지만 순진하게 민주주의를 찬미하거나 또는 그 실패를 단도직입적으로 지적하는 것을 회피한다고 해서 반드시 민주주의의

1) Kojève, *Introduction à la lecture de Hegel*, p. 435 (footnote).

대의에 도움이 되는 것은 아니다. 그리고 민주주의와 그것이 초래한 불평불만에 대한 보다 철저한 검토 없이는 역사가 종국을 맞았는가 하는 문제에 대답하는 것은 분명히 불가능한 것이다.

우리들은 점차 민주주의의 생존이라는 문제를 외교정책과 관련지어 생각하게 되었다. 장 프랑스와 라벨 같은 사람들의 관점으로 보면, 민주주의의 최대 약점은 냉혹하고 완고한 독재국으로부터 자신을 지킬 수 없다는 점에 있었다. 이와 같은 독재국가의 위협은 과연 줄어들고 있는 것인지, 그렇다고 하면 그것은 언제부터인지 등의 문제는 아직 권위주의와 신권정치, 관용적이지 못한 국가주의가 가득 찬 세계에서는 금후에도 우리들을 괴롭혀 갈 것이다. 그렇지만 여기에서는 우선 민주주의가 그 외교상의 라이벌을 물리치고 그 존속을 위협하는 외적에 당분간은 맞닥뜨리지 않는다고 가정하자. 그 경우 유럽과 미국에서 오랫동안 계속되어온 이 안정된 자유민주주의는 영원히 빛을 발할 수 있을까? 그렇지 않으면 공산주의가 그러했듯이 내부의 부패가 원인이 되어서 언젠가 붕괴되어 버릴 것인가?

자유민주주의 국가가 실업, 공해, 마약, 범죄 등 산적한 문제 때문에 고심하고 있는 것은 주지의 사실이다. 그런데 이러한 당면 관심사는 제쳐두고, 민주주의 내부에는 더 뿌리 깊은 불만의 원천이 있는가 없는가—그곳에서의 생활은 정말로 흡족한 것인가—라는 문제가 있다. 만약 우리들의 눈에 그러한 모순이 비치지 않는다고 하면, 헤겔과 코제에브의 견해처럼 우리들은 이미 역사의 종점에 도달했다고 말할 수 있는 입장에 있을 것이다. 그렇지만 그 반대라면 엄밀한 의미에서의 역사는 지속되고 있다고 말해야 한다.

이러한 문제에 답하기 위해서는 앞에서도 언급한 것처럼 민주주의에 대한 도전의 경험적 사례를 전세계에서 수집하는 것만으로는 불충분하다. 왜냐하면 그러한 것에는 항상 불분명함이 따르기 마련이고 그 자체가 잘못될 가능성도 있기 때문이다. 우리들이 공산주의의 붕괴를 논거로 해서 민주주의의 장래는 어떤 것에도 위협당하지 않는다거나 공산주의와 같은 궤적을 그리는 일은 없다고 생각할 수 없는 것은 확실하다. 오히려 우리들에게는 민주주의적인 사회를 도모하는 초자연적인 척도, 민주주의의 잠재적 약점을 나타내 주는 것과 같은 '본래의 인간'의 개념이 필요한 것이다.

앞에서 홉스와 로크, 루소 그리고 헤겔이 말한 최초의 인간에 대해서 검토해온 이유도 여기에 있다.

인류가 이미 역사의 종점에 도달했다는 코제에브의 주장은, 인정(認定)에 대한 욕망이 인간의 가장 근본적인 갈망이라고 하는 그의 견해에 기초하고 있다. 코제에브에게는 인정을 구하는 투쟁이 최초의 피비린내 나는 전투 이래의 역사의 원동력이 되었다. 그리고 인간 상호의 인정을 가능하게 하고 있는 보편적이고 균질한 국가 속에서 이 소망이 충분히 충족되고 있기 때문에 역사는 종국을 맞았다는 것이다. 코제에브가 인정에 대한 욕망을 강조한 것은 자유주의에 대한 장래의 전망을 이해하는 관점으로서 지극히 적절한 것이라고 말할 수 있겠다. 이것도 이미 살펴본 것처럼 과거 수세기의 주요한 역사적 현상—종교, 국가주의, 그리고 민주주의—은 본질적으로 인정을 구하는 투쟁의 형태를 바꾼 현상이라고 생각할 수 있기 때문이다. 현대사회에서 '패기'가 얼마만큼 충족되고 혹은 충족되지 않는가를 분석하는 것은 욕망에 대한 같은 분석 이상으로 민주주의의 타당성에 대한 깊은 통찰을 부여해 주는 것임에 틀림없다.

따라서 역사의 종말이라는 문제는 최종적으로는 '패기'의 미래에 대한 문제가 된다. 요컨대 코제에브가 주장한 것처럼 자유민주주의는 인정에 대한 욕망을 충분히 충족시켜 주는 것일까, 그렇지 않으면 이 욕망은 근본적으로는 충족되지 않은 채로 남아있고, 그 결과 전혀 다른 형태로 스스로를 표현해 나가게 될 것인가라는 문제이다. 보편적인 역사를 구축하려고 한 예전의 시도는 두 개의 평행하는 역사적 과정을 배태시켰다. 그 하나는 근대의 자연과학과 욕망의 논리에 의해 인도되고, 또 하나는 인정을 구하는 투쟁에 이끌린다. 이 양자는 최후에는 다행스럽게도 자본주의적인 자유민주주의라는 동일한 종착점에 도달했다. 그렇지만 욕망과 '패기'는 과연 같은 종류의 사회적·정치적 제도에 의해 그렇게 잘 충족되는 것일까? 욕망은 충족되었지만 패기는 충족되지 않는다거나 또는 그 반대의 경우가 일어나서 결국에는 어떤 인간사회도 '본래의 인간'을 만족시킬 수 없는 형태가 초래되는 것이 아닐까?

자유주의 사회는 욕망과 '패기'를 동시에 만족시켜 주지는 않으며, 오히려 그 양자 사이에 심각한 균열이 생길 가능성에 대해서 좌익 우익을 불문하고 자유주의에 대한 비판자들로부터 지적받고 있다. 자유주의 사회에서는 누구나 서로 인정할 수 있는 미래가 본질적으로 있을 수 없다고 좌익이 공격하는 것은, 앞에서 언급한 사회적 불평등이 그 이유이다. 그리고 자본주의가 사회적 불평등을 초래한다는 것은 단적으로 말해서 불평등한 인정을 의미하고 있다는 것이다. 한편 우익에서의 비판에 따르면, 자유주의 사회의 문제점은 만인이 인정받을 수 없다는 것이 아니라 평등한 인정이라는 사고방식 그 자체에 있다고 한다. 인간은 태어날 때부터 불평등하기 때문에 평등한 인정이란 당치도 않은 것이며, 인간을 평등한 존재로 취급하는 것은 그 인간성을 승인하는 것이 아니라 부정하는 것이라고 주장한다. 각각의 주장을 차례차례 살펴 나가기로 하자.

앞에서 언급한 두 가지 비판 중 좌익으로부터의 자유주의 사회에 대한 비판은 19세기부터 한층 확대되어 왔다. 불평등 문제는 금후 수세기에 걸쳐서 자유주의 사회를 계속해서 번민케 할 것이다. 왜냐하면 이 문제는 어떤 의미에서 자유주의라는 구조의 내부에서는 해결할 수 없기 때문이다. 그러나 평등한 인정 그 자체의 타당성에 대한 우익의 불만에 비하면 다양한 불평등도 오늘날의 질서 아래서는 그다지 근본적인 '모순'이라고는 생각할 수 없다.

사회적 불평등은 두 개의 범주로 나눌 수 있다. 하나는 인습에서 발생한 것이고 또 하나는 자연과 자연적 필요성에서 초래된 것이다. 첫 번째 범주에 포함되는 것은 평등에 대한 법적인 장벽—배타적인 각 계층에로의 사회의 분할, 인종차별, 흑인 차별법, 재산에 따른 투표권의 차별 등—이다. 그것과 아울러 앞에서도 기술한 것처럼 상이한 인종 집단과 종교집단에 따라 경제활동의 자세에서 차이를 볼 수 있는 것과 같은 문화에 의한 인습적인 불평등도 존재한다. 이것은 실정법과 정책에서 생기는 것이 아니고 자연의 탓으로 돌릴 수도 없는 것이다.

평등을 방해하는 자연의 벽으로는 우선 사람들 사이의 타고난 능력과 자질의 불평등을 들 수 있다. 누구나 콘서트 피아니스트나 레이커즈(미국의 프로농구팀)의 센터플레이어가 될 수 있는 것이 아니고, 매디슨이 언급했듯이 누구나 재산을 손에 넣는 재능을 평등하게 부여받고 있는 것도 아니다. 잘생긴 청년과 아름다운 처녀는 극히 평범한 얼굴의 인간에 비하면 매력적인 결혼 상대를 발견하는데 있어서 유리할 것이다. 또 자본주의 시장의 기능에 직접 기능하는 것과 같은 불평등도 있다. 경제 내부에서의 분업, 시장 그 자체의 냉혹한 작용이 그것이다. 이러한 불평등한 관계는 자본주의와 마찬가지로 부자연스러운 것이기는 하나, 자본주의 경제체제를 선택하면 필연적으로 불평등이 발생하는 것도 또한 사실이다. 노동력의 합리적 조직화 없이는, 그리고 또 자본이 어떤 산업, 어떤 지역, 어느 국가로부터 다른 곳으로 이전함에 따라서 승자와 패자를 낳는 일이 없이는 근대 경제의 생산성은 획득할 수 없는 것이다.

그러나 정말로 자유로운 사회는 어디나 원칙적으로 인습으로부터 생긴 불평등의 배제에 힘을 쓰고 있다. 나아가 자본주의 경제의 다이너미즘은 노동력 수요의 끊임없는 변화를 통해서 평등을 저해하는 인습적 · 문화적 장벽을 타파해가는 경향이 있다. 1세기에 걸친 마르크스주의 사상 덕분에 우리들은 자본주의 사회를 대단히 불평등한 사회라고 생각하는데 익숙해졌지만 실제로 자본주의 사회는 그 전신인 농업사회에 비하면 사회적으로는 훨씬 평등한 것이다.[2] 자본주의는 순수하게 인습적인 사회관계를 끊임없이 공격하는 다이내믹한 힘이고, 가문에서 오는 세습의 특권을 기능과 교육을 기초로 한 새로운 계급관계로 바꿔간다. 읽고 쓰는 능력과 교육이 널리 유포되지 않는 한, 또 사회의 유동성이 고양되지 않는 한, 그리고 직업의 문호가 특권에 대해서가 아니고 재능에 대해서 더욱 개방되지 않는 한, 자본주의 사회는 기능하지 못하거나 혹은 최대한의 효율을 발휘할 수 없다. 더구나 근대의 민주주의 국가는 거의 모두가 기업을 규제하거나 부유층으로부터 저소득층으로의 소득의 재분배를 실행하고 있고, 동시에 미국에서의 사회보장과 의료보험 제도로부터 독일과 스웨덴의 한층 종합적인 복지체계에 이르기까지 사회복지의 책임을 어느 정도 도입해왔다. 필경 미국은 서방 민주주의 국가 중에서는 이와 같은 국민에 대한 가부장적인 역할을 떠맡는 데에 가장 소홀했는데, 그래도 뉴딜시대의 기본적인 사회보장 입법은 보수파에게도 받아들여져 그 이전의 상태로 되돌아가는 것은 거의 불가능하다는 것이 실증되었다.

이와 같은 모든 평등화의 과정에서 생기는 사회는 '중산계급사회'로 불

---

2) 이 점에 대해서는 Gellner, *Nations and Nationalism*, pp. 32~34, 36을 참조.

려왔다. 그런데 이 말은 오해를 초래하기 쉽다. 현대의 민주주의 제국의 사회구조는 여전히 피라미드형을 이루고 있고, 크리스마스트리처럼 한가운데가 부풀어 오른 것이 아니기 때문이다. 그렇지만 이 피라미드의 중앙부는 많은 사람들을 수용할 수 있고 사회적 유동성이 높은 덕택에 거의 누구나 중류 지향을 하고 있고, 자신이 그 일원, 적어도 잠재적으로는 그 일원이라고 생각하고 있다. 중산계급 사회는 금후에도 몇 가지 면에서 커다란 불평등을 남길 테지만 그 불평등의 한 원인으로서는 타고난 능력의 차와 경제적 필요에서 발생하는 분업, 그리고 문화가 점하는 비중이 더욱 높아질 것이다. 전후의 미국이 마르크스가 말하는 '계급 없는 사회'를 현실적으로 실현했다는 코제에브의 주장은 다음과 같은 의미로 해석할 수 있다. 요컨대 사회적 불평등이 모두 제거된 것이 아니고 거기에 남은 장애는 어떤 의미에서는 인간의 의지라기보다 오히려 사물의 본성에 기초한 "필연적인 동시에 박멸 불가능의 것"이었다 라고. 이러한 한정을 한 상태에서라면, 자연적 욕구가 보기 좋게 해소되고, 어떠한 역사적 척도에서 보더라도 최소의 노동시간으로 원하는 것을 소유하게 된 사회는 확실히 마르크스가 말한 "자유의 왕국"을 손에 넣었다고 일컬어도 지장이 없을 것이다.[3]

다만 이상과 같이 평등이라는 말을 비교적 느슨한 의미에서 이용하더라도 기존의 자유민주주의 국가의 대부분은 여전히 이 기준에 완전하게는 들어맞지 않는다. 그리고 자연과 필연성이라기보다 오히려 인습에 의한 불평등 중에서 가장 근절시키기 어려운 것이 문화에서 발생한 불평등이다. 예를 들면 현대 미국의 모든 흑인 "하층계급"이 놓인 상황이 그렇다. 디트로이트의 사우스 브롱크스에서 성장한 흑인 청소년의 앞에 가로놓인 벽은 이론상으로는 공공정책의 문제로서 구제할 수 있는 곤란, 예컨대 교육수준의 저하에서 비롯된 것에 지나지 않는다. 지위와 신분이 대부분 모든 교육에 의해서 결정되는 사회에서는 흑인이 취학연령에 도달하기 전부터 불행을 등에 업고 있다고 하더라도 이상할 것이 없다. 기회를 이용하는데 필요한 문화적 가치관을 가르쳐 주는 가정환경이 없기 때문에 그와 같은 젊은이는 중류 미국인의 생활보다도 더 익숙하고 매력적인 "거리생활"에 언

---

3) 전후 미국을 설명하기 위해 코제에브가 사용한 '계급 없는 사회'라는 말의 용법은 어느
    면에서는 현명하다고 할 수 있지만 결코 마르크스적인 용법은 아니다.

제든 빠지기 쉽다.

이러한 환경 아래서는 아무리 흑인의 법적 평등이 달성되고 미국경제가 고용기회를 제공했다고 하더라도 흑인의 생활에는 그다지 변화가 일어나지 않을 것이다. 나아가 이와 같은 불평등 문제를 해결하는 길도 명확하지 않다. 왜냐하면 흑인 하층계급을 원조하기 위해 실시된 사회정책은 가족의 유대를 파괴하여 국가에 대한 기대를 조장시킴으로써 거꾸로 그들에게 나쁜 영향을 미치고 있다는 그럴듯한 설까지 유포되고 있기 때문이다. 지금까지 어느 누구도 혼자서 "문화창조"의 문제—예컨대 도덕적 가치관을 자신의 심중으로 되돌리는 문제—를 공공정책의 과제로서 해결해 나가지는 않았다. 따라서 평등의 원리가 1776년의 미국(독립)에 올바르게 수립되었다고 하더라도 그 원리는 1990년대의 많은 미국인들에게는 아직 충분히 실현되고 있지는 않은 것이다.

덧붙여 말하면, 자본주의가 거대한 부를 초래할 수 있다고 하더라도 평등하게 인정받고 싶은 인간적인 욕망, 즉 '대등욕망' isothymia은 여전히 충족되지 않은 채로 남을 것이다. 노동의 분화는 다른 직업 간에 존엄의 격차를 초래했다. 청소부와 버스 운전사는 신경외과의사와 풋볼선수보다 낮게 평가되는 것이 보통이고, 실업자의 존엄은 더 낮게 볼 것이다. 번영된 민주주의 국가에서의 빈곤의 문제는 자연의 욕구를 채운다는 수준에서 인정의 문제로 옮아갔던 것이다. 저소득자와 무주택자들에게 진정으로 상처를 주는 것은 생활고라기보다 오히려 그 존엄이 무시당하고 있는 점이다. 부와 재산을 갖지 않은 인간은 사회로부터 제대로 대접을 받을 수 없다. 정치가는 그들의 기분을 살피려 하지 않고, 경찰과 사법제도도 그들의 권리를 필사적으로 지키려고 하지는 않는다. 아직 자조의 정신을 존중하는 사회에서 그들이 직업을 얻는 것은 불가능하다. 어떻게든 직업을 발견했다손 치더라도 그것이 비천한 것으로 느껴진다. 그들에게는 교육을 통해서 출세하거나 다른 방법으로 자신의 잠재된 힘을 만개시킬 기회는 거의 주어져 있지 않다. 부자와 빈자의 차별이 존재하는 한, 또 직업에 귀천이 있다고 간주되고 있는 한, 어느 정도 물질적으로 풍요로워졌다고 하더라도 이러한 상황을 시정하거나, 살림살이가 열악한 사람들의 존엄이 매일 침해받고 있는 현상을 극복하는 것은 불가능하다. 요컨대 욕망과 '패기'를 동시에 충족시키는 일은 불가능한 것이다.

가장 완전한 자유주의 사회에서조차 중대한 사회적 불평등이 잔존한다는 사실은 이러한 사회의 토대를 이루는 자유와 평등이라는 양자의 원리 사이에 실은 끊임없는 긴장관계가 있음을 나타내고 있다. 이 긴장관계는 토크빌이 명쾌하게 기술하고 있듯이, 그것을 발생시킨 원인이 된 불평등과 같이 "필연적인 동시에 박멸 불능인 것"이다.[4]

사회적 약자에게 "평등한 존엄"을 부여하기 위해 모든 노력을 기울이면 그 이외의 사람들의 자유와 권리를 제한하게 된다. 특히 사회적 불평등을 낳은 원인이 사회구조와 깊이 관련되어 있는 경우에는 더욱 그러하다. 적극적인 고용·교육 촉진계획 아래 소수민족에게 일자리와 대학교육의 장이 주어지면 그만큼 다른 사람들에게는 기회가 줄게 된다. 국민 건강보험과 복지에 정부가 지출을 하는 만큼 민간경제를 위한 자금은 상실된다. 실업으로부터 노동자를 지키거나 도산으로부터 기업을 지키거나 하는 모든 시책은 경제적 자유를 제한한다. 자유와 평등의 균형을 어디에서 취할 것인가는 원래 정해져 있는 것이 아니며, 이 양자를 동시에 최대한으로 발휘시키는 방법이 있는 것도 아니다.

극단적인 예로 마르크스주의 체제는 자유를 희생시키면서 극단으로 사회적 평등을 추진하고자 했다. 재능이 아니라 필요에 따른 보수제도와 분업의 폐지라는 시도를 통해서 인간의 타고난 불평등을 일소하려고 했던 것이다. "중산계급사회"를 넘은 지점까지 사회적 평등을 추진하려고 하는 장래의 시도는 반드시 이와 같은 마르크스주의적 기도의 실패라는 사실에 직면하는 위험에 빠질 것이다. 왜냐하면 필연적이고 박멸불능이라고 생각할 수 있을 정도의 격차를 없애기 위해서는 괴물과 같은 거대한 국가의 건설이 필요하게 되기 때문이다. 중국 공산당과 캄보디아의 크메르 루즈(공산크메르)는 모든 인간들의 최소한의 인권조차 빼앗은 희생 위에서만 도시와 농촌의 구별, 육체노동과 지적노동의 차이를 없앨 수가 있었다. 구소련은 사회가 노동의욕을 잃게 하는 희생 위에서만 노동량과 재능에 따라서가 아니라 필요에 따라서 보수를 지불할 수 있었다. 그리고 이와 같은 공산주의 사회도 최후에는 밀로반 딜라스가 "신계급"이라고 명명한 당간부

---

4) Tocqueville, *Democracy in America*, vol. 2, pp. 99~103.

와 관료 같은 크나큰 사회적 불평등을 받아들이는 지경에 이르고 말았던 것이다.[5]

세계 도처에서의 공산주의의 붕괴와 함께 바야흐로 주목해야 할 상황이 나타났다. 요컨대 좌익론자에 의한 자유주의 사회비판은 한층 극복하기 어려운 불평등을 해결하는 수단을 완전히 상실해 버렸던 것이다. '패기'에 기초한 개인적 인정에 대한 욕망은 지금까지 패기에 기초를 둔 평등에 대한 욕망과 대립해 왔다. 오늘날에는 정치의 영역에서도 경제의 영역에서도 기존의 경제적 불평등을 극복하기 위해 자유주의적인 원리를 모두 폐기하라고 주장하는 자유주의 비판자는 거의 없다.[6] 논쟁의 중심은 자유주의 사회를 구성하는 원리에 대해서가 아니라 정확히 어느 지점에서 자유와 평등의 균형이 성립하는가 하는 문제이다. 레이건의 미국이나 대처의 영국과 같은 개인주의로부터 유럽 대륙의 기독교 민주주의와 스칸디나비아의 사회민주주의까지 사회에 따라 자유와 평등의 균형을 취하는 방법은 다를 것이다. 사회 관례와 생활의 질은 각각의 국가에 따라 크게 다르다. 그렇지만 어느 나라나 자유와 평등 중 어느 것을 중시하는가의 선택은 넓은 의미에서의 자유민주주의의 토대 위에서 이루어지고 있으며 그 기본을 이루는 원리가 손상되는 일은 없다. 더 나은 사회민주주의의 성숙을 바란다고 해서 형식을 중시하는 민주주의를 희생으로 할 필요는 없고, 따라서 사회민주주의화로의 바람 자체는 역사의 종말 가능성에 대해서 이의를 주장하고 있는 것이 되지는 않는다.

좌익 쪽에서 제기했던 경제적인 계급문제의 논쟁은, 지금에 와서는 세력이 약화되었지만 금후 자유민주주의에는 다른 형태의 불평등에 바탕을 둔 새롭고 한층 급진적인 도전장이 내밀어질 가능성이 없어질지 어떨지는 확

5) Milovan Djilas *The New Class: An Analysis of the Communist System* (New York: Praeger 1957).

6) 내가 최초로 잡지에 발표한 논문 '역사의 종말' ("The End of History?")을 비판한 좌익 인사들은 거의 모두가, 현대 자유주의 사회가 안고 있는 많은 경제적·사회적 문제를 지적했으나 이러한 비판을 한 그 어느 누구도 일찍이 마르크스나 레닌이 했던 것처럼 그 문제를 해결하는 수단으로서 자유주의 원리를 폐기해야 한다고 공공연히 주장하고 있지는 않다. 예를 들면 Marion Dönhoff, "Am Ende aller Geschichte?," *Die Zeit* (September 22, 1989), p. 1. 혹은 André Fontaine, "Après l'histoire, l'ennui?, *Le Monde* (September 27, 1989), p. 1 참조.

실하지 않다. 이미 오늘날의 미국의 대학에서는 좌익 취향의 전통적인 계급문제를 대신하여 인종차별과 성차별, 호모에 대한 편견과 같은 형태의 불평등이 논란의 표적이 되고 있다. 개개인의 인간으로서의 존엄을 평등하게 인정한다―'대등욕망'을 승인한다―는 원칙이 일단 확립되면 자연히 존재했던 불평등이나 필요에 따라 남겨 두었던 각종 불평등을 지금과 마찬가지로 사람들이 받아들일 수 있을지는 보증할 수 없다. 자연이 능력을 각자에게 불공평하게 배분하고 있다는 설로 보더라도 그것은 특별히 내세울만한 근거가 있는 사실이라고는 말할 수 없다. 오늘의 세대가 이러한 종류의 불평등을 자연스러운 것 혹은 필연적인 것으로 받아들이고 있다고 해서 그것이 장래에도 계속 그렇게 받아들인다는 의미는 아니다. 《여자의 동산》에서 아리스트파네스가 묘사한 의도를 부활시켜, 미소년은 추녀와 미소녀는 추남과 결혼시키려고 하는 정치운동이 나타날지도 모른다.[7] 혹은 또 장래에 자연이 야기한 불평등을 억제하는 새로운 기술이 개발되어서 미와 지성과 같은 자연 속의 선한 것이 보다 공평하게 재분배될 가능성도 있다.[8]

　일례로서 우리들이 장애자를 어떻게 취급해왔는지 생각해 보자. 지금까지 장애자는 타고난 근시(近視)나 사시(斜視)인 사람과 마찬가지로 자연의 악의에 희롱당한 인간으로, 일생 그 핸디캡을 안고 살아야 한다고 간주되어 왔다. 그렇지만 현재의 미국사회는 그들의 육체적인 장애뿐 아니라 그 존엄에 가해진 상처의 치료에도 진력하고 있다. 많은 정부기관과 대학이 몰두하고 있는 장애자 원조의 수단은 다양한 면에서 필요 이상으로 돈이 드는 것이었다. 많은 자치단체가 장애자 전용의 교통 서비스를 제공하는 대신에 장애자가 이용하기 쉽도록 모든 공영(公營)버스를 개조했다. 공공시설에 휠체어 이용의 다른 입구를 확보하는 대신에 정면 현관에 경사면

---

7)　그런 일이 있을 것 같지도 않다고 생각하고 있다면 스미스 대학이 작성한 '억압감 일람표'를 보기 바란다. 거기에는 '外見症'이라는 항목이 있고 그 설명으로 '인간의 가치를 측정하는 것은 외견이라는 신념'이라고 나와 있다. *Wall Street Journal* (November 26, 1990), p. A10.

8)　이 점은 John Rowls의 정의론과 관련되는데, Allan Bloom, "Justice: John Rawls Versus the Tradition of Political Philosophy," In Bloom, *Giants and Dwarfs: Essays 1960-1990* (New York: Simon and Schuster, 1990), p. 329를 참조.

설치를 의무화시켰다. 더 간단하고 돈도 들지 않는 방법이 있다는 것을 생각하면, 이와 같은 시책에 쏟아 넣은 비용과 노력은 장애자의 물리적인 불편함을 경감한다기보다 오히려 그들의 인간으로서의 존엄이 상처받지 않게 하기 위한 것이라고 말할 수 있다. 지켜져야 하는 것은 장애자의 '패기'이고 그것을 위해 자연의 불평등을 극복하고 정상적인 사람과 같이 버스에 타거나 건물의 정면 현관을 출입하거나 하는 그들의 모습을 보이려고 했던 것이다.

평등하게 인정받고 싶다는 열망—즉 대등욕망—은 물질적 풍요와 실질적인 평등이 더욱 진전되었다고 해서 반드시 약화되는 것이 아니고 그럼으로써 역으로 더 강해지는 경우도 생각할 수 있다.

토크빌에 따르면 사회계층이나 사회집단 간의 격차가 크고 그것이 오랜 전통에 의해 유지되고 있는 경우에는 사람들은 그 격차를 감수하게 된다. 그렇지만 사회가 유동적이고 집단 간의 관계가 더 긴밀해지면 사람들은 잔존하는 격차에 더욱 민감해지고 분노도 강해진다고 한다. 민주주의 국가에서는 평등에 대한 사랑은 자유에 대한 사랑보다도 깊고 영속적인 정열이었다. 민주주의가 없더라도 자유는 손에 넣을 수 있지만, 평등은 민주주의 시대 고유의 결정적인 특질이고, 따라서 사람들은 자유보다 평등에 집요하게 집착해왔던 것이다. 자유의 무절제—레오너 헬무슬리와 도널드 트럼프 같은 인물의 오만불손한 행동, 아이번 보스키나 마이클 밀킨과 같은 무리의 범죄, 엑손사의 발데스호가 프레드만에 준 피해(미국의 템커발데스호가 1989년 3월 알래스카 해에서 원유유출 사고를 일으켜 바닷새와 물개를 대량으로 죽게 만든 사건)등—은 소리 없이 다가오는 중류화와 다수파의 횡포 등 극단적인 평등에서 발생하는 해악보다 훨씬 눈에 쉽게 띈다. 더구나 정치적 자유가 소수의 시민에게 더 이상 없는 즐거움을 주는데 대해, 평등은 다수의 사람들에게 자그마한 즐거움을 주는 것이다.[9]

그와 같은 이유로, 눈에 보이는 '우월욕망' megalothymia을 정치의 세계로부터 배제하려고 하는 자유주의의 기도는 4백년에 걸쳐서 대체로 성공을 거두어온 한편, 우리들의 사회는 금후에도 만인의 존엄을 평등하게 인정한다는 문제에 지속적으로 몰두하게 될 것이다. 오늘날의 미국 민주주

9) Tocqueville, *Democracy in America*, vol. 2, pp. 100~101.

의 사회에는 모든 불평등의 자취를 일소하기 위해 생애를 바치고 있는 사람들이 있고, 그들은 소녀는 소년보다 비싼 이발요금을 내야 하는 것은 아니라든가 보이스카우트는 호모의 대장도 받아들여야 한다거나 빌딩을 지을 때는 반드시 정면 현관에 휠체어용 콘크리트의 경사면을 설치해야 한다고 주장하고 있다. 실제의 미국사회에는 불평등이 그다지 남아있지 않지만 그렇다고 해서 평등을 요구하는 목소리가 감소한 것이 아니라 불평등이 적다는 것이야말로 이와 같은 정열이 존재하고 있는 이유이다.

현재의 자유주의에 대해서 앞으로 좌익이 도전해 온다고 하더라도 그것은 우리들에게는 아주 친숙한 20세기적 방식과는 크게 다른 형태가 될 것이다. 공산주의가 자유사회에 미치는 위협은 너무나 직접적이고 명백한데다 현재는 공산주의의 교의도 실추되었기 때문에 이와 같은 위협도 바야흐로 모든 선진국에서 완전히 모습을 감추고 있다. 좌익이 금후 자유민주주의에 도전해오는 경우에는 민주주의의 기본적인 제도와 원칙에 정면 공격을 걸어온다기보다 오히려 자유주의의 옷을 걸치면서 내부로부터 그 변질을 도모해 갈 가능성 쪽이 훨씬 많을 것이다.

예를 들면 대부분의 자유민주주의 국가에서는 전 세대에 새로운 '권리들'이 우후죽순처럼 생겨났다. 생명과 자유, 재산을 보호하고 그것으로 만족하는 것이 아니라 많은 민주주의 국가가 프라이버시와 여행, 고용, 여가, 성적기호, 임신중절, 아동의 생활 등에 관한 권리를 규정했다. 물론 이러한 권리의 대다수는 사회적 의미도 불분명하고 상호 모순되어 있다. 독립선언과 헌법에 정해진 기본적 권리들이 사회의 한층 더 철저한 평등화를 지향하는 신세대의 권리에 의해 심각한 제한을 받고 있는 것과 같은 사태를 예상하는 것은 어려운 일이 아니다.

권리의 본질에 대한 현재의 논의가 지리멸렬한 것은 인간을 합리적으로 이해할 수 있는가의 가능성을 둘러싼 뿌리 깊은 철학적 위기에서 생기는 것이다. 권리는, 인간이란 무엇인가 하는 이해로부터 직접 발생하는 것이지만, 인간의 본질에 대한 합의가 없이, 혹은 그런 이해는 원리적으로 불가능하다고 생각된다면 권리를 정의하는 것도 가짜인지도 모르는 새로운 원리의 탄생을 저지하는 것도 불가능하다. 그 일례로서 인간과 인간이 아닌 것과의 구별이 상실된 미래에서의 권리의 초보편화 가능성을 생각해 보고

자 한다.

　고전적인 정치철학에 따르면, 인간은 짐승과 신의 중간 정도의 존엄을 갖고 있다고 하였다. 인간의 본성은 부분적으로는 짐승이지만 한편으로 인간은 이성을 지녔고 그런 탓에 다른 동물에게는 주어져 있지 않은 인간 특유의 미덕을 갖추고 있다는 것이다. 칸트와 헤겔에 있어서, 그리고 양자가 바탕을 둔 기독교의 전통에서 인간과 인간이 아닌 것과의 구별은 절대적으로 중요하였다. 인간이 자연 속의 모든 것보다 높은 존엄을 갖고 있는 것은 인간만이 자유롭기 때문이다. 요컨대 인간은 다른 어떠한 원인으로 생긴 것이 아니고, 스스로가 원인 그 자체이고 자연의 본능에 의해 침해받거나 하지 않고 자율적으로 도덕상의 선택이 가능한 존재라고 생각한 것이다.

　오늘날에는 누구나 인간의 존엄에 대해서 논하는데, 왜 자신들이 존엄한가라는 점에서 합의가 도출된 것이 아니다. 도덕적 선택이 가능하기 때문에 인간에게는 존엄이 주어져 있다고 생각하는 사람은 거의 없다. 근대의 자연과학과 칸트와 헤겔 이후의 철학을 전체적으로 고찰하면, 그것은 자율적인 도덕상의 선택 가능성을 부정하고 인간의 행동을 모두 인간 이하, 이성 이하의 충동과 관련지어서 이해하는 방향으로 움직여 왔다. 일찍이 칸트가 자유롭고 합리적인 선택으로 간주한 것은, 마르크스에게는 여러 가지 경제력의 산물이고, 프로이트에게는 깊이 감춰진 성적 충동이었다. 다윈에 따르면 인간은 문자 그대로 인간 이하의 존재로부터 진화해 왔다고 하였다. 이리하여 인간의 본질은 더욱 생물학과 생화학의 방면으로부터 이해되기에 이르렀던 것이다.

　금세기의 사회과학은, 인간은 그 사회적 환경적 조건의 산물이고 동물의 경우와 마찬가지로 어떤 결론적 법칙에 따라서 행동하는 것이라고 가르치고 있다. 동물행동 연구에 따르면 동물도 또한 위신을 건 싸움을 행할 수 있고 어쩌면 자부심을 갖거나 인정에 대한 욕망을 느끼거나 할지 모른다고 한다. 니체의 설에서는 현대인은 "생명이 있는 진흙"으로부터 면면히 내려온 진화를 거쳐서 자기 자신에 도달했다고 한다. 인간은 자신을 낳게 한 동물의 생활과 질적으로는 같고 단순히 양적으로 다른 것에 지나지 않는다는 것이다. 이렇게 해서 스스로가 만들어낸 법칙에 따를 수 있을 만큼의 이성을 갖춘 자율적인 인간상은 독선적인 신화로 전락해 버렸다.

인간에게는 동물 이상의 존엄이 있는 덕택에 자연을 정복하는 자격, 요컨대 자연을 자신의 목적을 위해 이용, 조작하는 자격이 주어져 있고, 그 정복은 현대의 자연과학에 의해 가능하게 되었다. 그렇지만 현대의 자연과학은 사람과 자연과의 사이에는 본질적인 차이가 없고 인간이란 보다 고도의 조직과 이성을 갖춘 진흙덩이에 불과하다는 것을 명시하고 있는 것처럼 보인다. 그리고 만약 인간이 자연 이상의 존엄을 갖추고 있다고 말할 수 있는 근거가 없다고 하면, 인간에 의한 자연의 정복을 정당화하는 것도 불가능하게 된다. 인간과 동물 사이에는 대단한 차이가 없다고 주장하는 평등주의의 정열은 인간과 고등동물과의 차이에 대한 부정에까지 다다를 수도 있다. 동물보호운동의 입장에서 보면 원숭이와 쥐와 검은담비도 인간과 마찬가지로 고통을 느끼고 돌고래일지라도 고도의 지능을 갖추고 있다. 그렇다면 살생은 분명 죄인데 어째서 이와 같은 동물은 죽여도 용인되는 것일까?

더구나 논란은 이것으로 끝나지 않는다. 고등동물과 하등동물의 구별은 어떻게 할 것인가? 고통을 느끼는 동물과 그렇지 않은 것과의 구별은 누가 하는 것인가? 실제로 고통을 느끼는 능력과 고도의 지능을 가지고 있는 것이 왜 우월한 가치의 자격이 되어야 하는가? 결국 길모퉁이의 돌멩이로부터 우주 저편의 혹성에 이르는 자연계의 모든 존재 중에서 인간이 최고의 존엄을 갖고 있는 것은 무슨 이유일까? 곤충과 박테리아, 회충 그리고 에이즈 바이러스일지라도 인간과 평등한 권리를 갖고 있어야 마땅하지 않은가?

그렇지만 현재의 환경보호론자 대부분은 곤충과 박테리아에게도 권리가 있다고는 생각하고 있지 않고, 그 사실은 그들도 역시 인간의 존엄의 우월성을 믿고 있음의 발현인 것이다. 결국 그들이 바다표범 새끼와 초어(주; 중국 원산의 열대 담수어)를 보호하려고 하는 것은 우리들 인간이 그러한 생물을 주위에 놓아두고 싶기 때문일 것이다. 그런데 환경보호 입장에서 따지자면 이것은 분명 위선이다. 만약 인간이 자연의 생물보다 뛰어난 존엄을 가지고 있다고 말할 수 있는 합리적인 근거가 없다고 한다면, 바다표범 새끼와 같은 자연의 일부가 이 역시 자연의 일부인 에이즈 바이러스보다 높은 존엄을 가지고 있다고 말할 수 있는 합리적인 근거도 없기 때문이다. 환경보호운동 안에서도 이런 점에서는 시종일관된 극단적인 활동가가 있고 그들은 그와 같은 자연—감각과 지능을 지닌 동물뿐만 아니라 자연의 창조물 모두—에 인간과 동등한 존엄이 있다고 믿는 것이다. 이와 같은 신념은 에티오피아와 같은 나라의 대규모 기아문제에 대한 무관심과 연결된다. 왜냐하면 이러한 기근이 발생하는 것은 인간의 과도함에 대한 자연의 즉각적인 보복의 일례에 지나지 않기 때문이다. 그리고 결국은 인류가 산업혁명 이후 계속 악영향을 끼쳐온 생태계의 균형을 더 이상 붕괴시키지 않도록 현재의 50억이 넘는 지구 인구를 1억이나 그 정도의 자연스러운 수로 되돌려야 한다는 확신으로까지 도달해 버린 것이다.

　평등원리의 적용을 인간뿐 아니라 그 이외의 생물에까지 확장시켜 나가는 것은 오늘날에는 기상천외한 해석으로 들릴지도 모른다. 그렇지만 그것은 '인간이란 무엇인가' 라는 문제의 해답에 고심하고 있는 현대의 우리들의 어쩔 도리가 없는 상황의 반영이다. 만약 우리들이 인간은 도덕적 선택도 이성을 자율적으로 움직이는 것도 할 수 없다고 진심으로 믿고 있다면, 그리고 만약 인간이 그 이하의 생물과 본질적으로는 같다고 진정으로 믿는다면, 동물과 다른 자연의 존재에 인간과 같은 권리를 서서히 확대해 가는 것은 가능할 뿐 아니라 '불가피한' 일이다. 평등하고 보편적인 인간성에는 인간 고유의 존엄이 수반된다고 하는 자유주의의 사고행태는 금후 양면으로 협공에 직면할 것이 틀림없다. 한편으로는 인간이라는 것의 본질적 문제 이상으로 특정 집단의 아이덴티티를 중시하는 세력이 있고, 그리고 또 한편으로는 인간과 인간이 아닌 것 사이에는 어떠한 명확한 구별은 없다고 믿는 세력이 있는 것이다. 우리들은 현대의 상대주의에 의해서 지성의 막다른 길에 남겨졌기 때문에 이 양면으로부터의 공격에 단호한 반격을 할 수도 없고 전통적으로 이해되어온 자유주의적인 권리의 확보조차 뜻대로 할 수 없게 된 것이다.

　보편적이고 균질한 국가 안에서 볼 수 있는 것과 같은 종류의 상호 인정은 많은 사람을 완전히 만족시키는 것이 불가능하다. 이것도 애덤 스미스의 말을 빌자면, 부자는 스스로의 부를 계속 자랑하고 그 한편으로 가난한 자는 자신의 빈곤을 부끄러워하고, 자신은 동포의 눈에 띄지 않는 존재라고 계속 느끼기 때문이다. 현재 공산주의가 붕괴되었음에도 불구하고 상호 인정의 이와 같은 불완전함은 자유민주주의와 자본주의를 대신할 수 있는 선택을 찾으려고 하는 좌익 측으로부터의 기도의 온상이 되어갈 것이다.

그러나 평등한 인간이 서로를 대등하게 상호 인정하지 않는다는 것은 자유민주주의에 대한 가장 진부한 비판이다. 그것에 대하여 우익 측에서의 비판, 즉 자유민주주의가 불평등한 인간을 평등하게 인정하려는 경향이 있기 때문이라는 비판은 보다 더 위협적이고 궁극적으로는 보다 심각한 문제이기도 하다. 그 점에 대해서 앞으로 고찰해 보고자 한다.

28
가슴이 없는 인간

> 현대라는 시대의 가장 보편적인 표식이 있다. 인간은 스스로도 믿기 어려울 만큼 존엄을 상실해 버렸다는 점이 그것이다. 인간은 오랜 세월 동안 일반적 존재의 중심이고 비극의 영웅이었다. 그리고 적어도 자기 자신이 존재의 결정적인, 그리고 본질적으로 가치가 있는 측면과 밀접하게 결부되어 있다는 것을 증명하려고 애써왔다——예를 들면 도덕적 가치야말로 가치의 요체라고 믿고 인간의 존엄에 매달리려고 하는 모든 형이상학자처럼, 신을 버린 자 쪽이 도덕에 대한 신앙에 그만큼 더 매달리고 있다.
> ——니체 《권력에의 의지》[1]

우리들이 당면한 논제를 총 마무리하기 위해서는 역사의 종점에 등장한다고 일컬어지는 존재, 예컨대 '최후의 인간'을 언급하지 않을 수는 없다.

헤겔에 따르면 보편적이고 균질한 국가는 예전의 노예를 자기 자신의 주군으로 바꿈으로써 주종관계 속에 있던 모순을 완전히 해소한다. 이미 주군은 어떤 의미로는 인간 이하의 인간으로부터의 인정만 받은 것이 아니고, 노예도 이제 와서는 어떤 경우든지 자신들의 인간성의 인정을 부정당하는 일은 없어진다. 그 대신 자기 자신의 가치를 인정하고 있는 자유스러운 개개인이 다른 모든 개인을 자신과 같은 자격으로 인정해 가는 것이다. 그러나 주종관계의 모순이 제거되더라도 남게 되는 것이 쌍방에 있다. 그

---

1) Nietzsche, *The Will to Power* I : 18 (New York: Vintage Books, 1968), p. 16.

것은 주군에게는 자유, 노예에게는 노동이다.

헤겔에 대한 최대 비판자의 한 사람인 마르크스는 인정이 보편적이라는 헤겔의 명제를 부정했다. 경제적 계층의 존재가 인정의 보편화를 저해하고 있다는 것이다. 또 다른 관점에서, 그리고 마르크스 이상으로 심원한 비판을 제기한 것은 니체였다. 니체의 사상은 마르크스주의처럼 대중운동과 정당 속에 구체적으로 담긴 것은 아니었을지언정 인간의 역사적 진보의 방향성에 대해서 그가 제기한 문제는 아직도 미해결인 상태로 남아있고 지상에서 최후의 마르크스주의 정권이 소멸된 뒤에도 해결될 것으로는 생각할 수 없기 때문이다.

니체에게 헤겔과 마르크스 간의 차이는 거의 없었다. 왜냐하면 양자 모두 보편적인 인정이 실현되는 사회라는 동일 목표를 가지고 있었기 때문이다. 그에 대해서 니체는 사실상 다음과 같은 질문을 제기하고 있다. 애초부터 보편화될 수 있는 인정을 지닐 가치가 있는 것일까? 인정의 '질(質)'이 인정의 보편화 이상으로 훨씬 중요하지 않을까? 그리고 인정의 보편화가 도달하는 종착점에서는 인정 자체의 진부화와 무가치화를 피할 수 없는 것은 아닐까?

니체가 말하는 최후의 인간의 본질은 승리를 거둔 노예이다. 크리스트교는 노예의 이데올로기이고 민주주의는 크리스트교의 세속화된 형태를 보여주고 있다는 헤겔의 설에 니체는 전적으로 동의한다. 법 앞에서의 만인의 평등은 신의 왕국에서의 모든 신앙자의 평등이라는 크리스트교 이념의 구체화이다. 그러나 신 앞에서의 인간의 평등이라는 크리스트교의 신앙은 편견 이외의 아무것도 아니고, 그 편견은 자신보다 강한 자에 대한 약자의 분노로부터 발생한 것이다. 크리스트교는 죄악감과 양심을 무기로 단결하면 약자도 강자에 이길 수 있다는 실감에서 출발하고 있다. 근대에 이르러 이 편견은 널리 보급되어 거역하기 어려운 힘을 갖게 되었는데, 그것은 이와 같은 생각이 진리라고 여겨왔기 때문이 아니라 약자의 수가 늘어났기 때문인 것이다.[2]

2) Nietzsche, *On the Genealogy of Morals* 2: 11 (New York: Vintage Books, 1967), pp. 73~74; 2: 20, pp. 90~91; 3: 18. pp. 135~136 또 *Beyond Good and Evil* (New York: Vintage Books, 1966), aphorisms 46, 50, 51, 199, 201, 202, 203, 229.

자유민주주의 국가는 헤겔이 말한 바와 같은 주군의 도덕과 노예의 도덕과의 통합체가 아니다. 니체에게 그것은 노예의 무조건적인 승리를 의미하고 있었다.[3] 민주주의 사회에서는 실제로 '지배를 하는' 자는 한 사람도 없기 때문에 주군의 자유와 만족은 형태도 없이 소멸되어 버렸다. 자유민주주의 국가의 전형적인 시민은 홉스와 로크가 설명한 개인, 다시 말하면 쾌적한 자기보존을 위해 자기 자신의 우월한 가치에 대한 긍지를 포기한 개인이다. 니체의 말을 빌자면 민주주의적인 인간은 전신이 욕망과 이성 덩어리이고 장기적인 사익을 계산하면서 수많은 세부적인 욕구를 충족해 가는 새로운 방법을 발견하는 것에는 우수하였다. 그렇지만 그와 같은 인간은 '우월욕망'을 완전히 결여하고 있고 행복한 자신에게 만족하여 세세한 욕구를 초월할 수 없는 자신에 대해서 하등의 수치심을 느끼는 일조차 없었던 것이다.

물론 헤겔은 근대인이 욕망의 충족뿐 아니라 인정받기 위해 투쟁하고 보편적이고 균질한 국가로부터 여러 권리를 허용 받았을 때 인정을 손에 넣는다고 주장하였다. 오늘날에도 동유럽과 중국, 구소련이 그러한 것처럼 권리를 빼앗긴 시민이 권리를 얻기 위해 싸우고 있는 것은 틀림없는 사실이다. 그렇지만 단순히 권리가 허용되는 것만으로 과연 그들이 인간으로서 만족할 것이냐는 별개의 문제이다. 여기서 생각나게 하는 것은 자신을 회원으로 인정해 줄만한 클럽에는 결코 입회하고 싶지 않았던 그루쵸 마르크스의 농담이다. 말하자면 "단순히 인간답다는 것만으로 모두에게 인정받는다면 거기에 무슨 가치가 있겠는가?" 1989년의 동독처럼 자유주의 혁명이 성공을 거둔 후에는 만인이 새로운 권리구조의 은혜를 만끽하게 된다. 자유를 위해 투쟁했느냐 아니냐에 상관없이, 또 옛 체제 아래서 과거의 노예적 존재에 만족하고 있었든 그 체제의 비밀경찰에 협력하고 있었든 간에 상관없이 누구나 그렇게 되는 것이다. 그와 같은 인정을 허용하는 사회는 '패기'를 만족시키기 위한 출발점이 될지도 모르고, 만인의 인간성을 부정하는 사회보다 나을 것은 분명하다. 그러나 자유의 권리가 인정되는 것만으로 과연 귀족적인 주군을 죽음의 위험으로까지 몰아간 커다

---

3) Nietzsche, *Beyond Good and Evil*, aphorism 260. 거기서는 민주주의 사회의 '서민'의 허영심과 인정의 문제도 다루어지고 있다.

란 욕망은 충족되는 것일까? 그리고 이와 같은 사소한 정도의 인정이 설령 많은 사람을 만족시킨다고 하더라도 훨씬 야심적인 소수의 사람들은 그것으로 만족할 수 있겠는가? 민주주의 사회에서 여러 가지 권리를 갖고 있다는 것만으로 누구나 충분히 만족하고 시민이라는 것 이상의 야망을 품지 않게 된다면, 거꾸로 그런 권리는 경멸적인 것으로 보게 되지는 않을 것인가? 그 한편으로 보편적이고 동시에 상호적인 인정에 의해서도 '패기'가 본질적으로는 충족되지 않은 채로 남는다고 하면 민주주의 사회는 결정적인 약점을 보이고 있다고 말할 수 없는 것일까?[4]

　요즈음 미국에서는 1987년에 캘리포니아주 당국이 자기존경위원회를 허가한 것에서 나타나듯이 "자기존경"self-esteem운동이 한창인데 그것을 보면 보편적인 인정이라는 사고에 숨은 내부모순을 이해할 수 있다.[5] 이 운동은 정당한 심리학적 고찰로부터 출발한다. 요컨대 인생에서 성공을 향한 제일보는 자신의 가치를 느끼는 것이고, 그것이 불가능하게 되었을 때 자신은 가치 없는 인간이라는 생각이 백발백중의 예언처럼 당사자에게 엄습해 온다는 것이다. 이를테면 이 운동에서는 누구나 인간이고 따라서 어떤 종류의 존엄을 갖추고 있다는 칸트주의와 크리스트교의 견해가 (운동의 주창자들은 그런 자신들의 정신적 뿌리를 몰랐다고 하더라도) 처음부터 전제가 되어 있다. 그리고 칸트도 크리스트교의 전통에 포함한다면, 도덕률에 따라서 살 것이냐 아니냐를 결정하는 힘은 모든 인간이 동등하게 지니고 있다고 언급했을 것이다. 그러나 이 보편적인 존엄은 인간의 어떤 행위는 도덕률에 반하는데, 고로 나쁘다고 말할 수 있는가 아닌가에 달려 있다. 자기 자신을 진정으로 존경하려면 어떤 기준에 준하여 살지 못했을

4) Strauss, On Tyranny, p. 222에서 Strauss가 코제에브 앞으로 보낸 답장의 인정에 관한 의론을 참조. 또, 1948년 8월 22일에 코제에브 앞으로 보낸 편지에는, 헤겔 자신이 인간을 만족시키는 데는 단순한 인정만이 아니라 지혜가 필요하다고 믿고 있으며, 따라서 "최후의 국가는 그 특권을 보편성과 균질성이 아닌 지혜에, 지혜의 지배에, 지혜의 보급에 돌리고 있습니다." 라고 쓰고 있다. 이 인용은 Strauss, On Tyranny, revised and expanded edition, p. 238.
5) '자기존경과 개인적·사회적 책임을 촉진하는 캘리포니아 전문위원회는 John Vasconcellos 주의회의원의 발안이다. 이 전문위원회는 최종 보고서를 1990년 중반에 발표했다. "Courts, Parents Called Too Soft on Delinquents", Los Angeles Times (December 1, 1989), p. 43을 참조.

경우에 수치심과 자기혐오의 감정을 느낀다는 힘을 빼놓을 수 없는 것이다.

　오늘날의 자기존경운동이 안고 있는 문제는 그 참가자가 민주적이고 평등한 사회에 살고 있으면서도 무엇을 존경해야 하는가에 대해서 좀처럼 스스로가 적극적으로 선택하려 하지 않는다는 점에 있다. 이 운동을 하고 있는 사람들은 사회에 나가 피아의 구별 없이 포용하고, 아무리 괴롭고 힘든 생활이더라도 당신에게는 아직 가치가 있다, 당신은 뛰어난 인물이라고 격려하며 이야기를 시작하려 한다. 그들은 어떤 인간이나 어떤 행위도 무가치한 것으로서 배제하려고 하지 않는다. 확실히 하나의 편법으로서는 불행의 기저에 있는 인간에 대해서 결정적 장면에서 그 사람의 존엄과 인간 자체를 무조건적으로 지지해주면 당사자에겐 격려가 될지도 모른다.

　그러나 결국, 어머니는 자신이 지금까지 아이들을 소홀히 해왔음을 깨닫게 되고, 아버지는 지금까지 자신이 알코올로 기분을 달래왔던 것은 아닐까하고 느끼고, 그리고 딸은 자신이 지금까지 거짓말을 해왔다는 것을 깨달을 것이다. "타인에게는 효과가 있는 트릭도 자기 자신이 자주 겪게 되는 어려운 문제에서는 아무런 의미도 없는" 것이다. 자기존경은 아무리 보잘 것 없더라도 약간의 달성감과 결부되어 있어야만 한다. 어려운 목표를 달성하면 할수록 자기존경의 기분도 부풀어 오른다. 해병대원으로서의 기초훈련을 완수한 인간이라면, 예를 들어 극빈자 식당에 줄을 서 기다리는 인간보다 자신에 대해서 높은 자부심을 가질 것은 분명하다. 그렇지만 민주주의 국가에서는 특정인물이나 생활양식, 또는 행위가 다른 것보다 뛰어나고 가치가 있다는 등으로 기술하는 것 자체에 기본적으로 저항이 뒤따른다는 것도 확실하다.[6]

　보편적인 인정에 대해서는 또 하나의 문제가 있는데 그것을 한마디로 정

6) 캘리포니아 전문위원회는, 자기존경을 "자기 자신의 가치와 중요성을 평가, 자신에 대해서는 조금도 양심의 가책이 없도록 하고 타인에 대해서는 책임을 갖고 행동하도록 하는 성격을 갖는" 것으로 정의를 내리고 있다. 중점이 두어지는 부분은 이 정의의 후반부분이다. 어느 비판가는 이렇게 말하고 있다. "어느 학교가 자기존경운동의 영향을 받은 결과, 교사는 모든 학생을 제멋대로 방치하도록 압력을 받았다. 학생에게 자기 자신에 대한 충족감을 부여해 주기 위해 학생에 대한 비판은 일체 금지되었고 실제로 끝날 듯한 노력 목표는 거의 설정할 수 없게 되었다." Beth Ann Krier, "Californias Newest Export," *Los Angeles Times* (June 5, 1990), p. E1.

리하면 '누가 존경해 주는가' 라는 문제로 귀착한다. 타인으로부터 인정받았을 때의 만족감은 인정해준 상대가 어떤 인물인가에 따라 크게 다른 것이 아닐까? 이쪽이 그 판단을 존중하는 인물로부터 인정을 받았다고 하면 이해력을 갖지 않은 기타 많은 사람에게서 인정받은 경우보다 훨씬 만족스러운 것은 아닐까? 그리고 최고의 업적이라는 것이, 스스로도 그것을 달성한 자에 의해서만 평가될 수 있다는 것을 생각하면 극히 작은 집단에서 자신을 인정할 수 있다는 것이 가장 훌륭하고 따라서 가장 만족스런 인정의 형태가 아닐까?

예를 들어 이론물리학자라면 자신의 연구가 타임지에 인정받는 것보다 동료 물리학자 중에서 가장 우수한 사람에게서 인정받은 쪽이 훨씬 즐거울 것이다. 그리고 이만큼 고상한 이야기는 아니더라도 인정의 질에 대한 문제는 여전히 중요하다. 가령 현대의 큰 민주주의 국가의 한 시민으로서 인정받았다고 해서 소규모이고 굳게 결합된 공업사회 이전의 농업공동체의 일원으로서 인정받고 있었을 때보다 반드시 커다란 만족을 얻을 수 있는 것일까? 후자에게는 근대적인 의미에서의 정치적 권리는 하나도 없지만 혈연과 노동, 종교 등에 의해서 결합된 아담하고 안정된 사회집단의 일원이 되면, 설사 봉건영주로부터는 종종 착취와 박해를 받는다고 하더라도 서로 인정하고 서로 존경해 간다. 그에 비해서 거대한 아파트단지에서 생활하는 현대 도시의 주민은 국가에서는 인정을 받고 있을지 모르지만 함께 생활하고 노동하는 동료에 대해서는 완전한 타인인 것이다.

니체는 실로 탁월한 인간성, 위대함 혹은 고귀함을 발휘할 수 있는 장은 귀족사회뿐이라고 생각했다.[7] 바꿔 말하면, 진정한 자유와 창조성은 '우월 욕망' 요컨대 자신을 남보다 뛰어난 존재로서 인정케 하고 싶다는 욕망에서 비롯된다는 것이다. 아무리 인간이 태어날 때부터 평등하다고 하더라도 단순히 다른 모든 사람과 같아지고픈 욕구만으로 자신의 한계까지 진력하는 것은 아니다. 스스로의 한계를 극복해 가려면 자신을 타인보다 우월한 존재로서 인정받으려고 하는 욕망을 무시할 수 없기 때문이다.

이 욕망은 정복과 제국주의의 토대가 될 뿐 아니라 위대한 교향곡이든 회화, 문화, 도덕규범 혹은 정치체제든 생활에서 가치가 있는 것을 만들어

7) 예를 들면 Nietzsche, *Beyond Good and Evil*, aphorisms 257, 259.

내기 위한 전제조건이기도 하다. 진정한 탁월은 그것이 어떤 형태이든 자신에 적대하는 자신의 일부이고 궁극적으로는 모든 고통을 동반하는 자기와의 투쟁, 즉 불만에서 시작된다고 니체는 지적했다. "하나의 찬연히 빛나는 별을 탄생시키기 위해 인간은 자기 내면에 항상 혼돈을 내재하고 있어야 한다." 건강과 자기만족은 '채무'에 불과하다. '패기'는 투쟁과 희생을 요구하고, 공포에 가득차고 궁핍한 본능적인 동물과 육체적으로 제약된 동물 이상으로 뛰어난 존재로서의 자기증명을 시도하는 인간의 측면인 것이다. 인간은 누구나 이러한 욕구를 느끼는 것은 아니지만, 그것을 느끼는 인간에게는 단순히 자신의 가치가 타인과 같다는 것을 아는 것만으로는 패기를 만족시킬 수 없다.

'불평등'을 요구하는 투쟁은 인생의 모든 면에 걸쳐서 있다. 인간의 완전한 평등을 기초로 하는 사회의 건설을 지향한 볼셰비키 혁명과 같은 사건조차 예외는 아니다.

레닌, 트로츠키, 그리고 스탈린 같은 인물은 단순히 다른 사람들과 동등한 존재가 되기 위해 한 인간으로서 고난의 길을 선택한 것이 아니다. 만약 그렇다면 레닌은 사마라(퀴비세프의 옛이름)를 떠나지 않았을 것이고, 스탈린은 타빌리시 신학교의 학생으로 남아 있었을 것이다. 혁명을 일으켜 전혀 새로운 사회를 건설하려면 비범한 엄격함과 비전, 냉혹함 그리고 지성을 지닌 인물이 필요하고 그와 같은 성격을 이들 초기의 볼셰비키들은 충분히 갖추고 있었다. 그러나 그들이 건설에 노력한 사회는 그들 자신에게 구비되어 있던 야심과 개성을 부정하려고 한 사회였다. 볼셰비키는 물론이고 중국의 공산주의자로부터 독일의 녹색당에 이르는 모든 좌익운동이 지도자에 대한 "개인숭배"를 둘러싸고 결국에는 위기에 직면하는 이유도 필경 거기에 있을 것이다. 평등주의 사회를 구성하고 있는 대등욕망의 이념과 그와 같은 사회를 만드는데 필요한 우월욕망을 갖춘 형태의 인간 사이에는 아무래도 긴장관계를 피하기 어려운 것이다.

레닌이나 트로츠키처럼 보다 순수하고 동시에 고매한 목표를 지향하여 고투하는 인물은, 따라서 만인이 평등하게 창조되어 있지 않다고 생각하는 사회에서 나타날 가능성이 많다. 그 정반대의 명제를 고집하는 민주주의 사회에서는 모든 생활양식과 가치관이 평등하다는 신념이 조장되기 쉽

다. 민주주의 사회는 시민에게 어떻게 살아야 하는가, 혹은 행복, 미덕, 위
대함을 몸에 배게 하려면 어떻게 하면 되는가를 직접 가르치지는 않는다.[8]
그 대신에 관용의 미덕이 육성되고 그것이 민주주의 사회의 미덕의 정수가
되어간다. 그리고 만약 어떤 특정한 삶의 방식이 다른 삶의 방식보다 뛰어
나다고 단언할 수 없다면, 사람은 생 그 자체, 예컨대 육체와 육체의 욕구,
그리고 공포를 긍정하는 곳까지 후퇴한다.

인간은 모두 동등한 미덕과 재능을 갖추고 있는 것은 아니다. 육체가 고
통을 받는다는 점에서는 누구나 마찬가지이다. 그 때문에 민주주의 사회
는 육체적 고통을 맛보게 하지 않겠다는 문제에 최대한 배려를 하기 쉽다.
민주주의 사회의 인간이 물욕에 휩싸여 무수한 자잘한 육체적 욕구를 필
사적으로 채우려고 하는 경제세계에 살고 있는 것은 결코 우연이 아니다.
니체의 말에 따르면 인간은 "따뜻함을 구하기 위해 살기가 곤란한 지역으
로부터 사라져 버렸던 것"이다.

> 노동은 하나의 즐거움이기 때문에 인간은 여전히 일한다. 그렇
> 지만 인간은 그 즐거움이 너무 고통스러운 것이 되지 않도록 주
> 의한다. 이제 인간은 가난하게 되지도 않고 풍요롭게 되지도 않는
> 다. 어느 쪽이든 많은 힘을 쏟아야 하는 것이다. 누가 지금도 여
> 전히 지배하기를 원하겠는가? 누가 복종하겠는가? 양쪽 모두 너
> 무 많은 힘을 소모해야 한다.
> 양치기는 없고 그리고 가축 떼가 한 무리! 인간은 모두 동일하
> 기를 원하고, 인간은 모두 동일하다. 위화감을 느낀 자는 누구나
> 자진하여 정신병원에 들어간다.[9]

공공생활에서 진정한 도덕적 내용에 대해서 진지하게 의문을 품는 것은
민주주의 사회의 사람들에게는 특히나 어렵다. 도덕에는 보다 좋은 것과
열등한 것, 선과 악의 구별이 포함되는데 이런 구별은 관용이라는 민주주
의의 원리에 부합하지 않는다. 그 때문에 최후의 인간은 논란을 불러일으

8) 《국가》 제8권, 561c-d를 참조.
9) Nietzsche, *The Portable Nietzsche*, p. 130.

414 제5부 · 최후의 인간

키고 싶지 않다는 이유에서 자기 개인의 건강과 안전에만 눈을 돌린다. 오늘날의 미국인들은 타인의 흡연습관을 비난할 자격은 있어도 그 종교상의 신앙과 도덕적 행동에 대해서는 이러쿵저러쿵 말할 수 없다고 생각한다. 미국인에게는 자신의 건강—음식과 음료, 운동, 체형—쪽이 조상들을 괴롭혔던 도덕문제보다 훨씬 중대한 강박관념이 되었다.

자기보존을 무엇보다도 소중하게 여긴다는 점에서 최후의 인간은 헤겔이 역사의 출발점으로 여긴 피비린내 나는 싸움에서의 노예와 비슷하다. 그렇지만 그 당시부터 계속되어 온 역사의 과정, 예컨대 민주주의를 지향한 인간사회의 복잡하고 누적된 진화의 결과로서 최후의 인간이 놓인 상황은 한층 열악한 것이 되었다. 이것도 니체에 따르면, 절대적이고 동시에 무비판적으로 받아들인 하나의 가치관과 신념의 틀 속에서 살고 있는 것이 아니라면 생명을 지닌 자는 건강하게도 강인하게도 창조적으로도 될 수 없기 때문이다. 그와 같은 구조가 없이는, 그리고 스스로의 일을 "사랑받을 가치가 있는 이상으로 무한히 사랑하는 마음"이 없으면 "어떤 화가도 그림을 그리지 못하고 어떤 장군도 승리를 거두지 못하며 어떤 국가도 자유를 획득하지 못하는 것"[10]이다.

그러나 우리들의 역사인식이야말로 확실히 이와 같은 사랑을 불가능하게 하고 있다. 왜냐하면 역사는 우리들에게 과거에는 문명, 종교, 윤리규범, "가치체계" 등 무수한 틀이 있었다는 것을 가르쳐 주기 때문이다. 이와 같은 틀 속에서 살아온 사람들은 현대인이 갖고 있는 것과 같은 역사인식을 결여하고 있고 자신들의 구조가 유일 가능한 것이라고 믿고 있었다. 그러나 역사의 과정에 나중에 등장한 자, 인류의 노령기에 산 자는 그렇게 무비판적일 수 없었다. 근대적인 경제세계를 향해 사회를 정비하는데 있어서 불가결한 보편적, 근대적 교육은 인간을 전통과 권위의 속박으로부터 해방한다. 그리고 사람들은 자신을 에워싼 지평선이 딱딱한 토지가 아니라 단순한 경계이고 접근하면 사라졌다가 다시 또 다른 지평선으로 대체되는 신기루에 지나지 않는다는 것을 깨닫는다. 그러므로 현대인은 '최후의 인간'인 것이다. 그는 지긋지긋할 정도로 역사를 경험했기 때문에 가치의 직접 체험이라는 가능성을 정말 명료한 시각으로 볼 수 있게 되었던 것

10) Nietzsche, *The Use and Abuse of History*, p. 9

이다.

바꿔 말하면 근대교육은 상대주의에로의 경향을 자극하는 것이다. 상대주의란 모든 틀과 가치체계가 그 시대와 장소와 상관관계에 있고, 진실이란 무엇 하나 존재하지 않으며 가치체계는 모두 그것을 제창한 사람들의 편견과 이해관계의 반영에 지나지 않는다고 하는 교의이다. 특권적인 사상의 존재를 인정하지 않는 이 교의는 자신이 남에게 뒤지지 않는 삶을 살고 있다고 믿고 싶은 민주주의적 인간의 욕망과 훌륭하게 맞물려 있다. 그런 의미에서 상대주의는 위인이나 강자가 아니라 이제 자신에게는 아무런 부끄러워해야 할 점은 없다고 가르침을 받은 범인(凡人)의 해방을 초래한다.[11] 역사의 출발점에 있었던 노예는 본능적으로 겁쟁이였기 때문에 피비린내 나는 싸움에 자신의 생명을 걸기를 거부하였다. 역사의 종점에 있는 최후의 인간은 역사가 맹목적인 전쟁으로 가득차고, 그 속에서 사람들이 크리스트교와 이슬람교도의, 프로테스탄트와 가톨릭 혹은 독일인과 프랑스인의 어느 편을 드는가를 둘러싸고 싸워온 것을 알고 있기에 어떤 대의(大義)에 생명을 거는 어리석은 행동은 하지 않는다.

인간을 용기와 자기희생의 무모한 행위로 내모는 충성심은 그 후의 역사에 의해 어리석은 편견에 지나지 않는다고 증명되었다. 근대교육을 받은 인간은 가정 안에서의 생활에 만족하고 마음이 넓은 자신, 광신적이 아닌 자신을 축복하는 것이다. 니체의 차라투스트라는 이러한 현대인에 대해서 다음과 같이 기술하고 있다. "그런 까닭에 너희는 말한다. '우리들은 정말이지 현실적이고 신앙도 미신도 갖지 않는다'고. 이렇게 말하면서 너희는 가슴을 편다—그렇지만 아아, 그곳은 텅 빈 곳이다."[12]

현대의 민주주의 사회에 사는 사람들, 특히 젊은이들 사이에는 자신의 마음이 넓다는 것을 축복하는 것만으로는 부족하여 어떤 영역 안에서의 생활을 즐겨 추구하는 자도 많다. 요컨대 그들은 전통적인 종교가 제공하는 것과 같은 단순한 자유주의 이상으로 깊은 신앙과 "가치관"에 열중하

11) 니체의 상대주의가 어떻게 우리의 전반적 문화의 일부를 구성하게 되었는지, 그리고 일찍이 니체를 공포에 빠뜨린 니힐리즘이 어떻게 현대 미국에서는 낙관적인 치장을 하고 있는지에 대해서는 Allan Bloom, *The Closing of the American Mind* (New York: Simon and Schuster, 1988)가 훌륭하게 설명하고 있다. 특히 이 책의 pp. 141~240을 참조.

12) Nietzsche, *The Portable Nietzsche*, p. 232.

는 생활을 선택하고 싶어 한다. 그러나 거기에는 거의 극복하기 어려운 문제가 기다리고 있다. 그들은 필경 역사상의 다른 어떤 사회보다도 신앙 선택의 자유가 있다. 가톨릭이나 뱁티스트가 된다는 전통적인 선택은 물론이고 이슬람교나 불교도로도 그리고 신지론자(神智論者)로도 하아레 크리슈나교도로도 혹은 린든 라로슈의 신자가 될 수도 있다. 그러나 너무 선택폭이 넓은 것은 곤란하고, 어느 것인가 하나를 정한 인간도 선택하지 않은 길이 무수하게 있다는 것은 알고 있다. 그것은 우디 알렌이 연기했던 미키 삭스와 매우 유사하다. 이 남자는 자신이 말기 암을 앓고 있다는 사실을 알고 온 세계에 있는 종교들을 필사적으로 찾아 헤맨다. 그렇지만 최종적으로 자신의 숙명을 받아들이게 된 것은 우연한 계기에서였다. 루이 암스트롱의 '포테이토 헤드 블루스'를 들었을 때 그는 마침내 가치가 있는 것의 존재를 깨달았던 것이다.

　사회가 몇 세대나 떨어진 조상들로부터 전해져온 단일 신념에 하나로 결속되어 있었을 때에는 그 신념이 당연한 것으로서 받아들였고, 인간의 덕성을 만들어내는 요소이기도 하였다. 신념이 인간을, 그 가족 및 사회 전체의 다른 구성원과 결속시켰던 것이다. 오늘날의 민주주의 사회에서 이와 같은 선택을 했다고 하더라도 그다지 희생이나 영향은 없을 것이지만, 그것으로 얻을 수 있는 만족의 정도는 더욱 줄어든다. 선택폭이 너무나 크기 때문에 신념은 사람들을 결속시킨다기보다 오히려 단절시키기 쉬운 것이다. 물론 사람은 신념을 하나로 하는 수많은 작은 공동체의 하나에 참가하여 살아갈 수 있지만 그 집합이 일과 근린관계라는 공동체와 겹치는 일은 거의 있을 수 없다. 그리고 신념이 부적합한 것이 되었을 때―양친의 유산을 상속할 수 없게 되거나 정신적 지도자라고 숭앙하고 있던 인물의 공금횡령이 발각되거나 하는 경우―그 신념은 마치 청춘의 한 시기에 방황했던 것처럼 덧없이 사라져 가는 것이 보통이다.

　최후의 인간에 대한 니체의 관심은 민주주의 사회의 성격에 대해서 깊은 관찰을 했던 다른 많은 근대 사상가들에게도 공통된 것이었다.[13] 이러한

---

13) 다른 예로서는 막스 베버를 들 수 있겠다. 베버는 관료제와 합리화의 진전에 직면한 세계의 '마술로부터의 해방'을 한탄하고, 정신성이 '영혼이 없는 전문가나 마음이 없는 육감주의자' 앞에 무릎 꿇는 것을 염려한 것은 잘 알려져 있다. 베버는 현대문명을 다음과 같은 말로 일축했다. '행복의 고찰자'인 '최후의 인간'에 니체가 통렬한 비판을 퍼부은

사상가의 한 사람인 토크빌은 민주주의의 도래와 함께 주군의 생활양식이 지상에서 없어지지는 않을까 하는 점에 대한 니체의 관심을 앞서서 취하고 있다. 법이 명한 대로 따르는 것이 아니라 오히려 자신에게도 타인에게도 법을 부여하는 주군이라는 존재는 노예보다 고귀한 동시에 만족할 만한 것이었다. 따라서 토크빌은 민주주의 국가 미국의 생활에 사적 성격이 강한 것은 중대문제이고, 이런 상태로는 민주주의 이전의 공동체에서 사람들을 결속시키고 있던 도덕적 유대가 약화되지는 않을까 하고 생각했다. 후배인 니체와 마찬가지로 주군과 노예의 형식적인 관계가 없어지더라도 노예가 스스로를 지배하는 형태로는 되지 않고 오히려 새로운 형태의 노예제에 속박되어 가는 것이 아닐까 깨닫고 있었던 것이다.

세계에 전제정치가 출현할 때의 새로운 특징에 대해서 기술해 보고자 한다. 우선 관심을 끄는 것은 서로 평등하고 서로 비슷한 실로 수많은 사람들이 인생을 만족시키기 위해 끊임없이 보잘 것 없고 작은 쾌락을 추구하고 있다는 점이다. 그들은 모두 다르게 생활하고, 다른 많은 운명은 완전히 남의 일에 불과하다. 자신의 아이들과 사적인 친구가 인류의 전부인 것이다. 그 이외의 동포시민에 대해서는 가까이에 있더라도 쳐다보지도 않는다. 접촉하고 있는 데에도 느끼지 못한다. 그는 오직 자기 혼자이고 자기를 위해서만 존재한다. 친척과 연고자는 아직 남아 있더라도 그는 고향을 이미 잊었다고 해도 좋을 것이다.

이와 같은 인간집단의 머리 위에는 그들의 즐거움을 확보하고 운명을 지켜보는 일에 혼자 책임을 지는 거대한 수호력(守護力)이 존재한다. 이 힘은 절대적이고 세심하고 정연하고 신중하고 그리고 온건한 것이다. 이 수호력의 목적이 사람을 성인으로 만드는 준비를 시키는데 있다고 하면, 그 힘은 아이들에 대한 양친의 권

뒤에는 과학―바꿔 말하면 과학에 의거한 생활지배의 기술―을 행복에의 길로 칭찬해 온 순진한 낙관주의를 나는 모두 던져 버릴지도 모른다. 대학의 의자에 붙어 있거나 또는 편집실에 처박힌 소수의 커다란 유아를 제외하고는 누가 이런 낙관주의를 신봉한다는 말인가? "Science as Vocation," in From *Max Weber: Essays in Sociology* (New York: Oxford University Press, 1946), p. 143.

위와 비슷한 것이 될 것이다. 그런데 이 힘은 역으로 인간을 영원
히 아이로 머물게 한다. 사람들의 머릿속에 환락밖에 없다고 하
면 이 힘은 그들에게 환락을 주고 그것으로 만족하는 것이다.[14]

　미국처럼 광활한 국가에서는 시민으로서의 의무는 극히 한정되어 있고
광대한 국토와 비교했을 때 개인의 왜소함 때문에 사람들은 자신이 자신
의 주인이라고는 생각할 수 없고 오히려 혼자서는 어떻게 할 수 없는 현실
을 목전에 두고 나약함과 무력함을 느낀다. 하지만 추상적 · 이론적인 레벨
을 도외시하면 도대체 어떤 의미에서 사람들은 자신이 스스로의 주인이 되
었다고 말할 수 있겠는가?
　토크빌은 니체 이전부터 귀족제 사회가 민주제로 이행함에 따라서 무엇
이 상실될지를 너무나 잘 알고 있었다. 그에 따르면 민주제는 시와 형이상
학적 이론으로부터 제정러시아 말기의 금세공사(金細工師) 파베르제의 정
묘한 달걀에 이르기까지, 귀족사회에서 흔히 볼 수 있었던, 아름답긴 하지
만 도움이 안 되는 것을 점점 더 만들지 않게 되었다고 한다. 한편으로 민
주주의 사회는 공작기계, 고속도로, 토요타 캠리(일본 자동차이름 : 역자주),
조립식 주택 등 사용하기에는 좋지만 추악한 상품을 극히 대량으로 만들
어냈다(현대 미국에서는 재능과 지위를 부여받은 젊은 세대가 아름답지도
않고 쓸모도 없는 대용물을 만들고 그것으로 사회가 그럭저럭 기능하고
있다. 예를 들면 변호사들이 매년 일으키는 소송의 산더미는 그 일례이다)
그렇지만 도덕적 · 윤리적인 영역에서의 인간의 가능성, 이를테면 여가에 의
해 배양되는 귀족사회의 기풍, 그리고 의도적으로 공리주의를 배척하는 기
풍으로 길러진 인간의 가능성이 상실되었던 것에 비하면 정밀한 기능 보
유자가 사라졌다는 것은 하찮은 이야기이다. 토크빌은 수학자이자 신앙이
깊은 작가인 파스칼에 관련된 유명한 문장 속에서 이렇게 말하고 있다.

　만약 파스칼이 무엇인가 큰 이익밖에 안중에 없었다거나 혹은
명성욕에만 자극을 받아온 것이라면 그토록 정신력을 충분히 발
휘하고 창조주의 깊숙이 숨겨진 비밀을 이전보다 더욱 잘 발견할

14) Tocqueville, *Democracy in America*, vol. 2, p. 336.

수 있었다고는 생각할 수 없다. 말하자면 자신의 혼이 생활의 모
든 번뇌로부터 벗어나서 이 탐구에 온몸과 마음을 바치고, 그리
고 육체를 삶에 연결시키고 있는 유대를 일찌감치 끊고 40세를
맞지 못하고 노쇠하여 죽은 그의 모습을 볼 때, 나는 망연자실
하여 우두커니 서서, 평범한 목적에서는 그런 비범한 노력을 낳을
수 없다는 것을 깨닫지 않을 수 없다.[15]

어렸을 때에 이미 에우클리드의 명제를 혼자힘으로 발견했을 정도인 파
스칼은 31세가 되던 해에 수도원에서 은둔생활에 들어갔다. 조언을 받으
러 찾아오는 사람과 만날 때 그는 여러 개의 못을 박은 혁대를 자신이 앉
은 의자에 묶어놓고 대화가 조금이라도 즐겁게 느껴졌을 때는 육체에 고
통을 주기 위해 몸을 그 의자에 강하게 밀어 붙였던 것이다.[16] 니체 자신과
마찬가지로 파스칼도 성인이 되고나서 쭉 병을 앓았고 최후의 4년 동안은
타인과 의사를 소통할 수 있는 기력을 완전히 상실했다. 그는 조깅도 하지
않았고 담배연기가 건강에 미치는 해를 염려하는 일도 없었는데 죽기 전의
몇 년 동안에 서양의 전통에 뿌리내린 가장 깊은 정신적 명상을 어느 정도
는 뿌리칠 수 있었던 것이다.

파스칼이 수학과 같은 실제의 학문에서 촉망받고 있던 장래를 종교적인
묵상 때문에 희생한 것에 대해 어느 미국의 전기작가는 특히 분노를 느끼
고 있다. 이 작가는 파스칼이 조금이라도 자신을 그런 생활로부터 "해방하
였다면……무의미한 신비주의 덩어리와 인간의 비참과 존엄에 대한 진부한
관찰의 중압이 원인이 되어 인생의 보다 나은 절반을 압살해 버리는 대신
에 자신의 모든 것을 전면적으로 개화시켜 살아갈 수 있었을지도 모른다"
고 기술하고 있다.[17]

최후의 인간 중에서도 가장 예민한 자들은 말한다. "예전에는 전 세계
가 미쳤었다" 라고.

---

15) *Ibid.*, p. 45.

16) Mme. Périer, "La vie de M. Pascal," in Blaise Pascal, *Pensées* (Paris: Gernier, 1964), pp.
   12~13 참조.

17) Eric Temple Bell, *Men of Mathematics* (New York: Simon and Schuster, 1937), pp. 73,
   82.

"미국적 생활양식"의 승리를 니체가 제일 두려워하고 있었다고 한다면, 토크빌은 그 승리가 피하기 어렵다는 사실을 깨끗하게 인정하고, 이러한 생활양식의 보급을 기꺼이 받아들였다. 그는 니체와는 달리 민주주의 국가의 압도적 다수의 사람들의 생활이 미미하긴 하지만 개선되고 있다는 것을 잘 알고 있었다. 더구나 그는 민주주의의 전진이 도저히 저지될 것 같지도 않고, 그 흐름에 거역해도 어쩔 수 없으며 오히려 역효과라고 느끼고 있었다. 기대할 수 있는 것이라고 한다면 기껏해야 민주주의의 열렬한 지지자들에게 그 이외에도 더 나은 선택이 있고 중용을 취하는 편이 오히려 민주주의 그 자체의 장수로 이어진다고 가르칠 정도였다.

코제에브는 근대 민주주의가 피하기 어려운 추세라고 믿었던 점에서 토크빌과 생각을 같이하고 있었던 반면에 그에 뒤따르는 희생에 대해서도 잘 알고 있었다. 만약 인간이란 것이 인정을 추구하는 투쟁에 대한 욕망과 자연 지배를 위한 노동에 의해서 정의된다고 한다면, 그리고 만약 역사의 종점에서 인간이 스스로의 인간성과 물질적 풍요를 달성한다면, 그 때 인간은 노동과 투쟁을 그만두게 되므로 따라서 "본래적 의미에서의 인간"은 존재하지 않게 된다는 것이다.

> 역사의 종말에 있어서 인간의 소멸은, 그러므로 우주의 파국은 아니다. 자연의 세계는 아주 오랜 옛날부터 존재했던 것처럼 계속 존재한다. 그리고 그런 까닭에 인간의 소멸은 생물학적인 파국도 아니다. 인간은 자연, 즉 주어진 그대로의 존재와 '조화'를 유지하는 동물로서 계속하여 생을 누린다. 소멸하는 것은 본래적 의미에서의 인간—예컨대 주어진 그대로를 부정하는 행위나 실수, 혹은 일반적으로 '객관'에 반대되는 '주관'—인 것이다.[18]

역사의 종말이란 전쟁과 피비린내 나는 혁명의 종말을 의미하게 될 것이다. 목적에 있어서 합의한 인간에게는 싸워야 할 대의는 없어질 것이다.[19] 인간은 경제활동을 통해서 자신의 욕구를 충족시키는데, 이제는 전쟁에

---

18) Kojève, *Introduction à la lecture de Hegel*, pp. 434~435 (footnote).
19) 국제관계에 대해 논한 이 책 제4부를 참조.

자신의 생명을 걸 필요가 없어진다. 바꿔 말하면 인간은 역사의 출발점이 된 피비린내 나는 싸움의 이전처럼 다시 동물이 되는 것이다. 먹이가 주어지고 있는 한, 개는 온종일 볕을 쬐면서 마음껏 잠을 잔다. 왜냐하면 개는 자신이 개라는 점에 불만을 품거나 하지 않기 때문이다. 다른 개가 자신보다 뛰어난 행동을 하든, 개로서의 자신의 경력이 바람직하지 않든, 혹은 세계의 먼 어딘가에서 동료가 죽어가고 있든 전혀 개의치 않는다. 부정의 일소에 성공한 사회에 도달할 수 있다면, 그 생활은 개의 생활과 닮아가게 될 것이다.[20] 인간의 생활은 그때 부정이 불가피하다고 하는 기묘한 역설을 안게 된다. 이는 부정에 대한 싸움이 인간 속에 최고의 것을 불러일으키기 때문이다.

니체와 달리 코제에브는 역사의 종점에서는 동물에로의 회귀에 분노를 느끼지 않는다. 오히려 그는 최후의 인간에 있어서의 마지막 거처의 건설을 지휘하는 조직, EC에 여생을 바쳐 일한 것에서 만족을 찾았다. 헤겔에 관한 강의록에 덧붙여진 일련의 아이러니로 가득한 각주(脚註) 속에서 코제에브는 역사의 종점이 동시에 예술과 철학의 종점이라는 것, 그리고 그것이 단적으로 말해서 코제에브 자신의 생애활동의 종점이라는 것을 지적하고 있다. 호메로스의 《일리어드》, 다빈치와 미켈란젤로의 성모상, 카마쿠라(일본의 옛도읍, 鎌倉 : 역자주)의 대불과 같은 그 시대 최고의 정신의 숨결을 포착한 위대한 예술의 창조는 이제 불가능하게 될 것이다. 왜냐하면 거기에는 새로운 시대의 도래도 없고 예술가가 형상화해야 할 인간정신의 명백한 차이도 없기 때문이다. 예술가들은 봄의 아름다움과 처녀의 유방의 우아한 풍만감에서 수많은 시(詩)를 지어낼 수 있어도 인간이 놓인 상황에 대해서는 조금도 근본적으로 새로운 것을 말할 수 없는 것이다.

마찬가지로 철학도 불가능해진다. 그것은 헤겔 체계의 성립과 동시에 철학이 진리의 지위를 점해버렸기 때문이다. 미래의 "철학자"는 헤겔과 다른

20) 코제에브는 다음과 같이 말하고 있다. "인간이 다시 동물이 된다면, 그 기술, 그 사랑, 그 행위도 다시 순수하게 자연적인 것이 될 것이다. 따라서 역사가 종언을 고한 뒤에는, 인간이 자기들의 전당이나 예술작품을 만든다고 해도 새나 거미가 집을 만드는 것처럼 될 것이고, 개구리나 매미 같은 방식으로 콘서트를 열고 어린 짐승처럼 행동하고 성숙한 짐승처럼 서로 사랑할 것임을 인정해야 한다. Kojève, *Introduction à la lecture de Hegel*, pp. 436 (footnote).

무엇인가를 기술하려고 하더라도 새로운 것은 아무것도 말할 수 없고, 단지 구시대의 무지의 존재양태에 대해서 같은 말을 되풀이할 뿐인 것이다.[21] 그렇지만 더욱 중요한 점이 있다. 예컨대 "소멸하는 것은……철학이나 추론적 예지의 탐구뿐 아니라 그 예지 자체이기도 하다. 왜냐하면 이와 같은 탈역사시대의 동물 중에는 세계와 자기에 대한 (추론적인) 어떤 인식은 더이상 존재하지 않기 때문이다.[22]

루마니아에서 챠우세스쿠 대통령의 경호대와 싸웠던 혁명가들, 천안문에서 전차 앞을 가로막았던 용감한 중국 학생들, 민족 독립을 위해 모스크바에 반기를 펄럭이게 한 리투아니아인들, 자신들의 의회와 대통령을 지킨 러시아인들은 가장 자유롭고 따라서 가장 인간다운 인간이었다. 그들은 예전의 노예처럼 스스로가 자기해방의 피비린내 나는 투쟁에 자진하여 생명을 걸 수 있다는 것을 증명했다. 그러나 그들이 필연적으로 최종적 승리를 손에 넣는 그날에 스스로를 위해 쌓아올린 것은 안정된 민주주의 사회이고 거기에서는 종래의 의미에서의 투쟁과 노동은 불필요하게 되었고, 혁명투쟁이 한창일 때에는 가능하였던 것처럼 자유롭고 동시에 인간적인 상태로 되돌아가는 것은 이미 불가능하게 되어버린 것이다.[23] 지금 그들은 안정된 민주주의 사회라는 약속의 땅에만 도착하면 오늘날의 루마니아와 중국에 존재하는 많은 요구와 욕망이 충족되어 '행복하게' 될 수 있다고 상상하고 있다. 그리고 언젠가는 접시 닦는 기계와 VTR, 자동차를 가질 수 있는 날도 올 것이다. 그런데 그들은 자기 자신에게도 만족하게 될까? 그보다 오히려 인간의 만족은 행복과는 반대로 목표 그 자체로부터가 아니고 그것을 지향하여 투쟁과 노동을 거듭해 가는 과정에서 생긴다는 것이 명백해지는 것은 아닐까?

---

21) 코제에브가 한 마지막 일은 *Essai d'une histoire raisonnée de la philosophie Païenne* (Paris: Gallimard, 1968)의 집필이다. 이 저작에서 코제에브는 인간의 합리적 논설의 전체적 사이클을 기록하고자 했다. 소크라테스 이전에 시작되어 헤겔에서 끝나는 이 사이클 속에서 과거의 철학자나 미래의 철학자도 가능한 한 모두 포함되어 거기서 위치를 부여받는 것이다. Roth, "A Problem of Recognition," pp. 300~301을 참조.

22) Kojève, *Introduction à la lecture de Hegel*, p. 436.

23) Strauss, *On Tyranny*, p. 223에는 이렇게 기술되어 있다. "인간이 충분히 만족하고 있다고 하는 상태는, 따라서 인간성의 토대가 무너지거나 또는 인간성이 상실된 상태이다. 이것이 니체가 말하는 '최후의 인간'의 상태인 것이다.

니체의 차라투스트라가 최후의 인간에 대해서 군중에게 말했을 때 소동이 일어났다. "우리들에게 그 '최후의 인간'을 주소서! 오 차라투스트라! 우리들로 하여금 그 '최후의 인간'이 되게 해 주소서." 군중은 그렇게 절규했던 것이다. 최후의 인간의 인생이란 정말이지 서구의 정치가가 유권자에게 즐겨 내거는 공약 그 자체, 즉 육체적 안전과 물질적 풍요이다. 이것이 정말로 과거 수십만 년에 걸친 인류의 이야기의 "전부인" 것일까? 이제 인간이기를 그만두고 호모사피엔스 속(屬)에 드는 동물로 전락한 자신들의 상황에 행복과 동시에 만족을 느끼고 있음을 우리들은 무서워해야 하는 것이 아닐까? 그렇지 않으면 우리들이 어느 수준에서는 행복하면서 다른 한편으로는 자신에게 여전히 불만을 느끼고, 그 때문에 지금도 세계를 전쟁과 불공정과 혁명으로 가득찬 역사로 되돌려 버리는 그런 위험성이 있는 것일까?

29
자유롭고 불평등한 세상

　자유민주주의의 신봉자가 니체가 걸은 길을 끝까지 따라가기는 어렵다. 니체는 민주주의와 그 토대를 이루는 합리성에 대한 공공연한 적대자였다. 그는 약육강식을 환영하는 새로운 도덕, 사회적 불평등을 강화할 뿐만 아니라 일종의 잔학성조차 조장하는 듯한 새로운 도덕의 탄생을 바라고 있었다. 참되고 거짓 없는 니체주의자가 되려면 심신 모두 강인해야만 한다. 니체는—방의 난방조차 거부했기 때문에 겨울에는 손가락이 흙색으로 변하여 광기에 휘말리기 수년 전부터 머리가 깨지는 듯한 두통에 시달리지 않고 넘어가는 날은 거의 열흘에 하루도 없었다—위안에도 평화에도 평온해진 적이 없는 삶의 방식을 제시해 주고 있다.
　설사 니체의 도덕관에 반발하더라도 한편으로 우리들은 그의 날카로운 심리학적 관찰의 많은 부분을 기꺼이 받아들일 수 있다. 강자에 대해 약자가 적의를 품기 때문에 발생한 정의와 벌에 대한 갈망, 동정과 평등이라는 정신작용이 쇠약해질 가능성, 군이 평화와 안전을 구하지 않고 앵글로색슨적 공리주의의 전통에서 이해되는 것 같은 행복에 만족하지 않는 인간이 있다는 사실, 투쟁과 모험이 인간의 혼의 일부를 차지하고 있는 범위, 남보다 뛰어나고자 하는 욕망과 개인적인 탁월함과 극기의 가능성과의 관계—이것들에 대한 니체의 통찰은 모두 인간이 놓인 상황의 적확한 반영이라고 생각해도 되고, 우리들은 그것을 지금 살고 있는 사회의 기독교 자유주의의 전통을 단절할 필요 없이 받아들일 수 있는 것이다.

실제로 니체는 인정을 구하는 욕망에 대해서 말하고 있기 때문에, 그 심리학적 통찰은 우리들에게도 아주 친숙하다. 니체의 흥미의 중심은, '패기'—사물과 자기 자신에 가치를 두는 인간의 능력—의 미래에 대해서라고 해도 좋을 것이다. 그리고 그는 인간의 역사의식과 민주주의의 보급이 이 패기를 위협한다고 생각하였다. 니체의 철학이 일반에게 헤겔의 역사주의를 급진화한 것으로 간주되고 있듯이 그의 심리학은 인정을 강조한 헤겔의 주장을 한층 파고들어간 것으로 파악할 수 있다.

자유민주주의에 대한 혐오라는 점에서는, 우리들이 지금 현시점에서 니체의 견해에 동조할 필요는 없지만 민주주의와 인정에 대한 욕망 간의 관계가 잘 진전되지 않는 것에 대한 그의 의견은 쓸모가 있다. 즉 자유민주주의가 생활의 장으로부터 '우월욕망'을 성공적으로 추방하고 그것을 합리적 소비로 대체해가면 그만큼 우리들은 최후의 인간에 근접해 가는 것이다. 그렇지만 사람은 이러한 의견에 반발할 것이다. 그것은 요컨대 보편적이고 균질한 국가 안에서 누구나 획일화되고 세계의 어디를 가든 타인과 동일하다는 발상에 대한 반발인 것이다. 인간은 부르주아보다도 오히려 시민이 되고 싶고 주군을 갖지 않은 노예의 생활—합리적 소비의 생활—에 결국 혐오하는 마음이 생긴다. 설사 최대의 이상이 이 지상에서 이미 달성되었다고 하더라도 인간은 역시 보람이 되는 이상, 그리고 죽음을 바칠 수 있는 이상을 구할 것이고 국제적인 국가 시스템이 전쟁의 위험성을 일소했다고 하더라도 인간은 역시 생명의 위험을 무릅쓰고 싶어 할 것이다. 이것은 아직 자유민주주의가 해결하지 못한 "모순"이다.

곰곰이 살펴보면 자유민주주의는 과도한 '우월욕망' 혹은 과도한 '대등욕망' isothymia—평등하게 인정받고 싶다는 열렬한 욕망—에 의해서 안쪽으로부터 뒤집어질 우려가 있다. 그 중에서도 민주주의에 있어 더 큰 위협이 되는 것은 최종적으로는 대등욕망이라는 것이 나의 직관이다. 제어장치가 없는 대등욕망에 빠지거나 불평등을 하나도 남기지 않고 제거하려고 혈안이 되어 있는 문명은 자연 그 자체가 설정한 한계에 즉시 부딪칠 것이다. 우리들은 공산주의가 국가의 힘으로 경제적 불평등을 전폐하려고 시도하고, 그 동안에 현대적인 경제생활의 토대를 무너뜨려 버린 시대의 종점에 서 있다. 그리고 만약 가까운 장래에 대등욕망의 정열이 활활 타오르고, 추한 것과 아름다운 것과의 구별이 법률로 금지당하거나 다리가 없는 사람이라도 정신면뿐만 아니라 육체적으로도 정상인과 대등하다는 주장이 통용된다면 결국에는 공산주의와 마찬가지로 스스로의 목을 조르는 결과로 끝날 것이다. 그러므로 우리들은 유유자적하고 있을 수가 없다. 마르크스-레닌주의의 대등욕망에 기초한 전제를 완전히 타파하기까지는 1세기반이라는 시간이 걸렸던 것이다. 그렇지만 이 점에서는 자연이 아군 편이 되어 준다. 갈퀴를 흔들어서 자연을 팽개치려고 하는 것은 자유이지만 그것은 곧 원점으로 되돌아온다.

한편 자연은 오늘날의 평등주의적, 민주주의적인 세계에서조차 '우월욕망'을 상당한 정도까지 유지하려고 할 것이다. 어느 정도의 '우월욕망'은 생활 그 자체에 있어서 결여할 수 없는 전제조건이라고 한 니체의 주장은 정말 옳기 때문이다. 타인보다 우수하다는 것을 인정받고 싶어 하는 인간이 한 사람도 없고, 그러한 욕망의 본질적인 건전함과 가치를 인정하지 않는 문명에서는 예술도 문학도 음악도 학문도 거의 탄생하지 않을 것이다. 우수한 인간일수록 대중에 봉사하는 생활을 선택하고 싶어 하지 않으므로 통치도 구석구석까지 미치지 않게 될 것이 틀림없다. 경제의 활동주의가 그다지 발휘되지 않고 그 때문에 공예와 공업은 백년이 하루처럼 단조로운 것이 되고, 과학기술은 2류에 머물 것이다. 그리고 필경 가장 결정적인 것은 이와 같은 사회가 '우월욕망'이라는 위대한 정신을 불어넣은 문명, 그리고 지배에 대한 정열 때문에 시민들이 자진하여 자신의 즐거움과 안전을 희생하고 두려워하는 일없이 생명을 거는 문명에 대해서 스스로를 지킬 수 없다는 것이다. 우월욕망은 지금까지도 항상 그랬던 것처럼 도덕적으로는 분명치 않은 현상이다. '우월욕망'에서는 생활에서의 선한 것도 나쁜 것도 동시에, 그리고 필연적으로 유출된다. 만약 자유민주주의가 '우월욕망'에 의해서 뒤집힌다고 하면 그것은 자유민주주의가 '우월욕망'을 바라고 있기 때문이고 보편적인 동시에 평등한 인정이라는 기반에 선 것만으로는 결코 살아남을 수 없기 때문이다.

따라서 미국과 같은 현대의 자유민주주의 국가가 타인에 대한 자신의 우수함을 인정받고 싶다고 바라는 사람들을 상당히 폭넓게 허용하고 있다는 것도 놀랄 일이 아니다. '우월욕망'을 추방하거나 혹은 그것을 '대등욕망'으로 바꾸려고 하는 민주주의의 노력은 기껏 잘 되더라도 미완성으로 끝나는 것이 고작이었다. 그리고 오히려 민주주의의 장기간에 걸친 건전성과 안정도는 '우월욕망'이 시민에게 도움이 되는 형태의 양질인 동시에 다수의 돌파구를 갖고 있는가 아닌가에 관계되어 있다. 이들 돌파구는 '패기'에 숨은 에너지를 끌어내서 생산적 용도에 돌릴 뿐 아니라 공동체를 무수히 갈라놓았을지도 모를 과잉 에너지를 절단하는 접지선의 역할도 수행하고 있는 것이다.

자유주의 사회에서의 이와 같은 돌파구 중에서 무엇보다도 중요한 것은 기업가 정신과 그 밖의 형태를 취한 경제활동이다. 노동은 우선 "욕구의 시스템"—혼의 패기 부분이 아니라 오히려 욕망의 부분—을 채우기 위해 행해진다. 그러나 앞에서 지적했듯이 노동은 직접적으로 패기에 있어서의 분투의 무대가 되기도 한다. 기업가와 산업 자본가의 행동은 단순히 이기적인 욕구의 만족이라는 문제로서는 파악하기 어렵다. 자본주의는 경쟁 상대에게 이기고 싶다는 기업 노력에서의 규율이 있는 고상한 우월욕망을 단지 허용하고 있을 뿐 아니라 그것을 적극적으로 찾고 있는 것이다. 헨리 포드와 앤드류 카네기, 테드 터너와 같은 기업가의 수준에 도달한 인간은 소비만을 목적으로 일을 하지는 않게 된다. 집이든 차든 아내든, 어느 정도 손에 넣고 나면 한계가 오기 때문이다. 물론 이와 같은 사람들도 거대한 부를 추구한다는 점에서는 '탐욕'이지만, 그 부는 개인적 소비를 위한 물품을 얻는 수단이라기보다는 오히려 기업가로서의 능력의 상징 또는 훈장인 것이다.

그들은 생명의 위험을 무릅쓰는 경우는 없다고 하더라도 자신의 재산, 지위 그리고 명성을 어떤 종류의 영광을 위해 위험에 드러낸다. 그들은 분골쇄신(粉骨碎身)하겠다는 각오로 일하고 자그마한 즐거움에는 눈도 돌리지 않고 더 큰 무형의 즐거움을 추구한다. 그 노동은 왕왕 자연이라는 가장 가혹한 주군조차 훌륭하게 지배해버리는 상품과 기계를 생산하는 것이다. 그리고 그들은 고전적인 의미에서 공공을 위한 마음은 부족하더라도 시민사회가 만들어낸 사회사업의 세계에는 반드시 참가한다. 따라서 슘페터가 그린 고전적인 자본주의적 기업가는 니체가 말하는 최후의 인간은 아닌 것이다.

　미국과 같은 민주주의적인 자본주의 국가에서는 유능하고 야심적인 인물은 정계와 군대, 대학, 교회가 아니라 오히려 비즈니스계에 들어가는 것이 당연시되고 있다. 더구나 이와 같은 야심가를 평생 동안 경제활동에 묶어둘 수 있다는 것은 민주정치의 장기적 안정에 있어서도 결코 마이너스가 아니다. 그것은 이러한 인간들이 쌓은 부가 경제 전체를 윤택하게 할뿐 아니라 그 당사자들을 정계와 군대로부터 쫓아낼 수 있기 때문이다. 정치와 군사에 손을 대면 그들은 성격적으로 자국에서의 쇄신과 해외에서의 모험을 계획하게 될 것이고 그로 인해 국가에 있어서 비참한 결과를 초래할 가능성도 있다.

　물론 이것은 정열을 이해(利害)로 제압하려고 했던 예전의 자유주의의 창시자들이 기대했던 결과일 뿐이다. 스파르타와 아테네, 로마 등 고대의 공화제는 애국심과 공공정신을 낳았다고 해서 높이 평가되었다. 이들 국가는 부르주아가 아니라 시민을 만들어낸 것이다. 그런데 그후 산업혁명에 앞선 시대에는 이들 시민의 경우 선택권을 거의 가지고 있지 않았다. 상인의 생활에는 영광도 다이너미즘도 없으며 쇄신도 지배도 없다. 아버지와 할아버지가 하고 있던 것과 같은 전통적인 장사와 수공업을 열심히 운영해가는 수밖에 없었다. 야심가인 아르키메데스가 정치세계에 들어가 사려 깊은 니키아스의 충고를 물리치고 시칠리아를 공격하여 오히려 아테네 국가에 파멸을 초래했던 것은 조금도 이상하지 않다. 그러나 근대 자유주의의 선구자들 견해에서 보자면, 이러한 아르키메데스의 인정에 대한 욕망을 최초의 증기기관차와 마이크로 프로세서의 제조에 돌렸으면 더 좋았을지도 모른다.

　경제세계에서 패기를 발휘할 가능성에 대해서 너무 좁게 이해할 필요는 없다. 근대 자연과학을 통해서 자연을 정복하려고 한 기도는 자본주의적인 경제세계와 밀접하게 결부되어 왔고 그 자체가 극히 패기에 가득찬 활동이다. 거기에는 "거의 가치가 없는 자연의 물질"에 정통하고 싶다는 욕망도, 라이벌인 과학자와 엔지니어보다 우수하다는 것을 인정받고 싶다는 노력도 포함한다. 더구나 과학이라는 영역에서의 활동은 과학자 개인에게도 사회에게도 위험으로부터 온전히 벗어날 수는 없다. 왜냐하면 자연은 핵무기라든가 에이즈 바이러스의 형태로서 보복해올 위험성으로 가득 차 있기 때문이다.

민주주의적인 정치도 또한 야심적인 인물에게는 돌파구를 제공한다. 선거제도를 토대로 한 정치는 패기에 넘친 활동분야이다. 거기서는 후보자들이 선악, 공정과 불공정에 대해서 대립된 견해를 기초로 대중의 인정을 얻으려고 경쟁하고 있기 때문이다. 그렇지만 근대 민주주의 제도의 기본틀을 만든 해밀턴과 매디슨 같은 사람들은 정치에 부수되는 '우월욕망'의 위험성과 지배에 대한 욕망이 고대의 민주제를 파괴해 버렸던 경위를 잘 알고 있었다. 따라서 그들은 근대 민주주의의 지도자의 주위에 권력을 점검하는 제도를 이중삼중으로 장치했던 것이다. 그 중에서도 가장 중요한 제도는 물론 주권재민(主權在民)이다. 현대의 정치가는 자신을 주군이 아니라 공복의 필두로 간주하고 있다.[1] 상대가 비천하든 고귀하든, 무지하든 교양이 있든 그들은 대중의 정열에 호소해야만 하고 당선되어 그 위치에 머물기 위해서는 품위를 떨어뜨릴 것 같은 행동도 수없이 구사할 필요가 있다. 그 결과 현대의 지도자는 통치자로서는 이름뿐인 존재가 되었다. 그들은 반응하고 관리하고 조정하지만 다양한 제도에 의해 활동분야가 제한되어 있기 때문에 자신이 다스리는 사람들에게 개인적인 영향을 남기기는 쉽지 않다. 게다가 가장 발달된 민주주의 국가에서는 공동체의 통치와 관련된 커다란 현안 사항은 이미 해결되어 있다. 그러한 사정은 미국에서도 다른 나라에서도 정당 간에 현상에 있어서 정치적 상이점이 그다지 없고, 더구나 그 차이가 한층 좁혀지고 있다는 사실에 반영되고 있다. 옛날이라면 노예를 지배하는 자나 정치가가 되려고 했을 야심가들이 민주주의 정치에 즉각적으로 강한 매력을 느낄지 어떨지는 의문이 남는다.

민주주의 국가의 정치가가 다른 직업에서는 거의 손에 넣을 수 없을 정도의 인정을 지금도 얻을 수 있는 것은 주로 외교분야이다. 외교는 예부터 중대한 결단이 내려지는 무대이고, 또 민주주의의 승리에 의해서 지금은 스케일이 좁아지긴 했지만 전통적으로 큰 이상을 가진 사람들이 서로 부딪치는 장인 것이다. 제2차 세계대전의 기간 동안 조국의 진로를 담당한

---

1) 이 점에 관해 지적한 것은 Mansfield, *Taming the Prince*, pp. 1~20.

윈스턴 처칠은 민주주의 이전시대의 정치가 못지않은 통치 수완을 발휘하여 세계적으로 널리 인정을 받았다. 조지 부시는 내정에서는 일관성이 없어서 궁지에 몰린 상태이지만 그런 정치가조차 헌법으로 이양된 권한, 국가의 대표자이고 군의 최고사령관이라는 권한을 행사하면 세계의 무대에 새로운 현실을 만들어내는 것이 가능하다는 사실을 1991년의 페르시아 만 전쟁이 보여 주었다. 최근 수십 년 동안 대통령직에 있으면서 실정으로 두드러지게 불명예를 안게 된 정치가는 몇몇이 있지만, 전쟁에서의 승리라는 대통령이 아니고서는 거두기 어려운 성공은, 그 어떤 공적이나 명성을 얻은 자본가나 기업가라 해도 전혀 손에 넣지 못하는 성공이다. 따라서 민주정치는 타인보다 위대한 사람으로 인정받고 싶어 하는 야심적인 인물을 앞으로도 계속 매료시킬 것이다.

커다란 역사세계가 탈 역사세계와 공존하고 있는 현상을 생각하면 변함없이 투쟁과 전쟁, 부정과 빈곤이 소용돌이치고 있는 역사세계는 어떤 종류의 사람들을 지금도 붙잡고 놓아주지 않을 것이다. 오드 윙게이드는 두 차례의 세계대전 동안에 영국에서 지내는 자신을 불평가이자 국외자로 느끼고 있었는데 나중에는 스스로 팔레스타인에서 이스라엘 군대의 조직화를 지원하고 에티오피아인이 이탈리아로부터 독립을 요구한 투쟁에도 도움을 주었다. 1943년 대일전쟁 중 버마 밀림의 오지에서 비행기가 추락하여 목숨을 잃었지만 그것은 그에게 알맞은 최후였다. 레이지스 드보레의 경우는 번영을 이루고 중류계급화한 프랑스에서는 패기를 발휘할 장소를 찾을 수 없었지만 볼리비아의 정글에서 체 게바라와 함께 싸우는 과정에서 그 돌파구를 찾을 수 있었다. 이러한 사람들의 에너지와 야심을 흡수해 준 제3세계의 존재는 자유민주주의 국가에서는 필경 정신위생상 고마운 이야기일 것이다. 하지만 그것이 제3세계에 있어서도 좋은 일이었는지 아닌지는 별개의 문제이다.

경제분야와 정치세계는 별문제로 하고, '우월욕망'은 스포츠와 등산, 카레이스 등 순수하게 형식적인 활동에서도 더욱 많은 돌파구를 찾고 있다. 스포츠 경기에서는 승자와 패자를 결정하는 것—바꿔 말하면 탁월한 스포츠맨으로서 인정받고 싶은 욕망을 충족시키는 것만이 포인트이고 목표이다. 경기의 수준과 양식은 모든 스포츠의 규칙과 마찬가지로 정말이지

임의적인 것이다. 알프스 등산이라는 스포츠를 생각해보면 거기에 참가하는 것은 거의 항상 번영하는 탈 역사제국의 인간이다. 육체를 단련시키기 위해 그들은 끊임없이 훈련을 거듭해야만 한다. 맨손의 암벽 단독등반가는 상반신이 너무도 지나치게 발달되어 있는 탓에 자칫 주의를 게을리 하면 근육의 힘으로 힘줄이 뼈에서 이탈해 버릴지도 모를 정도이다.

또 히말라야 등반가는 네팔 산록의 작은 텐트 속에서 설사와 폭풍과 눈보라를 극복해야만 한다. 표고 4천 미터 이상 되는 산에서의 조난율(遭難率)은 극히 높다. 매년 수십 명이나 되는 등반가가 몽블랑과 마테호른 봉우리에서 죽는다. 요컨대 등산가는 예전의 역사에서 일어난 모든 전투의 상황—위험, 질병, 간난, 신고 그리고 최후에는 폭력적인 죽음에의 도박—을 스스로 재현해온 것이다. 그러나 그 '목표'는 지금에 와서는 역사상의 전투의 목표와는 전혀 비슷하지도 않은 완전히 형식적인 것이 되었다. 예를 들면 그들은 k2와 낭가 파르밧에 오르는 미국인 제1호와 독일인 제1호가 되려고 하고, 그것이 달성되면 다음에는 최초의 무산소 등정을 목표로 한다는 상황인 것이다.

탈 역사세계의 대부분의 유럽 제국에서는, 군비경쟁을 대신하여 축구 월드컵의 일등국을 지향하여 분투하는 것이 민족주의자들의 돌파구가 되고 있다. 코제에브의 목표는 일찍이 본인이 말했듯이 로마제국의 부활, 다만 이번에는 다국적 축구팀으로서의 로마제국의 부활에 있었다. 미국에서 가장 탈역사적인 지역인 캘리포니아에서 부르주아적 존재의 안락을 배제하는 것 이외에 아무런 의미도 없는 극히 위험한 레저 활동—암벽등반, 행글라이딩, 스카이다이빙, 마라톤 등등—을 사람들이 홀린 듯이 추구하고 있는 것은 필경 우연은 아닐 것이다. 전쟁이라는 전통적인 싸움이 성립하지 않게 되고, 물질적 번영의 확대에 의해 경제경쟁이 불필요하게 된 세계에서는, 패기에 가득찬 사람들은 인정받기 위해 영원히 충족되지 않는 대상 행위를 추구하기 시작하는 것이다.

코제에브는 헤겔에 대한 강의록의 각주에서 인간이 인간이기를 그만두고 동물성으로 되돌아갈 것이라는 견해를 피력하고 있다. 그렇지만 1959년에 일본을 방문하여 이 나라에 매료된 결과, 그는 같은 강의록에 아이러니 가득한 또 하나의 각주를 달고, 자신으로서는 앞의 견해에 정정을 강요반았다고 말하고 있다. 코제에브에 의하면 일본은 16세기에 토요토미 히데요시의 출현 후 수백 년에 걸쳐서 국내외적으로 모두 평화로운 상태를 경험했는데 그것은 헤겔이 가정한 역사의 종말과 흡사하다고 한다. 그곳에서는 상류계급도 하류계급도 서로 싸우는 일도 없고, 가혹한 노동의 필요도 없었다. 그렇지만 일본인은 활발한 동물처럼 본능적으로 성애와 유희를 추구하는 대신에— 바꿔 말하면 최후의 인간의 사회로 이행하는 대신에—노오가쿠(能樂 : 일본의 대표적인 가면음악극)와 다도(茶道), 화도(花道 : 꽃꽂이의 도) 등 영원히 충족되지 않는 형식적인 예술을 고안하고, 그것을 통해 인간이 인간인 채로 머물 수 있다는 것을 증명했다는 것이다.[2] 다도는 어떤 명확한 정치 혹은 경제상의 목적에 봉사하고 있는 것이 아니다. 더구나 시대와 함께 그 상징적인 의미조차 상실되어 왔다. 그래도 다도는 순수한 귀족숭배라는 형태를 취한 '우월욕망'의 부활의 무대이다. 다도와 화도에서는 다양한 유파가 상호 경합하고 각각 거장과 제자와 전통, 그리고 성과의 우열에 대한 규범을 갖고 있다. 정말이지 이러한 운영상의 형식주의—스포츠와 마찬가지로 어떠한 공리주의적인 목적과도 무관한 새로운 규칙과 가치의 창조—야말로 코제에브에게 역사가 종말을 맞은 후에만 뛰어난 인간적인 활동이 존재할 가능성을 시사한 것이다.

코제에브는 일본이 서양화하는 대신에 (러시아도 포함한) 서양이 일본화해갈 것이라고 농담 비슷한 어조로 말하고 있다(그리고 코제에브가 말하려고 한 의미에서는 아닐지라도 현재로서는 서양의 일본화가 상당히 진행 중이다). 바꿔 말하면 커다란 현안 사항을 둘러싼 싸움에 거의 결론이 나버린 세계에서는 순수하게 형식적인 속물근성이 '우월욕망'의, 즉 동료보다도 우수하다는 것을 인정받고 싶은 인간 욕망의 주요한 표현 형태가 되는 것이다.[3] 미국에서는 공리주의의 전통이 예술에서조차 순수한 형식주의를 채용하는 것을 어렵게 만들고 있다. 예술가들은 자신이 미적 가치의 세계에 관련되어 있을 뿐 아니라 사회적으로도 책임을 지고 있다고 생각하기를 좋아한다. 그렇지만 역사의 종국이란 한층 더 사회적으로 유용하다

---

2) Kojève, *Introduction à la lecture de Hegel*, p. 437 (footnote).

3) John Adams Wettergreen, Jr., "Is Snobbery a Formal Value? Considering Life at End of Modernity," *Western Political Quarterly* 26, no. 1 (March 1973): 109~129 참조.

고 간주되기 쉬운 모든 예술이 막을 내리고 나아가서는 예술적 활동이 전통적 일본예술의 공허한 형식주의로 하강해 가는 것을 의미하고 있는 것이다.

이상이 현대의 자유민주주의 사회에서의 '우월욕망'의 돌파구이다. 타인보다 우수하다는 것을 인정받기 위한 노력과 분투는 인간생활로부터 소멸되고 있지는 않지만 그 발현 방식과 정도는 변해왔다. 바야흐로 우월욕망에 가득 찬 인간은 외국의 국민과 토지를 정복하여 인정받기를 추구하는 것이 아니라 오히려 안나푸르나나 에이즈나 X-레이 리소그래피의 정복을 시도한다. 실제로 오늘날의 민주주의 국가에서 거의 유일하게 금지되고 있는 것은 정치적 독재를 야기할 만한 '우월욕망'이다. 이와 같은 민주주의 사회와 그 이전의 귀족제 사회와의 차이점은 '우월욕망'이 추방되어 버렸다는 점이 아니라, 그것이 말하자면 지하로 쫓겨났다는 점에 있다. 민주주의 사회는 만인이 평등하게 만들어져 있다는 명제에 몸도 마음도 바치고 있고, 평등의 기풍이 이러한 사회를 지배하고 있기도 하다. 타인보다 우수하다는 것을 인정받고 싶다고 원하는 것은 누구나 법률로 금지 받고 있지는 않지만, 그렇다고 해서 누구나 그렇게 하라고 장려되고 있는 것도 아니다. 따라서 현대의 민주주의 국가에 잔존해 있는 '우월욕망'의 다양한 발현은 공공연하게 강조되고 있는 사회의 이상과의 사이에 일종의 긴장상태를 빚고 있다고 말할 수 있겠다.

30
완전한 권리와 불완전한 의무

대통령 선거와 에베레스트 정복이 인간의 야심적인 본성에 호소하는 한편으로, 현대생활에는 인정에의 욕망에 대해서 더욱 예사로운 만족을 부여해 주는 장소가 있다. 그것은 공동체, 예컨대 국가보다 한 단계 아래에 위치하는 단체생활이다.

토크빌과 헤겔은 근대 국가에서 공공정신을 기르는 장의 중심으로 단체생활을 중요시했다. 현대의 민족국가에서는 대중의 시민권은 몇 년마다 행해지는 의회 대표의 선거에서 행사되는 것이 고작이다. 정치라는 것은 개인과는 거리가 있는 비개인적 시스템이고 그 과정에 직접 참가할 수 있는 것은 선거에 참가한 입후보자나 선거 지원조직, 혹은 정치를 생업으로 하고 있는 칼럼니스트와 논설기자로 한정되어 버린다. 이것은 고대의 소규모 공화정체가 정책결정에서 군역(軍役)에 이르는 공동체의 생활에 거의 모든 시민의 적극적인 참가를 요구했던 것과 극히 대조적이다.

오늘날 시민권은 소위 "중개기관"—정당, 민간회사, 노동조합, 시민단체, 전문조직, 교회, 사친회, 학교의 이사회, 문화단체 등—을 통해서 가장 유효하게 활용되고 있다. 이와 같은 시민단체를 통해서 사람들은 자신의 틀을 벗어던지고 자신만의 이기적 관심사의 세계로부터 한걸음 밖으로 내딛는 것이다. 우리들은 통상적으로, 토크빌은 보다 높은 수준의 민주정치를 위한 학교로서의 단체생활이 도움이 된다고 주장했던 것으로 알고 있다. 그렇지만 그는 단체생활 그 자체의 가치도 인정하고 있었다. 왜냐하면 그것은 민주주의적인 인간이 단순한 부르주아지로 전락하는 것을 막기 때문이다. 민간단체는 그것이 아무리 소규모적인 것이라고 하더라도 하나의 공동체를 형성하고 있고 사람들이 한층 큰 계획을 위해 각자의 이기적인 욕구를 희생하여 노력한다고 하는 '이상'의 역할을 수행하고 있다. 미국의 단체생활은 플루타르크가 칭찬한 위대한 덕행과 자기희생을 요구하고 있는 것은 아니지만 더 많은 사람들이 할 수 있는 "매일의 자그마한 자기희생 행위"를 초래하고 있는 것이다.[1]

사적인 단체생활은 대규모의 현대 민주주의 사회의 단순한 일개 시민이라는 것 이상으로 사람들에게 더 직접적인 만족을 부여해 준다. 국가로부터의 인정은 어딘가 비인간적인 인상이 따르기 마련이지만, 그것과는 반대로 공동체의 생활에서는 이해관계와 가치관, 종교, 인종 등을 함께하는 동료로부터 개인으로서 인정받는다. 공동체의 멤버는 단순히 그 당사자의 보편적인 "인간성"에 기초하는 것이 아니라 자신이라는 존재를 만들어내고 있는 다양한 개인적 특질 때문에 인정되는 것이다. 전투적인 노동조합과 지역의 교회, 금주동맹, 여권확장조직, 혹은 암 박멸단체의 회원은 자신이 그 일원이라는 것에 나날이 자긍심을 느끼는데, 이와 같은 단체에서는 그 구성원을 개인적인 형태로 "인정"하고 있는 것이다.[2]

그렇지만 토크빌이 말하는 것처럼 견고한 공동체의 생활이 민주주의에

---

1) Tocqueville, *Democracy in America*, vol. 2, p. 131.

2) Tocqueville은 근대사회에서 단체생활의 가장 잘 알려진 주창자인데 헤겔도 《법철학》에서 그러한 '중개기관'에 대해 같은 의견을 보이고 있다. 헤겔의 경우도 현대국가가 너무 거대하고 지나치게 비인간적으로 되어 자기 동일시의 의의가 있는 원천이 되지 못한다고 생각했다. 그래서 사회는 농민이나 중산계급, 관료라고 하는 *Stände*-계급 내지는 지위-에 따라 조직되어야 한다고 논했다. 헤겔이 즐겨 사용한 '조합 corporation'은 폐쇄적인 중세 길드도 파시즘 국가의 민중동원 조직도 아니다. 그것은 공동체나 미덕의 중심지로서 시민사회에 의해 자발적으로 형성된 단체인 것이다. 이 점에서는 코제에브의 헤겔 해석과 헤겔 자신의 견해는 완전히 다르다. 코제에브가 말하는 보편적이고 균질한 국가에는 조합이나 *Stände*같은 '조정' 체가 존립할 여지가 전혀 없다. 코제에브가 그의 최후의 국가를 설명하는데 썼던 용어는, 실제 자유롭고 평등하며 원자화한 개인과 국가와의 사이에 아무것도 존재하지 않는 듯한 사회라는 상당히 마르크스주의적인 견해를 나타내고 있다. Smith, *Hegel's Critique of Liberalism*, pp. 140~145도 참조.

서는 시민을 최후의 인간으로 만들지 않기 위한 최선의 보증이라고 하더라
도, 그 생활은 현대사회 속에서는 항상 위협에 직면하고 있다. 더구나 의의
있는 공동체 건설의 가능성을 위협하고 있는 것은 밖으로부터의 압력이
아니라 공동체의 토대를 이루는 동시에 현재 세계의 도처에서 확대되고 있
는 자유와 평등의 원리 그 자체인 것이다.

미합중국 건설의 기반이 된 자유이론의 앵글로·색슨적 해석에 따르면
모든 인간은 자신의 공동체에 대해서 완전한 권리는 가지고 있지만 완전한
의무는 갖지 않는다. 의무가 불완전하다는 것은 그것이 권리에서 파생되고
있기 때문이다. 공동체란 권리를 지키기 위해서만 있는 것이다. 그러므로
도덕적인 의무는 계약상에 지나지 않는다. 의무가 발생하는 것은 신과 영
원한 생명에 대한 경외와 우주의 자연율 때문이 아니라 타인과의 계약을
수행하려고 하는 계약자의 이기적인 바람 때문이다.

공동체의 가능성은 차분히 살펴보면 평등이라는 민주주의 원리에 의해
서도 약화되어 버린다. 만일 가장 견고한 공동체끼리 서로 그 구성원이 선
악을 결정하는 어떤 종류의 도덕률에 의해서 결부되어 있으면, 그 같은 도
덕률이 공동체의 내부도 외부도 일괄해서 모두를 결정지어 가는 것처럼
될 것이다. 그리고 이 도덕률에 어느 정도의 의미가 있다고 하면 그것을 자
진하여 받아들이려고 하지 않기 때문에 공동체로부터 배제된 인간은 그
공동체의 구성원들과는 다른 가치관과 도덕적 입장을 갖고 있음에 틀림없
다. 그런데 민주주의 사회는 생활상의 모든 선택을 단순히 허용하는 단계
로부터 그 사회의 본질적인 평등을 옹호하는 방향으로 끊임없이 진행하기
쉽다. 민주주의 사회는 특정한 선택의 가치와 유효성을 인정하지 않도록
도덕주의에 대항한다. 그렇기 때문에 견고하고 단결력이 있는 공동체에 의
해 생성되는 배타적 행위와 서로 반목하게 된다.

사욕 일변도로 뭉쳐있는 공동체는 완전한 의무로 묶여있는 공동체에 비
해 약점을 갖기 마련이다. 가정은 가장 기본적인 수준의 공동생활체이지
만 많은 점에서 가장 중요한 것이다. 토크빌은 가정을 민주사회의 극단적
인 세분화 경향을 막는 방파제로는 생각하고 있지 않았던 것 같다. 그것은
필경 그가 가정을 자아의 연장으로 파악하고, 모든 사회에 당연히 있어야
할 것으로 간주하고 있었기 때문일 것이다. 그러나 많은 미국인에게 가정

은, 그것이 지금에는 대가족이 아니라 핵가족화 되었다고 하더라도 그들이 알고 있는 유일한 공동생활 혹은 공동체의 형태이다. 크게 경멸의 표적이 되었던 1950년대의 교외의 미국가정은 그 나름대로 어떤 종류의 도덕생활의 장이었다. 미국인은 설사 국가를 위해 혹은 커다란 국제적 대의를 위해 싸우거나 희생을 치르거나 시련을 참거나 하지는 않았다고 하더라도 종종 자신의 자녀를 위해서는 그러한 행동을 취했기 때문이다.

그렇지만 가정이 자유주의적인 원리에 기초하고 있다고 하면, 예컨대 그 구성원인 가족 한 사람 한 사람이 가정을 의무와 애정의 유대를 토대로 하는 것이 아니라 실리를 위해 만들어진 일종의 주식회사라고 생각하고 있다면, 가정은 진정한 의미에서는 기능하지 않는다. 육아와 결혼생활이 계속되는 일생은 이익과 손해를 감정하는 면에서 따지면 불합리한 자기희생을 강요하는 것이다. 왜냐하면 가정생활의 진짜 은혜는 가장 가혹한 의무를 짊어진 사람에게 실현되는 것이 아니라 자식으로부터 손자로 전해져가는 경우 쪽이 많기 때문이다. 현대의 미국가정이 안고 있는 다양한 문제—높은 이혼율, 부모의 권위 실추, 자식들의 반항 등—은 실로 그 구성원이 엄격한 자유주의적 원리에 접근해 가고 있다는 사실로부터 야기된다. 요컨대 가족으로서의 의무가 그 멤버가 예상했던 이상의 부담이 되면 사람은 가족의 일원으로서의 계약 조항을 파기하려고 하는 것이다.

최대의 단계, 요컨대 국가 그 자체의 수준에서 말하자면, 자유주의의 원리는 그 공동체의 생존 자체에 불가결한 최고도의 애국심을 파괴할 수도 있다. 그것은 널리 인정받고 있는 것처럼 합리적인 자기 보존의 원리만으로는 국가를 위해 죽는 인간은 한 사람도 없다는 앵글로색슨적인 자유주의 이론의 결함 때문이다. 인간은 재산과 가족을 지키기 위해 자신의 생명을 거는 존재라는 주장은 궁극적으로는 잘못되어 있다. 왜냐하면 자유주의적인 이론에 의하면 재산은 자기 보존을 위해서만 존재하고 그것 이외의 목적을 위해서 있는 것이 아니기 때문이다. 따라서 그럴 마음만 있으면 언제라도 가족이나 재산과 함께 자신의 조국을 버리거나 징병을 모면하거나 할수 있다. 자유주의 제국의 시민 모두가 하나같이 병역을 회피하려고 하지 않는다는 것은, 그들이 자부심과 명예라는 요인에 동요되고 있다는 사실의 반영이다. 그리고 자부심이라는 특질은 우리가 아는 바와 같이 자유주의 국가에 의해서 초래된 리바이어던(대괴물)에 억제될 숙명이었던 것이다.

견고한 공동체 생활은 자본주의 시장에서의 압력에 의해서도 그 존속을 위협받고 있다. 자유경제의 원리는 전통적인 공동체를 조금도 지탱해 주지 않는다. 역으로 그 공동체를 극단적으로 세분화하여 해체시킬 우려가 있다. 노동의 유동화와 교육에 대한 수요가 높아지는데 따라서 현대사회의 사람들은 자신이 자라고 혹은 대대로 익숙했던 공동체에 의지하여 생활하는 비율이 줄어든다.[3] 자본주의 경제의 다이너미즘이란 생산의 장소와 형태의 끊임없는 변동, 그리고 노동의 부단한 변화를 의미하고 그 때문에 사람들의 생활과 사회적 연대는 더욱 불안정해진다. 이와 같은 상황 아래서는 사람들이 하나의 공동체에 뿌리 내리고 동료나 이웃과 오랫동안 교류하는 것은 더욱 곤란해진다. 사람은 항상 새로운 지역에서 새로운 생활설계를 세워야 한다. 지역성과 지역주의에 의해 초래되는 아이덴티티는 감소하고 사람들은 가족이라는 시야가 좁은 세계에 머물면서 무대장치의 가구처럼 이리저리 거주 장소를 바꿔가는 것이다.

자유주의 사회와는 대조적으로 "선과 악에 대한 기준"을 공유하는 공동체는 사욕만을 가리는 사회보다 강한 유대로 결부되어 있는 것처럼 생각된다. 아시아 여러 국가의 다양한 집단과 공동체는 이들 나라의 정신적인 자기수련과 경제성장에 있어서도 대단히 큰 의미를 갖는 것처럼 보이지만, 이들 집단과 공동체는 사적인 이해관계에 있는 당사자끼리의 계약에 기초하고 있는 것이 아니다. 오히려 아시아 문화의 공동체 지향은 종교와 수세기에 걸쳐 전통적으로 계승된 덕분으로 종교적인 지위를 점하게 된 유교의 가르침에서 발단한 것이다. 마찬가지로 합중국에 있는 가장 견고한 공동체 생활의 형태도 합리적인 사욕이라기보다 오히려 공통의 종교적 가치관에 뿌리내리고 있다. 필그림 등 뉴잉글랜드에 정주한 퓨리턴 사회는 스스로의 물질적 복리를 위해서가 아니라 신의 영광을 칭송한다는 공통 관심사를 위해 하나로 결속되어 있었다.

미국인은 자유에 대한 희구심의 기원을 17세기 유럽의 종교적 박해로부

---

3) 이러한 영향은 커뮤니케이션의 개선에 의해 어느 정도 상쇄되고 있다. 커뮤니케이션의 개선으로 물리적으로는 떨어져 있으나 공통의 이해관심과 목적으로 맺어진 이들의 새로운 단체가 탄생한 것이다.

터 도망친 비국교도파에서 찾으려고 한다. 그러나 이와 같은 종교상의 공동체는 기질에서는 자주 독립심이 지극히 왕성했다고 하더라도 혁명을 자유주의의 발현으로서 이해한 세대에 비하면 전혀라고 해도 좋을 정도로 자유롭지 못했다. 그들은 '스스로의' 종교의 실천을 위해 자유를 추구한 것이었지 종교 그 '자체의' 자유를 구한 것은 아니었다. 오늘날 우리들은 퓨리턴을 너그럽지 못하고 편협한 광신자로 간주하기 쉽고 실제로 그러한 경우가 많다.[4] 토크빌이 합중국을 방문한 1830년대에는 로크류의 자유주의가 이미 이 나라의 정신생활을 지배하고 있었는데 그가 관찰한 시민단체의 대다수는 그 근저에 종교적 색채를 농후하게 남겼고, 또한 다양한 종교상의 목적을 가지고 있었던 것이다.

  제퍼슨과 프랭클린 등 미 독립혁명을 일으킨 로크류의 자유주의자나 링컨과 같은 자유와 평등의 열렬한 신봉자는, 자유는 신에 대한 믿음을 요구한다고 주장하는데 아무런 주저도 하지 않았다. 바꿔 말하면 사익에 기초한 개인 간에 교환되는 사회계약은 그것만으로 독립되어 있지 않고, 그것을 보충하는 것으로서 신으로부터의 보상과 벌에 대한 신앙을 필요로 했던 것이다. 오늘날 우리들은 보다 순수한 형태로의 자유주의라고 간주되는 것을 향해서 발전해오고 있다. 최고재판소에서는 특정 종파에 치우치지 않는 "신에 대한 신앙" 일반에 대해서도 무신론자의 감정을 해치지 않는다고 할 수 없다는 이유에서 공립학교에서는 허용되지 않는다는 판결을 내렸다. 종교적 관용을 배려함으로써 도덕주의와 종교적 광신주의가 밑불이 되고 있는 상황 하에서는, 그리고 또 온 세계가 '모든' 신앙과 "가치체계"에 문호를 개방하려고 하는 압도적인 열의 덕분에 역으로 특정 교의를 믿을 여지조차 좁아져버리는 풍조 아래서는 미국의 공동체 생활의 힘이 쇠퇴하는 것도 이상할 것이 없다. 이와 같은 힘의 쇠퇴는 자유주의의 원리가 있음에도 불구하고 일어나는 것이 아니라 정말이지 자유주의 원리가 있기 때문에 생기는 것이다. 그것은 개개인이 자기의 권리의 일부를 공동체에게 반환하고 그 대신에 과거에 있었던 일정한 종교적 불관용을 받아들이지 않는 한, 공동체 생활의 근본적인 강화는 있을 수 없음을 나타

---

4) 이 점의 설명에 대해서는 Thomas Pangle, "The Constitution's Human Vision," *The Public Interest* 86 (Winter 1987): 77~90을 참조.

내고 있다.[5]

바꿔 말하면 자유민주주의 국가는 그것만으로는 완전한 것이라고는 말할 수 없다. 그와 같은 국가의 토대가 되는 공동체 생활은 궁극적으로는 자유주의 그 자체와는 다른 뿌리를 갖고 있다.[6] 미국 건국 당시 미국사회를 만들어낸 남자들과 여자들은 고립되어 사익만을 추구하는 합리주의적인 개인은 아니었다. 오히려 그들 대부분은 도덕관념과 신앙을 함께하는 종교적 공동체의 일원이었다. 그들이 최후에 마침내 받아들인 자유주의는 그 이전부터 있었던 문화의 투영이 아니라 그러한 기존 문화와 어떤 종류의 긴장관계를 갖고 존재하고 있었던 것이다. "올바르게 이해된 자기이익"은 미국의 공공 미덕의 단순하기는 하지만 견고한 토대를 이루는 원칙으로서, 그리고 또 많은 경우에는 종교와 전근대적인 가치관에 호소하는 것만으로는 쌓을 수 없는 확고한 토대를 이루는 원칙으로서 널리 받아들여지게 되었다. 그러나 차분히 살펴보면 이와 같은 자유주의적인 원리는 견고한 공동체를 유지하는데 빼놓을 수 없는 자유주의 이전의 가치들을 침식하고, 나아가서는 자유주의 사회의 자기 유지 능력을 침해해 가게 되었던 것이다.

---

5) 전술한 것처럼, 아시아에서의 강력한 공동체는 개인의 권리와 관용의 희생 위에 등장했다. 아이가 없는 자는 사회적으로 추방됨으로써 가족의 강화가 꾀해졌다. 그 지역에서의 복장, 교육, 이성 선택, 고용 등에 있어서 사회적 획일성은 배제되는 것이 아니라 오히려 강화되었다.
   인권의 옹호와 공동체로의 귀속이 어느 정도 서로 저촉하는가는, 미시간 주 잉크스텔의 한 공동체의 사례에 나타나 있다. 여기서는 통행 검문소를 설치, 마약거래를 추방하고자 했던 것이다. ACLU(미국시민 자유연합)는 이러한 검문소 설치가 수정4조에 비추어 헌법 위반이 아니냐는 문제를 제기했고, 법원의 결정이 내려지기 전에 검문소는 철거되었다. 그리고 지역사회의 생활에는 거의 참기 힘든 고통을 주는 마약 거래가 다시 부활하게 되었다. Amitai Etzioni, "The New Rugged Communitarianism", *Wasington Post*, Outlook Section (January 20, 1991), p. B1.

6) Pangle, "*The Constitution's Human Vision*," pp. 88~90.

31
혼의 대규모 전쟁

공동체 생활이 쇠퇴함에 따라 미래의 우리들은 사적인 위안을 구하는 것만으로 보다 높은 목표에 대한 패기 넘치는 노력을 망각하고 걱정 없이 자신의 일에만 열중하는 최후의 인간이 되어버릴 우려가 있다. 그러나 그 것과는 반대의 위험성도 존재한다. 요컨대 사람들이 또 최초의 인간으로 돌아가 이번에는 근대적인 무기를 이용한다고 하는 차이는 있다고 하더라도 위신을 위한 싸움에 헛된 피를 흘리게 되는 것이 아닐까 하는 위험성이다. 그리고 실제로 이 두 가지 문제는 상호 관련되어 있다. 왜냐하면 '우월 욕망'은 정기적이고 건설적인 돌파구를 없애버리면 점차 과격하고 병적인 형태를 취하여 다시 타오르기 때문이다.

과연 사람들은 누구나 자기충족적이고 번영을 과시하는 자유민주주의 국가에서 허용되는 고투와 자기희생이 인간 속의 가장 최고의 것을 불러 일으키는데 충분하다고 믿을 수 있을지는 커다란 의문이다. 만일 인간이 도널드 트럼프 같은 토지개발업자와 라인홀트 메스너 같은 등산가와 조지 부시 같은 정치가가 되어 버린다면, 아직 다 써버리지 못한 이상주의의 저장고—아니 미처 손도 대지 못한—는 이제 남아있지 않은 것일까? 물론 이러한 인물이 되는 것은 많은 면에서 어려운 일이고, 그들은 그 명성을 인정받고 있는 것도 사실이다. 그럼에도 불구하고 그들은 가장 곤란한 인생을 보내고 있는 것도 아니다. 그리고 그러한 한정에서 그들이 제시한 인간의 가능성은 패기에 가득 찬 인간을 최종적으로는 만족시키지 않을 것이다.

그 중에서도 전쟁에 의해 환기되는 미덕과 야심은 자유민주주의 사회속에서는 잘 표현되기 어렵다. 확실히 비유적인 의미에서의 전쟁은 금후에도 많이 있을 것이다— 회사 탈취를 전문적으로 취급하는 기업 변호사들은 자신을 상어나 살인청부업자라고 믿고 있고, 톰 울프의 소설 《허영의 화톳불》에 등장하는 주식투기꾼은 자신을 "우주의 지배자"로 간주하고 있다(하지만 그들이 그렇게 느끼는 것은 시세가 올랐을 때뿐이다). 그렇지만 그들은 BMW의 부드러운 가죽시트에 푹 파묻히면서도 마음 한구석에서 세계에는 진짜 살인청부업자와 지배자가 있다는 것, 그리고 그러한 자들은 현대 미국에서 부와 명성을 얻는데 필요한 사소한 미덕을 비웃고 있다는 것을 분명 깨달았을 것이다. '우월욕망'이 언제까지 비유적인 전쟁과 상징으로서의 승리에 만족하고 있을 수 있을까—그것은 아직 해결되지 않은 문제이다. 역사의 출발점에서 인간을 성립시키고 있던 행위 그 자체에 의해서 스스로를 증명하지 않는 한 만족하지 못한다는 인간도 그중에는 있을지 모른다. 그런 사람들은 폭력적인 전쟁에 생명을 걸고 자신과 동료에 대해서 스스로가 자유롭다는 것을 한 점의 의혹도 없이 증명하고 싶어할 것이다. '스스로 자신을 존중할 수 있다는' 것, 그리고 자신이 '인간다운 존재'라는 것을 확실히 증명하기 위한 유일한 수단이 고통이라는 이유로 그들은 고의적으로 불쾌와 희생을 추구하는 것이다.

헤겔은—이 점에서는 그의 이해자 코제에브와는 반대로—인간으로서의 자신에 자부심을 느끼고 싶다는 욕구는 역사의 종점에서의 "평화와 번영"에 의해서는 반드시 충족되는 것이 아니라고 생각하고 있었다.[1] 사람은 시민으로부터 단지 부르주아로 전락될 위험에 끊임없이 직면하고, 그 동안에 자기 자신에게 경멸감을 품게 될 것이다. 시민으로서의 궁극적인 시련

---

[1] 《법철학》에서 헤겔은, 역사가 종언을 고해도 여전히 전쟁이 일어날 것이라고 실로 명확히 말하고 있다. 이에 대해 코제에브는 역사의 종언은 대규모 분쟁의 종언을 의미하고 그 결과 싸울 필요도 사라진다고 말하고 있다. 어째서 코제에브가 이렇게 분명한 어조로 반헤겔적 입장을 취했는지는 전혀 알 수 없다. Smith, *Hegel's Critique of Liberalism*, p. 164를 참조.

은 조국을 위해서 기꺼이 죽는 것이었고 그것은 앞으로도 변하지 않는다. 따라서 국가는 병역을 필요로 하고 계속하여 싸워야 한다는 것이다.

헤겔의 이와 같은 견해가, 그는 군국주의자라는 비판을 불러 일으켰다. 그렇지만 헤겔은 전쟁을 위한 전쟁을 결코 칭송하지는 않았고 전쟁이 인간의 주요목표라고도 생각하지 않았다. 전쟁은 인격과 공동체에 부차적인 영향을 주는 의미에서 중요한 것이라고 하였던 것이다. 헤겔은 전쟁의 위험성과 전쟁에 뒤따르는 희생이 없어지면 인간은 연약해지고 자신에게만 탐닉하게 되어 버린다고 생각하고 있었다. 그리고 사회는 이기적인 쾌락주의의 수렁으로 변모하여 공동체는 급기야 해체되어 버린다. 인간의 "주군이며 지배자, 즉 죽음"에 대한 공포는 특별한 힘을 가지고 있고, 사람들은 자신의 틀로부터 밖으로 끌어내면서 그들이 고립된 원자와 같은 존재가 아니라 이상을 서로 나눈 공동체의 일원이라는 것을 생각하게 해준다. 같은 자유 민주주의에서도 스스로의 자유와 독립을 지키기 위해 거의 매세대마다 단기간의 단호한 전쟁을 할 수 있는 사회는 평화만이 계속되는 사회보다 훨씬 건전하고 충족된 상태가 될 것이다.

이러한 헤겔의 전쟁관은 흔히 겪게 되는 전쟁체험을 반영하고 있다. 왜냐하면 전쟁에서 사람은 확실히 지독한 고통을 맛보지만 만약 공포와 비참함은 거의 느끼지 않고 살아남았다고 한다면 이 경험 덕분으로 전쟁 이외의 사물을 보면 어떤 관점에서 조망하게 되기 때문이다. 이러한 인간에게는 민간인의 생활 속에서는 일반적으로 영웅주의나 희생으로 불리는 것이 정말이지 좀스러운 일로 생각되고, 우정이나 용기라는 말이 새롭고 보다 선명한 의미를 띄게 된다. 그리고 자신의 존재보다 훨씬 큰 무엇인가에 참가하고 싶다는 기억이 그들의 생활을 바꿔버린다.

어떤 작가는 근대에서 가장 피비린내 나는 비참한 전쟁의 하나—미국남북전쟁—의 종결에 대해서 이렇게 적고 있다. "북군의 고참 사병 한 사람은 동료 병사들과 함께 귀향했는데 군대란 것이 사람의 마음속에 용해되어감에 따라 주위에 적응하기 어려운 자신을 깨닫게 되었다. 병사들은 모든 장소에 갔고 모든 것을 목도해 버렸다. 생애 최대의 체험은 종말을 고했지만 앞으로도 여전히 자신은 인생의 태반을 살아가야 한다. 파란없는 평

화로운 나날에서 공통의 목적을 찾기는 매우 어려운 것이다.[2]

만약 세계가 자유민주주의에 의해, 말하자면 "포화상태"가 되어버렸다고 하면 전투를 도발하는데 적당한 전제와 억압은 바야흐로 존재하지 않는 것이 아닐까? 경험이 나타내는 바에 따르면, 정의가 그 이전의 세대에 이미 승리를 거둔 덕분에 그 정의를 위해 싸울 수가 없다고 한다면 사람들은 이번에는 정의에 대해서 싸움을 도발할 것이다. 그들은 싸우기 위해 싸운다. 바꿔 말하면 무료감에서 벗어나기 위해 싸우는 것이다. 왜냐하면 인간은 싸움이 없는 세계에서의 생활은 상상도 할 수 없기 때문이다. 사람들이 사는 세계의 태반이 평화롭고 번영된 자유민주주의가 되었다면 그들은 평화와 번영에 대해서 그리고 민주주의에 대해서 반기를 들게 될 것이다.

이와 같은 심리는 1968년 프랑스 5월혁명과 같은 폭동의 배후에도 작용하고 있음을 알 수 있다. 한때 파리를 점거하여 드골을 궁지에 몰아넣은 학생들은 반란의 "합리적인" 근거라곤 아무것도 갖고 있지 않았다. 그들 대부분은 세계에서 가장 자유롭고 그리고 번영된 사회 속에서 응석받이로 자라왔다. 그렇지만 바로 그 중산계급 생활에서의 싸움과 희생의 '결여'가 학생들을 가두로 나가게끔 하고 경찰과 충돌케 하였던 것이다. 그들중 다수는 마오쩌둥주의 같은 아무 쓸모도 없는 생경한 이념에 중독되었으면서도 보다 나은 사회에 대해서 특히 일관된 비전은 가지고 있지 않았다. 그렇지만 학생들에게 항의의 본질 따위는 그다지 문제가 아니었다. 그들은 이상을 갖는 것조차 도무지 적합하지 않게 되어버린 사회생활을 거절한 것이다.

과거에는 평화와 번영이 가져오는 지루함이 훨씬 심각한 사태를 초래했다. 제1차 세계대전을 예로 들어보자. 오늘날에도 이 전쟁에 대해서는 복잡한 요인이 얽혀 있다고 하여 많은 연구와 논쟁이 거듭되고 있다. 대전 발발의 이유로서는 독일에서 군국주의와 국가주의의 융성, 유럽의 힘의 균형의 단계적인 붕괴, 동맹체제의 강화, 외교이념과 과학기술의 진보에 입각한 점령·침략정책의 추진, 그리고 각국 지도자의 어리석음과 무모함 등의 해석이 있고, 어떤 설이나 진실의 요소를 포함하고 있다. 다만 그와 아울러 전쟁을 야기한 또 하나의 막연하기는 하지만 결정적인 요인이 있었던 것이

2) Bruce Catton, *Grant Takes Command* (Boston: Little, Brown, 1968), pp. 491~492.

다. 유럽인의 다수는 단조로운 나날과 시민생활에서의 공동체의 결여에 완전히 식상해 있었고 단지 그것만의 이유에서 전쟁을 시작했던 것이다.

전쟁에 이른 결단에 대한 설명의 대부분은 오로지 이성적인 권모술수의 면에 초점을 맞추고 모든 국가를 국가 총동원령 체제로 밀어 넣은 대중의 어쩔 도리 없는 열광을 간과하고 있다. 사라예보에서 일어난 프란츠 페르디난트 황태자 암살사건을 접수하고 오스트리아 · 헝가리 정부가 세르비아에 가혹한 최후통첩을 들이밀었을 때, 독일이 그 항쟁에 아무런 직접적인 관계가 없음에도 불구하고, 베를린에서는 오스트리아 · 헝가리제국을 지지하는 시민이 미쳐 날뛰듯이 환영의 뜻을 표명하였다. 1914년 7월 하순부터 8월 초순까지의 위기적인 1주일 동안에는 외무부와 황제의 사저 앞에서 국수주의자의 대규모 시위가 있었다. 7월 31일에 포츠담에서 베를린으로 돌아온 황제는 전쟁을 요구하는 군중에게 차량행렬마다 둘러싸이고 말았다. 이런 분위기 속에서 선전포고의 결단은 내려졌던 것이다.[3]

비슷한 광경은 그 다음 주 파리와 페트로그라드, 런던, 빈에서도 볼 수 있었다. 군중의 열광적인 모습에는 전쟁에 의해서 마침내 국민적 결속과 시민으로서의 삶의 보람을 얻을 수 있다는 감정, 그리고 시민사회의 특징인 자본가와 프롤레타리아트, 프로테스탄트와 가톨릭, 농민과 노동자 사이의 벽이 제거되었다는 감정이 짙게 반영되어 있었다. 베를린의 군중 속에 감돌았던 그 감정을 목격자 한 사람은 이렇게 평하고 있다. "낯익은 사람은 하나도 없었다. 그래도 전원이 하나의 뜨거운 감정을 공유하고 있었다. 전쟁이다. 전쟁이다. 그리고 모두가 하나로 결속되었던 것이다."[4]

1914년의 유럽은 대륙을 석권한 최후의 대전쟁이 빈 회의를 통해 종결된 이래 백년간의 평화를 맛보고 있었다. 그 1세기 동안에 유럽의 공업화에 힘입어 근대 과학기술 문명이 개화하고 유례를 찾기 힘든 물질적 번영이 도래하여 중류계급 사회가 출현하였다. 1914년에 유럽 각국의 수도에서 일어난 전쟁 지지의 시위는 어떤 의미에서 중류계급 문명과 그 안정과 번영 그리고 안온한 일상에 대한 반란으로도 받아들일 수 있다. 일상생활 속에

---

3) 대전 전야의 유럽 대중의 분위기에 관해선 Modris Eksteins, *Rites of Spring* (Boston: Houghton Mifflin, 1989), pp. 55~64를 참조.

4) *Ibid.*, p. 57.

만연된 '대등욕망'만으로는 이제 충분하다고 생각할 수 없었다. 그리고 '우월욕망'이 대규모로 재차 모습을 드러냈던 것이다. 그것은 군주 개인의 우월욕망이 아니라 스스로의 가치와 존엄의 인정을 요구하는 국가 전체적인 '우월욕망'이었다.

특히 독일에서는 많은 국민이 전쟁이라는 것을 프랑스와 그 부르주아 사회의 원형인 영국이 만들어낸 상업세계의 물질주의에 대한 반역이라고 간주하고 있었다. 물론 독일에도 식민지 정책과 해군 정책에서 러시아의 경제 확장의 위협에 이르기까지 유럽의 기존 질서에 대한 불평의 종류는 수없이 있었다. 그러나 전쟁에 대한 독일의 다양한 변명을 들어보면, 식민지나 공해(公海)에서의 자유의 획득과는 전혀 무관한 일종의 목적이 없는 싸움, 요컨대 정신 순화의 효과를 갖는 것 같은 싸움의 필요성을 일관되게 강조하고 있는 것에 놀라게 된다. 1914년 9월 전선으로 향하는 도상에 있었던 어느 독일인 법학생의 코멘트는 그 전형적인 예이다. 그는 전쟁을 "필경 인간에게는 한 조각의 가치도 없고 어리석고 시대에 뒤떨어지고 모든 의미에서 파괴적이다"라고 비난하면서도 마지막에는 "중요한 것은 항상 나의 몸을 바칠 각오이지 무엇에 대해서 바치는가는 아니다"라는 니체류의 결론에 도달하고 있다.[5]

이 학생에게 의무란 사익 추구와 계약상의 약속의 문제로서 이해되고 있지는 않다. 그것은 절대적인 도덕적 가치관이고 물질주의와 자연의 결정론에 대한 정신의 강함과 우위성을 나타내는 것이었다. 의무란 자유와 창조성의 발단이었던 것이다.

자유민주주의의 품에 안겨서 성장한 자가, 장래에 길러준 그 부모를 상대로 일으킬지도 모를 허무적인 전쟁에 대해서 현대사상은 아무런 제어장치가 되지 못하고 있다. 상대주의─모든 가치는 상대적인 것에 지나지 않는다고 설명하고 일체의 "특권적인 견해"를 공격하는 교의─는 결국 민주주의적이고 관용적인 가치까지 손상시킬 지경에 이른다. 상대주의는 선택된 적만을 표적으로 삼을 수 있는 무기가 아니다. 그 총은 상대의 구별도 없이 불을 뿜고 각종 "절대주의"와 도그마와 흔들림 없는 서구적 전통의 기반에 탄환을 발사할 뿐 아니라 관용과 다양성, 사상의 자유에 중점

5) *Ibid.*, p. 196.

을 두는 전통에도 총구를 향한다. 그리고 만약 절대적인 진실이 아무것도 없다고 하면, 만약 모든 가치가 각각의 문화에 따라서 결정된다고 하면, 인간적 평등처럼 지금까지 육성되어온 원리도 또한 뒷전으로 밀려나지 않을 수 없게 될 것이 틀림없다.

이 점은 니체 자신의 생각에 가장 극명하게 나타나 있다. 진실은 아무것도 없다는 인간의 의식은 위협인 동시에 하나의 기회이기도 하다고 니체는 주장했다. 앞에서 기술한대로 이와 같은 의식은 하나의 틀에 끼워진 생활의 가능성을 손상한다는 점에서 위협이다. 그러나 그것은 또 인간을 그 이전에 도덕적 속박으로부터 완전히 해방한다는 의미에서 기회라고도 할 수 있다. 니체에게 있어서 인간의 창조성의 궁극적인 형태는 예술이 아니라 더 고귀한 것, 요컨대 새로운 가치의 창조였다. 절대적인 진리와 권리의 가능성을 믿는 옛 철학의 굴레로부터 자신을 해방한 그는, 곧 기독교의 가치를 비롯한 "모든 가치의 재평가"를 자신의 목표로 설정하였던 것이다. 니체는 고의로 인간적 평등의 신념을 뒤집어 엎으려고 시도했고 그런 신념은 크리스트교가 이식한 편견에 지나지 않는다고 논했다. 그리고 평등의 원리가 언젠가 약육강식을 정당화하는 도덕으로 대체될 것을 바라고, 최후에는 요약해서 말한다면 잔인성의 원리라고도 말할 수 있는 것에 대한 찬미에 도달했다. 그는 다양성이 있는 관용적인 사회를 싫어했고, 반대로 비관용적이고 본능적으로 무자비한 사회—인간을 혈통으로 명확히 구별하려고 한 인도의 카스트제 혹은 "아무런 주저도 없이 서민에게 무서운 손톱"을 세우는 것과 같은 '금발의 맹수 [6]—를 좋아했던 것이다.

니체와 독일의 파시즘과의 관련에 대해서는 이러저러한 논쟁이 계속되고 있다. 그를 국가사회주의의 단세포적 교의의 시조라고 한 것 같은 속 좁은 비판은 접어두고라도, 그의 사상과 나치즘과의 관계는 우연한 것이 아니다. 니체의 상대주의는 그 후계자 마르틴 하이데거의 경우처럼 서구의 자유민주주의를 지탱하는 모든 철학적 지주를 제압하고 그 대신에 힘과 지배의 교의로 대치시켰다.[7] 니체는 자신도 그 시작에 하나의 역할을 한 유

6) Nietzsche, *Twilight of the Idols and The Anti-Christ,* (London: Penguin Books, 1968), pp. 56~58: *Beyond Good and Evil* (1966), p. 86: and *Thus Spoke Zarathustra, in The Portable Nietzsche*, pp. 149~151.

7) See the discussion of Nietzsche's relationship to German fascism in the introductory chapter

럽에서의 니힐리즘의 시대가 정신의 "무한한 싸움" 즉 전쟁 그 자체의 긍
정만을 기도하는 맹목적인 싸움을 초래할 것이라고 확신하고 있었다.

근대의 자유주의는 '패기'에서 보다 더 확고한 욕망으로 인간사회의 기
반을 옮기려고 기도해 왔다. 자유민주주의는 일련의 복잡한 제도적 결
정—인민 주권의 원리, 제권리의 확립, 법의 지배, 권력의 분산 등—을 통
해서 '우월욕망'을 억제 · 승화하여 이 문제를 "해결해" 왔다. 자유주의는
또 부의 취득과 관계되는 모든 억제로부터 욕망을 해방하고 근대 자연과
학의 형태를 취한 이성과 그 욕망을 결합시킴으로써 근대 경제세계의 존립
도 가능하게 하였다. 다이내믹하고 무한히 풍요로운 새로운 노력의 영역이
돌연 인간의 눈앞에 펼쳐졌던 것이다. 앵글로색슨류의 자유주의 이론에 의
하면, 나태한 군주들은 허식의 세계를 버리고 경제계에 새로운 거처를 정
해야 한다고 하였다. 그리고 '패기'는 욕망과 이성으로, 바꿔 말하면 이성
에 인도된 욕망에 종속하게 되어 있었다.

군주이어야 할 인간이 사육되어 경제적 인간으로 변신한 것이 근대세계
에 발생한 근본적인 변화라는 점은 헤겔도 이해하고 있었다. 그러나 그의
인식에 따르면 그럼으로써 '패기'가 소멸된 것이 아니라 오히려 새로운, 그
리고 그가 믿는 바로는 보다 높은 형태로 모습을 바꾸었던 것이다. 소수파
의 '우월욕망'은 다수파의 '대등욕망'에 길을 양보해야 할 것이다. 사람은
가슴을 갖는 것을 포기하지는 않지만 그들의 가슴은 이제 그와 같은 압
도적인 자긍심에 의해 팽창되지는 않는다. 예전에는 오랜 민주주의 이전의
세계에 만족할 수 없었던 사람이 인류의 태반이었다. 현대의 보편적인 인정
의 세계 속에서 아직 만족하지 못하고 남겨진 자는 그보다는 훨씬 소수이
다. 그것이 현대세계의 민주주의가 지향하는 안정성과 강력함의 이유이다.

니체의 업적은 어떤 의미에서 '우월욕망'의 방향으로의 급격한 전환을
도모한 노력으로 볼 수 있겠다. 플라톤이 말하는 수호자들의 분노는 공
공의 선이라는 개념에 의해서 얼마간 억제되어야 하는 것은 아니었다. 공
공의 선은 최후의 인간이 자기만족을 지키는 힘조차 무력하게 만들어 버
렸던 것이다. 이제 선이든 악이든 훈련을 받은 수호자들은 없어지고, 많든

---

of Werner Dannhauser, *Nietzsche's View of Socrates* (Ithaca, N. Y.: Cornell University Press, 1974).

적든 화낼 수 있는 자들만이 남았다. 그들은 금후 주로 분노의 강력함— 요컨대 자신의 '가치관'을 타인에게 강요하는 능력—에 의해서 서로 구별되어 갈 것이다. 플라톤에게 '패기'란 혼의 세 가지 부분 중 하나였는데 니체에게는 그것은 오히려 인간의 전체가 되었던 것이다.

돌이켜보면 인류의 구시대에 산 우리들은 다음과 같은 결론에 도달할지도 모른다. 어떠한 정권도—어떠한 사회경제학적 시스템도— 모든 장소의 모든 인간을 만족시킬 수는 없다. 거기에는 자유민주주의도 포함된다. 그것은 민주주의 혁명의 불완전함, 요컨대 자유와 평등의 은혜가 아직 모든 인간들에게 확대되어 있지 않다는 이유 때문은 아니다. 오히려 민주주의가 거의 완벽한 승리를 거둔 곳에서 불만의 목소리가 생긴다. 그것은 자유와 평등에 대한 불만의 목소리이다. 따라서 충족되지 않은 채로 남겨진 사람들은 항상 역사를 재출발시키는 힘을 간직하고 있다.

덧붙여 말하자면 합리적인 인정이라는 형태는 아직 독립되지 않았고 그것이 바르게 기능하려면 전근대적인 보편성이 없는 인정의 형태에 의존하지 않을 수 없다는 것이 현실이다. 민주주의의 안정에는 경우에 따라서는 불합리한 민주주의적 문화와, 자유주의 이전의 전통으로부터 자연발생적으로 성장한 시민사회를 빼놓을 수 없다. 자본주의적인 번영을 가장 크게 촉진하는 것은 견고한 노동윤리이고, 그리고 그 윤리는 종교상의 신앙과 이미 사라진 신앙의 망령에 의존하고, 그렇지 않으면 국가와 민족에 대한 불합리한 정열에 의존하고 있다. 경제행위에 있어서도 공동체의 생활에서도 보편적인 인정보다는 집단 내에서의 인정 쪽이 도움이 되고, 더구나 집단 내의 인정이 결국은 불합리한 것이라고 하더라도 그 불합리성에 의해서 그 사회가 손상받기까지는 대단히 오랜 시간이 걸린다. 따라서 여기서 문제가 되는 것은 보편적인 인정이 보편적인 만족을 초래하지 않는다는 점만이 아니다. 자유민주주의의 자기건설 능력, 그리고 합리적인 토대 위에 자신을 장기간에 걸쳐서 존속시켜 나가는 능력이 얼마간의 의혹을 받고 있는 것이다.

아리스토텔레스에 따르면 역사는 영속적으로 발전하는 것이 아니라 오히려 순환하는 것이라고 했다. 왜냐하면 어떤 정권도 어딘가 불완전하고 그 때문에 사람들은 항상 자신이 살고 있는 정부를 무엇인가 다른 형태로 바꾸고 싶다고 바라게 되기 때문이다. 그러한 점을 아울러 생각하면 현대 민주주의에도 같은 점이 적용된다고 말할 수는 없을까? 아리스토텔레스를 따라 우리들은 이렇게 가정해도 될지 모른다. 욕망과 이상만으로 이루어져 있는 최후의 인간 사회는 이윽고 인정만을 추구하는 짐승과 같은 최초의 인간사회에 길을 양보하고, 마침내 그 역현상이 반복되어 이 역사의 동요가 끝없이 반복되어 간다고.

그러나 이 두 가지 종류의 인간의 관계는 대등하다고는 말할 수 없다. 니체가 걸은 길을 선택하면 혼 속의 욕망의 부분과의 절연이 강요된다. 방종한 '우월욕망'을 소생시키려고 하는 시도가 얼마나 무서운 결과를 초래하는지 20세기는 우리들에게 가르쳐주고 있다. 우리들은 이 세기 속에서 어떤 의미에서는 니체가 예시한 "무한한 싸움"을 이미 경험해 버렸기 때문이다. 전쟁을 고대하는 군중은 1914년 8월에 그들이 찾고 있던 희생과 위험 기타 많은 것을 손에 넣었다. 그렇지만 그것에 뒤따른 대전의 결과는 인격과 공동체의 형성이라는 면에서 어떤 부차적 은혜를 초래하려고 해도 그것들이 전쟁의 최대의 귀결이라는 파괴에 의해 완전히 압도되어 버렸음을 나타냈다. 피비린내 나는 전쟁에서의 생명의 위험은 20세기에 들어서서 일반시민에까지 미치게 되었다. 이 위험은 이제 한층 더 뛰어난 인물만이 아니라 대다수의 남자들, 나아가서는 여자와 아이들까지 강요하는 체험이 되었다. 생명을 위험에 직면하게 했다고 해도 인정에 대한 욕망은 충족되지 않았고 이름도 모른 채로 맹목적인 죽음이 있었을 뿐이었다.

현대의 전쟁은 미덕과 창조성을 고양하기는커녕 용기와 영웅주의라는 개념이 의미하는 것에 대한 대중의 신앙을 침해하고, 전쟁 경험자에게 심한 소외감과 몰가치 상태를 이식시켰다. 만약 미래의 인간이 평화와 번영에 식상하고 패기에 가득 찬 새로운 투쟁과 도전을 찾는다면 한층 더 무서운 사태를 불러일으킬 우려가 있다. 왜냐하면 현재 우리들은 핵무기 등 수백만의 인간을 이름도 모르는 채로 순식간에 죽여 버리는 대량 살상무기를 소유하고 있기 때문이다.

역사의 부활과 최초의 인간으로의 회귀를 막는 방파제 역할을 수행하고 있는 것이 이 책의 제2부에서 기술한 근대 자연과학의 당당한 메커니즘, 즉 제한 없는 욕망에 열중하고 이성에 이끌린 메커니즘이다. 현대세계에서

‘우월욕망’이 부활되면 이 강력한 동시에 다이내믹한 경제세계와의 관계가 단절되고 테크놀로지 발전의 논리가 파탄을 맞게 될 것이다. 그와 같은 파탄은 특정시대의 특정장소에서—마치 독일과 일본이 국가적 인정을 위해 자신을 희생했을 때처럼—일어날 수 있다는 것이 증명되었다. 그러나 세계 전체가 어떤 일정기간에 걸쳐서 이러한 파탄상태를 지킬 수 있는지 어떤지는 의문이다. 20세기 전반의 전쟁에서 독일과 일본은 자국의 우월성을 인정시키겠다는 욕망에 사로잡히면서도 동시에 독자적인 신중상주의적 ‘생활권’과 ‘공영권’의 지배를 통해서 자국 경제의 미래를 안정시켜 갈 수 있다고 믿고 있었다. 그런데 그 후의 경험에 의해서 양국은 경제안정은 전쟁보다도 자유주의적인 자유무역 쪽이 훨씬 손쉽다는 점, 그리고 무력 지배의 길은 경제적 가치에 대해 전적으로 파괴적으로 작용한다는 것을 증명했던 것이다.

오늘날의 미국을 살펴보면, 미국인이 우월욕망의 폭주라는 문제에 직면하고 있다는 인상은 받지 못한다. 대규모로 로스쿨과 비즈니스스쿨에 다니고 자신에게 적합하다고 믿는 라이프스타일을 유지하기 위해 열심히 이력서의 공란을 메우고 있는 성실한 젊은이들은 최초의 인간의 정열을 부활시키기보다는 오히려 최후의 인간이 되어버릴 위험 쪽이 훨씬 높은 것 같다. 인간은 일생을 물질적인 획득과 안전하고 주위에서도 인정받는 야심에 의해 채워가고 싶어 한다는 자유주의의 계획이 이들 젊은이에게는 충분할 정도로 실현되고 있는 것 같다. 평균적인 일년차 변호사들의 가슴 속에 충족되지 않은 동경과 불합리한 정열이 있을 것이라고 단정하기는 쉽지 않다.

탈역사세계의 다른 지역에서도 사정은 다르지 않다. 1980년대를 통해서 주요 서구제국 지도자들의 태반은 냉전과 제3세계의 기근의 일소, 혹은 테러리즘에 대한 무력행사 등의 문제에 직면하고도 큰 노력과 희생을 치르려는 기색조차 보여주지 않았다. 물론 젊은 세대 중에는 독일 적군파와 이탈리아의 붉은 여단에 투신하는 광신자도 있지만 그들은 공산권에서의 지원에 의지하는 소수 과격파 집단에 불과했다. 1989년 가을 동유럽에서의 대격변 이후 상당히 많은 독일인은 상실해야 할 것이 너무나 많다는 이유에서 동서 통일에 의혹을 표명하였다. 이상의 예는 모두 굴레에 속박되어 예기치 못한 새로운 광신주의의 업화에 다치지 않으려고 하는 문명의 증거가 아니라 오히려 현상과 미래에 만족하고 있는 문명의 증거라고 말할 수 있겠다.

플라톤은 패기를 미덕의 토대라고 하면서도 '패기' 그 자체는 선도 악도 아니고 그것을 공공의 선으로 봉사시키기 위해서는 훈련이 필요하다고 말했다. 바꿔 말하면 '패기'는 이성에 의해 지배되어야 하고 욕망의 동맹자가 되어야 한다는 것이다. 공정한 도시에서는 혼의 세 가지 부분 모두가 충족되고 이성의 인도 하에 균형을 취하고 있다.[8] 최선의 정치체제를 실현하는 것은 지극히 어렵다. 왜냐하면 그와 같은 정치체제는 인간의 전체, 요컨대 이성, 욕망, 그리고 패기를 동시에 만족시켜야 하기 때문이다. 그러나 설사 현실 정치체제가 인간을 완전하게는 만족시키지 않는다고 하더라도 최선의 정치체제를 생각해두면 현실에 존재하는 정치체제를 사람이 판단할 때의 척도가 주어진다. 그리고 혼의 세 가지 부분을 동시에 그리고 최고로 채워주고 있는 것이 최선의 정치체제인 것이다.

이와 같은 척도에 기초하여 역사상의 다양한 정치체제 중에서 현대에도 통용되는 것을 비교하면 자유민주주의가 혼의 세 가지 부분 모두에 가장 폭넓은 여지를 제공하고 있는 것처럼 보인다. 설령 자유민주주의가 '이론상'으로는 가장 공정한 정치체제에 들어맞지 않더라도 '현실적'으로는 그 자격이 있다. 왜냐하면 헤겔이 우리들에게 가르쳐준 바와 같이 근대의 자유주의는 인정에 대한 욕망을 버린 점에 입각해 있는 것이 아니라 오히려 그 욕망이 보다 합리적인 형태로 변화했던 점에 성립하고 있기 때문이다. 만약 '패기'가 그 이전에 나타난 형태로 완전히 보존되고는 있지 않다고 하더라도 패기가 완전히 부정되는 것은 아니다. 덧붙여 말하자면 '대등욕망'만을 토대로 한 자유주의 사회는 존재하지 않는다. 자유주의 사회는 설령 모두가 공공연하게 믿고 있는 원리와는 상반되는 것이라도 안전하고 길들여진 '우월욕망'을 어느 정도까지는 용인하지 않을 수 없다.

역사적인 과정이 합리적인 욕망 및 합리적인 인정이라는 두 개의 기둥으로 지탱되고 있다는 것, 그리고 이 두 개의 기둥이 어떤 종류의 균형을 유지하는데 현대의 자유민주주의가 최적의 정치시스템이라는 것이 옳다고

---

8) 《국가》 제4권 440b, 440e.

한다면, 민주주의에 대한 최대의 위협이란 진정한 의미에서 존속의 위기에 직면해 있는 것은 아닐까라는 점에 대해서 우리들 자신의 머릿속이 혼란된 상태에 있는 것이다. 왜냐하면 현대사회가 민주주의를 향해 진화해온 한편으로 현대사상은 막다른 길에 봉착하여 인간과 그 독자적인 존엄을 만드는 것은 무엇인가에 대해서 합의에 도달하는 것도, 나아가서는 인간의 제권리를 정의하는 것도 불가능하게 되어 버렸기 때문이다. 이것은 한편으로 평등한 권리를 인정시키고 싶다는 극도로 비대화한 욕구에는 돌파구를 주고, 다른 한편으로 '우월욕망'의 재해방에 길을 열어간다.[9] 역사가 합리적인 욕망과 합리적인 인정에 의해 일관된 방향으로 움직이고 있다는 사실에도 불구하고, 그리고 자유민주주의가 실제로는 인간이 안고 있는 문제의 최선의 해결책임에도 불구하고 이와 같은 사고의 혼란은 일어날 수 있다.

금후에도 과거 수십 년의 역사와 같은 사태가 계속되어 간다고 하면 자유민주주의에 이르는 보편적이고 방향성을 가진 역사의 이념은 사람들에게 한층 더 그럴싸하게 생각될 것이고, 현대사상의 상대주의적 막다른 길도 어떤 의미에서는 자연스레 해소되어 버릴지도 모른다. 예컨대 문화적 상대주의(유럽적 산물의 하나)가 금세기 우리들에게 언뜻 보아 납득할 수 있는 것으로 비친 것은 유럽이 식민지 정책과 식민지 독립의 체험을 통해서 비유럽 문화와의 대치를 강요받고 있다는 것을 처음으로 깨달았기 때문이었다. 지금에 와서는 과거가 된 세기의 다양한 역사의 전개—유럽문명의 도덕적 자신의 상실, 제3세계의 대두, 새로운 이데올로기의 출현—는 상대주의에 대한 신앙을 강화시키는 방향으로 작용해 왔다. 그렇지만 만약 시대의 경과와 더불어 다양한 문화와 역사를 지닌 사회가 더욱 장기간에 걸쳐서 같은 발전 형태를 보이게 되었다면 어떨까? 만일에 선진사회를 통치하는 여러 제도의 형태가 하나로 수렴되어 나가면 어떨까? 그리고 만약 경제성장의 결과로써 인류의 균일화가 앞으로도 진행되어 간다면 어떨까? 그렇게 되면 상대주의 이념은 지금보다 훨씬 기묘한 것으로 생각될지도 모른다. 왜냐하면 민족의 "선과 악에 대한 기준"의 상호 외관상의 차이는 역사적 발전의 특정단계에서의 문명의 유물이라는 것이 확실해질 것

---

9) 이러한 문제의 공식화에 대해 가르침을 준 Henry Higuera에게 감사의 뜻을 표한다.

임에 틀림없기 때문이다.

　인류는 여러 가지 아름다운 꽃을 피우는 무수한 싹이라기보다 오히려 하나의 길을 일관되게 달리는 마차의 긴 대열과 비슷하게 될 것이다. 시원 시원하고 신속하게 마을에 접근하는 마차가 있는가 하면, 사막으로 되돌아가 노숙하거나 산을 넘는 마지막 고개에서 도랑에 빠지는 마차도 있다. 마차 중 몇 대는 인디언의 습격을 받고 불이 붙어서 길가에 방치되어 버릴 것이다. 싸움으로 정신이 혼미해져 방향감각을 상실하고 한 순간 엉뚱한 방향으로 내딛는 자도 있는가 하면, 여행에 싫증을 느끼고 길의 어느 지점까지 후퇴하여 거처를 찾으려는 사람들도 있는 법이다. 정규 코스와는 다른 길로 들어가 버린 뒤 최후의 산들을 넘으려면 모두와 같은 길을 통과해야 한다고 깨닫는 일행도 있다. 그렇지만 마차 행렬의 태반은 마을을 찾아 느긋하게 여행을 계속하고, 그 대부분이 결국에는 그곳에 도착할 것이다. 포장마차는 어느 것이나 흔히 비슷한 형태를 하고 있다. 페인트 색과 재료는 다르더라도 어느 포장마차나 바퀴는 네 개이고 말이 끌고 마차 안에는 무사한 여행을 비는 가족이 타고 있다. 각각의 포장마차가 놓인 상황의 차이는 반드시 거기 타고 있는 사람들의 차이에 언제까지나 좌우된다고는 생각할 수 없다. 오히려 그것은 여행 도상에서 조우한 국면의 차이에 불과한 것이다.

　코제에브에 따르면 역사는 스스로의 합리성을 궁극적으로는 스스로 입증한다고 했다. 요컨대 매우 많은 마차가 마을에 도달하면 합리적인 사람이라면 누구나 그 광경을 보고 여행길도 그 목적지도 하나밖에 없었다고 생각한다. 물론 지금 우리들이 그와 같은 지점에 있는가 어떤가는 의심스럽다. 최근의 세계 각지에서의 자유주의 혁명에도 불구하고 마차 행렬의 행선지에 대해서 현재 시점에서는 아직 불분명한 증거밖에 파악하고 있지 않기 때문이다. 더구나 포장마차 행렬의 태반이 결국 같은 마을에 도달하더라도 어쩌면 승객들은 주변을 잠시 둘러보는 것만으로 그 신천지에 불만을 느끼고 새로운 그리고 더 먼 여로로 눈을 돌릴지도 모른다. 우리들은 최후의 최후까지 그 결과를 알 수는 없다.

역자해설

이 책은 미국 랜드연구소의 고문으로 있는 프랜시스 후쿠야마의 대저, 〈역사의 종말과 최후의 인간〉을 완역한 것이다.

저자는 공산주의 체제인 동유럽 여러 나라가 갑자기 붕괴되기 시작한 1989년 여름에 〈내셔널 인터레스트〉지에 〈역사의 종말〉이라는 논문을 발표하여 학계에 큰 반향을 불러일으킨 바 있다.

이 책의 서문에서도 밝힌 것이지만 여기서 말하는 역사의 종말이란 베를린 장벽이 무너지고 구소련과 동유럽 공산주의가 붕괴함으로써 이데올로기 대립이 없어지고 양극 구조가 사라진 현재, 더 이상 역사적인 어떤 사건이 일어나지 않는다는 의미는 아니다.

저자가 의도한 뜻은 모든 시대의 모든 민족의 경험에서 생각할 때 유일하고도 일관된 진보과정으로서의 '역사'가 끝났다는 것이다. 이 말의 보다 현실적인 의미는 자유민주주의 체제의 승리와 그 명백한 증거로서의 사회주의의 몰락이라는 현 시대의 상황을 대비함으로써 인류가 추구하는 가장 합리적이고도 이상적인 사회체제에 대한 정의를 내리며 급격한 변화의 소용돌이에 휩싸인 세계사를 나름대로 해석해 내고자 시도하고 있다. 역사를 하나의 일관된 진보의 과정으로 간주한 것은 독일의 위대한 철학자

헤겔의 사상으로부터 출발하여 칼 마르크스에 의해 과학적으로 정립되었
다.

헤겔도 마르크스도 인간사회의 진화는 계속되는 것이 아니라 인간의 가
장 근본적인 욕구를 채우는 사회형태가 출현했을 때 종말을 고할 것이라
고 믿었다. 즉 예부터 있어온 각종 사회제도와 습관 중에서 인간의 본성에
반하고 인간에게 유익하지 않은 제도는 보다 인간적이고 뛰어난 다른 제도
와 접촉하고 충돌하면서 배제되고 최종적으로는 가장 좋은 체제가 나타날
것이라고 믿었다. 그런 의미에서 두 사람은 역사의 종말을 하나의 사실로
서 인정했지만 헤겔이 그것을 자유주의 국가라고 생각했던 것에 반해 마
르크스의 그것은 공산주의 사회였다.

저자의 주장에서 특기할 만한 점은 독일 관념론의 계보에 속하는 사상
가를 높이 평가한 반면 앵글로색슨 계통에 속하는 로크와 홉스의 전통을
낮게 평가하고 있는 것이다.

미국의 독립선언이 로크철학을 그 밑바탕에 깔고 있다는 것은 잘 알려
진 사실이다. 요컨대 로크와 홉스로부터 시작된 앵글로·색슨적 자유민주
주의 사회의 근본적 목적은 생명을 유지하고 재산을 획득·유지하는 것
이다. 이 생존본능은 인간의 욕구 중에서 가장 중요한 것이므로 그 본능
에 거역하지 않고 경제적으로도 재산을 지킬 수 있는 인간의 욕구를 인정
하는 제도를 좋은 제도로 여겼던 것이다. 이러한 사상이 미국 독립에 의해
'행복추구의 권리' 속에 담겨 있다.

저자 역시 이것을 부정하는 것은 아니지만 그것이 인간의 혼의 모든 측
면을 만족시키는 것은 아니라고 주장한다. 생명과 재산을 지키고 늘릴 수
있는 권리라는 이상은 인간의 혼속에 있는 이성과 욕망의 분야에 속한다
는 것이다. 독일 관념론에서는 인간다움에 대하여 이성과 욕망만이 아니라
인간이 존엄이라는 것을 포함하여 생각했다. 이것이 앵글로 색슨적인 자유
민주주의에 비해 한결 차원 높은 사고라고 할 수 있겠다.

앵글로 색슨계의 홉스와 로크, 합중국 헌법이나 독립선언에 담겨있는 자
유로운 사회란 생명의 권리나 재산획득의 권리로 널리 이해되고 있는 행복
추구의 권리가 보장되는 사회이다. 그러나 독일 관념론에 있어서는 그것과
아울러 보다 인간적인 요소, 즉 인간과 인간이 상호 인정하는 인정의 요소

를 필요로 했다. 인간의 역사는 결코 생명의 유지와 재산추구의 면에서만 이해되어서는 안 되며 인간의 인간다움을 충족시키는 욕망, 즉 타인에게 인정받고 싶은 욕망의 요소를 고려해야 한다는 것이 헤겔의 생각이었다. 저자가 이 책에서 주장했듯이 미국의 독립전쟁만 보더라도 이것은 단순히 행복의 추구나 인명의 보존이라는 관념만으로는 설명할 수 없는 요소가 있는 역사적 사건이었다. 예컨대 세금을 내기 싫다고 해서 생명을 걸고 독립투쟁을 한다는 것은 결코 생명보존의 원리에도 맞지 않고 재산을 늘리겠다는 생각과도 맞지 않는다. 그러므로 제3의 요인, 즉 인간의 존엄이라든가 타인과 대등한 존재로 인정받고 싶다는 욕구가 있는 것이다.

헤겔에 따르면 이 인정에의 욕망 때문에 원시시대의 두 전사는 우선 자신의 인간다움을 상대에게 인정받고자 목숨을 걸고 투쟁을 한다. 그리고 어느 한 쪽이 죽음에 대한 본능적인 공포를 느끼고 항복했을 때 거기에 주군과 노예의 관계가 발생한다. 역사의 시작에서의 이 피비린내 나는 싸움의 대가는 먹을 것이나 집 또는 안전이 아니라 순수한 위신이었다. 또한 그러한 싸움의 목표가 생물학에 의해 정해진 것이 아니라는 이유에서 헤겔은 인간의 자유의 서광을 거기서 발견한 것이다.

역사의 출발점에서의 이 순전히 인정받기 위한 투쟁이 주군과 노예의 관계를 낳고 이 주종관계는 다종다양한 형태의 불평등한 귀족제 사회를 낳았으며 그것이 인류사회의 태반을 특징짓게 되었지만, 결국 그것으로는 주군과 노에 어느 쪽의 인정에의 욕망도 채울 수 없었다. 노예는 물론 어떤 점에서도 인간으로서 인정받지 못했다. 그러나 주군도 자기가 인정받았다고 만족할 수는 없었다. 왜냐하면 그는 다른 주군으로부터 인정받은 것이 아니었고, 자기를 인정해 주는 노예들은 인간으로서는 불완전한 존재였기 때문이다. 그리하여 귀족사회에서는 결함투성이의 인정밖에 얻을 수 없다는 사실에의 불만이 하나의 '모순'을 만들고 그것이 역사의 다음 발전 단계를 낳게 된 것이다. 주종관계에 원래 갖춰져 있던 내부 모순이 프랑스혁명에 의해, 그리고 미국 독립혁명에 의해 마침내 극복되었다고 헤겔은 생각했다. 이 두 가지 민주혁명은 과거의 노예를 자신의 주군으로 바꾸고 인민주권이나 법의 지배라는 원리를 확보함으로써 주군과 노예의 구별을 일소했던 것이다. 주군과 노예라는 본질적으로 불평등한 인정의 형태는 보편적이고 상호적인 인정으로 대치되었다. 거기서는 시민 누구나가 다른 모든 시민의 존엄과 인간성을 인정하고, 다음에는 그 존엄이 갖가지 권리의 부여를 통하여 국가로부터도 인정받게 되는 것이다.

이 인정에의 욕망은 서구의 정치철학의 전통 만큼이나 역사가 깊고 인간 개성의 실로 친숙한 일부를 차지하고 있다. 이것은 독일 관념론보다도 더욱 거슬러 올라가 플라톤의 국가에서 최초로 묘사되었다고 한다. 플라톤은 인간의 혼에는 욕망, 이성, 그리고 튜모스thymos, 즉 패기의 3부분이 있다고 썼다. thymos라는 말은 원래 산스크리트어의 dhuma, 라틴어의 fumus와 개념적으로 같은 어원이고 옛 독일어의 toum 등 모두가 기(氣)를 나타내는 말이며, 원래는 '냄새'나 '향기'라는 의미였다고 한다. 이 말이 갖는 느낌을 이해하기 위해서는 형용사 thymikos(정열적인, 격렬한), 동사 thymiao(풍기다), thymoomai(화내다), thymaino(분노하다), 명사 thymie(향기) thymoma(분노) 등 thym-을 어근으로 하는 단어를 나열해 보면 좋을 것이다.

그런데 인간의 패기에는 두 종류가 있다고 저자는 생각하고 있다. 하나는 타인보다 우월함을 나타내기 위해서는 목숨도 아끼지 않는다는 의미의 '패기'와 또 하나는 타인과 동등하게 인정받고 싶다는 자유민주주의의 기본을 이루는 '패기'이다. 저자는 전자를 megalothymia, 후자를 isothymia라는 말로 표현하고 있다. 이것은 아직 사전에도 나와 있지 않으므로 저자의 신조어로 보이며, 직역한다면 '과대패기'와 '동등패기'가 되겠으나 이 단어가 쓰이고 있는 전체적인 문맥으로 보아 '우월욕망'과 '대등욕망'으로 번역했다.

자유민주주의 사회는 대등욕망의 사회이다. 사람들은 서로가 서로의 권리를 상호 인정한다. 그리고 그 권리가 인정되고 있는 국가에서는 개인의 생명이 보호되고 있는 한 자유롭게 재산을 늘리는 것에 국가권력이 가능한 한 개입하지 않는 것으로 성립된다. 이것이 대등욕망의 사회이다.

그러나 여기에 철학적이고 논리적인 모순이 발생한다. 모두가 평등해야 한다면 거기에는 위대한 예술도 위대한 학문도 생기지 않게 된다. 모두가 똑같아야 한다면 남보다 우월해지려는 욕망이 상실된 사회가 될 것이다. 니체의 말을 빌면 그것은 노예의 사회와 다를 바 없다(노예란 패기를 잃었기 때문에 행복한 사람들의 사회이다). 즉 자유민주주의 사회는 서로의 권리를 인정하는 것 같으면서도 궁극적으로는 노예의 사회를 지향하는 위험을 본질적으로 갖추고 있다.

한편 '우월욕망'이란, 이것이 없다면 사회의 발전은 없다고 해도 좋을 것이다. 자유민주주의 사회가 아직 실현되지 못한 구소련에서도 사하로프 박사라든지 솔제니친 등은 그 체제에 억눌리지 않는 패기를 보여줬다. 그러한 패기가 있었기 때문에 자유민주주의의 방향으로 역사를 이끌어 가는 힘도 생기는 것이지만, 이 우월욕망은 본질적으로는 자유민주주의 사회에 충분히 적용되지 못한다는 위험이 있다. 이 두 가지를 어떻게 양립시켜 나갈 것인가가 역사철학상의 커다란 문제가 되는 것이다. 다른 모든 경쟁체제를 물리치고 마지막으로 남았다고 생각되는 이 자유민주주의 체제 속에서도 이러한 위험이 있다는 것을 정확하게 파악하고 스스로의 조어로 해명하고자 했던 저자의 업적은 크게 평가할 만하다.

어쨌든 베를린 장벽이 무너지고 동유럽과 소련에서 공산주의 체제가 무너진 역사적으로 매우 중요한 이 시점에서, 플라톤에서 시작하여 칸트, 헤겔, 마르크스, 니체 등의 사상가들의 역사철학적인 사고를 고찰하고 그것을 로크, 홉스와 같은 앵글로 색슨적 전통의 사상과 대비시켜 나가며 역사의 흐름을 논함으로써, 오늘날 우리가 놓여 있는 입장이 역사철학적으로 어떠한 위치에 있고 거기서 앞으로 발생할 문제점은 어떠한 것인지를 해명한 저자의 노작이 어떠한 평가를 받을지는 앞으로의 역사의 흐름을 지켜보아야만 할 것이다.

역자 소개

이 책을 옮긴 이 李尙勳은 1961년 인천에서 출생하여 1984년 서울대학교 자연과학대 물리학과를 졸업하고 1990년에 미국 Cloumbia대학에서 박사학위를 취득했다.

학위논문으로 <Monopole Annihilation and Causality Problem>이 있으며 역서르는 이 책외에 Clive Barker의 <The Great Secret Show>, David M. Jacobs의 <Secret Life>, J.B.W.의 <A New Day> 등이 있다.

역사의 종말

1992년 11월 10일 초판 제1쇄 발행
2022년 2월 21일 초판 제9쇄 발행

저 자 프랜시스 후쿠야마
역 자 이 상 훈
발행자 이 영 구
발행처 한 마 음 사

서울 마포구 성산동 103-21
전화 02) 3141-0361
FAX 02)3141-0365
등록 1978. 11. 16 번호 1-509